日本怪異妖怪事典

関東

朝里樹 監修
氷厘亭氷泉 著

笠間書院

はじめに

この本を手に取っていただき、ありがとうございます。

本書『日本怪異妖怪事典 関東』は拙作『日本怪異妖怪事典 北海道』に続き、日本全国の怪異・妖怪を集め、紹介する『日本怪異妖怪事典』シリーズの二作目になります。まずシリーズ全般に係る監修者として、当シリーズについてこの場を借りて説明できればと思います。

この『日本怪異妖怪事典』シリーズは題名のとおり日本の各地方の怪異・妖怪を集める事典です。日本で生まれ、語られてきた様々な怪異・妖怪たちを地方ごとに集めるというコンセプトではじまりました。現在地方ごとに異なる執筆者の方々が、それぞれの地方に係りのある怪異・妖怪を集め、事典としてまとめています。

その収集範囲は伝承や伝説、昔話や世間話、都市伝説や学校の怪談などに登場するもの、さらには物語や絵画の題材となって創作されたものたちまで、時代を問わず多岐にわたります。

そして本書『日本怪異妖怪事典 関東』では、そんな日本の怪異・妖怪たちの中から、関東地方に係りのある怪異・妖怪たちが集められています。

関東地方は非常に歴史の長い地域です。平安末期以降は関東の武士団が大きな勢力を持ち、鎌倉時代には政治の中心となりました。さらに江戸時代以降は日本の中心として

発展したこともあり、多くの人々がこの地に住み、生活を営んできました。現代においても関東は日本の中心部として政治や経済の中心を担っています。

このように長い歴史を持つ分、関東地方において人々の間で語られ、記録されてきた怪異・妖怪たちの数も非常に多く、バリエーションに富んでいます。また近世においては出版や演劇などの文化も大きく発展したため、創作品の中に登場するものたちも多彩です。

本書の執筆を担当していただいた氷厘亭氷泉氏は在野として長年に渡り怪異・妖怪の創作や調査研究に携わってきた方です。その知識をふんだんに使って書かれた事典は、関東に住む方々も、そうでない方々も、この歴史ある関東という地方でどんな不思議で愉快なものたちが活躍してきたのか、読み、調べ、楽しんでいただけるものになっているのではないかと思います。

そして本書をきっかけに、他の地方の事典にも興味を持っていただけたなら、既に刊行されている北海道編、そしてこれから刊行される予定の東北、中部、近畿、中国、四国、九州・沖縄編を手に取っていただき、日本各地の怪異・妖怪たちに触れていただければ、彼らが好きな人間のひとりとして、とてもうれしく思います。

朝里樹

はじめに

この関東の巻では、主に以下のような収録対象を定めました。

▼一、地誌や伝説・昔話、または寺社の縁起物語や文書などにみられるもの
▼二、民間伝承や俗信などにみられるもの
▼三、随筆や説話集にみられるもの
▼四、世間話・うわさ・風聞集・都市伝説にみられるもの
▼五、物語・演芸・芝居にみられるもの
▼六、絵画・戯文にみられるもの

一〜四は、各地でそれぞれ伝承されていたり、特定の場所にゆかりがあると語られたりしているもの。いっぽう、五〜六はイメージが明確に共有され、特定の作品設定に深く依存していたり、創作物にのみ存在したりしている傾向の強いものです。

それぞれを、伝承要素・画像要素と分けて考えてみると整理しやすいと思います。わかりやすく「お寿司《すし》」で例えると、伝承妖怪が各地の魚やお米をはじめとした原材料、画像妖怪がお店や家庭でつくられたお寿司でしょうか。両者は似ているようですが、同時に個々のものをあつかうには、当然ちょっと違う見方が必要です。

なかには、五〜六（画像妖怪）が幅広く知られた結果、全国的な一〜四（伝承妖怪）に基本設定が用いられたものもいますし、逆に伝承要素の全くない過去の六（画像妖怪）が現代では勝手に一〜二（完全な伝承妖怪）として語られてもいて（こちらはお寿司が

海や畑でとれると真顔で言っているような状態）難しいのですが……。

この関東の巻の場合は、江戸を中心に広く知られる画像要素（五～六）が多く、特に画像要素しか持っていない絵画や戯文の妖怪たちの見方を、みなさんに広く知ってもらうため、「その他」（北海道の巻で御伽草子《おとぎぞうし》の金剛夜叉《こんごうやしゃ》などがここに配列されていたのも彼らが画像妖怪だからです）に、なるべく多くの項目を配列しておきました。

また、北海道の巻は、都道府県単位がひとつだけでしたが、関東の巻をはじめとする各巻ではそれが複雑に入り混じってきます。伝承妖怪（一～四）は性質上その土地のみの独特の存在は実際ほとんどおりません（コラム「地方別にみていくことの基本」もご参照ください）。いずれも、多かれ少なかれ同じような、重なり合ったものが各地にちりばめられているのが実態です。これも魚やお米（伝承要素）が都道府県単位でガラッと独特に変異することはないのと同じと考えてくだされば、わかりやすいでしょう。

なるべく多彩な地域と種目を詰め込みましたが、一冊の参考資料全てを抽出すると数にかたよりが出るので、ほんの一部だけ採用という例も多々あります。ですので、みなさん自身で「他にはどんなのも載っているのかな……」と、あたまのなかに知識のアンテナと受信機を増設して資料探検に出てくださるのも、たのしいかも知れません。

吾曹《ひよーせん》の祖父《じいさま》は東京タワーをはじめ全国津々浦々のテレビやラジオの電波塔を実際に建ててまわる仕事をしているのですが、孫もどうやら別の方角でそんなことをしてるのだなと考えると、おもしろくもあり、奇縁を感じるものであります。

氷厘亭氷泉

目次

凡例

一、この事典は関東地方において、伝承・記録された怪異や妖怪、あるいはそれらと密接に関連してくる俗信、習俗、占い、言語、ふしぎな存在・場所・物体、そのほか物語・絵画などで広く享受された存在（画像妖怪）を収集し、県別に分け五十音順に並べたものである。東京都の島嶼《とうしょ》部は東京都（伊豆諸島）、関東全域で確認できる要素を持つ項目については関東広域として別立てとした。

一、関東地方で享受・消費された、物語・芝居・演芸・絵画・戯文を中心とした妖怪たちは、その他として五十音順に並べた。土地や生活と結びついている妖怪（伝承妖怪）に対し、これらは作品単位に依存するかたちで存在する妖怪（画像妖怪）であり、関東地方では江戸・東京を中心に多数存在する。

　伝承成分と画像成分は、性質が異なる。「うわん」や「おとろし」や「ぬらりひょん」、あるいは「唐傘《からかさ》お化け」や「提灯《ちょうちん》お化け」といった絵画（デザイン）しか存在せず、性質や内容そのものを持たない妖怪たちは、絵画分野での画像妖怪の最たる例だといえる。「河童」や「天狗」のような伝承妖怪たちはイメージ画像が個々明確に存在しなくても成立できるが、画像妖怪たちの多くは、作品やイメージそのものが存在しなければ、語る内容も存在していない点に特徴がある。いっぽう、おなじ画像妖怪でも、明確に内容を持つ物語・芝居に登場する「鵺《ぬえ》」、「土蜘蛛《つちぐも》」、「玉藻前《たまものまえ》」、「茨木童《いばらきどう》子《じ》」などのような妖怪は、作品の内容や設定そのものが人々に広く享受された結果、絵画・戯文の素材として再生産されるだけではなく、各地で伝説や由来・縁起物語のストーリー部分、つまり伝承成分に再度深く影響を与えてもおり、おなじ画像成分を持つ存在でも性質が異なってくる。後者のような例は、多くはそれぞれの地域に配列した。

一、本文中に登場する別の独立した項目名については、太字で示した。

一、参考文献は、文中に書名を挙げたほか、使用箇所にそれぞれカッコ書きで提示をした。実際の使用文献は各項目ごとに改めて末尾へまとめた。翻刻資料を利用した古典籍は、使用した収録書名をそこに示してある。

茨城県

【あ】

赤い光［あかいひかり］

夜に見えるという赤いふしぎな光。茨城県勝田市（現・ひたちなか市）などでいわれる。**狐**が木の枝の上でしっぽを立てて赤く光らせているのだといわれる。上高場《かみたかば》という地域には狐や**狸**《たぬき》、**狢**《むじな》のしばしば出る場所があり、そこで木の上に乗った狐がしっぽを実際に光らせているのを見たひとがいたと語られる。（『勝田市の民俗』）**狐火**《きつねび》のようなものだとみられる。

［参考文献］勝田市史編さん委員会『勝田市の民俗』

小豆洗婆［あずきあらいばばあ］

小豆を磨《と》いでいるような音をさせる。茨城県高萩市の腹減坂《はらへりざか》と呼ばれる坂道に出ると語られる。この腹減坂には**戸立て坊主**なども出るといわれている。

［参考文献］『高萩の昔話と伝説』

汗かき石［あせかきいし］

茨城県下妻市肘谷《ひじや》にある大きな板石。この石が汗をかいたように濡《ぬ》れているのは、死者や火事が出る前兆だとされていた。しかし、不届《ふとど》き者が石に小便をして以後、汗をかかなくなってしまった。

［参考文献］『下妻市史』別編　民俗

穴薬師［あなやくし］

「薬師穴《やくしあな》」とも。茨城県五霞村《ごかむら》（現・五霞町）にある塚で、お膳が必要になったとき、頼むと欲しい数だけ貸してくれたという。穴の中に住んでいる**山姥**《やまんば》が貸してくれていたとも語られている。

［参考文献］飯田豊雲「椀貸穴」（『郷土研究』一巻三号）、今瀬文也『民話のふる里』

神雷［いかづち］

むかし常陸国《ひたちのくに》（茨城県）で兄と妹が田植えをしていたところ、妹が「いかづち」に蹴殺《けころ》されてしまった。兄は仇《かたき》を討とうとするが、神雷がどこにいるかわからず困り果ててしまう。そこに雌雉《めきじ》が飛んで来て肩に止まったので巻子《へそ》（つむいだ麻糸を巻いたもの）をその尾にかけたところ、その糸で神雷に住む伊福部《いふくべ》の岳《おか》にある岩屋《いわや》へと導いてくれた。太刀《たち》で迫られた神雷は降伏し、末代まで雷を落とさぬことを誓ったという。兄の子孫たちの住む里は、雷は落ちず雉を食べないと語られる。『塵袋《ちりぶくろ》』（巻八・巻子《へそ》）に『常陸国記』から引用したと記されているはなしである。

『常陸国風土記《ひたちのくにふどき》』の逸文《いつぶん》と考えられている。

［参考文献］大西晴隆・木村紀子（校注）『塵袋』二、吉野裕（訳）『風土記』

いくち

海に出没するという巨大な魚。何百丈《なんびゃくじょう》（一丈は約三メートル）もあるとても長い体をしており、舟の上を乗り越えて行ったりする。そのときに体から大量の油を落とすので、かき出しつづけないと油の重みで舟は沈没すると語られる。

津村正恭《つむらまさやす》『譚海《たんかい》』（巻九）には、常陸国《ひたちのくに》（茨城県）の沖にいるものとして記されている。「いくち」の油は麩糊《ふのり》のようにねばねばしているとされる。巻八では、九州の海にいる船底に穴をあける魚のはなしの文末に「西海」（九州）にもいると記されてもいる。

同様の存在は「あやかし」、「ほうず」などの名前で呼ばれることもある。

［参考文献］津村正恭『譚海』

一輪車［いちりんしゃ］

引く者も押す者もなく走る車輪がひとつだけある車に乗った女の妖怪。音がしても、決してそのすがたを見てはいけないとされている。

夜になるとこれが音をたてて通るというので、女のひとがこっそり見てみようと戸を少し開けてのぞいていたところ、「俺を見るよりも自分の子供を見ろ」と一輪車の女が語りかけて来た。部屋に戻ってみると眠っていたはずの子供がおらず、女はひと晩中、探し回った。翌日、再び現われた一輪車は女のひとの家の前でぴたりと停止すると、子供を返して立ち去り、二度と来なかったという。

茨城県高萩市で語られる。昔話として語られた「片輪車《かたわぐるま》」のはなしの例のひとつだが、子供を何事もなく返している部分は、通常とはまったくの別展開である。

［参考文献］『高萩の昔話と伝説』

糸繰川の河童［いとくりがわのかっぱ］

茨城県下妻市に伝わる。むかし右近《うこん》という若者が川で美女と出逢い、お嫁に迎えた。毎日夜になるとお嫁がどこかへ出かけるのでふしぎに思い、こっそりと服の裾《すそ》に糸を結び、それをたどって跡をつけることにした。糸は川にある洞窟につづいており、そこで河童のすがたになったお嫁が子供にお乳をあげていたという。

毛野川《けぬがわ》を糸繰川《いとくりかわ》と呼ぶようになった由来として語られる。糸をたどって居所を探すはなしは相手が雄（蛇など）の場合が多いが、これは雌の**河童**の例。

［参考文献］『下妻市史』別編 民俗

祈り畑［いのりばた］

茨城県下妻市に伝わる。その場所に家を建てるとたたりがあると忌《い》まれていた。

むかし医者が、逗留《とうりゅう》していた旅の六部《ろくぶ》

（巡礼者）から金を借りていた。六部が出発するに及んで借金返済を求めたが、医者は金を渡さずに六部を追い出してしまった。去り際《ぎわ》に六部は囲炉裏《いろり》ばたに火箸《ひばし》を刺して呪いをかけていったので医者の家は没落し、その跡地が祈り畑になったと伝えられている。

［参考文献］『下妻市史』別編 民俗

茨城童子［いばらきどうじ］

「茨木童子」とも。大江山《おおえやま》（京都府）にいた**鬼**として広く知られるが、関東地方にもいたというはなしがみられる。

茨城県石岡市の竜神山には、茨城童子という鬼が住んでいたとされる。大きな巾《きん》着袋《ちゃくぶくろ》を持っており、里のひとをその中に詰めてはさらっていたという。（『石岡市史』上、『石岡地方のふるさと昔話』）

都から追討《ついとう》の武士たちがやって来たということを聞きつけて、峠を越えて他国に逃げてしまったといい、そのとき鬼が通ったことから「鬼越山《おにごえやま》」や「鬼越峠」という地名がついたと語られている。茨城童子とは別に、太古のむかしに鬼がおり、素戔嗚《すさのお》尊《みこと》がやって来たと知って逃げたとするはなしも地名の由来として伝わる。（『茨城方言民俗語辞典』）

物語や芝居を通じて一般化した酒呑童《しゅてんどう》子《じ》・茨木童子《いばらきどうじ》が、「鬼」の代表格として用いられ、語られていたものといえる。竜神山のはなしでは「酒呑童子の兄弟分」と語られており、別の鬼ではなく茨木童子そのものをさしていることも明瞭ではある。

［参考文献］『石岡市史』上、木村進『石岡地方のふるさと昔話』、赤城毅彦『茨城方言民俗語辞典』

岩瀬万応膏［いわせまんのうこう］

茨城県常陸大宮《ひたちおおみや》市上岩瀬の真木《まき》家に伝わる**河童**《かっぱ》から教わったとされるふしぎな薬。切創《きりきず》の化膿《かのう》や癰《はれもの》などに効くという。

真木家の先祖が牛久沼《うしくぬま》（茨城県）を通りかかったときに拾った指のような物体が、実は牛久沼の河童のものであった。それを返してくれと訪ねて来た河童から教わった秘法で製剤されていたという。

［参考文献］石川純一郎『新版 河童の世界』

牛小坂［うしこざか］

茨城県大洋村《たいようむら》（現・鉾田《ほこた》市）にある坂で、ここで転んでしまったときは、服の片袖《かたそで》をちぎって捧《ささ》げないといけない、といわれていた。

むかし牛に乗った貴公子が笛を吹きつつこの地にやって来た際、牛が倒れて死んでしまったので、貴公子が片袖を切って牛の顔にかけてあげたことに由来すると語られている。（『国鉄鹿島線沿線の民俗』）

峠や坂などで転んでしまったら、その場で袖をちぎって捧げたり投げたりしないといけないという習俗は各地にみられ、これもそのうちの一例。

［参考文献］茨城民俗学会『国鉄鹿島線沿線の民俗』

虚舟 ［うつろぶね］

「うつろ舟」、「うつぼ舟」、あるいは「空舟」とも書かれる。常陸国《ひたちのくに》（茨城県）に流れついたとされるふしぎな扁円状《へんえんじょう》のかたちをした舟。全体は鉄でできており、ガラス障子《しょうじ》が嵌《は》められている箇所もある。舟の中にはふしぎな箱を持った異装の女性（「うつろ舟の蛮女《ばんじょ》」などと書かれる）が乗っており、舟中には水・菓子・肉を練《ね》ったような食物・敷物などが積まれていたという。漁師たちは役所などに届け出る面倒を考え、この舟を沖に押し戻して、再び海に流したと語られる。

享和三年（一八〇三）二月二二日に常陸国の原舎《はらやどり》と呼ばれる浜辺に漂流したとされる情報が広く知られている。形状のめずらしさ、交易のあった外国の者とも異なる言語の人間が乗っていたこと（ふしぎな異国の文字も舟に記されていたとされる）から、この「うつろ舟」の情報は『兎園小説《とえんしょうせつ》』（十一集）や屋代弘賢《やしろひろたか》『弘賢随筆《こうけんずいひつ》』、長《なが》橋亦次郎《はしまたじろう》『梅《うめ》の塵《ちり》』など、江戸の文化人をはじめ様々な人々によって随筆や風聞集などに書き残されている。また、この常陸国鹿島《かしま》郡に漂着した「うつろ舟」のはなしを絵入りで描いたかわら版《ばん》（『江戸「うつろ舟」ミステリー』）の存在も確認されている。

ただし、このような「うつろ舟」の情報は、それ以前にも存在していたようで、細部や舞台が異なるがほとんど同じものといえる構成のはなしが、加賀国《かがのくに》（石川県）・越《えち》後国《ごのくに》（新潟県）などに出たものとして、随筆や風聞集に見ることもできる。また、おなじ常陸国の「うつろ舟」でも、駒井鶯宿《こまいおうしゅく》『鶯宿雑記《おうしゅくざっき》』（巻十四）では日付が八月二日であるなど、差異がある。（『江戸「うつろ舟」ミステリー』）

昭和中期には「うつろ舟」について、宇宙人を乗せてやって来た「宇宙船」だったのではないかとする説を斎藤守弘《さいとうもりひろ》（『江戸「うつろ舟」ミステリー』、本城達也「斎藤守弘さんのお話」、『昭和・平成オカルト研究読本』）が出しており、以後は直接うつろ舟を取り扱った記事でも「江戸版ＵＦＯ騒動」（『世にも不思議な 江戸怪奇事件帳』）といった見出しがみられるなど、その延長線上で影響を受けたモダンな解釈で語られることも一般に多い。しかし、それらはあくまで「うつろ舟」が二〇世紀以後に空想された宇宙船のイメージを連想させる、ふしぎなまんまるみを持ったかたちをしているという点のみへの興味であり、古い情報そのものには「うつろ舟」が空を飛んだり、よその天体から銀河膝栗毛をして来たりしたような描写などはない。（『江戸「うつろ舟」ミステリー』）

「うつろ舟」や「うつぼ舟」と称されるものは、もともとは木をくりぬいて造った規模の小さな舟のことである。古くから物語では、鵺《ぬえ》や玉藻前《たまものまえ》（**殺生石**《せっしょうせき》の項目参照）など退治された怪物、あるいは**お百姫**《ひゃくひめ》や**桑の木の舟**などのように身分のある者や咎人《とがびと》・病人を流したりする際に用いる舟として登

場しており、よく知られていた。「うつろ舟の蛮女」を見た古老が、罪をおかして流された蛮国の王の女《むすめ》であろうと語ったという記述も、これらの先行する存在を下敷きにしている。しかし、先行する数多くの木製の「うつろ舟」たちは舟そのものが大きくピックアップされることはなく、その点を考えると、このまんまるくて鉄製の「うつろ舟」は、最も舟そのものの形状が言及・注目されつづけている「うつろ舟」であるといえる。

〔参考文献〕『日本随筆大成』二期一、加門正一『江戸「うつろ舟」ミステリー』、本城達也「斎藤守弘さんのお話」（『ASIOSブログ』）、ASIOS『昭和・平成オカルト研究読本』、別冊歴史読本『世にも不思議な 江戸怪奇事件帳』

鰻小僧【うなぎこぞう】

茨城県常北町（現・城里町《しろさとまち》）の清音寺《せいおんじ》に伝わる。鰻が化けていたという無口で美しい小僧で、毎日どこからか強飯《こわめし》を大量に持って来て本尊の前に供えていた。ある日、殿様が川で釣りを楽しんでいたところ、とても大きな鰻が捕れたので、さっそく腹を割《さ》かせてみると、中には強飯がいっぱい詰《つ》まっていたという。それ以後、ふしぎな小僧のすがたは寺から消えてしまった。小僧の正体であった鰻の供養のために建てられた石の地蔵は「鰻地蔵」と俗に呼ばれる。

〔参考文献〕今瀬文也『茨城の寺』一、今瀬文也『民話のふる里』

女化狐【うなばかぎつね】

常陸国《ひたちのくに》（茨城県）に住んでいた栗山覚左《くりやまかくざ》衛門《えもん》という、妻を失った男のもとにやって来て、妻となっていた**狐**。「下総国《しもうさのくに》にいるという伯母《おば》の家に行く途中の旅の者です」と称して覚左衛門の家に宿を借りたのをきっかけに妻となった。やがて、覚左衛門とのあいだに男の子を産んだが、昼寝をしているとき、その子にしっぽを見られてしまい、家を出て行ってしまった。ただひとつ残された白無垢《しろむく》の衣には「みどり子が跡をたずねばうなばかが原になくなくふすとこたえよ」という和歌が血でしたためられていたという。

八島五岳《やしまごがく》『百家琦行伝《ひゃっかきこうでん》』（巻三）の「栗山覚左衛門」に書かれているはなしで、展開は**女化狐**《おなばけぎつね》と同じもの。五岳の兄である雪蕊《せっしょう》が聴いたままを収録したとあるが、「うなばかが原」は上総国《かずさのくに》（千葉県）女化《うなばけ》が原《はら》であると示されていたり、「葛《くず》の葉《は》」の浄瑠璃《じょうるり》もこのはなしがお芝居になったものとしていたり、情報がごちゃごちゃに佃煮されたような内容となっている。女化稲荷《おなばけいなり》・栗《くりば》林下総守義長《やししもうさのかみよしなが》の文脈と結びつけられていない設定の例であるとみることもできる。

〔参考文献〕武笠三（校訂）『先哲像伝・近世畸人伝・百家琦行伝』、日野巌『動物妖怪譚』

馬面な毒虫【うまづらなどくむし】

茨城県大野村（現・鹿嶋市）の立原《たちはら》に伝わる。むかし馬が深い田んぼに落ちて死に、その霊がなったという毒虫。大量に発

生して作物に大きな被害をもたらしたので、馬の霊を祀《まつ》ったところ止んだという。一時期、祭礼をしなかったところ、毒虫が再び大発生したこともあったと語られている。（「泣き祇園祭」）

六月一五日の「泣き祇園《なぎおん》」は、この馬の霊を悼むおまつりだと語られている。

［参考文献］北洲堂主人「泣き祇園祭」（『風俗画報』四十六号）、『大野村史』

怨みの里芋［うらみのさといも］

勤めていた下女《げじょ》を里芋畑で折檻《せっかん》したところ、その怨念が畑に宿り、芋が一切できなくなってしまった。そのため、その家では里芋づくりをしなくなったという。

茨城県下妻市などに伝わる。

［参考文献］『下妻市史』別編 民俗

お井戸様の鮒［おいどさまのふな］

茨城県行方《なめがた》市蔵川《くらかわ》に伝わる。毎年一〇月二五日にお井戸様と呼ばれるところから一匹の鮒が釣られてお酒で煮込まれ、一年のあいだ神社で保存される。もし瘧《おこり》になって苦しむひとが出た場合は、この鮒を下《さ》げて来て食べると治るといわれていた。

［参考文献］谷川磐雄『民俗叢話』

大蟒［おおうわばみ］

ものすごく大きな蛇。ひとをまるごと呑み込んで食べてしまったりする。

『宮川舎漫筆《みやがわのやまんぴつ》』（巻五）には、常陸国《ひたちのくに》（茨城県）霞ヶ浦で農家のおかみさんが松の木《こ》陰《かげ》で休んで居眠りしていたとき、大蟒に食べられそうになったが、たまたま大神宮《だいじんぐう》様のおふだで髪を結んでいたので、それが炎になって身を守ってくれたというはなしが載っている。

『古今佐倉真佐子《ここんさくらまさご》』にも、成田山の宝剣のおまもりが飛び出て「うわばみ」を切り払ったという同様のはなしが、成田についての項目にみられる。

［参考文献］『日本随筆大成』一期十六、佐倉市史編さん委員会『古今佐倉真佐子』

大津虫［おおつむし］

「だいばの虫」とも。茨城県に伝わる、馬に取り憑《つ》いて殺してしまうという虫。足長《あしなが》蜂《ばち》のような見た目で、黄色い（「紙上問答」答（十五））ともいう。**大馬神《だいばがみ》**や**頽馬《だいば》**などの仲間。藤豆《ふじまめ》が好物だといわれており、厩《うまや》のまわりに藤豆を植えるのは、よくないことだとされていた。（「紙上問答」答（十五）、『民俗怪異篇』）

「大津」という呼び名は、大津東町に由来している。大津東町は荷鞍《にぐら》をはじめて発明し馬の病気にも詳しいひとが暮らしていた地、大馬神《だいばがみ》や馬魔《ぎば》が生じた地などと語られているが、所在地については、近江国《おうみのくに》と常陸国《ひたちのくに》とまちまちに語られており一定していない。大津東町にありがたい馬頭観音《ばとうかんのん》があるからだとも語られる。この地名は、「大津東町」という文字を染め抜いた腹掛《はらがけ》——

各地で「虻取《あぶと》り」（「紙上問答」問（十五））などとも呼ばれる――をつけていれば「だいば」の類に襲われない（「紙上問答」答（十五））という俗信と深く結びついている。

馬たちがこの世にいることを呪って死んだ女が「だいば」となり、それがはじまりであるとも語られる。その女は美しい遊女であったことから「だいばの虫」の頭部は美しく立派（「紙上問答」答（十五））であるともいわれる。きらびやかな髷《まげ》や簪《かんざし》などを連想させるような外見の虫が想定されていたようだ。

［参考文献］野田生「紙上問答」問（十五）（『郷土研究』一巻三号）、吉原春園「紙上問答」答（十五）（『郷土研究』一巻九号・十号）、礒清『民俗怪異篇』

大鼠［おおねずみ］

年を経《へ》た鼠。ひとを襲って食べたりする。

茨城県八郷町《やさとまち》（現・石岡市）に伝わるはなしでは、荒れ果てた古寺に金色の毛のある大鼠が棲《す》みつき、泊まる人を食べていたが、旅の僧侶と一二匹の**猫**たちによって退治されたという。鼠と猫たちを葬《ほうむ》ったのが「十三塚」であると語られている。（『茨城の寺』三、『民話のふるさと』、『八郷町誌』）

千葉県旭市野中の長禅寺にも、猫が来ても逆にかみ殺してしまうというほどの大鼠が棲みついており、大勢の猫たちと協力して退治したというはなしがある。（『房総の伝説』）

三千年も生きてる鼠もこの例のひとつ。

［参考文献］今瀬文也『茨城の寺』三、今瀬文也『民話のふる里』、高橋在久・荒川法勝『房総の伝説』、『八郷町誌』

御鹿［おしか］

鹿島《かしま》の神の使いであるとされる鹿。祭礼などのとき、雌雄一対《いっつい》で鹿島（茨城県鹿嶋市）から各地の鹿島神社へ遣《つか》わされたりしたという。川を渡る際は船を使うとされるが、人の目には見えず、音や砂の上に足跡だけが残るという。

むかしある狩人が雌の鹿を射って殺したが、実はそれは一対で遣わされていた御鹿で、雄の鹿は悲しみから病んで死に、狩人はそのたたりによって死んだという。

茨城県下妻市などに、鬼怒川《きぬがわ》の御鹿渡しの名前の由来として伝わる。

［参考文献］『下妻市史』別編　民俗

お釈迦様［おしゃかさま］

四月八日に田んぼの土いじりをするのは、お釈迦様の頭を削ることになるからいけない。また、この日はお釈迦様（すがたは見えない）が田耕《たうな》いをしているので、田んぼに入ってはいけないといわれていた。（『茨城県東茨城郡美野里町の民俗』）

茨城県美野里町（現・小美玉《おみたま》市）などに伝わるもので、「お釈迦様は四月八日に田んぼの畔《くろ》から生まれたから」（『茨城県東茨城郡美野里町の民俗』、『美野里町史』下、『勝田市史』民俗編）と語られている。もちろん、一般に釈迦は摩耶夫人《まやぶにん》の腋《わき》の下から生まれたと語られており、蛙《かえる》が冬眠から起きたような場面設定は役割がシフトしてし

まった結果の後付けである。田に入ることや土いじりを忌《い》む日についての意味づけ内容を、日付からの連想（四月八日は釈迦の誕生日だとされる）で「お釈迦様」と結び付けた例であり、釈迦という存在そのものは重要ではなく、精霊のような存在に対しての仮託に過ぎないようである。

「頭を削ることになる」など、土いじりを忌《い》む日に関連して語られる**地鎮様《じじんさま》**、**土用坊主**たちなどとは、設定されている時季は異なるものの、重なる性質は多い。**棒《ぼう》っ脛《ばぎ》**も参照。

［参考文献］『茨城県東茨城郡美野里町の民俗』、『美野里町史』下、『勝田市史』民俗編

おそめ田 ［おそめだ］

茨城県小文間村《おもんまむら》（現・取手市）に伝わる。

むかしおそめという女が一生懸命に貯めた財産で買った田地を、悪者にあっさり奪われてしまった。おそめは奪われた田のまわりを祈りながらまわって狂死した。それ以後、その田んぼを求めた者は次々死んでしまったといい、耕作することが忌《い》まれていた。

［参考文献］寺田喜久『相馬伝説集』

女化狐 ［おなばけぎつね］

茨城県龍ケ崎市などに伝わる白狐。猟師に殺されそうになったところを救ってくれた男のもとに、鎌倉へ向かう途中の旅の女のすがたに化けて恩返しに現われた。そのままお嫁となるが、のちに正体を知られてしまい子供を残し去ったとされる。「女化《おなばけ》稲荷《いなり》」として女化神社（茨城県龍ケ崎市）に祀《まつ》られる。

『女化稲荷縁起《おなばけいなりえんぎ》』では、常陸国《ひたちのくに》根本村（茨城県稲敷《いなしき》市）の忠五郎という恩人であるとされ、家でつくった莚《むしろ》を売りに行った帰りに「高見が原」の白狐を助けたと語られている。忠五郎との間には一女二男ができたが、末っ子にお乳をあげながら庭に咲く白菊《しらぎく》を茫然《ぼうぜん》と眺めているうちに狐のすがたに戻っていたのを見られ、「みどり子《ご》の母《はは》はと問《と》わば女化《おなばけ》の原《はら》になくなく伏《ふ》すと答《こた》えよ」という和歌を書き残して家を去ったとされる。

赤松宗旦《あかまつそうたん》『利根川図志《とねがわずし》』（巻五）などでは、常陸国根本村の忠七が恩人であるとされ、母の薬をもらいに土浦（茨城県土浦市）へ行った帰りに「根本が原」の白狐を救ったと語られる。忠七とのあいだには、お鶴《つる》・亀松《かめまつ》・竹松《たけまつ》という子供ができたが、狐であることが知られてしまうことをおそれて家を去った。このうちの竹松の孫にあたる人物が、「関東の孔明《こうめい》」とも称された栗《くり》林《ばやし》下総守義長《しもうさのかみよしなが》であると書かれている。

「女化稲荷の御砂《おすな》」は田や畑に撒《ま》くと豊作になるとして、「女化講《おなばけこう》」などの信仰が茨城・千葉県などに存在していた。（『印西町史』民俗編、「女化稲荷（一）」）

母である狐が子を残して和歌を詠んで去る展開など、安倍晴明《あべのせいめい》の出生についてを盛り込んだ「葛《くず》の葉《は》」の物語や芝居からの影響は非常に濃い。歌舞伎では河竹黙阿弥《かわたけもくあみ》に

よって明治時代に書かれた『女化稲荷月朧夜《おなばけいなりつきのおぼろよ》』が女化狐を題材にしており、狐を助けた男は曽根忠三郎、女房となった狐はお秋と設定されている。

［参考文献］赤松宗旦、柳田國男（校訂）『利根川図志』、金子敏『狐から生まれた男 幻の戦国武将・栗林義長』、吉原春園「女化原」（『郷土研究』一巻十号）、『印西町史』民俗編、長沢利明「女化稲荷（一）」（『西郊民俗』百十六号）、久米晶文（編集校訂）『宮負定雄 幽冥界秘録集成』

鬼の首［おにのくび］

鬼の首を矢が貫《つらぬ》いている絵。鎮護の意味を持つと語られている。

宝亀一一年（七八〇）、反乱を起こした夷賊《いぞく》一〇〇〇人を鎮定後に埋めたとされる千人塚（茨城県）に置かれた石にはこの絵が彫られていたという。千人塚は後に浅間塚《せんげんづか》とも呼ばれている。（『大野村史』）

鬼が矢に貫かれている絵は、神奈川県の**鬼面《きめん》の札**などにもみられる。

［参考文献］『大野村史』

鬼の血［おにのち］

茨城県鹿島町《かしままち》（現・鹿嶋市）の高天原《たかまがはら》という松の林のある浜の砂は、鬼たちから流れた血を吸って染まったので赤い（血染砂、赤土）と語られている。

太古のむかし武甕槌命《たけみかづちのみこと》が、この地で鬼賊《きぞく》たちを退治して首を打ち落としたとされており、その血であるとされる。高天原にはその首を埋めた「鬼塚」もある。

［参考文献］茨城民俗学会『国鉄鹿島線沿線の民俗』

御神橋の擬宝珠［おみばしのぎぼし］

茨城県協和町（現・筑西市《ちくせい》）に伝わる。神明様《しんめい》の御手洗池に懸かっていた橋の欄干《らんかん》についていた飾りの擬宝珠で、明治三五年（一九〇二）の台風で橋ごと流されてしまい、いまもどこかに沈んでいるが「地上に出たい」という霊気を発しているという。

［参考文献］協和町寿大学『きょうわの伝説』

おりょう

茨城県笠間市に伝わる。上加賀田の「おりょう坂」の由来と語られている。

むかし「おりょう」という糸紡《つむ》ぎの得意な娘が帰って来なかった。その後、山の中でおりょうによく似た女が糸車をまわしているすがたが見られるようになる。猟師が探しに行くと、たしかにおりょうと瓜ふたつの娘が真っ暗い山の坂道で糸を紡いでいた。しかし余りにあやしい佇《たたず》まいだったので鉄砲を撃ちかけたところ、たちまちすがたを消して、別のところに現われたという。正体は大蝦蟇《おおがま》で、糸車の脇にある行灯《あんどん》を撃ちぬくことで退治できたという。

糸紡ぎや綿引きをしている娘・婆のすがたをした妖怪は、近くにある行灯などが本体で、そこを弓や鉄砲で撃つことで退治できたというはなしは各地に伝わる。

［参考文献］『笠間の民話』下

【か】

かあぱめ

河童《かっぱ》のこと。茨城県などで呼ばれる。夏に泳ぎに出たりすると「かあぱめに引き込まれないよう気をつけろよ」などといわれた。

［参考文献］茨城民俗学会『子どもの歳時と遊び』

香々背男［かがせお］

「かかせお」とも。「天香々背男《あめのかがせお》」、「天津甕星《あまつみかほし》」とも称される。星の神だといい、『日本書紀《にほんしょき》』などにもみられる。茨城県では、建《たけ》御雷命《みかづちのみこと》・経津主命《ふつぬしのみこと》、およびそれを助けた建《たけ》葉槌命《はつちのみこと》によって退治されたと寺社で言い伝えられている。（『県北海岸地区民俗資料緊急調査報告書』、『瓜連町史』）

茨城県日立市の大甕《おおみか》神社では、「香々背男の爪」と称する爪が保管されていて、香々背男は獣のすがたをしていたとも語られていたという。（『県北海岸地区民俗資料緊急調査報告書』）

魔王石は香々背男が化けたとされる岩石で、さまざまなはなしが語られている。

［参考文献］茨城民俗学会『県北海岸地区民俗資料緊急調査報告書』、『瓜連町史』

餓鬼どん［がきどん］

無縁にあたる霊たち。一人前になる以前に亡くなった者たちの霊。群馬・栃木・茨城県などでいう。**餓鬼仏**《がきぼとけ》とも。

茨城県五霞村《ごかむら》（現・五霞町）では、お盆の盆棚《ぼんだな》の下に蓮《はす》や里芋《さといも》の葉っぱを敷いて、その上に「ガキドン」たちのためのごはんを上げるとされる。置いていた茄子《なすび》に爪跡のようなものがついているのは「来ましたよ」というしるし（『五霞村の民俗』）などと語られていたという。

栃木県でも、餓鬼どんのためにあげるごはんとして、里芋の葉っぱ（芋《いも》っ葉《ぱ》）にうどんやごはん（『秋山の民俗』）、焼いたり煮たりした素麺《そうめん》（『鹿沼市下沢の生活と伝承』）をのせて出して置くなどといわれる。

［参考文献］五霞村歴史民俗研究会『五霞村の民俗』、『群馬県史』資料編二十七 民俗三、群馬県教育委員会『前橋市城南地区の民俗』、栃木県郷土資料館『秋山の民俗』、武蔵大学人文学部日本民俗史演習『鹿沼市下沢の生活と伝承』

餓鬼仏［がきぼとけ］

「がぎぼどげ」とも。茨城県などでいわれる。道行くひとに取り憑《つ》いて突然お腹をすかせて動けなくしたりするという。（『茨城方言民俗語辞典』）

「餓鬼仏」ということばは、**無縁**や**餓鬼**《がき》**どん**などの意味でも用いられている。（『前橋

市城南地区の民俗』）
［参考文献］赤城毅彦『茨城方言民俗語辞典』、群馬県教育委員会『前橋市城南地区の民俗』

隠れ婆［かくればばあ］

日が暮れても外で遊んでいる子供を、さらっていってしまうという。

茨城県などでいわれている。

［参考文献］『高萩の昔話と伝説』

隠れ人［かくれびと］

茨城県関本村（現・筑西市《ちくせいし》）の船玉に伝わる。八幡神社の石段の近くに岩窟《いわや》のような穴があり、そこに住んでいたというふしぎな存在。お膳が必要になったときは、「八幡の岩屋《いわや》」に必要な数を告げておくと、翌朝その数通りに貸してくれたことがあったと語られている。

［参考文献］高木敏雄『日本伝説集』

累［かさね］

下総国《しもうさのくに》の羽生村《はにゅうむら》（現・茨城県常総市《じょうそうし》羽生町）にいた女性。夫に殺され幽霊となったはなしが、祐天《ゆうてん》上人のはなしや芝居を通じて広く知られている。

羽生村の与右衛門《よえもん》は子連れの女を妻に迎えたが、連れ子の助《すけ》が醜かったことから残虐にあつかっていた。結果、助は絹川《きぬがわ》（鬼《き》怒川《ぬがわ》）で殺されてしまう。その後、女の子が生まれ累《るい》と名付けられたが、助と全く同じ顔だったため、村人からは「かさね」と呼ばれるようになった。やがて両親が亡くなり、累はひとりで暮らしていたが、後に婿を迎えた。夫となった男は与右衛門の名を継いだが、本心は七石《こく》もある田畑財産を狙っており、大豆《だいず》の収穫のとき、重い荷物を累に持たせて絹川へ突き落とし、殺してしまった。

その後、与右衛門の田畑には大量の虫が発生して大変な凶作がつづいたりしたが、六人目の後添《のちぞ》いとのあいだに菊《きく》という娘を授かった。ところが病にかかったお菊に怨霊が憑《つ》いて彼の旧悪を語りつづけた。お菊の病には医者も法印《ほういん》も効き目がなかったが、祐天上人の法力により、助の霊とともに成仏したという。

『死霊解脱物語聞書《しりょうげだつものがたりききがき》』などで祐天上人の霊《れい》験《げん》として語られる一方、桜田治助《さくらだじすけ》『伊達競《だてくら》阿国戯場《べおくにかぶき》』や四世鶴屋南北《つるやなんぼく》『阿国御前化《おくにごぜんけ》粧鏡《しょうのすがたみ》』などの芝居の一部に趣向として取り上げられることでも人々に広く知られた。歌舞伎には累を題材にした演目や脚色は幅広くあり、その要素や演出は『東海道《とうかいどう》四谷怪談《よつやかいだん》』にも強い影響を与えた。

役者絵やおもちゃ絵に**お岩**とともによく描かれるようになる**南瓜《かぼちゃ》お化け**の演出も『累淵扨其後《かさねがふちさてもそののち》』や『艶紅葉汗顔見勢《はじもみじあせのかおみせ》』など、累の芝居で用いられたもの（『紙魚文学』、『大南北全集』十二）が先行しており、累もの作品に登場する画像妖怪への影響は非常に大きい。

［参考文献］『祐天上人御一代記』、寺田喜久『相馬伝説

集』、三田村鳶魚『娯楽の江戸』、山口剛『紙魚文学』、坪内逍遥・渥美清太郎『大南北全集』十二

鹿島の大助 ［かしまのおおすけ］

「鹿島大助《かしまおおすけ》」、「鹿島様《かしまさま》」、「大助人形《おおすけにんぎょう》」とも呼ばれる。鹿島《かしま》明神・香取《かとり》明神の神軍《かみいくさ》だという存在で、**疫病神**や**悪魔**あるいは田畑の害虫たちが地域に入って来るのを防ぐとされている。茨城県鹿嶋市などを中心に七月に麦藁《むぎわら》などで武士のかたちの人形が造られ、それを燃やす行事がみられる。

鹿島明神が悪神《あくじん》や鬼賊《きぞく》を退治したこと（『勝田市史』民俗編）、あるいは**香々背男**《かがせお》を征伐する際に、瓜連町《うりづらまち》（現・茨城県那珂《なか》市）の静《しず》に祀《まつ》られている建葉槌命《たけはつちのみこと》が鹿島明神・香取明神を援軍したことに由来すると語られていたりする。（『瓜連町史』）

茨城県桜川村四ヶ《しか》（現・稲敷《いなしき》市）では「親方人形《おやかたにんぎょう》」、「親分人形《おやぶんにんぎょう》」などと呼び、「鹿《か》島《しま》香《か》取《とり》大明神」と書いた紙の幟《のぼり》を装備させていたりもする。（『四ヶの生活と伝承』）

千葉県でも、「鹿島人形《かしまにんぎょう》」（『大谷の民俗』）、「武者人形《むしゃにんぎょう》」（『小櫃村誌』）など疫病などを祓《はら》う人形を造る行事がみられる。

［参考文献］『瓜連町史』、『勝田市史』民俗編、國學院大學民俗学ゼミナール『大谷の民俗』、『小櫃村誌』、武蔵大学人文学部日本民俗史演習『四ヶの生活と伝承』、藤澤衛彦『日本伝説叢書』下総の巻

霞ヶ浦の主 ［かすみがうらのぬし］

霞ヶ浦（茨城県）にいるというぬし。巨大な鯉《こい》だともいわれる。

むかし霞ヶ浦を進んでいた船の間近に、朱色の大緋鯉《ひごい》が現われ、船員たちは大騒ぎしたが、船長が落ち着いて「或《わく》漂《ひょう》流《りゅう》巨《こ》海《かい》竜《りゅう》魚《ぎょ》諸《しょ》鬼《き》難《なん》念《ねん》彼《ぴ》観《かん》音《のん》力《りき》波《は》浪《ろう》不《ふ》能《のう》没《もつ》」と、海難よけのお経を唱え、おはじ（お櫃《ひつ》）いっぱいのごはんを投げ込むと、鯉はそれをまるのみにして湖底に沈み、その後すがたを見せることはなかったという。

［参考文献］高柳伸次「霞ヶ浦の主大緋鯉の話」（『茨城の民俗』三十九号）

風の神の子 ［かぜのかみのこ］

七夕に雨が降らないと、星（**七夕様**）が出会ってしまい、「風の神の子」を産むという。秋の二百十日《にひゃくとおか》などにやって来て台風をもたらし、田畑を荒らすとされる。

茨城県美野里町（現・小美玉《おみたま》市）などに伝わる。そのため、七夕には三粒でも雨が降るのが良いといわれていた。（『美野里町史』下）

美野里町の例では「星」としか表現されていないが、**疫病神の子**や**三千の悪神**《あくじん》などと同様、出会ってしまうと悪い存在を産む七夕様の例のひとつだといえる。

［参考文献］『美野里町史』下

月山寺の護法神 ［がっさんじのごほうじん］

茨城県岩瀬町西小塙《にしこばなわ》（現・桜川市）の月《がっ》山寺《さんじ》に伝わる。元は**狸**だったという。

むかし修行僧が寺にやって来て、住職と

仏法について一晩中語っていたが、途中でうとうとと眠ってしまった。錫杖《しゃくじょう》をつかって起こしたところ、自身が狸であると語り、寺の守護を誓ってすがたを消した。

そのとき、「錫杖がキライなので、境内《けいだい》での錫杖の使用は禁じてくれ」と頼んだことから、月山寺には「禁於境内錫杖振事《けいだいにおいてしゃくじょうふるをきんず》」という掟《おきて》ができたという。もしこれを破って錫杖を振ったりすると、災難が起こったという。

〔参考文献〕今瀬文也『茨城の寺』一、今瀬文也『民話のふる里』

蟹鳥［かにとり］

常陸国《ひたちのくに》の水戸（茨城県水戸市）のある医者の家の庭の池にいた大きめの蟹が、ある日から鋏《はさみ》の部分が鳥のくちばし、脚が鳥の羽根のように変わり、ついには体が割れて二羽の鸊鷉《かいつぶり》になって池を泳いでいたというふしぎなことがあったという。

津村正恭《つむらまさやす》『譚海《たんかい》』（巻八）や大田南畝《おおたなんぽ》『一《いち》話一言《わいちげん》』（補遺巻三）にみられる。

〔参考文献〕津村正恭『譚海』、『日本随筆大成』別巻六

茅野の大蛇［かやののだいじゃ］

茨城県美野里町（現・小美玉《おみたま》市）に伝わる。六郷原と呼ばれる茅《かや》っ原《ぱら》にいたという巨大な大蛇で、頭には苔《こけ》が角のようになって分厚く生えていたという。

明治三〇年代ごろまでは見たというひとがあったという。

〔参考文献〕『美野里町史』下

唐猫塚［からねこづか］

茨城県下妻市の高道祖《たかさい》にあった塚で、夜な夜な近所の**猫**たちが集まって人間たちのように踊りや酒もりをしていたという。

塚そのものは、お膳が必要になったときに、必要な数を頼んでおくと貸してくれたともいう。（「七不思議」）

むかし真壁道無《まかべどうむ》などが高麗《こうらい》国に渡って持ち帰って来た「虎《とら》の耳」が埋められている塚だとされる。（『下妻市史』）桓武天皇のころ、新田の弥右衛門《やえもん》というひとが中国から持ち帰って来た猫を、死後に埋めたものだ（「七不思議」）とも語られていたようだ。

〔参考文献〕『下妻市史』別編 民俗、石塚尊俊「七不思議」（『民間伝承』四巻六号）

観音様の蛭［かんのんさまのひる］

茨城県桂村（現・城里町《しろさとまち》）の観世音川にいるという蛭《ひる》。観音様《かんのん》の使いであるといわれており、ひとの血を決して吸わないと語られていた。

〔参考文献〕今瀬文也『民話のふる里』

祇園［ぎおん］

茨城県江戸崎町（現・稲敷《いなしき》市）などでは、祇園の月（七月）には鰻《うなぎ》や鯉《こい》といった川魚を食べると災厄に遭うとされていた。（『茨城の寺』四）

栃木県鹿沼市などでは、稲荷《いなり》と牛頭天王《ごずてんのう》（祇園）を祀《まつ》っている家は胡瓜《きゅうり》をつくってはいけない（『鹿沼市下沢の生活と伝承』）といったことが語られていたこともみえる。

祇園は、祇園精舎《ぎおんしょうじゃ》の神である牛頭天王のこと。「天王さま」とも呼ばれ、**河童**《かっぱ》などとも関連が深い。

［参考文献］今瀬文也『茨城の寺』四、武蔵大学人文学部日本民俗史演習『鹿沼市下沢の生活と伝承』

狐［きつね］

むかし成田《なりた》参りに行くためお婆さんが歩いて旅に出た。道中で一緒について来るひとができた。いくら「どうぞ先に行ってください」と言ってもついて来た。途中、茶《ちゃ》店《みせ》で休んでいると店の者らしい白髪の爺が「婆さん、そのひとは家からの連れひとか？」などと、こっそり訊《き》いて来たので、知らない者だと答えると「どうもただびとではないから、お気をつけなさいよ」と釘《くぎ》を刺して来た。その道連れの正体は狐で、婆さんが注意しはじめたのを察したのか途中で別れて行った。お参りをすませた帰り道に、また例の茶店に立ち寄ったお婆さんが爺に礼をしようとたずねてみると、そんな爺さんはここにはいないといわれた。成田のお不動《ふどう》さん（不動明王《ふどうみょうおう》）が爺になって狐から救ってくれたのだという。

茨城県潮来《いたこ》市に伝わる。成田参りは、成《なり》田山《たさん》（千葉県成田市）へ参詣することで、関東各地の人々に広く行われていた。「お婆さん」は昔話に出て来るようなバーチャルな「お婆さん」ではなく話者の祖母で、幕末か明治ごろのはなしか。

［参考文献］水郷民俗研究会『潮来の昔話と伝説』

胆無娘［きもなしむすめ］

茨城県笠間市に伝わる。むかし全身が白いお姫様がおり、殿様は治す術《すべ》が無いかと占わせた。すると「十九のとしになる娘の生き胆を飲ませれば良い」との判断が出た。家来は腰元《こしもと》の中からちょうど合致する娘を誘い出して酒を多量に飲ませて殺し、生き胆を取り出してお姫様に飲ませた。お姫様は絶世の美女になったが、城中には胆を奪われた娘の亡霊が出るようになり、たたりがつづいたという。（『笠間市の昔ばなし』、『民話のふる里』）

「きもなし弁天」は、この娘の霊を鎮めるために祀《まつ》られたものだという。

［参考文献］笠間市文化財愛護協会『笠間市の昔ばなし』、今瀬文也『民話のふる里』

綺麗な娘［きれいなむすめ］

茨城県五霞村《ごかむら》（現・五霞町）などに伝わる。夜道を歩いていると、とても綺麗な娘が歩いているといったもの。ある男が近づいて、首筋をなでてみたら**狐**だとわかり、びっくりしたという。（『五霞村の民俗』）

さらりと語られているため詳しくはわからないが、「首筋をなでると狐だとわかった」という部分は、獣毛の感触があったことを言ったものか。化け狐などを見分ける

方法に、「相手の腕をまくってこすってみる」（狐や**狸**だと毛の手触りがする）などは存在する。

［参考文献］五霞村歴史民俗研究会『五霞村の民俗』

鬼渡の鬼［きわたりのおに］

茨城県常陸大宮《ひたちおおみや》市檜山《ひやま》に伝わる。むかし**鬼**がこの地を荒らしており、武甕槌命《たけみかづちのみこと》によって征伐されたことが、鬼渡神社の名前の由来だとされている。

［参考文献］今瀬文也『民話のふる里』

金牛・銀牛［きんべっこ・ぎんべっこ］

茨城県常陸太田《ひたちおおた》市などに伝わる。山の中に眠っている金や銀の精。

むかし佐竹《さたけ》の殿様が国替えになり常陸国《ひたちのくに》（茨城県）から出て行くことになったとき、その行列のあとを金や銀の精が「べっこ」（牛）のすがたになってぞろぞろついて去ったという。それ以来、常陸国では金銀が採れなくなったと語られる。

［参考文献］今瀬文也『民話のふる里』

口無し嫁様［くちなしよめさま］

茨城県関城町《せきじょうまち》（現・筑西《ちくせい》市）などに伝わる昔話に出て来るもの。「ごはんを食べない嫁が欲しい」という男の所にやって来た口の無い嫁様で、正体は**鬼**。

五月の端午《たんご》の節供に、嫁様は里帰りをするため半切《はんぎり》（ごはんなどを入れる平たく大きな桶《おけ》）に山盛りの柏餅《かしわもち》を入れて頭にのせて行くことにしたが、なぜかそこに夫も乗せられることになった。道中、がりがりとふしぎな音がするので夫があたりを見てみると、それは嫁様の頭のてっぺんに隠れていた口が半切の底を喰い破って柏餅をこっそり食べていた音であった。驚いた男が逃げ出すと、鬼の本性をあらわして追いかけて来たが、蓬《よもぎ》と菖蒲《しょうぶ》の茂みに逃げ込んだおかげで命が助かり、それが端午の節供に菖蒲を家に飾る由来だと語られる。（『関城町の昔ばなし』）

「食わず女房」の昔話のひとつであるが、柏餅と夫を半切に一緒に乗せてかついで行く途中で正体が露顕《ろけん》するという展開は、柏餅の食べ方も含めアクションシから受ける印象がつよすぎる。

［参考文献］箱守重造『関城町の昔ばなし』

櫟の木［くぬぎのき］

櫟《くぬぎ》の木は庭に植えるのが忌《い》まれていた。

茨城県などでは、ひとのうなり声を聴くのが好きなので、これを庭に植えると家に病人が絶えなくなるといわれていた。

［参考文献］東京学芸大学民俗学研究会『昭和四十四・四十五年度調査報告』

栗の箸［くりのはし］

茨城県岩井市（現・坂東市）などに伝わるもので、「川ひたり」の日（一二月一日）には栗の箸を使ってあんこ餅を食べる。

「栗の木は水に沈まない」という点に由来しているそうで、水難・**河童**《かっぱ》よけとされた。

［参考文献］岡村青『茨城の河童伝承』

桑の木の舟［くわのきのふね］

蚕《かいこ》のはじまりについてのはなしに出て来るもので、むかし難病になったひとが桑の木で造られた舟（うつぼ舟）に乗せられて流され、常陸国《ひたちのくに》（茨城県）に流れ着いた。流れ着いたときに体は小さい虫になっており、それが蚕のはじまりだという。

茨城県酒門村《さかどむら》（現・水戸市）などに伝わる。蚕のはじまりとして各地で語られる金色姫《こんじきひめ》の縁起物語と要素は同じものである。

［参考文献］今野圓輔「常盤採録」（『民間伝承』九巻六・七合併号）

軍鬼［ぐんき］

鹿島《かしま》明神などが従えている神兵（神軍《かみいくさ》）に属している**鬼**たち。

浅井了意《あさいりょうい》『伽婢子《おとぎぼうこ》』（巻八）の「邪神《じゃじん》を責殺《せめころす》」で、通力《つうりき》自在の**大蟒蛇**《だいもうじゃ》を退治するために鹿島明神から遣《つか》わされた神兵のなかにみられ、討ち取られた大蟒蛇の首を「数十の軍鬼ども」が大きな丸太で運んで来るのが確認できる。

『伽婢子』の挿絵にも、服を着て刀を佩《お》びた三体の鬼が描かれており、これが「軍鬼」であるとわかる。

鹿島・香取《かとり》の神々や神軍が鬼賊《きぞく》や**魔物**を撃破するために闘ったというはなしは民間信仰でも**鹿島**《かしま》**の大助**《おおすけ》がそのすがたを模した人形として造られて魔よけや虫送りに使われている。

［参考文献］日本名著全集『怪談名作集』

華蔵院の猫［けぞういんのねこ］

茨城県那珂湊《なかみなと》市小川（現・ひたちなか市）の華蔵院にいたという年を経《へ》た**猫**。むかし土地の桶《おけ》職人（あるいは商人）が仕事帰りに小金原で、猫たちが酒もりをやっているのを目撃した。はなしを耳にしてみると、「華蔵院が来ないのは残念ナリ」と語っていた。しばらくすると袈裟《けさ》をまとった猫がやって来て、「すまぬすまぬ、院主が外出しており、袈裟がなくて化けられず、遅れた」と酒の席に加わっていた。寺に行って、このことを語ると、この猫は寺からすがたを消したという。（『勝田市史』民俗編、『茨城の寺』一）

茨城県ひたちなか市などで語られる。昔話として語られる中では「華蔵院がこねぇから、ネッから調子が揃わねぇ」という歌（『子どもの歳時と遊び』）がうたわれることも多かったという。

茨城県東海村などでは、寺のために**火車**《かしゃ》になって恩返しをするという昔話の猫が「華蔵院の猫」（『東海村のむかし話と伝説 付わらべ唄』）と語られている例なども混じってみられる。

［参考文献］『勝田市史』民俗編、今瀬文也『茨城の寺』一、茨城民俗学会『子どもの歳時と遊び』、東海村教育委員会『東海村のむかし話と伝説 付わらべ唄』

けまぎ

茨城県石下町《いしげまち》（現・常総市《じょうそうし》）などに伝わる。もともと寺があった土地で、田畑にしたり、何かを建てたりすると成功しない、たたりがあると忌《い》まれていた。

けまぎの地を買って建てられた会社があったが、つぶれてしまって廃屋になったままになっているなどの例が語られている。

［参考文献］武蔵大学人文学部日本民俗史演習『石下町小保川・崎房の生活と伝承』

源太夫の鴛鴦［げんだゆうのおしどり］

下総国《しもうさのくに》の猿島郡（茨城県）に住んでいたという男で、美しい妻を**平将門**《たいらのまさかど》に召し上げられてしまい、失意のまま自ら命を絶った。その後、源太夫の妻も将門の御所の楼《たかどの》から落ちて死んでしまった。二人は別々に埋められたが、墓からはそれぞれ梓《あずさ》の木が生えて互いに枝を結び、鴛鴦《おしどり》が来ては悲しそうに鳴くようになったので、人々は源太夫とその妻の霊がこの鴛鴦になったのだろうと語ったという。（『妖怪百物語』）

大木月峯《おおきげっぽう》『妖怪百物語《ようかいひゃくものがたり》』の「鴛鴦《えんおう》」などにみられる。鴛鴦は**阿曽沼《あそぬま》の鴛鴦《おしどり》**や**阿蘇《あそ》沼《ぬま》の鴛鴦《おしどり》**にみられるように、夫婦の睦《むつ》ましさを示すはなしに用いられているが、この源太夫のはなしは『捜神記《そうじんき》』（巻十一）や『怪談全書《かいだんぜんしょ》』（巻二）にある韓憑《かんぴょう》（韓朋）夫妻の霊が相思樹《そうしじゅ》・鴛鴦になったというはなしをそのまま翻案したもののようである。

［参考文献］大木月峯『妖怪百物語』、干宝、竹田晃（訳）『捜神記』、日本名著全集『怪談名作集』

源太郎狐［げんたろうぎつね］

茨城県瓜連町《うりづらまち》（現・那珂市《なかし》）にある青木山の**狐**で、**紋三郎狐**《もんざぶろうきつね》の兄だといい、弟たちに神通力《じんつうりき》をもって人々に協力することを教えて各地に見送り、自身は生まれ故郷と瓜連城を護《まも》っていたと語られている。

［参考文献］『瓜連町史』、楠見松男『瓜連町の昔ばなし』

金の華鬘［こがねのけまん］

陸奥国《むつのくに》の平泉《ひらいずみ》（岩手県）に祀《まつ》られていた華鬘《けまん》で、源頼朝《みなもとのよりとも》によって平泉が滅ぼされた際、小栗十郎重成《おぐりじゅうろうしげなり》が焼け残った倉の中から見つけた玉幡《ぎょくばん》とともに持ち帰ったとされる。しかし、そのたたりなのか重成は狂乱してしまったと語られている。後にこれを譲り受けた梶原景時《かじわらかげとき》も滅び、華鬘も源《みなもとの》頼家《よりいえ》のもとに移ったが、結果として鎌倉幕府の将軍も三代で絶えてしまったとされる。（『きょうわの伝説』）

茨城県協和町（現・筑西市）に伝わる。『吾妻鏡《あづまかがみ》』（巻九）には、氏寺《うじでら》の飾りにしたいと申し出て、華鬘と玉幡を重成が持ち帰ったと記されている。

［参考文献］協和町寿大学『きょうわの伝説』、龍粛（訳注）『吾妻鏡』二

こぐろう淵の主 ［こぐろうぶちのぬし］

茨城県高萩市の花貫川《はなぬきがわ》にあるこぐろう淵（こぐろ淵）のぬし。馬の鞍《くら》を宝物として所持しているようで、淵のそばにある鞍掛《くらかけ》石《いし》と呼ばれる石の上にときどきその鞍を干していたという。（『高萩市史』下）

淵のほとりにいたひとの足に糸をじょじょに引っ掛けて水中に引きずりこもうとしたというはなしもあり、大きな蜘蛛《くも》のすがたをしているようである。（『高萩の昔話と伝説』、『高萩市史』下）

［参考文献］『高萩の昔話と伝説』、『高萩市史』下

こしん坊 ［こしんぼう］

大日山《だいにちやま》で**天狗**になったという男で、たったひとりの肉親である母親が「津島（愛知県）の祇園祭《ぎおんまつり》は日本一だというのでみてみたいものだ」とつぶやいたのを耳にして、目隠しをさせて母親を背負い、津島見物をして帰って来たという。しかし母親が、目覚めるまで見てはいけないといわれていた部屋をのぞいてしまい、天狗のすがたを知られたこしん坊は家を去ってしまったという。（『笠間の民話』上）

茨城県笠間市の仲谷津《なかやず》に伝わる。真冬に母親の食べたがった筍《たけのこ》を持って来たという「二十四孝《にじゅうしこう》」の「孟宗《もうそう》」のようなはなしも語られているが、津島見物に飛んで行ったはなしは**長楽寺の天狗**のはなしとおなじもののようである。

［参考文献］『笠間の民話』上

権現山の大蛇 ［ごんげんやまのおろち］

茨城県志筑村《しづくむら》（現・かすみがうら市）に伝わる。権現山に住んでいたという大蛇で、山から下りて来ては人々に危害を加えていた。

本堂保親《ほんどうやすちか》（志筑の領主・本堂茂親《しげちか》の三男）によって斬られて退治されたが、保親は毒気《どっけ》を受けて病を発し、城に災いがつづいたので、大蛇を鎮めるために太刀《たち》を八幡《はちまん》大菩薩《だいぼさつ》に奉納した。結果、保親は本復したという。

太刀は「大蛇丸《おろちまる》」と呼ばれ、第二次世界大戦前までは八幡社の氏子《うじこ》が代々保管していたという。

［参考文献］仲田安夫『千代田村の昔ばなし』

三尺四方位の火の玉［さんじゃくしほうぐらいのひのたま］

九〇センチ四方ぐらいの大きさの**火の玉**。『中国』（明治三六年七月三〇日）に茨城県新治《にいはり》郡高浜町（現・石岡市）の、川島《かわしま》というひとの家の前に毎夜出没したという記事がみられる。いつも午後七時から三〇分ぐらいそのままのかたちで浮かんでいるが、やがて三つか四つに小分けになり、午後八時になるとパッと消え失せたという。

［参考文献］湯本豪一『明治期怪異妖怪記事資料集成』

三本榎［さんぼんえのき］

茨城県石下町崎房《いしげまちさきぶさ》（現・常総《じょうそう》市）に伝わる。この木を触ったり切ったりするとたたりがあるとされる。昭和四九年（一九七四）の区画整理まで一本だけが残っていたが、いずれも切ったひとはたたりを受けて家が絶えたりしたと言われる。また、最後まで残っていた一本を切ったときにも工事のひとが急死したなどの噂があったという。

三本榎が生えていたころには、息をとめて木のまわりを三回まわると美女が出て来て「お茶をどうぞ」と言ってくる、などのはなしもあった。（『石下町小保川・崎房の生活と伝承』）

まわりを三回まわると何かが出現するはなしは群馬県の**婆が塚**などにもみられる。

［参考文献］武蔵大学人文学部日本民俗史演習『石下町小保川・崎房の生活と伝承』

三本杉の天狗［さんぼんすぎのてんぐ］

御岩山《おいわさん》（茨城県日立市）にある三本杉に住んでいる**天狗**たち。山に来た人々をおどろかしたという。

［参考文献］今瀬文也『民話のふる里』

草木瓜の花［しどめのはな］

しどめ（草木瓜《くさぼけ》）の花を家に入れると火事になる、火を呼ぶといわれており、採って来ることが忌《い》まれていた。（「国々の言習はし（五）」）

茨城県新治《にいはり》郡などでいわれていた。赤い色の花を、「火事を呼ぶ」として家に入れることを注意していた風習は躑躅《つつじ》や錦帯花《たにうつぎ》など、いろいろな種類の植物に用いられるかたちで各地にみられる。

［参考文献］「国々の言習はし（五）」（『郷土研究』三巻一号）

浄観寺蛇 [じょうかんじへび]

茨城県高萩市上君田に伝わる。徳川光圀《とくがわみつくに》によって廃寺とされるまで存在した浄観寺（常願寺とも）という寺院にいた色欲《しきよく》深い僧侶が、死後なったという蛇。天気が急変したりするときなどに杉《すぎ》林にすがたを見せたという。また、むかしは庄屋の代替わりをすると、この蛇がおみまいにやって来たという。

[参考文献]『高萩市史』下、茨城民俗学会『県北海岸地区民俗資料緊急調査報告書』

常光寺の竜 [じょうこうじのりゅう]

茨城県石下町《いしげまち》（現・常総市《じょうそうし》）の常光寺の門に彫られている**竜**は、夜ごとに抜け出して近くにある沼に水を飲みに行ったりしたので、目の部分に釘《くぎ》を打ち込んで抜け出さないようにしたという。

[参考文献] 今瀬文也『茨城の寺』四

聖徳寺の鐘 [しょうとくじのかね]

「泣き鐘」とも。茨城県坂東市岩井の西念《さいねん》寺《じ》に伝わる。聖徳寺はむかしの寺号。むかし**平将門**《たいらのまさかど》が陣鐘《じんがね》にしようと辺田村の聖徳寺にあった鐘を奪って行ったが、いくら打ち鳴らしても「辺田村恋し、辺田村恋し」と声を出して泣くので使い物にならず、怒って寺に戻したとされる。

[参考文献] 今瀬文也『民話のふる里』

白鷺 [しらさぎ]

茨城県志筑村《しづくむら》（現・かすみがうら市）に伝わる。白鷺が子供を抱きながら野菜を洗っている女のすがたに化けて現われ、「おどめ（赤ちゃん）をあずかってくれ」と頼んで来たという。永田《ながた》という武士が子供を抱いてやったところ、女のすがたが消えたので、驚いてそのまま走って家に帰ったが、改めて抱いていた子供を見てみると、白鷺の雛《ひな》だった。翌朝になってから女の出た場所に行ってみると、傷ついた白鷺が死んでいたという。（『千代田村の昔ばなし』）中志筑《なかしづく》にある「菜洗場《なあらいば》」と呼ばれる場所の名前の由来とされている。

赤ちゃんを抱いていてくれと頼む展開は、各地でも**産女**《うぶめ》のはなしとして知られる。千葉県の**赤ん坊を抱いた綺麗**《きれい》**な女**なども参照。

[参考文献] 仲田安夫『千代田村の昔ばなし』

四郎介狐 [しろすけぎつね]

茨城県瓜連町《うりづらまち》（現・那珂市《なかし》）にある青木山の**狐**で、**紋三郎狐**《もんざぶろうぎつね》の弟だといい、湊城《みなとじょう》を護《まも》っていたと語られている。

[参考文献]『瓜連町史』、楠見松男『瓜連町の昔ばなし』

甚五郎の竜 [じんごろうのりゅう]

名人として知られる左甚五郎《ひだりじんごろう》が彫ったとされる彫刻で、本物の**竜**となって抜け出し

たりするはなしが各地にある。

茨城県下妻市今泉《いまいずみ》の不動堂には甚五郎の竜があり、田んぼに水を飲みに出たりしたので、この竜のために水のみ専用の田をつくった。ある年、そこにもうっかり田植えをしたら、竜が暴れて不作になってしまったという。夜中になると抜け出て人をおどろかしたりしたので、釘《くぎ》を目に打ち込んで抜け出さないようにしたとも語られる。（『下妻市史』別巻 民俗）

茨城県新治村《にいはりむら》小野（現・土浦市）の清滝寺には甚五郎による雄竜《おりゅう》と雌竜《めりゅう》があり、そのために鳥は一切寄り付かないといわれている。（『茨城の寺』三）

［参考文献］『下妻市史』別巻 民俗、今瀬文也『茨城の寺』三

甚二郎狐［じんじろうぎつね］

茨城県瓜連町《うりづらまち》（現・那珂《なか》市）にある青木山の**狐**で、**紋三郎狐**《もんざぶろうきつね》の兄だといい、米崎城を護《まも》っていたと語られている。

［参考文献］『瓜連町史』、楠見松男『瓜連町の昔ばなし』

数千匹の猫子［すうせんびきのねこのこ］

茨城県筑西《ちくせい》市に伝わる『晴明伝記《せいめいでんき》』に登場するふしぎな子猫の群れ。「東天《とうてん》の和歌《わか》の山《やま》へ行け」というお告げにしたがい常陸《ひたちの》国《くに》（茨城県）の筑波山に向かった吉備真備《きびのまきび》は、これに取り囲まれて動けなくなってしまったが、そこに童子たちがやって来ると子猫たちは一斉に去った。その童子のうちのひとりが安倍晴明《あべのせいめい》だったと語られる。

『晴明伝記』は安倍晴明の生地を常陸国の猫島（筑西市猫島）であると書いている資料で、猫島という地名の由来は、この猫の群れであるとしている。猫島または吉生《よしう》（茨城県石岡市）を生地とする記述は『簠簋《ほき》抄《しょう》』にもある。猫島など筑波山周辺地域に晴明の伝説が結びつけられているのは、鹿《か》島暦《しまごよみ》を発行していた集団が暮らしていたことに関係が深いのではないか（「吉備大臣入唐・外伝」）ともみられている。このほか茨城県南部や千葉県北東部には安倍晴明を登場させる伝説や昔話が多くみられる。

［参考文献］高原豊明「常陸の晴明伝説—猫島の晴明伝説を中心に—」（『茨城の民俗』三十三号）、「藝文風土記 陰陽師・安倍晴明」（『常陽藝文』二百十二号）、深澤徹「吉備大臣入唐・外伝」（物語研究会『書物と語り』）

杉山僧正［すぎやまそうしょう］

岩間山（茨城県）にいる**天狗**（山人《やまひと》とも称している）たちの統領。天狗にさらわれた子供として江戸（東京都）で話題を集めた寅吉《とらきち》も、この杉山僧正のもとに入門して暮らしていたと語られている。「組正《そうしょう》」（『神の実在と天狗の神秘』）とも書かれる。

平田篤胤《ひらたあつたね》は、寅吉《とらきち》が体験したと語る天狗や神仙の世界について『嘉津間答問《かつまとうもん》』や『仙境異聞《せんきょういぶん》』などの文章、あるいは多数の絵図に描き起こさせて残しており、それらの情報は幕末から明治にかけての仙境のイメージ形成にも莫大《ばくだい》な影響を与えていた。

『仙境異聞』には、楤《たら》の芽を蒸し揉《も》んで陰干しにしたものをお茶のように飲む、煮染《にしめ》

には蓮根《れんこん》・人参《にんじん》・椎茸《しいたけ》・山薯《やまいも》・慈姑《くわい》・干瓢《かんぴょう》などを用いる、「婆《ばあ》が懐《ふところ》」という草を編んで衣類などに用いる、果物などを醱酵させた「あり」と呼ばれるものを保存食にしている、七生舞《しちしょうのまい》（七韶舞）という歌舞音曲《かぶおんぎょく》を奉納する、「風炮《ふうほう》」というもので山獣を狩る、といった天狗・仙人たちのかなり細かい生活要素が言及されている。杉山僧正が自ら、自然薯《じねんじょ》をすりおろしたものを浅草海苔《あさくさのり》にのせ、山椒《さんしょう》の実あるいは干瓢を入れて巻き、割菜《わりな》で結んで松《まつ》の実《み》油で揚げて調理をしたというはなしもみられる。

茨城県岩間町（現・笠間市）には、杉山僧正をはじめとした岩間十三天狗がいると語られている。

［参考文献］岩間町史編さん資料収集委員会『いわまの伝え話』、岡村青『常陸国天狗譚』、知切光歳『天狗考』上、平田篤胤、子安宣邦（校注）『仙境異聞・勝五郎再生記聞』、友清歓真『幽冥界研究資料』一、久米晶文（編集校訂）『宮負定雄　幽冥界秘録集成』、松井桂陰『神の実在と天狗の神秘』

逗孔塚［ずこうづか］

「ずこ塚」とも、茨城県下妻市の高道祖《たかさい》にあった塚で、お膳が必要になったときに、必要な数を頼んでおくと貸してくれたという。あるとき、きちんと返さなかった者が出たので、それからは貸してくれなくなってしまった。

［参考文献］『下妻市史』別編　民俗、石塚尊俊「七不思議」（『民間伝承』四巻六号）

裾引狢［すそひきむじな］

茨城県大穂町《おおほまち》（現・つくば市）の前原に伝わる。如意輪観音《にょいりんかんのん》で行われる「夜明け祭り」に安産祈願のお参りに行く女性たちの着物の裾《すそ》を引っぱるいたずらをして来たというもので、**狢**が正体だと語られていた。

［参考文献］佐野春介『大穂町の昔ばなし』

砂山の天狗［すなやまのてんぐ］

茨城県下妻市にあった砂山（標高の高い砂丘で、お釈迦《しゃか》さまなどが祀《まつ》られており、むかしは灌仏会《かんぶつえ》や藤《ふじ》の時季に賑わった）にいたという**天狗**。子供たちが遊んだりすべったりしてどれだけ跡をつけても、一夜のうちに天狗が綺麗《きれい》に砂山をならしてしまうと言われていた。

［参考文献］『下妻市史』別編　民俗

青竜権現［せいりゅうごんげん］

茨城県下妻市に伝わる。大宝沼《だいほうぬま》に住んでいるぬしで、若い娘をいけにえとして毎年差し出させていた。**一つもの**を恐れており、これが差し出されて以後はいけにえの請求を止めたという。

源《みなもとの》義家《よしいえ》が**竜**を射る際に**燕**《つばめ》が邪魔をしたというはなしに出て来るのも大宝沼である。

〔参考文献〕『下妻市史』別編　民俗

清凉寺の狢〔せいりょうじのむじな〕

茨城県石岡市石岡の清凉寺《せいりょうじ》にいた**狢**《むじな》。寺の裏にあった池の近くの穴に住んでおり、夜になると杉《すぎ》の木にのぼって月に化けたり、砂をかけて来たりして人々にいたずらをした。「砂掛狢《すなかけむじな》」と呼ばれることもある。

これを懲らしめようと、穴を煙でいぶしていたところ、ふしぎなことに寺の本堂が煙だらけになってしまったという。

〔参考文献〕『石岡市史』上、今瀬文也『茨城の寺』四、今瀬文也『民話のふる里』

千軒の火〔せんげんのひ〕

茨城県神栖市《かみす》に伝わる。暴風雨の夜などに砂浜に現われる怪火。

むかし青塚千軒・黒塚千軒というたいへん豊かな長者たちが暮らしていた村があったが、鹿島《かしま》の神を怒らせたことから一夜のうちにどちらの村も滅んで砂浜になってしまった。あやしい火は黒塚千軒のあったところから飛ぶとされる。（『民話のふる里』）

茨城県の海岸部には「千軒」と称される交易などで繁栄した豊かな村のはなしが多数あり、このはなしもそのひとつである。

〔参考文献〕今瀬文也『民話のふる里』

宗運〔そううん〕

下総国《しもうさのくに》飯沼（茨城県常総市《じょうそう》）の弘経寺《ぐぎょうじ》にいたという**狢**《むじな》で、了暁《りょうぎょう》が住持を勤めていた時代に僧侶のすがたに化けて修行をしつつ暮らしていた。昼寝をしていたときにしっぽが出ているのを見られてしまい、寺を去ったとされる。別れのときに、寺の者に阿弥陀如来《あみだにょらい》の来迎《らいごう》の様子を見せてくれたという。

津村正恭《つむらまさやす》『譚海《たんかい》』（巻一）では「宗固《そうこ》」という名で書き留められている。そちらでは寺の場所を「下総《しもうさ》」ではなく「下野《しもつけ》」としているが、弘経寺は有名な寺でもあり、単純な誤記のようである。「宗運」という名前は一口泉老人《いっこうせんろうじん》『草話風狸伝《そうわふうりでん》』（巻五）や『檀林飯沼弘経寺志《だんりんいいぬまぐぎょうじし》』にみることができる。

北条的門《ほうじょうてきもん》『托事雑集《たくじざっしゅう》』（巻六・「貉聖教《むじなせいきょう》由来の事」）では宗運は無量寿寺《むりょうじゅじ》にいたとき良正と名乗っていたと記されている。このはなしでは、杉の木の上から来迎を見せたときに、つい了暁たちが「南無阿弥陀仏」と唱えてしまった途端、宗運も阿弥陀如来も消え去り、のちに常陸国《ひたちのくに》小貝川（茨城県つくばみらい市）の狸淵《むじなぶち》（貉淵）で死んでいたことが知れたとある。「貉聖教」は、宗運が寺で学修していた『貉聖教』、『貉術通抄』という二巻の書籍だと語られており、のちに結城《ゆうき》の弘経寺（茨城県結城市）に移され、住職のみが一代に一度だけ見ることができるとされていたと記している。

弘経寺の**良正**《りょうしょう》は、おなじ寺のはなしであり、名前や細部の異なる例である。一八世紀から一九世紀にかけて、登場する狢の名前が「良正」から次第に「宗運」へ変わ

り、『托事雑集』にあるようなかたちの「宗運」のはなしが現在も昔話や伝説のかたちで定着しているようである。飯沼の弘経寺は**澤蔵主**《たくぞうす》と関連して語られている例もあり、寺社・狐狸《こり》の関係全体を考える上で気になるスポットでもある。

［参考文献］『浄土宗全書』十九、『的門上人全集』二、津村正恭『譚海』、中村禎里『狐付きと狐落とし』、中村禎里『狸とその世界』

【た】

大蛇様［だいじゃさま］

とても大きな蛇で、村におりて来て鶏《にわとり》をひと呑みにしてしまったという。

茨城県協和町（現・筑西《ちくせい》市）に伝わるもので、小貝川あたりの林をねぐらにし、五、六メートルはあったという。いつとなくすがたを見せなくなったが、林へ落ち葉さらいに行ったひとが、骨になった大蛇を発見した。たたりを恐れて祠《ほこら》を建てたといわれるが現存していない。

［参考文献］協和町寿大学『きょうわの伝説』

だいだら

とても大きな巨人。茨城県文間《もんま》村《むら》立木《たつぎ》（現・利根町）の笠脱沼《かさぬきぬま》は、「だいだら」がひとやすみをしたときに置いた笠の跡にできた大きなくぼみだといわれている。

［参考文献］今瀬文也『民話のふる里』

だいだらぼう

とても大きな巨人。茨城県内原《うちはら》町《まち》大足《おおだら》（現・水戸市大足町）では、田畑に日陰をつくっていた困った山を動かしてくれたというはなしが伝わる。茨城県常陸太田《ひたちおおた》市の峰山も、「だいだらぼう」が背負って来た籠《かご》からこぼれ落ちた土でできたとされる。（『茨城の伝説』）

茨城県東海村では、「だいだらぼう」が運んでいた塩俵《しおだわら》を海に落として以来、海水はしょっぱくなったとも語られている。（『東海村のむかし話と伝説 付わらべ唄』）

茨城県水戸市塩崎町には、「だいだらぼう」は、大串《おおくし》の地から手をのばして海の貝を採って食べていたというはなしもある。これは、『常陸国風土記《ひたちのくにふどき》』（那賀《なか》郡）に記されている大櫛《おおくし》の岡にいた体の極めて大きなひとが海の蜃《はまぐり》を採って食べて暮らしており、その殻が山盛りに積もって岡ができたはなしにもみられる。離れた海から貝を採っていたという要素は、「手長足長《てながあしなが》」などのはなしとして古代の貝塚に関連して語られることが多く、大櫛では大串貝塚と結びつけられている。

〔参考文献〕今瀬文也・武田静澄『茨城の伝説』、今瀬文也『民話のふる里』、東海村教育委員会『東海村のむかし話と伝説 付わらべ唄』、吉野裕（訳）『風土記』

だいだらぼっちの足跡 ［だいだらぼっちのあしあと］

茨城県行方《なめがた》郡などでは、「だいだらぼっち」の足跡だとされる土地は「けち」がついていて縁起が悪いとされており、所有することが忌《い》まれていたという。

〔参考文献〕谷川磐雄『民俗叢話』

大蟒蛇 ［だいもうじゃ］

常陸国《ひたちのくに》（茨城県）の筑波山の麓《ふもと》に住みついていた白い大蛇。大きな力を持っており、嵐を起こして人々を苦しめていたほか、周辺の大きな毒蛇《どくじゃ》たちをはじめ、**悪魔**や妖怪たちを従えて、神々を社壇から追い出していた。

浅井了意《あさいりょうい》『伽婢子《おとぎぼうこ》』（巻八）の「邪神《じゃじん》を責《せめ》殺《ころす》」にみられる。神々が鹿島《かしま》明神に神兵を要請し、この通力《つうりき》自在の蛇を退治する様子を、性海《しょうかい》という旅の僧侶が目撃するという内容になっている。

『伽婢子』の挿絵では、角や足、箕《み》のように大きな耳、火襷《ひだすき》の生えた**竜**のかたちで描かれており、大蛇と竜のイメージが重なっていたこともうかがえる。鹿島明神から蛇退治に遣《つか》わされた神兵の中には**軍鬼**もみられる。

〔参考文献〕日本名著全集『怪談名作集』

立切池の主 ［たちぎりいけのぬし］

茨城県東町《あずままち》（現・稲敷市《いなしきし》）の立切池のぬしで、大きな鰻《うなぎ》だという。

むかし長兵衛《ちょうべえ》という男が、池に大きな鰻がいるのを発見し、弓を射《い》かけたところ片目に当たり、捕らえることができた。家で焼いてみたが七日七晩のあいだ、全く焼ける気配はなかった。恐ろしくなって池に還《かえ》すと、するすると泳ぎ出して去ったという。

人間に片目を射られて捕られて以後、立切池の鰻は、ぬし以外もみんな片目になったと語られていた。

〔参考文献〕黒田忠夫「立切と片目のウナギ」（『茨城の民俗』三十九号）

たませ

茨城県などでは、夜に家に入って来る蛾《が》などの虫を「たませ」、あるいは「ほとけさま」などと呼んだりした。（『国鉄鹿島線

沿線の民俗』)

「たませ」は魂《たましい》の意味。亡くなった者の魂が昆虫のかたちになって飛んで来ているという考え方の例であるといえる。お盆の時季にみられる昆虫たちに対して、このような言い方が用いられることは全国的にみられ、捕ったり殺したりすること(殺生《せっしょう》すること)は戒《いまし》められていた。

[参考文献] 茨城民俗学会『国鉄鹿島線沿線の民俗』

だんでぇさん

とても大きな巨人。

茨城県桜川町(現・稲敷《いなしき》市)の四箇《しか》には「だんでぇさんの足跡」とされる谷津田《やつだ》があった。所作《ところさく》貝塚も、筑波山(茨城県)に腰を掛けて手を伸ばして海の貝を「だんでぇさん」が食べていた跡なのだと語られている。

[参考文献] 人見暁郎『ちょうちん酒』

小さき蛇［ちいさきへび］

常陸国《ひたちのくに》(茨城県)那賀《なか》郡茨城の里にいた努賀毘売《ぬかびめ》という娘が産んだというふしぎな蛇。夜な夜なやって来たどこの誰だかわからない美男との間にできたといい、昼間は何も声を発しないが、夜になって暗くなると口をきいた。努賀毘売とその兄の努賀毘《ぬかび》古《こ》は「これは神の子だ」と考え、清めた坏《つき》に入れて置いたところ、次から次に大きくなってゆき、入れることのできる瓮《ひらか》(ひらたい食器)がなくなってしまった。これ以上大きくなるのであれば父のもとへ行ってくれと努賀毘売が頼むと、蛇は「従者をつけてくれるならよい」と答えた。兄妹ふたりしかいないために努賀毘売が言いあぐねていると、怒った蛇は努賀毘古に雷を落として天に昇り始めたが、努賀毘売の投げた瓮甕《みか》(甕《かめ》のような容器)に当たって天に昇ることができなくなり、その後も地上に留《とど》まり、山に祀《まつ》られたという。

『常陸国風土記《ひたちのくにふどき》』にみられる。どんどん蛇が大きくなってしまい人間が困る展開は、神奈川県の**影取池《かげとりいけ》の大蛇《だいじゃ》**や、群馬県の**天王《てんのう》淵《ぶち》の大蛇《だいじゃ》**、千葉県の**内梨滝《うちなしたき》の大蛇《だいじゃ》**などにもみられる。

[参考文献] 吉野裕(訳)『風土記』

乳草［ちぐさ］

切り口から母乳のような白い汁が出るふしぎな草。茨城県下妻市の乳草ヶ池(千草池)の名前の由来に登場する。むかし赤子をかかえた落人《おちうど》がこの池のほとりまで逃げて来たが、赤子を残して身を投げた。それを見つけた村の者がもらい乳をして赤子を育てていたが、ある時、池のほとりに生えていたこの草から乳のような汁が出て来ることを知り、無事その子を育てたという。

「血草」であるというはなしもあり、切ると血が出た、ここの草を馬が食べると死ぬ(『下妻市史』別編 民俗)などとも語られていたよう

である。

［参考文献］『下妻市史』別編　民俗、石塚尊俊「七不思議」（『民間伝承』四巻六号）

筑波島の不動様の刀［ちくわじまのふどうさまのかたな］

茨城県下妻市筑波島に伝わる。不動の祠《ほこら》に祀《まつ》られていたふしぎな刀。

所持すると災難にみまわれる、病気の者がいたりする時はこれを借りて振ると病魔が去るなどといわれていた。数度盗まれたことがあり、いずれもふしぎなことに元に還《かえ》っていたが、日中戦争のはじまったころ（昭和一二年ごろ）に盗まれたときは戻ってこず、そのまま行方知れずになっているという。

［参考文献］『下妻市史』別編　民俗

茶釜焚［ちゃがまたき］

茨城県志筑村《しづくむら》（現・かすみがうら市）の山の神の坂に出たというもので、夜になると誰がやっているのかさっぱりわからないが大きな焚《た》き火に茶釜が掛けられており、人々は不気味がっていた。

狸たちによるいたずらで、気の強い婆さんが「これは狸の仕業だ」と、小便をひっかけたところ、以後この焚き火と茶釜は出なくなったという。

［参考文献］仲田安夫『千代田村の昔ばなし』

長楽寺の天狗［ちょうらくじのてんぐ］

常陸国《ひたちのくに》の狢内《むじなうち》（茨城県石岡市）の長楽寺で修行をして**天狗**になったという男で、たったひとりの肉親である母親が「津島（愛知県）の祇園祭《ぎおんまつり》は日本一だというのでみてみたいものだ」とつぶやいたのを耳にして、目隠しをさせて母親を背負い、津島に行って見物をして帰って来たという。起きるまで見てはいけないといわれていた部屋を母親がのぞいてしまい、天狗のすがたを知られた男は家を去ってしまったという。（『八郷町誌』、『いわまの伝え話』）

『仙境異聞《せんきょういぶん》』のなかにも、このはなしはみられる。長楽寺の天狗は岩間山《いわまやま》の有力な天狗であるとも語られている。

こしん坊のはなしも、ほぼおなじもので、人間から天狗になったとされる人物に対して、しばしばつけられていた定番のはなしだったようである。

［参考文献］『八郷町誌』、岩間町史編さん資料収集委員会『いわまの伝え話』、平田篤胤、子安宣邦（校注）『仙境異聞・勝五郎再生記聞』

通学路の狢［つうがくろのむじな］

茨城県五霞村《ごかむら》（現・五霞町）に伝わる。学校に登校するために子供たちが通学路を歩いて行ったが、いつまでたってもふしぎなことに学校にたどり着かなかった。気がつくと全員、天神様《てんじんさま》の境内《けいだい》にいたという。みんなが**狢**《むじな》に化かされてしまっていたのだと語られている。（『五霞村の民俗』）

へんげ動物に化かされて道に踏み迷わされる世間話の多くは、酒に酔っていたり、年が寄っていたり、人間側にある要因で片

付けられてしまいそうなはなしも多いが、このような例もあるようだ。

［参考文献］五霞村歴史民俗研究会『五霞村の民俗』

筑波法印［つくばほういん］

筑波山（茨城県）に住んでいるとされる大天狗。『天狗経《てんぐきょう》』などの各地の大天狗の名前が挙げられているなかに常陸国《ひたちのくに》の代表的な**天狗**として名をつらねている。

天狗の研究で知られる知切光歳《ちぎりこうさい》は、筑波山を開いた徳一上人《とくいつしょうにん》の化身が筑波法印であるとも解釈されているが明治の神仏分離以後は筑波山での伝承そのものが途絶えており、言い伝えそのものを詳しく知ることができなくなっている（『図聚天狗列伝』東日本編）と調査結果を記している。

［参考文献］知切光歳『図聚天狗列伝』東日本編、知切光歳『天狗の研究』、岡村青『常陸国天狗譚』

角折の大蛇［つのおれのおろち］

『常陸国風土記《ひたちのくにふどき》』にみられる。常陸国《ひたちのくに》（茨城県）鹿島《かしま》郡の角折浜《つのおれのはま》は、むかし大蛇が海に通じるための穴を掘ろうとして自分のあたまに生えている角を使って工事をはじめたが、途中で角を折ってしまったことに由来すると語られている。

風土記の時代の大蛇には「つのがある」とも想像されていたことがわかるはなしではある。角折浜は塩づくりの地として有名で、御伽草子《おとぎぞうし》のひとつ『文正草子《ぶんしょうぞうし》』の舞台としても広く知られる。

［参考文献］吉野裕（訳）『風土記』、『大野村史』

椿堂［つばきどう］

茨城県新治《にいはり》村（現・かすみがうら市）にある椿堂という祠《ほこら》のまわりにあった広大な森。不用意に中に入った者は死んでしまう、森の中から枝などを採って来るとばちがあたるなどと言い伝えられていた。

椿堂は、安倍貞任《あべのさだとう》を征伐しに来た源義《みなもとのよし》家《いえ》が陣を張った跡に建てられたものだと語られている。

［参考文献］仲田安夫『千代田村の昔ばなし』

椿の枝［つばきのえだ］

お釈迦《しゃか》様が亡くなりそうになっていたとき、薬師如来《やくしにょらい》が投げた霊薬を椿の木は枝で引っかけて止めてしまったとされる。結果として霊薬は間に合わず、お釈迦様は死んでしまったと語られる。（『八郷町誌』）

茨城県八郷町《やさとまち》（現・石岡市）などで、「お墓に椿の木を植えてはいけない」という言い伝えの由来として語られる。

［参考文献］『八郷町誌』

燕［つばめ］

むかし弓矢を射る邪魔をしたとして、家に燕が巣を作ることを凶兆であると見てい

た地域が茨城県などにある。
茨城県下妻市では、源義家《みなもとのよしいえ》が大宝沼《だいほうぬま》に水をぬすみにきた日光（栃木県日光市）の**竜**を弓で射ろうとしたときに、燕が邪魔をした、あるいはそのときに弓が当たってしっぽが長いふたまたになったなどと語られたりしたという。（『下妻市史』別編 民俗）
茨城県石下町《いしげまち》（現・常総《じょうそう》市）では、燕を触った手で目をこすったりすると目がつぶれるといわれている。（『石下町小保川・崎房の生活と伝承』）
また、茨城県下妻市では弓を用いた神事に五羽の燕の絵が描かれた的《まと》が用いられる例（『下妻市史』別編 民俗）もみられる。**三本足の烏《からす》**も参照。

［参考文献］『下妻市史』別編 民俗、武蔵大学人文学部日本民俗史演習『石下町小保川・崎房の生活と伝承』

手足のついた悪物［てあしのついたわるもの］

茨城県高萩市上手綱《かみてづな》に伝わる。太古のむかしにいたという悪いもの。ひとを取っては喰っていたという。常陸国《ひたちのくに》（茨城県）にやって来た日本武尊《やまとたけるのみこと》によって征伐されたという。（『高萩の昔話と伝説』）
普通に考えれば手足がついているのは正常なすがたのような気もするが、そもそもこの「悪物」というものがどんなかたちの存在なのか語られておらず、はっきりしないので、どんな手足なのかも想像が追いつかない。

［参考文献］『高萩の昔話と伝説』

でえたら棒［でえたらぼう］

五月六日のこと。この日に田んぼに入ってはいけないとされていて、入った者は足が「データラボー」になってしまって、曲げることができなくなるといわれていた。
茨城県常陸太田《ひたちおおた》市などに伝わる。**棒っ脛《ぼうぱぎ》**も同様のもの。

［参考文献］赤城毅彦『茨城方言民俗語辞典』

でがい眼［でがいまなぐ］

ものすごく大きな眼をしている妖怪。
天秤棒《てんびんぼう》をかついで商いをしている蕎麦《そば》屋さんのもとに頬被《ほっかむ》りをした客が来て「こりゃうめえ」と蕎麦をぺろりと食うが、代金をもらおうとすると「金なんぞ無《ね》ぇ、俺がまなぐ玉《だま》でも見で、あぎらめろ」と巨大な眼《まなぐ》のある顔を見せて驚かした。逃げ去った蕎麦屋が別の客が蕎麦を食べている最中、先ほどあったことを語ると、その客が「ほの男のまなぐは、このくれでがったのか、よぐ見でみろ」と先ほどよりさらに大きく光る巨大な眼を見せて来たので、蕎麦屋は腰を抜かしてしまったという。（『関城町の昔ばなし』）
茨城県関城町《せきじょうまち》（現・筑西《ちくせい》市）などに伝わる。**のっぺらぼう**などに類する展開の昔話になっているが、笹神八日《ささがみようか》・暮《く》れの八日《ようか》といった事八日《ことようか》の行事に関連した内容になっており、笹神の笹飾りに蕎麦やうどんをか

ける理由として、**魔物**たちは蕎麦が好物なので笹神に蕎麦をかけると語られている。

［参考文献］箱守重造『関城町の昔ばなし』

手賀の権太夫［てがのごんだゆう］

七淵ヶ池《なぶつがいけ》（茨城県行方市《なめがた》）の**七淵ヶ池《なぶつがいけ》の主《ぬし》**のはなしに登場する手賀沼《てがぬま》（千葉県）のぬし。大きな蛇だという。

権太夫と七淵ヶ池の主とは夫婦のような関係であるといわれており、七淵ヶ池から手紙とともに送り届けられる人間（手紙を託された旅人）をおいしく食べようと待っていたが、旅人が途中で手紙の内容を見て、届けるのをやめてしまった結果、食べる機会を失ってしまった。

［参考文献］谷川磐雄『民俗叢話』

手接大明神［てつぎだいみょうじん］

茨城県の梶無川《かじなしがわ》にいた**河童《かっぱ》**で、手接大明神というのは手接神社（茨城県小美玉市《おみたま》与《よ》沢《ざわ》）に祀《まつ》られてからの呼び名。七郎《しちろう》という名前の河童だったとも伝わる。

むかし芹沢隠岐守俊幹《せりざわおきのかみとしもと》の馬を引っぱりこもうとして失敗し、腕を切られて懲罰された。腕を返してもらうのと交換に、薬の製法と魚の献上を約束した。毎日、芹沢の屋敷の庭の梅《うめ》の木に魚を届けていたが、ある日をさかいに魚が来なくなった。家臣たちに川を探らせると河童は死んでおり、これを弔《とむら》って建てられたのが手接神社だという。（『茨城の河童伝承』、『民話のふる里』）

［参考文献］岡村青『茨城の河童伝承』、今瀬文也『民話のふる里』、谷川磐雄『民俗叢話』

手長［てなが］

茨城県に伝わる。暗くなるまで川の近くで遊んでいると、これにつかまえられて、子供は水の中に引き込まれてしまうといわれていた。

［参考文献］赤城毅彦『茨城方言民俗語辞典』

でれすけでんべ

茨城県などに伝わる。事八日《ことようか》（二月八日や一二月八日）の日、眠る前に「デレスケデンベが来るぞ」と唱えると**疫病神**が家に入ってこないという。

「でれすけでんべ」ということばそのものは、梟《ふくろう》の鳴き声または本体を示すものである。「デレスケデンベ、ゴーヒゴーヒ」などという言いまわしも確認でき、**ごうへ**や**ぼうこう**、**おくぼ**など鳥の鳴き声に関連することばと重なっても来る。

［参考文献］赤城毅彦『茨城方言民俗語辞典』

天狗藤助［てんぐとうすけ］

常陸国《ひたちのくに》の阿波村（現・稲敷市《いなしき》）にいた体のとても大きかった奉公人で、和泉屋《いずみ》に奉公する無口な働き者だったが、人々から**天狗**の化身ではないかとも語られていた。別当《べっとう》（管理関係にある寺）の安穏寺《あんのんじ》が、

大杉神社（あんば様）に寄進するため、花屋に注文していた造花を江戸へ取りに行くと「昨日、阿波の大きなひとが取りに来て渡したよ」との返事だったので、ふしぎに思いつつ村に戻ると、確かに造花は神社に置かれていた。そんな大きな者は藤助しかいない、ということから和泉屋に問い合わせても藤助は外泊などしていなかった。すると藤助は、ほんの数時間のうちに江戸まで往復していたというはなしになり、「天狗の化身ではないか」と噂されたという。（『ちょうちん酒』）

あんば様（大杉大明神）には天狗様も祀《まつ》られており、藤助が天狗の化身と考えられた要因のひとつになっている。

［参考文献］人見暁郎『ちょうちん酒』

天狗の槙［てんぐのまき］

茨城県華川村《はなかわむら》（現・北茨城市）の花園神社に生えていた古い槙《まき》の大木で、しばしば**天狗**がやって来るといわれていたという。

［参考文献］本多静六『大日本老樹名木誌』

天狗火［てんぐび］

夜、山に飛んでいるのが見られるという怪火。赤い光が点滅したり、動いたりするという。茨城県などに伝わる。山に飛んでいる様子がみられると、**狐火**《きつねび》ではなく天狗火と称されることが多いようである。（『茨城方言民俗語辞典』）

曲亭馬琴《きょくていばきん》『南総里見八犬伝《なんそうさとみはっけんでん》』（六十回）にも、犬飼現八《いぬかいげんぱち》が庚申山《こうしんざん》で怪しい光を目撃したときに、鬼火かそれとも天狗火か、とあやしむせりふがみられ、ことばとしては広くみられるようである。

［参考文献］赤城毅彦『茨城方言民俗語辞典』、曲亭馬琴、小池藤五郎（校訂）『南総里見八犬伝』三

棘抜きの蛇［とげぬきのへび］

茨城県下妻市に伝わる。棘《とげ》抜きの秘薬の造り方を教えてくれたとされる。

むかし観音《かんのん》様の脇にあった欅《けやき》の大木にいた太い蛇が喉《のど》に棘を刺して動けなくなっていたのを女性に救ってもらい、そのお礼として製法を授けたという。蛇から教わった棘抜きの薬は代々その家の主婦に伝わり、頒布《はんぷ》されていたが、秘薬の主原料であった欅の木が枯れてしまったことからやめてしまったという。

［参考文献］『下妻市史』別編　民俗

戸立て坊主［とだてぼうず］

道を歩いていると突然行く手を、戸を立て切ったように阻《はば》み、歩けなくしてしまうという。

茨城県高萩市の腹減坂《はらへりざか》と呼ばれる坂道に出ると伝わる。戸立て坊主は**餓鬼仏**《がきぼとけ》とも呼ばれており急激にお腹を減らせて動けなくさせるようである。腹減坂には**小豆洗　婆**《あずきあらいばばあ》も出るといわれる。

［参考文献］『高萩の昔話と伝説』

外国の鬼 [とつくにのおに]

茨城県鹿嶋市に伝わる。「碁石《ごいし》の浜」は鹿島《かしま》の神と外国の鬼が碁《ご》の勝負をしたことに由来するという。(『民話のふる里』)

『鹿島志《かしまし》』(下巻)の「大神此所《このところ》にて外国の鬼と碁を打ち玉《たま》ふなど俗説あり」という碁石の浜についての註記《ちゅうき》が典拠とみられるが、この**鬼**の詳細については記されておらず詳《つまび》らかでない。

[参考文献] 北条時隣『鹿島志』、今瀬文也『民話のふる里』

とのつく作物 [とのつくさくもつ]

「と」のつく作物をつくってはいけないとされている家がいくつかあり、茨城県石下《いしげ》町《まち》(現・常総《じょうそう》市)の小保川《おぼかわ》では具体的に玉蜀黍《とうもろこし》、とうなす(南瓜《かぼちゃ》)、トマトなどが挙げられている。(『石下町小保川・崎房の生活と伝承』)

玉蜀黍を家の畑でつくってはいけないとする習わしは各地に広くみられる(「禁忌の問題—特に植物栽培禁忌の二三の現象をめぐりて—」)。栃木県での**唐黍**《とうぎみ》の例などは実際につくると何かが起こるとも語られている。

[参考文献] 武蔵大学人文学部日本民俗史演習『石下町小保川・崎房の生活と伝承』、倉田一郎「禁忌の問題—特に植物栽培禁忌の二三の現象をめぐりて—」(『山村生活調査』第二回報告書)

飛物 [とびもの]

夜空を光りながら飛んでゆくというふしぎなもの。

茨城県高岡村(現・高萩市)などでは、崑蒻玉《こんにゃくだま》が黄色い光を発して、これになって飛んだりするとも語られていたという。

[参考文献] 大間知篤三『常陸高岡村民俗誌』

【な】

長塚の河童 [ながつかのかっぱ]

茨城県下妻市長塚にあった「かっぱ神社」に伝わる。むかし日照りがつづいたときに、村人が水の落口《おちぐち》に水くみに行くと、**河童**が水をくんで皿に入れていた。「水不足なのに、そんないたずらは止めろ」というと、河童は「水はいのちだから止められない」とはねのけて口論になり、ついには喧嘩となった。皿を割られそうになった河童は、今後人間に迷惑をかけぬという内容の詫証文《わびしょうもん》を書いて土地を去ったという。

かっぱ神社は、この詫証文を祀《まつ》っていた

というが、大正時代に社殿が燃えてしまい、跡地に祠《ほこら》や、河童が運んだという石などが残る。

〔参考文献〕『下妻市史』別編　民俗

七淵ヶ池の主［なぶつがいけのぬし］

七淵ヶ池（茨城県行方市《なめがた》）のぬしで、大きな鰻《うなぎ》であるという。むかし鹿島浦《かしまうら》から霞ヶ浦へ向かう途中の者が池の近くで美しいお姫様から、「これを**手賀の権太夫**《ごんだゆう》に届けて下され」と一通の手紙を預かった。中を見てはいけないといわれたので開けなかったが、やはり気になり開けてみたところ、「その者、お呑み下さるべく候《そうろう》」と自分が相手方へ差し出される内容が書かれていたので、届けるのをやめたという。

後年、七淵ヶ池の主は小幡友雄という武士に退治されたといい、弓で射られて現わしたすがたは馬に運ばせると七駄《だ》分もあるような巨大な鰻《うなぎ》だったとされる。

〔参考文献〕谷川磐雄『民俗叢話』

並木道［なみきみち］

夜道などを歩いているときに、そこにあるはずのない見慣れない並木道がつづいていて道に迷わされたりするというもの。**狐**や**狸**などの化け術だとされる。

茨城県五霞村《ごかむら》（現・五霞町）では、狐の仕業だと感じて、煙草《たばこ》を吸ったらスッと消えた（『五霞村の民俗』）ともいう。

〔参考文献〕五霞村歴史民俗研究会『五霞村の民俗』

日輪の烏［にちりんのからす］

茨城県大穂町《おおほまち》玉取（現・つくば市）に伝わる烏。口にいつも玉をくわえており、三本足の烏だったという。にせものの太陽に化けて日照りを起こし、人々から恐れられていたが、弓の名人がこれを退治した。

一の矢の八幡神社に伝わる写本『社寺《しゃじ》調《しらべ》』（『大穂町史』）に記された縁起物語によると、この烏は天下に出現して日照りを巻き起こした九つの日輪《にちりん》（太陽）のうち、日向国《ひゅうがのくに》（宮崎県）で射落とされずに常陸国《ひたちのくに》（茨城県）まで逃げて来た二つの日輪で、矢の当たった地点をそれぞれ「一の矢」、「二の矢」、「三の矢」、矢を射ったところを「天《てん》矢場《やば》」、射落とされた烏から玉を得たところを「玉取」と名づけたなど、広い範囲で地名の由来になっている。

弓の名人の名前は友永《ともなが》とされており、烏の霊が化けて旅人などを悩ませたとされる牛も、友永が斧《おの》で退治したと記されている。埼玉県の**三本足《さんぼんあし》の白烏《しろがらす》**も参照。

〔参考文献〕『大穂町史』、茨城民俗学会『筑波研究学園都市地区民俗資料緊急調査報告書』

縫い付けられた化物［ぬいつけられたばけもの］

むかし夜になると化物が出現して帝《みかど》が病気になったので、源頼政《みなもとのよりまさ》が弓で退治したところ、それは頭が猿《さる》、胴が虎《とら》、足が猪《いのしし》、尾が蛇《へび》という「縫い付けられた」化物だったという。「四目当目《よめとうめ》」という相性について

の考え方はこれに由来しており、亥《い》・申《さる》・寅《とら》・巳《み》のひとは相性が良くないと語られていたという。（『龍ケ崎市史民俗調査報告書』一馴柴・八原地区）

茨城県龍ケ崎市貝原塚町《かいはらつかまち》に伝わる。「縫い付けられた」というのは、つまり「縫《ぬ》い」で「鵺《ぬえ》」を示しているようである。「四目当目」は一般的には「四目十目」あるいは「四悪十悪」、「四厄十惑」と呼ばれているもので、生まれ歳から数えて四個目、一〇個目の十二支の生まれ歳のひととは相性が良くないとする占いの知識。このはじまりのはなしを頼政の鵺退治に結びつけている例は他にも多くあり、この縫い付けられた化物（四目十目の法則に合わせるため、足は猪という型紙設定の鵺）のはなしも、その一例である。（「四目十目の鵺」）

［参考文献］龍ケ崎市教育委員会『龍ケ崎市史民俗調査報告書』一馴柴・八原地区、氷厘亭氷泉「四目十目の鵺」（『大佐用』六十二号）

ねこざね土手［ねこざねどて］

茨城県五霞村《ごかむら》（現・五霞町）にある土手道で、むかしはここに**猫**がたくさん集まって人間のように踊り遊んでいたという。

［参考文献］五霞村歴史民俗研究会『五霞村の民俗』

祢々子［ねねこ］

利根川に住む女の**河童**《かっぱ》で、茨城県を中心に利根川流域の関東各地に伝わる。『望海毎談《ぼうかいまいだん》』の「利根川河伯《かっぱ》」に、「ネネコといへる河伯《かっぱ》有り」と祢々子について載せており、毎年その居場所は変わり、土地の人々はその毎年の居場所をわざわいのある地点と考えていたことを記している。赤松《あかまつ》宗旦《そうたん》『利根川図志《とねがわずし》』（巻一）にも、この記述は引用されている。

利根川流域には、祢々子を祀《まつ》っている家などもみられる。（『日本伝説の旅』上）

利根川の河童たちの親分格ともいわれており、関八州《かんはっしゅう》の河童の総帥《そうすい》（『茨城の河童伝承』）などと文飾されてもいる。

［参考文献］赤松宗旦、柳田國男（校訂）『利根川図志』、国書刊行会『燕石十種』第三、『千葉県印旛郡誌』、藤澤衛彦『日本伝説叢書』下総の巻、武田静澄『日本伝説の旅』上、岡村青『茨城の河童伝承』

【は】

八頭竜［はちずのりゅう］

茨城県神栖《かみす》市に伝わる。むかし弥平《やへい》という商人が、舟で多くの荷を運んでいたところを海賊に襲撃され殺された。賀《が》の浜辺に流れ着いた弥平の死骸は、八頭の**竜**と化して海賊の舟を沈め、その後は沖を行き交う舟を襲うようになったという。八竜神社は、弥平がなったという竜を鎮めるために建立されたと語られている。

［参考文献］今瀬文也『民話のふる里』

ばっけ

妖怪を示すことば。茨城県などでいう。

［参考文献］赤城毅彦『茨城方言民俗語辞典』

光物［ひかりもの］

下総国《しもうさのくに》の山王村《さんのうむら》（茨城県取手市）に住んでいた庄兵衛《しょうべえ》という男が、天明の頃（一八世紀末）に拾ったというふしぎなもの。夜空を光物が飛んでいたと思ったら、垣根のあたりに一寸（約三センチ）ぐらいの宝珠のように先がとがったまるい光物が落ちていたという。白く光っており、夜に書物を照らしてみることもできたらしい。

津村正恭《つむらまさやす》『譚海《たんかい》』（巻四）にみられる。庄兵衛は弁天さまを信仰していたため、これを弁天と一緒に祀《まつ》ったという。

［参考文献］津村正恭『譚海』

人食橋の大蛇［ひとくいばしのだいじゃ］

茨城県八郷町《やさとまち》（現・石岡市）に伝わる。むかし大蛇が人々を襲っている沼があり、橋は「人食橋」と呼ばれていた。

「蛇塚」の由来として語られている。大蛇は下野国《しもつけのくに》（栃木県）のある家の女房だったが、心が邪悪だったことから蛇身に生まれ変わり、人の血を飲みつづけなければならない苦しみを受けていたとされる。通りかかった親鸞《しんらん》が「涼光《りょうこう》」という法名を授けてやったところ、大蛇は死んで成仏できたとされる。

［参考文献］『八郷町誌』

一つ眼［ひとつまなぐ］

「ひとつまなく」とも。事八日《ことようか》（二月八日や一二月八日）の日に家々にやって来るとされる一つ目の妖怪。茨城県などで呼ばれている。

茨城県

〔参考文献〕東京学芸大学民俗学研究会『昭和四十四・四十五年度調査報告』

一つ目玉〔ひとつめだま〕

事八日《ことようか》（二月八日や十二月八日）の日に家々にやって来るとされる一つ目の妖怪。子供たちは「一つ目玉が来るから早く寝ろ」などと大人から言われた。茨城県下妻市などで呼ばれている。

〔参考文献〕『下妻市史』別編　民俗

一つもの〔ひとつもの〕

茨城県下妻市に伝わる。藁《わら》でつくる一つ目の描かれた人形で、毎年旧暦の八月一五日には、これを馬に乗せてまわり、大宝沼《だいほうぬま》に流して平穏を祈る。沼に住む**青竜権現**はこれを恐れているとされる。

〔参考文献〕『下妻市史』別編　民俗

姫春蝉〔ひめはるぜみ〕

小型だが鳴き声が非常に大きく特徴的な蝉《せみ》。旅でやって来た弘法大師《こうぼうだいし》に恋焦がれた徳蔵姫《とくらひめ》がこれになったというはなしが茨城県城里町《しろさとまち》の徳蔵寺に伝わっており、旅立ってしまった大師を追いかけて木にのぼり泣きつづけて蝉になってしまった場所が茨城県笠間市の楞厳寺《りょうごんじ》だとされる。（『笠間の民話』上、『民話のふる里』）

徳蔵姫とのはなしとは別に、むかし水が欲しいと言って来た旅の僧侶を邪険にあつかった老婆が病みついた結果、体が次第に縮んでしまってこの蝉のすがたになってしまった（『茨城の寺』一、二、『民俗採訪』）というはなしもある。

〔参考文献〕『笠間の民話』上、今瀬文也『民話のふる里』、今瀬文也『茨城の寺』一、二、國學院大學民俗学研究会『民俗採訪』四十五年度

白狐像〔びゃっこぞう〕

行基《ぎょうき》によって彫られたとされる白い**狐**の木像。この世に三体あるとされ、そのうちのひとつは茨城県水戸市の愛縁稲荷《いなり》にあった像であるとされる。

〔参考文献〕今瀬文也『茨城の寺』三

福泉寺の化物〔ふくせんじのばけもの〕

茨城県大洋村《たいようむら》（現・鉾田《ほこた》市）の福泉寺に出たという妖怪たち。とうやのばこつ（東野の馬骨）、ちくりんけいさんぞく（竹林鶏三足）、なんちのむびり（南池の無尾鯉）、ほっぽうのどくがん（北方の独眼）などがいる。独眼は白い**狐**で、**一つ目小僧**に化けてひとをおどかしていた。（『国鉄鹿島線沿線の民俗』）

いずれも正体を知られて退治されたとされるが、内容的には各地で語られている「化物寺」の昔話に登場する面々とほぼ同

じものであり（寺の東西南北にあたると考えれば、「ちくりんけいさんぞく」は名前に「西《さい》」が欠けている）、昔話から伝説に転用されたものなのだろうか。

［参考文献］茨城民俗学会『国鉄鹿島線沿線の民俗』

古猿［ふるざる］

山に住む、年を経《へ》た大きな猿で、人間を襲ったりする。むかし常陸国《ひたちのくに》の高野村（現・茨城県守谷市）に現われたといい、山の近くに家を建てて住んでいた家の女房を、夫や下人の留守中に襲い、淫《みだ》らな行為におよんだ。悲鳴を聞きつけて駆けつけた代官や村人たちによって退治されたという。『好色百物語《こうしょくひゃくものがたり》』（巻三）に書かれているはなし。身のたけ六尺（約一八〇センチ）もある大きな猿だったという。もはや猿というよりも狒々《ひひ》やゴリラのようなスケール。

［参考文献］吉田幸一『怪談百物語』

古道具［ふるどうぐ］

むかし化物《ばけもの》に襲われたひとが、刀で斬りつけたところ、血の跡がぽたぽたとつづいて残っていた。それをたどって行くと、古くなった道具を穴を掘って土の中に埋めていたところで血の跡はなくなっており、掘り出してみると刀で斬った跡が確認でき、正体がわかったという。（『龍ケ崎市史民俗調査報告書』一馴柴・八原地区）

茨城県龍ケ崎市若柴町大羽谷津《おおばやつ》に伝わる。昔話としての器物が妖怪にへんげした例で、古くなった物を土に埋めてはいけない（『龍ケ崎市史民俗調査報告書』一馴柴・八原地区）といった内容になっている。

このような例にみられるように、古い器物が化けるはなしの例自体は各地にみられるものの、現代でいわれるような「付喪《つくも》神《がみ》」といった総称や統一概念が存在したという事実は、民俗的な伝承要素に確認することはできないようである。塵塚《ちりづか》りんす・烏山奏春《からすやまそうしゅん》らが進めている研究結果からもわかるように、「付喪神」という単語や、それが器物の妖怪全般を示す考え方であったという部分は、あくまで『付喪神絵巻《つくもがみえまき》』という物語のなかにだけ存在した作中要素、あるいはその現代解釈に過ぎないようである。

［参考文献］龍ケ崎市教育委員会『龍ケ崎市史民俗調査報告書』一馴柴・八原地区、塵塚りんす「器怪にまつわる研究成果」（『ちりづかアーカイブ』）、塵塚りんす『ちりパラ』、氷厘亭氷泉「陰陽雑記と陰陽記」（『大佐用』百六十五号）、真保亨『妖怪絵巻』

弁天様の主［べんてんさまのぬし］

弁天様に「鰹舟《かつおぶね》の頭《せし》になれますように」と願掛けをしたところ、弁天様の聴き間違えから「ぬし」（大蛇のすがた）になってしまった青年。沼の中に入り、ぬしになってしまったと語られる。

何年も自分の家に帰らなかったが、あるとき人間のすがたで家に戻って来た。「眠っているときに決して部屋を見てはいけな

い」と告げて眠りについたが、家の者は約束をやぶって部屋を見てしまった。大蛇のすがたになって眠っているのを見られてしまった青年は、以後は二度と自分の家に帰って来なかったという。（『平豊間の民俗』）

弁天様が「せし」と「ぬし」を聴き間違えてしまった結果、青年が大蛇になってしまうという、やや突飛な展開のもの。一緒にお参りをして「笛の名人になれますように」と願掛けした青年のほうは、きちんと笛の名人になったという。「磯の浜の大《おお》貫《ぬき》」のはなしであると語られており、茨城県大貫村（現・大洗町）が舞台であると考えられる。

［参考文献］早稲田大学日本民俗学研究会『平豊間の民俗』

宝蔵寺鯨［ほうぞうじくじら］

茨城県大野村（現・鹿嶋市）に伝わる。むかし宝蔵寺の和尚が檀家《だんか》の金を横領し、村人たちに池に投げ込まれて殺されてしまった。その和尚は鯨に生まれ変わり、風の強い日に大野村の船を遭難させてしまったともいう。

僧侶が死後に鯨になってしまうはなしは、全国各地に存在し、「お坊さんは死ぬと鯨になる」ともいわれている。

［参考文献］今瀬文也『茨城の寺』四

棒っ脛［ぼうっぱぎ］

「棒脛《ぼうぱぎ》」とも。五月六日のこと。この日に田んぼに入ってはいけないとされていて、入った者は足が腐る、足を曲げることができなくなる、けがをするといわれていた。（『下妻市史』別編 民俗、『瓜連町史』）

茨城県下妻市では「六日田《むいかだ》」とも呼ばれ、田の神がやってくる日、田の神が田んぼのなかにある危ないものを取り除いてくれている日、などと語られている。四月八日としている地域もある。（『下妻市史』別編 民俗）

茨城県勝田市（現・ひたちなか市）などでは五月以外にも、**お釈迦《しゃか》様**が田んぼで生まれたというはなしと結びついて四月八日も田んぼに入ると棒っ脛になるといわれていた。また、二月八日に山に入ると「**疫病神**にとっつかれたり棒っ脛になったりする」（『勝田市史』民俗編）など発生条件の幅も広くなっている。

でえたら棒も同様のもの。

［参考文献］『下妻市史』別編 民俗、『瓜連町史』、『勝田市史』民俗編

炎石［ほのおいし］

茨城県石下町《いしげまち》（現・常総市《じょうそうし》）の西福寺にある大きな石。むかし力持ちな男が動かそうとしたところ、たちまち石は火に包まれて炎を噴き出したという。

［参考文献］今瀬文也『茨城の寺』一

ぽんぽん鳥［ぽんぽんどり］

田んぼの苗代《なわしろ》の時季になると「ぽんぽ

ん」という声で鳴くという鳥。むかし継母《ままはは》によって苗代《なわしろ》の中に捻《ね》じ込まれてしまった娘の霊がこれになったと昔話では語られている。

茨城県などで呼ばれる。苗代鳥《なわしろどり》とも。

［参考文献］赤城毅彦『茨城方言民俗語辞典』

【ま】

魔王石［まおういし］

香々背男《かがせお》が変じたとされる岩石。日に日にどんどん巨大になっていったといい、建《たけ》御雷命《みかづちのみこと》によって弓で射られて砕け散ったとされる。

茨城県日立市などに伝わる。建葉槌命《たけはっちのみこと》が金《かね》の沓《くつ》で蹴《け》り飛ばして石を割ると香々背男《かがせお》が中から出て来て、血を吐き死んだとされる。雷断石《らいだんいし》や雷神石《らいじんいし》と呼ばれているはなしもみられ、そちらでは雷が落とされて砕け散ったことから、その名で呼ばれている。

（『県北海岸地区民俗資料緊急調査報告書』）

飛び散った魔王石のかけらのうちの最も大きいものが「要石《かなめいし》」になった（『県北海岸地区民俗資料緊急調査報告書』）とも語られる。要石については**地震鯰**を参照。

［参考文献］茨城民俗学会『県北海岸地区民俗資料緊急調査報告書』、『瓜連町史』

孫右衛門狐［まごえもんぎつね］

下総国《しもうさのくに》の赤法華村《あかぼっけむら》（茨城県守谷市）に住んでいた孫右衛門という男のもとにやって来て、妻となっていた**狐**。

旅の途中に宿を借りたのをきっかけに妻となり、やがて孫右衛門とのあいだに男の子を産んだが、昼寝をしているとき、その子が「かかさまの顔がおとうか（狐）によく似てる」と孫右衛門に告げたために、狐は家を出て行ってしまった。

『兎園小説《とえんしょうせつ》』（六集）に記されている。**女化《おなばけ》狐**・**女化《うなばか》狐**や「葛《くず》の葉《は》」と同様な展開のものである。この狐とのあいだに生まれた男の子は「狐孫右衛門」、「狐のおじい」と呼

ばれていたという。

曲亭馬琴《きょくていばきん》は、『南総里見八犬伝《なんそうさとみはっけんでん》』の**政木《まさき》狐《ぎつね》**が幼いころの河鯉孝嗣《かわごいたかつぐ》に狐の正体を言われてしまう展開に、このはなしを素材として用いている。

［参考文献］『日本随筆大成』二期一

満月［まんげつ］

茨城県大和村《やまとむら》（現・桜川市）に伝わる。

むかし羽田《はねだ》の山を夜通ると満月がいきなり出ると怖がられていた。五位鷺《ごいさぎ》が翼をまるくひろげ満月のように見せていたらしい。

［参考文献］東京学芸大学民俗学研究会『昭和四十四・四十五年度調査報告』

水着の生徒［みずぎのせいと］

プールの授業中に心臓発作で亡くなってしまった生徒の霊。びしょぬれの水着すがたで校内に現われたりするという。

『ヒェーッ！　幽霊・怪奇現象スペシャル』などでは、茨城県のある小学校のはなしとして語られており、じょじょに天井に人間のかたちのようなしみも現われたという。屋上のプールからの水漏れであるとして工事が行われたが、工事後もしみは消えず、そのままのかたちで残っていると語られる。

［参考文献］恐い話研究会『ヒェーッ！　幽霊・怪奇現象スペシャル』

三叉沖の鐘［みつまたおきのかね］

霞ヶ浦（茨城県）の三叉沖に沈んでいるというふしぎな梵鐘《ぼんしょう》。天気の変わりそうな夕暮れには物悲しい鐘の音が湖底から鳴るといわれていた。（『ちょうちん酒』、『伝説俗信風俗民謡　趣味の国』）

茨城県桜川村（現・稲敷市《いなしき》）に伝わる。

むかし弁慶《べんけい》が潮来《いたこ》（茨城県）に遊びに行く途中、常陸国分寺《ひたちこくぶんじ》から鐘を盗み出して舟で運んでいたが、この沖合で時化《しけ》に遭遇し、鐘も「国分寺恋しや、国分寺恋しや」と泣き出したので捨てたと語られている。（『ちょうちん酒』）

［参考文献］人見暁郎『ちょうちん酒』、日野碕弥彦『伝説俗信風俗民謡　趣味の国』

水戸浦の河童［みとうらのかっぱ］

常陸国《ひたちのくに》（茨城県）水戸の海で捕らえられたという**河童**。海から声がおびただしく聴こえ、ふしぎに思ったのでさし網《あみ》をおろしたところ、一四、五匹の河童が躍《おど》り出したという。捕まったのはそのうち一匹で、鳴き声は赤ん坊の泣くような声で、尻の穴は三つあったという。

享和元年（一八〇一）六月一日に捕らえられたと記された東浜の権平次から浦山金平に向けた絵入りの情報にみられるもの。河童を前・後・横の三方向から描いた絵が特徴で、江戸などでも広く写され、朝川善庵《あさかわぜんあん》『善庵随筆《ぜんあんずいひつ》』（巻一）をはじめ、同じものが多数書き残されていることが確認できる。高木春山《たかぎしゅんざん》『本草図説《ほんぞうずせつ》』にも水府東浜で捕ら

れた水虎《すいこ》の図（本草学では漢語名を基準とするため、河童たちは水虎《すいこ》と総称される）として、この河童の絵が写されている。

［参考文献］『日本随筆大成』一期十、浅井ミノル・新妻昭夫（校注）『高木春山　本草図説・水産』、別冊太陽『日本の妖怪』、石川純一郎『新版　河童の世界』、湯本豪一『日本の幻獣図譜』

鼢［もぐら］

鼢は、むかし太陽に戦争を仕掛けて敗軍した者たちが罰を受けてあのすがたになったので、光に当たると死んでしまう、といった内容のはなしは各地で語られていた。茨城県龍ケ崎市などでも、もぐらたちはお日様を嫌って矢を放ち、その罰で目がつぶれて、いまのすがたになってしまった（『龍ケ崎市史民俗調査報告書』一馴柴・八原地区）と語られている。

お日様との合戦とは離れるが、『仙境異《せんきょうい》聞《ぶん》』には、お産のあとに埋められた胞衣《えな》（赤ちゃんと共に出て来る胎盤《たいばん》や膜）が**豆つま**という魔物や鼹鼠《もぐらもち》になるというはなしを寅吉《とらきち》が語っている。

また、肌が日焼けしてしまうのを嫌った美しい乙女が、やがて地面の下に自ら潜ってしまい、もぐらになった（『龍ケ崎市史民俗調査報告書』一馴柴・八原地区）というはなしも語られている。

［参考文献］龍ケ崎市教育委員会『龍ケ崎市史民俗調査報告書』一馴柴・八原地区、平田篤胤、子安宣邦（校注）『仙境異聞・勝五郎再生記聞』

紋三郎狐［もんざぶろうぎつね］

茨城県笠間市の笠間稲荷《かさまいなり》神社の**狐**として知られる。「紋三郎稲荷」、「胡桃下稲荷《くるみがしたいなり》」として祀《まつ》られている。茨城県瓜連町《うりづらまち》（現・那《な》珂《か》市）にある青木山の生まれで**源太郎《げんたろう》狐**、**甚二郎《じんじろう》狐**、**四郎介《しろすけ》狐**という兄弟がいるとも語られており、兄の教えに従い、笠間城を護《まも》っていたと語られている。（『瓜連町史』、『瓜連町の昔ばなし』）

胡桃下稲荷という名称は、笠間城の井上家の夢枕に立った際、胡桃《くるみ》の実を置いて行ったことに由来する。むかし棚倉城（福島県）の阿部家の殿様の鷹《たか》を一羽奪った狐がおり、鷹を探すために狐狩りがおこなわれることになったため、紋三郎は白髪の翁《おきな》に化けて三日の猶予をもらい、奪われた鷹と犯人である狐を阿部家に差し出したという。（『笠間市の昔ばなし』、『笠間の民話』上）

名前が知られていたためか、各地にも紋三郎狐のはなしはみられる。千葉県岬町平塚（現・いすみ市）には紋三郎が渡《わた》し守《もり》の家に娘のすがたでやって来て女房になるが、しっぽで掃《は》きそうじをしているすがたを子供に見られて去った（『岬町史』）というはなしがみられるほか、宮負定雄《みやおいやすお》『奇談《きだん》雑史《ざっし》』（巻九）には、紋三郎は摂津国《せっつのくに》（大阪府）で酒についての知識を蔵元《くらもと》に教えたことがあるというはなしも記されている。

［参考文献］『瓜連町史』、楠見松男『瓜連町の昔ばなし』、笠間市文化財愛護協会『笠間市の昔ばなし』、『笠間の民話』上、『岬町史』、久米晶文（編集校訂）『宮負定雄　幽冥界秘録集成』

【や】

夜刀神［やとのかみ］

角の生えた蛇のすがたをしており、葦原《あしはら》や谷《やつ》などに住んでいるとされる。

『常陸国風土記《ひたちのくにふどき》』に書かれており、太古のむかしの常陸国行方郡《なめがた》（茨城県）で人々が田を開墾してゆく動きを妨害したりしたとされる。継体天皇のころに麻多智《またち》という勇士がこれと対峙《たいじ》し、大きな杖を立て人々の田地と夜刀神の住む地を分けた。また、孝徳天皇のころに池を拓《ひら》いた際、池のほとりの椎《しい》の木に大量に群がって出現したが、壬《み》生連麿《ぶのむらじまろ》によって退けられたともいう。

「やと」は「谷《やつ》」の意味であると考えられている。

［参考文献］吉野裕（訳）『風土記』

柳の下駄［やなぎのげた］

茨城県新治《にいはり》村小野（現・土浦市）の清滝《きよたき》寺《じ》に柳《やなぎ》材の下駄でお参りをすると、ふしぎなことに必ず石段を登っている途中で割れ砕けてしまうという。

柳は、むかし観音《かんのん》様が乗ってやって来た舟の材料だった霊木だからだとされる。

［参考文献］今瀬文也『茨城の寺』三

弥八山の弥左衛門［やはちやまのやざえもん］

茨城県大洋村《たいようむら》（現・鉾田《ほこた》市）に伝わる年を経《へ》た大狢《むじな》で、村にいた弥左衛門さんに化けるのが得意だったという。道などで本来は家が建っていないはずの場所に家を出して人々を化かしたりした。

［参考文献］茨城民俗学会『国鉄鹿島線沿線の民俗』

山猿［やまざる］

茨城県山ノ荘村（現・土浦市）に伝わる。

むかし一年に一度、何者かによって村のどこかに白旗が立てられることがあり、それが立てられた家は妖怪にいけにえとして乙女を差し出さなければならなかった。弓の名人である高倉将監《たかくらしょうげん》が妖怪を退治したところ、年を経《へ》た大きな山猿だったという。（「人身御供と一つ物」）

茨城県龍ケ崎市貝原塚町《かいはらつかまち》などにも、猿の化物《ばけもの》が人々の家に白羽の矢を立てて、いけにえを出させていたが、退治された（『龍ケ崎市史民俗調査報告書』一駒柴・八原地区）というはなしがみられる。

［参考文献］吉原春園「人身御供と一つ物」（『郷土研究』三巻八号）、龍ケ崎市教育委員会『龍ケ崎市史民俗調査報告書』一駒柴・八原地区

山の鬼［やまのおに］

茨城県勝田市（現・ひたちなか市）など

では、二月八日や十二月八日は山に入らない日とされており、山で木を切ったりすると**鬼**や**疫病神**を背負って来ることになるといわれていた。（『勝田市史』民俗編、『茨城方言民俗語辞典』）

茨城県八郷町《やさとまち》（現・石岡市）では二月八日に山に入ると「厄病神が入る」といわれ、おなじように山仕事をしないとされていた。（『八郷町誌』）

〔参考文献〕『勝田市史』民俗編、赤城毅彦『茨城方言民俗語辞典』、『八郷町誌』

山の神の腰掛木〔やまのかみのこしかけぎ〕

山の中にある特定の木で、群馬・茨城県など各地でいわれる。群馬県では、山の神や天狗様が遊んだり腰を掛けたりする（「西上州入山の「山の神」」）と語られている。**十二様《じゅうにさま》の木**などと同様、一本の幹から枝が分かれてみつまたになっていたりするような特徴のある木がこう呼ばれる。切ることが忌《い》まれており、切るとたたりがあるとされる。

栃木県野上村《のがみむら》（現・佐野市）では、みつまたになっている楢《なら》の木が山にあると神様に捧《ささ》げるといい、そこで神様が休むと語られている。（『民俗採訪』）

〔参考文献〕中島恵子「西上州入山の「山の神」」（『西郊民俗』二十四号）、『上野村の民俗』下、赤城毅彦『茨城方言民俗語辞典』、國學院大學民俗学研究会『民俗採訪』四十一年度

山姥の神隠し〔やまんばのかみかくし〕

茨城県などでいわれる。夕方遅くまで遊んでいると、**山姥**に連れて行かれる、山姥に神隠しされるなどと子供たちは注意されたという。

〔参考文献〕茨城民俗学会『子どもの歳時と遊び』

八日神様〔ようかがみさま〕

事八日《ことようか》（二月八日や十二月八日）に家々にやって来るとされる存在で**貧乏神**のようなものとも語られている。

〔参考文献〕赤城毅彦『茨城方言民俗語辞典』

洋館の幽霊〔ようかんのゆうれい〕

茨城県龍ケ崎市にある廃墟となった煉瓦《れんが》造りの西洋館に出る、と語られる西洋人の幽霊。

ワインを飲んでいるすがたが「生き血を飲んでいる」と勘違いされ殺された、戦時中にかくまわれていた西洋人が殺されたなどのはなしが幽霊の出るいわれとして、俗に語られている。

〔参考文献〕『平成十八年度 東京エリア怨念地図潜入レポート』

横川滝の主〔よこかわたきのぬし〕

茨城県高萩市の横川滝のぬし、大きな大蛇だとされる。女神であると考えられており、海にいる大きな鮫《さめ》（男神）と、ときどき川で逢引《あいび》きをするという。

むかし水戸黄門《みとこうもん》（徳川光圀《とくがわみつくに》）がこの滝を

探険して、どんどん奥に入ったところ、ふしぎなお姫様が現われて「人間の来るところではない」と警告された（『高萩の昔話と伝説』）と語られる。「富士の人穴《ひとあな》」などに類する展開のはなしだが、**八幡《やわた》の藪《やぶ》知らず**をはじめ、光圀が探険をしたと設定されている禁足の地は関東に多数ある。

［参考文献］『高萩の昔話と伝説』

与八の妻［よはちのつま］

常陸国与沢村《ひたちのくによざわむら》（茨城県小美玉市《おみたま》）にいた、平田与八《ひらたよはち》という者の妻で、お産で死んでしまい、その霊が人々をおどかしていたが、親鸞《しんらん》がたくさんの石にお経の文字を書いて造った塚によって鎮められた。

寺島良安《てらしまりょうあん》『和漢三才図会《わかんさんさいずえ》』（巻六十六・常陸）にみられる。出産で亡くなった者が化けて出たという点では**産女《うぶめ》**に属する例であるともいえる。

［参考文献］寺島良安、島田勇雄・竹島淳夫・樋口元巳（訳注）『和漢三才図会』十

【ら】

竜魚［りゅうぎょ］

茨城県多賀郡で捕れたというふしぎな魚。頭に五三桐《ごさんのきり》、背筋に葵《あおい》など体中にめでたい紋模様があった。長さは八尺（約二・四メートル）もあり大きい。

明治六年（一八七三）三月七日、大津浜（茨城県北茨城市大津町）の大黒屋の網《あみ》にかかったそうで、めずらしいことから報じられ、水戸（茨城県水戸市）の四方堂から絵入りの一枚刷りが発行されている。

［参考文献］湯本豪一『日本の幻獣図譜』

竜骨［りゅうこつ］

竜の骨とされる大きな骨。

茨城県桂村（現・城里町《しろさとまち》）の竜谷院は、古くは竜骨院という寺号で、寺の建立に際して井戸を掘ったら、これが出土したことに由来するという。

［参考文献］今瀬文也『茨城の寺』二

両角駒［りょうかくのこま］

頭に**竜**のような二本の角の生えた馬。尾や蹄《ひづめ》は牛のようでもあるという。

茨城県高萩市野々平新田に伝わるはなしでは、むかし放牧されていた馬に黒雲が降りて来て妊《はら》んで生まれた仔馬だとされる。おそれた飼主の伊兵衛は、この仔馬を名馬《なめ》里《り》淵《ぶち》（名馬里ヶ淵）に沈めた。すると村は大雷雨に襲われて押し流され甚大な被害にみまわれたという。（『高萩市史』下）

黒雲ではなく大蛇が厩《うまや》にやって来て、子

をなしたとも語られており、そちらでは半分馬で半分蛇（前足までが馬）というかたちで生まれた仔馬（『高萩の昔話と伝説』）だと語られており、一定しない部分もあるが、やはり竜蛇《りゅうだ》との関係が考えられるもののようである。

［参考文献］『高萩市史』下、『高萩の昔話と伝説』

良正［りょうしょう］

下総国《しもうさのくに》飯沼（茨城県常総市《じょうそう》）の弘経寺《ぐぎょうじ》にいたという**貉**《むじな》で、了暁《りょうぎょう》が住持を勤めていた時代に僧侶のすがたに化けて修行をしつつ暮らしていた。学があり相撲《すもう》も強かったが、昼寝中しっぽが出ているのを見られてしまい、寺を去ったとされる。別れのとき、寺の者に阿弥陀如来の来迎《らいごう》の様子を魔術で見せたとも語られる。良正からは「これは術、信心を起こすことなかれ」という注意があったのだが、その荘厳さから、つい了暁が礼をしてしまったために、パッと魔術は解けてしまい、来迎の雲から落ちた良正は死んでしまった。了暁は貉の良正を葬《ほうむ》ってやり、寺に「延寿大権現《えんじゅだいごんげん》」として祀《まつ》ったという。

良正という貉のはなしは、弘経寺の「貉《むじな》聖教《せいきょう》」（良正が修学に用いていたという書籍、北条的門《ほうじょうてきもん》『托事雑集《たくじざっしゅう》』での宗運《そううん》のはなしにも記述がみられる）の由来として語られており、これは後に茨城県結城市《ゆうき》の弘経寺に移され、『檀林結城弘経寺志《だんりんゆうきぐぎょうじし》』に収録されている。「貉聖教」の伝では、良正は弘経寺に入る前に下総国猿島郡（茨城県）の無《む》量寿寺《りょうじゅじ》にいたという履歴も示されている。「魔術」ということばは「貉聖教」の伝の本文中にみられる表現で、翻訳を通じて二〇世紀以後に西洋のイメージ一色に染まる以前の**悪魔**や魔法といったことばと同様、東洋・神仏的なイメージでの使用例である。

義海《ぎかい》『蕉窓漫筆《しょうそうまんぴつ》』（巻二）では、似た内容がみられるが、そちらでは弘経寺にいた**狐**のはなしとなっている。

弘経寺の**宗運**《そううん》は、おなじ寺のはなしであり、名前や細部が異なる例である。

［参考文献］『浄土宗全書』二十、『的門上人全集』二、中村禎里『狐付きと狐落とし』

【わ】

悪い風［わるいかぜ］

二月八日は、「悪い風」が空を飛ぶといわれており、病気にならないよう、蕎麦《そば》をつくって神仏に供えた。（『民俗採訪』）

茨城県七会村《ななかいむら》（現・城里町《しろさとまち》）などでいわれる。この日は「悪日《あくにち》」と呼ばれており、**疫病神**もやって来るとされている。（『民俗採訪』）

蕎麦は、事八日《ことようか》（二月八日や一二月八日）の行事とは縁が深く、その日に蕎麦を「笹神様《ささがみさま》」に捧《ささ》げる地域が北関東を中心に多くあった。いずれも、お供えしたあとに蕎麦を食べると良いと語られており、厄をよけられる、けがをしない、病気にかからない、ばいきんを殺してくれるなど、厄病よけの意味あいが広く持たされていた。（『北関東のササガミ習俗』）

でがい眼《まなぐ》も参照。

［参考文献］國學院大學民俗学研究会『民俗採訪』四十五年度、文化庁文化財部『北関東のササガミ習俗』

COLUMN

本書に「わいら」は、おりません 01

関東地方あるいは都道府県別の妖怪というくくりには、よくある問題がある。

それは、地域で語られている伝承より、「図鑑でみたことがある」とか「むかしの絵がある」という理由で、絵巻物や版本にデザインしか残されていない妖怪（画像要素のみの画像妖怪）が、しばしば、都道府県の大代表に優先されてしまうことである。

例えば、「わいら」という妖怪が、そんな調子で茨城県代表とされることがある。

この選出は、茨城県の野田元斎《のだげんさい》という医者が、わいらが土をさくさくにぎってもぐらを食べていたのを見た——という山田野理夫《やまだのりお》『おばけ文庫二 ぬらりひょん』に書かれたはなしを根拠に行われているのだが、この内容は山田野理夫についての研究同人組織「山田の歴史を語る会」（畏友である式水下流《しきみずげる》と氷泉が主要メンバー）の調査でも、藤《ふじ》澤衛彦《さわもりひこ》による図版紹介に、説話・民話風のエピソードや、人名や特定の舞台をあてて、あらたに書き下ろしたもので実際の古記録や伝承にはない、という見解で典拠がない。また「茨城県の」も、あくまで野田元斎についての言及で、もともとの本文には、元斎がどこの山でもぐら捕食わいらを目撃したかについて記述はされていない。

わいらという画像妖怪を採り上げたいという意識が先に立って、不確かな情報を「土地に伝承されていた!!」という根拠に仕立てて茨城県の大代表にしてしまっているわけである。都道府県別のくくりに、分野の区別や資料の位置付けもなく混ぜ込んでしまうのは、まったくの別分野である絵画としてのわいらを研究する上でも、わいらに限らず伝承要素の杳《よう》としてわからない画像妖怪全体を語る上でも、意識の問題につながってくる部分である。

〔参考文献〕山田野理夫『おばけ文庫二 ぬらりひょん』、藤澤衛彦『妖怪画談全集』日本篇上、氷厘亭氷泉『野田元斎のファミリア』

栃木県

【あ】

青頭巾［あおずきん］

下野国《しもつけのくに》（栃木県）の富田の里の寺にいたという**鬼**で、もともとその寺の住職を勤めた立派な阿闍梨《あじゃり》だったが、愛していた少年が死に、その肉を食べてしまったことから愛欲邪念に取り憑《つ》かれて「鬼」と化した。以後は人間の死体を食べあさるようになり成仏《じょうぶつ》もできずにいたという。

上田秋成《うえだあきなり》『雨月物語《うげつものがたり》』（巻五）の「青頭巾」というはなしに登場する。富田の地にやって来た諸国遊歴中の快庵《かいあん》禅師は、この鬼に青い頭巾をかぶせて、「江月照松風吹《こうげつてらしまつかぜふく》、永夜清宵何所為《えいやせいしょうなんのしょいぞ》」という『証道歌《しょうどうか》』にある句を与えて「この句の真意がわかるとき、本来の仏心《ぶっしん》と会うことができよう」と説いて、寺をあとにした。以後、鬼は句を唱えつづけたまま石の上に座りつづけ、動き出すことはなかった。翌年、再び寺を訪れた快庵禅師が「作麼生《そもさん》、何所為《なんのしょいぞ》」と真意を問いかけながら禅杖《ぜんじょう》で頭を叩くと、鬼の愛欲邪念は氷解し、骨になって消え失せたという。

実際の快庵禅師が大中寺《だいちゅうじ》（栃木県栃木市大平町《おおひらまち》）を再興させていることから、この鬼のいた寺のその後のすがたが大中寺であるとされる。（『日本の民話』五　栃木篇、『下野伝説集　あの山この里』、『上田秋成の研究』）

［参考文献］日本名著全集『怪談名作集』、日向野徳久『日本の民話』五　栃木篇、小林友雄『下野伝説集　あの山この里』、森田喜郎『上田秋成の研究』

青幣［あおべ］

「青平」、「青兵衛」とも。青い色の**天狗**だといわれている。栃木・群馬県境の山々に祀られている五色天狗のひとつ。

五色天狗のうち、青幣については『安蘇《あそ》郡誌』に「上州沢入り黒ざかしの塞虫山神は青平なり」とあり、他の天狗とは異なって山の名がはっきり示されていない。『秋山の民俗』ではこの記述をもとに「塞虫《さいむし》様」は群馬県東村（現・群馬県みどり市）とのみ注記され、山の名前は示されていない。位置関係を考えると沢入山（栃木県日光市）なども考えることはできる。

「塞虫様」というのはお腹の神様といわれており、「青幣」本人とはまた別の存在のようである。五色天狗の同僚である**赤幣**《あかべ》のいる氷室山《ひむろさん》（栃木県佐野市）などにも祠《ほこら》（『秋山の民俗』）などが確認できる。

［参考文献］江森泰吉『安蘇郡誌』、栃木県郷土資料館『秋山の民俗』

赤幣［あかべ］

「赤平」、「赤部」、「赤兵衛」とも。氷室山《ひむろさん》

(栃木県佐野市)に伝わる**天狗**。赤い色の天狗だといわれており、火伏《ひぶ》せにご利益があるとして祀《まつ》られている。五色天狗のひとつ。(『安蘇郡誌』、『秋山の民俗』)

むかし江戸(東京都)の宗《そう》家の屋敷に火の手が迫ったとき、見知らぬ**大男**が現われて火を消して類焼《るいしょう》から守ってくれたことがあった。そのなぞの男は「あそのあかべ」であると名乗ったといい、調べさせると下《しも》野国安蘇《つけのくにあそ》郡のこの天狗だとわかり、火伏せの霊験《れいげん》があると語られるようになったとされる。(『民話の海へ とちぎの新しい民話集』)

この大名屋敷の防火をしたとするはなしは、おなじ五色天狗のひとつ**黒幣**《くろべ》と共通している。火事があったのは天保のころだという。宗《そう》家は対馬《つしま》のお殿様として知られるが、安蘇《あそ》郡にも所領を持っており、その関係から語られている。(『民話の海へ とちぎの新しい民話集』)

[参考文献]江森泰吉『安蘇郡誌』、栃木県郷土資料館『秋山の民俗』、下野民俗研究会月曜会『民話の海へ とちぎの新しい民話集』、桐生みどり「氷室山」(『桐生山野研究会』・楚巒山楽会『やまの町 桐生』)

浅石 [あさいし]

栃木県中川村小深《おぶか》(現・茂木町《もてぎまち》)に伝わる。**殺生石**《せっしょうせき》(栃木県那須町)から流れ出た毒水が那珂川《なかがわ》を流れてこの地に至り、その毒によって川に大きな石が生じたという。毒を吹いて病を広めたり、川での事故を多発させたりしたと語られる。

この石を鎮めるため、小深の鹿島《かしま》神社は建立されたと語られていた。

[参考文献]田代善吉『栃木県史』神社編

阿曽沼の鴛鴦 [あそぬまのおしどり]

下野国《しもつけのくに》(栃木県)に殺生《せっしょう》を好む鷹使《たかつか》いがおり、雄の鴛鴦《おしどり》を捕らえたが、夜に夢の中で立派なすがたの女房(身分のある女性)がうらめしそうに泣きながら「わらわの夫を殺させたまえる……」と語った。鷹使いが「そんな人殺しなどはしていない」と答えても「たしかに今日……」とつづけるだけだった。やがて女房が「日暮るれば誘《さそ》いし者をあそ沼のまこも隠《がく》れのひとり寝《ね》ぞうき」と歌を詠んで立ち上がると、鴛鴦の雌に変わっていた。目を覚ました鷹使いが捕って来た鴛鴦をみると、昨日の雄と先ほどの雌が嘴《くちばし》を合わせて死んでいた。これを見た鷹使いは心を改め出家したという。

『沙石集《しゃせきしゅう》』(巻八)にあるもの。阿曽沼の場所は明確ではなく、栃木県佐野市とも宇都宮市とも考えられている。栃木県宇都宮市にある「おしどり塚」は、このはなしの史跡として建てられたもの。

[参考文献]筑土鈴寛(校訂)『沙石集』下、宇都宮市教育委員会『宇都宮の民話』、小林友雄『下野伝説集 あの山この里』

綾織姫 [あやおりひめ]

御亭山《こてやさん》(栃木県大田原市《おおたわら》)の綾織池に伝わる。池のぬし、あるいは水の底から通じている竜宮《りゅうぐう》のお姫様で、機織《はた》りが得意だと

いう。お膳が必要になったとき、必要な数などを池に伝えると貸してくれたともいう。（『下野伝説集 あの山この里』）

『那須記《なすき》』（巻二）にあるはなしでは、都の男のもとにやって来て妻になった美女が、綾織池のぬしだったと語られている。あまりに美しい布を織るので、持統天皇にお誉めを預かるほどだったが、いくら織っても糸が尽きないことをふしぎに思い、馬に糸の端を結びつけて全て引っぱり出させてみたところ、白蛇が出て来て、それを知った妻は「果報《かほう》なきひとかな」と告げて去ってしまったという。機《はた》に「恋しくば尋ね来て見よ下野《しもつけ》の那須のこてやのあやおりが池」という和歌が残されており、その正体が知れたとされる。

「恋しくば……」の和歌は「葛《くず》の葉《は》」のはなしなどにみられるものとおなじ形式。

［参考文献］黒尾東一（編）『那須記』、小林友雄『下野伝説集 あの山この里』

荒針の大蜂［あらはりのおおばち］

栃木県宇都宮市の大谷寺《おおやじ》に伝わる。大谷の山の洞穴にいたという数万年も経《へ》たような巨大な蜂《はち》で、群れをなして人々を苦しめていた。旅でこの地を訪れた弘法大師《こうぼうだいし》の密法によって大蜂たちは退治されたという。

この巨大な蜂に由来して、荒針という地名ができたとも語られている。

［参考文献］田代善吉『栃木県史』寺院編、宇都宮市教育委員会『宇都宮の民話』

池辺の魚［いけのべのさかな］

栃木県宇都宮市西原町《にしはらちょう》に伝わる。池辺というのはこの地域の古い呼び名。

むかし「田芋《たいも》おじ」と呼ばれる漁師が魚釣りをしていると白髪のふしぎな老人が現われて「今日はとても大きな良い魚がこの池で釣れるが、それは殺さずに還《かえ》すといい、後々《あとあと》たくさん魚が捕れるようになるでしょう」と告げて去った。田芋おじが釣りをつづけていると、確かにとても大きな鯉《こい》に少し似た良い魚も一匹釣れた。しかし、田芋おじはそのまま魚を持ち帰って食べてしまった。すると、ものすごい天変地異が巻き起こり、田芋おじの家は雨で流され、一帯にあった池もなくなって陸地になってしまったという。（『宇都宮郷土史』、『宇都宮の民話』）

関係性がはっきりしないが、『下野伝説集 追分の里』では、このはなしに登場する魚が**黄鮒**《きぶな》のもとになったと書いている。

［参考文献］徳田浩淳『宇都宮郷土史』、宇都宮市教育委員会『宇都宮の民話』、小林友雄『下野伝説集 追分の里』

石川雀［いしかわすずめ］

栃木県那珂川町《なかがわまち》に伝わる。女体山《にょたいさん》（那珂川町）の奥にあった金鉱で死んだ者たちの魂が、残した妻子に会いたい一心から化した雀の群れだという。

［参考文献］武田静澄・安西篤子『栃木の伝説』

糸首［いとくび］

ものすごく細ながい首のこと。**轆轤首**《ろくろくび》のようなものか。

栃木県小山《おやま》市などでは、糸で髪の毛を束ねるのはよくないとされる俗信のなかで、「糸で髪の毛を束ねたりすると糸首の子が出来る」（『小山市史』民俗編）というものがみられる。

布を織ったり、縫ったりするための糸で髪を束ねることを忌《い》む俗信は、一般的には「頭がおかしくなる」などを注意内容としていることが多い。

［参考文献］『小山市史』民俗編

岩岳丸［いわたけまる］

「岩嶽丸」、「巌嶽丸」、「岩武丸」とも。栃木県に伝わる。八溝山《やみぞさん》（栃木・茨城・福島県のちょうど境にあたる）にいたという**鬼**。須藤貞信《すどうさだのぶ》が討伐に向かい、これを退治した。のちにその霊が大蛇と化して出没し、人々を苦しめたとも語られる。（『栃木の伝説』）

『那須記《なすき》』（巻一）では、数千年を経《へ》た蟹《かに》が化けた鬼であると語られており、一〇の手足（錨《いかり》のように大きな足と、蟹の鋏《はさみ》のような手）を持ち、尖《とが》った二本の角があり、牛のような頭をしているなどと表現されている。

大蛇となった岩岳丸の霊は、「大頭竜権現《だいずりゅうごんげん》」（『栃木県史』神社編　大頭竜神社）として祀《まつ》られている。『那須記』（巻一）では、大蛇となった岩岳丸を封じるために山《さん》王《のう》権現が大猿《おおざる》に変じてこれと闘ったという描写もみられる。

八溝山の「やみぞ」は「闇ぞ」に由来するともいう。岩岳丸については、もともとは盗賊の首魁《しゅかい》で、都を荒らしていたが、追われてこの地に至った（『栃木の伝説』）などとも語られている。

「いわたけ」という名前や、蟹に結びつけられている点からみるに、『那須記』の「岩嶽丸」は、御伽草子《おとぎぞうし》の『岩竹《いわたけ》』に登場する蟹の妖怪「岩竹」が影響しているようである。しかし、頭が「牛」とされている部分を含めて考えると、画像成分としては狩野家に伝わる絵巻物にある「牛鬼《うしおに》」（蜘《く》蛛《も》や蟹のように多脚で描かれている）のようなかたちも加味した表現なのかも知れない。

玉姫も、八溝山の大蛇であると語られているが関係は未詳。『八溝山日輪寺縁起』は全く異なるはなしで、「大猛丸《おおたけまる》」という鬼賊《きぞく》がいたと語られている。

［参考文献］武田静澄・安西篤子『栃木の伝説』、田代善吉『栃木県史』神社編、黒尾東一（編）『那須記』、赤城毅彦『茨城方言民俗語辞典』、五来重（編）『修験道史料集』一　東日本篇、市古貞次（校）『未刊中世小説』四、西尾市岩瀬文庫『絵ものがたりファンタジア』

岩姫［いわひめ］

栃木県那珂川町健武《なかがわまちたけぶ》にある岩姫淵のぬし。お膳が必要になったときに、必要な数などを書いた紙を水中に投げ込むと貸して

くれたという。淵の底の横穴は竜宮《りゅうぐう》につながっているともいわれる。

［参考文献］武田静澄・安西篤子『栃木の伝説』

鶉の酬［うずらのむくい］

下野国《しもつけのくに》（栃木県）の狩人《かりうど》が病に苦しんで死んだが、実はその体を鶉が食い苛《さいな》んで苦痛を与えていたというもの。本人以外にはその鶉のすがたは見ることはできなかったという。

『沙石集《しゃせきしゅう》』（巻八）にあるもの。詳しい地名は示されていない。下総国《しもうさのくに》（茨城・千葉県）の**雉《きじ》の酬《むくい》**とおなじようなはなしがあるとして同話に「下野にも鶉に食はれたる者有りき」と挙げられている。

［参考文献］筑土鈴寛（校訂）『沙石集』下

宇宙の麒麟［うちゅうのきりん］

鎮守府将軍《ちんじゅふしょうぐん》・藤原利仁《ふじわらのとしひと》（俊仁）の葬儀に現われた**蔵安《くらやす》**・**蔵宗《くらむね》**の怨霊や悪魔たちを撃退するためにつくられた獅子頭《ししがしら》が手本にしたとされる麒麟。**悪魔**たちを祓《はら》うとされる。

栃木県上河内村関白《かみかわちむらかんぱく》（現・宇都宮市関白町）の『天下一関白獅子開起由来』の「天《てん》下《か》一《いち》関白《かんぱく》神獅子舞《かみじしまい》」のはじまりを伝える縁起物語では、万曜星《まんようせい》（頭の羽毛）北斗《ほくと》・北《ほく》辰《しん》（角）七曜《しちよう》・九曜《くよう》（耳）宇宙の天《あま》の川《がわ》（額の皺《しわ》）天《てん》の二十八宿《しゅく》（眉）日天《にってん》・月天《がってん》（眼）天御中主《あめのみなかぬし》・国常立《くにのとこたち》（鼻）高産霊《たかみむすび》・神産霊《かみむすび》（頬）地《ち》の三十六禽《きん》（歯）伊弉諾《いざなぎ》・伊弉冉《いざなみ》（牙）十種神宝《とくさのかんだから》（舌）などの要素をそれぞれ示しているとされる。（『栃木県の民俗芸能』一、『古野清人著作集』六）

獅子の本源だとされている「宇宙の麒麟」に付与されている色々な要素は、神仏習合の時代の神楽などにも多くみられる単語で占められており、天の二十八宿・地の三十六禽なども本来は中国の天体に関する知識だが、仏教・修験道《しゅげんどう》などで天地を示すことばとして用いられ、中世から近世の色々な伝書や縁起物語、歌などにも共通してみることができる。（「天星精魂と疱瘡神」、「悪鬼よけ三十六童子・禽」）

［参考文献］栃木県教育委員会『栃木県の民俗芸能』一、古野清人『古野清人著作集』六、氷厘亭氷泉「天星精魂と疱瘡神」（『大佐用』百八十号）、氷厘亭氷泉「悪鬼よけ三十六童子・禽」（『大佐用』百八十四、百八十八号）

裏見滝の天狗［うらみのたきのてんぐ］

裏見滝（栃木県日光市）にいるとされていた**天狗**で、不浄な心得の者がやって来ると、これにつかまれて八裂《やつざき》にされると語られていたという。

寺島良安《てらしまりょうあん》『和漢三才図会《わかんさんさいずえ》』（巻六十六・下野）にみられる。修験者《しゅげんじゃ》たちの修業の地であったころの言い伝えである。

［参考文献］寺島良安、島田勇雄・竹島淳夫・樋口元巳（訳注）『和漢三才図会』十

閻魔田［えんまだ］

栃木県上三川町井戸川《かみのかわまちいどがわ》に伝わる田地。所有するとたたりがあると忌《い》まれていた。

むかし「文明開化のこの時代にそんなことがあるか」と、閻魔田を買って耕作していたひとがあったがそれから間もなく急死した、などのはなしがある。

［参考文献］上三川町文化財研究会『上三川町の伝説と民話 続編』

大蝦蟇［おおがま］

大きな**蝦蟇**。へんげしてひとに化けたり、さまざまな悪さをしたりする。

栃木県那須塩原市板室《いたむろ》には、夜ふけになると赤子の泣き声が聴こえて来るということがつづき、あやしんだ猟師が鉄砲を撃ち込んだところ、その正体は大きな蝦蟇だったというはなしが伝わる。

［参考文献］武田静澄・安西篤子『栃木の伝説』

大欅［おおけやき］

栃木県大芦村（現・鹿沼市）の引田《ひきだ》に伝わる。大きな欅《けやき》の木で、この木は切ってはいけないとされていたほか、自然に落ちた枝や葉っぱを拾ってもいけないといわれていた。拾い帰って火を焚《た》くのに使ったりすると、その家の者は全員病気になると注意されていたという。

この欅の木は弘法大師《こうぼうだいし》が日光《にっこう》に行くときに地面に挿していった杖が育って大きくなったものであると語られている。

［参考文献］本多静六『大日本老樹名木誌』

大白鹿［おおはくろく］

「おおびゃくろく」とも。栃木県那須町に伝わる。舒明《じょめい》天皇のころに茗荷沢《みょうがさわ》に大きな**白鹿**が現われて村の畑を荒らしていた。狩野三郎行広《かのうのさぶろうゆきひろ》はこれを弓で射て山へ入ったが、霧生《きりゅう》が谷《たに》に入ると突然あたりが霧におおわれて鹿の行方を見失ってしまった。すると霧の中から現われた老人が「鹿はこの上にある湯で傷を癒している」と告げてくれた。老人が示した方角を探すと大白鹿が温泉に入っているのが見え、退治することができたという。（『栃木の伝説』）

老人の正体は「ゆぜんさま」で、大白鹿の入っていた温泉が鹿の湯・那須温泉のはじまりだと語られる。『那須記《なすき》』（巻三）にもこのはなしはみられるが、白鹿の役どころは山に狩野三郎を誘う程度で少し異なる。

［参考文献］武田静澄・安西篤子『栃木の伝説』、黒尾東一（編）『那須記』

お玉［おたま］

栃木県大平町《おおひらまち》（現・栃木市）に伝わる。

お玉という美しい女が医者の家の嫁になるが、それを妬《ねた》んだ者たちが「お玉には間男《まおとこ》がある」と根も葉もない噂を夫に吹き込み、髪を洗っている最中に刀で斬り殺されてしまった。お玉の亡霊は雨の降る日になると首だけになってふわふわ現われたりしたといい、人々はそれを鎮めるためにお玉稲荷《いなり》として祀《まつ》ったという。

お玉を殺した刀は、胡麻《ごま》の畑に隠されたといい、それに由来して胡麻をつくること

が忌《い》まれていたというはなしも語られている。基本的に胡麻についてのはなしが存在していたのか、お玉という女が胡麻畑で殺され、それ以後は胡麻をしぼると血が出るようになった（『民話の海へ　とちぎのあたらしい民話集』）という全く異なる展開のはなしもある。

［参考文献］小林友雄『下野伝説集　あの山この里』、下野民俗研究会月曜会『民話の海へ　とちぎの新しい民話集』

おだん狐［おだんぎつね］

栃木県上三川町《かみのかわまち》に伝わる**狐**。御定免塚《ごじょうめんづか》のあたりに住んでいて、しばしばひとを化かしたという。

［参考文献］上三川町文化財研究会『上三川町の伝説と民話　続編』

御前塚［おまえづか］

栃木県上三川町《かみのかわまち》五分一《ごぶいち》にある塚で、むかしは何か貸して欲しいものがあったら、この塚に頼んでおくと、翌朝にそれが置いてあって借りることができたという。

［参考文献］上三川町文化財研究会『上三川町の伝説と民話』

思川の大蛇［おもいがわのだいじゃ］

下野国《しもつけのくに》の大光寺村《だいこうじむら》（現・栃木県栃木市）に伝わる。むかし川井兵部《かわいひょうぶ》という男の妻が、夫とその情婦を喰い裂いて殺し、自らも思川に身を沈め二十尋《はたひろ》の蛇身になったという。毒気《どっけ》を吹いて人々を襲い食べたほか、毎年九月に乙女をいけにえに取っていたが、旅の途中の親鸞《しんらん》によって鎮められたという。（『栃木県史』寺院編）

「夫は情婦のところへ行っているはず」と嫉妬の炎に燃えて探しに出た妻が、思川のほとりに来ると急に喉《のど》がかわいてしょうがないので水に近づくと、自分のすがたが大蛇になっているのに気づき、川へ入った（『栃木の伝説』）とも語られる。

二十尋《はたひろ》の長さの蛇身や二十尋あまりの蛇体という言いまわしは、嫉妬の炎によって蛇体に変わってしまった、という展開をもつはなしに広く用いられていたもので、物語・芝居・演芸などでも「清姫《きよひめ》」などをはじめ数多くみられる。

［参考文献］田代善吉『栃木県史』寺院編、武田静澄・安西篤子『栃木の伝説』

【か】

嚊取りの藪〔かかとりのやぶ〕

栃木県足利市小俣町《おまたまち》にある竹林で、ここの竹を切って持って行ったりすると、その者の嚊《かか》（妻）が死ぬと語られ、踏み入ることが忌《い》まれていた。

むかし藪のある山に僧侶（**天狗**のようなふしぎな存在だったとも語られる）が托鉢《たくはつ》に来たが、家々の女たちが全てそれを断ったために餓死してしまった。その僧侶の竹の杖から芽が生えて増えたのが嚊取りの藪の竹だとされており、妻たちにたたる理由だと語られている。

昭和中期にも、ここを整備しようとしたひとがあったが、そのひとの妻がやはり急に苦しみ出し、伐採を中止したら治ったというはなしがあったようである。

〔参考文献〕台一雄『続 足利の伝説』

鐘太鼓の音〔かねたいこのおと〕

文化一三年（一八一六）閏《うるう》八月の大風雨のとき、夜のあいだ日光（栃木県日光市）の山中に大騒ぎで鳴り響いていたというふしぎな音。誰が鳴らしていたのかもわからず、自然と音は消え去ったという。

〔参考文献〕石塚豊芥子、鈴木棠三（校訂）『街談文々集要』

釜ヶ淵の白気〔かまがふちのはっき〕

栃木県片岡村玉田（現・矢板市）の荒川にあった釜ヶ淵から上がったという白い煙のようなもので、白幡《しらはた》がなびくような音を立てたりしたという。

淵に住んでいた大蛇が倒れており、その悪気《あっき》が川から出ているのだということが熊《くま》野《の》様のお告げでわかったことから、大蛇を祀《まつ》ってあげたところ、白気は止んだという。

〔参考文献〕田代善吉『栃木県史』神社編

雷の火鉢〔かみなりのひばち〕

むかし**雷獣**が落ちたといういわれのある立派な火鉢。埋められていたが、場所を動かしたところ、雷雨を呼んだといい、雷獣が当たったからなのか、雷の力が宿っているようである。

栃木県三和村《みわむら》（現・足利市）に伝わる。古河《こが》（茨城県）のお殿様だった土井《どい》家の屋敷にあったもので、落ちて来た雷獣を退治したあとは、土井家の領地だった三和村の板倉にある山に埋められていた。喜福寺のある雛僧《すうそう》が立派な火鉢があると聞きつけて、掘り出して寺に持って行ってしまったのだが、そのときにはものすごい黒雲と大雷雨が巻き起こったという。三和村板倉の

雷電社は、この雷と縁のある火鉢が埋められていたことにちなんで建立されたとも語られている。

〔参考文献〕瓦全生「足利より」（『郷土研究』二巻十号）

上三川城の泥鰌〔かみのかわじょうのどじょう〕

片目しかないふしぎな泥鰌。栃木県上三《かみの》川町《かわまち》にある上三川城址《かみのかわじょうし》の堀に多くいたという。城が落ちる際に城主であった今泉《いまいずみ》家の奥方（あるいは姫）が身を投げたことに由来しているとされる。その際、懐剣《かいけん》で喉《のど》を突こうとしたが手もとが狂い、目を傷つけてしまったことから、魚たちが片目になったという。

〔参考文献〕上三川町文化財研究会『上三川町の伝説と民話』、柳田國男「目一つ五郎考」（『一目小僧その他』）、小林友雄『下野伝説集 あの山この里』

唐沢山の井戸〔からさわさんのいど〕

栃木県佐野市に伝わる。むかし藤原秀郷《ふじわらのひでさと》（俵藤太《たわらとうた》）が蜈蚣《むかで》退治をしたお礼に竜宮《りゅうぐう》の竜神が掘ってくれたという井戸で、秀郷が望むものを紙に書いて井戸に入れると、翌日にはその品物が井戸端《ばた》に置かれていたという。（『民話の海へ　とちぎの新しい民話集』）

秀郷が望みの品物を井戸に告げると竜宮がそれを届けてくれたというはなしは、各地の膳椀を貸してくれる竜宮のはなしとも重なって来る。

〔参考文献〕下野民俗研究会月曜会『民話の海へ　とちぎの新しい民話集』

観晃橋の幽霊〔かんこうばしのゆうれい〕

観晃橋（栃木県小山《おやま》市）のコンクリート壁に浮き出た、ひとの影のようなもので、島田髷《しまだまげ》で着物すがたをした女性を横から見たようなかたちをしており、幽霊がすがたを示したものだという噂が出たという。

これがみられるようになったのは、平成元年（一九八九）ごろで、幽霊の素性は思《おもい》川《がわ》に身を投げた身重《みおも》の女性の霊、近くにあった女郎屋の遊女の霊、など色々に語られていたようである。

〔参考文献〕下野民俗研究会月曜会『民話の海へ　とちぎの新しい民話集』

黄幣〔きいべ〕

「黄平」、「黄色兵衛」とも。尾出山《おでやま》（栃木県鹿沼市）に伝わる**天狗**。五色天狗のひとつ。黄色の天狗だといわれている。

〔参考文献〕江森泰吉『安蘇郡誌』、栃木県郷土資料館『秋山の民俗』

黄鮒〔きぶな〕

栃木県宇都宮市で造られている郷土玩具。正月の初詣や一一日の初市で「豆太鼓《まめだいこ》」などとともに買い求められ、神棚や軒先に無病息災を願うために飾られた。（『宇都宮の民話』、『宇都宮の手仕事』）

むかし天然痘《てんねんとう》が流行した時に、田んぼの川にいたふしぎな黄色い鮒《ふな》を食べたひとが

回復したことから造られるようになった（『宇都宮の民話』）と語られる。これは郷土玩具となって以後の黄鮒の由来というかたちで語られているはなしで、群馬県の抜鉾大明神の**片目鰻**《うなぎ》や茨城県の**お井戸様の鮒**《ふな》のように病気と魚とが組み合わさっている例は関東各地にみられるが、黄色い鮒という存在がそもそも語られるようになったはじまりについてはあまりはっきりしていない。造られるようになったのは明治の中頃（『日本郷土玩具事典』）からともいわれている。**池辺**《いけのべ》**の魚**も参照。

物語としては、立松和平《たてまつわへい》・横松桃子《よこまつももこ》『黄ぶな物語』が、由来のはなしの部分を描いた絵本として平成一〇年代以後に広く知られている。

［参考文献］宇都宮市教育委員会『宇都宮の民話』、宇都宮市教育委員会『宇都宮の手仕事』、立松和平・横松桃子『黄ぶな物語』、西沢笛畝『日本郷土玩具事典』

教伝地獄［きょうでんじごく］

下野国《しもつけのくに》の那須（栃木県那須町）の教伝《きょうでん》という男が山へ薪《たきぎ》を採りに出たところ、突然地面に大地獄（温泉）が生じてそこに陥《おちい》り、そのまま二度と出て来ることはなかったというもの。その大地獄に向かって「教伝」と呼びかけたりすると、ぼこぼこと熱泉が湧き出ると語られる。

片仮名本《かたかなぼん》『因果物語《いんがものがたり》』（上巻）などにみられる。教伝は、日頃から悪い人間だったと描かれているようで、このときも「朝食《あさめし》が遅い、おくれる」と怒って母親を蹴《け》って山へ出掛けている。

返事をする湧水に属するはなしではあるが、悪事を重ねた結果、突然に爆熱の温泉に落ちる流れは**裂地**《れっち》な展開ではある。

［参考文献］高田衛（編）『江戸怪談集』中

行人渕［ぎょうにんぶち］

栃木県上三川町《かみのかわまち》に伝わる。むかし酒屋に毎晩酒を買いに来るふしぎな老人がいた。持って来る徳利《とっくり》は小さいのだが、老人の希望する注文どおり、五合でも二升でも、その徳利の中に入ったという。店の者があやしんで老人の帰り道をつけてみると、行人渕で突然に消え、遠くに見える多功不動のお堂がある森にポッとあかりがひとつ灯《とも》ったので怖くなり店に帰った。ふしぎな老人は次の日から酒を買いに来なくなってしまったという。

行人渕と、不動の森に湧いている水（おみだらせ、金明水《きんめいすい》。これをもらって帰って炊《た》いたごはんを食べるとおっぱいに良いといわれていた）はつながっているとされる。

［参考文献］上三川町文化財研究会『上三川町の伝説と民話』

首斬地蔵［くびきりじぞう］

市《いち》街道（栃木県佐野市）に立っていた石の地蔵で、たびたび化けて出てはひとの髪の毛を引っぱったり、お尻をなでて来たりしたという。

噂を耳にした山本市左衛門乗延が、これを退治した際、地蔵の首が落ちたのが「首

斬地蔵」という呼び名の由来だという。

［参考文献］台一雄『続 足利の伝説』

首無しライダー［くびなしらいだー］

車道を走っていると、バイクがものすごい速度で近づいて来るが、その運転手には首がないというもの。二人乗りの場合もあり、うしろに乗っているもうひとりが持つヘルメットに運転手の首は入っていて、こちらを見て来たとも語られる。

栃木県宇都宮市などでは、「例幣使《れいへいし》街道にこれが出る」というはなしがよく語られているという。（『民話の海へ とちぎの新しい民話集』）

乗り手に首がない、というバイクのはなしは各地にも広く語られている。高速道路やトンネルに関するはなし同様、運転手やライダーたちを中心にスポットや噂が形成され、こわいはなしとして伝播《でんぱ》するようである。

［参考文献］下野民俗研究会月曜会『民話の海へ とちぎの新しい民話集』

蔵安・蔵宗［くらやす・くらむね］

下野国《しもつけのくに》の冬室《ふゆむろ》（栃木県宇都宮市）にいたという**鬼**、あるいは盗賊の首魁《しゅかい》。蔵安は兄で蔵宗が弟。鎮守府将軍《ちんじゅふしょうぐん》・藤原利仁《ふじわらのとしひと》（俊仁）の軍によって退治された。

利仁の死後、その葬儀の席の上空に兄弟の怨霊や**悪魔**が黒雲のすがたになって現われたが、俊仁の家臣たちが**宇宙の麒麟《きりん》**をかたどった**獅子《しし》**で獅子舞を行い、それらの魔《ま》徒《と》を振り祓《はら》ったという。

栃木県上河内村関白《かみかわちむらかんぱく》（現・宇都宮市関白町）に伝わる獅子舞「天下一関白神獅子《てんかいちかんぱくかみじし》舞《まい》」に登場する「鬼」は、蔵宗・蔵安を示しているとされる。酒で鬼たちを酔わせ、神通力《じんつうりき》のある軍配《ぐんばい》を奪いとり、三匹の獅子たちに鬼を退治してもらう内容が舞われる。

［参考文献］栃木県教育委員会『栃木県の民俗芸能』一、古野清人『古野清人著作集』六

黒地蔵［くろじぞう］

「豆腐《とうふ》食い地蔵」や「荒縄《あらなわ》地蔵」とも。栃木県足利市田島町に伝わる。むかし樺崎八《かばさきはち》幡宮《まんぐう》に置かれていた地蔵で、人間のすがたに化けてしばしば豆腐屋に行って豆腐を買って帰り、食べていたという。

毎晩毎晩、見知らぬ坊主頭の若い者が豆腐を買いに来るというので、不審に思った者が跡をつけたところ、地蔵であったことが知れたため、うろうろ出歩かないように荒縄で縛《しば》られるようになったという。

［参考文献］台一雄『足利の伝説』

黒幣［くろべ］

「黒平」、「黒兵衛」とも。根本山《ねもとさん》（栃木県佐野市）に伝わる**天狗**。黒い色の天狗だといわれている。栃木・群馬県境の山々に祀られている五色天狗のひとつ。

むかし江戸（東京都）の井伊《いい》家の屋敷に

火の手が迫ったとき、見知らぬ大男が現われて火を消して類焼《るいしょう》から守ってくれたことがあった。調べたところ下野国飛駒《しもつけのくにひこま》（栃木県佐野市）のこの天狗であることがわかり、火伏《ひぶ》せの霊験《れいげん》があると語られるようになったとされる。

黒幣が大名屋敷の防火をしたとするはなしは、安政の大地震のときのはなし（『秋山の民俗』）だといわれている。展開はおなじ五色天狗のひとつ**赤幣**《あかべ》と共通している。井伊家は飛駒《ひこま》に所領を持っていた。

〔参考文献〕江森泰吉『安蘇郡誌』、栃木県郷土資料館『秋山の民俗』、桐生みどり「根本山」（『桐生山野研究会』・楚巒山楽会『やまの町　桐生』）、下野民俗研究会月曜会『民話の海へ　とちぎの新しい民話集』、清水義雄『黒幣の天狗』

華厳滝の霊〔けごんのたきのれい〕

華厳滝（栃木県日光市）は、写真を撮ると霊が写り込んでしまうことが多いと俗に語られている。

〔参考文献〕幽霊探検隊『関東近郊　幽霊デートコースマップ』、中岡俊哉『日本全国 恐怖の心霊地図帖』、「日本幽霊出る出るMAP」（『BOOTNIC2』）

五位鷺〔ごいさぎ〕

むかし五兵衛《ごへえ》という男が遠出をした帰り、すっかり暗くなってしまった森の道を歩いていると「ゴヘエ、ゴヘエ、デレスケ、テーコウ、ブッツァクゾ」という声をかけられた。自分の名前を呼んでいるし、ぶっ裂《さ》くぞといわれたので、追剝《おいはぎ》か何かだと思い荷物を投げ出して帰って来たが、何者かの声だと思っていたのは、実は森にいっぱい棲《す》んでいる五位鷺の鳴き声だったという。（『都賀町史』民俗編、『読みがたり 栃木のむかし話』）

栃木県都賀町《つがまち》（現・栃木市）などに伝わる昔話にみられる。ここで用いられている五位鷺の鳴き声は、**五平鳥**《ごへいどり》（木菟《みみずく》などの声だとされる）また**ごうへ**の鳴き声である「ゴーヘーゴーヘー、テレスケデーコ、ブッツァクド」（「栃木市岩舟の世間話」）とほぼ同じものであり、夜の鳥の鳴き声・おそろしい場面での使われ方など、興味深い。

〔参考文献〕『都賀町史』民俗編、下野民俗研究会『読みがたり 栃木のむかし話』、永島大輝「栃木市岩舟の世間話」（『世間話研究』二十六号）

庚申様の田螺〔こうしんさまのたにし〕

栃木県都賀町《つがまち》（現・栃木市）に伝わる「お比丘尼様《びくにさま》」（八百比丘尼《やおびくに》）の昔話にみられる。むかし庚申様の晩にみんなで集まったときに、煎《い》った大豆に砂糖をまぶして食べていたのだが、そこへたまたま混じったふしぎな田螺《たにし》を食べたことで、お比丘尼様は長生きになったのだと語られる。（『都賀町史』民俗編）

八百比丘尼が不老長寿になった原因の食物には「九穴《くけつ》の貝《かい》」など、貝も存在するが、これは田螺とされていた例。群馬県の**赤児の形の肉**《あかご》も参照。

〔参考文献〕『都賀町史』民俗編

ごうへ

「ごうへどり」、「ごうへいどり」とも。栃木県栃木市などに伝わる。子供に対し「あばさけるとゴーへが来る」と言ったりして大人がおどかしたりした。（「栃木市岩舟の世間話」）

「あばさける」というのは「ふざける」などといった意味合い。「ごうへ」は、ことばとしては木菟《みみずく》や梟《ふくろう》・雉《きじ》・鷺《さぎ》などの鳥の鳴き声を示すものであり、「ゴーヘーゴーヘー、テレスケデーコ、ブッツァクド」（「栃木市岩舟の世間話」）、「ゴウヘイー、ゴウヘイー、テレスケダイコ、ブッツァイタ」（『古河の昔話と伝説』）などと表現される。**おくぽやでれすけでんべ**などとも重なってくる鳥の声の聞きなしをもととしている言い伝えの例のひとつである。群馬県の**五平鳥**などもほぼ同種のもの。

［参考文献］永島大輝「栃木市岩舟の世間話」（『世間話研究』二十六号）、古河市史編さん委員会『古河の昔話と伝説』

古峰ヶ原隼人坊［こぶがはらはやとぼう］

「日光隼人坊《にっこうはやとぼう》」とも。古峰ヶ原《こぶがはら》（栃木県鹿沼市）にいる**天狗**で、日光の山々にいる小天狗たちを統率しているという。

古峰ヶ原には「籠《こも》り堂」と呼ばれるものがあり、春と秋に天狗たちがそこに集まる日があって、その日は騒がしい音が聴こえて来たりしたという。

隼人坊の名称にも用いられている「隼《はや》人《と》」という名は、古峰ヶ原を守る家にも実際に代々伝わっている名前であり、彼らは役行者《えんのぎょうじゃ》に仕えていた前鬼《ぜんき》（**前鬼・後鬼**）あるいは妙童鬼《みょうどうき》の子孫であるとも伝えられている。

［参考文献］中川光熹「古峰ヶ原の信仰」（宮田登・宮本袈裟雄（編）『日光山と関東の修験道』）、知切光歳『図聚天狗列伝』東日本編

米磨婆［こめとぎばばあ］

「米磨婆様」とも。栃木県芳賀《はが》郡などでいわれる。米を磨《と》いでいるような音をさせるという妖怪。（「妖怪名彙」）

栃木県逆川村《さかがわむら》（現・茂木町《もてぎまち》）では、「えんこぶ」と呼ばれる場所に「米磨婆様」が出るといわれており、「えんこぶがっちゃかちゃ」と米を磨ぐ音をさせて来ると語られていた。また木幡《きばた》の薬師様の近くにも出るといわれており、そちらは「米磨婆様晩方さぁらさら、薬師様でさぁらさら、子供さろべとさぁらさら」と米を磨いでいるという。（「小豆とぎ」）

他の多くの**小豆磨《あずきとぎ》**たちと同様、子供たちを怖がらせる怕鬼《はき》要素の役割を持たせて大人たちが語る機会も多かったようである。

［参考文献］柳田國男「妖怪名彙」（『妖怪談義』）、大藤時彦「小豆とぎ」（『民間伝承』九巻五号）

三本足の鶏

［さんぼんあしのにわとり］

足が三本生えているふしぎな鶏。「三足《さんそく》鶏《けい》」とも。

栃木県足利市にある鶏足寺《けいそくじ》の名前の由来として『鶏足寺縁起《けいそくじえんぎ》』にみることができる。**平将門《たいらのまさかど》**と闘っていた藤原秀郷《ふじわらのひでさと》が、祈《き》禱《とう》による将門の力の調伏《ちょうぶく》を頼んだのが世尊寺（のちの鶏足寺）で、常裕法印《じょうゆうほういん》を中心に護摩《ごま》を焚《た》いて祈っていると、夢の中に将門の首をつかんだ三本足の鶏が現われたという。法印がこの夢を見たのと同時に、将門は秀郷の手に掛かって敗れたと語られる。（『足利の伝説』、『将門伝説 民衆の心に生きる英雄』）

埼玉県東松山市岩殿の観音《かんのん》院に伝わる『吉見岩殿山略縁起《よしみいわどのさんりゃくえんぎ》』でも、同様に「三本足の鶏」が檀の上に出現したと同時に将門は敗れたと語られている。

［参考文献］台一雄『足利の伝説』、梶原正昭・矢代和夫『将門伝説 民衆の心に生きる英雄』、柴田常恵・稲村坦元（編）『新訂増補 埼玉叢書』第三

塩田宗内の女房

［しおたそうないのにょうぼう］

栃木県矢板市に伝わる。深い嫉妬から**鬼**になり人々を害したという。「鬼が坂」という地名の由来であるとして語られる。

塩田宗内は常陸国《ひたちのくに》（茨城県）の花室《はなむろ》の住人で、宗内が他の女を愛したことから、女房は鬼女と化して、国境を越して大槻《おおつき》（栃木県矢板市）の山に住みついたという。大《だい》善寺《ぜんじ》の僧侶が封じたとされる。（『関東の民間信仰』）

［参考文献］武田静澄・安西篤子『栃木の伝説』、『関東の民間信仰』

静か餅

［しずかもち］

栃木県芳賀《はが》郡などでいわれる。夜中にこつこつと餅《もち》の粉をはたくような音が聴こえることで、この音が近づいてくると運が良くなり、遠ざかってゆくと運が衰えるという。（『妖怪名彙』）

隠れ里には米を搗《つ》くような音をさせるものもあり、要素の重なりがみられる。

［参考文献］柳田國男「妖怪名彙」（『妖怪談義』）

蛇々窪の大蛇

［じゃじゃくぼのだいじゃ］

栃木県宇都宮市に伝わる。泉町《いずみちょう》の近くにあった「蛇々窪」と呼ばれる土地（釜川あたりだと考えられている）にいたという大変に年を経《へ》た大蛇で、人々に危害を加えていたが、「徳次郎の明神様」（宇都宮市徳次郎町の智賀都《ちかつ》神社）によって退治されたという。

［参考文献］宇都宮市教育委員会『宇都宮の民話』

数珠割り石［じゅずわりいし］

栃木県那須町の喰初寺《くいぞめでら》にある大きな石。日蓮《にちれん》が「九尾《きゅうび》の狐」の怨霊をこの石の中に封じ込め、数珠《じゅず》を使って打つと、まっぷたつに割れ目が入ったとされる。**殺生石**《せっしょうせき》とは別系統の退治のはなしである。

［参考文献］武田静澄・安西篤子『栃木の伝説』

須弥山の大天狗［しゅみせんのだいてんぐ］

栃木県熟田村《にいたむら》（現・さくら市）狭間田《はさまだ》に伝わる。むかし天や地の神々が狭間田にある松の巨木の下に集まって人々の世のことについて会議をしていたが、この大天狗がやって来ては枝の上に腰を掛け、その内容をコッソリ聴いていたという。

この松の巨木は「天狗松」と呼ばれており、天孫降臨のころに瓊々杵尊《ににぎのみこと》あるいは大山祇《おおやまつみ》が植えた松だとも語られている。木そのものに触ると罰があたるといって明治以前は、人々は近づかなかったという。

［参考文献］本多静六『大日本老樹名木誌』

成高寺の天狗［じょうこうじのてんぐ］

栃木県宇都宮市塙田《はなわだ》の成高寺に伝わる**天狗**。むかし成高寺にいた貞禅《じょうぜん》禅師という書道に長《た》けた僧侶のもとに翁《おきな》のすがたに化けて「腕を借りたい」とやってきたという。

腕（字のうまさ）を借りに来た理由は、神仙たちとの書の集まりに参加するためであり、承知をした貞禅の腕はしばらくしびれが出てうまく動かなかったが、数日後再びおなじ翁がやって来て礼を告げると腕は治り、以後は寺を守護してくれるようになったとされる。

このような書道の腕前を借りてゆく天狗のはなしも各地の寺社にみられる。

［参考文献］徳田浩淳『宇都宮郷土史』、宇都宮市教育委員会『宇都宮の民話』、知切光歳『図聚天狗列伝』東日本編

小眼［しょうまなこ］

事八日《ことようか》（二月八日）の日に家々にやって来るとされる一つ目の妖怪。栃木県野上村《のがみむら》（現・佐野市）などでは**一つ目小僧**のような目がひとつの存在だと語られ、一二月八日にやって来るので（一二月には「大眼《だいまなこ》」が来るとされる）籠《かご》を家の外に出しておいたりしたという。

小眼と**大眼**という一対になる存在がそれぞれ「事八日」にあたる日にやって来ると語られている例である。

［参考文献］倉田一郎「栃木県安蘇郡野上村語彙」（國學院大學方言研究会『方言誌』十七輯）

白帷子の女［しろかたびらのおんな］

栃木県足利市名草中町《なぐさなかちょう》に伝わる。真っ白い帷子を身につけた若い女。佐野宗綱《さののむねつな》が、須花峠《すばなとうげ》の戦いに出陣する直前にこれに遭遇した。

馬に乗った宗綱の前に現われ、そのまますがたを消した。家臣たちがこれは凶兆であると告げ、性急な出陣を諫《いさ》めたが、宗綱は耳を貸さずに馬を進めた結果、討死《うちじに》してしまったと語られている。

［参考文献］台一雄『足利の伝説』

白倉山の天狗［しろくらやまのてんぐ］

白倉山（栃木県那須塩原市）に住んでいた**天狗**たち。弘法大師《こうぼうだいし》が箒川《ほうきがわ》沿いを歩いていたときに**火の雨**を降らせて邪魔をしたという。弘法大師は石の上に大きな石を屋根のように積んでその下に入り火をよけたといい、その石は「弘法の釣石」と呼ばれている。

［参考文献］武田静澄・安西篤子『栃木の伝説』

白幣［しろべ］

「白平」、「白兵衛」とも。白岩山（栃木県佐野市）に伝わる**天狗**。白い色の天狗だといわれている。五色天狗のひとつ。

白岩山には、白岩山神社があり、そこに祀《まつ》られていると考えられる。

［参考文献］江森泰吉『安蘇郡誌』、栃木県郷土資料館『秋山の民俗』、桐生みどり「氷室山」（『桐生山野研究会』・楚巒山楽会『やまの町　桐生』）

甚五郎の鯉［じんごろうのこい］

名人として知られる左甚五郎《ひだりじんごろう》が彫ったとされる鯉の彫刻。

栃木県上三川町《かみのかわまち》の長泉寺には、甚五郎によって彫られたとされる「鯉の滝登り」が柱にあり、寺が火事になったとき、この鯉が水を周囲に吹き出して焼け残ったといわれる。

［参考文献］上三川町文化財研究会『上三川町の伝説と民話　続編』

新左衛門［しんざえもん］

栃木県宇都宮市塙田《はなわだ》の成高寺《じょうこうじ》に伝わる**狐**。寺男《てらおとこ》の老爺《ろうや》のすがたに化けて仕えていたが、法事から帰って来た貞禅《じょうぜん》禅師が見ると狐のすがたのまま眠りこけていたので正体がわかってしまったという。

貞禅が寺から出て行くように告げると、涙を浮かべた新左衛門は「もう決して正体に戻ることはありません」と証文《しょうもん》をしたためて誓い、死ぬまで寺男の老爺として寺にいたという。その霊は「新左衛門稲荷《いなり》」として祀《まつ》られている。

［参考文献］宇都宮市教育委員会『宇都宮の民話』

清竜大権現［せいりゅうだいごんげん］

「清滝大権現」とも。栃木県上三川町《かみのかわまち》に伝わる白い**竜**。人頭《にんとう》白蛇《じゃ》のかたちをしているといわれる。

後鳥羽院の勅命のもと、上総国《かずさのくに》（千葉県）の鹿野山《かのうざん》から海路で下野国《しもつけのくに》（栃木県）へ仏像を運ぶ途中、海上で大変な暴風に見舞われたが、宝山《ほうざん》阿闍梨《あじゃり》が祈りを捧《ささ》げて念珠《ねんじゅ》を投げるとそれが**白竜**と化して船をまもってくれた。仏像は無事に満福寺（栃木県上三

川町東蓼沼《ひがしたてぬま》）に安置され、竜も祀《まつ》られたとされる。

［参考文献］上三川町文化財研究会『上三川町の伝説と民話』

殺生石［せっしょうせき］

栃木県那須町にある岩石で、都から逃げ飛んで来た**狐**のへんげ「玉藻前《たまものまえ》」が変じたものであるとされる。近寄る生物を毒気《どっけ》で殺してしまう（殺生石の周辺は硫黄《いおう》成分を含む火山性ガスが地中から湧いており、実際に有毒である）と語られていた。その後、源翁《げんのう》和尚（玄翁《げんのう》）が玉藻前の霊を供養し、石を叩くと殺生石は砕け散り、魔力を失ったとされる。

能の『殺生石』などでも広く知られる。

那須野ヶ原で玉藻前が殺生石になったというはなしは、古くは『下学集《かがくしゅう》』（態芸門）の「犬追物《いぬおうもの》」の項目にみられ、そのときの狐狩りの様子が犬追物（武家に伝わる弓の三術のひとつ）の由来になったと語られていた。

那須野や殺生石がある関係から、玉藻前・九尾《きゅうび》の狐に関するはなしは栃木県には各地に点在している。栃木県大田原《おおたわら》市の玉藻稲荷神社にある「鏡が池」は、蝶《ちょう》に化けて逃げ隠れていた玉藻前がこの水にはっきり映ってしまい見つかった（『栃木の伝説』、『日本の民話』五 栃木篇）というはなしが語られている。

また、初午《はつうま》のときなどに供えられて食べられている「すむつかり」（しもつかり、しもつかれ）は、九尾《きゅうび》の狐が襲来した土地に悪疫が起こったときに、それを除くために考案された食物（『日本の民話』五 栃木篇）、九尾の狐をおびき出して退治するために工夫された餌（「鹿沼の民俗」）であるという由来についての説もみられる。

江戸時代に書かれた九尾の狐を取扱った芝居や物語でも、敗れた玉藻前が変じた石として殺生石は定番の大道具になっている。高井蘭山《たかいらんざん》『絵本三国妖婦伝《えほんさんごくようふでん》』では、那須野で三浦介義純《みうらのすけよしずみ》によって弓で射られ、上《かず》総介広常《さのすけひろつね》の鎗《やり》をくらった九尾の狐は大きな石（殺生石）に変じ、それを持ち上げようと取り囲んだ兵を毒でたちまち殺している。岡田玉山《おかだぎょくざん》『絵本玉藻譚《えほんたまものがたり》』でも、那須野で弓によって退治された九尾の狐の執心が殺生石となったとされているが、こちらでは狐の身そのものは都へ持ち帰られ、ご叡覧《えいらん》の後に「うつぼ舟」に詰めて海に流したとしている。また、殺生石から**黒仏《くろぼとけ》**などが出没したりもしている。

『那須記《なすき》』（巻四）では、武士たちの馬を邪魔していた**鞠《まり》の如《ごと》きもの**が須藤貞信《すどうさだのぶ》によって射られ、狐のすがたとなり、その狐が退治されて殺生石になったとされる。

［参考文献］『元和本 下学集』、『本朝語園』下（寛永三年版複製）、武田静澄・安西篤子『栃木の伝説』、日向野徳久『日本の民話』五 栃木篇、小川芳文・早乙女芳正「鹿沼の民俗」（『西郊民俗』七号）、高井蘭山『絵本三国妖婦伝』、岡田玉山『絵本玉藻譚』、仮名垣魯文『玉藻前悪狐伝』、黒尾東一（編）『那須記』

浅間山の主［せんげんやまのぬし］

浅間山（栃木県足利市）のぬしで、白い蛇だという。夫婦一対《いっつい》の白蛇だったとも語

られる。

昭和のはじめごろ、足利から太田へ向かう東武鉄道の最終電車には、必ず二両目の同じ座席に白髪のふしぎなお婆さんが乗っていて、野州山辺《やしゆうやまべ》駅にさしかかると下車していないのにすがたを消してしまうという噂があり、浅間山の主が化けたすがただと語られていた。夫の白蛇が線路で死んでしまって以後、妻の白蛇が現われているのだともいわれていたという。（『続　足利の伝説』）

昔ながらの、道で出遭う存在や交通機関に乗って消えてしまう存在と、ぬしとしての存在が、そのままモダンな道具立ての中に配合された例であるといえる。蛇や弁天も、馬や駕籠《かご》を使って移動するはなしは鉄道や車道が整備される以前からあるので、彼ら彼女らがあたらしい交通機関に乗って移動をするはなしも、**狐**や**狸**以上にあったことは推察できる。

［参考文献］台一雄『続　足利の伝説』

千本桂［せんぼんかつら］

石裂山《おざくさん》（栃木県鹿沼市）にある加蘇山《かそやま》神社の桂の大木で、二本の大木が横並びに重なって生えており、御神木として祀《まつ》られている。「縁結《えんむす》びの千本桂」としてご利益があると俗に語られて来ている。

陽成《ようぜい》天皇のころ、国司が植えたものであると言い伝えられている。

［参考文献］「下野上都賀郡の老樹」（『郷土研究』二巻十一号）

【た】

大蛇の化物［だいじゃのばけもの］

「坊さんごっこ」というあそびで唄われるわらべ歌などにみられるもの。栃木県小山《おやま》市などにみられる。

「坊さん坊さんどこへ行くの。」「私は田んぼの稲刈《いねか》りに。」「私も一緒につれてって。」「お前が行っては邪魔になる。」「邪魔になってもいいじゃないか。」「蛇の化物おっつけるぞ。」「おっかないヨ。」「大蛇の化物おっつけるぞ。」「おっかないヨ――。」（『小山市史』民俗編）というのが歌の文句。

「坊さん坊さんどこ行くの」というわらべ

歌は各地にあり、歌の文句にはいくつかの傾向がみられる。蛇の化物・大蛇の化物はおそろしいもの代表として唄い込まれている。

[参考文献]『小山市史』民俗編

だいだらぼう

栃木県芳賀《はが》郡などでは、日暮れごろになると「だいだらぼうが来るぞ」などと子供たちがお互いにおどかしあったりして家路を急いだりしたという。

[参考文献] 小林友雄『下野伝説集 あの山この里』

大太郎法師の足跡 [だいだらぼっちのあしあと]

栃木県足利市の本城《ほんじょう》にあった水たまりで、「だいだらぼっち」の足跡にできたものだとされる。古くは井戸として用いられており、どんなに日照りの年でも、ここの水は涸《か》れることがないとされていた。(『続足利の伝説』)「だいだらぼっち」など、巨人の足跡だと伝えられている場所には日照りへの耐性が強い（水が涸れない、草が枯れ果てないなど）と語られている地点も多い。この例もそのひとつとみられる。

[参考文献] 台一雄『続 足利の伝説』、平瀬麦雨「大太法師足跡」(『郷土研究』三巻一号)

高鳥山の大亀 [たかとりやまのおおがめ]

高鳥山（栃木県那珂川町《なかがわまち》）にすんでいたという巨大な亀。里にくだって来ては、畑や家を荒らし回っていたが、武茂太郎という勇士によって退治されたという。

[参考文献] 武田静澄・安西篤子『栃木の伝説』

玉姫 [たまひめ]

栃木県那珂川町《なかがわまち》の明神峠に伝わる。むかし峠にあった一つ家に常陸国《ひたちのくに》（茨城県）から落ちのびて来た玉姫という美しいお姫様とばあやが宿を求めた。ふたりを不憫《ふびん》に思った一つ家の夫婦はかくまってやることに決めたが、次第に夫は玉姫に心を惹《ひ》かれるようになり、怒った妻は健武《たけぶ》明神に「丑《うし》の刻参《ときまい》り」に出掛けた。すると健武明神は「玉姫と称する者の正体は八溝《やみぞ》山の大蛇である」と告げ、門口《かどぐち》に貼るようにとおふだを授けた。おふだを貼ったところ、野良仕事から戻って来た玉姫とばあやは家に入ることができず、三日三晩家のまわりで「入れてくれ」と言っていたが、ついに近くの川に入ってすがたを消したという。(『栃木の伝説』)

八溝山にいた**岩岳丸**《いわたけまる》は、退治された後に大蛇に化したと語られてもいるが、前後の関係性が深いのかどうかは未詳。

[参考文献] 武田静澄・安西篤子『栃木の伝説』

稚児の大蛇 [ちごのだいじゃ]

栃木県那須塩原市の稚児が淵《ふち》に伝わる。むかし想いを寄せていた僧侶を別の稚児に奪われた稚児が身を投げ、大蛇のすがたに

なってしまったというもので、川沿いの土地を荒らしていた。山の神の霊夢を受けた者が、自身の所持していた宝刀をお告げどおりに淵に投げ入れたところ、淵の水は血に染まり、大蛇は消えたという。

［参考文献］武田静澄・安西篤子『栃木の伝説』

提灯を点けてる人［ちょうちんをつけてるひと］

夜に自転車で走っていると、前に蠟燭《ろうそく》を入れた提灯を点けて歩いているひとが見えたが、いくら自転車をこいでも距離が縮まらず、やがてパッと消えたという。その人の見た目は坊主頭だったという。

栃木県鹿沼市で語られる。報告書では「イタチかムジナか狸か狐の話」という分類に収録されている。昭和五〇年代ぐらいのはなしだという。

［参考文献］武蔵大学人文学部日本民俗史演習『鹿沼市下沢の生活と伝承』

槻の大木［つきのたいぼく］

栃木県片岡村玉田（現・矢板市）の生駒《いこま》神社・石上《いそのかみ》神社に伝わる。都から飛んで来た九尾《きゅうび》の狐（玉藻前《たまものまえ》）が玉田の里にあった槻《つき》（けやき）の大木に宿って周囲に悪事をなしたという。勅命を受けた勝善《しょうぜん》親王がこの木を切り倒すことを命じたが、いくら斧《おの》を入れても翌朝には切り口が戻ってしまい、切ることができなかった。しかし夢で豊受大神《とようけおおかみ》から「切りくずを燃やしながら切れ」というお告げを得ることによって、ついに大木を倒すことができ、九尾の狐はこの地を去ったと語られる。

生駒神社は旧称を勝善神社といい、社名も勝善親王に由来するとされている。この槻の木は相当な巨木だったとも語られており、影が喜連川《きつれがわ》（栃木県さくら市）にまで届いた（『やいたの昔の話』）ともいう。巨大な木に兇大な妖怪が宿るという展開からみると、構造としては千葉県の**椿《つばき》の魔王**のはなしにも近いのかも知れない。

［参考文献］田代善吉『栃木県史』神社編、矢板市文化財愛護協会『やいたの昔の話』

つなみ風［つなみかぜ］

台風によって巻き起こるものすごい風のこと。栃木県小山《おやま》市などでは家の建て方について、家の向きを「富士西《ふじにし》」に向けて建てると、つなみ風をよけることができると言い伝えられていた。

［参考文献］『小山市史』民俗編

椿坂の狸［つばきざかのたぬき］

栃木県黒磯市（現・那須塩原市）に伝わる。西岩崎《にしいわざき》（那須塩原市）と半俵《はんびょう》（那須町）のあいだにある椿坂にいたという古狸《ふるだぬき》で、ひとや化物《ばけもの》に化けたりしつつ、この道を通るひとびとを化かしつづけていた。

半俵の市兵衛《いちべえ》というひとが、何度もやりあって、ついにこの**狸**を退治したという。

（『那須山麓の民俗　黒磯市百村・板室地区』）

僧侶に化けていたのを市兵衛が縛《しば》りくくり、釜の湯に叩き込んだ際に、狸は「灰をとる穴」から家の外に出て逃亡しているが、この展開は腕を奪取しに来た「茨木童子《いばらきどうじ》」が煙出しの破風《はふ》から逃げ出す場面と、ほんの少しだけ似ている。

［参考文献］栃木県教育委員会『那須山麓の民俗　黒磯市百村・板室地区』

でいでんぼめ

とても大きな巨人。羽黒山《はぐろさん》（栃木県）は、「でいでんぼめ」が藤蔓《ふじづる》で編《あ》んだ畚《もっこ》で運んできた土がこぼれてしまってできたとされる。藤蔓が切れたことに由来して、藤蔓はこの山には生えないと語られている。

栃木県羽黒村（現・宇都宮市）などに伝わる。大きな足のひとのことを「でいでんぼめ様だ」（『日本伝説集』）と表現したという。「だいだらほうし」（『栃木の伝説』）とも書かれている。

［参考文献］高木敏雄『日本伝説集』、武田静澄・安西敏子『栃木の伝説』

でえでえぼう

とても大きな巨人。栃木県上三川町西木《かみのかわまちにしきの》代《しろ》では、「でえでえぼう」の足跡が沼地になったと語られていた。（『上三川町の伝説と民話』）

この例も、足跡から沼地ができたと伝えられており、栃木県足利市の**大太郎法師《だいだらぼっち》の足跡**にみられるような湧水や湿地との結びつきの要素が、ほんのりとうかがえる。

［参考文献］上三川町文化財研究会『上三川町の伝説と民話』

でっかいお坊さん［でっかいおぼうさん］

夜道を歩いていたら、うしろから誰かがついて来る気配がするので、振り返るとでっかいお坊さんが立っていた。お墓の近くまで来たら、フッと消えてしまったという。

栃木県鹿沼市で語られる。大きな僧侶に追尾されたという内容で、報告書では「イタチかムジナか狸か狐の話」という分類に収録されており、はなしの中では特に言及はないが、へんげ動物が正体と見る意識で語られたもののようである。

［参考文献］武蔵大学人文学部日本民俗史演習『鹿沼市下沢の生活と伝承』

天空［てんくう］

栃木県上三川町《かみのかわまち》に伝わる。長泉寺の天英《てんえい》和尚のもとへやって来て修行をつづけていた雲水《うんすい》で、五年後に正体が**天狗**であることを明かして今までの感謝のしるしとして火防除（防火のおまもり）のおふだを残して寺を去ったという。

［参考文献］上三川町文化財研究会『上三川町の伝説と民話』

テントの外の笑い声［てんとのそとのわらいごえ］

キャンプ場などで夜遅く、テントで横になっていると、突然すごい笑い声や駆け足の音が耳に響いて来るが、テントの外を見ても誰もいなかったり、そもそも周辺には全くひとの気配もなにもなかったりするといったもの。

中禅寺湖（栃木県日光市）のキャンプ場などでのはなしとして語られている。

［参考文献］幽霊探検隊『関東近郊 幽霊デートコースマップ』

百目鬼［どうめき］

栃木県宇都宮市に伝わる。藤原秀郷《ふじわらのひでさと》のもとにふしぎな老人がやって来て「大曽村《おおそむら》の北西にある兎田《うさぎだ》にゆけ」と告げたので向かったところ、百目鬼が現われたという。刃のような髪で一〇〇の目をもつ巨大な**鬼**で、秀郷はこれを弓で射て退治した。傷つき倒れた百目鬼は、その後も明神山で口から毒気《どっけ》、体から炎を放ちつづけて、ときどき人間のすがたに化けては失った自身の血を集めて復活しようとしていたが、本願寺（宇都宮市塙田《はなわだ》）の智徳《ちとく》という僧侶によって済度《さいど》され成仏したという。（『宇都宮市六十周年誌』、『宇都宮の民話』）

別のはなしでは、長岡の百穴《ひゃくあな》（宇都宮市長岡町）に住んでいた一〇〇匹の鬼を従えた鬼が百目鬼と呼ばれている。この鬼は「苦界である鬼の世界からぬけだしたい」と願って仏門に入り、人間に生まれ変わることができたという。（『宇都宮郷土史』、『宇都宮の民話』）

いずれのはなしでも、本願寺の智徳上《ちとくしょう》人《にん》の徳によって百目鬼は角《つの》を折って改心したことになっており、百目鬼が置いて行ったとする親指の爪や水晶の数珠《じゅず》などが寺に伝えられている。

自身の血を集めることで復活ができるとする百目鬼の行動部分は、『宇都宮市六十周年誌』に書かれている秀郷と百目鬼のはなしには見えず、『宇都宮の民話』などにみられる。

［参考文献］宇都宮市役所『宇都宮市六十周年誌』、徳田浩淳『宇都宮郷土史』、宇都宮市教育委員会『宇都宮の民話』

百目鬼塚［どうめきづか］

「百目《どうめき》塚」とも。栃木県粟野町《あわのまち》（現・鹿沼市）の上永野にあった塚。銭を一文捧《もんささ》げて祈ると、やがて一〇〇倍の富になって帰って来ると語られていた。

欲深な男が、大量の銭を百目鬼塚に持って来て供え、「何百万にも増やしてくれ」と祈願をしたが、一向に叶《かな》うことはなかった。そこで男は激怒して塚を破壊しようとしたが、鍬《くわ》の刃が塚に入った途端、男の体は全く動かなくなってしまった。改心した男が無礼を心のなかで詫《わ》びたところ、体は自由になったというはなしも語られているようである。

［参考文献］小林友雄『下野伝説集 あの山この里』

寅麻［とらあさ］

寅《とら》の日に麻《あさ》蒔《ま》きをしてはいけないといわれていた。「とら縄《なわ》」の材料になる麻になってしまうといわれており、忌《い》まれていた。

栃木県鹿沼市などに伝わる。「とら縄」は、土葬をしていたころに墓の穴に棺《ひつぎ》を納めるために使われていた縄のこと。

［参考文献］武蔵大学人文学部日本民俗史演習『鹿沼市下沢の生活と伝承』

【な】

七色狐［なないろぎつね］

那須（栃木県）にいると語られる**狐**で、へんげ能力の高い狐だとされる。玉藻前《たまものまえ》のことをこのように称したりもする。栃木県を中心に各地にみられ、この呼ばれ方は東北地方（『千五沢《せんごさわ》の民俗』）でもみることができる。

那須や玉藻前との結びつきは、『簠簋抄《ほきしょう》』にある玉藻前のはなしに「七色の狐」という表現がみられ、そこに由来して知識として広まったと考えられる。この箇所は『謡《よう》曲拾葉抄《きょくしゅうようしょう》』（巻十四）などでも**殺生石**《せっしょうせき》の解説に用いられている。

栃木県船生村《ふにゅうむら》（現・塩谷町《しおやまち》）などの盆唄には「日光稲荷《いなり》さま七色狐、わしも二、三度だまされた」などの文句もみられる。（『古野清人著作集』六・「三つ獅子舞の特徴」）

［参考文献］犬井貞恕『謡曲拾葉抄』、『日本古典偽書叢刊』三、石川町教育委員会・玉川村教育委員会・平田村教育委員会『千五沢の民俗』、古野清人『古野清人著作集』六

鯰の化物［なまずのばけもの］

ある冬の晩、酒屋に「こんばんは、酒を一升《しょう》おこれ」と見馴れない子供がやって来て、五合《ごう》徳利を差し出すので、ふしぎに思いながら酒樽《さかだる》から一升桝《しょうます》に受けた酒を注いでやると、確かに一升入った。その子が代金を払いながら、脇に積んであった餅《もち》をじっと見ていたので、店の者が「食べるかい」と分けてやると、あっという間にひと臼《うす》分の餅を食べてしまい、どこかへ帰って行った。翌日、若い衆が川で捕った鯰《なまず》のなかにとても大きなものがおり、さばいてみ

たら中からひと臼分はある餅が出て来たので、酒を買いに来た小僧は鯰の化物だったと知れたという。

栃木県東泉村（現・矢板市）に伝わる。餅は「川ぴたり餅」（一二月一日に川に流したりするもので、**河童**《かっぱ》よけともされる）のために準備していたものと語られている。

［参考文献］矢板市文化財愛護協会『やいたの昔の話』

西枕の猿［にしまくらのさる］

西枕に眠って、夢の中で猿が出て来るとそのひとは三年のうちに死ぬ、といわれている。（「国々の言習はし（五）」）

栃木県足利市などでいわれている夢見についての俗信。**東枕の猿**といえそうな例も東京都などにある。

［参考文献］「国々の言習はし（五）」（『郷土研究』三巻一号）

日光山東光坊［にっこうさんとうこうぼう］

日光山（栃木県）にいる**天狗**。数多くいるといわれる日光の山々に住む天狗たちをたばねているとされる。

［参考文献］知切光歳『天狗の研究』、知切光歳『図聚天狗列伝』東日本編

沼の中の瓶子［ぬまのなかのへいじ］

下野国《しもつけのくに》（栃木県）の、魚のたくさんいる沼の穴の中あったというふしぎな小さな瓶《へい》子《じ》（お酒を入れる器）。その中から魚がぽこぽこ出て来ていたという。ある男がそれを見つけ魚を大量に捕っていると、瓶子から小さな蛇も出て来たので串に突き刺し、道に立てて帰った。すると、その小蛇が串に刺されたまま家に現われた。それは何度打ち殺しても現われつづけ、同じような小蛇も次々に寄り集まって来て、男は病み苦しんでしまったという。

『沙石集《しゃせきしゅう》』（巻七）にあるもの。詳しい地名は示されていない。魚が次々に出ていたということを考えると、小蛇もやはりこの瓶子から無限に出て来ていたのだろうか。

［参考文献］筑土鈴寛（校訂）『沙石集』下

祢々［ねね］

日光（栃木県日光市）の「祢々ヶ沢《ねねがさわ》」にいたという妖怪。日光二荒山《にっこうふたらさん》神社に伝わる「祢々切丸《ねねきりまる》」と呼ばれる太刀《たち》は、社殿から躍り上がってこれを退治したことからその名がつけられたと伝えられている。（「祢々切丸」）

出現地名については、「中の沢」（『埼玉県伝説集成』）だともされている。どのような妖怪であったのかについては明確には語られておらず、はっきりしていない。

［参考文献］「祢々切丸」（奉仕会『日本文化財』十八）、韮塚一三郎『埼玉県伝説集成』下

【は】

幕兵の亡霊［ばくへいのぼうれい］

栃木県氏家町《うじいえまち》押上（現・さくら市）に伝わる。戊辰《ぼしん》戦争のときに、官軍に追われて落ちのびて来た徳川方の武士を村の者が殺して、川に捨ててしまったという事件があり、それ以後、殺した者やそれに関わった者がそこを通ると亡霊が出たり、その武士を「殺してしまえ」と決めた張本人が苦しみ悶《もだ》えて死んだりしたという。そんなことがあったため、村人たちは供養塔を建てて、武士の霊を祀《まつ》ったと語られる。

［参考文献］小林友雄『下野伝説集　あの山この里』

化蜘蛛［ばけぐも］

高原山《たかはらやま》（栃木県）にいたという大きな蜘蛛。人の血を吸ったりしていた。

むかし兄弟の猟師が山の西と東に分かれて狩りをしていたが、兄が戻って来ないのを心配して弟が探しに行くと、ひからびたようなすがたに変わり果てた兄が倒れていた。すると、山の茂みで綺麗《きれい》な女がキーコロンキーコロンと糸車をまわして糸を紡《つむ》いでいた。「これは魔物だ」と弟が鉄砲を撃ち込んだが、何ともない顔で糸を紡ぎつづけていた。そこで女の近くにある提灯《ちょうちん》を狙ってみたところ、あたりは突如真っ暗になり大きな叫び声が響いた。しげみを調べてみると巨大な蜘蛛が死んでおり、これが兄の生き血を吸って殺したのだということが知れたという。

［参考文献］矢板市文化財愛護協会『やいたの昔の話』

化灯籠［ばけとうろう］

日光東照宮《にっこうとうしょうぐう》（栃木県日光市）にある灯籠で、あやしいものであるとのはなしが、むかしからいろいろと語られている。

灯《ひ》をつけると様々な怪異のすがたに見えた（「化灯籠」）、いくらしっかりと油を注いでもまたたく間に消えてしまい、油もなくなっていた（『下野伝説集　あの山この里』）など語られるはなしごとにまちまちではあるようだ。

綾岡有真《あやおかゆうしん》が『日光勝景《にっこうしょうけい》』という錦絵組物《にしきえくみもの》の一枚として描いている「化灯籠」では、灯籠が立ち並ぶ先にぼんやりと薄い人間が霞《かすみ》とともに描かれており、化灯籠が見せているまぼろしを描いたものかと思われる。

［参考文献］「化灯籠」（奉仕会『日本文化財』十八）、小林友雄『下野伝説集　あの山この里』、綾岡有真『日光勝景』化灯籠

蜂の童子［はちのどうじ］

下野国《しもつけのくに》の那須野原（栃木県）で須藤貞信《すどうさだのぶ》に蜘蛛《くも》の巣から助けてもらい、そのお礼をした蜂。

鳩《はと》ぐらいの大きい蜂が蜘蛛の巣に掛かっていたので、貞信が巣を弓で壊して逃がしてやると、この蜂が子供のすがたに化けて現われ、危うく蜘蛛の夕ごはんになってしまうところから助けてもらったお礼として、蜂の巣の御殿に招き、鏑矢《かぶらや》をくれたという。

『那須記《なすき》』（巻四）にあるはなしで、岩穴に案内されると中に楼閣のような御殿があったと描写されている。それは蜂たちの世界で、蜂の翁《おきな》（助けられた蜂の親）が貞信に宝物である鏑矢を渡している。直後には、この鏑矢《かぶらや》を用いて**鞠《まり》の如《ごと》きもの**を退治する展開もみられる。

この蜂にもらった鏑矢が、のちに貞信の子孫である那須与一《なすのよいち》が、屋島《やしま》の合戦で扇《おうぎ》の的《まと》を射ぬいた矢である（『下野伝説集　あの山この里』）とも語られている。

『下野伝説集　あの山この里』では、舞台を「蜂の巣山」と表現している。

［参考文献］黒尾東一（編）『那須記』、小林友雄『下野伝説集　あの山この里』

鑁阿寺の鯉［ばんなじのこい］

栃木県足利市の鑁阿寺の赤御堂の池の鯉たちが激しく争い、お互いを喰いあったりした。鑁阿寺文書（二十六「左衛門尉久豪書状」）には、この報告を受けて寺では祈《き》禱《とう》が行われたと記載されている。池の鯉が喰いあうという予兆（怪異）を受けて、凶事をさけようとしたとみられるが何の予兆と判断されたかについては記されていない。

鑁阿寺文書には、堂宇《どうう》が鳴動したので祈禱をしたこと（二十五「隼人佑某奉書」）や、雨乞《あまご》いのための祈禱をしたこと（二十七「左衛門尉久豪書状」）などの内容も前後にみられる。鯉の話題と同時期ではなく、直接の関係は不明だが、足利時代の寺院での怪異や天候に対する行動についての色々な例の一端を知ることができる。

［参考文献］『栃木県誌』史料編　中世一

一つ目の鬼［ひとつめのおに］

事八日《ことようか》（二月八日）に家々にやって来るという**鬼**。竹竿《たけざお》の先に目籠《めかご》を逆さに伏せて屋根に立てて飾り、目の多さでこれを追い払ったという。

栃木県芳賀町《はがまち》などに伝わる。

［参考文献］芳賀町史編さん委員会『東高橋の民俗』

一夜竹［ひとよだけ］

栃木県那須塩原市などに伝わるふしぎな竹。一晩のうちに芽を出して伸びて大きな竹になってしまうので、誰も筍《たけのこ》の状態を見た者はいないとされる。

［参考文献］武田静澄・安西篤子『栃木の伝説』

火の鶏［ひのにわとり］

栃木県塩谷町《しおやまち》大久保に伝わる。むかし大久保城を落とした梶原景時《かじわらかげとき》は城に総攻撃をかけた際、火をつけた鶏たちを城中に放って燃やし攻めるという軍略を用いたとされ、土地の人々には鶏を飼うとたたりがあると言い伝えられていた。

［参考文献］武田静澄・安西篤子『栃木の伝説』

氷室婆さん［ひむろばあさん］

氷室山《ひむろさん》（栃木県佐野市）に伝わる。山におり**天狗**や**山姥**《やまんば》のような存在であると語られている。

山と里を移動するときには、天狗の背に乗ってやって来たともいう。

氷室山神社の番人をしていたお市《いち》ばあさんについてのはなしが、いろいろと語られつづけた結果、ふしぎな要素も足されてパワーアップしていったようである。実在のお市ばあさんが描いたとされる「山の神」の掛軸もいくつか残っていたという。

［参考文献］栃木県郷土資料館『秋山の民俗』

古屋敷［ふるやしき］

栃木県上三川町《かみのかわまち》に伝わる。宇都宮へ向かう道の途中にあったという笹藪《ささやぶ》。**狐**たちがたくさん住んでいたとされており、この前を通ったひとが化かされることが多かったという。

［参考文献］上三川町文化財研究会『上三川町の伝説と民話 続編』

蛇の鱗［へびのこけら］

身体や手を洗わずに汚くしていると「こけらが生えて蛇に連れて行かれる」といわれていた。「こけら」というのは鱗《うろこ》のこと。

栃木県小山市《おやま》などで確認できる。群馬県の**雉**《きじ》**の御年貢**《おねんぐ》も参照。

［参考文献］『小山市史』民俗

蛇の祟［へびのたたり］

蛇をいじめたり、殺したりして起こるとされるたたり。

栃木県黒磯市百村《もむら》（現・那須塩原市）では、目の病気がなかなか治らないひとが、おもり様（巫女《みこ》）にみてもらったところ、「お前の病は蛇をいじめたせいであろう、蛇のかたちを二〇〇〇匹描いて川へ流せ」といわれ、やってみたら治った（『関東の民間信仰』）などのはなしもみられる。

［参考文献］『関東の民間信仰』

蛇屋敷［へびやしき］

栃木県那珂川町《なかがわまち》大内に伝わる、「蛇屋敷」という地名の由来として語られているはなし。むかし宿を貸してやった旅の山伏《やまぶし》が大金を持っており、それに目がくらんで殺してしまった家があった。山伏は首を絞められている最中に「蛇となって呪ってやる」

と叫んでおり、家の中には大量の蛇がそこかしこに入り込んでくる蛇屋敷となった結果、ついに絶えてしまったという。

［参考文献］武田静澄・安西篤子『栃木の伝説』

牡丹餅の草鞋 ［ぼたもちのわらじ］

草鞋《わらじ》の底にあんこをたくさんつけた牡丹餅をぬりつけたもの。亡くなったひとの四《し》十九日《じゅうくにち》に行《おこな》うとされており、「四十九日の餅」とともにこれを供えることで、仏（死者）があの世の針《はり》の山（剣《つるぎ》の山）を無事に歩いて渡ることができると各地で語られる。足底に餅やあんこが装着されることで、平気に歩くことが可能になるという考え方である。

栃木県小山《おやま》市などでは、「ぶためし」（糯《もち》米《ごめ》を炊《た》いたごはんにあんこを盛ったもの。牡丹餅めし）がぬりつけられたりもする。

栃木県栃木市などでは、牡丹餅を草鞋にぬりつけたものを杖と一緒に墓に供える。亡くなったひとの三十五日《さんじゅうごにち》に行うという地域もあったという。（『都賀町史』民俗編）

［参考文献］『小山市史』民俗、東京学芸大学民俗学研究会『昭和四十四・四十五年度調査報告』、『都賀町史』民俗編

堀之内 ［ほりのうち］

下野国《しもつけのくに》堀之内（栃木県大田原《おおたわら》市）の人々の先祖たちは、九尾《きゅうび》の狐（玉藻前《たまものまえ》）退治のときに勢子《せこ》として狐狩りに参加した者たちであると語られており、堀之内の者が那須にある稲荷《いなり》にお参りをすると風雨が巻き起こったり、よくないたたりが発生したりするといわれていたという。

松浦静山《まつらせいざん》『甲子夜話《かっしやわ》』（巻六十七）にみられ、黒羽《くろばね》（栃木県大田原市）の領主だった大関括斎《おおぜきかっさい》から耳にしたはなしとして九尾の狐（玉藻前）と堀之内村についての関係を記している。

［参考文献］美濃部重克・田中文雅（編）『室町物語』二、松浦静山、中村幸彦、中野三敏（校訂）『甲子夜話』五

【ま】

曲り松 ［まがりまつ］

栃木県上三川町《かみのかわまち》に伝わる。石橋街道の脇の塚に生えていた松の木で、月が引っ掛かる、冷たい手のようなもので後ろから首筋をなでる、変なうめき声が聞こえる、ぴたぴたとうしろをついてくる草履《ぞうり》の音がするなど、色々といたずらをしたとされる。

［参考文献］上三川町文化財研究会『上三川町の伝説と民話 続編』

まど

悪魔のこと。「魔道《まどう》」の意味だと考えられる。

栃木県野上村《のがみむら》（現・佐野市）などでは、風の強くなるときに家に草刈《くさか》り鎌《がま》を立てたりすることを「まどよけ」と呼んでいる。

［参考文献］倉田一郎「栃木県安蘇郡野上村語彙」（國學院大學方言研究会『方言誌』十七輯）

鞠の如きもの ［まりのごときもの］

まるい鞠《まり》のようなかたちのふしぎなもの。

下野国《しもつけのくに》（栃木県）に廿尋狐《はたひろぎつね》（玉藻前《たまものまえ》・九尾《きゅうび》の狐）を退治に来た武士たちの馬にくっついて来たりして邪魔をしたとされる。

『那須記《なすき》』（巻四）にみられる。須藤貞信《すどうさだのぶ》が**蜂の童子**から授かった鏑矢《かぶらや》でこれを射ったところ、ふたつに割れて落ち、廿尋狐が飛び出たという。その後、**狐**は討たれて**殺生石《せっしょうせき》**になったと語られている。

［参考文献］黒尾東一（編）『那須記』

娘藤 ［むすめふじ］

栃木県真岡《もおか》市に伝わる。蛇の化けた美しい男に魅入《みい》られて死んだ「おます」という娘の墓から生えたという藤で、大きな蛇がとぐろを巻いてわだかまっているようなかたちをしていた。むかし娘藤の幹を切った者がいたが、熱病を起こして死んだという。

［参考文献］武田静澄・安西篤子『栃木の伝説』

もうね

栃木県上三川町《かみのかわまち》に伝わる。彦六渕《ひころくぶち》の深い水中にいるという得体の知れない生物。

彦六渕のはなし（彦一と六平という名前の兄弟が木通《あけび》の実を採ろうとして溺《おぼ》れてしまった）に関連して「モーネと言う得体の知れない水中生物が住んでいると伝えられていました」としか描写されていないため、どのようなものか未詳。

［参考文献］上三川町文化財研究会『上三川町の伝説と民話 続編』

ももんが

梟《ふくろう》のこと。栃木県などでいわれていた。

ももんがぁや「ももんじい」など、妖怪や恐ろしいものを示すことばとの重なりを見ることができる。

［参考文献］能田太郎「お化考」（『郷土研究』七巻七号）

もんどり婆様 ［もんどりばあさま］

栃木県黒磯市（現・那須塩原市）に伝わる。百村《もむら》にある東福寺というお寺のあたりに出たという老婆のすがたの妖怪。

［参考文献］栃木県教育委員会『那須山麓の民俗　黒磯市百村・板室地区』

【や】

矢板トンネルの幽霊
［やいたとんねるのゆうれい］

栃木県矢板市と塩谷町《しおやまち》を結んでいた矢板トンネル（弥五郎坂隧道《ずいどう》）は、自動車で中を走っているとライトが勝手に点《つ》いたり消えたり、血が垂れて来たり、手形がついたりする（『関東近郊　幽霊デートコースマップ』）などの現象が噂されていた。封鎖されて廃墟となってからも、スーツを着たサラリーマンすがたの幽霊が出る（『平成十八年度　東京エリア怨念地図潜入リポート』）などといわれている。

サラリーマンの幽霊は裸足《はだし》だともいわれており、靴下を盗んでゆく（「「聞いてみた」学校の怪談・俗信　二年目」）などとも語られているようである。

［参考文献］幽霊探検隊『関東近郊　幽霊デートコースマップ』、『平成十八年度　東京エリア怨念地図潜入レポート』、永島大輝「「聞いてみた」学校の怪談・俗信　二年目」（『昔話伝説研究』三十六号）

宿堀の蛭
［やどほりのひる］

栃木県泉村（現・矢板市）に伝わる。むかし宿堀あたりの田んぼには大きくてひとを害する蛭《ひる》がうじゃうじゃ棲《す》んでおり、田植えの作業を妨げていた。そこで三島明神《みしまみょうじん》に人々が頼み込んだところ、蛭たちはなりをひそめた。

しかし、しばらくすると「よくもやってくれたな」と以前に増してひとを襲うようになったので、再度三島明神に頼んだところ、三島明神は田の蛭たちに数珠《じゅず》を投げつけた。すると宿堀の蛭たちの口には金色の輪のようなものが嵌《はま》って、ひとの血を吸うことができなくなり、米の磨汁《とぎじる》だけを吸って生きるようになったという。

［参考文献］矢板市文化財愛護協会『やいたの昔の話』

義兼の鶉
［よしかねのうずら］

栃木県足利市に伝わる。足利義兼《あしかがよしかね》が鎌倉《かまくら》からの帰り道に鶉《うずら》を捕まえ、妻である北《ほう》条《じょう》時子《ときこ》へのおみやげとして持ち帰った。鳥籠《とりかご》で愛玩されていたが、あるとき義兼が眠りについていると、室内に少女が現われ「わたしは鶉でございます、奥方様に優しくされておりますが、日々鳴くわたしの鳴き声は、親兄弟や故郷が懐かしく泣き暮らしている声、どうか籠から出して下さいませ」と、泣き声混じりに頼み、すがたを消した。義兼は時子にこのことを語り、すぐに鶉を放してやった。そのとき「おまえらが人間に捕まるのも、その美しい声のためだ、これからは人里では鳴くなよ」と告げたことから、足利の樺崎《かばさき》の里では鶉は鳴かなくなったと語られている。

［参考文献］台一雄『足利の伝説』

#【ら】

雷神 ［らいじん］

栃木県高根沢町などでは、雷神は小犬や**狐**のようなすがたをしていると語られる。千葉県の**雷**《かみなり》なども参照。

［参考文献］高根沢町教育委員会『高根沢の祭りと行事』

来鼠塚 ［らいそづか］

栃木県小山《おやま》市土塔《どとう》の愛宕《あたご》神社に伝わる。愛宕《あたご》塚とも。むかし三井寺《みいでら》（滋賀県）の頼《らい》豪阿闍梨《ごうあじゃり》の恨みから生じた八万四千の鼠《ねずみ》たちは、延暦寺《えんりゃくじ》を襲って経典《きょうてん》などを喰い破ったと語られるが、他にも全国各地に散らばって寺社を荒らしたそうで、下野国《しもつけのくに》（栃木県）に来たその鼠たちを勝軍地蔵《しょうぐんじぞう》が封じたのが、この塚だという。（『小山市史』民俗編）

頼豪阿闍梨は、寺に戒壇を設けさせるという朝廷からの約束を反故《ほご》にされた恨みから、死んで鼠（鉄鼠《てっそ》）になったとされる。

［参考文献］『小山市史』民俗編

群馬県

【あ】

赤亀［あかがめ］

前橋城《まえばしじょう》（群馬県前橋市）に伝わる。築城予定地に、設計の縄張《なわばり》をしっぽで示したというふしぎな大亀。

むかし太田道灌《おおたどうかん》が、前橋に城を築こうとしていたところ、池の中から真っ赤な大亀が現われ、しっぽを曳《ひ》きずって、のこのこ歩き始めた。その跡を見てみると、思い描いていた城の構《かま》えにぴったり叶っていたので、道灌はこの赤い亀を城の守り神として祀《まつ》ったという。（『上毛野昔語』東毛編、『上州の伝説』）

祀られたご神体は赤い大甕《おおがめ》に秘められた狐乗尊《こじょうそん》であるとも語られており、「尾曳稲荷《おびきいなり》」とも称される。（『上毛野昔語』東毛編）

館林城《たてばやしじょう》（群馬県館林市）の**尾曳《おびき》の白狐《しろぎつね》**のはなしと共通点がある。

［参考文献］宮崎雷八『上毛野昔語』東毛編、都丸十九一・池田秀夫・宮川ひろ・木暮正夫『上州の伝説』

赤城山の蜈蚣［あかぎやまのむかで］

赤城山（群馬県）にすむ巨大な蜈蚣《むかで》。

群馬県では、藤原秀郷《ふじわらのひでさと》（俵藤太《たわらとうた》）が蛇に頼まれて赤城山の蜈蚣を退治したというはなし（『太田市史』通史編　民俗下）が多く語られている。人間の唾《つば》が弱点で、それを聴いた秀郷が唾をつけた矢を放ったところ、見事退治することができた。

群馬県千代田町舞木《まいぎ》は、秀郷の生まれた土地と語られており、秀郷が赤城山の蜈蚣を退治したので、舞木の者は赤城山には行ってはならないといわれていたという。（『群馬県史』資料編二十七　民俗三）

秀郷による三上山《みかみやま》（滋賀県）の蜈蚣退治のはなしが赤城山へと吹替えられているものだが、秀郷の一族とされる人々の土地が多い点や、赤城《あかぎ》の神・日光《にっこう》の神が対戦した際に蜈蚣と蛇のすがたに変じたはなしとも重なっており、単純な吹替えでもない面も持ちあわせている。

小沼《この》の主《ぬし》のはなしでは、赤堀長者の娘に、この蜈蚣が関連づけて語られてもいる。『上植木元文書上帳《かみうえきげんぶんかきあげちょう》』などには、三上山で退治され魔道に落ちた蜈蚣の怨念が小沼に宿った結果、赤堀長者の妻を水中に引きずり込んだというかたちの縁起物語（『群馬県史料集』二　風土記篇二、『群馬県史』資料編二十七　民俗三）もみることができる。

［参考文献］『太田市史』通史編　民俗下、『群馬県史料集』二　風土記篇二、『群馬県史』資料編二十七　民俗三

赤児の形の肉［あかごのかたちのにく］

庚申《こうしん》の日に竜宮《りゅうぐう》に招待された人々が、ご馳走《ちそう》されたというもので、見た目は人間の

小さな子供そのものだという。

群馬県月夜野町《つきよのまち》小川（現・みなかみ町）の「清治が淵《ふち》」のはなしに登場する「八百《やお》比丘尼《びくに》」は、竜宮で振る舞われた不気味なこの肉を、父親がこっそり紙に包んで持ち帰っており、それを食べてしまったことで不老長命になったとされる。（『上毛野昔語』東毛編）

人魚《にんぎょ》の肉と同様の効果のあるもので、「人魚」と表現して語られている場合（『群馬県史』資料編二十七　民俗三）もある。全国各地の八百比丘尼の昔話などでは、完全に人間の子供のかたちをした竜宮のご馳走食材が「にんかん」、「九穴《くけつ》の貝」、「ふふぎの貝《けや》」などの名称で呼ばれたりする。清治が淵のはなしは、かたちの表現のみが残っているが、具体的な名前が失われた例であるといえる。栃木県の**庚申様《こうしんさま》の田螺《たにし》**も参照。

［参考文献］宮崎雷八『上毛野昔語』東毛編、『群馬県史』資料編二十七　民俗三、氷厘亭氷泉「長寿効果にんかん」（『大佐用』五十七号）

小豆坂［あごやざか］

群馬県横野村（現・渋川市《しぶかわ》）の上三原田《かみみはらだ》にある坂道で、ここを通ると「小豆とごうか人とって食おか」と声がしたという。「あごや」は越後国《えちごのくに》（新潟県）寄りのことばで、「あずき」を意味する。（『勢多郡誌』）

声のぬしがどんなものかについての情報が乏しいが、声の内容は**小豆磨**《あずきとぎ》や**小豆婆**《あずきばばあ》などが発するとされる文句と共通している。

［参考文献］『勢多郡誌』

小豆洗［あずきあらい］

群馬県水上町大芦《みなかみまちおおあし》（現・みなかみ町）に伝わる。「小豆洗《あずきあら》ぁべぇか人取って喰《く》べぇ　かざっくざっく」といいながら砂をかきまわすような音をさせて来たという。

鼬《いたち》の「こうろ経《へ》たもの」（年を経たもの）がこれをしたりするとも語られている。

［参考文献］群馬県教育委員会『水上町の民俗』

小豆ころがし［あずきころがし］

群馬県水上町《みなかみまち》青木沢（現・みなかみ町）に伝わる。峠の上に出たと語られている。

［参考文献］群馬県教育委員会『水上町の民俗』

小豆磨［あずきとぎ］

小豆を磨いでいるような音をさせる。

群馬県片品村《かたしなむら》では「アズキトゴーカ、ヒトトッテクオーカ」（『片品村史』）、群馬県倉渕村《くらぶちむら》（現・高崎市）では「アズキトクベカ、ヒトトッテクベカ」（『民俗採訪』）というとされる。

群馬県伊勢崎市などでは、子供に対し「共同井戸にはアズキトギが出る」（『市街地の民俗』）とおどかしたりもしていたようである。

［参考文献］『片品村史』、伊勢崎市『市街地の民俗』、國學院大學民俗学研究会『民俗採訪』四十二年度

安倍宗任の怨霊［あべのむねとうのおんりょう］

群馬県沼田市などに伝わる。

源義家に敗軍した安倍宗任は、山の中にある穴の底の岩屋《いわや》に潜伏していたが、棲家《すみか》を探り当てた人々によって、穴を行き来するための藤蔓《ふじづる》でつくった縄を切り落とされて死んだ。その怨霊が人々にたたりをなしていたが、八幡大菩薩《はちまんだいぼさつ》（緋縅《ひおどし》の鎧《よろい》を着けた武者）のお告げによって一洲《いっしゅう》禅師という僧侶が現地に呼ばれ、鎮められたという。（『上毛野昔語』東毛編）

八束脛《やつかはぎ》のはなしにも、藤蔓を切られて死んでしまう同じ展開のものがある。

［参考文献］毛呂権蔵『上野国志』、宮崎雷八『上毛野昔語』東毛編

尼ヶ池［あまがいけ］

群馬県殖蓮村《うえはすむら》（現・伊勢崎市）にあった池で、池の水に向かって「お満《まん》」と名前を呼びかけると声に応じて水が湧き出すといわれていた。呼べば呼ぶほど、ぼこぼこと反応をしたという。

［参考文献］『佐波郡誌』

甘酒婆［あまざけばばあ］

群馬県世良田村米本《せらだむらよなもと》（現・伊勢崎市）に伝わる。「姥石《うばいし》」と呼ばれるものがあり、百日咳《ひゃくにちぜき》になったときは姥石の甘酒婆に甘酒を供えると良いといわれていた。

むかし甘酒を武士たちに売っていたお婆さんがおり、新田義貞《にったよしさだ》の軍に甘酒を売りに来たときに大舘宗氏《おおだちむねうじ》の馬に蹴《け》り殺されてしまった。その墓が姥石なのだという。

［参考文献］世良田村誌編纂会『世良田村旧蹟案内』

荒井のおちぼ［あらいのおちぼ］

群馬県南橘村《みなみたちばなむら》（現・前橋市）の細井にいた**狐**で、ひとをしばしば化かした。おちぼは雌狐として有名で、雄狐には**根岸の平兵衛**がいた。

［参考文献］『勢多郡誌』

生血鳥［いきちどり］

ひとの血を吸い取ってしまうという鳥。群馬県太田市強戸《ごうど》などで語られる。子供たちに対していわれていたもののようで、血を吸われるのでひとりで下校するな、といわれたという報告がみられる。

［参考文献］『太田市史』通史編　民俗下

いっせん

群馬県横野村（現・渋川《しぶかわ》市）の持柏木《もちかしわぎ》に伝わる。「いっせんがいと」という地名は、むかし「いっせん」と呼ばれる化物《ばけもの》がいたことに由来するという。「がいと」は「谷戸」のこと。どのような妖怪なのかは描写がなく、ほとんどわからない。

［参考文献］『勢多郡誌』

犬ころのような小さなもの ［いぬころのようなちいさなもの］

群馬県前橋市で語られる。むかし蠟燭《ろうそく》を買って来て風呂敷《ふろしき》でかついで夜道を歩いていたところ、小島田《こじまた》の十字路の墓場のあたりで犬ころのような小さなものが足元に寄って来て歩けなくなってしまった。一緒に居たひとが「けっとばしちゃえ」と言ったが、ふっと眠くなってしまい、気づくと風呂敷のなかの蠟燭が盗《と》られてしまっていたという。（『前橋市城南地区の民俗』）

正体は不明だが、蠟燭を欲しがって近づいて来たようではある。**狐**や**狸**が提灯《ちょうちん》の中の蠟燭を盗むといったはなしは各地でみられるが、少し違う雰囲気でもある。

［参考文献］群馬県教育委員会『前橋市城南地区の民俗』

いぬぼう鯰 ［いぬぼうなまず］

群馬県前橋市などに伝わる。下大島の西堀にある「いぬぼう堰《ぜき》」にいたという大きな鯰《なまず》で、ふしぎな声を発したりしたという。

大きな鯰が捕れたので、持ち帰ろうと思ったら「いぬぼうや、いぬぼうや」という声が川から響いて来たので、怖くなって戻してやったというはなしがよく語られている。**おとぼう鯰**も参照。

［参考文献］群馬県教育委員会『前橋市城南地区の民俗』

弥子 ［いやこ］

平井城（群馬県）に出たという、美しく誰にも優しかったというお姫様の霊。弥子姫にただ一度お目通りをした白石半内《しろいしはんない》という小姓《こしょう》がたちまち一目惚《ひとめぼ》れしてしまった結果、恋文を送ったことが知られてお手打ちになったが、その後、弥子も病気になって死んでしまった。弥子が亡くなったのは、半内の霊のせいだという。

浅井了意《あさいりょうい》『伽婢子《おとぎぼうこ》』（巻十）の「祈《いの》て幽霊《ゆうれい》に契《ちぎ》る」にみられる。弥子は上杉憲政《うえすぎのりまさ》の娘だと語られている。平井城に入った北条《ほうじょう》新六郎《しんろくろう》が、「そのような美人、たとえ幽霊のすがたでも会ってみたいものだ」と、城中にそのまま残されていた弥子の部屋に毎日、香花《こうげ》を供えていると、ある日から新六郎の前に弥子の霊が現われるようになった。弥子は「自《みずか》らがここに出て来ていることは、他人《ひと》に洩《も》らしたもうな」と語り、逢《おう》瀬《せ》を重ねていたが、新六郎はうっかり家臣たちに語ってしまった。弥子は新六郎が他言をしたことを叱り、「しばしこそ人《ひと》め忍《しの》ぶの通《かよ》い路《じ》はあらわれそめて絶《たえ》はてにけり」という和歌と金の香合《こうばこ》を残し、来世での出会いを誓って消え去ってしまった。その後、新六郎は水陸会《すいりくえ》を催して弥子と半内の霊を弔《とむら》った。

家臣たちが様子をコッソリのぞいてみると、弥子のすがたは無く、弥子がお供に連れて来るという女童《めのわらわ》はただのぬいぐるみ（伽這子《おとぎぼうこ》）だった、という場面は、後の物語作品などにも影響を与えている。新六郎と弥子が交際するはなしの大筋は『太平広《たいへいこう》記《き》』（巻三百四十七・鬼）の「曽季衡」を日本に翻案して、舞台を平井城としたかたち

でつくられている。

［参考文献］日本名著全集『怪談名作集』、『太平広記』七

岩舟［いわふね］

『前橋神女物語』にみられる、**長壁姫**《おさかべひめ》の乗っている空を飛ぶふしぎな船。「長壁大神」が侍女《じじょ》たちを連れて前橋城（群馬県）から出掛ける際に乗っていたといい、富士山や武蔵国《むさしのくに》秩父山（埼玉県）、出雲（島根県）など日本各地をはじめ、高天原《たかまがはら》などにも出掛けている。

　岩舟と呼ばれているが、材質は鉄とも石ともつかない硬くしっかりした素材で、大きさもいろいろあったと語られている。

［参考文献］友清歓真『幽冥界研究資料』一

兎聟［うさぎむこ］

人間の娘をお嫁に欲しがる兎。

　むかし、おじいさんが「畑仕事を手伝ってくれたら好きなものをやろう」と約束をした結果、その娘を欲しがった。おじいさんの三人いる娘の末の妹が承諾して嫁に行ったが、里帰りの道中で兎に餅《もち》を入れた重たい臼《うす》を背負わせたまま桜《さくら》の枝を採らせて、川に落としてしまった。

　群馬県新治村《にいはるむら》（現・みなかみ町）などに伝わる昔話に登場する。「猿聟《さるむこ》」と分類される内容のもので、猿が登場するはなし（『きつねのあくび 藤原の民話と民俗』）のほうが一般には多い。

［参考文献］上野勇『でえろん息子』、渋谷勲『きつねのあくび 藤原の民話と民俗』

牛の角の如き角の生たる獣［うしのつののごときつののはえたるけもの］

『前橋神女物語』にみられる、**長壁姫**《おさかべひめ》の使い。前橋城（群馬県）の「長壁大神」が、前橋藩士である富田政清《とみたまさきよ》の娘・鎧《がい》（のちにお告げによって改名して春《はる》）にはじめて「長壁大神の宮へ来い」というお告げした際に、その内容を託されて現われた獣。

　あえて牛と明言されていないことを考えると、角のあるふしぎな存在が現われたのだとみられる。ほかには白い兎《うさぎ》、白い狐、**天狗**、鴉《からす》、鳩《はと》なども使いとして鎧《がい》の前にお告げを語りに出現している。

　また、長壁様の侍女《じじょ》とされる存在が、長壁大神の使いとして多数『前橋神女物語』には登場しており、お菓子やおこづかいをしばしば届けている。

［参考文献］友清歓真『幽冥界研究資料』一

碓氷峠の毒蛇［うすいとうげのどくじゃ］

碓氷峠（群馬・長野県）にいたという大蛇。旅人を食べてしまったという。

　むかし源頼光《みなもとのよりみつ》の四天王《してんのう》のひとり碓井貞光《うすいのさだみつ》は、故郷である碓氷峠に帰って来ると毒蛇が人々を苦しめているのを知り、退治に向かった。毒気《どっけ》や炎を吐く毒蛇の攻撃に苦戦をしたが、観音《かんのん》さまが「宝鎌《ほうれん》」を授けてくれ、それによって退治することができたという。（『伝説の上州』、『上毛野昔語』西毛編、『上州の伝説』）

源頼光とその四天王は、大江山《おおえやま》の酒呑童《しゅてんどう》子《じ》を退治した人物として『前太平記《ぜんたいへいき》』などで広く親しまれていた。四天王は、この碓井貞光（碓氷・臼井とも書かれる）をはじめ、他には渡辺綱《わたなべのつな》・卜部季武《うらべのすえたけ》・坂田公時《さかたのきんとき》（金時）がいる。貞光の幼少時代と碓氷峠については、『前太平記』（巻十六）では信濃《しなのの》国《くに》（長野県）の碓氷峠で両親は暮らしており、母が諏訪明神《すわみょうじん》に祈願をして授かったのが貞光であるとされている。しかし、母は貞光を産むとすぐに亡くなってしまったという。また、荒太郎《あらたろう》と呼ばれていた子供のころ、母とともに甲斐国《かいのくに》（山梨県）に住む知人のもとを訪ねる途中、「古狼《ころう》」の群れに襲われて母を失い、そのまま碓氷峠に樵夫《きこり》として暮らすようになった（『日本忠孝伝』）などとも語られる。

［参考文献］中島吉太郎『伝説の上州』、宮崎雷八『上毛野昔語』西毛編、都丸十九一・池田秀夫・宮川ひろ・木暮正夫『上州の伝説』、板垣俊一（校訂）『前太平記』上、『今古実録 前太平記』、隅田了古『日本忠孝伝』

産石［うぶいし］

群馬県中之条町にある石で、むかし巡礼の女性が赤ちゃんにおっぱいをあげていたところへお天狗山（嵩山《たけやま》）から石が転がって来て二人を押しつぶしてしまった。それ以来、この石からは赤ちゃんの泣く声がするようになった。供養をしてあげて以後は泣く声はしなくなったという。

［参考文献］都丸十九一・池田秀夫・宮川ひろ・木暮正夫『上州の伝説』

怨みの瓢箪［うらみのひょうたん］

長者が自室に置いた瓢箪《ひょうたん》の中にたくさんのお金を貯め込んでおり、それを使用人が盗み出したので、許しを乞《こ》うのも聞かずに殺してしまったところ、その怨みからか家は貧しくなってしまった。そのため、その家の子孫にあたる家では瓢箪や干瓢《かんぴょう》（夕《ゆう》顔《がお》）づくりをしなくなったという。群馬県前橋市などに伝わる。

［参考文献］群馬県教育委員会『前橋市城南地区の民俗』

永泉寺の狢［えいせんじのむじな］

群馬県高崎市倉賀野町《くらがのまち》の永泉寺のうら手に広がっていた林にいたという**狢**。むかしは近在の村人が宿場《しゅくば》へ遊びに行って来た帰りに、この狢に化かされることが多かったりしたという。

菅笠《すげがさ》が落ちているので、拾おうとすると菅笠が進んで行ってしまっていつまでたっても追いつけず、その途中でばら藪《やぶ》の棘《とげ》などで足が傷だらけになっていたりした。

また、鉄道が走るようになって以後は、ふしぎな女のすがたが線路の上に現われるようになり、運転士たちが急停止をかけたりするが、確かめてみると何もないということがあり、これも狢の仕業であろうと考えられたりしたという。

［参考文献］『上州の史話と伝説』その二

駅を訊く娘［えきをきくむすめ］

見知らぬ娘が立っていて「おじさん、駅はどっちだんべ」と訊《き》かれたので、駅に向かう道順を丁寧《ていねい》に教えていたら、いつの間にか娘は消えていた。駅に行ってみてもそれらしい娘はいなかったという。（『藪塚本町の民俗』）

群馬県藪塚本町《やぶづかほんまち》（現・太田市）での体験談として語られている。報告書では**おとか**の項目に収録されており、この少女は**狐**の化けたものと考えられていたようである。

［参考文献］群馬県教育委員会『藪塚本町の民俗』

閻魔様［えんまさま］

群馬県などでは、火の近く（囲炉裏《いろり》など）で爪を切ると「閻魔様がたたる」といい、戒められていた。（『山田郡誌』）

閻魔王は、死後の人間たちの転生先を決める裁判官の「十王」のひとりとして知られ、「嘘をつくと閻魔様に舌を抜かれる」など、生活のなかのことばの中でも身近な存在として親しまれて来ている。この群馬県での例は、火の近くで爪を切っちゃだめだよ、という俗信（爪を燃やすことは各地で非常に嫌われている）のなかに、おそろしい存在（怕鬼《はき》）として閻魔様が組み込まれた例であるといえる。

埼玉県両神村出原《りょうかみむらいでわら》（現・小鹿野町《おがのまち》）などでは、囲炉裏端で爪を切るのがいけない理由として、爪が燃えると臭いので「火の神様」がとても怒るからだと語られている。（『埼玉県史民俗調査報告書（山村地帯民俗調査）』）

お盆に泳ぐことを禁じる俗信（**精霊様**《しょうろうさま》）に閻魔が使われている例なども関東広域に見ることができる。

［参考文献］山田郡教育会『山田郡誌』、埼玉県史編さん室『埼玉県史民俗調査報告書（山村地帯民俗調査）』

お稲荷さん［おいなりさん］

ふしぎな遊び。唱える文句から「羽黒《はぐろ》の権現《ごんげん》」とも呼ばれる。群馬県渋川《しぶかわ》市では明治から大正ごろまで、冬の時季や、二月の初午《はつうま》の日のお祭りの前の晩などに男の子たちがこの遊びをよくしていたという。目隠しをさせた子供をまるく取り囲んで「あさ山、は山、羽黒《はぐろ》の権現、とうかの稲荷《いなり》大明神」などと唱えるとお稲荷さんが憑《つ》いて、その子が高く跳び上がったり、ふしぎな動きをしたりしたという。また、いろいろなことを尋《たず》ねるとそれに対してはっきり答えを告げたという。

お稲荷さん（**狐**《きつね》）を憑《つ》かせているといい、おとすときには、背中に「犬」と指で書いてポンと叩けばよいとされていた。

［参考文献］大島建彦「神つけ聞書」（『西郊民俗』百二十六号）、『渋川市誌』四 民俗編

お艶［おえん］

前橋城（群馬県）に召し抱《かか》えられていた美しい腰元《こしもと》。その寵愛《ちょうあい》を妬《ねた》まれた結果、殿様の御膳に針を入れたという罪を着せられ、蛇だらけの箱に詰められ利根川へ沈められた。以後、白粉《おしろい》をつけているお艶のすがたが利根川の岩の上に現われたりしたという。

お艶は、大坂夏の陣で敗れて密かに落ちのびて来た淀君《よどぎみ》だったとも語られている。

前橋城の**お虎**は似た内容のもの。

［参考文献］都丸十九一・池田秀夫・宮川ひろ・木暮正夫『上州の伝説』

大海老［おおえび］

群馬県板倉町海老瀬《えびせ》に伝わる。むかし弘《こう》法大師《ぼうだいし》が上野国《こうずけのくに》（群馬県）から下野国《しもつけのくに》（栃木県）に向かうために渡良瀬川《わたらせがわ》を渡ろうとしたが橋も舟もなく渡ることができずに困っていると、川から大きな海老《えび》が現われて背に乗せてくれたという。

［参考文献］宮崎雷八『上毛野昔語』東毛編

大きな鬼火［おおきなおにび］

群馬県桂萱村《かいがやむら》（現・前橋市）に伝わる。小雨や曇った天気の日に源太沢《げんたざわ》に出現することがあったという一メートルぐらいある鬼火。

この鬼火の出るあたりは、むかしは馬が通りかかると急に歩けなくなってしまったりすることもあったという。

［参考文献］『勢多郡誌』

大きな蛍［おおきなほたる］

群馬県沼田市の輪組《わくみ》に伝わる。むかし川で投網《とあみ》をつかって魚を捕っていた男の近くに蛍《ほたる》が飛んで来たが、次第にその大きさがとんでもなく大きくなり、橋の高さぐらいになって迫《せま》った。急いで家に向かって引き返すと途中に母親がいたので、蛍が大きくなったことを語ると、「このぐらいの大きさか」と手を広げた母親がさっきの蛍ぐらいの大きさの**光玉《ひかりだま》**になって飛び去ったという。

［参考文献］宮崎雷八『上毛野昔語』東毛編

大乙鳥［おおつばめ］

山に住む**大場《おおば》三郎《さぶろう》豊秋《とよあき》**に食物を届けていたという、燕《つばめ》のような大きな鳥。

群馬県東吾妻町《ひがしあがつままち》に伝わる。源頼朝《みなもとのよりとも》が浅間で巻狩《まきがり》をしたときも、この鳥が丁寧《ていねい》に挨拶をしに来たと語られている。

［参考文献］坂上村誌編纂委員会『あがつま坂上村誌』

おおでき

釜《かま》や鍋をしゃもじで叩いたりすると、「おおでき」がやって来て家の身上《しんしょう》を持って行ってしまうという。（『利根西の民俗―清里・総社・元総社・東地区―』）

群馬県前橋市に伝わる。**おおさきどうか**などに近い点から推理すると「おおさき」(**尾裂**《おさき》)のことか。

［参考文献］前橋市教育委員会『利根西の民俗―清里・総社・元総社・東地区―』

大入道［おおにゅうどう］

群馬県渋川市《しぶかわ》行幸田《みゆきだ》に伝わる。甲波宿祢《かわすくね》神社の南に「入道街道《にゅうどうげえ》」と呼ばれる山道があり、そこには大入道が出没してひとの通るのをさまたげたりしたという。この大入道は、善人がとおるとすがたをみせず、決まって悪人がとおるときだけに出たという。

［参考文献］『渋川市誌』四 民俗編

大根の大木［おおねのたいぼく］

上野国《こうずけのくに》(群馬県)の新田《にった》郡大根村《おおねむら》(現・太田市)に伝わる。太古のむかし、とんでもなく巨大な大木がこの地に生えており、それが倒れたことから大根、江田《えだ》(枝)などの地名ができたとされる。

［参考文献］太田稲主『上野国新田郡史』

蝦蟇蛙の化物［おかまげえろのばけもの］

おかまげえろ(**蝦蟇**《がま》)の化けたもの。むかし臆病な男の子が夜に戸外にある便所に行くのが怖くて雨戸を少し開けてそこからおしっこをしていると、山のほうから「きさまのちんこはでっけぇなあ」とばかにする声がして来たので「でっけぇからひんなめろ」と言い返してやったところ、「なめべぇ」という声が次第に家に近づいて来た。恐ろしくなった男の子が家の者を起こし、「なめべぇ」と言いながら家に入って来た化物をみんなして鍬《くわ》や鉈《なた》で叩きまくったところ、それは大きなおかまげえろだったという。

群馬県白沢村《しらさわむら》(現・沼田市)に伝わる。

［参考文献］『群馬県史』資料編二十七 民俗三

お菊［おきく］

国峰城《くにみねじょう》(群馬県)の小幡上総介信貞《おばたかずさのすけのぶさだ》に仕えていたという腰元《こしもと》。美しさから嫉妬の目でみられており、殿様のお膳の椀の中に針を入れたという疑いをかけられ、蛇《へび》や蜈蚣《むかで》の詰め込まれた桶《おけ》に入れられて、宝積寺《ほうしゃくじ》山《やま》の池に投げ込まれ殺された。お菊の母は池のほとりに煎《い》り胡麻《ごま》を蒔いて「怨念あらば、この胡麻に芽よ出《い》でよ」と呪いを掛け、お菊の霊にたたりをうながした。普通ならば出るはずのない煎り胡麻からは見事に芽が出て、小幡家にはよくないことが起こったと語られる。(『伝説の上州』、『上毛野昔語』西毛編『上州の伝説』)

小柏源介《こがしわげんすけ》という武士が狩りの帰り、お菊の亡骸《なきがら》の入った桶を発見して池から引き上げ、中に詰め込まれていた蛇たちの命を助けたというはなし(『伝説の上州』、『上毛野昔語』西毛編)から、道で蛇と遭ったときは、小柏の名前を出したり、「へびもむ

かでもどけどけ、小柏殿《こがしわどん》のお通りだ」と唱えると良いといわれていた。(『上州の伝説』、『群馬県史』資料編二十七 民俗三)

桶ではなく唐櫃《かろうと》(『群馬県史』資料編二十七 民俗三)に蛇詰めにされたとするはなしもみられる。

[参考文献] 中島吉太郎『伝説の上州』、宮崎雷八『上毛野昔語』西毛編、都丸十九一・池田秀夫・宮川ひろ・木暮正夫『上州の伝説』、『群馬県史』資料編二十七 民俗三

お狐さん [おきつねさん]

出雲国《いずものくに》(島根県)から稲《いね》を持って帰って来たとされる**狐**。お稲荷《いなり》さんの使い。稲穂を他国に持ち出すことは禁じられており、追っ手に追いつかれそうになったが、茶の木の蔭《かげ》に隠れて難を逃れ、人々に稲をもたらしたと語られる。

東京都町田市真光寺町《しんこうじまち》などに伝わる「茶《ちゃ》の木稲荷《きいなり》」のはなしにみられる。茶の木に助けられたことから、初午《はつうま》の日は午前一〇時前にお茶を飲まないとされていた。お狐さんは四つどき(午前一〇時)まで茶の木に隠れていたというのが理由として語られている。(「市ヶ谷の茶の木稲荷―稲荷と茶―」)

同様の内容は群馬県東村沢入《あずまむらそうり》(現・みどり市)などにもみられる。(『群馬県史』資料編二十七 民俗三)

稲作のはじまりについての内容を語る昔話は、稲荷と関連して狐が設定されることも多い。出雲国とされているが、この「出雲」は「神々の世界」といった意味合いで、「天竺《てんじく》」が高天原《たかまがはら》や極楽浄土《ごくらくじょうど》とされる用法にも近いとみえる。

初午の日の午前にお茶を飲んではいけないとする俗信は各地に広く存在しており、このお狐さんのはなしは、その行動についての理由づけを語る内容を持つものだといえる。特定の日に、「四つどき」まで何かを禁止する俗信は、**七夕様**や**七夕馬**などにもみられ、芋や野菜の畑に入ってはいけないとする時刻が「四つどき」までだとされている。

稲のはじまりについては神奈川県の**白《しろ》狐《ぎつね》**のはなしなども関連する。

[参考文献] 中島恵子「市ヶ谷の茶の木稲荷―稲荷と茶―」(『西郊民俗』七十五号)、『群馬県史』資料編二十七 民俗三

おこじょ

関東地方では群馬県を中心に「おこじょ」は**十二様《じゅうにさま》**のおつかいだとされている。山で目にするとけがなどの災難につながる、捕まえたり、殺したりすると良くないことが起こると考えられたりしていた。毛が三本でも残っていればよみがえってたたる(『上野村の民俗』上)ともいわれている。

群馬県片品村《かたしなむら》などでは、一〇〇年以上生えている木には、必ず夫婦つがいで「おこじょ」が住んでいる(「片品のオコジョと命名法」)と語られる。おこじょに出会ったらすぐに山を下りて酒を飲んで寝た(『片品村史』)という。

「山おおさき」(『上野村の民俗』上)とも呼ばれており、見た目は**尾裂《おさき》**たちと重なっている(「片品のオコジョと命名法」)とも

いう。

埼玉県両神村《りょうかみむら》（現・小鹿野町《おがのまち》）などでは、山の神の「お使い姫」（つかわしめ）であるとされ、山でおこじょをいじったりしてはいけないという。（『埼玉県史民俗調査報告書（山村地帯民俗調査）』）

十二様に供える魚は「おこじょの魚《いお》」（『片品村史』）などと呼ばれており、干物などにされて供えられる。これをお供えすると安産になるよう見守ってくれる（「座談会 片品村の民俗」）という。「おこじょ」という呼び名自体が、山の神が喜ぶとされる「おこぜ」との関連が深いと考えられている。（「片品のオコジョと命名法」）

［参考文献］『片品村史』、「座談会 片品村の民俗」（『県』五号）、埼玉県史編さん室『埼玉県史民俗調査報告書（山村地帯民俗調査）』、上野勇「片品のオコジョと命名法」（『上毛民俗』三十四号）、『上野村の民俗』上・下、『群馬県史』資料編二十五 民俗一

お事婆 ［おことばあ］

おことの日（二月八日）に天から降りて来て人々の家にやって来るという目の玉がいっぱいある**魔物**。目籠《めけえ》を飾っておくと、目の玉が自分よりも多いと驚いて、金を入れて去ってゆくという。

群馬県前橋市などに伝わる。

［参考文献］前橋市教育委員会『利根西の民俗―清里・総社・元総社・東地区―』

長壁姫 ［おさかべひめ］

「刑部姫」、「小刑部姫」、「小坂部姫」または、「長壁大神」とも。城の天守閣に宿っているなどと語られており、姫路城《ひめじじょう》（兵庫県）のはなしが有名だが、関東地方では、それを分霊したとされる前橋城《まえばしじょう》（群馬県）などでも語られる。前橋城の長壁姫は、前《まえ》橋東照宮《ばしとうしょうぐう》に移されて現在に至っている。

豊臣秀吉《とよとみひでよし》は、姫路城に祀《まつ》られていた長壁姫を冷遇したために一代で没落したので、徳川家康《とくがわいえやす》はこれを一族の城に手厚く分霊し、そのひとつが前橋城の長壁姫であるとも語られる。（『前橋の伝説百話』）

お虎《とら》のたたりによって、利根川の氾濫がつづき、松平《まつだいら》家が前橋城から川越城《かわごえじょう》（埼玉県）へ移ることになったときに、松平《まつだいら》朝矩《とものり》の前に長壁姫が現われて遷座を願ったが、長壁神社は前橋城に置かれたままになった。その後も長壁姫は人々の夢枕に立ち、「川越へ行きたい」としばしば告げたと語られる。（『前橋の伝説百話』）

『前橋神女物語』（『富田日記』とも）には、明治のはじめ頃に前橋城の「長壁大神」が、前橋藩士である富田政清《とみたまさきよ》の娘・鎧《がい》（のちに長壁大神のお告げにより春《はる》と改名）と交信していたはなしがつづられている。**牛の角の如**《ごと》**き角の生たる獣**などの使いを寄越したりしているほか、長壁様の侍女と名乗る女たちが使いに現われ、色々な菓子（餅《もち》・大福《だいふく》・饅頭《まんじゅう》・煎餅《せんべい》・柿《かき》・阿蘭陀菓子《オランダがし》・羊羹《ようかん》）を持って来たりもしたという。長壁大神と侍女たちが**岩舟**というふしぎな舟に乗り、遊山《ゆさん》に出掛けていたことや、長壁大神をはじめとした神々（長壁の本体を木花《このはな》咲耶姫《さくやひめ》としている）と仏仙徒《ぶっせんと》が西国で合戦

をしているという様子が語られている点など、平田篤胤《ひらたあつたね》やその周辺の国学・古神道の説を多く摂取したとみられる独特な内容のほか、皆川市郎平《みながわいちろべい》を連れて行った埼玉県の**総髪の異人**の記述などもみられる。

［参考文献］佐藤寅雄『前橋の伝説百話』、友清歓真『幽冥界研究資料』一

悪勢［おぜ］

上野国《こうずけのくに》の御座入《みざのり》（群馬県片品村《かたしなむら》）に住んでいたという**鬼**、あるいは夷賊《いぞく》。武尊山《ほたかさん》を本拠地としていたとされる。

日本武尊《やまとたけるのみこと》が突撃して来たとき、悪勢は鬼たちを集めて雪を降らせて行く手を阻《はば》んだ。しかし、燧ヶ岳《ひうちがたけ》から神火が飛んで来て雪を溶かし、鬼たちは焼き殺されたという。

悪勢の娘と数人の鬼は落ちのびたがやがて死に、これらの鬼たちの悪霊は**花咲石**《はなさくいし》になったという。

一方、尾瀬《おぜ》という名の勇士が鬼神《きじん》（魔性《ましょう》のもの）を退治したというはなしも片品村にはあり、武尊山の頂上でそれを斬った刀が「鬼神丸」の名で伝わっていた（『片品村史』）と語られている。

鬼や竜が雪・霜をあやつる属性は神楽や寺社縁起にしばしばみられる。

［参考文献］『片品村史』、宮崎雷八『上毛野昔語』東毛編

尾瀬沼の主［おぜぬまのぬし］

群馬県片品村《かたしなむら》などに伝わる。尾瀬沼のぬしで、大きな大きな牛のすがたをしており、ぬしの大きな尾のあたりから水が来ているために「尾瀬」、あたまを置いているあたりなので「牛首」などの地名に結びつけられて語られている。お膳《ぜん》が必要になったとき、必要な数などを書いた紙を沼の渦《うず》まきに投げ込むと貸してくれたというはなしも残っており、竜宮《りゅうぐう》とつながっていたとされる。

牛が湖や沼のぬしとされる例は全国各地に多くみられる。

［参考文献］『片品村史』

おそよ

群馬県明和町中谷《なかや》に伝わる。「おそよ橋」には雨の日の晩になると**火の玉**が出るといわれていた。橋の上で殺された「おそよ」という女の霊だとされる。

［参考文献］宮崎雷八『上毛野昔語』東毛編

お天狗山の天狗［おてんぐやまのてんぐ］

嵩山《たけやま》（群馬県中之条町）の「お天狗山」に住んでいる**天狗**で、鶏の鳴き声を嫌っており、山の周辺で鶏を飼うと、この天狗が怒ってやって来て、その家を燃やすといわれていた。

［参考文献］都丸十九一・池田秀夫・宮川ひろ・木暮正夫『上州の伝説』

おとうかの提灯行列［おとうかのちょうちんぎょうれつ］

「おとうかの嫁取《よめと》り」とも。群馬県に伝わ

る。「とうか」とは「稲荷《いなり》」で**狐**のこと。**狐火**《きつねび》が行列のように並んで見えるもので、小雨の降る夜などに見られたという。

［参考文献］群馬県教育委員会『千代田村の民俗』、群馬県教育委員会『前橋市城南地区の民俗』

狐松［おとうかまつ］

群馬県荒砥村《あらとむら》（現・前橋市）の五反田にあった古い松の木で、**狐**が数多く住んでいるとされていた。

［参考文献］『勢多郡誌』

おとかの嫁入り［おとかのよめいり］

「おとうかの嫁取り」とも。**狐の嫁入り**のこと。群馬県などで呼ばれる。

小雨の降っている晩に、よく出現する（『太田市史』通史編　民俗下）ともいわれる。

群馬県前橋市では「おとうかの嫁取り」の光の色は、やや黄色みのかかった紫色で秋から冬にかけてよく見られたという。（『利根西の民俗―清里・総社・元総社・東地区―』）

［参考文献］前橋市教育委員会『利根西の民俗―清里・総社・元総社・東地区―』、伊勢崎市『三和町の民俗』、伊勢崎市『北千木町南千木町の民俗』、『太田市史』通史編　民俗下

おとぼう鯰［おとぼうなまず］

群馬県前橋市などに伝わる。清水川にいるという大きな鯰《なまず》で、ふしぎな声を発したり、ひとに化けて出現したりしたという。

大きな鯰が捕れたので、持ち帰ろうと思ったら「おとぼう、おとぼう」という声が川から響いて来た、大き過ぎるので半分に切ってみたところ切り落とした半身が「おとぼう、おとぼう」と半身に対して呼びかけた、などのはなしがよく語られている。（『群馬県史』資料編二十七　民俗三）

ひとに化けて出たというはなしには、「おと」と呼ばれるひとが麦刈りに行ったところ、「おとぼう、おとぼう」と呼びながら追いかけて来た（『群馬県史』資料編二十七　民俗三）というものがみられる。人間に化けても「おとぼう」としか発することができないのかどうかは判然としない。

いぬぼう鯰と呼ばれている例もみられるが、「おとぼう」と称される鯰のはなしは東海地方など（「オトボウ淵《ふち》」）にも多くみられる。神奈川県の**天狗坊淵《てんごんぼうぶち》の主**も参照。

［参考文献］『群馬県史』資料編二十七　民俗三、最上孝敬「オトボウ淵」（『西郊民俗』八号）

お虎［おとら］

前橋城（群馬県）に召《め》し抱《かか》えられていた美しい腰元《こしもと》。その寵愛《ちょうあい》を妬《ねた》まれた結果、殿様の御膳に針を入れたという罪を着せられ、蛇《へび》や蜈蚣《むかで》など大量の毒虫を詰め込んだ大甕《おおがめ》に入れられ利根川へ沈められた。以後、お虎のたたりで利根川は大きな氾濫《はんらん》がつづき、前橋城も大きな被害を受けたとされる。（『前橋の伝説百話』、『上州の伝説』）

この利根川の氾濫は、前橋城の松平《まつだいら》家

が川越城《かわごえじょう》（埼玉県）へ移るきっかけ（『前橋の伝説百話』）とも語られており、**長壁《おさかべ》姫《ひめ》**のはなしとも関わっている。

総社城《そうじゃじょう》の**お艶《えん》**は似た内容のもの。

［参考文献］佐藤寅雄『前橋の伝説百話』、都丸十九一・池田秀夫・宮川ひろ・木暮正夫『上州の伝説』

鬼石［おにいし］

群馬県北橘村《きたたちばなむら》（現・渋川市《しぶかわ》）の分郷八崎《ぶんごうはっさき》にある岩石。**鬼**の顔のようなかたちだといわれており、むかし人喰い鬼がおり、それが変じた石だと語られている。（『勢多郡誌』）

九尾《きゅうび》の狐も**殺生石《せっしょうせき》**になっているが、このように鬼が石になる例もあるわけである。

［参考文献］『勢多郡誌』

大沼の主［おおののぬし］

赤城山（群馬県）にある大沼《おの》と呼ばれる湖のぬし。数千年生きている大きな緋鯉《ひごい》だともいう。

群馬県前橋市三夜沢町《みよさわまち》などに伝わる。

［参考文献］『勢多郡誌』、宮崎雷八『上毛野昔語』東毛編、円山知良「赤城山信仰」（宮田登・宮本袈裟雄（編）『日光山と関東の修験道』

尾曳の白狐［おびきのしろぎつね］

館林城《たてばやしじょう》（群馬県館林市）に伝わる。城が建てられる前、その設計の縄張《なわばり》をしっぽで示したというふしぎな白狐。

むかし赤井照康《あかいてるやす》が道で子供たちにいじめられていた**狐**を見つけ、鉢形惣次郎《はちがたそうじろう》に申し付けてこれを助けた。すると帰路で「立林《たてばやし》の菊間《きくま》長者が居た跡地に城を建てるのが良い」と助言をするふしぎな人物と出会った。言われた地に赴《おもむ》いてみると、白狐がしっぽを曳《ひ》きずりながら歩き、地面に立派な城の構《かま》えの図面を引いていたなどと語られる。この狐は「尾曳稲荷《おびきいなり》」の名で城の守り神として祀《まつ》られたという。

築城時の武将の名は、赤井照康（『上毛野昔語』東毛編）以外にも赤井照光《てるみつ》（『上州の伝説』）などいくつか名前が挙げられるが、狐が出て来る点はいずれも共通している。

「尾曳き」という展開が城の設計に含まれている点で、前橋城（群馬県）の**赤亀**のはなしとは共通点がある。

［参考文献］宮崎雷八『上毛野昔語』東毛編、都丸十九一・池田秀夫・宮川ひろ・木暮正夫『上州の伝説』

おぼ

道に出て来て足にからみついて来るというもの。着物の端や刀の下緒《さげお》などを投げてやると離れるとされている。

群馬県利根郡などに伝わる。**鼬《いたち》**の化けているようなものとも語られており、山道で赤ん坊の泣き声のような音をさせて追いかけて来たという。

［参考文献］都丸十九一『消え残る山村の風俗と暮し 群馬の山村民俗』、今野圓輔『日本怪談集』妖怪篇

おまみさん

「まみさん」とも。狢《むじな》や狸のことで、ひとを化かすとされる。群馬県などでいわれている。（『利根西の民俗―清里・総社・元総社・東地区―』）

「まみ」は猯《まみ》を示しているようである。

〔参考文献〕前橋市教育委員会『利根西の民俗―清里・総社・元総社・東地区―』

【か】

隠し坊主［かくしぼうず］

日暮れ過ぎまで遊んでいる子供を隠してしまうと語られる存在で、子供たちは暗くなってくると「かくしぼうずがくるから、かえろう」と言っていたという。

群馬県吾妻町本宿《あがつままちもとじゅく》（現・東吾妻町）などに伝わる。

〔参考文献〕『群馬県史』資料編二十七　民俗三

かくなし婆さん［かくなしばあさん］

日暮れ過ぎまで遊んでいる子供を連れ去って隠してしまうという白髪の老婆のすがたをした妖怪。

群馬県太田市などに伝わる。小豆《あずき》を洗う（『太田市史』通史編　民俗下）ともいわれている。群馬県前橋市には「かくねしょ婆《ばばあ》」に隠されるといわれていた（『前橋市城南地区の民俗』）といい、これもおなじものを呼んでいると考えられる。

「かくねしょ」、「かくねくしょ」は、かくれんぼ遊びのこと。（『前橋市城南地区の民俗』）

〔参考文献〕『太田市史』通史編　民俗下、群馬県教育委員会『前橋市城南地区の民俗』

隠れざと［かくれざと］

群馬県邑楽《おうら》郡千代田村（現・千代田町）に伝わる。子供が泣いていると、むかしは「かくれざとに隠されるから泣くな」と言って叱られたりしたという。（『千代田村の民俗』）

「ざと」という部分が「里《ざと》」なのか「座頭《ざとう》」

なのかはちょうど曖昧な例だが、**隠れ里**が**隠座頭**という存在にシフトしてしまう中間あたりの語り口と見てもよいだろう。

［参考文献］群馬県教育委員会『千代田村の民俗』

掛取［かけとり］

事八日《ことようか》（一二月八日）に家々にやって来るとされるもので、鞄《かばん》をさげた**鬼**だとされる。柊《ひいらぎ》を家の戸口に挿して、これが家にやってくるのをよけるといわれていた。

群馬県藪塚本町《やぶづかほんまち》（現・太田市）に伝わる。「掛取」は一般的にはお盆や大晦日に家々にやって来た商店の集金のこと。

［参考文献］群馬県教育委員会『藪塚本町の民俗』

勘解由の松［かげゆのまつ］

群馬県敷島村（現・渋川《しぶかわ》市）の長井小川田にあった松。中山城（群馬県高山村）の殿様だった中山勘解由左衛門尉宗国《なかやまかげゆざえもんのじょうむねくに》は、合戦の末にこの松の下で死んだといい、この松の木は落ち葉ひとつでも採ったりすると病気になるとおそれられていた。

［参考文献］『勢多郡誌』

迦葉山の天狗［かしょうざんのてんぐ］

迦葉山（群馬県沼田市）に住む**天狗**たち。

むかし山へお参りに来た講のひとたちが、「ここの酒はうちの方の酒にくらべて味が悪いですね」と言ったところ、僧侶が「では若い衆に取りに行かせましょう」と語り、間もなく彼らが普段のんでいる酒を出して来た。若い衆と呼ばれていたのは天狗で、彼らの家にまで飛んで行き、全速力で持ってきたのだが、寒かったので物置を焼いて温まっても来たと語り、講のひとたちが家に帰ると確かにその日に物置がいつの間にか焼けていたという。（『利根西の民俗―清里・総社・元総社・東地区―』）

似たはなしは、古峰ヶ原《こぶがはら》（栃木県）や高《たか》尾山《おさん》（東京都）などをはじめ各地にもあり、天狗たち（**遣天狗**《つかいてんぐ》）のはなしとして語られている。

［参考文献］前橋市教育委員会『利根西の民俗―清里・総社・元総社・東地区―』

片石山の天狗［かたこくやまのてんぐ］

片石山（群馬県前橋市）に住んでいるという**天狗**たち。穢《けが》れのある者が山に入って来たのを察知すると、利根川に投げ込んでしまったという。

［参考文献］宮崎雷八『上毛野昔語』東毛編

片目鰻［かためうなぎ］

片目しかないふしぎな鰻《うなぎ》たち。群馬県高崎市の抜鉾神社（抜鉾大明神）の池にいるとされる。転んだ拍子に稗《ひえ》の葉っぱで突いて傷ついてしまった目を洗って治したため、この池の鰻たちがみんな片目になったとされる。（『上州の伝説』）

天然痘《てんねんとう》が流行したときに、抜鉾大明神が「池の鰻に病を移《うつ》せ」というお告げをした

（『上州の伝説』）というはなしも伝わっている。関係性は明確ではないが、栃木県の**黄鮒**《きぶな》のはなしなどと要素がちょっぴり重なって来そうな病と魚のはなしである。

［参考文献］都丸十九一・池田秀夫・宮川ひろ・木暮正夫『上州の伝説』

片目の鰻［かためのうなぎ］

片目しかないふしぎな鰻《うなぎ》たち。上野国《こうずけのくに》甘《かん》楽《ら》郡富岡町《とみおかまち》曽木《そぎ》（群馬県富岡市）の高垣明神社の境内《けいだい》の川におり、境内から少しでも外に出ると、片目しかない鰻は一匹もいなかったという。

［参考文献］柳田國男「一目小僧」（『一目小僧その他』）

金糞沼の大蛇［かなくそぬまのだいじゃ］

群馬県荒《あら》砥《と》村《むら》二之宮（現・前橋市）に伝わる。むかし大蛇が沢にたびたび水を飲みに来ていたので人々は恐れていた。蛇にとって鉄は毒であるということから、金糞《かなくそ》（製鉄のときに出る不純物）を多く捨ててこれを避《よ》けたという。（『郷土史荒砥村』、『勢多郡誌』）

後にその沢に溜池《ためいけ》として造られた金糞沼の名前の由来として語られるが、水を飲みに来ていたこの大蛇がその後どうなったかは語られておらず、よくわからない。

［参考文献］荒砥第二尋常高等小学校『郷土史荒砥村』下、『勢多郡誌』

鎌切り［かまぎり］

鎌鼬《かまいたち》のこと。群馬県で呼ばれる。

群馬県川場村では、**頽馬**《だいば》のことを、「カマギリのようなもの」（「ダイバ神資料」）ともしている。風と一緒に馬にあたって害をするものと見ていたようである。

「かまぎり」や「かまいたち」は群馬県では蟷螂《かまきり》の地方名（『上州の風土と方言』）としても用いられており、こちらは頽馬と関係ないとみえるが、少し判別が難しい語彙《ごい》として注意が必要である。

［参考文献］角田恵重・住谷修・上野勇「ダイバ神資料」（『上毛民俗』三十四号）、都丸十九一『上州の風土と方言』

剃刀坊主［かみそりぼうず］

夜道を歩いているひとの髪の毛を剃《そ》ってしまうという妖怪。

群馬県横野村（現・渋川《しぶかわ》市）に伝わる。**狐**や**狸**の仕業と考えられてもいたという。

［参考文献］『勢多郡誌』

かめのこ

「つちのこ」のような蛇のこと。群馬県などで呼ばれる。（「槌の子その後」、『日本怪談集』妖怪篇）

亀《かめ》のようなまるっこい形状をしているところに由来したものか。

［参考文献］坂井久光「槌の子その後」（『あしなか』百四十輯）、今野円輔『日本怪談集』妖怪篇

からしな

下野国《しもつけのくに》の後閑《ごかん》（群馬県みなかみ町）を治める後閑祐房《ごかんすけふさ》の側室。正室を殺害しようとして捕まり、庭に掘られた大穴で蛇責《へびぜ》めを受けて埋められてしまった。するとそこに触った者をたちどころに殺してしまう大きな「毒石」が出現して人々を苦しめた。その後、人々がその霊を鎮めたところ、石の毒は失せたとされる。

［参考文献］都丸十九一・池田秀夫・宮川ひろ・木暮正夫『上州の伝説』

烏山の狢［からすやまのむじな］

群馬県敷島村（現・渋川《しぶかわ》市）の長井小川田にいた**狢**。利根川べりの岩山に住み、よくひとに取り憑《と》いたりした。

［参考文献］『勢多郡誌』

かりかけの滝の大魚［かりかけのたきのたいぎょ］

群馬県みどり市東町《あずまちょう》で語られる。かりかけの滝に大魚がいたので釣り上げようとしたが、全く釣れないので、腹を立てて石を投げ込んだら、滝壺の大魚が赤ん坊のすがたに変わって滝を這《は》い上がり、恐ろしくなって逃げた、というはなしがみられる。

［参考文献］相葉伸『群馬の民間信仰』

かわっぱ

群馬県邑楽《おうら》郡千代田村（現・千代田町）などに伝わる。盆月《ぼんづき》に水浴びに行くと「かわっぱ」に捕られて腹の中のもの（内臓）を喰われてしまうといわれていた。

［参考文献］群馬県教育委員会『千代田村の民俗』

観音寺ヶ渕の河童［かんのんじがふちのかっぱ］

群馬県大間々《おおまま》町《まち》神梅《かんばい》（現・みどり市）の観音寺ヶ渕に住んでいた**河童**で、天空に登ってみたいと考えていたと語られる。

どうしても天に登ってみたいと考え、ご馳走《ちそう》を持って**竜**に方法がないか相談に行ったところ、「俺の尾につかまって行けばいい」と教えてもらった。竜が天に登る日、早速そのしっぽをくわえて河童はぐんぐんと天に登って行ったが、途中でつい口を開いてしまい、墜落してそのまま観音寺ヶ渕に戻って来てしまったという。

［参考文献］『群馬県史』資料編二十七 民俗三

木が妊む日［きがはらむひ］

正月八日（『吾妻町坂上地区の小正月行事』、『民俗採訪』）あるいは正月一七日（『水上町の民俗』）がこの日だとされる。この日に山へ入って仕事をしたり、木を切ったりすることは忌《い》まれていた。もしも山へ入ってけがをすると治らないといわれている。

群馬県倉渕村《くらぶちむら》（現・高崎市）では、**獅子《しし》**

が山に暴れて出て来るので入らない（『民俗採訪』）とも語られていたという。

群馬県などでいわれる。各地の言い伝えでも、「山の神」が怒るとされる日も八日や一七日であることが多い。

［参考文献］『吾妻町坂上地区の小正月行事』、群馬県教育委員会『水上町の民俗』、國學院大學民俗学研究会『民俗採訪』四十二年度

雉の御年貢［きじのおねんぐ］

身体や手足を洗わずに汚くしていると雉《きじ》が「御年貢《おねんぐ》を取りに来る」といわれていた。（『山田郡誌』、『利根西の民俗―清里・総社・元総社・東地区―』、『北千木町南千木町の民俗』）

群馬県前橋市では雉は垢《あか》が好きで、「雉がつっつく」ともいわれている。（『利根西の民俗―清里・総社・元総社・東地区―』）

「雉が御年貢を取る」といった表現は、群馬県に多くみられるが、埼玉県皆野町《みなのまち》などでも、風呂に入らず汚くしていると「雉に年貢を取られる」といわれており、雉の爪が黒いことから、黒くて汚い爪を見て雉が同類だと思う（『埼玉県史民俗調査報告書（山村地帯民俗調査）』）とも語られている。栃木県の**蛇の鱗**《こけら》も参照。

［参考文献］山田郡教育会『山田郡誌』、前橋市教育委員会『利根西の民俗―清里・総社・元総社・東地区―』、伊勢崎市『北千木町南千木町の民俗』、埼玉県史編さん室『埼玉県史民俗調査報告書（山村地帯民俗調査）』

狐の智恵袋［きつねのちえぶくろ］

むかし大松屋敷のお堀の穴に化け狐たちが住んでおり人々を困らせていた。そこで人間たちは「これは狐の智恵袋といって、これに入れば悧巧《りこう》になる」と、**狐**たちを誘い込んで全員袋詰めにし、今後ひとを化かさぬと誓わねば淵に捨ててしまうぞとおどかした。狐たちは決してひとを化かさぬという証文《しょうもん》を書き、やっと袋の外に出されたという。

群馬県前橋市下増田町《しもますだまち》に伝わる。このときの証文は既に残っていないという。（『前橋の伝説百話』、『勢多郡誌』）

狐たちを袋や小屋に詰め込んでしまう昔話は日本各地をはじめ、アイヌや北アジアで広く語られており、このはなしもそのひとつの例といえる。

［参考文献］『勢多郡誌』、佐藤寅雄『前橋の伝説百話』、服部健「ギリヤーク―民話と習俗」（『服部健著作集』）

茸の化物［きのこのばけもの］

大きなきのこが化けたもの。山にたくさんおり、夜になると麓《ふもと》の村に差すはずの月の光を隠してしまうので、人々は困っていた。なまけ者の男が行く当てがなくて山で眠っていると、なんとなくきのこたちとしゃべるようになり、仲良くなった。そのうちにお互いに「好きなもの」と「嫌いなもの」を言いあうことになり、男は「眠ること、おかね」、きのこたちは「木の葉、米のとぎ汁」と答えた。とぎ汁をざぶざぶ浴《あ》びせると、きのこたちはみんな溶けてしまった。きのこたちはやがて仇討《あだう》ちにやって来たが、大判《おおばん》小判《こばん》を家に投げ込んで来たの

で、なまけ者は大変な大金持ちになった。

群馬県新治村《にいはるむら》（現・みなかみ町）などに伝わる昔話に登場する。茸が化けた存在が自身の弱点を語ってしまうはなしは、各地にも「茄子《なす》が嫌い……」など、いろいろなパターンが確認できる。

［参考文献］上野勇『でえろん息子』

木部姫［きべひめ］

榛名湖《はるなこ》（群馬県）に入って**竜**あるいは大蛇になったとされる美しい娘。

上野国《こうずけのくに》の木部《きべ》（現・群馬県高崎市）にいた木部長者《きべちょうじゃ》の娘であったが、その正体は榛名湖のぬしであり、年頃になると屋敷を出て湖に身を沈めて蛇身《じゃしん》となった（『伝説の上州』）という。また、武将の奥方様となったが夫が討死《うちじに》し、城を出て榛名湖に入り蛇身になった（『利根西の民俗―清里・総社・元総社・東地区―』）とも語られる。

群馬県高崎市の長年寺にある「底無し井戸」は、木部姫を通じて竜宮《りゅうぐう》からお膳を借りていたと語られる。長年寺は蛇身となった木部姫の苦しみを救ったとされ、関係が深いとされている。（『上州の伝説』）

埼玉県北足立郡上平村《かみひらむら》（現・上尾《あげお》市）に伝わる『密蔵院薬師如来縁起《みつぞういんやくしにょらいえんぎ》』にも、木部姫が竜になったはなしが含まれており、氷乱《ひょうらん》（**雹嵐**）よけとして「木辺領」と唱えると良いということを記している。

木部姫についてのはなしは、雹嵐よけの信仰などとも重なって広範囲に伝わっている。伝説や寺社縁起ごとに時代や嫁《とつ》ぎ先が一定していないが、いずれも榛名湖で蛇身になったという点は共通している。年頃になった乙女が水の中に入ってしまう展開は、赤城山（群馬県）の**小沼《この》の主**や**井の頭池の主**をはじめ、ほぼ同一で、全国的にみられるものでもある。

［参考文献］中島吉太郎『伝説の上州』、柴田常恵・稲村坦元（編）『新訂増補 埼玉叢書』第三、前橋市教育委員会『利根西の民俗―清里・総社・元総社・東地区―』、群馬県教育委員会『高崎市東部地区の民俗』、都丸十九一・池田秀夫・宮川ひろ・木暮正夫『上州の伝説』、今井善一郎『赤城の神』

金の茶釜［きんのちゃがま］

群馬県富士見村（現・前橋市）の小暮《こぐれ》に伝わる。むかしある殿様が所持していた宝物の茶釜だったが、その家の没落後に化けるようになり、大入道や酒買い小僧に化けて人々を困らせたという。金の茶釜があった場所を「茶釜屋敷」と呼んでいた。

［参考文献］『勢多郡誌』

くだん

麦《むぎ》を外国に持ち出そうとする者を警備していたという唐土《もろこし》の犬。麦を隠して持ち出していた者に向かって吠《ほ》えかかったが、検査の結果、麦は見つからなかったので殺されてしまった。

群馬県大間々町《おおまままち》塩原（現・みどり市）に伝わる、日本に麦が伝来したことや戌《いぬ》の日に麦を蒔《ま》かないことの由来を語る昔話に登場する。検知相手は麦を隠し持っており、

くだんは嘘《うそ》をついていなかったので書類にはいまでも「間違いはありません」という意味で「仍《よっ》て件《くだん》の如《ごと》し」ということばを文末に書くと昔話は結ばれている。

「仍《よっ》て件《くだん》の如《ごと》し」の語源俗説として語られる点から「くだん」という名前が用いられており、これは牛から産まれる「件《くだん》」にある語源俗説と発想はおなじである。

［参考文献］群馬県教育委員会『大間々町の民俗』、『群馬県史』資料編二十七 民俗三

雲馬・羽馬［くもうま・はねうま］

一日に一〇〇〇里の道さえ自在に駆けることができるというふしぎな馬たち。上野《こうずけ》国《のくに》（群馬県）に住んでいた羊太夫《ひつじだゆう》が乗っていたと語られる。

［参考文献］宮崎雷八『上毛野昔語』東毛編

車坂［くるまざか］

群馬県横野村（現・渋川市《しぶかわし》）の上三原田《かみみはらだ》にある坂道で、夜半ここを通ると車の音が聴こえて来るといわれていた。

［参考文献］『勢多郡誌』

黒鼬［くろいたち］

上越線《じょうえつ》が開通したころ、線路に大入道が出現して運転手たちを驚かせたという。黒鼬が化けていたといい、汽車にはね飛ばされてしまってからは出現しなくなったという。

群馬県水上町《みなかみまち》小日向《おびなた》（現・みなかみ町）に伝わる。

［参考文献］群馬県教育委員会『水上町の民俗』

黒十狐［くろじゅうぎつね］

群馬県前橋市下新田町《しもしんでんまち》に伝わる。ひたいに十文字の黒い模様があったという**狐**で、畑を荒らしたりしたという。

［参考文献］佐藤寅雄『前橋の伝説百話』

群馬八郎［ぐんまはちろう］

「群馬《くるまの》八郎」とも。群馬県伊勢崎市や前橋市などに伝わる大蛇。

光仁天皇のころ、領主の群馬太夫満行《ぐんまのたゆうみつゆき》の息子の群馬八郎満胤《ぐんまはちろうみつたね》は、七人の兄よりも文武にすぐれていたので父に可愛がられ重用されていた。これを心よく思わない七人の兄たちは日頃から八郎を厄介者《やっかいもの》あつかいしていたが、ついには石櫃《いしびつ》に詰め込んで蛇喰《へびはみ》池《いけ》にある蛇《へび》の岩屋《いわや》へ沈めてしまった。しかし数年後、その魂魄《たましい》は大蛇に変じ、七人の兄を順に喰い殺したあとも暴れつづけたので、人々は八郎大明神としてこれを祀《まつ》ったという。（『伝説の上州』、『上毛野昔語』東毛編）

群馬八郎については、『神道集《しんとうしゅう》』の「上野国那波八郎大明神事」にも古いかたちの物語が記されており、古くから寺社などを中心にして語られていったようである。父である群馬満行も春名満行権現《はるなまんぎょうごんげん》という榛名《はるな》

山《さん》の神であると記述されている。

［参考文献］中島吉太郎『伝説の上州』、宮崎雷八『上毛野昔語』東毛編、貴志正造（訳）『神道集』、近藤喜博『神道集 東洋文庫本』

源田島の狐 ［げんたじまのきつね］

群馬県桂萱村《かいがやむら》（現・前橋市）に伝わる。源田島のあたりに住んでいた**狐**で、**火の玉**に化けてひとをびっくりさせるのが得意な化け術だったという。火の玉はふわふわとひとの目の前に飛んで来たかと思うと、突然パンと音をたてて跳ねたという。

［参考文献］『勢多郡誌』

幸菴 ［こうあん］

「幸庵」、「幸菴狐」とも。上野国《こうずけのくに》（群馬県）にいたという一〇〇歳を超えた翁《おきな》で、家々に泊めてもらってはありがたいはなしをしたり、「寿」という書を揮毫《きごう》していた。吉凶判断をしてもらうと、よく当たるといい、評判になっていた。ある家で「お湯をどうぞ」と、風呂をすすめられたとき、お湯が熱過ぎたことから**狐**のすがたになって驚いてしまい、その正体がわかってしまったという。

山崎美成《やまざきよししげ》『提醒紀談《ていせいきだん》』（巻二）などにみられる。湯殿で正体が露顕《ろけん》してしまう展開は狐狸《こり》に多く、東京都の**高安寺《こうあんじ》の小坊主**などをはじめ各地にみられる。

［参考文献］『日本随筆大成』二期二、戀塚稔『狐ものがたり』、笹間良彦『怪異・きつね百物語』

腰元蟹 ［こしもとがに］

群馬県に伝わる。むかし箕輪城《みのわじょう》の美しい奥方様が榛名湖《はるなこ》（群馬県）で舟遊びをしていたところ、にわかに湖のぬしが奥方様を奪い取り湖に沈んでしまった。仕《つか》えていた腰元たちは悲しみながら跡を追って水に入り、みんな蟹になってしまったという。（『伝説の上州』）

小沼《この》の主のはなしにも、お供の者が跡を追って蟹になったはなしがある。榛名湖には**木部姫《きべひめ》**のはなしがあり、この箕輪城の奥方は異なった舞台設定のひとつ。木部姫の腰元たちも蟹になったというはなしがあり、この蟹たちが湖に落ちた葉っぱを片付けて綺麗《きれい》にしている、ゆかりのある家の者は蟹を食べない（『利根西の民俗―清里・総社・元総社・東地区―』、『高崎市東部地区の民俗』）と語られている。

また、埼玉県蕨《わらび》市を中心とした**竜体院**のはなしにも、腰元たちが蟹になった、榛名湖の葉っぱを片付けている（『塚越地区の民俗』）など、全く重なった内容のものがみられる。

［参考文献］中島吉太郎『伝説の上州』、前橋市教育委員会『利根西の民俗―清里・総社・元総社・東地区―』、群馬県教育委員会『高崎市東部地区の民俗』、『塚越地区の民俗』

小沼の主 ［こののぬし］

赤城山（群馬県）にある小沼《この》と呼ばれる湖のぬし。大蛇あるいは**竜**だとされる。赤堀村（群馬県伊勢崎市）の長者の赤堀

道元（道玄）が授かった娘の正体が、この赤城山にある小沼の主だったというはなしがある。年頃になった時期から娘の部屋に黒雲が湧くようになり、人々はふしぎに思っていた。娘は赤城山にお参りに行きたいと望み、途中で沼に入り、竜のすがたになって水中に帰ってしまった。お供としてついていた人々も跡を追って水に入り蟹《かに》になったという。（『伝説の上州』）

赤堀長者のはなしでは、生まれた時から娘は両腋《わき》の下に一枚ずつ鱗《うろこ》があった（『赤城の神』）とも語られる。赤堀長者は藤原《ふじわらの》秀郷《ひでさと》の子孫と語られてもおり、娘の体には蜈蚣《むかで》のこけら（鱗）があった（『三和町の民俗』）と語っている例もみられる。秀郷に退治された蜈蚣のたたりであるとされるが、群馬県ではこの蜈蚣退治は、三上山《みかみやま》（滋賀県）ではなく、赤城山のはなしであると語られることが多く、赤城山の神（**赤城山の蜈蚣**）との関連度が深い。

群馬県前橋市などでは、赤堀長者の娘は踵《かかと》にとどくぐらい髪が長かったと語られており、髪の毛がとても長い女の子に対して「大蛇になる」と言ったりしたという。（『前橋市城南地区の民俗』）

娘が小沼に入って**河童**《かっぱ》になってしまった（『太田市史』通史編　民俗下）とする例もみられるが、これなどはだいぶ内容が崩れてしまったかたちであり、はなしのルートがバグってしまった例。

［参考文献］中島吉太郎『伝説の上州』、今井善一郎『赤城の神』、『勢多郡誌』、円山知良「赤城山信仰」（宮田登・宮本袈裟雄（編）『日光山と関東の修験道』）、前橋市教育委員会『利根西の民俗―清里・総社・元総社・東地区―』、伊勢崎市『三和町の民俗』、群馬県教育委員会『前橋市城南地区の民俗』、『太田市史』通史編　民俗下、都丸十九一・池田秀夫・宮川ひろ・木暮正夫『上州の伝説』

ごはんを少ししか食べない嫁 ［ごはんをすこししかたべないよめ］

群馬県邑楽《おうら》郡千代田村（現・千代田町）に伝わる昔話に出て来るもの。「ごはんを少ししか食べない嫁が欲しい」という男の所にやって来たお嫁さんで、正体は**鬼**。夫の留守中には、頭がぱっくりとふたつに割れ、ごはんをごっそり食べていた。

その後、嫁は夫を頭の上に乗せて「おりると喰っちゃうよ」とおどしつつ、鬼の里へ連れ帰ろうとするが、逃げ出されてしまう。嫁が「人と菖蒲《しょうぶ》の香りは判別《わか》らない」とつぶやいているのを耳にして、夫は菖蒲の茂みに隠れたために命が助かり、これが端午《たんご》の節供に菖蒲を家に飾るようになった由来と語られていた。

「食わず女房」の昔話であるが、「ごはんを少ししか食べない」というのは、いささかひかえめな設定。

［参考文献］群馬県教育委員会『千代田村の民俗』

五平鳥 ［ごへいどり］

「五兵衛鳥」とも、また「ごへい」、「ごへえ」とも呼ばれる。群馬県などでいわれる。

子供が遅くまで遊んでいると、「いつまでもやまにいるんじゃねえ、五平鳥が鳴くぞ」などと大人からおどかされたという。（『三和町の民俗』）

木菟《みみずく》などの鳥の鳴き声がもとになってお

り、「ごへい、ごへい、てれすくてえこ」、「ごへい、ごへい、てれすけ大根《でえこん》よこせ」（『三和町の民俗』）、「ごへえ、ごへえ、風呂敷《ふろしき》大根よこせ」（『太田市史』通史編 民俗下）などと表現されている。夜に鳴く恐ろしい、不気味な鳥であると感じられていたようである。

五平や五兵衛という男が夜に大根を運んで歩いていると、突然「ごへい、ごへい、風呂敷大根よこせ」とどこからともなく声をかけられ、恐ろしくなって風呂敷に包んだまま持っていた大根を置いて逃げ帰って来たなどの昔話も、同様のものが各地でそれぞれ確認できる。内容も共通してくるが**五位鷺**《ごいさぎ》のはなしに出て来る鳴き声は、この五平鳥や栃木県の**ごうへ**とほぼ同類のものであり、そのまま子供たちに対して、おそろしいものが来るぞという怕鬼《はき》要素にもシフトして用いられていたようである。

［参考文献］伊勢崎市『三和町の民俗』、『太田市史』通史編 民俗下

五目牛［ごめうし］

むかし陸奥《みちのく》（東北地方）へと落ちのびて行くときに源義経《みなもとのよしつね》が乗っていたという牛で、ふしぎなことに目が五つあったという。（『上毛野昔語』東毛編）

群馬県伊勢崎市五目牛町《ごめうしちょう》には、牛石《うしいし》という大きな石があり、義経を乗せて来た牛がこの地で倒れて石になったもので、五目牛という地名の由来であると語られていたという。

［参考文献］宮崎雷八『上毛野昔語』東毛編、伊勢崎市『三和町の民俗』

ごろごろ様の太鼓の棒［ごろごろさまのたいこのぼう］

雷様の太鼓の撥《ばち》だと称されている、ふしぎな棒。

群馬県前橋市では、明治のはじめごろ、諏訪《すわ》の原《はら》にこれが落ちているという届出があり、役所の者が現地確認にいったところもうそれはなくなっていたというはなしがある。唯一の目撃者である阿部重蔵いう人物は「やわらかいような固いような太鼓の棒だった」と語っていたという。

［参考文献］群馬県教育委員会『前橋市城南地区の民俗』

ごんじい

七夕の日は、川で遊ぶと「ごんじい」が出て来るので、水遊びをしてはいけないといわれている。

群馬県水上町《みなかみまち》（現・みなかみ町）に伝わる。むかし「西のごんじい」というひとが七夕の日に川で**河童**《かっぱ》に尻をぬかれて死んだ（『きつねのあくび 藤原の民話と民俗』、『水上町の民俗』）と語られており、もともと「ごんじい」というのは河童の犠牲者の名前らしい。

［参考文献］渋谷勲『きつねのあくび 藤原の民話と民俗』、群馬県教育委員会『水上町の民俗』

【さ】

囀石［さえずりいし］

「しゃべり石」とも呼ばれる。群馬県中之条町にある石で、ひとのことばをヒソヒソしゃべったという。あやしんだ武士が刀で斬りつけて以後は、声を立てなくなったとも語られている。

　むかし中国地方の武士が仇討《あだう》ちの相手を探して上野国《こうずけのくに》（群馬県）にまで来たときに、この石の下で休んでいたところ、この石が敵の居所を語って教えてくれたというはなしも伝わっている。（『群馬県史』資料編二十七 民俗三、『上州の伝説』）吾妻七石《あづまななついし》のひとつとされており、それを記した『上野志』をはじめとする地誌では「しゃべり石」（『群馬県史』資料編二十七 民俗三）という表記が多くみられる。

［参考文献］都丸十九一・池田秀夫・宮川ひろ・木暮正夫『上州の伝説』、『群馬県史』資料編二十七 民俗三

さとりばけもん

覚《さとり》の化物《ばけもの》。人間が心の中で考えていることを読み取ってしまうという妖怪。山小屋に若い女性のすがたに化けてやって来たりする。

　群馬県長野原町などに伝わる昔話に登場する。「鉄砲を撃つぞ」と構えておどしたところ「弾の入《へえ》ってねぇ鉄砲で、おじさん、撃《ぶ》てるかい」と、逆におどして来たりする展開などもある。

［参考文献］『群馬県史』資料編二十七 民俗三

笊っ転がし［ざるっころがし］

群馬県太田市に伝わる。牛沢の南のほうにある墓地に夜に出る、と具体的にいわれており、子供たちから日暮れ過ぎにここを通ることは怖がられていたようである。

［参考文献］『太田市史』通史編 民俗下

三次の狐［さんじのきつね］

群馬県前橋市代田町に伝わる。北代田の人々は**狐**に化かされないとされており、他の地域の者も「おれは三次《さんじ》だ」などと声をかければ化かされないといわれていた。

　むかし三次という男が、増水した川に流されてきた桟俵《さんだわら》にしがみついて溺《おぼ》れかかっていた狐を助けてやったことに由来しており、このあたりの狐は三次や、彼の住む北代田の者だけは化かさなかった。三次稲荷《さんじいなり》と呼ばれる塚もあったという。

［参考文献］宮崎雷八『上毛野昔語』東毛編、『勢多郡誌』

三千年も生きてる鼠［さんぜんねんもいきてるねずみ］

年を経《へ》た大鼠で、寺にすみついて住職たちを次々と喰い殺していた。

群馬県太田市に伝わる昔話に登場している。村に住む三〇〇〇年も生きている牛のように大きな**猫**が、村人たちから鼠退治を頼まれ、三年かけて北海道と長崎から兄弟二匹を連れ帰ってともに闘い、ついに退治するが、牛のように大きな三兄弟の猫たちも相討ちとなって死んでしまう。（『太田市史』通史編　民俗下）

寺に鼠が巣食って僧侶たちを食べてしまうが猫たちによって退治されるというはなしに登場する鼠は、茨城県の**大鼠**の項目で挙げたように大きい・強いとされることが基本だが、この例は鼠も三〇〇〇年級でとてつもなく大きく、猫たちもみんな揃ってビッグである。

［参考文献］『太田市史』通史編　民俗下

山門小僧［さんもんこぞう］

名人として知られる左甚五郎《ひだりじんごろう》が彫ったとされる小僧の彫刻。

群馬県渋川《しぶかわ》市の双林寺に伝わる。山門に彫られていた小僧で、夜な夜な抜け出て僧侶たちに向かって問答を仕掛けて困らせていたという。小僧の正体が山門の彫刻ということがわかったので、彫刻本体の腕を折ったところ、以後は抜け出てこなくなったとされる。

［参考文献］都丸十九一・池田秀夫・宮川ひろ・木暮正夫『上州の伝説』

三隣亡［さんりんぼう］

他家の田地などを自分のものになるようにという目的でおこなうまじない。小豆《あずき》などでつくった赤飯《せきはん》や牡丹餅《ぼたもち》を相手の田地にこっそり埋めるというもので、相手に知られてしまったり、掘り出されたりすると、三隣亡のまじないは解けてしまうとされている。群馬県新田《にった》郡藪塚本町《やぶづかほんまち》（現・太田市）などでは、この言い伝えがあるため、三隣亡の日に田畑の作業をすることは忌《い》まれていた。（『藪塚本町の民俗』）

群馬県前橋市などでも、餅《もち》を使って田地を得るまじない（『前橋市城南地区の民俗』）がみられる。三隣亡を祀《まつ》る家は財産を得て栄えることができるが、向こう三軒両隣の家はあべこべに栄えずつぶれる、三隣亡をよけるには猿田彦《さるたひこ》を祀るとよい（『利根西の民俗―清里・総社・元総社・東地区―』、『水上町の民俗』）などといわれている。

三隣亡は暦でいわれる日のひとつだが、その名称や意味合いがまじないに転用されたものとみられる。

群馬県横野村（現・渋川《しぶかわ》市）などでは、商人たちのあいだでは、この日に誰にも知られずに品物の仕入れをすると店が繁昌するとも語られていたという。（『上野勢多郡より』）

埼玉県長瀞町《ながとろまち》などでは、三隣亡の日にお客としてよその家に呼ばれたりすると不幸になるといわれており、「三隣亡よけ」をしないといけないというものもみられる。三隣亡を防ぐものとしては焙烙《ほうろく》に鍾馗《しょうき》の絵が描かれたものなどが確認できる。(『関東の民間信仰』)

〔参考文献〕群馬県教育委員会『藪塚本町の民俗』、群馬県教育委員会『前橋市城南地区の民俗』、群馬県教育委員会『水上町の民俗』、前橋市教育委員会『利根西の民俗―清里・総社・元総社・東地区―』、角田恵重「上野勢多郡より」(『郷土研究』三巻七号)、『関東の民間信仰』

地獄塚［じごくづか］

群馬県荒砥村《あらとむら》八王子(現・前橋市)にある塚。合戦で討死《うちじに》した侍たちが埋められているといい、掘ったりすると**火の雨**が降るといわれていた。

〔参考文献〕荒砥第二尋常高等小学校『郷土史荒砥村下』、『勢多郡誌』

自転車［じてんしゃ］

自転車に乗っているひとが前や後にいるのだが全く追い越せなかったり、距離がずっと等間隔のままだったりするというふしぎなもので、その自転車はいつの間にか消えて居なくなってしまったりする。

群馬県邑楽《おうら》郡千代田村(現・千代田町)では、自転車で夜道を帰っていると、自分の前にも自転車で走っているひとが見えたので、追いつこうと思い、いくら速くペダルをこいでもずっと追いつくことができず、消えてしまったという体験談がある。**おとか**(**狐**)の仕業だろうかと考えられたという。(『千代田村の民俗』)

このようなはなしは、徒歩の人間が前や後を歩くかたちで狐や**狸**の化け種目として古くから各地にみられ、人間の通行形態の変化に合わせて自転車にもへんげして来たものだといえそうだ。

〔参考文献〕群馬県教育委員会『千代田村の民俗』

蛇崩［じゃぐえ］

群馬県に伝わる。大規模な山崩れのこと。山の地中から大蛇が出て来ることによって起こされると考えられていた。「くえ」は「くえる」(崩れる)という意味。

埼玉県などの**山引き**もおなじもの。

〔参考文献〕根岸省三・関口正巳・井上清・三沢義信『上州の史話と伝説』その二

周慶［しゅうけい］

上野国館林《こうずけのくにたてばやし》(群馬県館林市)の善長寺にいた僧侶で、愛執や色欲の念から死後に蛇になった。夏の修行先の下総国結城《しもうさのくにゆうき》(茨城県結城市)の高顕寺《こうけんじ》にいた恩貞《おんてい》という僧侶に恋をしてしまい、寺に帰ってからもあこがれ苦しんで寝込み、死んでしまった。恩貞のもとには白い蛇が現われつづけ、こちらもやがて寝込んで死んでしまったという。片仮名本《かたかなぼん》『因果物語《いんがものがたり》』(下巻)にみられ

る。寝込んでしまった周慶は、恩貞からもらっていた着古しの袷《あわせ》の着物をちぎって食べ始め、喰い尽くして死んでしまったとも書かれている。

［参考文献］高田衛（編）『江戸怪談集』中

十三仏の絵［じゅうさんぶつのえ］

天狗が見せて来たりするといわれていたもので、険しい山を歩いていると、脇などに見える遠くの山の崖に突然大きな掛軸をかけたように「十三仏」などの絵が現われて旅人を驚かしたという。

［参考文献］宮崎雷八『上毛野昔語』東毛編

十時坊主［じゅうじぼうず］

群馬県糸之瀬村《いとのせむら》（現・昭和村）に伝わる。遅くまで起きている子供に対し、早く寝ないと十時坊主が出るぞ、と大人がおどかしたりしていたという。

［参考文献］根岸謙之助「妖怪聞書」（『上毛民俗』三十二号）

十二様［じゅうにさま］

山をつかさどっているとされる存在。山の女神であるとか、一二人の子供をもつ女神であると語られることも多いが、一方で一二名の男の神様のあつまり（『水上町の民俗』）だとも語られている。関東では群馬県などで多く語られ、信仰されている。

「おこじょ」や「おこぜ」と呼ばれる魚の干物が、好物として捧《ささ》げられている。（『片品村史』、『水上町の民俗』、『群馬の民間信仰』）**おこじょ**も参照。

女性についての噂を山で人間がするのを嫌っており、そんなはなしをしていたら月が空に二度も昇ったのでびっくりした（『水上町の民俗』）などのはなしもある。このあたりは、各地に伝わる「山の神」全般と重なって来る性格でもある。

犬が寝言をむにゃむにゃいって眠っているのは十二様がよろこぶ（『水上町の民俗』）、人々が火を焚《た》いているのをみると十二様はよろこぶ（『民俗採訪』）などともいわれていた。

［参考文献］『片品村史』、群馬県教育委員会『水上町の民俗』、國學院大學民俗学研究会『民俗採訪』四十二年度、相葉伸『群馬の民間信仰』

十二様の木［じゅうにさまのき］

「十二様の止まり木」、「十二様の遊び木」とも。山の中にある特定の木で、群馬県などでいわれる。**十二様**のものなので、切ることが忌《い》まれており、切るとたたりがあるとされる。

ちょうど腰掛けられるようなふたまた、みつまたになっていたり、一本の幹から枝が二本も三本も分かれていたりするような、特徴のあるかたちの木がこう呼ばれたりする。

また、**おこじょ**（十二様のおつかいだとされる）のいる木も、十二様のものと考えられていた。（『片品村史』）

［参考文献］『片品村史』、「座談会 片品村の民俗」（『鼎

五号）、埼玉大学文化人類学研究会『赤岩の民俗』

守鶴［しゅかく］

群馬県館林《たてばやし》市の茂林寺《もりんじ》に伝わる**狸**（**狢**《むじな》とも称される）で、岑月《しんげつ》禅師の代まで会下《えげ》の僧として普通に人間のすがたで暮らしていたという。

数千年のあいだ生きており、古くは天竺《てんじく》の霊鷲山《りょうじゅせん》でお釈迦《しゃか》様の説法を聴いたことがあるという。その後に漢土《もろこし》で五〇〇年ほど過ごし、日本へやって来た（『上毛野昔語』東毛編）という。箱根《はこね》（神奈川県箱根町）で茂林寺の和尚のお供になったのが、茂林寺に来たきっかけ（『群馬県史』資料編二十七 民俗三）とも語られている。

月舟《げっしょう》禅師が会下の僧たち一〇〇〇名を集めたときに、守鶴はどこからかひとつの茶釜《ちゃがま》を持ってきた。その茶釜はいくらお湯をくんでも尽きないふしぎなもので、「分《ぶん》福茶釜《ぶくちゃがま》」として名高い。（『上毛野昔語』東毛編）

『上野国志』では、「狐」と記載されているが、**狐**とするはなしが存在していたのか、「狐狸《こり》」の意味でそう書かれていたのかどうかはっきりしない。

［参考文献］宮崎雷八『上毛野昔語』東毛編、甲子夜話、中村禎里『狸とその世界』、毛呂権蔵『上野国志』、都丸十九一・池田秀夫・宮川ひろ・木暮正夫『上州の伝説』、『群馬県史』資料編二十七 民俗三

上越線の幽霊［じょうえつせんのゆうれい］

むかし上越《じょうえつ》線が開通したころに、線路に幽霊が出て汽車を追いかけたりしたという。

群馬県前橋市に伝わる。線路の一部が墓地だった場所を通っていたからだと語られていたという。

［参考文献］前橋市教育委員会『利根西の民俗―清里・総社・元総社・東地区―』

庄田沼の大蛇［しょうだぬまのだいじゃ］

群馬県沼田市に伝わる。庄田の里にあった沼のぬし。

むかし沼田城の殿様が、日が暮れてからしか決してすがたを見せない美しい侍女《じじょ》に心惹《こころひ》かれて妻としたが、その正体は庄田沼の大蛇だったという。

［参考文献］宮崎雷八『上毛野昔語』東毛編

乗馬武者［じょうばむしゃ］

群馬県東村《あずまむら》（現・伊勢崎市）に伝わる。むかし夜な夜な馬に乗った荒武者が頼光塚《らいこうづか》近くの道に現われて人々をおどかしていた。松島《まつしま》利太夫《りだゆう》という者があやしんでこれを迎え討ってまっぷたつに斬ったところすがたを消した。正体は石だったという。

［参考文献］『佐波郡誌』、宮崎雷八『上毛野昔語』東毛編、都丸十九一・池田秀夫・宮川ひろ・木暮正夫『上州の伝説』

白猿［しろざる］

群馬県片品村《かたしなむら》の猿岩と呼ばれる武尊山《ほたかやま》の岩屋《いわや》にいたという猿。花咲の里に下りてきては畑を荒らしたりしていたが、ひとびと

が武尊明神に祈願して以後はすがたを見せなくなったという。

武尊神社で秋に行われる猿追祭の由来だとされる。

〔参考文献〕『片品村史』

神道塚の七兵衛〔しんとうづかのしちべえ〕

群馬県木瀬村《きせむら》（現・前橋市）の増田にいた化け狢《むじな》で、ひとに取り憑《つ》いたりする存在としても、よく知られていたという。（『勢多郡誌』）
ある家のお嫁さんが実家から帰って来てから体が弱ってしまったので問いただしたところ、憑いている**狢**が「燕《つばめ》を追ってる邪魔をしたので憑いた」とか「七兵衛むじなだ」と語り出したので三峯山《みつみねさん》にお祈りをして落とした（『前橋市城南地区の民俗』）といったはなしも確認できる。
〔参考文献〕『勢多郡誌』、群馬県教育委員会『前橋市城南地区の民俗』

水嚢〔すいのう〕

妊娠をしているときに水嚢（台所道具のひとつ。湯水のなかのものをすくったり、漉《こ》したりするのに使う）をまたいで歩いたりすると「ケッカイが生まれる」といい、やってはいけないとされていた。（『八斗島町の民俗—利根川流域の生活と伝承—』）
群馬県伊勢崎市にみられるが、妊婦と**馬具**や**牛馬《ぎゅうば》の手綱《たづな》**のような俗信が相当広い範囲でみられることを考えると、**血塊《けっかい》**のような存在と結びつけられた「またいではいけない」とされる妊娠中の俗信の例は、広範囲にあったのではないかとも考えられる。
〔参考文献〕伊勢崎市『八斗島町の民俗—利根川流域の生活と伝承—』

すっぽん

水遊びをしたあとに唱えるおまじないにみられるもの。水遊びをしたあと、水からあがったら手を合わせて「今晩ギリギリ……また、あした来るからスッポンに引かれねえように」と唱えるという。

群馬県前橋市などに伝わる。

〔参考文献〕前橋市教育委員会『利根西の民俗—清里・総社・元総社・東地区—』

前鬼・後鬼〔ぜんき・ごき〕

役行者《えんのぎょうじゃ》の従者として仕えていた**鬼**。
群馬県高崎市白岩町《しらいわまち》の長谷寺《ちょうこくじ》（白岩観《かん》音《のん》）は役行者が開いたともいわれ、この山を気に入った行者は二鬼に命じて利根川の水底から白くて大きな岩石をひとつ引き上げさせ、それを敷いて修行をしたという。（『上野国志』）
『坂東観音霊場記《ばんどうかんのんれいじょうき》』（巻五）にも、役行者は白岩観音の開山の祖として記されており、**天狗**たちによってこの山に案内されたとされる。前鬼・後鬼に引き上げさせた岩石については水晶のような色で、かたちは蓮葉《れんよう》に似ていると表現している。

［参考文献］毛呂権蔵『上野国志』、亮盛『坂東観音霊場記』

洗濯婆［せんたくばば］

日暮れ過ぎの真っ暗な時間帯に現われるという。川の水で洗濯をしているような音をさせて来る。

群馬県糸之瀬村《いとのせむら》（現・昭和村）に伝わる。**狸**が化けていると語られたりしている。

［参考文献］根岸謙之助「妖怪聞書」（『上毛民俗』三十二号）

喪門［そうもん］

群馬県伊勢崎市などでいわれる。後ろ足のあたりに巻毛のある馬のことで、このような「そうもん」の馬を家で飼育すると、大神宮様に嫌われる、総領《そうりょう》（長男、嫡子）に良くないことが起こるなどといわれていた。（『波志江町の民俗』）『良薬馬療弁解《りょうやくばりょうべんかい》』といった版本《はんぽん》や、馬についての伝書の写本などで説かれる馬の「旋《つむ》毛《じげ》の吉凶」についての箇所に「喪門」（双門なども）の記述はみられる。巻毛と語られているのはこの「旋毛」のこと。『相《そう》馬《ま》必《ひっ》携《けい》毛色新説及旋毛図解《もうしょくしんせつおよびせんもうずかい》』でも、喪門の旋毛は「嫡子を失う相」であるとして忌《い》まれていたことが説かれている。ただし、版本での喪門の多くは前脚の肩部分の旋毛の名前で、民間で語られるものとはやや位置が異なる。伯楽《ばくろう》たちは馬の取引のときの価格評価基準としても「旋毛」を用いていた（『馬』）そうで、この群馬県の「そうもん」の例も、このような専門知識が各地で一般化したり変化したりしつつ馬に関する言い伝えとして断片的に残留したもののようである。

群馬県前橋市でも、胸のあたりに巻毛のある馬を「そうもん」と呼び、嫌われていた（『前橋市城南地区の民俗』）、群馬県みなかみ町でも、「そうもん」のある馬を買うと長男が育たない（『水上町の民俗』）などといわれていたことがみられ、同じものだといえる。

［参考文献］伊勢崎市『波志江町の民俗』群馬県教育委員会『前橋市城南地区の民俗』、群馬県教育委員会『水上町の民俗』、村上要信『相馬必携 毛色新説及旋毛図解』、松尾信一『馬の文化叢書七 馬学』、藤田秀司『馬』

底無し井戸［そこなしいど］

群馬県高崎市下室田町《しもむろだまち》の長年寺《ちょうねんじ》にある井戸。竜宮《りゅうぐう》につづいているとされ、むかしは寺でお膳が必要になった時は、前の日までに必要な数を書いて井戸に入れておけば、当日その数だけのお膳が出て来ていたという。

この井戸は「木部井」とも呼ばれ、**木部《きべ》姫《ひめ》**の伝説とつながっており、竜宮とのつながりもそこにあるようである。

［参考文献］高木敏雄『日本伝説集』、中島吉太郎『伝説の上州』、柳田國男「隠れ里」（『一目小僧その他』）、都丸十九一・池田秀夫・宮川ひろ・木暮正夫『上州の伝説』、今井善一郎『赤城の神』

【た】

大だら法師〔だいだらほうし〕

とても大きな巨人。

群馬県では、赤沼（高崎市）は「大だら法師」が赤城山に腰かけて足を踏んでできた跡であるとされる。

〔参考文献〕高木敏雄『日本伝説集』

頽馬〔だいば〕

「提馬」、「大馬」とも書かれる。馬が突然倒れてしまったりすることをこう呼んでおり、それを引き起こすとされる**悪魔**・神のようなもの。また、虫のようなものが存在しており、それが馬に影響するとも考えられていた。

群馬県では、夏に出るものだとされ、ほかの季節には発生しない（「ダイバ神資料」）といわれている。赤いものが嫌いで、「だいば」に馬がやられてしまったときは、刃物で耳に少しきずをつけて血を出すと、赤い色を恐れて「だいば」は去るとされる。お葬式の行列で使われる天蓋《てんがい》の紅《もみ》（赤い色の絹の布）も、「だいば」が嫌う赤いものであるとされており、むかしはお葬式が済むとこれを小さく切って参列者に分け、たてご（轡《くつわ》の目の横）に結んで馬の「だいばよけ」としていたという。（「ダイバ神資料」、「上野勢多郡より」、『前橋市城南地区の民俗』）

群馬県赤城根村《あかぎねむら》（現・沼田市）などでは、赤い色に関連して、「だいば」は猿が嫌い（顔やおしりが赤いので）だが、猿は「だいば」のことが好きだ、という相関関係なども伝えられている。（「ダイバ神資料」）

武蔵国《むさしのくに》（埼玉県）の上岡《かみおか》にある観音《かんのん》堂では、むかしは毎年正月の縁日には「だいばよけ」の笹《ささ》と絵馬を出していたといい、関東各地の伯楽《ばくろう》たちがお参りに来たという。馬が倒れてしまったときは、この「だいばよけの笹」を食べさせてやれば快方に向かうといわれていた。（「ダイバ神資料」）

「だいば」という存在が、この世に発生したはじまりのはなしとして、「馬が死んだら着物を買ってやる」と親から言われた少女が馬を呪いつづけたが、自分のほうが先に死んでしまい、それが「だいば」となって馬を害する存在になった（『片品村史』）というものなどが語られている。

茨城県の**大津《おおつ》虫《むし》**も参照。

〔参考文献〕角田恵重「上野勢多郡より」（『郷土研究』三巻七号）、角田恵重・住谷修・上野勇「ダイバ神資料」（『上毛民俗』三十四号）、『片品村史』、群馬県教育委員会『前橋市城南地区の民俗』

大馬神〔だいばがみ〕

頽馬《だいば》のこと。馬を害するとされる**悪魔**・

神のようなものであるという。群馬県などにこの呼び方は多くみられ、馬が屋外で急に倒れて死んでしまったりすることを「だいばがみに取り憑《つ》かれた」、「だいばがみに打たれた」などと称していた。（「馬の病気「だいば神」」、「ダイバ神資料」）

伯楽《ばくろう》（馬を取引したり治療したりしていたひとたち）の間で用いられていた伝書の『大馬経《だいばきょう》』（『馬療馬医俚諺抄』）などでは「大馬神」などの表記で「白楽天王《はくらくてんのう》」と組み合わせられた「だいば」よけの魔よけが描かれていることも多く、馬を取り扱う人々の専門的な知識として、各地で広範囲で知られていたと考えられる。

白楽天王（白楽天皇）は、馬の伝書のなかで伯楽《はくらく》との音のつながりから、白楽天《はくらくてん》が「馬の名医」であると勝手に結びつけられて発生した「だいば」たちを祓《はら》う独特の存在で、『大馬経』では鍾馗《しょうき》のような絵で描かれたりする。

［参考文献］本多夏彦「馬の病気「だいば神」」（『上毛民俗』三十三号）、角田恵重・住谷修・上野勇「ダイバ神資料」（『上毛民俗』三十四号）、『馬療馬医俚諺抄』、松尾信一『馬の文化叢書七　馬学』

大場三郎豊秋 ［だいばさぶろうとよあき］

下野国《しもつけのくに》の大場（群馬県東吾妻町《ひがしあがつままち》）を護《まも》っているという大天狗。山伏《やまぶし》のすがたで現われた**天狗**から奥義である「天狗道の秘文」を習い大天狗になったと語られている。村人に対し火伏《ひぶ》せをすると告げたとされる。（『あがつま坂上村誌』）

群馬県東吾妻町に伝わる。大場三郎は、蒔田左大弁豊春《まきたさだいべんとよはる》の娘が大場の地で生んだ子で、母と乳母《うば》が亡くなったあとは、山の中で**大乙鳥**《おおつばめ》が運んでくる食物を食べて成長したという。

［参考文献］坂上村誌編纂委員会『あがつま坂上村誌』、宮崎雷八『上毛野昔語』西毛編

祟り畑 ［たたりばたけ］

「祟り畑」だとされる畑で作物をつくったりすると、その家に病人が出たり、よくないことが起こるといわれていた。（『三和町の民俗』）

群馬県伊勢崎市などをはじめ、各地でいわれる。

［参考文献］伊勢崎市『三和町の民俗』

七夕の厄病神 ［たなばたのやくびょうがみ］

七夕の日には「厄病神」が病気をかついでやって来るという。また、豆（めずら）の畑で子を生んでいるので、朝に畑へ行くことが避けられていた。（『藪塚本町の民俗』）

群馬県藪塚本町《やぶづかほんまち》（現・太田市）に伝わる。「厄病神」とされているが、語られている性質は各地で七夕様として語られているものと重なっており、実質は邪神要素をもった**七夕様**の言い伝えであることがわかる。

［参考文献］群馬県教育委員会『藪塚本町の民俗』

狸［たぬき］

釜《かま》の蓋《ふた》を叩いたりすると、狸や狢《むじな》に取り憑《つ》かれてしまうので、やってはいけないといわれていた。

群馬県前橋市などでいわれる。茶碗を叩くと**おおさきどうか**を呼ぶ、**尾裂《おさき》**が来るなどといったものとも近い。

［参考文献］群馬県教育委員会『前橋市城南地区の民俗』

玉転がし［たまころがし］

群馬県水上町《みなかみまち》青木沢（現・みなかみ町）に伝わる。木の葉の上で玉を転がしているような音をさせてくるという。

［参考文献］群馬県教育委員会『水上町の民俗』

玉のようなもの［たまのようなもの］

夜に山道を歩いていると、崖《がけ》ぎわの道などで玉のようなものが足にまとわりついたりして来たという。

群馬県糸之瀬村《いとのせむら》（現・昭和村）に伝わる。

［参考文献］根岸謙之助「妖怪聞書」（『上毛民俗』三十二号）

血腥い風［ちなまぐさいかぜ］

群馬県館林《たてばやし》市当郷町《とうごうちょう》の善長寺に伝わる。むかし血腥い風が吹いて来て、田畑の作物がみんな枯れてしまったり、雨の降る夜に**火の玉**が飛びまわったりするふしぎなことがつづいた。また、夜中にどこからともなくすがたも見えないのに笑い声がドッと聴こえて来るようにもなり、人々はみんな怖がって夜になると誰ひとり外に出られなくなってしまった。たまたま訪れた旅の僧侶がこの様子を見て、十一面観音《じゅういちめんかんのん》を彫りあげて祀《まつ》ると、血腥い風や数々のふしぎなことはパッタリ止んだという。

［参考文献］宮崎雷八『上毛野昔語』東毛編

血の降る石［ちのふるいし］

群馬県上川淵村《かみかわふちむら》（現・前橋市）の上佐鳥《かみさどり》にある岩石で、畑の中から掘り出そうとすると血の雨が降ったという。（『勢多郡誌』）

記述が短いために「血の雨」が詳しくわからないが、赤い色の雨などをさすものか。

［参考文献］『勢多郡誌』

茶釜転がし［ちゃがまころがし］

夜道を歩いていると、ごろんごろんと茶釜が転がって来るというもの。ひとの足に当たって来たりするという。

群馬県新里村（現・桐生市）などに伝わる。灯《あか》りを点《つ》けてみても、茶釜そのものは目に見えなかった（『勢多郡誌』）といわれることから考えると転がって来る音と、足に当たる感覚が主となる妖怪だったようだ。

［参考文献］『勢多郡誌』

ちゃんころりん

群馬県安中《あんなか》市に伝わる。大泉寺にあった丸い石で、むかし安中の宿場の道を「チャンコロリン、チャンコロリン」と騒がしく転がりまわったという。大泉寺の獅絃《しげん》和尚が釘《くぎ》を打ち込んでからは、そのままとどまり、動かなくなったとされる。

［参考文献］都丸十九一・池田秀夫・宮川ひろ・木暮正夫『上州の伝説』

土穂婆［つじゅうばばあ］

つじゅうだんごの日（一一月三〇日）に天からやって来るという存在。

群馬県吉井町（現・高崎市）などでいわれる。**鬼**が天からやって来ると呼んでいる地域も多く、土穂婆も「つじゅうだんご」のときに家々にやって来る「おにばば」だと考えられていたようである。

「つじゅうだんご」は、土穂、辻生とも書かれ、収穫後に田や庭の地面に落ちている稲の穂を集め、粉にしてつくられた団子。

［参考文献］『群馬県史』資料編二十七　民俗三

椿人手［つばきのて］

椿《つばき》の木の枝から白い人間の子供の手のようなものが生えて来るというもの。

『見聞雑記《けんもんざっき》』には、上野国《こうずけのくに》の竜舞村《りゅうまいむら》（群馬県太田市）の名主のご隠居の庭の椿の木にこれが発生したという情報を絵入りで記している。植物病理学者の白井光太郎《しらいみつたろう》はこの古い記録を例に挙げ、これはごく普通の植物の病変（椿餅病・椿のいもち）で、それがたまたま手に似た形状だったために植物に発生した怪異のようなものと解されたのだろう、と解説している。

［参考文献］白井光太郎『植物妖異考』

太鼓叩き［てえこはたき］

群馬県水上町大芦《みなかみまちおおあし》（現・みなかみ町）に伝わる。ぽんぽんと山の中で良い太鼓の音が響いて来たりしたという。

十二様《じゅうにさま》か何かが鳴らしているのかと思っていたが、鳴っている方角を探してみた結果、木の洞《うろ》のなかで小さい鳥が鳴らしていたことがわかったりした、とも語られる。

［参考文献］群馬県教育委員会『水上町の民俗』

手小屋［てごや］

山で木流しをするひとたちが小屋で五升《ごしょう》炊《だ》きができる鍋をつかってごはんを炊《た》いていると、天井から巨大な毛むくじゃらの手がのびて来て、それをつかんでいったというもの。

群馬県水上町《みなかみまち》藤原（現・みなかみ町）で**天狗**の失敗談として語られており、「手小屋」や「手小屋沢」という地名は、このはなしに由来すると語られている。でっかい手は、ごはんをにぎった途端に「あっちっちっ」と手を振ってそこらじゅうにまき散らして消えたが、鍋に少し残っていた飯

は、変に臭いにおいがして食べられなかったという。

［参考文献］渋谷勲『きつねのあくび　藤原の民話と民俗』、群馬県教育委員会『水上町の民俗』、『群馬県史』資料編二十七　民俗三

鉄鬼・活鬼［てっき・かっき］

上野国《こうずけのくに》水沼（群馬県高崎市）の丸嶽《まるだけ》に現われたという**鬼**で、**丸嶽の天狗**に協力して日本を魔国にしようとしたとされる。『流水山縁起《りゅうすいざんえんぎ》』にみられる。鬼たちはもともと戸隠山《とがくしやま》（長野県）に住んでおり、そこから丸嶽の天狗に妖通力《ようつうりき》の手を貸していたが、大和朝廷から遣《つか》わされた平惟順（平《たいらの》維茂《これもち》）の率いる武士たちが戸隠山に来ると、手下の鬼たちを引き連れて上野国の天狗の所へ移った。加藤宗近《かとうむねちか》・戸塚正家《とつかまさいえ》によって首と角を討たれて退治されたといい、それが角落山《つのおちやま》の地名の由来になったと語られている。

丸嶽に武士たちがやって来たときの鬼たちの行動には能の『紅葉狩《もみじがり》』の展開が顕著に用いられており、戸隠山の「紅葉」同様、美しい女に化けて現われ、酒をすすめた後に恐ろしいすがたに変じて襲いかかって来ている。

［参考文献］五来重（編）『修験道史料集』一　東日本篇、氷厘亭氷泉「鉄鬼と活鬼と天狗」（『大佐用』百二十二号）

テレビの巨大な目［てれびのきょだいなめ］

真夜中に点《つ》けっぱなしのままになっていたテレビの放送終了後の画面に突然現れたという巨大な目玉。白目の部分は充血して血管がびくびく見えており、室内をじろじろと見渡したあと、うめき声のような音を響かせて来たという。

群馬県での体験談として語られている。夜中に起きたら父親がテレビを点けっぱなしで居眠りしており、そのテレビにこれが出現したので、「この世とは違う世界からの電波を受信してしまったのでは」と思い、急いで電源を消したという。

［参考文献］恐い話研究会『ヒェーッ！　幽霊・怪奇現象スペシャル』

天火人［てんかじん］

群馬県上陽村上福島（現・玉村町）に伝わる怪火《かいか》。ふわふわと飛びまわって背後から飛びあがって花火のように飛び散り、びっくりしたひとが倒れている間に生き血を吸ったりしたという。

上杉家《うえすぎ》に攻め寄せられて討死《うちじに》した那波又《なわまた》太郎《たろう》の亡霊がこれになったといわれる。また、馬ぐらいの大きさの**狢《むじな》**が化けていた火であったともいい、ある飛脚《ひきゃく》が火を斬って大狢が死んでいるのが確認されて以後、出没しなくなったと語られていた。

「てんかじん」ということばの意味は不明瞭で、「天火人」という用字は『旅と伝説』に報告文を寄せた高井義信の独自なあて字であると明記されている。また同記事は「那波氏」や「那波郡」なども含め登場する那の字が全て邦という活字で組まれてしまっていたミスがあり、「邦波又五郎」と

紹介されることもある。

［参考文献］高井義信「テンカジン」（『旅と伝説』六巻九号）

天狗の子供［てんぐのこども］

群馬県富士見村（現・前橋市）の横室《よこむろ》に伝わる。むかし榎本《えのもと》という男が畑仕事をしながら景気よく「鬼でもこい、天狗でもこい」と掛声をかけていたところ、「すもうをしよう」と子供が語りかけて来た。子供相手だと思って相撲《すもう》をとったが、男は子供に連続して投げ飛ばされ、そのまま連れ去られてしまった。

子供の正体は**天狗**で、天狗の世界に連れて行かれていたが麻多利神《またりしん》（摩利支天《まりしてん》）によって救われ、一〇日後に村に戻って来ることができたという。

［参考文献］『勢多郡誌』

天狗の髑髏［てんぐのどくろ］

天狗の頭蓋骨《ずがいこつ》だと称されていたふしぎな骨。見世物《みせもの》や寺社の霊宝《れいほう》として開帳されたりもしている。『中国』（明治三六年一一月二九日）には群馬県高崎市の庚申寺《こうしんじ》にこれと称する骨があったという記事がみられる。
［参考文献］湯本豪一『明治期怪異妖怪記事資料集成』

天狗の松［てんぐのまつ］

群馬県横野村（現・渋川《しぶかわ》市）の見立《みたち》に生えていた松で**天狗**がいるといわれており、枝の上から太い足をぶらさげて、田んぼの水を引きに来たひとをおどろかしたりしたという。

［参考文献］『勢多郡誌』

天竺の金［てんじくのかね］

事八日《ことようか》（二月八日、一二月八日）に目籠《めかご》を家に立てて飾る理由のなかには、この日に天竺あるいは天から金が降りくだってくるので、それを目籠で受け取るためだという例もみられる。実際に目に見えて金貨などが降って来るわけではなく、「一年間の福を得る」（『利根西の民俗―清里・総社・元総社・東地区―』、『前橋市城南地区の民俗』）というかたちのものである。目籠にあるたくさんの目で**疫病神**や**一つ目小僧**などの**悪魔**たちを驚かすという例と同時に、このような例も群馬県などを中心に各地に確認することができる。

群馬県の**お事婆**《ことばばあ》などは目籠の目の多さに驚いて、金を目籠の中に入れて行くとされ、中間な位置の内容を持っている。「袋神《ふくろがみ》」という存在がお金を入れて行く（『群馬県史』資料編二十七 民俗三）とも語られる。「福の神」の意味と考えられる。

天竺《てんじく》は、本来はインドをさすことばだが、極楽浄土《ごくらくじょうど》や高天原《たかまがはら》などといった天界を示すことばとしても中世以後は寺社を中心とした芸能や物語で広く用いられていた。

〔参考文献〕前橋市教育委員会『利根西の民俗―清里・総社・元総社・東地区―』、群馬県教育委員会『前橋市城南地区の民俗』

天竺の蟇［てんじくのがま］

群馬県では、悪い夢を見たときは起きてから「昨日の夢は天竺《てんじく》の蟇《がま》に喰わせろ」と唱えるといいとされていたという。

〔参考文献〕山田郡教育会『山田郡誌』

天王淵の大蛇［てんのうぶちのだいじゃ］

群馬県横野村（現・渋川《しぶかわ》市）に伝わる。石田長者の屋敷にやって来たという大蛇。はじめのうちは酒造りをしていた長者の家で守り神としてあがめられたが、六尺桶《ろくしゃくおけ》をつかってがぶがぶ呑む酒量がとんでもないことになったことから、長者たちによって打ち殺されてしまった。大蛇の死骸は正念寺に「蛇塚」をつくって埋められたが、長者の家は滅びてしまったという。

神奈川県の**影取池《かげとりいけ》の大蛇**なども参照。

〔参考文献〕『勢多郡誌』

てんまる

貂《てん》などのことで、死者の墓を掘り起こし、食べてしまう**魔物**だとされる。群馬県などにみられ、これを防ぐとする習俗が多くみられる。（「狼弾きの竹」、『民俗採訪』）

群馬県倉渕村《くらぶちむら》（現・高崎市）では、「てんまる」や**火車《かしゃ》**といった魔物を追い返すために、墓に竹で造った「もがり」などと呼ばれる仕掛けを立てておいたという。（『民俗採訪』）

埼玉県児玉町（現・本庄市）などでは、**猯《まみ》**のことをこう呼んでいたようで、ひとを化かしたりする（「児玉町で聞いた妖怪譚三話」）と語られている。

〔参考文献〕井之口章次「狼弾きの竹」（『民間伝承』十三巻十一号）、國學院大學民俗学研究会『民俗採訪』四十二年度、山崎泰彦「児玉町で聞いた妖怪譚三話」（『埼玉民俗』七号）

百目鬼［どうめき］

茂呂《もろ》城（群馬県伊勢崎市）の城門に、むかし敵兵をおどすために飾られていたという恐ろしい**鬼**の面。

群馬県伊勢崎市に伝わる。この鬼がこの地域の百目鬼という地名の由来になったと語られている。

〔参考文献〕伊勢崎市『北千木町南千木町の民俗』

毒臼［どくうす］

上野国《こうずけのくに》の毒島《ぶすじま》城（群馬県伊勢崎市）に伝わる。松林の中にある朽《く》ちた石臼《いしうす》で、この中にある水を飲んだ鳥や獣はすべて死んでしまったといわれている。むかし攻め込んで来た敵方の軍が城を囲んでいる深い池に毒を流したといい、そのときに毒を搗《つ》いた石臼が、何百年たってもふしぎに毒気《どっけ》を保ちつづけているとされていた。（『上野国志』、『上毛野昔語』東毛編、『上州の伝説』）

れた（『佐波郡誌』『上州の伝説』）とも語られている。

毒島城の大蛇《だいじゃ》を退治するために毒は流さ

〔参考文献〕毛呂権蔵『上野国志』、宮崎雷八『上毛野昔語』東毛編、『佐波郡誌』、『上州の史話と伝説』、都丸十九一・池田秀夫・宮川ひろ・木暮正夫『上州の伝説』

土荒神様［どこうじんさま］

土用《どよう》の期間には土いじりをしてはいけないとされている。土荒神様が怒るからだといわれている。（『藪塚本町の民俗』）

群馬県などでいわれる。荒神《こうじん》が怒るので「土用に土いじりをしてはいけない」という内容は、暦などでいわれているものがもとになっている。「土荒神様」は耳も目も口もない（「栃木県安蘇郡野上村語彙」）と語っている例もある。

土用坊主、**地鎮様**《じじんさま》なども要素が重なっている。

〔参考文献〕群馬県教育委員会『藪塚本町の民俗』、倉田一郎「栃木県安蘇郡野上村語彙」（國學院大學方言研究会『方言誌』十七輯）

利根川の鬼女［とねがわのきじょ］

利根川の水源のあたりにいるとされる鬼女で、水源は果たしてどのようなところなのだろうという興味で分け入ってくる人間を襲って食べてしまうという。

群馬県水上町《みなかみまち》藤原（現・みなかみ町）でいわれていたというもので、むかしから藤原村の奥のほうにある山が利根川の水源（『上野国志』）であると語られていた。

利根川の水源にはふしぎなものがあるという考えは色々あったようで、刀のかたちの巨大な石があり、その下から湧いているとも、文殊菩薩《もんじゅぼさつ》のような像が巌上にあり、その両乳から流れが発している（『上毛野昔語』東毛編）など、いくつかみることができる。文殊菩薩については、乳から出ているのが利根川の水源、肩から出ている水が片品川《かたしながわ》の水源（「利根川と片品川」）というはなしもあったようである。

〔参考文献〕毛呂権蔵『上野国志』、宮崎雷八『上毛野昔語』東毛編、利根川生「利根川と片品川」（『郷土研究』一巻四号）

土橋の妖怪［どばしのようかい］

群馬県伊勢崎市の退魔寺に伝わる。むかし土橋（光円橋）に夜な夜な妖怪が現われて、土地の人々を困らせていた。たまたまこの地にやって来ていた石田三成《いしだみつなり》は、そのはなしを聴いて妖怪を退治したという。

退魔寺の掲示している「当山略縁起」には「土橋現光円橋付近に毎夜妖怪現われ」と記載されており、具体的にどんなことをして人々を驚かしたり、おびやかしたりしていたのかについては語られていない。一方、人々のあいだでは**悪魔**を三成が退治した、広瀬川に住む大蜈蚣《むかで》が橋の上を葬列が通ったときに黒雲を起こして襲ったのを三成が退治した、などのはなしも語られていたようである。「退魔」という寺号は、三成が妖怪を成敗したはなしに由来しているという。（『北千木町南千木町の民俗』）

妖怪として大蜈蚣が語られているはなしにみられる葬列への襲撃の仕方は、**火車**《かしゃ》のやりくちであり、寺院にまつわるはなしのかたちとして興味深い採集例である。

［参考文献］伊勢崎市『北千木町南千木町の民俗』

寅の字［とらのじ］

群馬県などに伝わる。山の中に入るときに「寅《とら》」という字を左の手のひらに書いてから行くと、山の中で災難に遭うことがないという。

［参考文献］山田郡教育会『山田郡誌』

鳥居田［とりいだ］

ないはずの鳥居の影が水の中に映り込むことがあるという田んぼで、鳥居が映ったところを見た者は死んでしまうとされる。群馬県桂萱村《かいがやむら》（現・前橋市）などに伝わる。**姫子田**も参照。

［参考文献］『勢多郡誌』

【な】

長物［ながもの］

大蛇のこと。群馬県邑楽《おうら》郡千代田村（現・千代田町）では藤原長吉《ふじわらのながよし》が「長物退治をした」という伝説が残されている。

［参考文献］群馬県教育委員会『千代田村の民俗』

根岸の平兵衛［ねぎしのへいべえ］

群馬県南橘村《みなみたちばなむら》（現・前橋市）の細井にいた**狐**で、ひとをしばしば化かした。細井の田んぼは**狐火**《きつねび》が多く出る場所として知られていた。

［参考文献］『勢多郡誌』

ねじれ松の狢［ねじれまつのむじな］

群馬県前橋市元総社町に伝わる。ねじれ松というのは、釈迦尊寺《しゃかそんじ》の近くにあった松の木で、枝が道に出ており、その下を通るひとの髪の毛を上から引っぱるいたずらをして来たという。

［参考文献］佐藤寅雄『前橋の伝説百話』

のづち

ひとの歩いているうしろを「とちとち、とちとち」と音を立ててついて来るというもの。歩みを止めると、この音も止まる。音だけですがたかたちは見えないという。（『水上町の民俗』）

群馬県水上町《みなかみまち》（現・みなかみ町）などに伝わる。「のづち」というと多くは寸胴《ずんどう》な蛇のようなもの（野槌蛇・つちのこ）にその呼び名が用いられているが、これなどは特

にすがたは持たない存在である。「すだま」や「こだま」などのような精霊としての「のづち」なのであろうか。

〔参考文献〕群馬県教育委員会『水上町の民俗』

野どうか〔のどうか〕

群馬県千代田村（現・千代田町）などに伝わる。「とうか」とは「稲荷」で**狐**のこと。ひとの歩いている後ろをつけて来たり化かしたりしてくる野狐《のぎつね》。煙草《たばこ》を吸ったりすると化かされないとされる。

〔参考文献〕群馬県教育委員会『千代田村の民俗』

【は】

羽階坊〔はがいぼう〕

群馬県前橋市総社町に伝わる**天狗**。用水路の工事が行われた際に邪魔になっていた岩を割る工事を手伝ってくれたとされ、「天狗用水《てんぐようすい》」の名が残る。八尺（約二・四メートル）近い大男のすがたで現われ、作業に混じっていたが、用水の開渠《かいきょ》前日にはフッとどこかに行ってしまったという。「羽階大権現」として祀《まつ》られている。

〔参考文献〕佐藤寅雄『前橋の伝説百話』

ばけもの沢〔ばけものざわ〕

群馬県片品村《かたしなむら》にある沢で、怪物が出たはなしがあることに呼び名は由来する。

山仕事のための小屋があったが、夕暮れどきに急に暗くなったのでふしぎに思い、戸口越しに外を見ると何者かわからないがとんでもなく巨大な者が外に立っており、戸口から見える範囲には脛《すね》が二本だけ見えていたという。

相手の心をさとって読む「覚《さとり》」**（さとりばけもん）**のようなものも出たという。

〔参考文献〕『片品村史』

化薬師〔ばけやくし〕

群馬県下川淵村《しもかわふちむら》（現・前橋市）に伝わる。薬師如来《やくしにょらい》の像が化けて毎晩ひとをおどかしたりしていたというもの。袈裟《けさ》がけに刀で斬られた結果、悪さをやめたようである。

〔参考文献〕『勢多郡誌』

花咲石［はなさくいし］

上野国《こうずけのくに》花咲村（群馬県片品村《かたしなむら》）にある石。（『上野国志』）

日本武尊《やまとたけるのみこと》によって征伐された**悪勢《おぜ》**や**鬼**たちの悪霊がなったという石。花が咲いたようなめずらしい模様が浮かんでいることからこう呼ばれる。

鬼たちの悪霊は疫病などを流行らせたといい、人々は石の近くに観音堂《かんのん》を建て祀《まつ》ったという。（『上毛野昔語』東毛編）

［参考文献］宮崎雷八『上毛野昔語』東毛編、『上野国志』

婆が塚［ばばがつか］

群馬県敷島村（現・渋川《しぶかわ》市）の津久田にあったという塚で、息をつかずに塚のまわりを三回まわると「鬼婆」が出現するといい、恐れられていた。（『勢多郡誌』）

まわりを三回まわると何かが出現するはなしは茨城県の**三本榎《さんぼんえのき》**などにもみられる。

［参考文献］『勢多郡誌』

榛名湖畔の電話ボックス［はるなこはんのでんわぼっくす］

榛名湖《はるなこ》（群馬県）の近くの一本道にある電話ボックスで、真夜中に女の幽霊が出ると語られている。

電話ボックスの中にある電話機の受話器を外してぶらさげた状態にして、遠くから眺めていると、女の幽霊が出現して受話器を元に戻すのが見られるといわれていた。

奇数の人数で電話ボックスに入って受話器を取らないといけないなどの条件設定もあったりしたようである。

［参考文献］『平成十八年度 東京エリア怨念地図潜入レポート』

光玉［ひかりだま］

正体のわからないふしぎな光。空を飛んだり浮かんだりする様子が目撃される。群馬県などでは、**人魂《ひとだま》**のような怪火・怪光をこのように表現したりするほか、**山鳥《やまどり》**が光玉に化けるなどともいわれている。**白鷺《しらさぎ》**（『千代田村の民俗』）が光って飛ぶことも、このように表現されている。

ふたつの玉が飛ん来て山のほうに飛んで行き、線香花火《せんこうはなび》のようにパチパチと点滅して消えた（『水上町の民俗』）という目撃例などもみられる。

［参考文献］『勢多郡誌』、宮崎雷八『上毛野昔語』東毛編、『片品村史』、群馬県教育委員会『水上町の民俗』、坂上村誌編纂委員会『あがつま坂上村誌』、群馬県教育委員会『千代田村の民俗』

一口千目［ひとくちせんめ］

口がひとつ、目が一〇〇〇あるという**魔物**で、おことの日（二月八日）に天から降りて来る、空を通るなどといわれている。目籠《めけえ》を竹竿《たけざお》にかぶせて立てて置くのは、この魔物を目の数でおどかすためだと語られる。（『渋川市誌』四 民俗編）

群馬県渋川《しぶかわ》市などに伝わる。渋川市祖母《うば》島《しま》では**竜**が天を通るとも語られており、同

地域では家々を巡るというよりも、家の上空を通るというかたちの言い伝えが多いようである。これらは、事八日《ことようか》に天から降るとされる魔物や金の系統との中間にあたるともいえる。口がひとつで目が一〇〇〇あるというかたちの魔物は福島県（『平豊間の民俗』）など、他の地域にもみることができる。

［参考文献］『渋川市誌』四 民俗編、早稲田大学日本民俗学研究会『平豊間の民俗』

一つ目入道［ひとつめにゅうどう］

群馬県上野村新羽《にっぱ》に伝わる。目がひとつの大きな妖怪で、**河童**《かっぱ》だったという。

むかし浅香庄太夫《あさかしょうだゆう》という投網《とあみ》の名人が、山に魚を捕りに行った際に、短刀《たんとう》を忘れて来てしまったことに気づいて戻ってみると、一つ目入道が短刀をいじっていた。庄太夫が腕力で入道を捻《ね》じ伏《ふ》せると、短刀と小さな巾着《きんちゃく》を渡し、目から出す光で帰り道を照らしてくれた。その小さな巾着は、いくらお金を使っても、少し残しておけばまた増えているというふしぎなものだったが、庄太夫の妻が知らずにすべて使ってしまい、効果を失ってしまったと語られる。

［参考文献］『上野村の民俗』下

火吹女［ひふきおんな］

咳《せき》をすると口から火種（火の粉）を吹くようになってしまったふしぎな娘。

不動明王《ふどうみょうおう》のようにいつでも火があったら便利だろうなと、不動様に願掛けをつづけていた結果、霊夢に不動明王が現われて「口から火の種が出るようにしてやる」と告げ、咳をすると自動的に火種を吹き出してしまう体になったという。嫁に行くことになり、祝言《しゅうげん》の夜などは何とか我慢をしていたが、ある晩それまで我慢していた咳が一挙に出てしまい座敷が燃えてしまった。火を吹くようになった身の上の仔細を知った夫は嫁の首を落とすことにするが、誤って母親の首を斬ってしまい死罪になる。娘も実家に帰ったが、ある夜に大きな火が出て家ごと燃えて死んでしまったという。

群馬県新治村《にいはるむら》（現・みなかみ町）の大きな庚申塔《こうしんとう》が建てられた由来のはなし（『新治村の民話』）とされる。「屁女房《へにょうぼう》」の昔話に出て来る「屁《へ》」にあたる部分がすべて「火《ひ》」になったはなしのようである。

［参考文献］笛木大助『新治村の民話』

火吹の能面［ひふきのうめん］

群馬県高崎市柴崎町《しばさきまち》に伝わる。井関上総《いぜきかずさの》介親信《すけちかのぶ》が彫ったという能面で、進雄《すさのお》神社に宝物として納められている。

進雄神社の宮司の職を継承していた高井家の高井左衛門太夫《たかいさえもんのたいふ》が堀込播磨守《ほりごめはりまのかみ》と宮司の職を争って敗れ、神社を追放されたとき、この能面が空に舞い上がって木の上で火を吹いたり、おなじく社殿に納められていた来国光《らいくにみつ》の刀が鞘《さや》から飛び抜けて宙を舞うなどの怪異が夜な夜なつづいたという。播磨守は安心して眠ることもできず狂ってしま

い、面や刀を地中に埋めてしまったこともお城に伝わり、追放された。再び左衛門太夫へと宮司の職は戻され、面と刀も掘り出されて社殿に還《かえ》ったという。（『大類村史』）
井関親信は能面の作者として知られる。

［参考文献］『大類村史』

姫子田［ひめこだ］

むかし早乙女《さおとめ》たちにお昼を持って行ったお姫様が、屁をたれてしまったことを笑われ、恥ずかしさから切腹して死んだ。その田には一年に一度赤い鳥居の影が映るときがあり、それを見ると死んでしまうといわれるようになったことから、誰も稲を作らなくなったという。（『太田市史』通史編民俗下）
群馬県太田市に伝わる。姫が死んだのは半夏《はんげ》の日であるとして**半夏さん**のはなしと混ざってしまっている例も語られている。
鳥居田も参照。

［参考文献］『太田市史』通史編 民俗下

吹割の滝［ふきわりのたき］

群馬県沼田市の追貝《おっかい》にある滝で、竜宮《りゅうぐう》に繋がっているともいわれていた。お膳が必要になった時に、必要な数などを書いた紙を滝壺に投げ込むと貸してくれたという。
あるとき、椀をひとつ返し忘れてしまった者がいて、以後は貸してくれなくなった。返し忘れた椀は改めて返そうと思い、滝に置いていたが、何日過ぎても引き取られず、そのままだったという。

［参考文献］宮崎雷八『上毛野昔語』東毛編

毒島城の大蛇［ぶすじまじょうのだいじゃ］

上野国《こうずけのくに》の毒島城《ぶすじまじょう》（群馬県伊勢崎市）を囲んでいた池にいたという大蛇。城を守っていたともいい、水に囲まれているこの城を東から攻めると城が西へ、西から寄せると城が東へ動いたりしたのは大蛇が城を動かしているからだとも語られていた。（『佐波郡誌』）
敵方の軍が毒を大量に石臼《いしうす》で搗《つ》いて流すことで城を攻めて来たという**毒臼**のはなしは、この大蛇を倒すためであったともされる。（『佐波郡誌』、『上州の伝説』）
この大蛇は藤原秀郷《ふじわらのひでさと》に助けられた蛇であるとも、蛇ではなく亀であったとするはなしもあるようである。（『上州の伝説』）

［参考文献］『佐波郡誌』、都丸十九一・池田秀夫・宮川ひろ・木暮正夫『上州の伝説』

不動堂の魚［ふどうどうのさかな］

上野国《こうずけのくに》の多胡《たご》郡大沢村（群馬県高崎市）の不動堂の下にあった川にいるとされていたふしぎな魚。この川にいる魚は、白月《びゃくげつ》のとき川上にいて腹が白く、黒月《こくげつ》になると川下にうつり腹が赤くなっていたという。（『上野国志』）
白月・黒月は満月を基準にした捉え方で、新月から満月に向かって満ちる期間を白月、逆に欠けてゆく期間を黒月という。

〔参考文献〕毛呂権蔵『上野国志』

蛇玉〔へびだま〕

何十四もの山棟蛇《やまかがし》が身をからみあわせて高さ一尺（約三〇センチ）、幅二尺（約六〇センチ）ぐらいの玉のようになっているもの。全員頭をもたげながら道などにうごめいているが、ひとが近づいて来たのを察知するとたちまちばらばらになって逃げ散ってしまうため、滅多に見ることはできないという。これを目撃できると運がひらけるなどと語られている。

群馬県伊勢崎市などに伝わる。**蛇莫敷《へびごしき》**もおなじような蛇の群れである。

〔参考文献〕伊勢崎市『八斗島町の民俗―利根川流域の生活と伝承―』

蛇の化身〔へびのけしん〕

川に現われたという美しい女性だが、舌がとても長かったという。むかし川で釣りをしていた男が長い舌を延ばしている「いい女」を目撃した。その女は「おれのことを言うと命はない」と告げた。男は帰宅後にうっかりこのことをしゃべってしまい、話し終わると同時にパタッと死んでしまったという。

群馬県太田市下浜田町に伝わる。この女の正体は蛇の化身であったとされているようである。

〔参考文献〕『太田市史』通史編　民俗下

ほたかさま

道で狐狸《こり》に化かされているなと思ったときや、霧《きり》などが濃くて視界がはっきりしないとき、両手のひとさし指と親指で眼鏡《めがね》のようにまるをつくり「ほたか大明神様」と三回唱えてから息を吹きかけると、相手や道がはっきり見えるという。（『片品村史』）

群馬県片品村《かたしなむら》などに伝わる。指を組み合わせて窓をつくり、それをのぞき込むようにして見ると良いとされる「狐《きつね》の窓《まど》」に近いもの。

〔参考文献〕『片品村史』

母衣輪権現〔ほろわごんげん〕

群馬県桐生市に伝わる。**天狗**であるとも語られている。

『岩下氏旧記《いわしたしきゅうき》』には「母衣輪権現の御身《ごしん》（神）体《たい》天狗の像　年久《としひさ》しく先祖より取持《とりもち》致来候」などの記述があるというが、天狗と結びつけられたのがいつの時点からなのかははっきりとはしていない。（「エゾの神　母衣輪神社考」）

母衣輪権現と称される存在は上野国新田《こうずけのくににった》郡（現・群馬県太田市）の新田《にった》家に古くから軍神として伝わり、のちに桐生の地に移って、町人たちから商《あきな》いの神として祀《まつ》られたとみられているが詳細は不明。岡部福蔵『新田の史蹟』には「母衣輪神社は、武人崇拝の神」とある。

〔参考文献〕周東隆一「エゾの神　母衣輪神社考」（『鼎』一号）、岡部福蔵『新田の史蹟』

【ま】

まどうもん

悪魔のこと。「魔道《まどう》の者《もの》」の意味だと考えられる。

群馬県などでは、山に出る**魔物**として語られている。群馬県中里村（現・神流町《かんなまち》）などでは、口を清めて「こうじんふじょう すいほうふじょう のしょくいんでん どうしょうぶっか うつもうたるるも ゆめのひととき」と唱え、銀を混ぜてつくってある「かじ弾《だま》」を口で含んで銃に込めて撃てば、「まどうもん」を払うことができる（『群馬県史』資料編二十五 民俗一）などと語られる。

この唱えごとの前半部分は、猟師たちが大きな獲物を獲るときに唱える「諏訪《すわ》の神《しん》文《もん》」の「業尽有情 雖放不生 故宿人倫（人天）同証仏果」が崩れたもののようである。（『群馬県史』資料編二十五 民俗一、『あがつま坂上村誌』）

［参考文献］『群馬県史』資料編二十五 民俗一、坂上村誌編纂委員会『あがつま坂上村誌』

丸い玉 ［まるいたま］

群馬県横野村（現・渋川市《しぶかわ》）の持柏木《もちかしわぎ》に伝わる。むかし田んぼの作業をしていた母娘が水を飲みに泉に行ったら、丸い玉がころころと転がって来た。玉はだんだんと大きくなり大入道のすがたになったという。

このことから「入道げいと」という地名ができたと語られる。「げいと」は「谷戸」のこと。

［参考文献］『勢多郡誌』

丸嶽の天狗 ［まるだけのてんぐ］

上野国《こうずけのくに》水沼（群馬県高崎市）の丸嶽の天狗で、日本を魔国にしようとたくらんでいた。五色の水の沼を出現させ、その水を流れ出させて人畜を殺すなど、**鉄鬼《てっき》**・**活鬼《かっき》**に協力を仰ぎつつ、ともに妖通力《ようつうりき》を用いて暗躍した。『流水山縁起《りゅうすいざんえんぎ》』にみられる。沼は慈覚《じかく》大師の祈禱《きとう》によって澄み鎮められ、上野国の藤原定道（碓井貞光《うすいのさだみつ》）と大和朝廷から遣《つか》わされた平維茂《たいらのこれもち》（平維茂）、そして千手観音《せんじゅかんのん》の力によって**天狗**と**鬼**は退治されたと語られる。

寺社縁起では、巨悪として登場する存在は、鬼・竜・魔王などが複数登場する場合も、種類自体はひとつであることが多いが、この『流水山縁起』は強い妖怪（鬼）と強い妖怪（天狗）の二種類が対等に同盟を組んで乗り込んで来る構成が注目できる。

［参考文献］五来重（編）『修験道史料集』一 東日本篇、

氷厘亭氷泉「鉄鬼と活鬼と天狗」（『大佐用』百二十二号）

三日月石［みかづきいし］

三ヶ月石とも。上野国《こうずけのくに》の丹生城《にうじょう》（群馬県富岡市）にあったとされるふしぎな石で、水が溜まっており、この水で目を洗うと薬になるといわれていた。

丹生城が夜討ちをかけられて攻め滅ぼされたとき、三日月石の水が月の光を激しく照り返して、正面からの敵の軍勢を防いでいたと語られる。

［参考文献］臼田八十八『丹生の民話と史話』

御荷鉾山の鬼［みかぼやまのおに］

上野国《こうずけのくに》の御荷鉾山（群馬県藤岡市）にいたという**鬼**。御荷鉾山には投石《なげいし》峠という地名もあり、この鬼に由来すると語られている。

『上野国志』には、土地に伝わるはなしとして、山頂に住んでいた鬼が人々を害していたが弘法大師《こうぼうだいし》によって退治されたという内容を記している。調伏《ちょうぶく》された鬼が、去り際《ぎわ》に投げ捨てていった石が**鬼石**と称されているとも記されている。

御荷鉾山とゆかりの深い群馬県鬼石町《おにいしまち》（現・藤岡市）では地面からよく掘り出される大昔の石棒は「鬼の太鼓撥《たいこばち》」と呼ばれていた。（『群馬県多野郡誌』）

［参考文献］毛呂権蔵『上野国志』、多野郡教育会『群馬県多野郡誌』

御荷鉾山の主［みかぼやまのぬし］

御荷鉾山（群馬県藤岡市）のぬしで、大きな**蝦蟇**《がま》だという。「御荷鉾の三束雨《さんぞくあめ》」と称されるものすごい雷雨を発生させていたとも語られる。

群馬県前橋市などでは、御荷鉾山の主の蝦蟇が娘に化けて山小屋に来たのを、勇敢な木樵《きこり》が鉞《まさかり》で退治してからは、三束雨がむかしに比べて少なくなったなどと語られている。

［参考文献］群馬県教育委員会『前橋市城南地区の民俗』

妙義坊［みょうぎぼう］

「上野《こうづけ》妙義坊」とも。妙義山《みょうぎさん》（群馬県）にいる大天狗。比叡山《ひえいざん》の法性坊《ほっしょうぼう》がこの**天狗**になったと語られている例も多い。

妙義山には「日光坊」や「長清法印《ほういん》」など、ほかにも知られる名高い天狗が数多くいる。また、妙義山の天狗たちは、よそから来た修行者などに対して相撲《すもう》で挑んで来ることも多かったようである。

［参考文献］知切光歳『天狗の研究』、知切光歳『図聚天狗列伝』東日本編

命宝散［めいほうさん］

群馬県六合村《くにむら》赤岩（現・中之条町）の湯《ゆ》本《もと》家に伝わる**河童**《かっぱ》から教わったとされるふしぎな薬。打ち身にすぐれた効果があるとされていた。

湯本家の先祖が乗っていた馬のしっぽを

河童が引っぱったので、その腕を叩き斬って持ち帰ったところ、河童が薬の製法と交換に腕を返してもらいに来たと語られる。「とてっきょう」という黄色い花の咲く薬草、甘菜《あまな》、嫁菜《よめな》、蛇の骨を焼いた粉を混ぜたものを練って作られていたという。

［参考文献］『群馬県史』資料編二十七 民俗三

目玉の化物［めだまのばけもの］

ひざぼうず（膝）に目の玉がついているという妖怪。「膝目《ひざめ》」とも。

群馬県松井田町（現・安中《あんなか》市）に伝わるもので、大武士神社に出たとされ、「そんなものが出るはずはない」と出かけて行ったひとが、神社で出会ったひとに「それはこういうものか」と二つの膝目を見せられ、驚いて逃げ帰ったと語られる。

［参考文献］群馬県教育委員会『松井田町の民俗 坂本・入山地区』

目突き螽斯［めっきぎす］

若宮八幡《わかみやはちまん》の目を突いてけがをさせたという虫。

群馬県前橋市の下増田に伝わる。「ぎす」というのは「きりぎりす」のこと。怒った若宮八幡がこれを土地からみんな追い出してしまったので、下増田には螽斯はいないと語られていた。

［参考文献］群馬県教育委員会『前橋市城南地区の民俗』

もう

妖怪を示すことば。群馬県などでいう。

［参考文献］『勢多郡誌』

【や】

八束脛［やつかはぎ］

「八掬脛」とも。とても大きな巨人。群馬県後閑村《ごかんむら》（現・安中《あんなか》市）などで人々を襲ったり作物を奪ったりしたと語られる。

後閑村に伝わるはなしでは、山の中の穴の底にある岩屋《いわや》に住んでおり、そこを探り当てた人々によって、行き来するための藤《ふじ》蔓《づる》を切り落とされて死んだ。その脛の骨の長さが八掬《つか》あったことから「やつかはぎ」という名がついたとされる。（『上野国志』、『水上町の民俗』）

『上野国志』には、『越後国風土記《えちごのくにふどき》』の逸《いつ》

文《ぶん》に「越《こし》の国《くに》」（新潟県）にも八掬脛がいたということが引かれている。この逸文は『釈日本紀《しゃくにほんぎ》』に載せられている。

　藤蔓を切られて穴の底から出られなくなり死んでしまったという展開のはなしは、山に敗走した安倍宗任《あべのむねとう》たちのはなし（『上毛野昔語』東毛編、『上州の伝説』）としても語られており、そちらでは逆に死んでから**安倍宗任《あべのむねとう》の怨霊**が現われて害をなしている。

［参考文献］毛呂権蔵『上野国志』、群馬県教育委員会『水上町の民俗』、宮崎雷八『上毛野昔語』東毛編、都丸十九一・池田秀夫・宮川ひろ・木暮正夫『上州の伝説』、吉野裕（訳）『風土記』

山男［やまおとこ］

山中に住んでいる存在。

　群馬県上野村などでは、山の洞穴などに住んでいると語られており、山仕事をしているひとがこれに出会ったり、何か物をもらったりしたといったはなしがみられる。

　笠丸山（群馬県上野村）の山男の洞穴には囲炉裏《いろり》があって、その近くに菜っぱを育てていた。扇《あお》ぐとそれが大きくなって、煮てくれたというふしぎなはなしもみられる。

［参考文献］『上野村の民俗』上

山繭の着物［やままゆのきもの］

山繭の糸からつくった服を着て舟に乗ったりすると、鮫《さめ》に襲撃されて海に引き込まれる（『利根西の民俗―清里・総社・元総社・東地区―』）、水難に遭う（『太田市史』通史編　民俗上）などといわれていた。

　群馬県前橋市や太田市などに伝わる。

［参考文献］前橋市教育委員会『利根西の民俗―清里・総社・元総社・東地区―』、『太田市史』通史編　民俗上

山姥［やまんば］

「鬼《おに》ん婆《ばば》」とも。とても大きな巨人。群馬県上野村では、とても大きな山姥が叶山《かのうやま》に腰をかけて足を洗った、などのはなしが伝わる。上野村の蛇木《へびき》と中里村の魚尾《よのお》（現・神流町《かんなまち》）にある大きなくぼみは「山姥の足跡」と呼ばれており、蛇木のものが右足、魚尾のものが左足の足跡だと語られている。この足跡の水はどんな日照りでも涸《か》れることがないという。（『上州の伝説』、『上野村の民俗』下）
　山姥が、**だいだらぼっち**のような巨人の要素を持つ例は、千葉県の**大きな婆《ばあ》**などにもみられる。日照りに耐えるというのも巨人の足跡に共通して語られる要素である。
［参考文献］都丸十九一・池田秀夫・宮川ひろ・木暮正夫『上州の伝説』、『上野村の民俗』下

夜泣石［よなきいし］

「化け石」とも。群馬県昭和村貝野瀬の田《た》岸《ぎし》にある岩石で、夜ごとに「ききい、ききい」と泣き声をあげて、近くを通る人々を怖がらせていた。その噂を耳にした豪傑が、確かめに来たところ、大きな化物《ばけもの》が現われて、やはり「ききい、ききい」と泣くので斬ると、倒れて消えた。翌朝に調べて

みると石に刀で斬ったような傷があり、以後は泣かなくなったという。

［参考文献］都丸十九一・池田秀夫・宮川ひろ・木暮正夫『上州の伝説』

夜泣桜［よなきざくら］

群馬県高崎市上滝町《かみたきまち》の慈眼寺《じげんじ》に伝わる枝《し》垂桜《だれざくら》。「少将桜《しょうしょうざくら》」とも。むかし前橋城《まえばしじょう》の殿様が見事であるとして一株を城に植え替えさせたところ、春になっても花はひとつも咲かず、夜な夜な「慈眼寺に帰りたい」と泣いたので、寺に戻されたという。

［参考文献］『上州の史話と伝説』その二

【ら】

竜［りゅう］

おことの日（二月八日）は天を竜が通るといわれていた。これをよけるために、家々では目籠《めけえ》を竹竿《たけざお》にかぶせて立てたり、屋根に向かって桟俵《さんだわら》を投げたりした。（『渋川市誌』四 民俗編）

群馬県渋川《しぶかわ》市祖母島《うばしま》などに伝わる。渋川市では**一口千目**が空を通るとも語られており、家々を巡るというよりも、家の上空を通るというかたちの言い伝えが多いようである。

［参考文献］『渋川市誌』四 民俗編

竜の岩［りゅうのいわ］

群馬県敷島村猫（現・渋川市《しぶかわ》）にある岩。利根川の流れの中に立っており、竜宮《りゅうぐう》につづいている、または竜宮がむかしあったと伝えられている。大水の出たとき、ここへ大蛇が乗っていたとも語られる。

［参考文献］『勢多郡誌』

竜駒［りょうく］

天を駆けて行くことができるという馬。

群馬県板倉町の板倉沼にあった「竜の渕」は、むかし聖徳太子《しょうとくたいし》がこの地に来たときに**竜馬**《りょうめ》と竜駒《りょうく》が水中から現われたというはなしから、そう呼ばれているという。鈴《すず》鹿山《かやま》（三重県）の山賊の親玉が東北へ逃げる途中、板倉沼の神殿におさめられていた竜駒を盗み出したが、途中で体が全く動かなくなってしまい、ついに竜駒を返したというはなしもみられる。

〔参考文献〕宮崎雷八『上毛野昔語』東毛編

竜馬〔りょうめ〕

「りょうま」、「りゅうめ」とも。天を駆けて行くことができるという馬。また、能力のすばらしく高い馬のこと。

群馬県板倉町の板倉沼にあった「竜の渕」は、むかし聖徳太子《しょうとくたいし》がこの地に来たときに竜馬《りょうめ》と**竜駒**《りょうく》が水中から現われたというはなしに由来するという。

〔参考文献〕宮崎雷八『上毛野昔語』東毛編

滝中嫗婦〔ろうちゅうおうふ〕

草津温泉（群馬県）に出たという一つ目の老婆。

草津温泉は、むかしは一〇月になると閉められ、人々は山から下りていたという。その時期にまだ残っていた者が、温泉の滝のようになっているところにぎらぎらと光りながら浸《つか》っているこのあやしい老婆を見たという。「おまえはなんでここにいるんじゃ」と声をかけてきたので、残っていた者たちはおののき恐れて荷物をまとめ、一目散に里へ下りたという。

玄紀先生『日東本草図纂《にっとうほんぞうずさん》』（巻十二）にみられるはなしで「上野草津温泉」とあるが、文頭余白に後から添えられた「信州」という文字もみえる。「滝中嫗婦」という呼び名は、本草書《ほんぞうしょ》という性質から、漢名めかしてつけられていることに拠《よ》る。

〔参考文献〕玄紀先生『日東本草図纂』、柳田國男「一目小僧」（『一目小僧その他』）

六畳間の病人〔ろくじょうまのびょうにん〕

群馬県などでは、六畳間で病気になると、その家には病人が絶えないといわれていた。

〔参考文献〕山田郡教育会『山田郡誌』

轆轤首のお婆さん〔ろくろっくびのおばあさん〕

群馬県渋川《しぶかわ》市に伝わる。むかし「ろくろっくび」のお婆さんが住んでいたといい、そのひとは夜遅く眠っているときに首が細くのびて久保田川に着くと、ひとのすがたになって川蜷《かわにら》を捕っていたという。ひとに見られて声をかけられたりすると、首だけのすがたに戻ったりしたという。（『渋川市誌』四 民俗編）

首がのびて川に到着するとひとのすがたに変わるというふしぎな変身は、川で貝を捕る必要性から足された要素のようにもみえるが、睡眠中に魂が抜けて別の場所にふわふわと行ってしまうタイプのはなしと比較して考えてみると、このお婆さんの例は「変な轆轤首」と考えるより、「睡眠中に魂が抜ける」内容に属するはなしとみたほうがわかりやすいようである。

〔参考文献〕『渋川市誌』四 民俗編

埼玉県

【あ】

吾野の山の鬼［あがののやまのおに］

埼玉県飯能市の天竜寺に伝わる。『子《ね》の権現御縁起《ごんげんごえんぎ》』や敬順《けいじゅん》『十方庵遊歴雑記《じっぽうあんゆうれきざっき》』（三編）には、吾野の山に「子《ね》の聖《ひじり》」がやって来たとき、山に棲《す》む**鬼**たちは自分たちの住所がおびやかされると感じ、山を魔火《まび》で燃やして聖を取り囲んで火攻めにしたが、**天竜**と十一面観音《じゅういちめんかんのん》によって退治されたと語られている。

子の聖が、足腰を救う神や火伏《ひぶ》せの神として信仰されているのは、鬼たちの火に囲まれたときに膝《ひざ》や腰《こし》を焼かれてしまったことに由来するとも語られている。

火を用いて攻撃して来た点など、埼玉県秩父市寺尾の観音寺に伝わる**悪魔**や**邪神**《じゃじん》たちと行動は近しい。

『子の権現御縁起』では、本文で「山鬼波旬《さんきはじゅん》」と述べられているが、これは具体的な名称ではなく「山の神・悪魔」といった広い意味合いの漢語表現である。

［参考文献］柴田常恵・稲村坦元（編）『新訂増補 埼玉叢書』第三、江戸叢書刊行会『江戸叢書』巻の五、八王子市郷土資料館『家内安全・無病息災 ～庶民の願い～』、早船ちよ・諸田森二『埼玉の伝説』

あかぼう様［あかぼうさま］

とても大きな巨人。「だいじゃぼう」、「れいじゃぼう」、「だいだぼう」とも呼ばれる。

埼玉県槻川村《つきがわむら》（現・東秩父村）などに伝わる。土を運んで来て富士山（静岡・山梨県）や浅間山（群馬・長野県）を造ったとされる。浅間山を造ったときは土けむりがもうもうと立ったといい、それが浅間山の噴煙のはじまりと語られている。

疲れたのでお粥《かゆ》を煮たのが粥煮田峠《かゆにたとうげ》（粥仁田峠）、食べ終わった釜《かま》を伏せたのが釜《かま》伏山《ぶせやま》、捨てた箸《はし》が大木になったのが二本木峠だとされる。箸のはなしについては日本《やまと》武尊《たけるのみこと》の事跡（「秩父地方におけるヤマトタケルノミコトの伝説」）だとする場合もあり、伝説の主人公は吹替え次第で色々にかかわる点がみられる。

［参考文献］田中正明「東秩父旧槻川村の民俗（四）」（『秩父民俗』十号）、斎藤広一「秩父地方におけるヤマトタケルノミコトの伝説」（『秩父民俗』十三号）、埼玉県立歴史と民俗の博物館『絵で語る埼玉の民話』、韮塚一三郎『埼玉県伝説集成』上

悪竜［あくりゅう］

埼玉県秩父市上影森《かみかげもり》の橋立堂《はしだてどう》に伝わる。この地を治めていた領主は、狩りで殺生《せっしょう》を重ね、地蔵《じぞう》像を壊したりした邪見《じゃけん》な人物で、死後に無間《むげん》地獄に落とされそうになったが橋立堂の灯明《とうみょう》を一度だけ掻《か》き立てた功《く》徳《どく》があったことから罪を減じられ、**竜**に転

生した。竜への転生は仏教では「蛇身《じゃしん》の報《ほう》」などといわれており、「三熱《さんねつ》」などのさまざまな苦しみを受けつづけることになるとされる。

この悪竜は、村人や馬を襲って食べはじめたので、困り果てた人々が祈ったところ、橋立堂から白馬が現われ、悪竜に呑み込まれた。すると、そのまま悪竜はまるくわだかまって石になったという。

『秩父三十四所観音霊験円通伝《ちちぶさんじゅうよんしょかんのんれいげんえんつうでん》』(巻四)では、元気のなくなった馬や牛には、この山の笹《ささ》を食べさせるとよいと記している。

〔参考文献〕卍亭応賀・歌川国貞『観音霊験記』、卍亭応賀『百番観音霊験記』秩父、柴田常恵・稲村坦元(編)『新訂増補 埼玉叢書』第三、鈴木暢幸『仏教文学概説』

小豆磨〔あずきとぎ〕

小豆を磨いでいるような音をさせる。

埼玉県戸田市では、「ちゃりちゃり」と小豆を磨《と》ぐような音をたてるといい、狢《むじな》がしっぽを川の水にひたして音を立てているとも語られている。

〔参考文献〕戸田市史編さん室『新曽・上戸田の民俗』

小豆よなげ〔あずきよなげ〕

夜中に川原のほうから、ざっくんざっくんという音が聴こえてくることがあり、「小豆よなげが出た」などといわれている。音が聴こえて来るだけで、見に行ったりしても何もいないという。(『埼玉県史民俗調査報告書(山村地帯民俗調査)』)

埼玉県皆野町《みなのまち》などに伝わる。「よなぎ」は川で水を使って小豆と泥などを選り分けること(『埼玉県史民俗調査報告書(山村地帯民俗調査)』)だという。聴こえる音については「しゃっ、しゃっ」という音(「埼玉県秩父郡皆野町日野沢の見聞(四)」)だとも語られている。

埼玉県越生町《おごせまち》にも「小豆よなげ」という場所があり、おなじように音がすると語られてもいる。(『荒川』人文三)

〔参考文献〕埼玉県史編さん室『埼玉県史民俗調査報告書(山村地帯民俗調査)』、石田祐子・須藤恵子・中林瑛子「埼玉県秩父郡皆野町日野沢の見聞(四)」(『西郊民俗』三十六号)、『荒川』人文三

足立ヶ原の鬼婆〔あだちがはらのおにばば〕

「足立ヶ原の黒塚《くろづか》」、「足立郡の悪鬼《あっき》」、「大宮黒塚の悪鬼」、「黒塚の悪鬼」、「黒塚の鬼婆」とも。武蔵国《むさしのくに》の足立ヶ原(埼玉県さいたま市大宮区)に住み、ひとを襲っていたという老婆。

「あだちがはらの黒塚」の所在地を、武蔵国足立郡大宮とする説は菊岡沾涼《きくおかせんりょう》『諸国里人談《しょこくりじんだん》』(巻三)などにみられ、陸奥国《むつのくに》の「安達ヶ原」(福島県二本松市)とは別個に存在していた。地点が異なるのみで、鬼婆が住み、泊めた旅人を襲って食べていたが、そこを訪れた宥慶阿闍利《ゆうけいあじゃり》(祐慶阿闍梨《ゆうけいあじゃり》、東光《とうこう》坊《ぼう》)に調伏《ちょうぶく》されたという基本内容は大きく異ならない。

埼玉県さいたま市大宮区の東光寺は、宥慶阿闍利によってひらかれたと伝わり、黒塚の悪鬼を退治したことも由来に語られる。

[参考文献] 菊岡沾凉『諸国里人談』、韮塚一三郎『埼玉県伝説集成』下

伊草の袈裟坊 [いぐさのけさぼう]

埼玉県川島町《かわじままち》の**河童**《かっぱ》。仲間内の河童たちとは捕った人間のはらわたなどをお盆の時期に贈答しあったりしていたという。**笹井**《ささい》**の竹坊**や**曼陀羅渕**《まんだらぶち》**の河童**と親しかったと語られている。(『埼玉県伝説集』下)

小畔川《こあぜがわ》の小次郎(川越市名細《なぐわし》)、小沼《こぬま》のかじ坊(川越市小沼)といった仲間の河童たちとともにお伊勢《いせ》参《まい》りに行ったはなしもあり、田螺《たにし》の蓋《ふた》を銭に変えたものを道中の路銀《ろぎん》として使っていたとも語られている。(『川越地方郷土研究』)

田螺の蓋を金銭にみせる化け術は千葉県の**山**《やま》**ん台**《で》**んおさん**も用いており、**狐**にもみられる手口。

[参考文献] 早船ちよ・諸田森二『埼玉の伝説』、韮塚一三郎『埼玉県伝説集成』下、埼玉県立川越高等女学校校友会郷土研究室『川越地方郷土研究』第四冊

糸紡ぎの女 [いとつむぎのおんな]

夜、山の中に蠟燭《ろうそく》を二本立てて糸紡ぎをしているふしぎな女がいるというもの。そのはなしを聴いた猟師が鉄砲を撃ち込んだところ、女はにこにこしているだけで、鉄砲の弾を手で受け止めてしまったという。寺の僧侶に「蠟燭を狙え」と助言された猟師が蠟燭に向かって鉄砲を撃ったところ、あたりが一瞬明るくなり、女はすがたを消した。翌朝その場所に行くと、仔牛ぐらいの大きさの**猫**が死んでいたという。

埼玉県皆野町《みなのまち》に伝わる。この猫を経典《きょうてん》と一緒に葬《ほうむ》ったのが「経塚《きょうづか》」だといわれており、そこに植えられていた大きな杉《すぎ》の木は、第二次世界大戦のころまであったという。

[参考文献] 埼玉県史編さん室『埼玉県史民俗調査報告書(山村地帯民俗調査)』

犬の倅 [いぬのせがれ]

埼玉県秩父市寺尾の童子堂に伝わる。むかし讃岐国《さぬきのくに》(香川県)に慳貪《けんどん》な大農家があったが、旅の僧侶に食べ物をあげなかったため、息子の顔が犬になってしまった。

両親が僧侶の跡を追って罪を悔《く》やむと「童子堂に祈れ」とだけ教えて去ってしまった。両親は犬になってしまった息子をつれて四国、西国、東国の霊場を巡り、ついに秩父の童子堂に至り、二一日のあいだ祈ったところ、ついに元の人間のすがたに戻れたという。

[参考文献] 卍亭応賀・歌川国貞『観音霊験記』、卍亭応賀『百番観音霊験記』秩父、柴田常恵・稲村坦元(編)『新訂増補 埼玉叢書』第三

岩殿山の悪竜 [いわどのさんのあくりゅう]

埼玉県東松山市岩殿の正法寺《しょうぼうじ》に伝わる。比企《ひき》の山々に住み大風や砂石を吹き散らし、夏に雪を降らせ冬には雷を落として作

物や田畑を大いに荒らしていた**悪竜**。岩殿の観音《かんのん》の力添えを受けた坂上田村麻呂《さかのうえのたむらまろ》によって征伐されたという。（『坂東観音霊場記』）

岩殿にある不鳴《なかず》の池は、この悪竜が封じられているといい、ここの池の蛙《かえる》は決して鳴かないとされている。（『川越地方郷土研究』）

また、埼玉県唐子村《からこむら》（現・東松山市）にはこの悪竜の誕生に関する昔話がある。むかし鬼婆が「子供が欲しい」と岩殿の観音に願掛けをしたところ、仁王門《におうもん》にたまごが落ちていた。それを拾って帰り抱いて眠ると、女の子を授かった。しかし、その子は七歳になると夜中に家を抜け出して水の中に入るようになり、大蛇のすがたになってしまったという。（『川越地方郷土研究』）

田村将軍が悪竜退治をした六月一日、悪竜はものすごい雪を降らせた（『坂東観音霊場記』）とされるが、岩殿山の「大蛇」が雪を降らせたので人々がみんなで火を焚《た》いたという年中行事に関するはなしとしても、この悪竜退治が広く語られている。

埼玉県の比企・入間《いるま》郡などの地域では、六月一日に小麦饅頭《まんじゅう》をつくったり、「尻焙《しりあぶ》り」と称して麦藁《むぎわら》を焼いたりした。この火にあたると一年間健康であるといわれる。（『川越地方郷土研究』）

［参考文献］亮盛『坂東観音霊場記』、埼玉県立川越高等女学校校友会郷土研究室『川越地方郷土研究』第四冊

優婆夷の亡霊 ［うばいのぼうれい］

埼玉県秩父市中村町の西光寺《さいこうじ》に伝わる。

むかし西光寺にいた円比丘《えんびく》が月見をしていると草むらに真っ黒い老婆の影が現われて、自分は生前に優婆夷《うばい》（在家《ざいけ》の女性信者）であったが貪欲だったために阿鼻《あび》地獄に落とされて苦しんでいると述べ、子孫に菩提《ぼだい》を弔《とむら》うように頼んでくれるよう懇願した。また、やがて寺に素晴らしい観音《かんのん》像が来るのでそれで冥福を祈ってくれ、と語って消えたという。

『秩父三十四所観音霊験円通伝《ちちぶさんじゅうよんしょかんのんれいげんえんつうでん》』（巻三）では、阿鼻地獄（地獄道）だけではなく、その後に**餓鬼**《がき》（餓鬼道）、大悪獣《だいあくじゅう》（畜生道）などにも転生したことを述べており、悪いほうの報《むく》いをパーフェクトに味わっている。

江馬務《えまつとむ》は二世歌川国貞《うたがわくにさだ》によって描かれた『観音霊験記《かんのんれいげんき》』での優婆夷の亡霊の絵を「黒い幽霊」（『日本妖怪変化史』）として紹介しているが、「影」のかたちで描かれた幽霊の画像表現のひとつとしてたまたま取り上げただけであり、そこでは内容について特に触れていない。

［参考文献］卍亭応賀・歌川国貞『観音霊験記』、卍亭応賀『百番観音霊験記』、柴田常恵・稲村坦元（編）『新訂増補 埼玉叢書』第三、江馬務『日本妖怪変化史』

疫神 ［えきじん］

人々に疫病をもたらすとされる存在。「疫鬼《えきき》」などとも称される。

『融通念仏縁起絵巻《ゆうずうねんぶつえんぎえまき》』では、天下に疫癘《えきれい》が巻き起こったときに武蔵国《むさしのくに》の与野《よの》（埼玉県与野市）の名主のもとに疫神たちがやって来て、日頃から念仏を唱えている者たちを

記した番帳《ばんちょう》に名前のある者たちを病《やまい》にしなかったといったはなしが描かれている。疫神たちの持っていた番帳に並んだ名前の下にはぐしゃぐしゃとした文字みたいな判があったとも表現されている。

『融通念仏縁起絵巻』では、疫神たちは「異形《いぎょう》」と表現されており、絵でもいろいろな顔かたちの**鬼**として描かれている。絵巻によって描かれているすがたは少しずつ異なったりもするようである。

［参考文献］『新修日本絵巻物全集』別巻一、梅津次郎「初期の融通念仏縁起絵について」（『仏教芸術』三十七号）

おあちゃ

阿佐美《あさみ》家に召し抱《かか》えられていた美しい腰元《こしもと》。後に側室にも取り立てられたが、その寵愛《ちょうあい》と出世を妬《ねた》んだ家中《かちゅう》全体が荒れ、殿様の着物に針を仕込んだという罪を着せられて、おあちゃは手討《てうち》にされ古井戸に投げ込まれてしまった。以後、殿様は血だらけになる悪夢で魘《うな》されるようになり、その霊を「おあちゃ稲荷《いなり》」として祀《まつ》ったという。

埼玉県児玉町浅見（現・本庄市）に伝わる。

［参考文献］韮塚一三郎『埼玉県伝説集成』下

大牛［おおうし］

埼玉県皆野町金沢《みなのまちかねざわ》に伝わる。むかし日本《やまと》武尊《たけるのみこと》が見馴川《みなれがわ》を渡ろうとしたところ、大雨のせいで川が荒れて渡れそうになかった。すると川の淵《ふち》から牛が現われて日本武尊の前に座り、向こう岸まで無事に乗せて渡ってくれたという。

牛ヶ淵《うしがふち》の名前の由来として語られている。

［参考文献］韮塚一三郎『埼玉県伝説集成』上

大男・小男［おおおとこ・こおとこ］

埼玉県八潮市の潮止小学校は、むかし寺の墓地があったところで、そこには「大男」と「小男」という者が埋められていたと語られる。学校でけがをしたりする者が出ると「大男と小男が埋まっているからけがをした」などと言い合ったりしたという。

［参考文献］『八潮の民俗資料』一

大入道［おおにゅうどう］

ものすごく大きな図体《ずうたい》をした妖怪。**狐**や**狸**などのへんげ動物が化けるともいわれる。

埼玉県両神村《りょうかみむら》（現・小鹿野町《おがのまち》）では、見上げるとどんどん体が大きくなってゆき、下へ下へと見下ろしてゆけば小さくなって消える（「両神村の伝説と世間噺と鳥の昔話と―川塩地区を中心として―」）といわれる。この対処法は**見上げ入道**などに各地で語られているものと同じ。

［参考文献］山崎泰彦「両神村の伝説と世間噺と鳥の昔話と―川塩地区を中心として―」（『埼玉民俗』八号）

おおまがっと

狐の嫁入りのことだという。埼玉県八潮

市では垳《がけ》の稲荷《いなり》様のあたりに「オオマガットがよく出た」という。

［参考文献］『八潮の民俗資料』一

奥野の鬼女［おくののきじょ］

埼玉県秩父市久那《くな》の久昌寺《きゅうしょうじ》に伝わる。むかし奥野というところに住んでいた某家の女房が、悪行を積んだ結果、家を出され荒川に沈められたが、久那の山にある岩屋《いわや》に忍び住み**鬼**になったという。岩屋で暮らしはじめてから生まれた愛娘《まなむすめ》が成長後に「亡《な》き母が浮かばれるように」と建てた観音堂《かんのんどう》が久昌寺の観音のはじまりになったと語られている。（『観音霊験記』）『秩父三十四所観音霊験円通伝《ちちぶさんじゅうよんしょかんのんれいげんえんつうでん》』（巻四）では、山に入って来た人間に対する鬼としての過剰な振る舞いは自身の娘が村人に発見されて害されないようにとの配慮からだったという点を強調している。はなしの冒頭も鬼女が亡くなったことを悲しむ娘の声が岩屋から聴こえてきたのを猟師が見つけるところからはじまっており、それまでの事情を聴くという展開になっている。

鬼女と娘は基本的には木の実（『秩父三十四所観音霊験円通伝』）などで生活をしていたようである。寺社の縁起物語としての鬼のはなしではあるが、古い段階から人・鬼が明確に分離されず語られている例もあるところに特徴がある。

［参考文献］卍亭応賀・歌川国貞『観音霊験記』、卍亭応賀『百番観音霊験記』秩父、柴田常恵・稲村坦元（編）『新訂増補 埼玉叢書』第三

おくぽ

埼玉県日高市などでいわれる。子供が泣き止まなかったりすると「オクポが来る」といって大人たちはおどかしていた。「おくぽ」というのは木菟《みみずく》などの鳴き声を示すことばで、「オークポオークポ」などと用いられている。「オクポが鳴くとあしたは天気が良い」、「オクポが聖天院《しょうでんいん》で鳴くとひとが死ぬ」などの俗信もある。（『日高町史』民俗編）

鳥の鳴き声などが子供に対して恐ろしい存在として利用されているかたちは、**ごうへやまみ**、**ぼうこう**、**でれすけでんべ**などと同じ例である。

［参考文献］『日高町史』民俗編、永島大輝「栃木市岩舟の世間話」（『世間話研究』二十六号）

お崎姫［おさきひめ］

埼玉県行田《ぎょうだ》市の小崎沼《おさきぬま》（小埼沼）に伝わる。むかし簪《かんざし》を水面に落としてしまった「お崎」というお姫様が溺《おぼ》れ死んでしまって以後、沼の魚や、まわりに住む蝗《いなご》などの虫もみんな片目になったという。

お姫様ではなく、「お崎」という母親が野良仕事中に大鷲《おおわし》にさらわれてしまった子供を探しているうち、沼の水面に移った大鷲を捕まえようとして溺れ死んでしまい、**片葉葦**《かたばのあし》や片目の蛙《かえる》がこの沼に生じたとも語られている。

［参考文献］韮塚一三郎『埼玉県伝説集成』上

越辺の平四郎［おっぺのへいしろう］

越辺川《おっぺがわ》（埼玉県）にいるという**河童**《かっぱ》。お盆の期間中に川に入ったりすると、ほかの時季以上に引っぱり込まれることがあるとされ、子供は大人たちから水遊びを特に注意されていたという。

埼玉県越生町《おごせまち》に伝わる。越辺川の「島野の裏」と呼ばれる淵《ふち》がねぐらだとされる。

関東広域の**盆河童**も参照。

［参考文献］新井良輔「越生の妖怪ばなし」（『あしなか』二百一輯）

おとうか憑き［おとうかつき］

狐憑《きつねつ》**き**のこと。「おとうか」（**おとか**）は「お稲荷《とうか》」で、稲荷《いなり》や**狐**のことを意味している。

埼玉県などでは、からだの弱っているひと、病人などに取り憑くことが多いと語られていた。

［参考文献］埼玉県入間東部地区教育委員会連絡協議会『埼玉県入間東部地区の民俗―信仰・芸能・口承文芸の変貌―』

おろくしょう様［おろくしょうさま］

埼玉県戸田市などに伝わる。六月六日を「月おくれの六月六日」、「オロクショウ様の田植え」、「オロクショウ様の日」と呼び田植えをしてはいけないとされている。

田んぼに入ってしまうと、けちがつく、足が腐る（『新曽・上戸田の民俗』）などともいわれている。

「ろくしょう」、「ろくしょ」というのは東京都府中市の六所明神《ろくしょみょうじん》（大國魂神社《おおくにたまじんじゃ》）のことだという。

［参考文献］戸田市史編さん室『惣右衛門の民俗』、戸田市史編さん室『下戸田の民俗』、戸田市史編さん室『新曽・上戸田の民俗』

女の首［おんなのくび］

川越城《かわごえじょう》（埼玉県）の城下に化物《ばけもの》屋敷と呼ばれる家があり、そこに出たとされる妖怪。

松崎白圭《まつざきはくけい》『窓《まど》のすさみ』（巻二）にみられるはなしで、ご近習《きんじゅ》の武士が殿様の命令でその化物屋敷に家族揃って住み込むことになったが、初日に巨大な釣鐘《つりがね》が縁側《えんがわ》に現われた。ある夜に妻が便所に行くと女の首が現われたので、懐剣《かいけん》で斬りつけたところ、すがたを消した。こぼれていた血をたどって調べてみると熊笹《くまざさ》の藪《やぶ》の下に穴があり、大きな古猫《ふるねこ》が死んでいた。以後は化物屋敷の内や外には何も起こらなくなったという。

釣鐘に遭遇したのは近習の武士の母親だが、妻と同様に剛胆なもので、「浅はかなること」と撫《な》でて通り過ぎたところ、釣鐘はそのまま何もすることもなく消えてしまったという。

［参考文献］塚本哲三（校訂）『窓のすさみ・武野俗談・江戸著聞集』

怨霊畑［おんりょうばたけ］

埼玉県小川町《おがわまち》大塚に伝わる。所有するとたたりがあるとされている茶畑。

むかし美しい旅の僧侶と村の女がそこで殺されたので、その霊がたたりをなすと語られていたという。

［参考文献］韮塚一三郎『埼玉県伝説集成』中

【か】

傘を差した母娘［かさをさしたおやこ］

雨の降る暗い夜道などに出るという。傘を差した女の親娘づれで、歩いているひとの前方を歩いているが、その進む方向について行くと人家のあるような方向とはまったく別の方角の道に出てしまったりしたという。

埼玉県富士見市の「ごんべ山」と呼ばれる場所で傘を差した母娘に遭遇し、ついていったらとんでもない方向へ出てしまった、という例は「狐に化かされた話」として収録されており、**狐**の化けたものと考えられていたようである。

［参考文献］埼玉県入間東部地区教育委員会連絡協議会『埼玉県入間東部地区の民俗―信仰・芸能・口承文芸の変貌―』

梶原池の主［かじわらいけのぬし］

埼玉県川越市池辺《いけのべ》にある梶原池のぬしで、源頼朝《みなもとのよりとも》の馬の鞍《くら》であるとされる。

頼朝が那須野原（栃木県）での狩りの帰りに馬を冷やしたときに、この鞍は水中に入って池のぬしになったという。

［参考文献］韮塚一三郎『埼玉県伝説集成』上

片目地蔵の魚［かためじぞうのさかな］

片目しかないふしぎな魚たち。埼玉県越谷市野島《のじま》の浄山寺《じょうざんじ》にある片目地蔵は、むかし茶園の中で転んで目を突いてしまい片目になったとされるが、そのとき寺の近くにある池で地蔵が血の流れる目を洗ったので、池の魚たちはみんな片目だと伝えられている。片目地蔵については敬順《けいじゅん》『十方庵《じっぽうあん》

遊歴雑記《ゆうれきざっき》』（二編）に詳しい。

〔参考文献〕江戸叢書刊行会『江戸叢書』巻の四、柳田國男「一目小僧」（『一目小僧その他』）

河童の皿［かっぱのさら］

埼玉県熊谷市戸出《とで》に伝わる。**河童**が贈ってくれたというお皿。

むかし清水橋《しみずばし》で馬の尾についていた河童を赦《ゆる》して川に帰してやったところ、一〇枚の皿を河童が贈ってくれ、以後はいろいろなものを川に頼むと貸し出してくれた。あるとき皿を一枚割って壊してしまったところ、河童たちからはもう何も返答がなくなってしまったという。

残っていたお皿も、第二次世界大戦のアメリカ軍の戦闘機による焼き打ちの混乱のなかで失われてしまって、残されていないと語られている。

〔参考文献〕韮塚一三郎『埼玉県伝説集成』上

萱方城の魚［かやがたじょうのさかな］

萱方城（埼玉県坂戸《さかど》市）の跡地にあった弁天池の魚たちで、みんな片目だったという。

萱方城にいた浅羽《あさば》家が豊臣《とよとみ》家の軍勢に攻め滅ぼされたとき、片目だったお姫様が奮戦の末に池に身を投じて以後、魚たちが片目になったと語られる。のちに池は埋め立てられて田んぼになったというが、たたりが起きたとされる。

〔参考文献〕韮塚一三郎『埼玉県伝説集成』上

勘七猫［かんしちねこ］

「所沢《ところざわ》の勘七《かんしち》」という博徒《ばくと》の妻の「およし」が助けてやったという子猫で、およしが胸の病気で亡くなってしまったあと、そのすがたに化けて勘七の世話をしていた。

埼玉県所沢市に伝わる。勘七の留守中に猫たちと踊っていたところを常次郎《つねじろう》という乾分《こぶん》が目撃したことから化け猫であることがわかってしまい、常次郎の喉笛《のどぶえ》を喰い破って殺し、自身も舌を噛《か》んで死んだ。「勘七猫塚」のはなしとして語られている。

〔参考文献〕韮塚一三郎『埼玉県伝説集成』中

寒中の馬の夢［かんちゅうのうまのゆめ］

冬に馬の出て来る夢をみるのは火事の起こる前触れと語られていた。この夢をみてしまったら、家の大黒柱を濡《ぬ》れ拭《ぶ》きすれば防ぐことができるとされている。

埼玉県皆野町《みなのまち》などでいわれている。

〔参考文献〕石田祐子・須藤恵子・中林瑛子「埼玉県秩父郡皆野町日野沢の見聞（四）」（『西郊民俗』三十六号）

観音堂の虎［かんのんどうのとら］

武蔵野国吉見《むさしのくによしみ》（埼玉県吉見町）の観音堂の欄間《らんま》にあった虎の彫刻で、夜な夜な抜け出し田畑を走り回って荒らしたという。左《ひだり》甚五郎《じんごろう》の作であるとされる。

敬順《けいじゅん》『十方庵遊歴雑記《じっぽうあんゆうれきざっき》』（三編）に記されており、住職が鋸《のこぎり》で背から胴にかけて切れ目を入れたところ、抜け出さなくなったと語られている。

［参考文献］江戸叢書刊行会『江戸叢書』巻の五

綺麗な着物［きれいなきもの］

林や山の木の枝に、何でそんなところにあるのか不似合いなほどの綺麗な服が掛けられていたりするというもの。「……誰のものでもなかったりするのかな、……戻って拾って行こうかな」と、思い返して木のあるあたりに戻ろうとすると、一晩中道に迷ってしまったりするという。

埼玉県富士見市などでは、「おとうか」（**おとか、狐**）の仕業だと語られており、着物のことが気になって引き返したひとが、そのまま山の中を歩き回ったはなしなどがみられる。

［参考文献］埼玉県入間東部地区教育委員会連絡協議会『埼玉県入間東部地区の民俗―信仰・芸能・口承文芸の変貌―』

口裂け小僧［くちさけこぞう］

夜道を歩いていると前方に子供が歩いているので、「どこ行くの」と呼び掛けて顔を見たら、口が耳まで裂けたような大きな口だったりするという。

埼玉県戸田市などで語られる。**狢《むじな》**が化けていたなどといわれている。

［参考文献］戸田市史編さん室『下戸田の民俗』

倉松沼の主［くらまつぬまのぬし］

倉松沼（埼玉県幸手《さって》市）のぬしだという大きな白竜。

むかし主君の菩提《ぼだい》をとむらうため諸国を巡っていた擔願房幻夢《たんがんぼうげんむ》がこの沼のほとりで眠っていると、美女のすがたで白竜が現われ、近くにある轡瀬沼《くつわせぬま》の主を滅ぼした神《かみ》扇沼《おうぎぬま》の蛟《みずち》（兕虬《きょうきゅう》）退治ができたという礼をした。幻夢が笈《おい》に入れていつも背負っていた亡《な》き主君（藤原泰衡《ふじわらのやすひら》の弟・錦戸国衡《にしきどのくにひら》）が日夜祈っていた不動明王《ふどうみょうおう》像の力で、強大だった蛟の術がたまたまやぶれ、白竜は蛟を滅ぼすことができたのだという。

『華香山来迎院縁起《らいごういんえんぎ》』で書かれる縁起物語にみられる。倉松沼の主は「白竜弁天《はくりゅうべんてん》」として祀《まつ》られたとされる。倉松・轡瀬《くつわせ》・神扇《かみおうぎ》は土地の池として名をとどめている。轡瀬沼の主は残念ながら描写が全くなく、物語の上での個性がうかがえず、少々不憫《ふびん》ではある。

［参考文献］柴田常恵・稲村坦元（編）『新訂増補 埼玉叢書』第三

桑の杖［くわのつえ］

幽霊の突いている杖。桑でできている杖は、死んだひとに持たせる物として棺《ひつぎ》に入れるものであることから、普段の生活では用いることが忌《い》まれていた。（『川越地方郷土研究』、「東京都南多摩郡多摩村」）

東京都や埼玉県などでいう。埼玉県戸田

市などでは梅の枝を杖として棺に入れていた（『下戸田の民俗』）ともいい、桑の杖、梅の杖と各地で素材は違ってくるようである。幽霊たちの突いている杖も、あちこち土地が変われば材種も異なって来るのだろうか。

〔参考文献〕埼玉県立川越高等女学校校友会郷土研究室『川越地方郷土研究』第三冊、戸田市史編さん室『下戸田の民俗』、又吉葉子「東京都南多摩郡多摩村」（『西郊民俗』五号）

けばたけ

埼玉県両神村《りょうかみむら》（現・小鹿野町《おがのまち》）などでいう。よくないことがあったりしたいわれのあるような畑のことで、忌《い》まれている。

〔参考文献〕山崎泰彦「両神村の伝説と世間噺と鳥の昔話と—川塩地区を中心として—」（『埼玉民俗』八号）、埼玉県史編さん室『埼玉県史民俗調査報告書（山村地帯民俗調査）』

けぶ

妊娠しているように見えたが胎内に子供はいなかったというもの。「けぶを生んだ」といわれていた。「けぶ」とは「煙《けぶ》」という意味。（『新曽・上戸田の民俗』）

妖怪のようなものが胎内から出て来ない場合の**血塊**《けっかい》に意味合いが近い。

〔参考文献〕戸田市史編さん室『新曽・上戸田の民俗』

児喰い阿弥陀〔こくいあみだ〕

埼玉県川島町《かわじままち》の広徳寺にある阿弥陀如来《あみだにょらい》像。むかし泣き止まない子供に向かって「阿弥陀さまに喰わせるぞ」とおどしたところ、その子供のすがたが見えなくなってしまった。探してみると阿弥陀像の口に子供のものらしき髪がついており、像が笑ったという。像の首は切り落とされ、別の首がつけられたと語られている。

〔参考文献〕埼玉県立川越高等女学校校友会郷土研究室『川越地方郷土研究』第四冊

児喰い仁王〔こくいにおう〕

埼玉県鴻巣市《こうのす》の勝願寺にある仁王像。むかし夜になるとひとを襲ったり、子供を取って喰ったりするという噂が出たので、寺の僧侶によって木像の首は切り落とされ、別の首がつけられたという。（『埼玉の伝説』）

東京都調布市の深大寺《じんだいじ》にも同様なはなしが伝わり、仁王像と門をつぶして埋めたところを「仁王塚」と呼んでいる。（『東京の伝説』）。

埼玉県ときがわ町《まち》の慈光寺の仁王像には、**児喰い阿弥陀**のように、「泣くと仁王さまにくれてしまう」と泣く子をおどしたところ、仁王像が子供を食べてしまったというはなしが伝わる。仁王像は怒った母親によって谷底に突き落とされ、そのときに仁王が発した「おほ」という苦笑の声から「おほ沢」、「びりびり」という放屁《ほうひ》の音から「びり沢」という地名ができたともいう。

「仁王は嘘をつくのが嫌いだ」ということも、はなしのなかで示されている。（『川越地方郷土研究』、『埼玉の伝説』）

［参考文献］早船ちよ・諸田森二『埼玉の伝説』、武田静澄・安西篤子『東京の伝説』、埼玉県立川越高等女学校校友会郷土研究室『川越地方郷土研究』第四冊

【さ】

笹井の竹坊［ささいのたけぼう］

埼玉県狭山市の河童《かっぱ》。**伊草《いぐさ》の袈裟坊《けさぼう》**や**曼《まん》陀《だ》羅《ら》渕《ぶち》の河童**と親しかったと語られている。河童たちは、仏壇の線香のにおいや仏飯を非常に嫌っていたという。

［参考文献］早船ちよ・諸田森二『埼玉の伝説』、韮塚一三郎『埼玉県伝説集成』下

三角山の狐［さんかくやまのきつね］

埼玉県八潮市の三角山と呼ばれる塚には、**狐**たちがたくさん巣食っていたといい、「三角山を通ると狐に化かされる」とよく言い習わされていたという。

三角山は、武蔵国《むさしのくに》がまだ海ばかりだったころに行き交っていた舟のひとつで、宝物を積んだまま沈んでしまい、それが埋もれて山になって残ったものだ、とも語られていた。

［参考文献］『八潮の民俗資料』一

三本足の白烏［さんぼんあしのしろがらす］

足の三本ある烏《からす》で、にせものの太陽に化けて天下に大日照りをもたらした。

埼玉県に伝わるもので、むかし二つのお日様が出現してひとびとを大いに困らせた。片方は魔物であるということから、勇者が弓で射落としたところ、化けていたのは三本足の真っ白い烏だったという。この烏を弓で退治したことに由来する射魔《いるま》ということばから入間《いるま》（埼玉県入間市）の地名が生まれたと語られる。入間の由来を「魔を射たこと」につなげるはなしは広く語ら

れていたようである。

にせものの太陽を射た勇者は橘諸方《たちばなのもろかた》である（『埼玉県伝説集成』中）とも語られる。茨城県の**日輪《にちりん》の烏《からす》**も参照。


［参考文献］埼玉県立川越高等女学校校友会郷土研究室『川越地方郷土研究』第四冊、『川越市史』民俗編、韮塚一三郎『埼玉県伝説集成』中、埼玉県立歴史と民俗の博物館『絵で語る埼玉の民話』

三隣亡［さんりんぼう］

三隣亡の日には、神が屋根の上を通るので、竿《さお》に籠《かご》をつけて立てて置くという。すると「ここは籠屋《かごや》か」と、人家と見ずに神は通り過ぎて行ってしまうという。（『下戸田の民俗』）
埼玉県戸田市などに伝わる。神というのが**疫病神《やくびょうがみ》**や**厄神《やくじん》**のような存在なのかについては報告で言及されていないが、通り過ごさせる対処法を語っているところをみると悪いほうの神のようでもある。「屋根の上を通る」（『五霞村の民俗』）という「事八《ことよう》日《か》」の**鬼**との高い共通点がみられ、「三隣亡の日に来る」という部分は、伝承要素がシフトした結果なのだろうか。

［参考文献］戸田市史編さん室『下戸田の民俗』、五霞村歴史民俗研究会『五霞村の民俗』

獅子宮［ししのみや］

埼玉県南古谷村古市場《みなみふるやむらふるいちば》（現・川越市）に伝わる。むかし川に獅子頭《ししがしら》が流れて来て、それを村人が祀《まつ》ったものだという。

この獅子頭はいつも若い男のすがたに化けては遊ぶのが好きだったが、暮れのある日に遊びに行った先で餅《もち》をご馳走《ちそう》された。しかし今まで一度も食べたことがないものだったので、よくわからず、喉《のど》に詰まらせて倒れ、そのまま苦しみ悶《もだ》えて消え失せてしまった。それ以来、村の人たちは正月の五日間は餅を食べなくなったという。

鶴塚も参照。


［参考文献］埼玉県立川越高等女学校校友会郷土研究室『川越地方郷土研究』第四冊

地震鰻［じしんうなぎ］

ものすごく大きな鰻で、これが暴れ動くのが地震の原因であると考えられていたという。これを封じるために人々は鹿島《かしま》神社（茨城県鹿嶋市）の「要石《かなめいし》」を祀《まつ》り、鰻が動かないように押さえたという。

埼玉県越生町古池《おごせまちふるいけ》に伝わる。古池という地名は、この大きな鰻がすむ池があったからだと語られている。（新井良輔「越生の妖怪ばなし」）

鯰《なまず》（**地震鯰**）ではなく鰻が地震の原因として語られている例である。


［参考文献］新井良輔「越生の妖怪ばなし」（『あしなか』二百一輯）

邪神［じゃじん］

人々に良くないものをもたらす神々。関東各地の獅子舞《ししまい》などでは、天岩戸《あまのいわと》に天照大御神《あまてらすおおみかみ》がこもって世界が闇に包まれたと

き、邪神たちがはびこったと唄われたりもする。(『大衆芸能資料集成』二)

埼玉県秩父市寺尾の観音寺《かんのんじ》にある矢の堂の由来では、行基《ぎょうき》が観音像を造っていることを知り、神仏によって自分たちの住所がおびやかされると感じた**悪魔**や邪神たちが火を降らせたりするなどのありとあらゆる邪魔をしたとされ、八幡大菩薩《はちまんだいぼさつ》が神鏑《しんてき》(聖なる鏑矢《かぶらや》)を放ってこれをしりぞけた(『観音霊験記』)という。『秩父三十四所観音霊験円通伝《ちちぶさんじゅうよんしょかんのんれいげんえんつうでん》』(巻三)では「異類異形《いるいいぎょう》の邪の神」あるいは「悪鬼邪神《あっきじゃしん》」とも叙述されており、火や鉾《ほこ》を降らしたと書かれている。

火を用いて攻撃して来た点など、矢の堂のはなしの邪神や悪魔たちは、埼玉県飯能市の天竜寺に伝わる**吾野《あがの》の山の鬼**たちに行動は近しい。

「邪神」は「じゃじん」と読まれていることが多い。「魔神」が「まじん」であることを考えれば、よみかたとしては妥当だろう。

［参考文献］卍亭応賀・歌川国貞『観音霊験記』、卍亭応賀『百番観音霊験記』秩父、柴田常恵・稲村坦元(編)『新訂増補 埼玉叢書』第三、中村茂子・三隅治雄『大衆芸能資料集成』二 祝福芸二 大神楽

朱の魔［しゅのざい］

武蔵国比企郡《むさしのくにひき》の萬松寺《ばんしょうじ》(埼玉県東松山市柏崎)に伝わっていた徳川家康《とくがわいえやす》ゆかりの宝物で、朱色の絹《きぬ》を細く裂いてできている魔。その絹の先などがちぎれこぼれたものは、病魔や狐狸《こり》を払う力があると称され、魔のぼろぼろを数切れ紙に包んだものが配られていたという。

敬順《けいじゅん》『十方庵遊歴雑記《じっぽうあんゆうれきざっき》』(三編)に記されており、「産婦によく厄病を請《しょう》ず狐狸及《およ》び怪獣の患《うれ》ひなく疱瘡麻疹《ほうそうはしか》一切の魔除《まよけ》に奇妙によし」と称されていたというが、その効果について敬順は、多少あやしみつつ書き留めている。

［参考文献］江戸叢書刊行会『江戸叢書』巻の五

常福寺の坊さん［じょうふくじのぼうさん］

むかし常福寺というお寺の僧侶が死んだとき、足の裏に「常福寺」という字を書いて葬《ほうむ》ったことがあった。しかし、この僧侶は人間ではなく千葉県のある村で農耕用の牛として転生しており、生まれたときから体に「常福寺」という文字があったことから飼主に「常福寺っ、常福寺っ」と、呶鳴《どな》られながら一生労働をつづけたという。(『下戸田の民俗』)

埼玉県戸田市に伝わる。遺体に書いた文字や印が、全く別の土地に生まれた人や畜類に見られた、というはなしは古くから各地にあり、これもそのひとつである。「何に生まれ変わるか分からんから、死骸に字ィ書くもんじゃないッて」(『下戸田の民俗』)というまとめを結末につけて語られていたあたりは、おもしろい例である。

［参考文献］戸田市史編さん室『下戸田の民俗』

少林寺の猫［しょうりんじのねこ］

埼玉県寄居町《よりいまち》の少林寺にいた**猫**。茶釜《ちゃがま》の蓋《ふた》を持って人間のように踊っているのを僧侶に見つかって注意されたので寺を去ったが、そのとき数珠《じゅず》を置いて行った。

鉢形城《はちがたじょう》（埼玉県寄居町）の殿様が亡くなったとき、猫は葬列から棺《ひつぎ》を魔力で天空に引っぱりあげた。猫が去り際に言い残したとおり、数珠を投げて寺の名を唱えたところ、棺は戻り、少林寺の格は大いにあがったなどと語られる。（『埼玉の伝説』）

猫が**火車**《かしゃ》のような活動をとることで寺院に恩返しする内容で、各地に似たはなしが多く残されている。この少林寺のはなしでは猫が数珠を渡していったというかたちに特徴がある。

［参考文献］早船ちよ・諸田森二『埼玉の伝説』

白いワンピースを着た女［しろいわんぴーすをきたおんな］

定峰峠《さだみねとうげ》（埼玉県）の車道に現われるというもので、幽霊であるとも語られている。

走っている自動車やバイクを、ほほえみながら、ものすごい速さで追いかけて来て前に回り込み、ぶつかると思った瞬間には消えているという。

［参考文献］『平成十八年度　東京エリア怨念地図潜入レポート』

新光寺の狸［しんこうじのたぬき］

埼玉県所沢市の新光寺に伝わる。寺の庫裏《くり》にある囲炉裏《いろり》に**狸**がいつも居座って邪魔をしたり長話をしたりしたので、あるとき狸がうとうと居眠りをしている隙を突いて、和尚が狸の背中に火をつけた。狸は「あちちの新光寺、二度と来まい新光寺」と叫んで消え、寺には二度と来なかったという。

［参考文献］埼玉県立川越高等女学校校友会郷土研究室『川越地方郷土研究』第四冊、早船ちよ・諸田森二『埼玉の伝説』

新三位［しんさんみ］

埼玉県川越市の喜多院に伝わる。実海《じっかい》僧正が寺にいたころに、人間に化けて修行に励んでいたという**狸**。居眠りをしていたときに正体をみられてしまい、寺を去ったと語られる。

中島孝昌《なかじまたかまさ》『三芳野名勝図会《みよしのめいしょうずえ》』（下巻）にみられる。実海《じっかい》僧正が妙義山《みょうぎさん》（群馬県）に昇天する際に「三位」という名の小坊主が箒《ほうき》をかついで一緒になって飛んだが通力《つうりき》が足らずに途中で落下してしまったので、それを三位稲荷《いなり》として祀《まつ》った、というはなしも同書に載っているが、こちらでは特に狐《こ》狸《り》であるとは示されていない。

「三位」という名称は東京都の**筑紫三位**《つくしのさんみ》などとも関係が深いとみられる。

［参考文献］中島孝昌『三芳野名勝図会』

すいけんぼう

昼間は山蔭《やまかげ》にひそんでいるが、夜になると川を転がって来て人里に出て、夜遊びをしている者を戒めに来たという妖怪。

埼玉県名栗村《なぐりむら》（現・飯能市）に伝わる。頭は西瓜《すいか》みたいだと語られていたという。

［参考文献］『荒川』人文三、石丸まく人『埼玉妖怪図鑑』壱

煤川虻［すすがわあぶ］

埼玉県両神村煤川《りょうかみむらすすがわ》（現・小鹿野町《おがのまち》）に伝わる。夏になるとたくさん出て来る小型の虻《あぶ》で、喰われると非常に痛いとされる。

むかし大蛇が女性のすがたに化けて子供におっぱいをあげていたのを弓で射ってしまったところ、怒った大蛇が下煤川《しもすすがわ》を押しつぶしてしまった。そのときに死んだ人々の霊が虻になったといわれている。

［参考文献］韮塚一三郎『埼玉県伝説集成』中

諏訪湖の主［すわこのぬし］

埼玉県秩父市に伝わる。深い山の上に大陽寺をひらいた鬚僧大師《ひげそうだいし》（後嵯峨天皇の皇子、仏国国師《ぶっこくこくし》）のもとに娘のすがたになって現われ、身の回りの世話をつづけていたという。やがてこの娘は身ごもったが、「産屋《うぶや》を七日七夜見ないで下さい」という約束を、大師は破ってしまった。産屋のなかで娘は大蛇のすがたとなっており、子供も蛇であった。大蛇は悲しみながら子供を残して本来の棲家《すみか》である諏訪湖（長野県）へ去ったが、大師は子供を寺に置くわけにもいかず大血川《おおちがわ》に流した。それを拾ったのが畠山《はたけやま》家の姥《うば》で、この子が畠山重忠《はたけやましげただ》であると語られる。

［参考文献］早船ちよ・諸田森二『埼玉の伝説』

総髪の異人［そうはつのいじん］

川越城《かわごえじょう》（埼玉県）の武士・皆川市郎平《みながわいちろべい》（一郎平）の前に現われて、一ヶ月半ほど日本各地を連れて歩いていたというふしぎな存在。仙人や**天狗**のような存在とみられるが正体は不詳。

安政五年（一八五八）三月二五日の夜に、市郎平の前に鼠《ねずみ》色の着物に脚絆《きゃはん》・草鞋《わらじ》といった旅のすがたで現われ、そのまま各地に連れて行ったとされる。道中で市郎平が空腹を感じると、着物のふところから食事を出して食べさせてくれたという。真っ暗なよくわからない道に入ってしまった市郎平が「家があるな」と思って入って行ったところ、そこは同じ川越城の武士である渡辺洛平の屋敷で、五月一二日の夜になっていたという。

帰宅直後の市郎平本人が語ったそのときの回想を記したとされる文書は、殿様にも献上されたといい、赤尾村（現・埼玉県坂《さか》戸《ど》市）の名主・林信海《はやしのぶうみ》による「神かくし中の記并評説」（「川越藩士の神隠し―安政五年皆川市郎平の一件から―」）をはじめ、いくつも残っており、井上円了《いのうええんりょう》『妖怪学講

義《ぎ》』（心理学部門・三十九節）にも群馬県高崎町（現・高崎市）から送られた文書が参考資料として収録されている。

天狗とともに知らない土地へ行った・さらわれたといったはなしのひとつであるといえるが、回想に登場するのはどこどこへ行った・何を見たといった現実の日本各地を短期間で巡って来た道中記的な描写がほとんどであり、天狗や神仙の世界に行ったような内容は見られない。ただし、金毘羅《こんぴら》さま（香川県）参拝後なまぐさい寒風が吹くふしぎな道を歩いているうちに八王子（東京都）に着いた、海を下にみて空を歩いていたなど、移動中の様子にふしぎな描写がいくつかある。（「川越藩士の神隠し―安政五年皆川市郎平の一件から―」）

慶応三年（一八六七）に、川越城の松平《まつだいら》家が前橋城（群馬県）を再建して移ったという関係から、『前橋神女物語』にも、この皆川市郎平は登場しており、最近「妖物《ばけもの》」が家にいくつも現われ、いたずらをするようになったので困っているという質問を**長**《おさ》**壁姫**《かべひめ》にしている。長壁大神によるお告げでは、例の異人は善《よ》い性質の存在で、これが市郎平から離れて西の国へ潜んでしまったので妖怪たちがつけこんでいるのだと説かれた、と記されている。

［参考文献］井上円了『妖怪学全集』二、知切光歳『天狗の研究』、宮原一郎「川越藩士の神隠し―安政五年皆川市郎平の一件から―」（『川越市立博物館 博物館だより』七十六）、友清歓真『幽冥界研究資料』一

袖引小僧［そでひきこぞう］

埼玉県中山村（現・川島町《かわじままち》）に伝わる。夕暮れどきに上廓のあたりを通ると、背後から服の袖を引っぱって来たという。振り返っても誰もおらず、また歩きはじめると再び引っぱられたりしたという。

［参考文献］埼玉県立川越高等女学校校友会郷土研究室『川越地方郷土研究』第四冊

袖曳坂［そでひきざか］

埼玉県東松山市毛塚《けつか》にある坂で、ここで自分の衣服の袖《そで》を引っぱられた者は、その袖を切って近くにある木の枝に掛けないと、悪いことが起きるといわれていた。

利右衛門《りうえもん》という持丸《もちまる》長者が殺された場所だといわれており、その霊が袖を引っぱるとも語られている。

［参考文献］韮塚一三郎『埼玉県伝説集成』上

【た】

大魚［たいぎょ］

むかし川で釣りをしていたひとがものすごい大魚に襲われてあやうく呑み込まれそうになったが、持って来ていた餅《もち》を投げて助かった。それ以来、餅を川に供えるようになったという。（『下戸田の民俗』）

埼玉県戸田市川岸で、師走朔日《しわすついたち》（一二月一日）に川に餅を供える行事のはじまりのはなしとして語られている。水難・**河童**《かっぱ》よけとして関東で広く行われている「かぴたり餅」などと同様のものであり、ここでは水魔として大魚が用いられている。

［参考文献］戸田市史編さん室『下戸田の民俗』

大蓮寺［だいれんじ］

「大蓮寺の火」、「大蓮寺の炎光《ひのたま》」とも。埼玉県川越市の扇河岸《おうぎがし》から仙波《せんば》にぬける田んぼ道に出たという怪火。冬の小雨が降る日などに出たとされる。気にせずにいれば遠くに行ってしまうが、追い払おうとすると笠や傘にふわふわとつきまとって歩く邪魔をして来たという。（『武蔵野話』、『埼玉県伝説集成』下、『日本伝説叢書』北武蔵の巻）

『多濃武《たのむ》の雁《かり》』などでは、大蓮寺と呼ばれる山伏《やまぶし》の霊が、この火になって飛んでいる（『埼玉県伝説集成』下）とも語られている。

人間に触れて来たり、雨具などについて来たりすることを考えると、著星《ちゃくせい》や蓑火《みのび》などといった陰火《いんか》の仲間で、千葉県の**川蛍**《かわぼたる》などのような光の妖怪であるともいえる。

［参考文献］斎藤鶴磯『武蔵野話』、韮塚一三郎『埼玉県伝説集成』下、藤澤衛彦『日本伝説叢書』北武蔵の巻

高橋の鬼女［たかばしのきじょ］

柳瀬川《やなせがわ》にかかる高橋《たかばし》（埼玉県富士見市・志木《しき》市）に出たという**鬼**。

むかし志木に住む武士が難波田城《なんばたじょう》（埼玉県富士見市）へ使いに行った帰り道に、橋のたもとで道に迷ってしまったという女と出会ったので「わしの馬の後について来るとよい」と先導していたが、橋の途中で女は鬼の正体をあらわして背後から襲いかかって来た。武士はあぶないところで何とか一太刀《ひとたち》を浴びせたところ、鬼女は川に飛び込んですがたを消したという。

［参考文献］埼玉県入間東部地区教育委員会連絡協議会『埼玉県入間東部地区の民俗—信仰・芸能・口承文芸の変貌—』

滝本坊の天狗［たきもとぼうのてんぐ］

埼玉県鴻巣《こうのす》市の滝本坊にいたという**天狗**たち。慧慶法師は天狗たちに対し煮筍《にたけのこ》・煎豆《いりまめ》と称して竹の輪切り・小砂利《こじゃり》を食べさ

せたといい、それによって「こんな固いものをあんなにやわらかそうに食べるとは、人間とは強いものだ」と思わせていたと語られる。(『埼玉県伝説集成』下)

とても食べられないものを料理に偽装して食べさせ、人間が強いとみせる展開は各地にみられ、相手は**鬼**や**河童**《かっぱ》であることも多い。竹の輪切りを筍とみせて食べさせるのは数多くみられる定番偽装レシピ。

[参考文献] 韮塚一三郎『埼玉県伝説集成』下

竹ヶ渕の主 [たけがふちのぬし]

埼玉県富岡村(現・所沢市)の竹ヶ渕のぬしで、大きな蛇だという。

むかし瞽女《ごぜ》さんがこの渕に転落して死んでしまい、その霊が人頭蛇身のぬしとなって人々を襲ったりしたとされる。

[参考文献] 韮塚一三郎『埼玉県伝説集成』上

提灯お化け [ちょうちんおばけ]

埼玉県八潮市の八條と柿木《かきのき》のあいだの土手道には「提灯お化けが出る」といわれており、子供たちはそこで遊ぶのを恐れていたりしたという。(『八潮の民俗資料』二)

絵本や豆絵《まめえ》などで知られていた画像妖怪としての**提灯お化け**が、子供たちを驚かすための怕鬼《はき》要素にシフトされて語られるようになったものとみるのが自然か。

[参考文献]『八潮の民俗資料』二

提灯化物 [ちょうちんばけもの]

埼玉県戸田市などでは、**狐**たちの起こす**とうかっ火**《び》のことを、このように呼んだりもしている。

提灯《ちょうちん》のような怪火が二〇も三〇も並んでは消えたりするといい、**狐の嫁入り**とも呼ばれる。

[参考文献] 戸田市史編さん室『新曽・上戸田の民俗』

ちんちん山 [ちんちんやま]

埼玉県岡部町山川(現・深谷《ふかや》市)に伝わる。上伊奈利塚のことで、この上に登ると「ちんちん」という音が鳴るため、このように呼ばれていたという。

むかし塚を掘り返してみたひとがおり、鎧《よろい》などの武具が出土したが、そのひとは間もなく発狂してしまったという。出て来た武具を長養寺に奉納して詫《わ》びたところ、そのひとも正常に戻ったと語られる。

[参考文献] 韮塚一三郎『埼玉県伝説集成』中

釣鐘池 [つりがねいけ]

埼玉県深谷《ふかや》市の智形《ちかた》にあった池で、お盆の夜になると池の底に沈んでいる鐘が悲しげな声で泣くのが聴こえたという。

[参考文献] 深谷商工会『深谷町誌』

鶴塚［つるづか］

埼玉県八潮市にあった塚。竹が鬱蒼《うっそう》と生えており、**狐**や**狢**《むじな》も多くひそんでいるので入ってはいけないといわれていた。

この鶴塚のあたりに獅子頭《ししがしら》が洪水で流れ着き、疫病が流行ったこともあったという。その獅子頭は狢入《むじないり》と呼ばれる土地へ埋めて封じたとされる。

獅子宮《ししのみや》も参照。

［参考文献］『八潮の民俗資料』一

鶴の灰［つるのはい］

埼玉県に伝わる。天《てん》の鶴《つる》が落とすとされる灰。夏のお日様によって羽が燃え、灰が生じるとされる。
埼玉県八潮市などでは、八月の伏日《ふしび》とされる日には、天から「鶴の灰」が降って来るといい、それが体にあたると焼けてしまうので水浴びをしたり、外に裸で出てはいけないといわれていた。（『八潮の民俗資料』一）
伏日《ふしび》というのは、暦にある三伏《さんぷく》の日をさしており、田に行かないとされることが多い。「焼ける」は日焼け程度ではなく燃える、死ぬという具合に語られていた。天の鶴が何であるかは詳しく語られていないが、七草粥《ななくさがゆ》の七草を刻むときに唱える歌のなかで疫病や災禍をもたらす存在という文脈で語られる**唐土**《とうど》**の鳥**《とり》や鳳凰《ほうおう》に近い感覚のものであるといえる。
［参考文献］『八潮の民俗資料』一

でっかい鳥［でっかいとり］

猟師が夜鳥撃ちに行って待ち構えていたところ、**山鳥**《やまどり》の雄が枝に止まって眠りはじめた。鉄砲で撃ったが、ふしぎなことに四発とも山鳥は眠りながら羽を広げてそれを受け止めてしまった。五発目をお見舞いしたところ、山鳥に弾は当たったが、突如、でっかい鳥になり、どこかへ飛び去ってしまったという。

埼玉県皆野町《みなのまち》に伝わる。この猟師は話者の父親で、身近な体験談として語られている。翌日その場所に行ったら、弾が五粒、岩の上に綺麗《きれい》に並べてあったという。

［参考文献］中田稀介「聞き書き七題」（『秩父民俗』十一号）

手長［てなが］

「手長化《てながばけ》」とも。ばば池のほとりにあった榎《えのき》の大木のまたから出るといわれていた。

埼玉県八潮市の下大瀬に伝わる。池の近くで子供が遊んでいると「手長が出るぞ」などといわれていたという。

［参考文献］『八潮の民俗資料』二

手櫃渕の主［てびつのふちのぬし］

埼玉県荒川村（現・秩父市）にある手櫃渕のぬしで、竜宮《りゅうぐう》の乙姫だともいう。機《はた》織りが得意で水底で機を織っている。

むかし木樵《きこり》が斧《おの》を落としてしまい、それ

を探しに水の中に入ったところ、斧が機の糸を断ち切ってしまっていた。木樵が丁寧《ていねい》に詫《わ》びると、この糸巻をつかって欲しいものを渕に知らせれば贈ってやろうと約束された。木樵は長者になったが、そのひみつを聞き出した人々が次々に望みを渕に願ったので、竜宮からは何も届かなくなってしまったという。

［参考文献］韮塚一三郎『埼玉県伝説集成』上

天狗の花火［てんぐのはなび］

埼玉県倉尾村（現・小鹿野町《おがのまち》）に伝わる。天狗岩にいる「お天狗様」が夜空に打ち上げるといわれている花火で、とても綺麗《きれい》にみえるが、ふしぎなことに全く音は聞こえないという。

［参考文献］國學院大學民俗学研究会『民俗採訪』二十七年度

天狗の面［てんぐのめん］

猟師が山で**山鳥**《やまどり》を撃とうとしたところ、山鳥は**天狗**の面に化けた。それを鉄砲で打ち落としたところ、朴《ほお》の葉っぱになってしまったという。（『埼玉県史民俗調査報告書（山村地帯民俗調査）』）

埼玉県皆野町《みなのまち》で語られる。いろいろなすがたに次々と化けているところは、山鳥のへんげ動物としての語られ方としてみることもできそうな例である。

［参考文献］埼玉県史編さん室『埼玉県史民俗調査報告書（山村地帯民俗調査）』

天竜［てんりゅう］

埼玉県飯能市の天竜寺に伝わる。子《ね》の聖《ひじり》が**吾野**《あがの》**の山の鬼**たちに囲まれて火攻めにされたとき、「念彼観音力火坑変成池《ねんぴかんのんりきかきょうへんじょうち》」と観音に祈ると天竜が現われ、雨を降らせて助けてくれたという。『子《ね》の権現御縁起《ごんげんごえんぎ》』には「竜鱗石《りゅうりんせき》」は、天竜が雨を降らしたときに落とした鱗《うろこ》がなった石だと語られている。

天竜寺で配られていた火防御守には雲に包まれた竜鱗石の絵も描かれている。

［参考文献］江戸叢書刊行会『江戸叢書』巻の五、柴田常恵・稲村坦元（編）『新訂増補 埼玉叢書』第三、埼玉県立川越高等女学校校友会郷土研究室『川越地方郷土研究』第四冊、八王子市郷土資料館『家内安全・無病息災 ～庶民の願い～』、早船ちよ・諸田森二『埼玉の伝説』

とうかっ火［とうかっび］

狐火《きつねび》のこと。提灯《ちょうちん》がいくつも並んでいるような光が列をつくりながら、点滅したりしたという。埼玉県など各地で呼ばれているもので、「狐のとうかっ火」とも呼ばれる。（『埼玉県史民俗調査報告書（山村地帯民俗調査）』、『新曽・上戸田の民俗』）

埼玉県皆野町《みなのまち》などでは、この行列が見えてしまったときは、履物《はきもの》を脱いで裏返しにしてその上に座り、煙草《たばこ》を吸えば消えるといわれていた。（『埼玉県史民俗調査報告書（山村地帯民俗調査）』）

［参考文献］埼玉県史編さん室『埼玉県史民俗調査報告書（山村地帯民俗調査）』、戸田市史編さん室『新曽・上戸田の民俗』

どうさき

ひとに取《と》り憑《つ》いたりする獣。**尾裂《おさき》**などの仲間か。

埼玉県東秩父村で、四歳の子供が夜になるとうなされて暴れるので神官に見てもらったところ、これは茨城県のほうから来た「どうさき」が憑いていると判断されたという。子供の肌着には小動物の足跡がついていたという。

［参考文献］中田稀介「どうさきの話」（『秩父民俗』十号）

【な】

生団子［なまだんご］

「なまだご」とも。埼玉県などに伝わる憑《つき》物《もの》。

敬順《けいじゅん》『十方庵遊歴雑記《じっぽうあんゆうれきざっき》』（四編）には、秩父郡に伝わるものとして**ねぶっちょう**、なまだご、お崎狐《さきぎつね》（**尾裂《おさき》**）が挙げられている。これが憑いている家では月見のときなどに団子を蒸しても、必ずそのなかに三つだけ生のものがあるといわれていた、と記されている。

［参考文献］関根邦之助「憑きもの信仰と家筋」（『秩父民俗』十号）、江戸叢書刊行会『江戸叢書』巻の六

祢々［ねね］

埼玉県戸田市内谷《うちや》の「ねねが渕」と呼ばれるあたりに出たという**河童《かっぱ》**で、朝に田畑に向かう人々の前にすがたを現わしてびっくりさせたなどと語られている。

［参考文献］韮塚一三郎『埼玉県伝説集成』下

ねぶっちょう

埼玉県に伝わる憑物《つきもの》。小さい蛇のすがたをしているとされる。敬順《けいじゅん》『十方庵遊歴雑記《じっぽうあんゆうれきざっき》』（四編）にみられる。

［参考文献］江戸叢書刊行会『江戸叢書』巻の六、関根邦之助「憑きもの信仰と家筋」（『秩父民俗』十号）、韮塚一三郎『埼玉県伝説集成』中

ねろは

二八日《にようか》の日（二月八日と一二月八日）には目がひとつの**鬼**が来るという。「ねろは」（寝ろ!!）と家にやって来るとも語られてお

り、早く眠るか、音も立てずに静かにしているものだとされていた。

埼玉県幸手《さって》市・加須《かぞ》市などでいわれる。「にようか」と「寝ようか」の音が似ているためにこのようにいわれている（『埼玉の民俗　年中行事』）ともいう。

事八日に「ねろは」がやって来ると語られていた例は茨城県総和町（現・古河市）などにもみられる。（『北関東のササガミ習俗』）

［参考文献］長井五郎『埼玉の民俗　年中行事』、文化庁文化財部『北関東のササガミ習俗』

【は】

白衣を着た女たち［はくいをきたおんなたち］

埼玉県上福岡《かみふくおか》市（現・ふじみ野市）の第一中学校の校舎の西あたりに真夜中一二時になると現われると語られている。真っ白い白衣の何人もの女のひとのようなもの。ぼんやりと薄《うす》かすんだすがたで、何も声を発せず、みんなただ黙ってたたずんでいるという。

第二次世界大戦の末期、アメリカ戦闘機による市街地への焼き打ちに遭って死んでしまった者の霊で、みんな白衣を着ているのは、彼女らがそこで多数亡くなった看護にあたっていたひとたちだからだという。

［参考文献］岩川隆「現代人の怪奇・幽霊譚」（『潮』昭和五十年九月号）

化け大日如来［ばけだいにちにょらい］

天を突くほどに大きな大日如来のすがたで突然現われては、夜道を行くひとをびっくりさせたという。猟師が「これは狐か狸だ」と察して鉄砲でその蓮華座《れんげざ》を撃つと、すがたを消した。調べてみると大きな狐が死んでいたという。

埼玉県東秩父村に伝わる。

［参考文献］韮塚一三郎『埼玉県伝説集成』上

ばけんじい

妖怪を示すことば。埼玉県川越市などでいう。

［参考文献］能田太郎「お化考」（『郷土研究』七巻七号）

バスの女［ばすのおんな］

埼玉県蕨《わらび》市で語られる。むかし戸田へ向かうバスに、とてもきれいな女の人が乗って来ることがあったが、鏡を使って見てみると、そのすがたは映り込んでなかったという。

［参考文献］『蕨地区の民俗』

畑トンネルの人面犬［はたけとんねるのじんめんけん］

畑トンネル（埼玉県飯能市）に出ると語られていた人面犬。普通の犬だが、顔だけが人間そのものだといわれる。

畑トンネルは「幽霊が出る」といった噂が語られていた場所で、そこに人面犬のはなしが加えられて語られていたようである。『関東近郊 幽霊デートコースマップ』に書かれている「ちまたでのうわさ」という解説欄には、この人面犬の存在の由来として、愛犬とともにトラックにはねられてしまった少年が、成仏できずに人面犬になってしまったと記されている。

［参考文献］幽霊探検隊『関東近郊 幽霊デートコースマップ』

初戌の麦［はついぬのむぎ］

一〇月の初戌《はついぬ》の日には、麦を撒《ま》いてはいけないとされていた。作神様《さくがみさま》がその日に死んだからだといい、この日に麦を撒くと必ず誰かが死ぬと忌《い》まれていた。

埼玉県神泉村《かみいずみむら》（現・神川町《かみかわまち》）などに伝わる。群馬県の**くだん**も参照。

［参考文献］埼玉県史編さん室『埼玉県史民俗調査報告書（山村地帯民俗調査）』

はなかけ地蔵［はなかけじぞう］

埼玉県草加市青柳町《あおやぎちょう》にある地蔵で、夜中になると「おばけ」になって出るといわれていた。

［参考文献］『八潮の民俗資料』二

花園左衛門督長臣某［はなぞののさえもんのとくのちょうしんなにがし］

埼玉県横瀬町《よこぜまち》の法長寺に伝わる。武蔵国《むさしのくに》末野《すえの》（埼玉県）の花園城の花園左衛門（花園左衛門督）の家臣のひとりは性来邪悪で、**平将門**《たいらのまさかど》の軍に加わったが官軍に敗れて逃亡。山に潜伏していたが、死んで畜《ちく》生道《しょうどう》に落ち牛になってしまった。戦いが鎮まってから戻って来た妻子と出会うと、牛のすがたでひざまずき、出家して後世を弔《とむら》ってくれることを頼み、死んだという。

［参考文献］卍亭応賀・歌川国貞『観音霊験記』、卍亭応賀『百番観音霊験記』秩父、柴田常恵・稲村坦元（編）『新訂増補 埼玉叢書』第三

一つ目小僧［ひとつめこぞう］

目が一つで、背が一丈（約一・八メートル）ぐらいもある大きな妖怪。埼玉県川越市には、むかし善空《ぜんくう》という僧侶が小畔川《こあぜがわ》のほとりでこれに呼び止められたというはなしが残されている。

〔参考文献〕埼玉県立川越高等女学校校友会郷土研究室『川越地方郷土研究』第四冊

伏日〔ふしび〕

八月の伏日とされる日に、田に仕事へ行くと天から**火の雨**が降るとされ、外に出てはいけないといわれていた。（『八潮の民俗』二）

埼玉県などに伝わる。暦にある三伏《さんぷく》の日をさしており、実際に火が落ちて来て稲《いね》が灰になってしまうというわけではなく、暦でいわれる天火《てんか》や地火《ちか》などのように不作になることを意味する知識から来ている。**鶴の灰**が降るともいう。

〔参考文献〕『八潮の民俗資料』二

振分髪〔ふりわけがみ〕

お産で死んだひとは、湯灌《ゆかん》のときに髪を剃《そ》らず、振分髪にして葬《ほうむ》るものだとされていた。こうしておくとあの世で「血の池地獄」を渡らせられるときに、髪が近くに生えている「地獄《じごく》の柳《やなぎ》」に巻き付いて上手く渡ることができるからだという。

埼玉県原市場村《はらいちばむら》（現・飯能市）などに伝わる。

〔参考文献〕埼玉県立川越高等女学校校友会郷土研究室『川越地方郷土研究』第三冊、『川越市史』民俗編

舌出椿〔べろだしつばき〕

埼玉県深谷《ふかや》市に伝わる。高台院にあったという椿の木で、雨の降る日には、花弁が人間の舌になってべろべろと動いていると語られていた。

〔参考文献〕深谷商工会『深谷町誌』

便所神〔べんじょがみ〕

埼玉県越谷市では、「午後六時に便所に入るな」といわれていた。もし入ると便所神におしりを引っかかれるという。（「埼玉県越ヶ谷地方の俗信」）

「午後六時に」という部分が、午後六時ちょうどぴったりという意味なのかどうかについては未詳。少なくとも近代以後の言いまわしであることはわかるが、それ以前はどのように表現していたのかは、気になるところ。

〔参考文献〕福島憲太郎「埼玉県越ヶ谷地方の俗信」（『旅と伝説』六巻三号）

ぼうこう

埼玉県戸田市などでいわれる。子供が夜遅くまで遊んでいたり、起きていたりすると「ボーコーが来る」といって大人たちはおどかしていた。（『新曽・上戸田の民俗』）

「ぼうこう」というのは鳩《はと》や郭公《かっこう》の鳴き声を示すことば（『新曽・上戸田の民俗』）で、「ボーコー、ボーコー」などと用いられており、**ごうへ**や**おくぽ**など鳥の鳴き声に関連することばと重なっても来る。

〔参考文献〕戸田市史編さん室『新曽・上戸田の民俗』

【ま】

まみ

目がひとつの鳥で「マミー」と鳴くといい、これを聴くと子供は怖くて泣いたりしたと語られる。ひとに危害は加えたりしないらしい。（『白岡町史』民俗編）

埼玉県白岡《しらおか》市などでいわれる。「まみ」という鳴き声が何を現わしているのかは不明である。「魔魅」（『埼玉妖怪図鑑』参）だろうかという想像は立てられている。

ごうへや**おくぽ**などのように、鳥の鳴き声に子供を怖がらせる要素を持たせたものと見受けられるが、どんなかたちの鳥かが言及されている点は興味深い。目がひとつという特徴は**鳥追《とりお》いの鳥《とり》**の歌の文句にも存在する鳥に関した言いまわしだが、どこまで関係があるかは未詳。

［参考文献］『白岡町史』民俗編、石丸まく人『埼玉妖怪図鑑』参

曼陀羅渕の河童［まんだらぶちのかっぱ］

「曼荼羅淵」とも。埼玉県所沢市久米《くめ》の河童。**伊草《いぐさ》の袈裟坊《けさぼう》**や**笹井《ささい》の竹坊《たけぼう》**と親しかったと語られている。

曼陀羅渕は持明院にある池で、寺の人々が井戸に何かを落としたりすると、それを渕に浮かべてくれたというはなしは敬順《けいじゅん》『十方庵遊歴雑記《じっぽうあんゆうれきざっき》』（初編）にもみることができる。

［参考文献］早船ちよ・諸田森二『埼玉の伝説』、韮塚一三郎『埼玉県伝説集成』下、江戸叢書刊行会『江戸叢書』巻の三

飯を食わない嫁っこ［まんまをくわないよめっこ］

埼玉県八潮市に伝わる昔話に出て来るもの。「ごはんを食べない嫁が欲しい」という男の家にやって来たお嫁さんで、正体は大蛇。

産室をのぞき見たら嫁っこが大蛇になっていたので夫は逃げ出す。呑み込まれそうになるが、菖蒲《しょうぶ》のしげみに隠れることで命が助かったと語られる。

「食わず女房」の昔話であるが、ごはんに関する展開は皆無で、正体を見てしまうのも留守中の食事ではなく、「のぞいてはいけない」と注意された出産の場面を見るという構成になっている。

［参考文献］『八潮の民俗資料』二

水潜の蛇［みずくぐりのへび］

埼玉県皆野町日野沢《みなのまちひのざわ》に伝わる。水潜寺《すいせんじ》の近くに住んでいた喜右衛門《きうえもん》という男が草刈

りの最中にうっかり大きな蛇の頭を鎌で切ってしまった。頭だけになってしまった蛇は草刈籠《くさかりかご》の中に隠れて喜右衛門の家に侵入して、水甕《みずがめ》に飛び込んで呪おうとしていたが、たまたま入って来た盗人がこれを見て喜右衛門に知らせた。盗人はお礼に豆をたくさんもらって帰ったという。

［参考文献］石田祐子・須藤恵子・中林瑛子「埼玉県秩父郡皆野町日野沢の見聞（四）」（『西郊民俗』三十六号）

明星山の疫神［みょうじょうざんのえきじん］

埼玉県横瀬町《よこぜまち》の明智寺《あけちでら》に伝わる。『秩父《ちちぶ》三十四所観音霊験円通伝《さんじゅうよんしょかんのんれいげんえんつうでん》』（巻二）では、むかし明智寺を信奉する武士が本尊の如意《にょい》輪観音《りんかんのん》を持山《もちやま》に移動させ、あたらしいお堂を建てたところ、横瀬の里で疫病が大流行した。霊夢に従って本尊を山に戻したところ人々はみんな回復したと語られている。明星山は里一帯の艮《うしとら》（鬼門《きもん》）の方角にあたり、その空席に**疫神**が居座っていたのだと霊夢では語られている。

［参考文献］柴田常恵・稲村坦元（編）『新訂増補　埼玉叢書』第三

無間鐘［むげんのかね］

ひとたび撞《つ》くと七代ぶんの福が舞い込むが、死後は必ず無間《むげん》地獄に落ちることになるというふしぎな鐘。

無間山（静岡県掛川市《かけがわし》）のものが有名だが、埼玉県吾野村《あがのむら》（現・飯能市）の高山不動（常楽院）の鐘も、これであるといわれていた。

［参考文献］埼玉県立川越高等女学校校友会郷土研究室『川越地方郷土研究』第四冊

狢の泥［むじなのどろ］

夜道を歩いていると、**狢**《むじな》が泥をぶっつけて来たりするという。埼玉県八潮市など各地に伝わる。

［参考文献］『八潮の民俗資料』一

女鹿岩の大蛇・男鹿岩の大蛇［めがいわのだいじゃ・おがいわのだいじゃ］

弓立山《ゆみたてやま》（埼玉県）にある岩にそれぞれ宿っているとされる大蛇で、一年に一度七月一五日（あるいはは七月七日）の夜に空を飛んで、互いに逢うことが許されていたという。

埼玉県平村雲河原《くもがわら》（現・ときがわ町《まち》）に伝わる。この大蛇が飛んで行くのを見てしまうと凶事がふりかかるとされており、むかしはその日の夜になると誰も外には出なかったという。

［参考文献］神山弘「慈光山の伝説」（『あしなか』十六輯）

【や】

夜行鬼［やぎょうき］

埼玉県秩父市山田の真福寺《しんぷくじ》に伝わる。むかし大棚《たいほう》禅師は本尊の置かれていた鬼丸《おにまる》の岩屋《いわや》にこもってお経を唱えていた。すると、そこに竹の杖を突いた老婆がやって来るようになり、経を聴いたり、花や木の実を持って来たりした。その正体は悪の心を持った結果「夜行鬼」になったという里の農家の妻で、大棚の唱える経によって鬼道《きどう》から逃れ仏果《ぶっか》を得ることができた。最後には、いつも突いていた竹の杖を「これを布《ふ》施《せ》として置いてゆきます」と渡してすがたを消したという。

『秩父三十四所観音霊験円通伝《ちちぶさんじゅうよんしょかんのんれいげんえんつうでん》』（巻一）には「夜行の鬼」とある。

［参考文献］卍亭応賀・歌川国貞『観音霊験記』、卍亭応賀『百番観音霊験記』秩父、柴田常恵・稲村坦元（編）『新訂増補　埼玉叢書』第三

疫病神の子［やくびょうがみのこ］

七夕の日に雨が降らなかったりすると生まれて来て、この世に悪疫をもたらすという疫病神たち。天の川を渡った**七夕様**のあいだに生まれるとされる。（『川越市史』民俗編、「たなばたの日の雨」）

埼玉県では狭山市・白岡《しらおか》市など各地に伝わる。**三千《さんぜん》の悪神《あくじん》**などと同様の考え方のもので、やはり三粒でも降れば雨は降ったことになって天の川は激流になり、七夕様が逢えず、この子たち（疫病神）は生まれないとされていた。（「たなばたの日の雨」）

埼玉県では他にも、上尾《あげお》市などでは七夕様は病気や災いの神である（『川越市史』民俗編）、神泉村《かみいずみむら》（現・神川町《かみかわまち》）などでは雨が降らないと七夕様が天の川を渡って出会ってしまうので悪い（『埼玉県史民俗調査報告書（山村地帯民俗調査）』）といった語られ方をされている。

［参考文献］『川越市史』民俗編、埼玉県史編さん室『埼玉県史民俗調査報告書（山村地帯民俗調査）』、井上浩「たなばたの日の雨」（『埼玉民俗』二号）

八つ目小僧［やつめこぞう］

八日節供《ようかせっく》（二月八日）の日に家々にやって来るとされる存在。みけ（目籠《めかご》）を竿《さお》の先につけて立てておけば、自分より目の数の多いやつがいる、と驚いて逃げるといわれている。埼玉県八潮市などに伝わる。単純に「魔物が来る」ともいわれる。

［参考文献］『八潮の民俗資料』二

夜道怪［やどうかい］

「宿《やど》かい」、「やどうけ」とも。埼玉県小川町などに伝わる。夕方遅くまで子供が外で遊んでいたりすると、これにさらわれると

大人たちが注意していたという。

　白装束を着て、白足袋《たび》に草鞋《わらじ》ばきのすがたをしていると語られている。「やどうかい」、「やどかい」などのことばは、行商をしながら各地を巡っていた高野聖《こうやひじり》が家々に宿を乞《こ》うときの掛け声がもとになっており、それが子供を戒めるときに用いられていったものだという。同様な存在に「しらが御婆《ばば》」というものも語られていたという。

［参考文献］韮塚一三郎『埼玉県伝説集成』下

梁［やな］

　川越城《かわごえじょう》（埼玉県川越市）に伝わるぬし。太田道灌《おおたどうかん》が築城したとき、城の掘割《ほりわり》のまもり神として祀《まつ》っており、戦の際に霧や風を発生させたり、水を動かしたりして敵陣を乱したとされる。

　「梁」という用字は敬順《けいじゅん》『十方庵遊歴雑記《じっぽうあんゆうれきざっき》』（三編）の「川越城内みよしの天神」に登場する表記に拠《よ》る。敬順は初編の「みよしの里の風色よな川の由来」では、ほぼ同様な内容のぬしのはなしを「よな」という名前で紹介しており、そちらでは女性ということが知られているというはなしを記載し、敬順本人は「大蛇の類なるべし」との考えを述べている。このため、**世祢姫**《よねひめ》と関係が深いのではないか（『妖怪事典』・「ヤナ」、『埼玉妖怪図鑑』四）とも考えられている。なお、川越城《かわごえじょう》の「梁」

［参考文献］江戸叢書刊行会『江戸叢書』巻の五、江戸叢書刊行会『江戸叢書』巻の三、村上健司『妖怪事典』、石丸まく人『埼玉妖怪図鑑』四

山の神の目隠し［やまのかみのめかくし］

　山道を歩いているとき、月夜のはずなのに突然目の前が真っ暗になってしまって、進めているのか進めていないのかもわからなくなり、困ってしまうというもの。（『民俗採訪』）
　埼玉県倉尾村（現・小鹿野町《おがのまち》）などでいわれる。山の神が目をふさいで目隠しをしていると語られている。**狐**や**狸**などが同様のことをするというはなしも広く各地にみられ、歩くのを阻《はば》むとされる。
［参考文献］國學院大學民俗学研究会『民俗採訪』二十七年度

山の神の弓矢［やまのかみのゆみや］

　埼玉県横瀬村《よこぜむら》（現・横瀬町《よこぜまち》）などに伝わる。白空木《しろうつぎ》に藤蔓《ふじづる》の弦を張った弓と、葦茅《よしがや》の矢で、二月の初申《はつさる》の日に造られ、一升餅《いっしょうもち》とともに山の神に供えられる。**悪魔**たちを退けるものであるとされている。

［参考文献］埼玉県史編さん室『埼玉県史民俗調査報告書（山村地帯民俗調査）』

山引き［やまひき］

　埼玉県などに伝わる。大規模な山崩れのこと。大蛇や**竜**などが池などをつくるために引き起こすと考えられていた。

　群馬県などの**蛇崩**《じゃくえ》もおなじもの。

［参考文献］韮塚一三郎『埼玉県伝説集成』中

四ッ尾［よっお］

武蔵国《むさしのくに》野本村（埼玉県東松山市野本）の無量寺に住んでいた**白狐**。しっぽが四つあったという。

敬順《けいじゅん》『十方庵遊歴雑記《じっぽうあんゆうれきざっき》』（初編）には、「無量寺に長いこと住んでいたが身持ち不良から、箭弓稲荷《やきゅういなり》（埼玉県東松山市箭弓町）のもとに移り、厄介になっていたが、そこも鶏《にわとり》を盗み食いして居られなくなり、よんどころなく無量寺に戻って来た」と詑《つい》た小坊主の口を通じて履歴を語り、社《やしろ》を建てて祀《まつ》るよう要請したことが記されている。「戸井田四尾稲荷大明神」として祀られたという。

「名をば戸井田といえり」と称しており、戸井田という苗字《みょうじ》らしい。

［参考文献］江戸叢書刊行会『江戸叢書』巻の三

四つん這いの女［よつんばいのおんな］

正丸峠《しょうまるとうげ》（埼玉県横瀬町《よこぜまち》）に出ると語られている。夜遅くにバイクや自動車で走っているとバックミラーに女が立っているのが見え、やがてそれが恐ろしい形相になって四つん這いの姿勢になり、すごい速さで追い駆けて来るという。

［参考文献］幽霊探検隊『関東近郊 幽霊デートコースマップ』

夜盗虫［よとうむし］

埼玉県川越市杉下などでは、川越の戦《いくさ》で討死《うちじに》した武士たちの霊が、田畑を荒らす夜盗虫の群れになったとされており、「弁千代《べんちよ》」と三回呼びかけると逃げて行くといわれていた。

弁千代というのは、その戦で大奮戦したとされる美しい若武者の名前。

［参考文献］韮塚一三郎『埼玉県伝説集成』上

世祢姫［よねひめ］

川越城《かわごえじょう》（埼玉県）に伝わる。むかし太田《おおた》道灌《どうかん》が朝いちばんにやって来た者をいけにえとして捧《ささ》げると**竜**に誓い、築城の祈願をしたが、そこにやって来たのは娘の世祢姫で、誓いを破ることはできず、いけにえとして沈められたとされる。それ以後、世祢川に小石を投げて「およねさん」と呼ぶと返事が聴こえて来るなどと語られている。（『埼玉県伝説集成』上）

川越城の**梁**《やな》も参照。

［参考文献］韮塚一三郎『埼玉県伝説集成』上

【ら】

竜体院［りゅうたいいん］

蕨城《わらびじょう》（埼玉県）の渋川《しぶかわ》の奥方様で、榛名湖《はるなこ》（群馬県）に身を沈めて**竜**になってしまったとされる。雨や**雹嵐**《ひょうらん》といった天候を左右する存在として、人々から祀《まつ》られていた。（『塚越地区の民俗』）

雨が降らず日照りがつづいたときは、榛名湖の水をもらって来て、田んぼの畔《あぜ》に撒《ま》くと雨が降る（『塚越地区の民俗』）などとも語られている。

埼玉県蕨市などに伝わる。跡を追って身を沈めた腰元《こしもと》たちが**腰元蟹**《こしもとがに》になったという

展開も含め、群馬県の**木部姫**《きべひめ》などの言い伝えと重なっている部分がとても大きい。（『埼玉県伝説集成』下）

［参考文献］『塚越地区の民俗』、韮塚一三郎『埼玉県伝説集成』下

六天［ろくてん］

埼玉県八ツ保村《やつほむら》（現・川島町《かわじままち》）に伝わる**天狗**で、梟《ふくろう》に化けて「子供が食べたいホーホー」などと鳴いていたという。あるとき、小豆《あずき》をざくざく洗っていた**小豆婆**《あずきばばあ》を、この六天が捕って食べてしまったとも語られる。（『川越地方郷土研究』）

小豆婆を食べたということが何を示しているかは報告内で詳しく語られていないので、前後の内容が不鮮明なのだが、**小豆洗**《あずきあらい》たちのような存在は天狗に捕食されることもあるということが語られていた事実情報は、とりあえず知ることができる。

［参考文献］埼玉県立川越高等女学校校友会郷土研究室『川越地方郷土研究』第四冊

【わ】

椀箱沼［わんばこぬま］

武蔵国《むさしのくに》の一ツ木《ひとつぎ》（埼玉県吉見町《よしみまち》一ツ木）にある沼。お膳が必要になったとき、必要な数を書いた紙を水中に投げ込むと貸してくれたという。（「隠れ里」）

武田《たけだ》家の原美濃守虎胤《はらみののかみとらたね》の妻となっていた諏訪湖（長野県）の**竜**が、虎胤の吉見への移住に付き添って来て、この沼に宿り、虎胤たちのために道具を出してくれたとも語られている。（『埼玉県伝説集成』上）

［参考文献］柳田國男「隠れ里」（『一目小僧その他』）、韮塚一三郎『埼玉県伝説集成』上

千葉県

【あ】

青物の火［あおもののひ］

竈《かまど》や囲炉裏《いろり》で火を焚《た》くとき、火の中へ青物（菜っぱなどの野菜）をぶち込んで燃やすのは良くない、火が怒って、糸を煮て染めるときに色が染まらなくなってしまうといわれていた。（「国々の言い習はし（二）」）

千葉県印旛《いんば》郡などでいわれる。火に入れてはいけないとされていたものは多数あるが、いずれも火や竈を守る存在が、怒るので罰があたるとする形式のものが多い。**縄《なわ》の火《ひ》**や**朝縄夜藤《あさなわよふじ》**なども参照。

一方、葱《ねぎ》などのにおいの強いものを**鬼**や**悪魔**よけのために大晦日の日など特定の日に燃やす行事も存在する。

［参考文献］「国々の言い習はし（二）」（『郷土研究』二巻十号）

赤きもの［あかきもの］

南の方角の海から浜辺に流れ着くというまるく固まったふしぎなもので、陸地に漂着するとたちまち赤蜻蛉《あかとんぼ》の群れとなって北の空へ向かって飛び散ってゆくという。

津村正恭《つむらまさやす》『譚海《たんかい》』（巻一）にみられるもので、上総国《かずさのくに》（千葉県）の海辺に秋の末頃になると「丸くかたまりたる赤きもの」が流れ着くというはなしに記されている。

［参考文献］津村正恭『譚海』

赤褌狐［あかふんどしぎつね］

千葉県佐倉市の飯田に出たという**狐**で、赤い褌《ふんどし》を絞めており、歩いているひとに対し「相撲《すもう》をとろう」と挑んで来たり、いたずらをして来たりしたという。

［参考文献］佐倉市教育委員会『たんたん山—佐倉市の民話—』

灯りを点した女［あかりをともしたおんな］

灯りを点した若い女が、ひとの往来もほとんどない夜の山道に突然現れたりするもの。猟師が「これは魔物に違いない」と思って鉄砲で撃つが、全く手ごたえがなく、翌朝見に行っても何も倒れていなかった。そんなことが何度もつづいたので、あるとき女の持っている灯りに狙いを定めて鉄砲を撃ったところ、ものすごい絶叫とともに女はすがたを消した。またその翌朝調べに行くと、白髪《しら》じいじ（年を経《へ》て毛の白い）な大猿《おおざる》が死んでおり、これが化けていたものだと知れたという。

千葉県鴨川市に伝わる。持っている灯りが弱点本体だとする展開のはなしは各地に広く見られる。

［参考文献］千葉県文学教育の会『千葉のむかし話』

赤ん坊［あかんぼう］

土手の上で泣いている赤ん坊。可哀そうに思って家に拾い帰ると、鳥の羽根になってしまっていたという。（『野田市民俗調査報告書 今上・山崎の民俗』）

千葉県野田市などに伝わる。**狢**《むじな》などが化かしていたと語られており、**赤ん坊を抱いた綺麗**《きれい》**な女**の結末に出て来る正体と重なっている。茨城県の**白鷺**《しらさぎ》も**産女**《うぶめ》の様式でひとを化かしていることともあわせて、各地の例も眺めてみたい要素である。

［参考文献］野田市史編さん委員会『野田市民俗調査報告書 今上・山崎の民俗』

赤ん坊を抱いた綺麗な女［あかんぼうをだいたきれいなおんな］

夜道に立っている女のひと。「チョット抱いていて下さい」と言って赤ん坊を渡すと、どこかへ行ってしまう。いくら待っても帰って来る気配がないので、家に連れて帰り、気がつくと、抱いていた赤ん坊だと思っていたものは鳥の骨だったという。（『長柄町の民俗』）

千葉県長柄《ながら》町《まち》などに伝わる。**狐**に化かされたはなしとして語られている。用いている素材の違いはあるが、手法自体は『今昔《こんじゃく》物語集《ものがたりしゅう》』の時代から存在する**産女**《うぶめ》の化かし方ではある。茨城県の**白鷺**《しらさぎ》なども参照。

［参考文献］東洋大学民俗学研究会『長柄町の民俗』

悪楼王［あくろおう］

「悪縷王」、「阿久留《あくる》王」とも書かれる。「六《む》手《て》王」、「阿久呂《あくろ》王」、「あくり王」（『きさらづの民話』）とも。鹿野山《かのうざん》（千葉県君津《きみつ》市）にいたとされる**鬼**。日本武尊《やまとたけるのみこと》によって退治されたと語られる。

『房総志料続篇《ぼうそうしりょうぞくへん》』（巻十）では、鹿野山の軍茶利明王《ぐんだりみょうおう》像は、悪楼王の霊が、たたりを起こさぬように祀《まつ》って安置したものだと記している。「六手王」という別名は、この軍茶利明王像の腕が六臂《び》であることに由来する（『日本伝説叢書』上総の巻、『千葉県君津郡誌』上、『鹿野山と山岳信仰』）とみられている。

『房総志料続篇』（巻十）では、鬼泪山《きなだやま》は悪鬼《あっき》たちが涙を流しながら敗走したことに由来するとされている。また、血草川は斬られた**鬼の血**が流れたことに由来する地名（『千葉県君津郡誌』上、『鹿野山と山岳信仰』）とも語られている。

「あくる」ということばは、「悪路王《あくろおう》」などの「あくろ」と同様、東の国を示すことばから来ていると考えられる。真名本《まなぼん》『曽我《そが》物語《ものがたり》』にも、日本の東西の果てを語っている文章に、東の果てとして津軽《つがる》・蝦夷《えぞ》と並んで「あくる」という地域が示されている。

［参考文献］藤澤衛彦『日本伝説叢書』上総の巻、『千葉県君津郡誌』上、岡倉捷郎『鹿野山と山岳信仰』、木更津の民話刊行会『きさらづの民話』、木更津青年会議所『西かずさ昔むかし』、『真名本 曽我物語』一、二、氷厘亭氷泉「悪楼＝あくる＝悪路」（『大佐用』百十六号）、氷厘亭氷泉「悪楼＝あくる＝悪路 まとめ」（『大佐用』百十八号）

阿薩婆の火光［あさばのかこう］

上総国《かずさのくに》の高倉（千葉県木更津市）に、むかし阿薩婆《あさば》の大木があり、その梢《こずえ》から夜な夜な雷のような火光が飛び出ることがつづき、人々は恐れて外に出なくなってしまった。この地に庵《いおり》をむすんで修行をしていた徳義《とくぎ》山人が、これを耳にして、妖怪の正体をあばいてやろうと確かめに行くと、乾闥《けんだつ》婆《ば》王《おう》が出現し「この木の枝の火光は、そのむかし聖徳太子《しょうとくたいし》の所持していた大悲《だいひ》の小像なのだ、精舎《しょうじゃ》を構えて安置せよ」と告げ、仏像の発するものであったことがわかったという。

下総《しもうさ》の椿《つばき》の木に相当する巨樹を、この「あさばの木」であるとしている例などもみられる。

［参考文献］亮盛『坂東観音霊場記』、房総叢書刊行会『房総叢書』第六巻　地誌其一

朝日前［あさひのまえ］

海底（竜宮とも補陀落《ふだらく》山ともされる）からやって来たというふしぎな少女で、甘露《かんろ》の乳水《にゅうすい》を出現させたという。

亮盛《りょうせい》『坂東観音霊場記《ばんどうかんのんれいじょうき》』（巻九）にみられる。仁明《にんみょう》天皇のころ、夏に雪や霜がつづくという天候がつづき、生物も植物も滅びそうになった。下総国《しもうさのくに》の滑河《なめがわ》（千葉県成田市滑川）の領主小田宰相将治《おだのさいしょうまさはる》は領民を救おうと施しをつづけ、神仏に祈りを捧《ささ》げたところ、朝日前が現われ「川に乳色の霊水を出すのでそれを汲《く》み与えよ」と告げて去った。川に涌《わ》き出た「甘露の乳水」は、激しい雪や霜で枯れしぼんでしまった植物にそそげば元気になり、凍え死にそうになった人々になめさせれば回復し、死んだものたちも蘇生したと記されている。川から出た乳水をなめたことから滑川という地名になったという由来のはなしにもなっており、乳水が出たところを「朝日ヶ淵《けさがふち》」と呼んだという。

［参考文献］亮盛『坂東観音霊場記』

阿蘇沼の鴛鴦［あそぬまのおしどり］

下総国《しもうさのくに》の阿蘇村（千葉県八千代市）に住んでいた猟を好む男が鴛鴦の雄を弓で捕って帰るが、夜に見知らぬ女が夢に現われて泣きつづけ、「夕暮れは誘《さそ》いし者を阿蘇沼のまこも隠れのひとり寝《ね》ぞうき」と言って消えた。次の日、雌の鴛鴦を射止めたが、よく見ると雄の鴛鴦の首を羽に抱いていた。家に帰って確かめると、それが前日の雄の鴛鴦の首だったことから、男は心を改め出家したという。

千葉県八千代市村上の正覚院《しょうかくいん》に伝わる。平《たいらの》入道真円《にゅうどうしんえん》と記された文書（『千葉県印旛郡誌』）が残されていることをあわせると、この真円がはなしに登場する男だといえる。『佐倉風土記《さくらふどき》』では平《たいらの》入道某としている。『葛飾記《かつしかき》』では、臼井《うすい》殿と呼ばれる領主と記しており、鴛鴦を射たはずが、一二

歳になる自分の息子が矢にあたって死んでおり、夢でその息子が寺の建立をするよう告げたとされる。
阿蘇沼のまわりには**片葉葦**《かたばのあし》があり、それはこの鴛鴦に由来している（『千葉県印旛郡誌』）と語られていたともいう。

［参考文献］『千葉県印旛郡誌』、藤澤衛彦『日本伝説叢書』下総の巻、平野馨『房総の伝説』、房総叢書刊行会『房総叢書』第二輯、房総叢書刊行会『房総叢書』第八巻、宮負定雄、川名登（編）『下総名勝図絵』、千葉県文学教育の会『千葉のむかし話』、高橋在久・荒川法勝『房総の伝説』、岡崎柾男『謎のなんじゃもんじゃ』

愛宕坂の天狗［あたござかのてんぐ］

千葉県佐倉市の愛宕坂は、**天狗**が通行人に対してしばしばいたずらをしたとされる。砂がさらさらと落ちて来るような音を上からさせたり、懐《ふところ》に一文銭を投げ込んで来たり、茶釜《ちゃがま》が転がって来たりしたという。
『古今佐倉真佐子《ここんさくらまさご》』にみられる。砂の落ちるような音は昼間には一切せず、夜に限って聴こえたという。それぞれは別々のはなしとして語られているが、道ばたで発生する色々なタイプの妖怪が一手に揃っていたようである。一文銭を投げ込まれたというのは長谷川金右衛門《はせがわきんえもん》という武士で、**木遣**《きや》**りの音**がするという「へび坂」でもふしぎな目に遭っていることが記載されている。

［参考文献］佐倉市史編さん委員会『古今佐倉真佐子』

姉さん被りに背負籠を背負った娘姿のへんなもの［あねさんかぶりにしょいかごをせおったむすめすがたのへんなもの］

川や海の近くに現われて、ひとに向かっておいでおいでをして来たというふしぎな存在。体が「かなしばり」になったように動かなくなり、水中に引きずり込まれそうになったという。
千葉県浦安市堀江で藻屑蟹《もくずがに》の仕掛けを沈めて、獲物がかかるのを待っていたひとの前に現われたというはなしがみられる。

［参考文献］浦安市教育委員会社会教育課『浦安の昔ばなし』

尼ヶ谷野のちんば狐［あまがえののちんばぎつね］

千葉県市川市行徳にいた**狐**。『葛飾記《かっしかき》』には、**狐火**《きつねび》をよく出したりしていたことが記されている。

［参考文献］房総叢書刊行会『房総叢書』第八巻

天邪鬼［あまのじゃく］

いじわるな存在の神。神様たちが人間をこの世に造り出すときに、順々に身体の部品の位置を決めていったが、陰部をどこにするかを決めるとき、天邪鬼が反対することが予測された。そこで頭の良い神様のひとりが「ひたいにつけるのが一番目立つので良いと他の神々は出している」と告げれば良い、と助言した。その通り天邪鬼に告げたところ、反対のことをしたがる性格の天邪鬼は「そんな目立つところはいかん」と反対して、人間の陰部はいまの位置に決まった。（『南総の俚俗』）

千葉県本納町《ほんのうまち》（現・茂原市《もばら》）などにみられる昔話にあるものだが、各地にも同趣・亜種の内容のものはみられ、いずれも天邪鬼が登場することが多い。沖縄県などには、体の部品たちが各自話し合いをひらいて決める昔話（『聴く語る創る』十号 石垣島の民話）があるが、陰部がはじめは人間のひたいについていたという展開からはじまっており、「オープニング時からの初期設定」と「天邪鬼をだますためのウソ提案」という違いはあるが、共通する要素としてみられる。

［参考文献］内田邦彦『南総の俚俗』、『聴く語る創る』十号 石垣島の民話

天邪鬼［あまんじゃ］

千葉県君津市《きみつ》に伝わる。「あまのじゃく」のこと。むかし上総国《かずさのくに》（千葉県）から駿河《するがの》国《くに》（静岡県）に砂を大量に運んで富士山の標高を大きくする作業にいそしんでいた**大《でえ》尺坊《じゃくぼう》**の邪魔をするために、鶏の鳴き真似をしてだまし、作業を終わらせてしまった。

［参考文献］千葉県文学教育の会『続千葉のむかし話』

天邪鬼［あまんじゃく］

天邪鬼《あまのじゃく》のこと。庚申《こうしん》（青面金剛《しょうめんこんごう》）の画像でなぜ天邪鬼が踏みつけられているのか、といったはなしが千葉県などに伝わる。

太古のむかしに**火の雨**が天下に降るということが起こった。天邪鬼は南の空から迫って来るそれを「北の空から来る」と人々に告げた。天邪鬼の情報を信じた人々は入口が南に向いた岩屋《いわや》を造って逃げ込んだ結果、大いに困ってしまった。天邪鬼はその罪で今でも庚申様に踏みつぶされているのだという。

［参考文献］大森金五郎『民間年中行事略』

飯高檀林の狸［いいだかだんりんのたぬき］

下総国《しもうさのくに》の飯高檀林《いいだかだんりん》（千葉県匝瑳市《そうさ》飯高）にいたという**狸**たち。夜にしっぽで戸を叩きながら学僧の名前を呼び出したりするいたずらをつづけていたという。

飯高檀林は飯高寺《はんこうじ》にあった日蓮宗の大きな学問所。明治になって飯高檀林が廃止された後は小学校にも出たそうで、宿直《しゅくちょく》をしていると名前を呼ばれたりしたという。

［参考文献］勝股清『八日市場市の沿革と人物』

一本松の女［いっぽんまつのおんな］

一本足のすがたをしている妖怪。松の木の近くに立っていて、ひとを招き寄せて片足を食いちぎるという。（『日本妖怪図鑑』）

佐藤有文《さとうありふみ》の手がけた図鑑などにみることができるもので、千葉県のはなしであるとされる。記述のもとになったと考えられる資料がまだ特定できていないため、先行する何に拠《よ》って佐藤有文が「千葉県の妖怪」としてしばしば挙げているのか、具体的に千葉県のどこにある松の木なのかは明確に判明していない。

聖咲奇《ひじりさき》・竹内義和《たけうちよしかず》『世界の妖怪全百科』

にも、有文《ありふみ》解説を直接引いたとみられる「一本松の女」という妖怪がみられるが、名前以外の内容は異なり、地名などの記述はなく、松の木の下にただずんでいる女の幽霊で、ひとに危害を加えることはないと解説している。

〔参考文献〕佐藤有文『日本妖怪図鑑』、聖咲奇・竹内義和『世界の妖怪全百科』

稲荷様の騎馬［いなりさまのりうま］

蛙《かえる》のこと。千葉県茂原《もばら》市などではお稲荷様はこれに乗って移動するということから捕ったりしてはいけないとされていた。また、田畑を耡《うな》うときに鍬《くわ》の刃にあたって死んでしまった蛙たちの霊を供養するための「蛙の供養」の行事が一〇月にはあり、「蛙《かえる》きり牡丹餅《ぼたもち》」と称する牡丹餅をつくって供えたりしたという。（『南総の俚俗』）

地鎮様《じじんさま》の蛙などと同様、蛙たちを田の神の使いとしてみる考え方のもの。**庚申様《こうしんさま》の騎馬《のりうま》**とも語られる。

〔参考文献〕内田邦彦『南総の俚俗』

伊予ヶ岳の天狗［いよがたけのてんぐ］

伊予ヶ岳に住んでいたという**天狗**で、安《あ》房国大貫村《わのくにおおぬきむら》（千葉県南房総市）の小松寺で児舞《ちごまい》が行われたとき、踊りを奉納していた小松民部正寿《こまつみんぶまさかず》の若君・千代若丸《ちよわかまる》を連れ去ってしまったとされる。

小松寺の縁起物語や、『房総志料続篇《ぼうそうしりょうぞくへん》』（巻十一、巻十三）などにみられる。その後、千代若丸は死骸となって山で見つかった。家臣の乙王丸《おとおうまる》は悲しみから滝に身を投げたといい、そこは「乙王の滝」と呼ばれている。千代若丸の死んだ二月一五日には、千代若丸を悼む乙王丸の涙の雨が必ず降るといわれていた。

〔参考文献〕房総叢書刊行会『房総叢書』第六巻 地誌其一、藤澤衛彦『日本伝説叢書』安房の巻

岩田刀自［いわたのとじ］

安房国朝夷郡《あわのくにあさい》（千葉県）に住んでいたという数百歳のふしぎな道士。両目は青かったという。

浅井了意《りょうい》『伽婢子《おとぎぼうこ》』（巻六）にみられる。里見義広《さとみよしひろ》（義弘）が城に招いたが「君、五《ご》箇月《かげつ》の後に必ず禍《わざわい》あり」と告げられたという内容になっている。長命であるというしるしとして、那須野原（栃木県）で九尾《きゅうび》の狐が狩られたり、**殺生石《せっしょうせき》**でひとが死んだ光景も青年のころ実際その場で見たと語ったという。

『太平広記《たいへいこうき》』（巻四十八・神仙）にある「軒轅《けんえん》」のはなしを日本に翻案したもの。刀自《とじ》を笑った城の女たちが術で老婆に変えられてしまう箇所にみられる「膚《はだえ》は鶏の皮の如《ごと》く背《せなか》は鮐《さめ》の鱗《うろこ》に似たり」という体がしわしわがさがさに変わる様子なども、「軒轅」のおなじ場面にある「雞皮鮐背」という形容がそのまま使われている。

〔参考文献〕日本名著全集『怪談名作集』、『太平広記』一

印旛沼の怪獣［いんばぬまのかいじゅう］

　印旛沼（千葉県）の掘割工事中に起きた大嵐の際中に出現したという真っ黒くて大きな獣。

　印旛沼の工事を請け負っていた黒田《くろだ》家の山田忠左衛門《やまだちゅうざえもん》という武士が、天保一四年（一八四三）に勘定所《かんじょうしょ》へ提出した報告書であるという体裁の写本などにみられる。はじめのうちは石の上にとどまっていたが、雷のような大声を突如上げ、それによって工事の見廻りをしていた役人やお供の者が多数即死したと書かれている。

　この獣が登場する情報は、印旛沼の工事を進めていた幕府の老中・水野越前守忠邦《みずのえちぜんのかみただくに》を諷刺《ふうし》して書かれた一種の戯文《げぶん》ともみられており、実際に出没事件があったのかどうかについては不明瞭である。『密接風聞書』や『天神七代地神五代大日本史年代治乱記付年代記』などにも同様の情報が写されていることが確認できるが、語句や人数に多少の差異などがみられる。（『妖怪と出会う夏 in Chiba 2015』）

　この情報から絵と大きさなどを単純に抜き出してふしぎな獣の出没情報として写している例もみられ、『献英楼画叢《けんえいろうがそう》 拾遺《しゅうい》』（八十四、八集の三）の「印旛沼土中出現化物《ばけもの》之図」も、絵と大きさのみが書かれており、はなしについては全く省略されている。『献英楼画叢《けんえいろうがそう》』は徳川御三卿《ごさんきょう》のひとつ田安《たやす》家で造られていた写本・貼込帖である。

〔参考文献〕川崎市民ミュージアム『日本の幻獣—未確認生物出現録—』、Alain Briot『Monstres et prodiges dans le Japon d'Edo』、千葉県立中央博物館『妖怪と出会う夏 in Chiba 2015』

印旛沼の主［いんばぬまのぬし］

　印旛沼（千葉県）のぬしで、**竜**だとされる。大きな竜がいるため、どんな日照りが起こっても、印旛沼の水が減るということはないと語られたりしていたようである。（『千葉県印旛郡誌』）

　むかし大変な日照りが起きたとき、釈命《しゃくめい》上人が雨乞い祈願をした。印旛沼の竜は八尺もあろうかという背の高い老人のすがたとなって上人の前に現われ、雨を降らせることを約束した。しかし勝手な振る舞いをした責めを受け、雨をつかさどる天の大竜王に罰せられた竜の体は三つに裂かれて死んでしまった。竜の体は落ちた場所にそれぞれ祀《まつ》られ、竜角寺《りゅうかくじ》（栄町）、竜腹寺《りゅうふくじ》（印《いん》西《ざい》市）、竜尾寺《りゅうびじ》（匝瑳《そうさ》市）の名前の由来になったと語られている。

　御椀塚でお膳を貸し出していたのは、この竜であるとも語られている。竜の体が分譲された結果、それぞれが寺の名となっている例は、神奈川県の**竜池の大蛇**などにもみられる。

〔参考文献〕『千葉県印旛郡誌』、佐倉市史編さん委員会『古今佐倉真佐子』、千葉県文学教育の会『千葉のむかし話』、高橋在久・荒川法勝『房総の伝説』、高木敏雄『日本伝説集』

氏胤の太刀［うじたねのたち］

千葉《ちば》氏胤《うじたね》の所持していた太刀で、蛇に変じたことがあったが、「人《ひと》問《と》わばあやめとなれや香《か》に包《つつ》む草《くさ》の刀《かたな》に昔《むかし》忘《わす》れず」という歌を詠んだところ、太刀に戻ったとされる。『千葉実録《ちばじつろく》』にみられる。文殊四郎《もんじゅしろう》の作による太刀であると記されている。

和歌のなかにある「あやめ」は菖蒲《しょうぶ》のことを指しており、五月の端午《たんご》の節供に蛇や**鬼**などに対する魔よけとして用いられる点を折り込んだものとみられる。

［参考文献］房総叢書刊行会『房総叢書』第三巻 史伝其一

内梨滝の大蛇［うちなしのたきのだいじゃ］

「うつなしの滝」とも。千葉県大多喜町《おおたきまち》の平沢山にある滝に住んでいた大蛇。山へ狩りに来ていた関平内左衛門《せきのへいないざえもん》を呑み込もうとしたが、平内左衛門の愛犬に邪魔をされて退治された。『房総志料続篇《ぼうそうしりょうぞくへん》』（巻四、巻十）などにまとまった記載がみられる。大蛇の霊は大鮫《おおざめ》に変じ、鎌倉（神奈川県鎌倉市）へ向かう平内を襲うが、再び退治されてしまった。しかし、後日流れ着いた大鮫《おおざめ》の骨を平内が蹴《け》り飛ばしたところ、にわかに足が痛みはじめて体が腐り果て、平内も死んでしまったという。（『日本伝説叢書』上総の巻、『伝説と民謡』）

この大蛇は、千葉県大多喜町にある円照寺の和尚が中国で修行をしたときに連れて帰った小さな蛇が大きくなり過ぎてなった大蛇で、寺を出て蛇池や田代滝に移り住み、最終的に内梨滝に住みついた（『妖怪と出会う夏 in Chiba 2015』）とも語られる。

［参考文献］房総叢書刊行会『房総叢書』第六巻 地誌其一、藤澤衛彦『日本伝説叢書』上総の巻、山田美恵子『伝説と民謡』、千葉県立中央博物館『妖怪と出会う夏 in Chiba 2015』

唸り松［うなりまつ］

千葉県成田市に伝わる。押畑《おしはた》の天神台にあった松の木で、夜な夜なうなり声をあげたりして人々を恐れさせていた。

むかし山口隼人《やまぐちはやと》という剣士が、この松がどうして変な声を出すのか確かめに向かったところ、何の変哲もない松の木だった。しかし、隼人が帰ろうとすると体格の良い巨漢がどこからともなくすがたを現わし、隼人が進めば進み、止まれば止まる、という挑戦的な態度で跡をつけてきた。持って来ていた木剣《ぼっけん》を構えると相手はそれをつかんで大もみあいになり、ふたりは坂道を転げ落ちた。すると巨漢は**火の玉**の群れに変じ、根木名川《ねこながわ》のほうへと去った。怪火は帰宅後の隼人のもとに再びすがたを現わしたが、隼人が代々伝わる刀を抜き、こころを澄ませると完全に消え失せ、以後は唸り松も怪事を起こさなくなったという。

［参考文献］『千葉県印旛郡誌』

姥が池 ［うばがいけ］

佐倉城（千葉県佐倉市）にあった池。むかし乳母《うば》が身を投げたとされ、泣き声がする、大蛇がすむなどといわれている。池の水に向かって「姥《うば》こいしいか」と声をかけると泡が湧いて来るともいう。（『たんたん山—佐倉市の民話—』、『房総の伝説』）

佐倉城址《さくらじょうし》は明治から第二次世界大戦まで、佐倉連隊が置かれており、そこではあたらしく入った初年兵《しょねんへい》たちの「きもだめし」として、姥が池で水に手をつけて来ることなどが行われていたという。現代にも姥が池には「すすり泣く声が聴こえる」などの噂（『平成十八年度 東京エリア怨念地図潜入レポート』）が存在している。

［参考文献］佐倉市教育委員会『たんたん山—佐倉市の民話—』、平野馨『房総の伝説』、『平成十八年度 東京エリア怨念地図潜入レポート』

馬の骨 ［うまのほね］

落ちている馬の骨をまたいだりすると、脚を骨折するとされており、またいではいけないといわれていた。（『南総の俚俗』）

千葉県本納村《ほんのうむら》（現・茂原市《もばら》）などでいわれる。むかしは死んでしまった馬は、決められた馬捨て場に捨てられており、その骨がころころと道に転がっていることがあったりした。農耕や運輸を通じて馬が生活に身近だったころの俗信である。

［参考文献］内田邦彦『南総の俚俗』

怨みの蛇 ［うらみのへび］

追われている浪人者が「かくまってくれ」とやって来たので、入れてやったが、追っ手が訪ねて来たら、すぐに引き渡してしまった家があった。すぐにその浪人は殺され、その怨みが蛇になって現われるようになり、その家には箪笥《たんす》や飯櫃《おひつ》、鍋や釜のなかまで至るところに蛇が出るようになった。しかし、ふしぎなことにその家の者以外には、その蛇のすがたは見えなかったという。

千葉県本納町《ほんのうまち》（現・茂原市《もばら》）に伝わる。

［参考文献］内田邦彦『南総の俚俗』、藤澤衛彦『日本伝説叢書』上総の巻

疫神 ［えきじん］

下総国《しもうさのくに》の登戸《のぶと》（千葉県千葉市）の孫兵衛《まごべえ》という馬方《うまかた》さんが道で拾って帰り、家で祀《まつ》ってあげた疫神の幣帛《みてぐら》。翌朝、供物とともに登戸浦から流したのだが、流れ着いた先の武蔵国《むさしのくに》の神奈川（神奈川県横浜市）では疫病が大流行した。患者たちが揃って「登戸の孫兵衛が恋しい恋しい」とうわごとをいうので、ひとを遣《つか》わして孫兵衛本人を呼んで来てみたところ、ふしぎなことに人々の病気はさらりと癒えたという。

宮負定雄《みやおいやすお》『奇談雑史《きだんざっし》』（巻四）にみられる。

［参考文献］久米晶文（編集校訂）『宮負定雄 幽冥界秘録集成』

大鰒魚［おおあわび］

海にいるというひらいた雨傘《あまがさ》のように巨大な鮑《あわび》で、これにちょっかいを出したり近づいたりすると、嵐を呼んで海が荒れるといわれていた。

『房総志料《ぼうそうしりょう》』（巻三）や『房総志料続篇』（巻二）にみられ、千葉県浪花村《なみはなむら》岩和田（現・御宿町《おんじゅくまち》）に伝わると記されている。

『房総志料続篇』（巻一）には太東岬《たいとうみさき》にも同じように鮫《さめ》たちに守られた大きな鮑がいると記している。

『日本伝説叢書』上総《かずさ》の巻などには、この大鰒魚に関する以下のようなはなしも載せているが、これは海が荒れるという部分から膨らませて潤色をした物語のようである。

蜑女《あま》の娘が漁師の若者に恋をして、海が時化《しけ》て舟が出られなければ一緒に過ごせるという考えから、大鰒魚の近くにいってはちょっかいを出して嵐を起こしていた。しかし、あるとき「いつもよりもっと大鰒魚を怒らせれば、それだけ長く嵐がつづくのでは」と考え、娘は貝を大量に投げつけた。すると強烈な嵐は確かに巻き起こったが、娘もそれに巻き込まれて海の底へ沈んでしまったという。

［参考文献］房総叢書刊行会『房総叢書』第六巻 地誌其一、藤澤衛彦『日本伝説叢書』上総の巻、山田美恵子『伝説と民謡』

大きな土手［おおきなどて］

夜道を歩いていると、そこにあるはずのない大きな土手が目の前に現われて、進めなくなってしまうというもの。**狐**などが見せているものだといい、煙草《たばこ》を吸ったりすると消えてしまうという。

千葉県館山《たてやま》市などに伝わる。

［参考文献］國學院大學神道研究会『民間信仰』一号

大きな姥［おおきなばあ］

「関《せき》の姥《うば》」とも。とても大きな巨人。上総《かずさの》国《くに》の関村（千葉県白子町《しらこまち》）にいた巨女で、出かけるときに落として行ったという石臼《いしうす》が、「関の姥石」と呼ばれる大きな石だという。この石の上に登ると、ばちがあたるといわれていた。

「中沼の主」と水争いをした結果、この地を去ったとも語られている。（平野馨『房総の伝説』）

群馬県などでも**山姥《やまんば》**が**だいだらぼっち**のような巨人の要素で語られている例があり、関係性がうかがえる。

［参考文献］『富津市史』通史、木更津青年会議所『西かずさ昔むかし』、高橋在久・荒川法勝『房総の伝説』、平野馨『房総の伝説』

大楠［おおくす］

大むかし、房総半島（千葉県）に生えていたという巨大な楠で、一〇〇丈あるいは

数百丈にも達する大きさがあったという。帝《みかど》がこれをうらなわせると、「これは天下の大凶である」と判断が出たため、切らせた。南に向かって倒れ、そのときの様子から上総《かずさ》（うえのほうの枝）下総《しもうさ》（したのほうの枝）という国名ができたと語られる。菊本賀保《きくもとよしやす》『国花万葉記《こっかまんようき》』（巻十）や井沢《いざわ》蟠竜《ばんりょう》『広益俗説弁残編《こうえきぞくせつべんざんへん》』（巻四十一）などにみられる。『日本国名風土記《にほんこくめいふどき》』では、占いの結果として「天下調伏《ちょうぶく》の帚木《ははきぎ》である」という判断が出て、切られたとある。千葉県の範囲にあたる『風土記』逸文《いつぶん》に類するものは、これぐらいしか残されていないが、その内容は**下総《しもうさ》の椿《つばき》の木**との関係もうかがわれ、中世～近世にかけての巨大樹の捉え方も知ることができる。

［参考文献］井沢蟠竜、白石良夫・湯浅佳子（校訂）『広益俗説弁続編』、吉野裕（訳）『風土記』、『日本国名風土記』、房総叢書刊行会『房総叢書』第二輯

大楠の大蛇［おおくすのだいじゃ］

千葉県佐倉市臼井《うすい》の八幡神社の近くに生えていた大きな楠にすみついていたという大蛇。近くを行く人々を襲って食べたりしていたが、やがて退治されたという。

木の根元には馬に乗ったままでも通れる大きさの八畳敷きぐらいの広い洞《うろ》があり、夏でも中は涼しかったという。むかし九郎右衛門というひとがそこで休んでいたところ、白馬が現われてしきりに起こそうとしてくるのでふしぎに思い目を覚ますと、大蛇がすぐそこまで迫ってきており、九郎右衛門はあぶないところで逃げることができた。白馬は八幡様《はちまんさま》の化身だったという。

この臼井の八幡社の楠は、明治二〇年代まで大木・名勝として知られており、歌などにもみることができる。臼井左近将監《うすいさこんしょうげん》興胤《おきたね》が地に挿した杖が大木になった（『千葉県印旛郡誌』）とも語られていた。

［参考文献］千葉県教育委員会『印旛手賀沼周辺民俗調査報告書』、佐倉市教育委員会『たんたん山―佐倉市の民話―』、『千葉県印旛郡誌』

大蛸［おおだこ］

安房国《あわのくに》の布良《めら》（千葉県館山《たてやま》市）に伝わる。布良村の女が、潮が干《ひ》いて浜辺のくぼみに取り残されていた大蛸を見つけ、毎日一本ずつその大足を切り取って帰り、食べてしまっていた。しかし最後の一本を取りに行った八日目には、ちょうど大きな潮が寄せて来て大蛸は女をからめとってそのまま海に没して消えてしまったという。このはなしをもとにして「布良の番太の嬶《かか》、蛸喰うて死んだ、蛸は恐《こわ》いもんだ命とる」という歌ができたという。（「蛸」、藤澤衛彦『日本伝説叢書』安房の巻、『伝説と民謡』）

大蛸の足を毎日一本ずつ取っていたが、八日目に殺されてしまうというはなしは各地に広く残されており、これもそのうちのひとつである。

［参考文献］前田林外「蛸」（『郷土研究』二巻四号）、藤澤衛彦『日本伝説叢書』安房の巻、山田美恵子『伝説と民謡』

大蔦〔おおとび〕

ものすごく巨大な蔦で、片翼だけでも二間《けん》（約三・六メートル）近くあったという。千葉県豊住村《とよすみむら》（現・成田市）に伝わり、子供を中心に人々を襲っていたとされる。

人々が襲われて、誰も外を出歩けなくなり困っていたことから、三熊野《みくまの》神社の神官の鈴木豊教は息子たちや娘とともに、蟇目《ひきめ》の弓など、さまざまな作戦を用いて挑み、何度かの失敗の末についに退治をした。その死骸は塚をつくって埋めたが、この鳥の霊鬼《れいき》が長いあいだ激しい雷雨を発生させたりしたため、たたりを鎮めるための神楽《かぐら》が捧《ささ》げられたという。

埋めた場所が「鳥見塚」、神楽を捧げた場所が「神楽塚」という地名の由来であると語られている。

〔参考文献〕『千葉県印旛郡誌』

大法螺貝〔おおほらがい〕

東京湾の「中の瀬」の底に住んでいるという山のように巨大な法螺貝。これがあくびをすると海が時化《しけ》になり、寝返りをうつと地震が起こるという。（『房総の伝説』、『千葉のむかし話』）

千葉県木更津市に伝わる昔話にみられる。この法螺貝が竜宮《りゅうぐう》見物をしに霞ヶ浦（茨城県）の先に向かおうとした道中で**印《いん》旛沼《ばぬま》の主**などと大喧嘩をしたと語られる。

〔参考文献〕千葉県文学教育の会『千葉のむかし話』、平野馨『房総の伝説』

おかね狐〔おかねぎつね〕

千葉県八千代市下高野《しもこうや》にあった広沢池の森にいたという**狐**で、人々をよく化かしていた。

出没地付近そのものが「おかねぎつね」という呼ばれ方をしており、「おかねギツネには行くなよ」とも語られていたようである。

〔参考文献〕阿蘇郷土研究サークル『よなもと今昔』三号、八千代市編さん委員『八千代市の歴史』資料編 民俗

おさん狐〔おさんぎつね〕

「お三《さん》」とも。千葉県佐倉市にいたという**狐**で、ひとを化かしたりしていたという。

明治二〇年代に起こった佐倉市二番町の大きな火事は、子供を捕られてしまったおさん狐のたたりで起きたとも語られている。（『佐倉市史』民俗編、『たんたん山―佐倉市の民話―』）

「おさん」と呼ばれる狐は全国に多い。千葉県でもほかに**山《やま》ん台《で》んおさん**、**三度坂のおさん**、**鳴山《なるやま》のおさん**などが「おさん狐」である。

〔参考文献〕佐倉市教育委員会『たんたん山―佐倉市の民話―』、『佐倉市史』民俗編

押送り［おしおくり］

房総半島（千葉県）や阿波《あわ》（徳島県）の近海などに伝わる。夜に沖で釣りをしていると海の上で遠くのほうから船を漕《こ》いで近づいて来る音が聴こえて来るが、もう見えるあたりに近づいたなと思った途端に、音は消え、それらしい船のすがたもどこにも見ることはできないという。（「をしをくり」）

「おしおくり」という名称は、実際に存在する「押送り船」などの船の呼び方で、船の音の特徴などから来ているのだろうと考えられる。

［参考文献］三浦生「をしをくり」（『郷土研究』一巻十号）

雄蛇が池［おじゃがいけ］

千葉県東金《とうがね》市にある池。むかし姑《しゅうとめ》に機《はた》織りが下手だなどといじめられた結果、身を投げた女がいたといい、しとしとと雨の降る夜になると泣き声や、機を織る音が聴こえて来たという。（『伝説と民謡』、『房総の伝説』）

この池には、ぬしとして大蛇が住んでいるというはなしもあり、池の周囲を七回まわるとそのかたちが見える（『たんたん山―佐倉市の民話―』、『房総の伝説』）などとも語られている。

［参考文献］佐倉市教育委員会『たんたん山―佐倉市の民話―』、山田美恵子『伝説と民謡』、平野馨『房総の伝説』

お夏狐［おなつぎつね］

千葉県市川市・浦安市などに伝わる。了善寺にいたという**狐**で、お寺のご新造《しんぞ》さんに化けて勝手に店や行商人から買い物をしたりしていたという。

新聞配達のひとが化かされて、了善寺の墓地を新聞を配る家々だと見させられて、あちこちの墓石の上に新聞をのせて歩いていたこともあった（『市川の伝承民話』）といい、なかなか高度な化け術の使い手だったようである。

［参考文献］市川民話の会『市川の伝承民話』

鬼越の鬼［おにごえのおに］

千葉県市川市鬼越《おにごえ》に伝わる。『葛飾記《かつしかき》』には、むかし朝夷奈義秀《あさひなよしひで》が**鬼**を牽《ひ》いて山越えをしたという地名由来についての俗説が記されている。

地名を説くためのはなしとして語られるだけの存在であるため、どのような鬼だったのかについては要素が全く存在していない。

［参考文献］房総叢書刊行会『房総叢書』第八巻　紀行及日記

御椀塚［おわんづか］

隠れ里（『譚海』巻四）とも。千葉県栄《さかえ》町《まち》にある塚。お膳が必要になったとき、必要な数を知らせておくと貸してくれたという。**鬼**の住んでいた岩屋《いわや》であるとか、**印旛**《いんば》

沼《ぬま》の主がいて、それがお膳を貸してくれていたなどとも語られている。

［参考文献］高橋在久・荒川法勝『房総の伝説』、平野馨『房総の伝説』、津村正恭『譚海』

女お化［おんなおばけ］

千葉県平群村《へぐりむら》（現・南房総市）などに伝わる。日が暮れて夜になると山に出たという美しい女のすがたの妖怪。

歯をしゃきしゃきと嚙《か》み鳴らすような音をさせて山の中を歩いたりするとも語られていたという。

［参考文献］藤澤衛彦『日本伝説叢書』安房の巻

【か】

隠し婆［かくしばばあ］

日が暮れても外で遊んでいるような子供を、さらっていってしまうという。

千葉県などに伝わる。千葉県八千代市麦《むぎ》丸《まる》では「カクシババアが来て隠される」などといわれている。

［参考文献］八千代市編さん委員『八千代市の歴史』資料編 民俗

隠座頭［かくれざとう］

夜中に米を搗《つ》くような音をさせてくるといわれる。千葉県印旛《いんば》郡などに伝わる。小《お》山《やま》田《だ》与清《ともきよ》『松屋外集《まつのやがいしゅう》』（巻九）でも「下総の国に穴中の怪をカクレ座頭といふ」とあり、知られていたようである。

千葉県松崎村（現・印西《いんざい》市）では、印旛沼の近くにある大きな洞穴の中に住んでいる妖怪であるとされている。（『千葉県印旛郡誌』）

千葉県遠山村（現・成田市）では、**狸**の腹鼓《はらつづみ》がその音の正体であるとも語られていたようである。（「妖怪名彙（参加）」）

［参考文献］小山田与清『松屋外集』、『千葉県印旛郡誌』、水野葉舟「妖怪名彙（参加）」（『民間伝承』四巻七号）

片腕爺［かたうでじじい］

道を歩いている通学中の子供に向かって「待て」とか「うるさいぞ」などと強い口調でしゃべりかけて来るという妖怪。老人の片腕だけが次元の割れ目から出ており、異次元へ引っぱりこもうとして来るという。

千葉県市川市などで語られる。

［参考文献］山口敏太郎『本当にいる日本の現代妖怪図鑑』

金網［かなあみ］

佐倉城（千葉県佐倉市）の杉坂に出たというもので、夜更《ふ》けに坂道を通ろうとすると、金網のような網が行く手を塞《ふさ》いでいて、通ることができなかったりしたという。『古今佐倉真佐子《ここんさくらまさご》』にみられる。**愛宕坂《あたござか》の天狗**がやって来たという砂の音などと同様に、夜であることが明記されていることを考えると、やはり昼間には出なかったのだろうか。「塗壁《ぬりかべ》」などをはじめとした、歩くのを邪魔する存在の仲間であるといえる。

［参考文献］佐倉市史編さん委員会『古今佐倉真佐子』

蟹［かに］

蟹をかまっていたずらしたり遊んだりすると、歯痛が起こるといわれていた。千葉県白潟町古所《しらかたまちふるところ》（現・白子町《しらこまち》）などでいわれる。

蟹については、沢蟹《さわがに》が家に入って来たりするのは大水の兆しだ（「埼玉県秩父郡皆野町日野沢の見聞（四）」）と語っている例なども各地に多くみられる。

［参考文献］内田邦彦『南総の俚俗』、石田祐子・須藤恵子・中林瑛子「埼玉県秩父郡皆野町日野沢の見聞（四）」（『西郊民俗』三十六号）

鐘池の大蛇［かねがいけのだいじゃ］

千葉県館山《たてやま》市の洲崎《すのさき》神社に伝わる。鐘が沈んでいるといわれる「鐘池」に住んでいたという大蛇だったが、山崩れで池ごと埋まってしまった結果、人々を悩ましつづけていた。頼みを受けた役行者《えんのぎょうじゃ》が祈禱《きとう》をつづけたところ、蛭子尊《ひるこのみこと》が現われて、この大蛇を退治してくれたと語られている。『洲崎大明神縁起《すのさきだいみょうじんえんぎ》』にみられる。

［参考文献］平野馨『房総の伝説』

鹿野山の蟒蛇［かのうざんのうわばみ］

鹿野山（千葉県君津《きみつ》市）にいた大蛇。山を通る人々をひそかに呑み込んでいた。津村正恭《つむらまさやす》『譚海《たんかい》』（巻七）にみられる。むかし鹿野山を往来するひとが行方不明になってしまうことがつづき、「狒々《ひひ》」か「人喰い」がいて、喰われてしまうのではないかと人々に噂されていた。しかし、それは山に住む大きな蟒蛇《うわばみ》の仕業《しわざ》で、あるとき煙草《たばこ》の荷を背負って運んでいた商人を襲い、その荷物を呑み込んでしまったために、蛇たちにとって一番良くない煙草の毒が体にまわり、谷底で死んでいたという。

煙草、特に煙草の脂《やに》は大蛇たちの嫌うものとして「田能久《たのきゅう》」などの昔話や落語などでも広く知られ、一般にも蝮《まむし》よけとして利用されていた。

［参考文献］津村正恭『譚海』

鹿野山の蛇［かのうざんのへび］

鹿野山（千葉県君津《きみつ》市）に住む蛇。長者に救われた蟹《かに》たちによって退治されたはなしが千葉県君津市西日笠《にしひかさ》に伝わる。

むかし長者が山で蛇に呑み込まれそうになった雉《きじ》を救ってやった。「お前の望みをかなえてやるから雉を放してやれ」という長者の言葉を承知した蛇の正体は鹿野山に住む大蛇で、数日後に若者のすがたになって長者の一人娘をもらいにやって来た。長者が娘の無事を地蔵に祈ると、たくさんの蟹が川から出て来て鹿野山の蛇と戦って切り殺し、娘を助け出してくれたという。長者は以前から川で蟹をいじめたり遊んだりしている子供をみると、銭を与えて買い取って助けており、蛇との戦いで死んだ蟹たちを弔《とむら》うために長者がつくった塚は「かにまんど」と呼ばれている。（『房総の伝説』）

蛇を蟹たちが殺して娘を救うはなしは各地に伝わっており、これもそのうちのひとつで、「蟹山権現」（『西かずさ昔むかし』）としても知られる。助けられた雉が全く登場しないのは、蟹報恩《かにほうおん》の型に組み込まれてしまったためか。

［参考文献］平野馨『房総の伝説』、木更津青年会議所『西かずさ昔むかし』、津村正恭『譚海』

禿切小僧［かぶきりこぞう］

千葉県八生村《はぶむら》（現・成田市）などに伝わる。ひと気のない山道や夜道などを歩いていると現われて、「水のめ、茶のめ」と言って来たりしたという子供。**狢**《むじな》が化けているものだという。（「妖怪其外」）

「かぶきり」は、おかっぱ頭のこと。しばしば「下総《しもうさ》（茨城・千葉）の妖怪」と曖昧に紹介されるが、小川景「妖怪其外」の末尾には「以上八生村より」とある。小川景は千葉県の報告者で、下総郷土民俗会に参加しており、『民間伝承』では、印旛《いんば》郡地域を中心に多数報告をしている。

［参考文献］小川景「妖怪其他」（『民間伝承』五巻二号）

南瓜の蛇［かぼちゃのへび］

南瓜畑に、石臼《いしうす》ぐらいのとても大きな南瓜が実っていたので、割ってみたところ、中には蛇のようなものがいたという。

千葉県茂原《もばら》市国府関《こうせき》に伝わる。これが採れた結果、南瓜を畑で作らなくなった家があると語られる。

［参考文献］内田邦彦『南総の俚俗』

釜塚［かまづか］

千葉県香取《かとり》市の釜塚にあった塚で、少しでもこの近くを汚したりすると、たたりがあったという。

宮負定雄《みやおいやすお》『下総名勝図絵《しもうさめいしょうずえ》』（巻三）には、むかしこの地に放牧されていた一〇〇〇匹近くの馬が食べるお粥《かゆ》を煮ていた釜が埋められている塚だと語られていたことが記されている。

［参考文献］宮負定雄、川名登（編）『下総名勝図絵』

雷［かみなり］

安房国《あわのくに》（千葉県）に伝わるもので、正月になると人々は夏に落雷が少なくなるように「かみなり」と呼ばれる**鼬**《いたち》のようなかたちの獣を山で狩り捕るという。これが多く捕れれば夏に雷の被害が少なく、あまり捕れないと被害が多くなるとされる。

寺島良安《てらしまりょうあん》『和漢三才図会《わかんさんさいずえ》』（巻六十六・安房）に「二山《ふたやま》の雷狩《かみなりがり》」の見出しでこのような解説がみられる。『房総雑記《ぼうそうざっき》』には、それを引用して「雷獣」と見出しをつけている。

「かみなり」と呼ばれる獣は**雷獣**のような性質を想定されていた存在であると考えられるが、各地の年中行事にみられた「もぐら打ち」のような感覚で実際に行われていたのかどうかは詳しくわからない。

［参考文献］寺島良安、島田勇雄・竹島淳夫・樋口元巳（訳注）『和漢三才図会』十、房総叢書刊行会『房総叢書』第二輯

禿［かむろ］

佐倉城《さくらじょう》（千葉県佐倉市）の下屋敷《しもやしき》書院に夜ごと現われたという八、九歳ぐらいのふしぎな禿《かむろ》（女の子）で、ひとに何かをして来たりはしないが、遊んでいるすがたなどが見られたという。

『古今佐倉真佐子《ここんさくらまさご》』にみられる。書院の建《たて》具《ぐ》として用いられている杉戸には、禿の古い絵が描かれており、それが抜け出ているのだとも記されている。

［参考文献］佐倉市史編さん委員会『古今佐倉真佐子』

亀石［かめいし］

夜空を**光物**《ひかりもの》のように飛んで地上に落下して来ることもあるという石。亀の甲のようなかたちをしているという。

宮負定雄《みやおいやすお》『奇談雑史《きだんざっし》』（巻八）にみられる。下総国《しもうさのくに》の椿新田《つばきしんでん》（千葉県）にこれが落ちて来たことがあり、買い取ったひとが庭に池を築いてこの石を埋めたところ、大いに栄えたというはなしが記されてれる。

［参考文献］久米晶文（編集校訂）『宮負定雄　幽冥界秘録集成』

川蛍［かわぼたる］

印旛沼《いんばぬま》（千葉県）に伝わる。夏から秋にかけての小雨の降る夜にいくつも飛び交ったりするという丸いふしぎな光。蛍のような色の光である点からこのように呼ばれたようである。

赤松宗旦《あかまつそうたん》『利根川図志《とねがわずし》』（巻四）に記されており、よく知られている。船の楫棒《かじぼう》でぶち叩いたところ砕け散ったが、ぬるぬると生臭い液体が残ったというはなしも記されている。

怪火や陰火を叩き落としたら、どろどろした生臭い液体がべったり残った、というはなしは多く、このような陰火の一角に存在する特徴のようである。

宮負定雄《みやおいやすお》『奇談雑史《きだんざっし》』（巻一）には、利

根川（千葉県）で捕まえた**人魂**《ひとだま》を筥《はこ》に詰め込んでおいたところ、どろどろした青い液体になっていたというはなしもみられる。

［参考文献］『千葉県印旛郡誌』、赤松宗旦、柳田國男（校訂）『利根川図志』、佐倉市教育委員会『たんたん山—佐倉市の民話—』、久米晶文（編集校訂）『宮負定雄 幽冥界秘録集成』

かんかんむろ

千葉県酒々井町《しすいまち》の厳島山にある洞穴で、お膳が必要になったときは数を伝えておくと、貸し出してくれたという。あるとき、とんでもない数のお膳を頼んだ上で返しもしなかった者があり、以後はいくら頼んでもお膳を貸してくれることはなかったとされる。「かんかんむろ」という呼び名は、穴の中の壁を叩くとかんかんと金属質な音が響くことからだと語られていた。

この穴は**隠れ里**とも呼ばれ、神仙などが古くは住んでいたものだと語られてもいる。

［参考文献］『千葉県印旛郡誌』

観音隧道の幽霊［かんのんずいどうのゆうれい］

千葉県富津《ふっつ》市の観音隧道（観音トンネル）で自動車のクラクションを三回鳴らすと幽霊が出て来る、フロントガラスなどに手の跡がつくなどと語られていた。

観音隧道は東京湾観音の近くにあるトンネルだったが、現在は廃道となっており、自動車は入ることができない。

［参考文献］『ビビる！ 都市伝説&怪談スペシャル』

桔梗の大鮫［ききょうのおおざめ］

下総国《しもうさのくに》の船橋（千葉県船橋市）の沖にいたというとても大きな鮫。「遠が澪《おちみお》」または「釜ケ淵《かまがふち》」と呼ばれる海域におり、漁船はここに近寄るのを避けていたという。

『葛飾記《かつしかき》』には、**平将門**《たいらのまさかど》の寵愛《ちょうあい》を受けていた桔梗前《ききょうのまえ》は、戦乱の後に船橋の海神山《かいじんやま》で将門たちの菩提《ぼだい》を弔《とむら》っていたが、船橋浦に身を投げ、その魂がこの大鮫になったというはなしが記されている。

［参考文献］房総叢書刊行会『房総叢書』第八巻、岡崎柾男『謎のなんじゃもんじゃ』

樹の化物［きのばけもの］

大木が道にばたばた横たわって倒れており、道が進めなくなるといったもの。これに出会ったときは、少し後ろに戻りしばらくたつと倒れていた大木は何事もなかったかのように道の脇に生えているという。

津村正恭《つむらまさやす》『譚海《たんかい》』（巻八）や大田南畝《おおたなんぽ》『一《いち》話一言《わいちげん》』（補遺巻三）にみられる。上総国《かずさのくに》の大久保（千葉県市原市）の田畑のつづく道などに出たとされ、無理矢理に乗り越えて進むのはよくないとされていたと記されている。

［参考文献］津村正恭『譚海』、『日本随筆大成』別巻六

木遣りの音［きやりのおと］

佐倉城（千葉県佐倉市）の「へび坂」を

夜に通ると、木の上から木遣《きや》りを唄っているような音が聴こえて来たという。

『古今佐倉真佐子《ここんさくらまさご》』にみられる。「へび坂」には他にも、長谷川金右衛門《はせがわきんえもん》という武士が坂道を歩いていたはずなのに、いつの間にか木の上へ引き上げられてしまった、などのはなしもみられ、おなじ佐倉の愛宕坂《あたござか》（**愛宕坂の天狗**が色々なことをして来た）のようにふしぎな坂だったようである。

［参考文献］佐倉市史編さん委員会『古今佐倉真佐子』

綺麗な花［きれいなはな］

水辺に綺麗な花が落ちていたりするもので、これを拾おうと手をのばしたりすると、そこをつかまれて**河童**《かっぱ》に沈められてしまうという。

千葉県などにみられる。各地でも綺麗な小間物《こまもの》を水辺に置いてそれを取ろうとしたひとを襲うはなしは多く語られており、酸漿《ほおずき》（『荒川』人文三）などの例もある。水辺ではなく、道にそれらを設置する化け術を使う妖怪もみることはできる。

神奈川県の**綺麗な簪**《かんざし》も参照。

［参考文献］野田市史編さん委員会『野田市民俗調査報告書 今上・山崎の民俗』、『荒川』人文三

狗賓［ぐひん］

天狗のこと。人間がこれになってしまったというはなしもある。

下総国《しもうさのくに》の箕輪《みのわ》（千葉県柏市）の修験者《しゅげんじゃ》の家の先祖は、兄と弟そろって都で修行したが帰り道で弟が行方知れずになってしまい、後に嵐の日に家の杉《すぎ》の木の上から「戻って来たぞ」という声だけが聴こえ、「狗賓さま」になって帰って来たと語られていたという。

［参考文献］馬加大蔵「天狗になった人」（『土俗と伝説』一巻四号）

くらっこ

「くらっこ鳥」とも。むかし「くら」という名の娘を田んぼの近くに寝かせて母親が草取りをしていたところ、大鷲《おおわし》が飛来して娘をかっさらって行ってしまった。母親は娘の名を呼び続けてどこまでをそれを追いかけて行った結果、鳥になってしまい、それが今でも「くらっこ、くらっこ」と鳴いていると語られる。（『南総の俚俗』、『長柄町の民俗』）

「くら」は母の名で、娘を大鷲に奪われて「くらっこ返せ」（くらの子返せ）と追いかけているうちに鳥になってしまったともいう。（『房総の伝説』）

この鳥は左右の足の色が違うといい、それは追いかけているときに脚絆《きゃはん》が片方破れたことに由来するとされる。この点から千葉県長柄町《ながらまち》では左右の足袋《たび》や履物《はきもの》が違うことを「くらっこ鳥みてぇだ」と表現したという。（『房総の伝説』）

千葉県などをはじめ「くらっこ」の由来の昔話として各地で語られる。母娘ではなく、恋人であるという設定のはなしも千葉県富津《ふっつ》市更和《さらわ》（『房総の伝説』）などにみら

れる。
［参考文献］内田邦彦『南総の俚俗』、平野馨『房総の伝説』、東洋大学民俗学研究会『長柄町の民俗』

黒い蝶［くろいちょう］

ある家の者が黒犬を打ち殺したところ、その家に黒い蝶が現われて、それに驚いた家の子供や老婆が縁先《えんさき》から転げ落ちてけがをすることがつづいた。この黒い蝶は犬のたたりであるとして、犬の死霊を祀《まつ》った。すると「この霊仏はご利益《りやく》がある」といった噂に発展して、参詣の者が一時期ものすごく大量に訪れたという。

千葉県大多喜町《おおたきまち》でのはなしで、明治三〇年代はじめごろのことだという。同時期には岩和田（千葉県御宿町《おんじゅくまち》）で犬の霊が流行《はや》り神になったという別のはなしもある。そちらでは海に叩き込まれて死んだ犬のたたりで、犯人が病になって祀られたといい、その霊験《れいげん》が噂されたという。岩和田のはなしの場合は、病気になったというだけで大多喜のような蝶などは出て来ない。これらの噂を報告している山中共古《やまなかきょうこ》は、乗合馬車で一緒になったおばさんから聴いた「はやり神とふかし薯《いも》は早く往《い》って呼ばれるが良い」という、流行り神に対する土地のひとの当時の感覚を知ることのできるフレーズも書き留めている。

［参考文献］山中共古「近世の犬神」（『郷土研究』二巻五号）

源左衛門狐［げんざえもんぎつね］

千葉県東庄町《とうのしょうまち》の夏方《なつかた》にいた**狐**。綺麗《きれい》な娘に化けて、夜道で風呂（肥溜《こえだめ》）や牡丹餅《ぼたもち》（牛や馬の糞）をすすめて来たりするなど、いろいろな化け術をつかって人々を化かしたという。

［参考文献］千葉県文学教育の会『続千葉のむかし話』

庚申様の騎馬［こうしんさまののりうま］

蟇蛙《ひきがえる》のこと。千葉県の山武《さんぶ》・印旛郡《いんば》などでは庚申様はこれに乗って移動するということから捕ってはいけないとされていた。**稲荷様《いなりさま》の騎馬《のりうま》**とも語られる。

［参考文献］齋藤源三郎「房総地方の動物に関する俗信」（『旅と伝説』六巻三号）

金の蟇［こがねのがま］

黄金づくりのふしぎな蟇蛙《がまがえる》で、同類を引き寄せる力があるといい、これのある周辺には季節になると蟇が大量に集まって蛙合《かえるがっ》戦《せん》を繰り広げるといわれる。

千葉県船穂村《ふなほむら》（現・印西市《いんざい》）に伝わる。むかし豊島紀伊守《としまきいのかみ》が持って来て結縁寺《けつえんじ》に納めたという。

［参考文献］「千葉県印旛郡誌」

小久保の勘解由どん［こくぼのかげゆどん］

「小久保の勘解由どん」と呼ばれる男の家に飼われていた白猫。勘解由どんが成田山《なりたさん》（千葉県成田市）に

お参りにいった帰りの旅籠《はたご》で、たまたま隣の部屋から「小久保の勘解由どん、笛を吹け」という声が聴こえたので「おれと同じ名前だ」とふしぎに思って聞き耳を立てていると、隣の部屋で小久保の勘解由どんと呼ばれた男が「晩めしが熱いおじやだったから、舌をこがしたので上手く吹けるかわからん」と答えつつも上手な笛を披露していた。勘解由どんが家に帰ると飼っていた白猫が急いでおじやを食べたあと家を出て帰って来ていない、というはなしだったので、旅籠に泊まっていた団体は猫が化けたものだったのだと知れたという。

　千葉県富津《ふっつ》市小久保に伝わる。**笛吹き通《つう》右衛《え》門《もん》**とはほぼ同様のはなし。

［参考文献］平野馨『房総の伝説』

昆布古のお女郎［こぶこのおじょろう］

　千葉県匝瑳《そうさ》市飯高《いいだか》に伝わる。昆布古にあった松の林にいた**狐**で、女郎すがたになったりして賑やかな遊廓《ゆうかく》のような宴会をひらき、ひとを化かしていたという。

［参考文献］勝股清『八日市場市の沿革と人物』

コロナ神［ころながみ］

　新型コロナウイルスをもたらす**疫神《やくじん》**。

　千葉県香取《かとり》市の山倉大神《やまくらだいじん》に、令和三年（二〇二一）五月末、新型コロナウイルス感染症の終息祈願として石で造られた祠《ほこら》が建立された。もともと疱瘡神《ほうそうがみ》の祠があり、それにならうかたちで造られ、「コロナ神」と彫り込まれている。

　山倉大神は、**大六天の鮭**にみられる山倉様（大六天王）の神社で、第六天魔王（他化自在天）を祀《まつ》って疫病よけをする信仰に関係が深い。**疫病神**や**厄神**も参照。

【さ】

柘榴の木［ざくろのき］

　柘榴の木を庭に植えるのは忌《い》まれていた。

　千葉県安房《あわ》郡などでは、柘榴を庭に植えると家が絶える、家がつぶれると語られていた。

［参考文献］瀬川清子「漁業禁忌」（『民間伝承』三巻十号）

三吉狐［さんきちぎつね］

　千葉県館山《たてやま》市の野房《のぼう》にいたという**狐**で、人々を化かしていた。「野房《のぼう》の松原《まつばら》、多々《たた》良《ら》の田圃《たんぼ》、月のない夜は狐狸《こり》が啼《な》く」とい

う歌の文句もあったという。

　あるとき、若者に化けて村の娘と心中して死んでしまったといい、丸山岬にはこれを弔《とむら》った「南無畜生菩提《なむちくしょうぼだい》」と刻まれた塚があるという。

〔参考文献〕藤澤衛彦『日本伝説叢書』安房の巻、山田美恵子『伝説と民謡』

三千の悪神〔さんぜんのあくじん〕

　七夕が晴れだと生まれるとされる、人々に疫病や災いをもたらすものたち。「七夕には雨が降ると良い」という言い伝えを持つ地域にみられるもので、ほんの二、三粒であっても「雨は降った」ということになり、これらの悪神は生まれることはないという。
　千葉県長生《ちょうせい》郡などでは、牽牛《けんぎゅう》と織女《しょくじょ》（彦星と織姫、**七夕様**）がこの悪神たち（千の痘瘡神、千の疫病神、千の盗賊神）を生むといわれており、雨が降ることで天の川を二人が渡れなくなるので「七夕に雨が降るのは吉例《きちれい》」であると語られていたという。（『民間年中行事略』）
　七夕に雨が降らないことが病気や**疫病神**の子や**風の神**などの悪神の誕生につながるとする考え方は関東各地に確認することができるが、この三千の悪神の例などは、その中でもかなり具体的な設定を伴ったものだといえる。**半夏《はんげ》の毒**などのように、夏に「天から毒が降る」と雨について逆の内容をもたせている例もあったりするが、どちらも夏の時季の疫病に関するむかしの考え方をそれぞれ反映している。
〔参考文献〕大森金五郎『民間年中行事略』

三度坂のおさん〔さんどざかのおさん〕

　千葉県市川市宮久保にいた**狐**。坂道の石段で三度転んでしまうと、この狐に化かされてしまうといわれていた。
　蕎麦《そば》畑に白い花が満開になっている時季などには、それを海に見せたりして、よく化かして来たという。雌の狐だといわれており、近くにある「たすき坂」にいる雄の狐とは仲が良いと語られている。
　おさん狐なども参照。
〔参考文献〕市川民話の会『市川の伝承民話』

三本足〔さんぼんあし〕

　千葉県我孫子《あびこ》市に伝わる**狐**。日頃の恩義がある粟巻弾正《あわまきだんじょう》の竜崖城《りゅうがいじょう》（竜貝城）を助けるために戦に突入して足を一本失い、三本足になったと語られている。その後、「三本足稲荷《いなり》」として祀《まつ》られていた。（『千葉県東葛飾郡誌』）
　竜崖城が攻め込まれた際、弾正は既に守谷城（茨城県）で討死《うちじに》していた。奥方と残った家臣たちが奮戦しており、三本足もそこへ加勢したのだが、落城してしまい、奥方は家宝の「竜貝」とともに身を投げて沈んでしまったという。（『千葉県東葛飾郡誌』）
　狐が城を守っているとする例は各地にも多くみられるが、足が三本という点は愛知

県の「おとら狐」や、青森県の「さんぼ」などとの関係も考えることができる。

［参考文献］『千葉県東葛飾郡誌』

三本耳の兎［さんぼんみみのうさぎ］

「おびしゃ」の弓行事で**三本足の烏《からす》**とともに的に描かれる兎で、耳が三本、前足・後ろ足も三本で描かれている。

千葉県多古町西古内《たこまちにしふるうち》にみられる。月を示す兎として描かれていたものが、変化してしまった絵柄のようで、「おびしゃ」で描かれる例としてめずらしい作画例である。

［参考文献］萩原法子『熊野の太陽信仰と三本足の烏』

死田［しにだ］

千葉県君津市西原《きみつしにしばら》に伝わる。大友皇子と蘇我赤兄《そがのあかえ》らが早乙女《さおとめ》たちを集めて田植えを行ったところ、とんでもない大雷雨が巻き起こって、その雷で多くの早乙女たちが死んでしまった土地だと語られている。（『房総の伝説』）

この田植えが行われたのは五月七日だといわれており、**蘇我殿《そがどの》の田植《たうえ》**など各地に伝わる五月六日などに田植えを行わないとする言い伝えとも重なっている。

［参考文献］平野馨『房総の伝説』

下総の椿の木［しもうさのつばきのき］

太古のむかしの下総国《しもうさのくに》（千葉県）に生えていたという椿の巨樹。あまりにも大きいため、その影や落ちる花はあたり一帯をスッポリ埋め尽くしてしまうほどだったという。（高橋在久・荒川法勝『房総の伝説』、平野馨『房総の伝説』）

千葉県北東部にあった大きな湖・椿海《つばきのうみ》の地名由来として語られている。**椿の魔王**のはなしと深く関わっており、この魔王退治を椿海の縁起物語として組み込んだ椿海干拓についての近世の文書類によって形成され、知られるようになった。菊本賀保《きくもとよしやす》『国《こっ》花万葉記《かまんようき》』（巻十）などにある**大楠《おおくす》**のはなしよりは、新しい時代にできた巨樹のはなしだと考えられる。

『先代旧事本紀大成経《せんだいくじほんぎたいせいきょう》』（巻二十二）では、日本を地震からまもる大きな鯨《くじら》のような魚が生まれたはなしが載っており、その魚は近江《おうみ》の栗の木・筑紫《つくし》の櫪《くす》の木・下総《しもうさ》の椿の木という太古のむかしに生えていたとされる巨樹がなったものであるとされている。それぞれの魚は北（栗）、西（櫪）、南東（椿）をまもっているとされる。巨樹が鯨のような大魚になったというこの説は、亮盛《りょうせい》『坂東観音霊場記《ばんどうかんのんれいじょうき》』（巻九）でも、**阿薩婆《あさば》の火光《かこう》**のはなしに登場する「阿薩婆の木」についての解説で一緒に紹介されており、版《はん》本《ぼん》として出版された大成経に展開された設定が寺社の説話に影響を与えていた時代を地層のようにみることができる。『房総志《ぼうそうし》料 続篇《りょうぞくへん》』（巻一）には、房総半島に生えていたとする巨樹を「あさばの木」であると語っている説もあったことを記している。清宮秀堅《せいみやひでかた》『下総国旧事考《しもうさのくにきゅうじこう》』（巻十一）などをはじめとした地誌類では、椿海に椿の木が

存在したことについての解説に大成経の本文が引用されることが多くある一方、巨樹たちが大鯨になった箇所については大成経の同じ箇所の文であるのに言及される機会がほぼなかったことも確認できる。

〔参考文献〕高橋在久・荒川法勝『房総の伝説』、平野馨『房総の伝説』、『先代旧事本紀大成経』、房総叢書刊行会『房総叢書』第六巻 地誌其一、亮盛『坂東観音霊場記』、清宮秀堅『下総国旧事考』第六、氷厘亭氷泉「近江の栗の木」（『大佐用』二百五～二百六号）

蛇柳［じゃやなぎ］

「葦場《よしつば》の大柳《おおやなぎ》」とも。千葉県関宿町《せきやどまち》（現・野田市）に生えていたという低く枝の広がった大きい柳の木。ときどき全く逆方向に見えたりして船頭をふしぎがらせたといい、利根川を通う舟のあいだでは知られた妖柳《ばけやなぎ》だったという。蜃気楼《しんきろう》のように、実際に生えていない位置に見えたりしたということらしい。

明治の末ごろに伐採されたという。（『千葉県東葛飾郡誌』）

〔参考文献〕赤松宗旦、柳田國男（校訂）『利根川図志』、『千葉県東葛飾郡誌』

じゃんぼ坂［じゃんぼざか］

千葉県湖北村《こほくむら》（現・我孫子《あびこ》市）の法岩院のまえにある坂道のことで、ここで転んでしまった者は死ぬといわれていた。「じゃんぼ」というのは葬列や葬式のこと。

〔参考文献〕今井幸則「紙上問答」答（一一二）（『郷土研究』二巻十一号）

十三枚本世散［じゅうさんまいほんせいさん］

千葉県香取《かとり》市扇島の高安家に伝わる**河童《かっぱ》**から教わったとされるふしぎな薬。打ち身や骨折に効果があるとされていた。

一日ごとに貼り替えて、十三回でよくなるという点から「十三枚」と呼ばれている。

〔参考文献〕千葉県立中央博物館『妖怪と出会う夏 in Chiba 2015』

證誠寺の狸囃子［しょうじょうじのたぬきばやし］

千葉県木更津市の證誠寺に伝わる。寺の庭から**狸の腹鼓《はらつづみ》**が聴こえたので、和尚が対抗して囃子《はやし》たてた。その応酬が何日もつづいたが、あるとき鼓の音がしなくなったので庭を探してみると大きな**狸**が死んでいた。腹鼓の打ち過ぎでお腹が破れてしまった狸を和尚は弔《とむら》い、塚を築いたという。（『続千葉のむかし話』、『房総の伝説』）

野口雨情《のぐちうじょう》・中山晋平《なかやましんぺい》による童謡『証城寺の狸囃子』の素材として知られ、大正・昭和を通じて広く知られ、現在も親しまれている。

この童謡に先んじて、木更津市には「證誠院のぺんぺこぺん、おいらの友達ゃどんどこどん」というわらべ歌があり、これが紹介されていたことが雨情の作詞の発想もとになっている。（『千葉のわらべ歌』）

〔参考文献〕千葉県文学教育の会『続千葉のむかし話』、平野馨『房総の伝説』、木更津青年会議所『西かずさ昔む

かし』、尾原昭男『千葉のわらべ歌』

庄屋淵の悪魚［しょうやぶちのあくぎょ］

上総国《かずさのくに》の俵田村（千葉県君津市《きみつ》）の庄屋淵にいたという巨大な魚で、人々を苦しめていたという。

千葉県君津市箕輪《みのわ》の熊野神社に伝わる『熊野山縁起《くまのさんえんぎ》』や『熊野神社縁起《くまのじんじゃえんぎ》』にみられる。『熊野神社縁起』では、「河童《かっぱ》の市兵衛」という称号も持つ相馬市兵衛《そうまいちべえ》という男がこれと闘ったが、水底に引きずりこまれてしまったという。観音《かんのん》様を祀《まつ》って祈願したことで、ついにすがたを見せなくなったとされる。（『千葉県の妖怪ガイド』）

『熊野山縁起』（『熊野山大権現略縁起』）の前半には、上総国《かずさのくに》へ赴任した源 頼光《みなもとのよりみつ》らが活躍する部分があり、そこには**悪魔**・外道《げどう》などの妖怪とともに「毒蛇・猛魚《もうぎょ》」、「毒竜・悪魚《あくぎょ》」などが恐るべき生物としての対句表現として書かれており、「魚」たちも数多く顔を出している。（『小櫃村史』）

［参考文献］千葉県博図公連携事業実行委員会『千葉県の妖怪ガイド』、『小櫃村誌』

甚五郎の鴨［じんごろうのかも］

名人として知られる左甚五郎《ひだりじんごろう》が彫ったとされる鴨の彫刻。

千葉県流山《ながれやま》市の東福寺の門にあり、夜になると抜け出ては植えたばかりの田んぼを散々に食べ荒らしていた。徹夜で番をしていた村人によってこのことがわかった結果、鴨の目には釘《くぎ》が打たれ、以後は抜け出ることはなかったという。

［参考文献］千葉県文学教育の会『千葉のむかし話』

真如寺の小坊主［しんにょじのこぼうず］

千葉県木更津市に伝わる。真如寺に弟子にして欲しいとやって来て、修行をしていたという二人の小坊主だったが、正体は烏《からす》天狗《てんぐ》で、眠っているときについ気がゆるんで部屋いっぱいに羽根を広げていたのを目撃されて斬られ、飛び去ったという。

大弐《だいに》とは近いはなし。

［参考文献］木更津の民話刊行会『きさらづの民話』

泉倉寺の猫［せんそうじのねこ］

千葉県永治村《えいじむら》（現・印西市《いんざい》）に伝わる。

むかし泉倉寺の覚道《かくどう》という僧侶が可愛がっていた大きな**猫**。ある夜、武士のすがたに化けて現われ、「近く葬礼あり、願わくば屍体《したい》を吾《わ》れに与えよ」と告げて消えた。やがて大森村（現・印西市）の檀家《だんか》で出た葬儀で、雷雲から現われた**雷獣**に遺体が奪われそうになる騒ぎが起こったが、覚道はこれを祓《はら》ったという。この「雷獣の爪」が寺には伝えられていたが後に竜角寺に移されたと語られている。（『千葉県印旛郡誌』）

猫が寺院に恩返しをするための狂言霊験《うそれいげん》を持ちかけるわけではなく、単に「屍体は吾《われ》がもらうぞ」と宣言しに来ただけで、葬礼行列が襲撃される場面でも、普通に僧侶とバトルを繰り広げているなど、よくみら

れるような「猫檀家《ねこだんか》」の展開とは少し異なった味つけがみられる。「雷獣」と明記されている点については、黒雲や雷雲を伴《ともな》って現われる点に由来する漢語表現であると考えられ、あまり厳密な意図はないように思われる。

［参考文献］『千葉県印旛郡誌』

蘇我殿の田植［そがどののたうえ］

千葉県君津《きみつ》市などに伝わるもので、五月七日あるいは六日、一六日に田植えをしてはいけないとされていた。

むかし大友皇子が上総国《かずさのくに》（千葉県）へ逃れて来たときに蘇我大炊《そがおおい》という豪族が美しい早乙女《さおとめ》たちを大量に集めて田植えをする光景を御覧に入れた。しかし、全て植え終わらないうちに日が暮れはじめてしまったので扇《おうぎ》を使ってお日様を招き戻したところ、夕陽は再び昇って来たが同時にあたりが真っ暗になり、大きな雷が落ちて蘇我大炊たちを焼き殺してしまったという。この田植えが行われたのが五月七日だったとされている。（『日本伝説叢書』上総の巻、『千葉県君津郡誌』上、『小櫃町史』）『房総志料続篇《ぼうそうしりょうぞくへん》』（巻八）や『久留里記《くるりき》』にみられる。大きな雷が落ちて万民が死に、**死田《しにだ》**と呼ばれたとも書かれている。

武田静澄《たけだせいちょう》『日本伝説の旅』上では、東京湾側の上総地方の伝説として、このはなしを掲載しているが、五月六日としている。

千葉県木更津市では、お日様を招き返したほかに、股のぞきをしながらお日様を呼んだため雷が落ちた（『きさらづの民話』）とするはなしもみられる。千葉県御宿町《おんじゅくまち》では、一六日とされているが内容は同様で、暮れたお日様を招き戻したため、蘇我《そが》殿《どの》は「火《ひ》の病《やまい》」になった（『民俗採訪』）と語られる。

夕陽を扇で招き返した結果、お日様の罰を受けたはなしは、平清盛《たいらのきよもり》に関わるものがよく知られているが、田植えで夕陽をなじったり、夕陽を招き返したりした結果、お日様から罰を受け、その者が田んぼで死んでしまうはなしも各地で語られている。茨城県の「鹿島《かしま》様のお田植え日」は五月六日とされ、田に入ると罰があたる（『筑波研究学園都市地区民俗資料緊急調査報告書』）とされていた。五月六日を田植えをしてはいけない日としている似た構造のはなしは、秋田県の「六日田《むいかだ》」（『道川村郷土史』）など、全国各地に確認できるようである。**千把《ちわ》が池**、**死田《しにだ》**、**でえたら棒**、**棒《ぼう》っ脛《ぱぎ》**、**おろくしょう様**なども参照。

［参考文献］房総叢書刊行会『房総叢書』第六巻 地誌其一、藤澤衛彦『日本伝説叢書』上総の巻、『千葉県君津郡誌』上、『小櫃町史』、木更津青年会議所『西かずさ昔むかし』、武田静澄『日本伝説の旅』上、木更津の民話刊行会『きさらづの民話』、茨城民俗学会『筑波研究学園都市地区民俗資料緊急調査報告書』、菊地與吉『道川村郷土史』、國學院大學民俗学研究会『民俗採訪』二十七年度

袖切坂［そできりざか］

千葉県成田市押畑《おしはた》にある坂で、ここで転んでしまったときは、自分の服の袖《そで》を切り、その場に捨ててゆかないと厄に遭うといわれていた。（『千葉県印旛郡誌』）

峠や坂で転んでしまったら、袖をちぎって捧《ささ》げたり、投げたりしないといけないという習俗は各地にみられる。埼玉県の**袖曳《そでひき》坂《ざか》**や茨城県の**牛小坂《うしこざか》**などの場合は由来めかした伝説がついていたりするが、こちらの坂は特に由来などは語られていないようである。

［参考文献］『千葉県印旛郡誌』

【た】

だいだいぼっち

とても大きな巨人。千葉県古城村（現・旭市）などでは、低湿地の広い土地を「だいだいぼっち」の足跡であると語っており、土地そのものも「だいだいぼっち」と呼んだりしていた。

［参考文献］高木卯之助「山村語彙」（『民間伝承』一巻十二号）

太東の檀那 ［たいとうのだんな］

太東岬《たいとうみさき》（千葉県）にいるという島のように巨大な怪魚。ときどき出現して舟を持ち上げてしまったりしたという。（『岬町史』）

『房総志料《ぼうそうしりょう》』（巻三）や『房総志料続篇』（巻二）に「怪魚」として記載がみられ、全身を見た者はいないため、その全長はわからないともある。これが出ることから「鬼が崎」という名もあったとある。

大きな暗礁《あんしょう》のことを呼んでいたともいい、海の魔所として船頭たちから恐れられていた。（『房総の伝説』）

［参考文献］房総叢書刊行会『房総叢書』第六巻 地誌其一、『岬町史』、高橋在久・荒川法勝『房総の伝説』

大弐 ［だいに］

千葉県長南町《ちょうなんまち》の長福寺に伝わる。むかし十八僧正がいたころに弟子として寺で修行をしていたという僧侶だったが、あるとき**天狗**であることが知れて斬られてしまい、羽根を残して去ったという。

『房総志料続篇《ぼうそうしりょうぞくへん》』（巻五）にみられる。大弐が使っていた部屋は、その後は人々が恐

れて入りたがらなかったなどとも語られていたという。**真如寺《しんにょじ》の小坊主**とは近いはなし。

［参考文献］房総叢書刊行会『房総叢書』第六巻　地誌其一

大六天の鮭 ［だいろくてんのさけ］

一一月の初卯《はつう》の日が近づくと山倉様《やまくら》（大六天王）のために川をのぼって来るという鮭たち。敬称を冠して「おしゃけ」とも呼ばれ、供えられる。むかし「大六天」という文字が体に浮かび出ている鮭をこっそり食べた男が、たちまち死んでしまったというはなしも語られている。

千葉県山田町（現・香取市《かとり》）に伝わる。山倉様（山倉大六天）は、弘法大師《こうぼうだいし》が修行をしたときに竜王が**竜灯《りゅうとう》**と鮭を捧《ささ》げたというはなしが知られており、それに由来する。

［参考文献］平野馨『房総の伝説』

祟の松の木 ［たたりのまつのき］

千葉県千葉市中央区の西千葉駅の近くにある大きい松の木で、近寄ったり、触ったりするとたたりがあると語られている。

西千葉稲荷《いなり》大明神とともに、駅の近くにそのまま残されているという点も、たたりがあると語られる養分になっているようである。

［参考文献］『平成十八年度　東京エリア怨念地図潜入レポート』

銚子塚の長之助 ［ちょうしづかのちょうのすけ］

千葉県木更津市にいた**狐**で、人々を化かしていた。**山《やま》ん台《で》おさん**とは夫婦同士。

［参考文献］木更津の民話刊行会『きさらづの民話』

手斧梵論 ［ちょうのぼろ］

「釿《ちょうな》ぼろ」、「ちょうなぼろ」とも。大工道具の釿《ちょうな》に似たかたちのものがふわふわと飛びまわり、顔の近くを飛んだりもするが、捕まえようと思ってもひらりと逃げ、「かげろう」のようで決して捕まえることはできないという。

菊岡沾涼《きくおかせんりょう》『本朝俗諺志《ほんちょうぞくげんし》』（巻一）の「手斧《ちょうの》梵論《ぼろ》」というはなしにみられる。上総国《かずさのくに》（千葉県）の願性寺という寺に毎夜出たといい、雨の降る日などは晴れの日の夜よりも早いうちから出現したという。「ぼろ」は「かげろう」の意味だとも記されているが、出自も含め、よくわからないふしぎな存在である。

「手斧梵論上総大工《かずさだいく》に訳《わけ》を聞《き》き」という川柳（『川柳大辞典』）があるなど、『本朝俗諺志』のはなしはなぜか狂歌師《きょうかし》や川柳子《せんりゅうし》たちによく知られていたようである。おもに版本や芝居で親しまれた妖怪が詠み込まれている『狂歌百鬼夜狂《きょうかひゃっきやきょう》』にも、四方真顔《よものまがお》による「立《たち》よりてうてばひらりと釿《ちょうな》ぼろあやしく肝《きも》をけずるもの哉《かな》」と、木を削るための大工道具である点を「肝を削る」と利用し

た狂歌がみられる。ただし、大正・昭和ごろに大曲駒村《おおまがりくそん》が「不明の語」（『川柳大辞典』・「てをのぼろ」）と解説してしまった程度には版本・錦絵や芝居などで広く親しまれていた存在ではなく、ごく一部の狂歌師の「むかしの本（『本朝俗諺志』）にあったやつ」という認知からのお題編入とも考えられ、注意が必要である。

『北斎漫画《ほくさいまんが》』（十編）にも、「上総 手斧母《ちょうのぼ》衣《ろ》」という絵が描かれているが、『本朝俗諺志』の挿絵にあるダークの糸あやつりのようにふわふわ浮かんだ釿は描かれておらず、扇と錫杖《しゃくじょう》を持った行者《ぎょうじゃ》のような人物が描かれており、北斎《ほくさい》のこの絵は何か別文脈のものを描いているようでもある。

〔参考文献〕菊岡沾涼『本朝俗諺志』、大曲駒村『川柳大辞典』下、吉田幸一・倉島須美子（編）『狂歌百鬼夜狂』、永田生慈（解説）『北斎漫画』二

千把が池［ちわがいけ］

千葉県松崎村（現・印西《いんざい》市）にあった池。

むかしお鶴《つる》という物凄く仕事のできる女がいて、ある日「田んぼに一日で千把の稲を植えてやる」と大宣言をして仕事にとりかかった。みるみるうちに田植えはでき上がり、日の沈まぬうちに千把もの苗が植えられた。しかし、調子づいたお鶴が股の間から顔をのぞかせて「やーい、お日様まだ入りやらぬー」と夕陽に向かって声をあびせかけたところ、お日様の罰があたり、お鶴はそのまま田んぼの泥の中に倒れ込んで死んでしまった。その後、この田んぼは使われず、のちに池にされ、この名がついたと語られている。（『千葉県印旛郡誌』、『房総の伝説』）

田植えで夕陽をなじったり、夕陽を招き返したりした結果、お日様から罰を受け、その者が田んぼで死んでしまうはなしは各地にさまざまに語られており、これもそのうちのひとつである。**蘇我殿《そがどの》の田植《たうえ》**なども参照。

〔参考文献〕『千葉県印旛郡誌』、平野馨『房総の伝説』

ちんちんちん袴［ちんちんちんばかま］

小楊子《こようじ》を無駄づかいしてはぽいぽい捨てていた長者のお嬢さんが、夜に便所に行こうとすると、なんだかわからないものが「ちんちんちんばかま、夜も更《ふ》けそーろー、きしなる神様、やちっちょこやちっちょこやっちょこな」と、唄い踊っていた。怖いので家の者に話しても、誰も信じないし、乳母《うば》と便所に行ってもすがたをみせないので、どうしようもなかった。ある晩、勇気を出してお嬢さんがこのよくわからないものにひとりで近寄り、その体に火をつけてみた。翌朝になって調べてみると、小楊子が焦げて落ちていたという。（『川越地方昔話集』）

安房国《あわのくに》（千葉県）で語られていたという昔話にみられるもので、楊枝《ようじ》の化けたもの。「ちんちん小袴《こばかま》」、「ちいちい小袴」や、**小《ちい》袴《ばかま》**などのはなしとは重なっている。

〔参考文献〕鈴木棠三『川越地方昔話集』

椿の生花［つばきのいきばな］

椿の花枝をそのまま採って、髪飾りとして頭につけると早死にをするといわれており、忌《い》まれていた。（「国々の言習はし（二二）」、『相馬伝説集』、『印西方言録』）

千葉県印旛《いんば》郡や茨城県などでいわれている。全般に各地でも生花を髪飾りにすることを忌む内容の俗信は広くみられ、東京都でも「生き花を簪《かんざし》に挿すと悪い」（『民俗叢話』）などといわれていた。印旛郡にはほかに「生花を簪《かんざし》にすると親の死に目にあえぬ」（「国々の言習はし（二二）」）といったものもみられる。

［参考文献］「国々の言い習はし（二二）」（『郷土研究』二巻十号）、谷川磐雄『民俗叢話』、寺田喜久『相馬伝説集』、阿部義雄『印西方言録』

椿海の主［つばきのうみのぬし］

椿海（千葉県）にすみついていたぬしで、大きな蛇だという。鉄牛《てつぎゅう》和尚が椿海の湖水全体を干拓することによって棲家《すみか》を失ったとされ、千葉県東庄町《とうのしょうまち》の福聚寺《ふくじゅじ》にある鉄牛和尚の墓石にみられる何かがぐるぐる絞めつけたような跡は、椿海の主が墓石を絞めつけて死んだ跡だと語られている。

［参考文献］高橋在久・荒川法勝『房総の伝説』

椿の魔王［つばきのまおう］

下総国《しもうさのくに》（千葉県）に生えていたという椿の巨樹にすみついたという鬼満国《きまんこく》からやって来た魔王。この息にあたっただけでも生物・人間は死んでしまい、人々の生活は困窮していたが、猿田彦命《さるたひこのみこと》や経津主命《ふつぬしのみこと》といった神々によって退治された。この魔王のすみついたとされる木が、巨樹として知られる**下総《しもうさ》の椿の木**で、退散する魔王が巨樹を抜きとった跡が椿海《つばきのうみ》になったと語られている。（『千葉のむかし話』）

起源ははっきりしていないが、『椿新田開発記』などの干拓について記した文書群が、冒頭部分に椿海の由来としてこの魔王のはなしを載せており、それを通じて広まったようである。椿海は千葉県北東部にあった大きな湖で、一七世紀後半に干拓された。それらの文書では、まず「長門《ながと》の楠《くす》の木」、「丹波《たんば》の栗《くり》の木」、「下総の椿の木」が太古の日本にあった三つの巨樹であると説《と》き、そのうちの椿の木（猿田彦命が日本の国々の境に植えた三三本の椿の木のうちで一番大きく育った一本）に、日本を魔国にしようともくろむ「魔王」が鬼満国からやって来てすみつき、神々に退治されたと語っている。（『椿新田開発実記』、『海上町史』特殊史料編 椿新田関係資料）

「鬼満国」については「羅刹国鬼満国《らせつこくきまんこく》」（『椿新田開発実記』）とも書かれている。「鬼満国」は、中世の物語や古浄瑠璃にもみられる**鬼**たちの住む島とされる地で、西の海にある「竺羅《ちくら》が沖《おき》」の先にあるなどと設定されていることが多い。

巨樹に関するはなしが存在する点から考えると、「下総の椿の木」などにみられる

巨大樹のはなしを土台にかたちづくられたはなしであると考えられる。『房総叢書』に収録されている『椿新田開発記』は、魔王についての原文の大部分を省いて掲載しているため注意が必要である。

〔参考文献〕千葉県文学教育の会『千葉のむかし話』、高橋在久・荒川法勝『房総の伝説』、房総叢書刊行会『房総叢書』第十巻 雑書及抄本、鉄牛禅師『椿新田開発実記』、『海上町史』特殊史料編 椿新田関係資料、氷厘亭氷泉「下総の椿の木と魔王」（『大佐用』二百七号）

鶴落［つるおとし］

千葉県市原市米原《よねはら》に伝わる。むかし大通《だいつう》寺《じ》の田んぼにはひとつぶが鶏の卵ぐらいに大きい米が実る稲があったと語られている。鶴がくわえて遠い仙郷から運んで来たことから「つるおとし」と呼ばれていたとされる。

ひとつぶ炊《た》けば、一膳分になったというふしぎなお米だが、次第に年とともに粒が小さくなり、普通の稲と変わらないぐらいの大きさになったと語られてもいる。（『日本伝説叢書』上総の巻）

仙郷から鶴が持って来たという説は『房《ぼう》総雑記《そうざっき》』にみられる。『房総志料《ぼうそうしりょう》』（巻三）や『房総志料続篇』（巻七）などには、鶴のはなしはみられず、「稲米大《おおき》さ常《つね》に倍す」と単に粒が普通のものより大きい米だという現実的な内容のみある。寺の山号「長粳《ちょうこう》山《ざん》」も、この大きな粒の米に由来しているようである。

〔参考文献〕藤澤衛彦『日本伝説叢書』上総の巻、房総叢書刊行会『房総叢書』第二輯、房総叢書刊行会『房総叢書』第六巻 地誌其一

つんつん様［つんつんさま］

千葉県三芳村増間（現・南房総市）に伝わる。「とりごえ」と呼ばれる場所を夕暮れに生ぬるい風とともに通過して行く**魔物**だといわれている。「つんつん様」の出るあたりを通ると大きな牛などもびくびく怯《おび》えてしまったという。

〔参考文献〕平野馨『房総の伝説』

大尺坊［でえじゃくぼう］

とても大きな巨人。千葉県君津《きみつ》市に伝わる。富士山の標高を大きくするために、上総国《かずさのくに》（千葉県）から駿河国《するがのくに》（静岡県）まで砂を大量に運んでいた。人間たちにすがたを見られるのを嫌っており、夜のあいだだけ作業をしていたのだが、**天邪鬼**《あまんじゃ》の鶏《にわとり》の鳴き真似のいたずらによって人間が起きて来ると勘違いし、持ち上げていた砂をどっさり落として去ってしまった。その山が大坂《おさか》富士《ふじ》（君津市）だという。

〔参考文献〕千葉県文学教育の会『続千葉のむかし話』

でえだらぼう

とても大きな巨人。千葉県佐倉市の佐倉城の近くにある窪地は、でえだらぼうの足跡だといわれている。

〔参考文献〕佐倉市教育委員会『たんたん山—佐倉市の民話—』

でえでっぽ

「でいでっぽ」、「だいだっぽ」とも。とても大きな巨人。千葉県市原市などに伝わる。海辺に近い丘に腰かけて、そのまま長い腕をのばし、海から捕った貝を食べていたという。

浮島《うきしま》（千葉県鋸南町《きょなんまち》）は、でえでっぽが咳《せき》をしたときに飛び出た土からできたとも語られている。

［参考文献］高橋在久・荒川法勝『房総の伝説』、平野馨『房総の伝説』

デカチャリおじさん

「デカチャリ」とも。物凄く大きなチャリ（自転車）に乗っているという巨大なおじさんで、子供がひとりで遊んでいたりすると追いかけて来るという。

千葉県船橋市などで語られる。自転車の寸法については二メートルぐらい（『ホントにあった呪いの都市伝説』）などの描写が多かったが、自転車が大き過ぎて顔は見えない（「千葉の最恐心霊スポットランキングTOP18！ 怖い廃墟や幽霊の噂とは？」）など、かなり巨大なものとして語られるようにもなりつつある。

［参考文献］山口敏太郎『ホントにあった呪いの都市伝説』、山口敏太郎『本当にいる日本の現代妖怪図鑑』、TraveRoom「千葉の最恐心霊スポットランキングTOP18！ 怖い廃墟や幽霊の噂とは？」

手賀沼の毒蛇［てがぬまのどくじゃ］

手賀沼（千葉県）の底にいたとされる大蛇。北条時頼《ほうじょうときより》の娘法性尼《ほっしょうに》の生まれ変わりだという大蛇。十六の角と八万四千の鱗《うろこ》を持ち、**竜**の受ける三熱《さんねつ》の苦しみを無量に浴びつづけていた。（『千葉県東葛飾郡誌』）

千葉県我孫子《あびこ》市にある正泉寺《しょうせんじ》の『血盆《けつぼん》経縁起《きょうえんぎ》』などにみられ、竜宮《りゅうぐう》から手賀沼へと遣《つか》わされた『血盆経《けつぼんきょう》』の功徳《くどく》によって成仏したと語られている。正泉寺は女人を救うとするこの経典の信仰で知られており、法性尼はその前身である法性寺をひらいた人物とされている。（『千葉県東葛飾郡誌』、「史料紹介『女人成仏 血盆経縁起』」）

角が十六本という表現は、縁起物語や神楽などで竜や大蛇、**鬼**に対して用いられていた表現である。

［参考文献］『千葉県東葛飾郡誌』、菅野則子「史料紹介『女人成仏 血盆経縁起』」（『帝京史学』二十号）

手長婆［てながばばあ］

千葉県八生村《はぶむら》（現・成田市）などに伝わる。池や川の底に住んでいるという手の長い婆で、水辺で遊んでいる子供を引きずりこんでしまうという。

［参考文献］小川景「妖怪其他」（『民間伝承』五巻二号）

天狗様［てんぐさま］

千葉県船橋市の海神《かいじん》に住んでいたという**天狗**で、どこにでもまたたく間に飛んで移動することができたという。

あるときは、富士山のうえにまで飛んで行き、瞬時に山頂の雪を持って来て人々に見せたりしたこともあったという。

［参考文献］『船橋市史』民俗・文化財編

天狗様の花見［てんぐさまのはなみ］

三月四日は「天狗様の花見」の日だとされており、山に入ってはいけないとされていた。もし入ってしまうと**天狗**にさらわれてしまうといわれていた。

千葉県本納町《ほんのうまち》（現・茂原市《もばら》）などでいわれていたという。

［参考文献］内田邦彦『南総の俚俗』

天真正［てんしんしょう］

下総国《しもうさのくに》香取郡《かとり》（千葉県）の海に住んでいたという**河童**《かっぱ》で、香取大明神のもつ剣術の秘奥《ひおう》を身につけていたという。

『関八州古戦録《かんはっしゅうこせんろく》』（巻十四）の「斎藤伝輝坊《さいとうでんきぼう》剣術並塚原卜伝事《つかはらぼくでん》」の冒頭、足利時代の関東で広まっていた香取の天真正流のはじまりについての箇所で言及されており、飯篠《いいざさ》家直《いえなお》（飯篠長威斎《ちょういさい》）の武芸の師匠であった鹿伏兎刑部少輔《かぶとぎょうぶしょうゆう》は、天真正という名の海に住む河童から剣の奥義を伝えられたと語られている。

飯篠家直を始祖とする天真正伝神道流《てんしんしょうでんしんとうりゅう》（新当流）の剣術についてのはなしだが、一般的には、家直が香取神宮の梅木山にこもって修行をし、香取大明神から感得した（『剣道の発達』、『史蹟名勝天然紀念物調査』第六輯）とされており、流派の由来のはなしの中に鹿伏兎先生や天真正師匠といった存在は登場しないことが多い。『関八州古戦録』時点で、河童から伝来の秘奥ということは表向きには秘められており、香取大明神から授かったと称していると紹介されているので、当然といえば当然な部分か。

南方熊楠《みなかたくまぐす》は、この天真正のはなしを河童の薬についての報告文のなかで脱線気味に紹介しているが、その際「鞍馬《くらま》の僧正坊《そうじょうぼう》のむこうをはって兵法を人に伝えたのがある」（「河童の薬方」）と戯評している。

［参考文献］近藤瓶城『史籍集覧』五、下川潮『剣道の発達』、千葉県『史蹟名勝天然紀念物調査』第六輯、南方熊楠「河童の薬方」（『郷土研究』二巻十一号）

伝八［でんぱち］

千葉県匝瑳市《そうさ》飯高《いいだか》に伝わる。飯高寺《はんこうじ》にあった橋門に住んでいたという白狐で、「橋《はし》門伝八《もんでんはち》」とも呼ばれた。僧侶のすがたに化けて飯高檀林《いいだかだんりん》（飯高寺にあった僧侶のための大きな学問所）で暮らしていたという。

能化《のうけ》上人の入山式のときに酒を飲み過ぎ、**狐**の正体を顕《あらわ》してしまったが、寺を守ると約束し、寺に残ることを許された。

「南無妙法蓮華経」と記された葉っぱが境《けい》内《だい》に落ちていることがあったのも伝八の仕業と考えられており、伝八は「古能葉《このは》稲荷《いなり》」の名で祀《まつ》られている。

飯高檀林で学んでいたが、勉強疲れで居眠りをしているときに正体を知られてしまって檀林を去り、その後に寺で祀られたと

もいう。

［参考文献］勝股清『八日市場市の沿革と人物』、戀塚稔『狐ものがたり』

とうかん火［とうかんび］

狐火《きつねび》のこと。提灯《ちょうちん》のような赤い光が飛んで見えたりする。千葉県などで呼ばれている。「とうか」は「稲荷《いなり》」の意味で**狐**を示していることば。

千葉県佐倉市などでは、気温の生ぬるい夜などによく見られたと語られている。

［参考文献］『佐倉市史』民俗編

塔婆畑［とうばばたけ］

お墓に立てる卒塔婆《そとば》のようなかたちの畑地をこう呼び、所有していると縁起が良くないとされ忌《い》まれた。

千葉県印西《いんざい》市などでは**位牌田**《いはいだ》や塔婆畑だとされる土地は、寺社にあげるものであるとされていたという。

［参考文献］千葉県教育委員会『印旛手賀沼周辺民俗調査報告書』

頭部の無い小柄な人影［とうぶのないこがらなひとかげ］

ある少年の夢の中に毎晩出てきたというふしぎな存在。

『本当にこわい！　学校の怪談スペシャル』では、千葉県に住む少年のはなしとして語られている。夢にいつも頭部の無い小柄な人影が出て来て、その人影に腕を引っぱられながら山の途中にあるお地蔵さんのところへ丸い石を持ってゆく、という内容だった。少年が兄に相談をすると、ハイキングのときに少年が山で蹴《け》とばして遊んでいた丸い石なのではないかということになり、確かめにゆくと、今まで何の変哲もない丸い石だと思っていたそれは崩れた石地蔵の頭らしいもので、夢でおぼえのあるような道をたどると本当に地蔵があり、頭がなかったという。

現代の「怖いはなし」として語られているはなしだが、時空を鎌倉時代や足利時代に移して、「この地蔵堂の縁起物語だよ」と語られても、あまり違和感のない雰囲気をもっている展開ではある。

［参考文献］『本当にこわい！　学校の怪談スペシャル』

鳴山のおさん［なるやまのおさん］

千葉県岬町（現・いすみ市）の鳴山にいたという**狐**で、**大入道**のすがたでびっくりさせたり、美女に化けて人々の持っている食物や家苞《おみやげ》の中身を抜き取り、松の葉っぱにゴッソリ詰め替えたりしていたという。

鳴山も、海の潮が鳴るようなふしぎな音を立てる名所として『房総志料続篇《ぼうそうしりょうぞくへん》』（巻五）をはじめ古くから知られている。

［参考文献］『岬町史』、房総叢書刊行会『房総叢書』第六巻 地誌其一

新堀渕の河童［にいぼりぶちのかっぱ］

千葉県匝瑳《そうさ》市吉崎の新堀渕にいたという**河童**たち。悪さをつづけていたが、宝珠院《ほうじゅいん》の僧侶によって懲罰され、悪さをしないという誓いの証文《しょうもん》を書いたという。

悪さをしないというしるしとして松も植えられたといい、「河童の証文松《しょうもんまつ》」などと呼ばれていたという。

［参考文献］勝股清『八日市場市の沿革と人物』、平野馨『房総の伝説』、今野円輔『日本怪談集』妖怪篇

西風の魔神［にしかぜのまじん］

太古のむかし下総国《しもうさのくに》（千葉県）に現われたという魔神。西風をいつまでも強く吹かせて人々に災いをもたらしたとされるが、三輪《みわ》の神や大和朝廷から遣《つか》わされた勾玉《まがたま》の力によって退けられたという。

千葉県流山《ながれやま》市の三輪茂侶《みわもろ》神社の由来として語られる縁起物語に登場する。魔神そのものには特に名前はないようで、魔神の起こした風が「西風の災《わざわい》」、「風早の災」などと表現されている。

この勾玉を後の時代になって、**平将門《たいらのまさかど》**が「三種の神器に摸擬《もぎ》せん」と考えて奪い取ろうとやって来たが、壁の中に塗り込んで隠し通した、というはなしも伝えられていたようで、縁起物語を記載した文書のなかにみることができる。

［参考文献］『千葉県東葛飾郡誌』、氷厘亭氷泉「将門さまと勾玉と魔神」（『大佐用』二百四号）

怒田の大蛇［ぬだのだいじゃ］

上総国《かずさのくに》の小櫃川《おびつがわ》（千葉県君津《きみつ》市）にいたぬしで、大蛇のすがたをしていたという。人々を苦しめていたが、法照坊《ほうしょうぼう》という僧侶に護摩《ごま》を焚《た》かれ封じられた。しかし里見《さとみ》義堯《よしたか》の指導で新田開発が行われたころ、再び人々を襲うようになったため、今度は**狢《むじな》**の血を塗った焔硝《えんしょう》入りの大きな人形で退治されたと語られる。（『小櫃川流域のかた

りべ』）

千葉県君津市箕輪《みのわ》の熊野神社に伝わる『熊野神社縁起《くまのじんじゃえんぎ》』にみられる。焔硝入りの人形を美味そうな人間だと思って呑み込んだ大蛇は爆裂して死んだが、そのときたくさんの小さな鮒《ふな》が大蛇の体から散ったことから、土地の人々は鮒を食べなくなったという。

『熊野山縁起《くまのさんえんぎ》』（『熊野山大権現略縁起』）には、怒田の大蛇と同時に小羽戸《こばど》にも大蛇がいて、これらの大蛇や**庄屋淵《しょうやぶち》の悪魚《あくぎょ》**といった妖怪たちが、ひとびとを苦しめていたと記されている。（『小櫃村史』）

〔参考文献〕土橋幸一『小櫃川流域のかたりべ』、木更津青年会議所『西かずさ昔むかし』、千葉県博図公連携事業実行委員会『千葉県の妖怪ガイド』、『小櫃村誌』

ねんねろよぉ

海上に現われる子供を背負った女の妖怪。舟に乗っているひとに向かって、「水を汲《く》まないと仏になれないから、子を抱いていてくれ」と言って来る。柄杓《ひしゃく》を借してしまうと、それで舟を沈めてしまうという。

千葉県浦安市などに伝わる。舟の上で眠っているひとたちのもとに出現して、端《はし》から順々に殺していったというはなしもみられる。

〔参考文献〕浦安市教育委員会社会教育課『浦安の昔ばなし』

【は】

竹籠担いだ婆〔ぱいすけかついだばばぁ〕

夜道を歩いているときに道ですれ違って来る老婆。「こんな時間にどこに行くんだろう」と振り返ると、ギラリとした目を見せたり、消えたりして、ひとを驚かせた。**狢《むじな》**が化けていたとされる。

「ぱいすけ」は、水揚げされた魚介類や物を入れて運んだりするときに使う竹で編まれた籠《かご》。港や舟をはじめ漁師などによく使われていた。

〔参考文献〕市川民話の会『市川の伝承民話』

白馬［はくば］

下総国《しもうさのくに》の塩古村（千葉県八街市《やちまた》）に祀《まつ》られる馬頭観音《ばとうかんのん》の縁起物語にみられる。

むかし白馬が一頭その地で死に、その霊がたたりをなしつづけ、馬に乗った者が通ると必ず落馬してけがをしたり、青い鬼火《おにび》が夜な夜な多数飛んだりすることがつづいたので、法印《ほういん》を招いて供養をし、馬頭観音として祀ったと語られている。

［参考文献］『千葉県印旛郡誌』

ばけ

妖怪を示すことば。「おばけ」のこと。子供たち対し、怖いものが来るなどといったりするときに用いられたりする呼び方。

千葉県野田市などには「ねんねんねこじまやなぎしま、やなぎの下からばけが出た、ばけはおっけおっけ、ねんねんねんよ」などといった童謡がみられる。

［参考文献］興風会図書館『野田町誌』

化物［ばけもの］

からっぽの唐箕《とうみ》をまわしたりすると化物が出て来るのでまわしてはいけないといわれていた。

千葉県二宮本郷村《にのみやほんごうむら》（現・茂原市《もばら》）などでいわれる。同様のものには**ままおっか**などもある。

［参考文献］内田邦彦『南総の俚俗』

ぱたぱた

歩いていると、うしろからぱたぱたぱたぱたぱたと何者かが歩いてついて来る音がするのだが、振り向いても誰もおらず、音も聴こえなくなるというもの。

千葉県野田市などで語られる。**狐**が後ろをついて来ているなどと考えられていた。

［参考文献］野田市史編さん委員会『野田市民俗調査報告書 吉春・谷津・岩名・五木の民俗』

八畳間の蛇［はちじょうまのへび］

千葉県本納町《ほんのうまち》（現・茂原市《もばら》）などでは、八畳間にたったひとりで眠ったりすると、蛇になってしまうといわれており、忌まれていた。

［参考文献］内田邦彦『南総の俚俗』

花嫁御［はなよめご］

狢《むじな》の化けたもので、きれいな祝言《しゅうげん》の衣裳《いしょう》をまとった花嫁御《はなよめご》（お嫁さん）で、道ばたや橋などにそのすがたで出現して、ひとを化かしたりした。（『柏・我孫子のむかし話』、『謎のなんじゃもんじゃ』）

千葉県土村《つちむら》（現・柏市）に伝わる。千葉県野田市などにも狢が花嫁すがたに化けて出てひとを招き、田んぼに落とされて泥まみれになったというはなし（『野田市民俗調査報告書 船形の民俗』）などもみられ、ひとつの化け種目として確立していたよう

ではある。

［参考文献］岡崎柾男『柏・我孫子のむかし話』、岡崎柾男『謎のなんじゃもんじゃ』、野田市史編さん委員会『野田市民俗調査報告書　船形の民俗』

光る球［ひかるたま］

直径三〇センチほどの赤黄色のふしぎな光の球体。昭和二三年（一九四八）七月、千葉県八日市場《ようかいちば》市から野手《ので》（現・匝瑳《そうさ》市）に帰るために夜道を歩いていたひとが、これに追いかけられたという。走ったり歩いたりするといっしょについて来るが、立ち止まると球も宙でふわふわと止まった。そのうちに明るい道にさしかかると森の方へと消えてしまったという。

宗川圓学《むねかわえんがく》・佐藤有文《さとうありふみ》らは、光球現象を色で三つ（赤・赤黄・白）に分け、赤黄色の光球は人間を追いかける目撃例が多い、と書いている。

［参考文献］『トワイライトゾーン別冊　心霊ミステリー』

光る電柱［ひかるでんちゅう］

電柱がパッと光り出すというもの。狢《むじな》の仕業であると語られている。

千葉県野田市三ヶ尾《さんがお》などで語られる。

［参考文献］野田市史編さん委員会『野田市民俗調査報告書　三ヶ尾・瀬戸・三ツ堀・木野崎の民俗』

ひき

闇夜に漁をしているとき、竿《さお》や網、泳いでいる魚などがきらきら光ること。

千葉県君津《きみつ》市・木更津市などでいわれ、「ヒキが立つ」などと表現される。夜光虫《やこうちゅう》が光っているようなものとは異なると書かれている。

［参考文献］坂井昭『干潟の民俗誌　〜東京湾に面した西上総地方の漁業と暮らし〜』

兵庫どんの狢［ひょうごどんのむじな］

「鵺《ぬえ》」の霊がなったという狢。「むじなさま」として祀《まつ》られている。

千葉県袖ヶ浦《そでがうら》市の神納《かんのう》に伝わる。むかし多田兵庫《ただひょうご》というひとの屋敷には毎年元旦になると、立派な馬に乗った武士がただ黙礼して通り過ぎるというふしぎなことがあった。ある年の正月、家で飼っていた犬がその武士の後を激しく吠《ほ》えながら追いかけていったことがあった。道の先では大きな狢が死んでおり、翌年からは騎馬武者が現われなくなり、それに時をあわせるようにして家運が衰えはじめた。神主にみてもらったところ、この狢は兵庫の先祖にあたる源　頼政《みなもとのよりまさ》が朝廷の命を受けて射落とした鵺であったことがわかり、その狢（鵺）の霊を屋敷では手厚く祀ったという。

［参考文献］木更津青年会議所『西かずさ昔むかし』

枇杷田の市兵衛［びわだのいちべえ］

千葉県匝瑳《そうさ》市飯高《いいだか》に伝わる**狐**。枇杷田の田んぼ道に、いつも夕方になると油を買いに行くような貧乏徳利《びんぼうどっくり》をさげた老爺《ろうや》のすがたで歩きまわっていたという。

油買いなどの要素があるものだが、具体的にひとをおどかしたというはなしは記載されておらず、本当に度々《たびたび》見かける、いつもなぜかいる、といったあたりがあやしまれた要点のようである。

［参考文献］勝股清『八日市場市の沿革と人物』

笛吹き通右衛門［ふえふきつうえもん］

笛が得意だった「笛吹き通右衛門」という男の家に飼われていた**猫**で、おなじく笛が得意だったことから、猫のあいだで同じ名前で呼ばれていた。

通右衛門が銚子《ちょうし》（千葉県銚子市）に出掛けたところ、猫たちが集まっているところをたまたま見てしまい、そこには豆しぼりの手拭《てぬぐい》をかぶって「笛吹き通右衛門」とみんなから呼ばれている猫がいたという。

千葉県岩井村（現・旭市）に伝わる。**小《こ》久《く》保《ぼ》の勘解由《かげゆ》どん**とはほぼ同じはなし。

［参考文献］千葉県文学教育の会『続千葉のむかし話』、平野馨『房総の伝説』

藤蔓の髑髏［ふじかづらのどくろ］

むかし葛飾浦（千葉県）の塩売りが日暮れの帰り道に藤蔓に巻き込まれている髑髏を目にして、何の気なしに蹴《け》り飛ばして家に帰った。すると、骸骨が若い男のすがたになって「藤蔓にしめつけられて長いこと苦しんでいたが救われた」とお礼に訪れたという。

『葛飾記《かつしかき》』にあるはなしで、髑髏の正体は国府台《こうのだい》の合戦で幼くして討死《うちじに》した里見長九郎弘次《さとみちょうくろうひろつぐ》としている。塩売りはこの髑髏をゆかりの者たちが暮らしているという安房国《あわのくに》まで運んであげている。

［参考文献］房総叢書刊行会『房総叢書』第八巻

二股竹［ふたまただけ］

「双生竹《そうせいちく》」とも。千葉県香取《かとり》市虫幡《むしはた》に伝わる。清水の観音《かんのん》さま（清水寺）の近くに生えているふしぎな竹。観音の開帳がある年には、組のひとの誰かの庭に二股の筍《たけのこ》が生えて来て、それを捧《ささ》げているというはなしが語られていたという。あるひとが捧げるのをいやがってそのままにしておいたところ、その家の息子が突然病気になったが、すぐに筍を捧げたところ、回復したと語られる。（「下総小見川の話」）

清水寺は竹林寺とも呼ばれる。**竜王の娘**が持って来た筍から出て来た観音が本尊とされており、筍が大切にされている。

［参考文献］吉原春園「下総小見川の話」（『郷土研究』三巻二号）

便所神［べんじょがみ］

千葉県野田市などでは、洗い髪のままで便所に入ると便所神に取《と》り憑《つ》かれるといい、注意されたという。

［参考文献］興風会図書館『野田町誌』

星［ほし］

誰かひとが死ぬ前兆として空を飛んだりするという怪光。「星が飛ぶ」などと語られる。

千葉県館山《たてやま》市などでいう。**人魂《ひとだま》**などと同じようなもので、ほぼ同様に語られている。「星」とは呼ばれているものの「流れ星とは異なる」とはっきり違うものであるともいわれている。

［参考文献］國學院大學神道研究会『民間信仰』一号

【ま】

魔三郎石［まさぶろういし］

千葉県酒々井町《しすいまち》の吉祥寺にある大きな石。磯辺昌言《いそべまさのぶ》『佐倉風土記《さくらふどき》』には、むかし蒙古魔三郎《もうこまさぶろう》という者が土をねりあげて造ったふしぎな石だとある。

蒙古魔三郎、蒙古の魔三郎はどんな存在なのかは未詳。この魔三郎石の全体は地に埋もれていて、「要石《かなめいし》」のように本当の大きさは不明であるとも語られている。

［参考文献］房総叢書刊行会『房総叢書』第二輯、藤澤衛彦『日本伝説叢書』下総の巻、『酒々井町史』通史編 下、『千葉県印旛郡誌』

ままおっか

からっぽの唐箕《とうみ》をまわすと「ままおっか」が出て来るのでまわしてはいけないといわれていた。（『佐倉市史』民俗編）

千葉県佐倉市などでいわれる。「ままおっか」は「継母《ままはは》」という意味らしく、千葉県本納町《ほんのうまち》（現・茂原《もばら》市）では「継母が出る」（『南総の俚俗』）、千葉県小櫃村《おびつむら》（現・君津《きみつ》市）では「継母が来る」（『小櫃村誌』）と記載されてもいる。

これらの俗信は「唐箕を無駄にまわしてはいけない」という注意のためだけの性質のものであり、「ままおっか」が何をする、出て来てしまったら何が起きるなどは、はじめから想定されてはいない。しかし、同様の意図の俗信に登場するのが**化物《ばけもの》**や**鬼**あるいは**貧乏神**などであり、それと同列に語られている点を考えれば、昔話などに出て来る、あくまで物語上の存在であるところの「極悪な継母」などが想定されていたと

は考えられる。

［参考文献］『佐倉市史』民俗編、内田邦彦『南総の俚俗』、『小櫃村誌』

宮木［みやぎ］

下総国《しもうさのくに》の真間《まま》の里《さと》（千葉県市川市）に住む女で、死んでしまった後も「秋になったら戻って来る」と約束して都へ足利絹《あしかがぎぬ》を売りに行った夫・勝四郎《かつしろう》の帰りをいつまでも待ちつづけていた。やっとのことで家に帰ることができた勝四郎の前に宮木は現われ、ともに眠りにつくが、翌朝には消えていた。

上田秋成《うえだあきなり》『雨月物語《うげつものがたり》』（巻二）の「浅茅《あさぢ》が宿《やど》」というはなしに登場する。勝四郎が関東で起きた合戦の影響や自身の病気によって帰ることができなかったあいだに、宮木は「さりともと思う心にはかられて世にもきょうまでいける命か」という和歌を残して亡くなっていた。

『剪灯新話《せんとうしんわ》』にある「愛卿伝《あいけいでん》」や、それを日本に翻案した『伽婢子《おとぎぼうこ》』（巻六）の宮木《みやぎ》野《の》・藤井清六《ふじいせいろく》のはなしを素材としている。宮木のはなしは、『万葉集《まんようしゅう》』に詠まれている和歌などで知られる美しい乙女「真間《まま》の手児奈《てこな》」の言い伝えを結びつけているところから、舞台が真間に設定されたようである。（『上田秋成の研究』）

［参考文献］日本名著全集『怪談名作集』、森田喜郎『上田秋成の研究』

妙正池の主［みょうしょういけのぬし］

下総国《しもうさのくに》の中山（千葉県市川市）の千束池《せんぞくいけ》にいたぬしで、大きな白蛇だという。「姥神《うばがみ》」として祀《まつ》られている。

むかし日蓮《にちれん》の説法を老婆のすがたに化けて毎日かかさず聞きに来たというはなしが有名で、「妙正《みょうしょう》」という法号を授かり人々の病を癒す存在になったと語られる。

［参考文献］『千葉県東葛飾郡誌』

死骸兎［むくろうさぎ］

狐が使ったりする化け術で、墓場から掘り出した死骸を、大きく美味しそうな兎にみせるといったもの。

宮負定雄《みやおいやすお》『奇談雑史《きだんざつし》』（巻七）にも下総《しもうさの》国《くに》の松崎（千葉県）で狐がくわえていた雉《きじ》を奪い取った男のもとに、村の名主に化けた狐がやって来てこれと雉を交換して復《ふく》讐《しゅう》したはなしがみられる。

［参考文献］久米晶文（編集校訂）『宮負定雄　幽冥界秘録集成』

鼯［むささび］

千葉県八千代市米本《よなもと》では、夜に赤ちゃんのおしめを外に干すと、夜泣きの原因になるといわれていた。外に干してあるおしめの上を鼯《むささび》が飛ぶと、赤ちゃんが泣くのだという。（『よなもと今昔』二号）

夜におしめや衣服を外に干していると、

鳥や**魔物**がそれに触れ、そのせいで夜泣きが発生するので夜間干しはいけないという考え方は全国に広く存在し、これもその一例である。東京都稲城《いなぎ》市などでは、**狐**が子狐たちにそれで遊ばせると夜泣きの原因になる（『稲城市の民俗（二）昔話・伝説・世間話』）とも語っている。

［参考文献］阿蘇郷土研究サークル『よなもと今昔』二号、稲城市教育委員会『稲城市の民俗（二）昔話・伝説・世間話』

狢池の主［むじないけのぬし］

千葉県印西《いんざい》市にある狢池のぬしで、雄の大蛇だという。**山崎池の主**とは好きあっているといわれていた。

［参考文献］『印西町史』民俗編

狢坂［むじなざか］

千葉県印西《いんざい》市の竹袋《たけふくろ》と別所《べっしょ》のあいだにあった坂道で、むかしは**狢**《むじな》が多く住んでおり、通る人々をよく化かしていた。女の首が飛んで来たりしたほか、大男が坂の途中に立っていて、すれ違った直後には、もうすがたを消していたりしたという。近くにあった狢池も、むじなへんげ地帯だったようだが、**狢池の主**は大蛇である。

［参考文献］『印西町史』民俗編

狢の嫁入り［むじなのよめいり］

夜に見えたりするという提灯《ちょうちん》のあかりのような光の行列。

千葉県野田市などでは、冬に見られることが多かったとも語られている。

［参考文献］野田市史編さん委員会『野田市民俗調査報告書 三ヶ尾・瀬戸・三ツ堀・木野崎の民俗』

狢火［むじなび］

狢たちが起こしていると考えられている怪火。

千葉県をはじめ各地に伝わる。狢が口から泡ぶくを出すと、それが光って火に見える（『印西町史』民俗編、『野田市民俗調査報告書 大殿井・横内・鶴奉・目吹の民俗』）ともいわれる。

［参考文献］『印西町史』民俗編、野田市史編さん委員会『野田市民俗調査報告書 大殿井・横内・鶴奉・目吹の民俗』

紫池の主［むらさきいけのぬし］

千葉県館山《たてやま》市の浜田にある紫池のぬしで、巨大な蛇。毎年若い娘をいけにえに差し出せと里の人々に命じていたが、相模国《さがみのくに》（神奈川県）から舟でやって来た鉈切《なたきり》明神によって退治されたと語られる。

［参考文献］『千葉県安房郡誌』、高橋在久・荒川法勝『房総の伝説』、平野馨『房総の伝説』

もうれんやっさ

千葉県銚子市に伝わる。海で亡くなった者の亡霊で、霧の深い日や波の荒れている日に無理に漁に行くと遭うとされる。沖のほうが薄《うす》明るくなり「もうれんやっさ、も

うれんやっさ」という掛声が聴こえ、「柄長《えなが》を貸せ」と言いながら船に手をのばして来るとも語られている。（『千葉のむかし話』）

柄長というのは柄がとても長い柄杓《ひしゃく》のこと。千葉県木更津市で語られている**船幽霊**《ふなゆうれい》も、出没時に「えっさ、えっさ」と掛声が聴こえ「柄長貸せ」といって来る（『きさらづの民話』）と語られており、共通している。

［参考文献］千葉県文学教育の会『千葉のむかし話』、木更津の民話刊行会『きさらづの民話』

【や】

野狐の媚珠 ［やこのびじゅ］

退治された玉藻前《たまものまえ》から上総介広常《かずさのすけひろつね》が得たとされるふしぎな珠《たま》。

『房総志料《ぼうそうしりょう》』（巻四）や『房総志料続篇』（巻二）には、上総国夷隅郡《かずさのくにいすみ》の金光寺《こんこうじ》に伝わっていたが失われてしまったというはなしが記されている。千葉県いすみ市大原の金光寺には、広常の墳墓があり、『房総志料』の金光寺であると知れる。

曲亭馬琴《きょくていばきん》『南総里見八犬伝《なんそうさとみはっけんでん》』（百八十勝回上）では、**竜**となった**政木狐**《まさきぎつね》が化石となってここに落下したとされており、この設定は金光寺のはなしを素材にしている。

［参考文献］房総叢書刊行会『房総叢書』第六巻 地誌其一、藤澤衛彦『日本伝説叢書』上総の巻、曲亭馬琴、小池藤五郎（校訂）『南総里見八犬伝』十

山かかの蛻 ［やまかかのぬけがら］

「山かか」（蛇《へび》、山棟蛇《やまかがち》）のぬけがらは、脱げた途端にすぐ天に舞い上がって天人たちの羽衣《はごろも》になるといわれており、見つけたらすぐに持ち帰って宝物として大事にすると良いとされていた。

千葉県館山《たてやま》市などに伝わる。「山かか」そのものが家の敷地内ににょろにょろと入って来ることも、縁起が良いと考えられていたようである。

［参考文献］國學院大學神道研究会『民間信仰』一号

山崎池の主 ［やまざきいけのぬし］

千葉県印西《いんざい》市にある山崎池のぬしで、雌の大蛇だという。**狢池の主**《むじないけ》とは好きあっているといい、大雨や大風のあとに田畑の作

物がぐねぐねと一列倒れていたりするのは、**池の主**たちが行き来をした跡だといわれていた。

［参考文献］『印西町史』民俗編

山ん台んおさん ［やまんでんおさん］

千葉県木更津市にいた**狐**で、人々を化かしていた。「やまんでん」というのは「山の台の」という意味。

銚子塚《ちょうしづか》の長之助《ちょうのすけ》とは夫婦同士で、祝言《しゅうげん》のときには**狐の嫁入り**が灯《とも》って見えたと語られている。「おさん」に化かされたお産婆《さんば》さんがいたというはなしもあり、もらった謝礼をよくみてみたら田螺《たにし》の蓋《ふた》だったという。（『きさらづの民話』）

田螺の蓋を金銭にみせる化け術は埼玉県の**伊草《いぐさ》の袈裟坊《けさぼう》**も用いており、**河童《かっぱ》**にもみられる手口。

［参考文献］木更津の民話刊行会『きさらづの民話』

八幡の藪知らず ［やわたのやぶしらず］

千葉県八幡《やわた》市にあった広大な藪。**平将門《たいらのまさかど》**または里見安房守《さとみあわのかみ》、源義家《みなもとのよしいえ》、日本武尊《やまとたけるのみこと》に関係の深い土地であるとされ、入ることは忌《い》まれていた。敬順《けいじゅん》『十方庵遊歴雑記《じっぽうあんゆうれきざっき》』（初編）には「やわたしらずの藪《やぶ》」とあり、六具に身を固めた鎧《よろい》武者を見たはなしや、藪に入った者が帰還後に血を吐いて死んでしまったはなしなどを載せている。『葛飾記《かつしかき》』には「八幡知らずの森」とあり、入った者は駐《すく》み死ぬ（動けなくなって死ぬ）としている。

『水戸黄門仁徳録《みとこうもんじんとくろく》』をはじめ、講釈などでも水戸黄門（徳川光圀《とくがわみつくに》）が藪知らずを踏破《とうは》しようとして藪の中で白髪のふしぎな翁《おきな》（霊人《れいじん》）や妖怪に出会うはなしは、しばしば語られており、明治前期までには絵草紙でも描かれて広く親しまれていた。その影響から「藪《やぶ》しらず」という呼び方は、藪畳《やぶだたみ》や木を組んで作った迷路の興行（『明治奇聞』二編）などにも用いられていた。

松浦静山《まつらせいざん》『甲子夜話三篇《かっしやわさんぺん》』（巻十一）では、源義家が陣を張った場所であることから「八幡《やわた》」と呼ぶという俗説も記しているが、義家を結びつけるとすれば、茨城県の**椿堂《つばきどう》**など関東から東北に存在する義家と関連した場所とのつながりも想像できる。

［参考文献］江戸叢書刊行会『江戸叢書』巻の三、房総叢書刊行会『房総叢書』第八巻、『千葉県東葛飾郡誌』、岡崎柾男『謎のなんじゃもんじゃ』、高橋在久・荒川法勝『房総の伝説』、松浦静山、中村幸彦・中野三敏（校訂）『甲子夜話三篇』一、『今古実録 水戸黄門仁徳録』下、児玉又七『全国漫遊 水戸黄門記』、辻岡屋文助『水戸黄門記』、宮武外骨『明治奇聞』二編

幽霊クルーザー ［ゆうれいくるーざー］

進行方向からどんどんと船に向かって直進してくるクルーザー。運転席や甲板《かんぱん》には全く人影は見えないという。

千葉県の海でのはなしとして語られていたりする。

［参考文献］『ビビる！ 都市伝説&怪談スペシャル』

幽霊船［ゆうれいぶね］

海に出没する実体の存在しない船。進行方向からこちらに向かって進んで来るが、ぶつかったと思った途端に消えていたりする。沈んでしまった船や人々の亡霊であるなどと語られる。

九十九里浜《くじゅうくりはま》（千葉県）の沖などで漁船がしばしば行き遭ったといい、ごはんをおにぎりにして海に投げ込むとよい（「船幽霊」）といわれていたという。おにぎりを投げ込む行為は、**船幽霊**や**海坊主**への対処として関東地方では東京湾を中心に広くみられるようである。

［参考文献］小寺融吉「船幽霊」（『旅と伝説』五巻六号）藤沢市教育文化研究所『藤沢の民話』文献資料

妖魔［ようま］

千葉県野田市桜台の櫻木《さくらぎ》神社に伝わる御《おん》武射《ぶしゃ》（蟇目《ひきめ》神事）であつかわれる**悪魔**で、顔と腹に目のある赤いすがたで描かれている。的《まと》に描かれた「妖魔」を鏑矢《かぶらや》（天《あめ》の羽々《はは》矢《や》）で射ることで妖魔退散や五穀豊穣が祈られる。

櫻木神社のホームページに拠《よ》ると、平成八年（一九九六）に古記録が確認され、平成一〇年（一九九八）から復活した行事（「年中行事一覧」）であるという。

三本足の烏《からす》などが射られる「おびしゃ」に類する神事に登場するものだが、周辺地域にも類例のない**悪魔**の絵ではある。

［参考文献］櫻木神社「年中行事一覧」（櫻木神社『櫻木神社 しあわせの桜咲く』）、やがさね「御武射祭（おんぶしゃ）櫻木神社」（『やがさね歴史談』）

四斑犬［よつぶちいぬ］

上総国《かずさのくに》の大多喜《おおたき》（千葉県大多喜町）の正宝院に伝わる。和泉村（千葉県いすみ市）の飯綱明王《いづなみょうおう》の使者を勤めてもいると自称していた**狐**で、ひとに取《と》り憑《つ》いたりしていた。

［参考文献］藤澤衛彦『日本伝説叢書』上総の巻

夜泣石［よなきいし］

千葉県松戸市の総寧寺に伝わる。国府台《こうのだい》の合戦で討死《うちじに》した里見弘次《さとみひろつぐ》の亡骸《なきがら》を弔《とむら》いに来た娘が、もたれて泣きつづけ息絶えたとされ、夜な夜なもの悲しい声で泣いていたという。むかしある武士が、手厚く供養をして以後、声はしなくなったという。

［参考文献］高橋在久・荒川法勝『房総の伝説』、平野馨『房総の伝説』

関係する。
［参考文献］「清水寺「由来・歴史」」（『清水寺』）

【ら】

竜王の娘［りゅうおうのむすめ］

千葉県香取《かとり》市虫幡《むしはた》の清水寺に伝わる。むかし慈覚《じかく》大師が五色の雲の浮かんでいる竹林を探ったところ、若い乙女が出て来て筍《たけのこ》を捧《ささ》げて来た。この筍から出て来た観《かん》音《のん》様が寺の本尊とされている。乙女の正体は竜王の娘で、お産をするときに大変苦しみ、この竹林に薬を求め、筍の中に住む観音様に薬草を授かった恩から、毎日毎日お参りをしていたと語られている。

この縁起物語からか、寺では筍が大切にされており、**二股竹**《ふたまただけ》の筍のはなしもこれに

龗蛇［りゅうじゃ］

空を飛ぶ大蛇のようなもので、久松松《ひさまつまつ》平《だいら》家の先祖が退治したとされる。

千葉県多古町《たこまち》に伝わる。多古松平家に伝わって来た宝物「龗蛇頭《りゅうじゃとう》」の由来とされる存在で、むかし都の内裏《だいり》にこれが夜な夜な出現し、病を発生させたので松平家の先祖がそれを射落としたとされる。「龗蛇頭」はその頭部で、雨乞いの力があるとされ、明治のはじめに雨を呼んだこともあったと伝えられる。（『多古町史』上）

内裏に出現した**魔物**を弓で射落とすという物語は「鵺《ぬえ》」などを踏襲した展開とみられ、**獅子**《しし》の縁起物語などに近い雰囲気をみることもできるが、武家の由来を説く物語として、この手のはなしは各地に様々にあったとみられる。**兵庫どんの狢**《むじな》なども参照。

［参考文献］『多古町史』上

COLUMN

地方別にみていくことの基本 02

こういった事典を地方別・都道府県別で編成する上で大切な認識は、その土地固有、地方独自という色合いは、ほとんどない点である。

柳田國男《やなぎたくにお》の門下で今野圓輔《こんのえんすけ》と並んで俗信や妖怪に関する報告や論述を手掛けていた井之口章次《いのくちしょうじ》は、「ふつう地方色というと、全く他に類例のない、その地方独特のものと考えられており、またそれを郷土の誇りと考える気風が強いが、永い期間にわたって、他と隔絶した島国の生活を送ってきたこの国土においては、他の地方に全く類例を見ないような民俗は、実はきわめて少ないのであって、一見全く違った様相を呈しているものでも、どこかに共通点を持っているのがふつうである。したがってむしろ、同じ性格のものでありながら、どうしてこのような差異を生じたのか、地方的な原因がどの程度に加わっているのか、などを見ていくことになる」（「お化けの地方色」）と、各地の事例たちをあつかう際の基本認識を示している。

本書では、「関東広域」で各地に広く事例が採れるものをまとめたが、単純に直接結び付けられている場所や、呼び名が異なるだけのものも多いことは、特に関東地方の例をみると感覚としてわかりやすいかも知れない。

各項目のこまかい地域名も、あくまで使用報告が「そこで採取された」ことを示したに過ぎないものがほとんどである。興味を持つひとが増え、聞き取りや資料の再確認が今後も増えれば、それらの大部分は、地域・都道府県・地方……と、情報の単位は大きく加算され、わずかに異なりつつ全国に似たものがあるということがやっと認識でき、その段階に達することではじめて「では地方・地域ごとの影響でどんな小さい差異が生まれているのか？」ということに手がつけられるのである。先はまだまだ長いのだ。

［参考文献］井之口章次「お化けの地方色」（『言語生活』一九五九年七月号）

東京都

【あ】

赤い小犬［あかいこいぬ］

赤い小犬のかたちをした妖怪で、何かが化けて出て来るものだという。

東京都檜原村《ひのはらむら》の和田にいた「うかがい」の女性（明治二六年うまれ。「うかがい」は民間の巫女《みこ》だが、この人物の場合、幼児たちの虫歯や夜泣きのまじない、出産の手助けなど、人々の生活に関わる役割や相談役としての仕事をおもに担《にな》っていたという）が体験したというもので、枕元を走り抜けて行ったりしたという。呶鳴《どな》って追い払うと縁《えん》の下に逃げ込んでいなくなるが、また次の晩にはおなじように出て来て、それが何日もつづいたという。

［参考文献］長沢利明「檜原村の巫俗」（『西郊民俗』八十五号）

赤い服の女［あかいふくのおんな］

東京都八王子市の八王子トンネルで目撃されることが多いという、真っ赤な服を着たふしぎな女。幽霊だなどと語られる。

ひとが立っていると思った直後には、そのすがたはもう見えなくなっていたりしたという。

［参考文献］TraveRoom「東京の最恐心霊スポットBEST25！ ヤバい廃墟や噂の真相は？」

垢舐［あかねぶり］

江戸（東京都）の堀田《ほった》家の屋敷の湯殿《ゆどの》に出たというもの。小さな子供のようで、浴室をちょろちょろと歩いたりした。屋敷のお局《つぼね》様の入浴中に侵入して来て、背中をペろっとなめたことがあったとも語られる。

玄紀先生『日東本草図纂《にっとうほんぞうずさん》』（巻十二）にみられるはなしで、いっしょに載せられている別のはなし（「或《ある》浴室」とあるので堀田家とは別の湯殿のはなしのようである）では、朝に召使いが浴室の掃除をしていると何か蠢《うごめ》いているものがいたので、手で押さえつけて捕まえようとしたが、不意に跳ね返されて逃げられ、あとにはぶちゅっとした卵の黄身のようなものがあっただけだった、と語られている。後者は特に「あかねぶり」とはされていないが、似たような浴室の妖怪の例として収録されたもののようである。

絵のみで具体的なはなしを持ちあわせていない垢嘗《あかなめ》たちとの前後関係ははっきりしない。しかし、『日東本草図纂』の「垢舐」の項目内には、この二つのはなしにそのまままつづけて『諸国百物語《しょこくひゃくものがたり》』（巻一）の「尼が崎伝左衛門湯治してばけ物にあひし事」にある有馬温泉（兵庫県）に出た女の妖怪（背中の垢《あか》掻きをして来て、肉を取ってし

まう）と似た内容のはなしが出て来る点を考えると、この「垢舐」のはなし自体も先行する版本《はんぽん》や写本にあったものなのかも知れない。

［参考文献］玄紀先生『日東本草図纂』、太刀川清（校訂）『百物語怪談集成』、氷厘亭氷泉「あかなめのはなし」（『大佐用』十七号）

無灯蕎麦［あかりなしそば］

いつ見ても灯《あか》りがついていない、ふしぎな蕎麦《そば》屋の行灯《あんどん》。火を入れてもたちまち消えてしまうという。**狸**などのいたずらだとも語られている。**本所《ほんじょ》七不思議**（東京都墨田区）のひとつとして挙げられている。「割下水《わりげすい》のあかりなしのそば屋」（「七不思議の話」）とも。

［参考文献］野久知橘莚・歌川国輝『本所七不思議』、山中共古「七不思議の話」（『郷土研究』三巻十二号）

悪星［あくせい］

「空に出ている悪星を見ると死ぬ」という噂で、江戸（東京都）に出回ったりした。

文化一〇年（一八一三）五月、南の夜空に現われた星を悪星と呼んだようで、加藤《かとう》曳尾庵《えびあん》『我衣《わがころも》』（巻八）に、人の首のような星だったとある。石塚豊芥子《いしづかほうかいし》『街談文々集要《がいだんぶんぶんしゅうよう》』（巻十一）には、「牡丹餅《ぼたもち》をつくって食べると、まぬがれることが出来る」というはなしも広まったと記している。

文化一〇年の五～六月には多数の浮説《ふせつ》が出回ったようで「悪星を見ると死ぬ」のほかにも、「**毒蕎麦《どくそば》**があるので蕎麦屋で蕎麦を食べると死ぬ」、「六月二七日にとてつもない落雷が来るので**折胡瓜《へぎきゅうり》**を下げろ」などの噂が江戸を騒がせたことが同時に書き記されている。

［参考文献］石塚豊芥子、鈴木棠三（校訂）『街談文々集要』、『日本庶民生活史料集成』第十五巻・都市風俗

浅茅ヶ原の一つ家［あさぢがはらのひとつや］

「浅草の一つ家」、「一つ家の姥《うば》」、「一つ家の老婆」、「浅茅ヶ原の鬼婆」、「一つ家の鬼婆」、「一つ家」などとも呼ばれる。東京都台東区浅草に伝わる。

むかし浅草のあたりは浅茅ヶ原と呼ばれ、一軒の家しか建っていなかった。そこには老婆とその娘が暮らしており、旅人が宿を借りると姥は夜中に天井から吊るしてある大石を落とし、殺しては身ぐるみを剝《は》ぎ、死骸を近くの池に捨てるという生活を繰り返していた。あるとき旅の美少年にすがたを変えた観音《かんのん》様が「一つ家」に投宿し、いつものように姥が大石を落としたところ、そこには自分の娘が死んでいた。姥は一人娘を積悪《せきあく》の報《むくい》によって手にかけてしまったことを悲しみ、池に身を投げてしまった。その霊はやがて大蛇と化して、再び人々を苦しめたので「姥ヶ池」の守り神として祀《まつ》られたという。

姥は旅人に石の枕を提供しており、その石枕と上から落とす大石とで脳天を挟み潰していたと語られる。同様な展開で旅人を泊めて殺していた悪婆のはなしは、広く他の地域にも伝わっている。

敬順《けいじゅん》『十方庵遊歴雑記《じっぽうあんゆうれきざっき》』(初編)には、白《しら》河院《かわいん》が「武蔵《むさし》には霞《かすみ》が関《せき》や一《ひと》つ家《や》の石《いし》の枕《まくら》の野寺《のでら》あるてふ」と詠んでおられるので、相当に古い時代から浅草の「一つ家」はあったのだな――といった軽い感想を記しているが、実際にいつの時代から、このような「一つ家」のはなしが語られていたかについては詳しくわかっていない。

一つ家のはなしは、江戸で広く知られており、浅草寺(東京都台東区)には、歌川《うたがわ》国芳《くによし》が描いた「一つ家」の大きな絵馬が奉納されている。『坂東観音霊場記《ばんどうかんのんれいじょうき》』(巻五)などには、姥ヶ池には竹筒に甘酒をつめたものが人々によって供えられていたことなども記されている。

歌舞伎では、河竹黙阿弥《かわたけもくあみ》『一つ家』に、老婆が「いばら」、娘が「浅茅《あさぢ》」の役名で登場する。

〔参考文献〕江戸叢書刊行会『江戸叢書』巻の三、亮盛『坂東観音霊場記』、武田静澄・安西篤子『東京の伝説』、河竹繁俊(校訂)『黙阿弥脚本集』二十五

朝縄夜藤［あさなわよふじ］

竈《かまど》や囲炉裏《いろり》で火を焚《た》くとき、火に縄や藤《ふじ》蔓《づる》を入れて燃やしたりすると良くないとされていた。(「恩方村所見」)

東京都などをはじめ各地でいわれる。東京都恩方村《おんがたむら》(現・八王子市)などでは、縄や藤蔓を燃やしてはいけない理由として、お天道《てんとう》様(お日様)が天を昇り降りするとき、朝は縄、夜は藤蔓を使っていることに由来する(「恩方村所見」)と語られている。

群馬県上野村などでは、朝あがろうとしたお天道様を蛇《じゃ》が呑み込もうとしたとき、藤の縄の働きでそれが阻止されたので、朝に燃やしてはいけない(『上野村の民俗』上)と語っている。

静岡県などでは、朝縄夜藤を燃やすと不《ふ》動《どう》様が怒る(「国々の言い習はし(三)」)としている。**青物の火**や**縄の火**も参照。

〔参考文献〕草川隆「恩方村所見」(『西郊民俗』三号)、『上野村の民俗』上、「国々の言い習はし(三)」(『郷土研究』二巻十一号)

足洗邸［あしあらいやしき］

夜ふけになると天井から血だらけの巨大な足が入って来て「洗え」と言って来たり、激しい家鳴《やな》りが起こったりしたという屋敷。きちんと洗ってやらないと、ますます家鳴りを起こしたりしたとも語られる。

本所《ほんじょ》七不思議(東京都墨田区)のひとつとして挙げられている。「御竹蔵《おたけぐら》の足洗屋敷」(『七不思議の話』)とも。明治中期に売り出された錦絵の『本所七不思議《ほんじょななふしぎ》』に野《の》久知橘莚《ぐちきつえん》がつけている塡詞《かきいれ》には、本所三笠町の旗本《はたもと》・味野《みの》家の屋敷に起こったはなしとして書いている。

茨城県古河《こが》市には、古河公方《くぼう》の御殿にこのようなことが起き、「足洗御殿《あしあらいごてん》」であると腰元《こしもと》たちを恐れさせたので、家臣が大足を斬ったところ、正体は大狢《おおむじな》だったというはなしも語られている。(『古河の昔話と伝説』)

〔参考文献〕野久知橘莚・歌川国輝『本所七不思議』、山中共古「七不思議の話」（『郷土研究』三巻十二号）、古河市史編さん委員会『古河の昔話と伝説』

小豆磨〔あずきとぎ〕

夜に小豆《あずき》を磨《と》いでいるような音をさせる。むかし姑《しゅうとめ》から小豆の洗い方がよくないといじめられたお嫁さんが身を投げて以後、聴こえるようになったと語られている。

東京都檜原村《ひのはらむら》に伝わる。すがたは見えず、音のみが聴こえるそうだが、寺にある栲衣上人の法衣《ほうえ》の袖《そで》ごしならば、すがたが見えるともいわれていた。

〔参考文献〕大藤時彦「小豆とぎ」（『民間伝承』九巻五号）

小豆磨婆さん〔あずきとぎばあさん〕

小豆を磨いでいるような音をさせる。

東京都多摩市貝取《かいどり》では、小豆を磨ぐ音をざくざくさせるといわれる。川の崖下の、ひとが入ることのできそうな水の湧いている小さな横穴にいて、悪い子供を食べるとも語られていたという。

〔参考文献〕『多摩市の民俗（口承文芸）』

小豆婆さん〔あずきばあさん〕

小豆を磨《と》いでいるという恐ろしい老婆。

東京都町田市木曽町などでは、大きな椎《しい》の木の洞《うろ》に住んでいる、夕暮れ過ぎまで遊んでいる子供を喰ってしまうとも語られていた。

〔参考文献〕町田市文化財保護審議会『町田市の民話と伝承』第一集

小豆斗〔あずきばかり〕

「あずきはかり」とも。江戸の麻布（東京都港区）近くに住む武士の家に古くからいたとされる妖怪。夜、横になっていると天井裏で何者かの歩く足音が響いて来たり、小豆を撒《ま》いているような音をさせたりした。小豆の音は次第に量が増えてゆくように大きくなり、山ほど小豆をはかっているように聴こえたという。ほかにも庭の下駄《げた》で歩いたり、手水鉢《ちょうずばち》や竜頭《りゅうず》の水音を鳴らしたり、土や紙屑《かみくず》を落としたりもしている。

平秩東作《へづつとうさく》『怪談老の杖《かいだんおいのつえ》』（巻三）にみられる。家の者たちは慣れきってしまい、大してあやしいとは思っておらず、ぜひ体験してみたいという知り合いが訪ねて来るかたちではなしは構成されている。

〔参考文献〕国書刊行会『新燕石十種』第三、大野芳宜（柳田國男）「小豆洗ひに就て」（『郷土研究』四巻二号）

安宅丸〔あたけまる〕

徳川幕府が所持していた巨大な大軍船。日光東照宮《にっこうとうしょうぐう》に匹敵する豪華な外観を誇っていたという。徳川綱吉《とくがわつなよし》の時代、堀田筑前守正俊《ほったちくぜんのかみまさとし》は無用の長物であるとして安宅丸を廃船にした。壊されるとき、安宅丸は「伊《い》豆《ず》へ行こう、伊豆へ行こう」と声をあげて泣いたという。安宅丸は伊豆国《いずのくに》（静岡県）の伊東、あるいは相模国《さがみのくに》（神奈川県）三浦で建造されたといわれており、生まれ故郷

に帰ろうとしたとされる。

『新著聞集《しんちょもんじゅう》』（巻九）には、和泉殿橋《いずみどのばし》（東京都千代田区）の酒屋市兵衛《いちべえ》が、安宅丸の廃材を買って穴蔵《あなぐら》の蓋《ふた》に使っていたところ、使用人の女に安宅丸の精が取《と》り憑《つ》いて「それがしを、人に踏まれる穴蔵の蓋などという穢《けが》らわしいものにするとは何事だ」と怒ったというはなしもみられる。

講釈などでは、堀田筑前守正俊《ほったちくぜんのかみまさとし》が稲葉《いなば》石見守正休《いわみのかみまさやす》によって殿中で殺されたのは、安宅丸のたたりと語られている。『水戸《みと》黄《こう》門《もん》仁徳録《じんとくろく》』でも、安宅丸が「伊豆へ行こう」と泣くという噂が出た結果、壊されたと語られているが、正俊が吉右衛門《きちえもん》という潜水の得意な船頭に命じて安宅丸が泣いているように声を出させていたと設定されている。

安宅丸は、徳川家光《とくがわいえみつ》の命により向井将監《むかいしょうげん》忠勝《ただかつ》によって設計されたとも、桃山時代に豊臣秀吉《とよとみひでよし》によって造られたとも語られており、一定ではない。また、「伊豆へ行こう」と泣いたのも壊されるときではなく、深川（東京都江東区）の御船蔵《おふなぐら》に置かれるようになったときのことであるとも、勝手に動き出して伊豆方面に行ってしまったとも、さまざまに語られている。

［参考文献］立川春重『日本の木船』、藪野杢兵衛『東京史蹟見物』、『今古実録 水戸黄門仁徳録』、『日本随筆大成』二期五

足立姫 ［あだちひめ］

武蔵国《むさしのくに》の足立宰相藤原正成《あだちのさいしょうふじわらのまさしげ》が熊野権現《くまのごんげん》に願掛けをして授かった娘で、美しいと評判が高かった。豊島左衛門尉清光《としまさえもんのじょうきよみつ》が足立宰相を半ば脅《おど》して足立姫を妻にするが、足立姫は悲しみから里帰りの途中に舟から荒川に身を投げ、侍女一二人も後を追って亡くなった。江戸の隅田川にあった「豊島の渡し」（六阿弥陀《ろくあみだ》の渡し）は、このはなしの舞台で、その怨念を配慮して婚礼や縁組のときは用いられず、別の渡し場が使われていたという。

足立姫のはなしは、行基《ぎょうき》の作とされる「六阿弥陀」（東京都）の縁起物語の発端《ほったん》として知られており、敬順《けいじゅん》『十方庵遊歴雑《じっぽうあんゆうれきざっ》記《き》』（二編）などに記されている。父の名は足立庄司《あだちのしょうじ》、宮城宰相《みやぎのさいしょう》とも。

［参考文献］江戸叢書刊行会『江戸叢書』巻の四、柳田國男「橋姫」（『一目小僧その他』）、武田静澄・安西篤子『東京の伝説』

悪気の縄 ［あっきのなわ］

ひとを死に誘い込もうとする、蛇のように動くふしぎな縄。

根岸鎮衛《ねぎしやすもり》『耳袋《みみぶくろ》』（巻九）にみられる。日頃から目黒不動《めぐろふどう》（東京都）へお参りをしている男が、いつもより早く下谷《したや》の家から出発したところ、日本橋《にほんばし》のあたりで縄が後ろをつけて歩いていることに気づき、ふしぎに思っていた。途中でいつも立ち寄る「信《しが》楽《らき》」という茶店《ちゃみせ》で仮眠をし、お参りをすませて帰って来ると、「信楽」の主人が首縊《くびく》りをして死んだという騒ぎになっていたという。文末には、縄に悪気《あっき》がこもって動き出したのではないかと語られている。**死神**などにみられる展開に近い。

［参考文献］根岸鎮衛、鈴木棠三（編注）『耳袋』二

穴守さんの鳥居［あなもりさんのとりい］

穴守稲荷《いなり》神社（東京都大田区羽田）にあった大鳥居。「羽田空港の大鳥居」、「羽田大鳥居」として知られる。昭和二〇年（一九四五）九月に羽田の飛行場（のちの羽田空港）が進駐軍によって拡張工事されるのにともない住宅や神社とともに強制撤去されることになったが、取り壊し作業でたたりが起きた（『口承文芸（昔話・世間話・伝説）』）とされ、撤去されずそのまま残り、空港の敷地内に立っていた。

あたらしい滑走路の整備が空港でおこなわれたことにあわせ、平成一一年（一九九九）、空港の南端に鳥居は移築された。

［参考文献］大田区教育委員会『口承文芸（昔話・世間話・伝説）』、米屋陽一「ムラの化けもの都市の化けもの―闇の語り手たち―」（『民話の手帳』四十一号）、中岡俊哉『日本全国 恐怖の心霊地図帖』

姉さん被りの人［あねさんかぶりのひと］

東京都三鷹市に伝わる。手拭《てぬぐい》を姉さん被りにした女のひとが万助橋《まんすけばし》に出没したという。**狐**が化けているといい、ひとを手招きしたりしたという。

万助橋の狐は、いろいろな化かし方をしたようで、荷車を引いて通りかかったひとに「後押しをしましょう」と声をかけて手伝いを申し出たりもしたという。ふしぎなことに、しっかり押されているが荷車は全く軽くならず、押してもらっているあいだは、真っ暗な夜のはずなのに、なぜか妙にまわりが明るく見えたという。（『三鷹の民俗 六 下連雀』）

「まわりが明るく見えた」というふしぎな箇所は、闇の中なのに顔や着物の模様がはっきり見えるといった人間に化けたへんげ動物の見え方などにも関連してくるのだろうか。

［参考文献］井之口章次『三鷹の民俗 六 下連雀』

天沼の天邪鬼［あまぬまのあまのじゃく］

東京都町田市金森に伝わる。むかし天沼にいた**天邪鬼**が、お嫁さんの行列を邪魔するために水や泥をあふれさせたという。そのため、沼にあった橋は「縁切り橋」と呼ばれており、結婚のときには通ることが忌《い》まれていた。

［参考文献］町田市文化財保護審議会『町田市の民話と伝承』第二集

飴買い河童［あめかいがっぱ］

江戸の麹町《こうじまち》（東京都千代田区）の飴屋《あめや》十兵衛《じゅうべえ》のもとにふしぎな子供が飴を買いに来ることがあった。気になった十兵衛が跡をつけてみるとお堀のなかに入って消えてしまったので「さては**河童**だ」と思ったという。

大田南畝《おおたなんぽ》『一話一言《いちわいちげん》』（巻三）にみられる。その子供は、ある日めずらしい模様の

銭を一枚だけ十兵衛に渡して去ると、二度と店に来なかったという。「河童銭」と題してその模様を写したものが残されている。

［参考文献］『日本随筆大成』別巻一

荒木坂の妖怪［あらきざかのようかい］

江戸の小石川（東京都文京区）の荒木坂に出たと語られている。ここに屋台を出していた天ぷら屋さんが、武家屋敷で働く中間《ちゅうげん》のような風体のお客に天ぷらを出すと、ふしぎなことに突然眠気が襲って、気づくと銭も払わずそのお客が消えているということがしばしばあったという。**狐**などの仕業と考えられていた。

根岸鎮衛《ねぎしやすもり》『耳袋《みみぶくろ》』（巻十）にみられる。どんなに気をつけていても、真昼の全く眠気のない時間でも、眠くなってしまう瞬間があるのだという。

小泉丹《こいずみまこと》は、狐の色々な事件について並べて検証している中で、このふしぎな折助《おりすけ》たちも取り上げ、「荒木坂下の事件は盗難であろう」（『科学的教養』）と、簡単に切り上げているが、広く似たはなしを探してみると何かありそうな事例でもある。

［参考文献］根岸鎮衛、鈴木棠三（編注）『耳袋』二、小泉丹『科学的教養』

いい姉さん［いいねえさん］

東京都で語られる。むかし京王線が敷かれたてのころ、電車が走っていると滝坂あたりの線路の上に「いいねえさん」（きれいなおんなのひと）が出て歩いているので慌てて停車すると何もいない、ということがあったという。

狸が化けていたそうで、他にも色々なすがたの人間に化けて現われたと語られる。

［参考文献］府中市立郷土館『府中の口伝え集』

怒り井戸［いかりいど］

東京都多摩市にあったという井戸。雨が降ると黒水がもくもくと噴き出て来たりしたという。

むかし、お爺さんとお婆さんの住んでいた家に「げんごう」という旅の法印《ほういん》が泊まったが、長く逗留《とうりゅう》しているうちにお婆さんと良い仲になり、お爺さんに酒をたんと飲ませて井戸に落とし、殺してしまった。しかし悪事が露顕《ろけん》して二人も磔《はりつけ》にされ、おなじ井戸に棄てられた。それが「怒り井戸」の由来で、その周辺を「厳耕地《げんごうじ》」とも呼んでいる。

［参考文献］『多摩市の民俗（口承文芸）』

異形の妖怪［いぎょうのようかい］

『箇労痢流行記《ころりりゅうこうき》』に書かれているはなしに登場するもの。

ある大名家に仕える木津《きづ》という名の勇敢な藩士が、屋敷での宿直《とのい》を終えて家に帰ると、屏風《びょうぶ》の陰から異形の妖怪が襲いかかって来たという。刀を抜いて退治したところ、正体は年を経《へ》た**狸**だったという。

安政のコレラ流行時に、江戸で噂になっ

たはなしなのであろうかと思われるが、未詳。妖怪そのものはコレラの原因などとは語られず、「奇病の流行せる虚《きょ》に付込《つけこみ》諸人をたぶらかしなやむるもの」とだけつづられている。

『箇労痢《ころり》流行記』は、序文に「土俗　病名を狐狼狸と揮号《あだな》して。あらぬ説を流言《いひふら》し。妖怪変化の所為なりとし。且《かつ》水毒といひ魚毒とす」など、**あめりか狐**などにも通じる説を述べつつも、病原を水毒や魚毒であるとする見方にも同時に触れている。戯作者の仮名垣魯文《かながきろぶん》が書いているということもあわせて考えると、当時の江戸の市井《しせい》の人々の現実的なバランス感覚もみることができそうである。

［参考文献］金屯道人（仮名垣魯文）『箇労痢流行記』、仮名垣魯文、門脇大（翻刻・現代語訳）『安政コロリ流行記　幕末江戸の感染症と流言』

池の主［いけのぬし］

戸越公園（東京都品川区）にあった池にいたというふしぎなもの。池で釣りをしていたひとが鯉《こい》がどんどん釣れるので夢中になっていたところ、水面にどす黒いものが現われ、それを見た途端に頭が痛くなって倒れてしまったという。ぬしのたたりなのではないかと語られたという。

［参考文献］今野圓輔『日本怪談集』妖怪篇

池袋の女［いけぶくろのおんな］

江戸で語られていたもので、池袋村（東京都豊島区）から雇い入れた娘を屋敷などで使っていると、怪音が起こったり、茶碗や土瓶《どびん》が割れたり、行灯《あんどん》が飛びまわったり、誰の投げ込んだかわからない礫《つぶて》が打ち込まれたりといったふしぎな現象が次々起こると噂されていた。

川柳《せんりゅう》にもこれを題材にした「瀬戸物《せともの》屋土《ど》瓶《びん》がみんな池袋」（『川柳大辞典』上）といった句がみられ、江戸では広く知られていたようである。根岸鎮衛《ねぎしやすもり》『耳袋《みみぶくろ》』（巻二）には池袋や池尻（東京都世田谷区）の娘を雇うと起こると語られていた記述がみられるほか、敬順《けいじゅん》『十方庵遊歴雑記《じっぽうあんゆうれきざっき》』（四編）では**尾裂《おさき》**などについての文にこのはなしを記している。

実際のところは、不可思議な力による出来事ではなく、その村の若者たちが娘の雇われ先にやって来て起こしていたいたずらだったとか、娘本人が起こしたものであったとも語られる。

［参考文献］大曲駒村『川柳大辞典』上、根岸鎮衛、鈴木棠三（編注）『耳袋』一、江戸叢書刊行会『江戸叢書』巻の六、田中香涯『医事雑考　奇珍怪』

石田散薬［いしださんやく］

武蔵国《むさしのくに》石田村（東京都日野市）の土方《ひじかた》家に伝わる**河童《かっぱ》**から教わったとされるふしぎな薬。打ち身や骨折に効果があるとされていた。

牛革草《ぎゅうかくそう》（牛額草）という薬草が材料で、土方家の先祖が、夢枕に立った多摩川の河童から製法を授かったと言い伝えられていたという。（『聞きがき新選組』）

この土方家は、新選組で知られる土方歳《ひじかたとし》

三《ぞう》の家である。新選組の芹沢鴨《せりざわかも》の先祖も茨城県で河童（**手接《てつぎ》大明神**）から薬を伝授されており、家伝薬を河童から授かったという由来のはなしが、やたらと各地にあったことも実感できる。

［参考文献］佐藤昱『聞きがき新選組』

石の祟［いしのたたり］

東京都三鷹市で語られる。石をいっぱい集めている家があり、何トンもいろいろな石を庭などに置いていたが、住人がわけのわからない病気になってしまったという。易者《えきしゃ》にうらなわせると、「良くない石がある」といわれ、その石を撤去したところ、病は癒えたという。

［参考文献］井之口章次『三鷹の民俗　八　牟礼』

巫子にかけられる［いちこにかけられる］

室内で何かしている最中に、急に睡気《ねむけ》に襲われ、うとうとしはじめてしまった状態を「巫子《いちこ》にかけられたのだ」などと言っており、そんなときは術を打ち消す（睡気を覚ます）ために、畳《たたみ》の縁《へり》と縁の間に火箸《ひばし》などを突っ込むと良いとされていた。（『民俗叢話』）

東京都などでいわれる。「いちこ」は術などを使う巫女《みこ》や行者《ぎょうじゃ》のことで、そのような存在に術をかけられたからだ、といった意味合い。江戸の家庭などで居眠りしそうになっている者に対して使っていた表現のようである。

［参考文献］谷川磐雄『民俗叢話』

稲荷坂［いなりざか］

東京都大田区の久ヶ原《くがはら》にある坂道で、車を引いてここを登り、稲荷様の祀《まつ》られているあたりにさしかかると、ふしぎに引いている車が後ろから引っぱられているように重たくなったという。

［参考文献］大田区教育委員会『口承文芸（昔話・世間話・伝説）』

稲荷塚［いなりづか］

東京都大田区馬込《まごめ》にあった塚。むかし疫病が流行ったとき、行者《ぎょうじゃ》に原因をみてもらったところ、それは「悪い狐」がいて人々に疫病をひろめるくわだてをしているのだという判断が出た。この塚は行者がその狐を封じたものだとされる。

［参考文献］大田区教育委員会『口承文芸（昔話・世間話・伝説）』

井の頭池の主［いのかしらいけのぬし］

井の頭池（東京都三鷹市）のぬしで、大きな白蛇だともいわれる。「井の頭」という呼び方は徳川家光《とくがわいえみつ》による命名と語られており、命名以前は「七井《なない》の池」または「神《しん》箭《せん》の水」などと呼ばれていた。

『神田御上水井之頭弁財天略縁起《かんだごじょうすいいのかしらべんざいてんりゃくえんぎ》』には、源氏の祖である六孫王経基《ろくそんおうつねもと》が武蔵国《むさしのくに》にいたころに弁財天の霊夢を見たのが、この池に

弁財天を祀《まつ》った由来である(『三鷹の民俗 七 井の頭』)と記しているが、それとは別に、この地に住んでいた子供のない馬方《うまかた》が、弁天さまに願掛けをして授かった娘が池に入り、白蛇となったとも語られている。授かった娘は成長後に「お礼参りをしたい」と池にやって来たが、白蛇となって池に入ってしまった(『三鷹の民俗 六 下連雀』)という。馬方ではなく、「さんねさん」という長者の娘で、池に入って白蛇になったのは四月八日であるとも語られている。(「武蔵井の頭池の伝説」)

井の頭公園は「やきもち弁天」とも呼ばれており、恋人同士で行くのは良くないと語られたりもしている。(『三鷹の民俗 七 井の頭』)

授かった娘がのちに竜蛇《りゅうだ》となり水のぬしになってしまう展開は、**小沼《この》の主**や**木部姫《きべひめ》**などとも重なる。

[参考文献] 井之口章次『三鷹の民俗 七 井の頭』、井之口章次『三鷹の民俗 六 下連雀』、中尾清太郎「武蔵井の頭池の伝説」(『郷土研究』二巻十一号)

位牌山 [いはいやま]

所有するとたたりがあるとされる山林。これを買ってしまうと、身辺によくないことがつづいたりすると考えられていた。

東京都檜原村《ひのはらむら》では、よくないことや大きな事故があったりすると「この山はイヘー山だ」などといって、祠《ほこら》を建てたり、「うかがい」(民間の巫女《みこ》)に祈禱《きとう》をしてもらったりしたという。

[参考文献] 長沢利明「檜原村の巫俗」(『西郊民俗』八十五号)

鰯売の呼声 [いわしうりのよびごえ]

真夜中に鰯《いわし》を売る物売りの声がするのだが、すがたも何もどこにも見えないというふしぎなもの。

江戸の下谷《したや》(東京都台東区)にあった立花家の屋敷で起こるといい、下谷七不思議のひとつとして挙げられてもいたという。

[参考文献] 山中共古「七不思議の話」(『郷土研究』三巻十二号)

牛御前 [うしごぜん]

「牛鬼《うしおに》」、「鬼牛《きぎゅう》」とも。武蔵国《むさしのくに》の浅草(東京都台東区)に現われたという大きな牛。隅田川から出現して浅草寺に侵入し、多くの僧侶たちに毒気《どっけ》を浴びせて殺したり、病気にしたりしたとされる。

『吾妻鏡《あづまかがみ》』(巻四十一)には、建長三年(一二五一)三月六日に武蔵国の浅草寺に「牛のごときもの」が現れたと記載されている。また、東京都墨田区向島の牛の御前(牛御前社、牛島神社)やその別当《べっとう》であった最勝寺にまつわるはなしとして伝わる。敬順《けいじゅん》『十方庵遊歴雑記《じっぽうあんゆうれきざっき》』(二編)には、牛の御前・牛島村という名前は、この地で**悪魔**や疫病を祓《はら》うと宣言した牛頭天王《ごずてんのう》から来ているという由来が記されており、それとは別に、後深草《ごふかくさ》天皇の時代に天下に疫病が流行り、武蔵国に「牛鬼のごとき異形のもの」

が出現したが、牛御前社に飛び込み、午王《ごおう》の玉を残して消えたというはなしを載せている。この牛が消えたあと、武蔵国では疫病の流行が終息したとされる。

浅草寺の観音《かんのん》さまを題材にした曲亭馬琴《きょくていばきん》『敵討枕石夜話《かたきうちちんせきやわ》』や、それを再編集した松園《まつぞの》梅彦《うめひこ》『金龍山浅草寺聖観世音霊験記《きんりゅうさんせんそうじしょうかんぜおんれいげんき》』では、**牛鬼**として、この牛を脚色した存在が登場する。

『古郷帰《こきょうがえり》の江戸咄《えどばなし》』(巻五)では「牛鬼《うしおに》」、『我衣《わがころも》』(巻七)では「鬼牛」と表現されている点や、『十方庵遊歴雑記』に記載されている牛の御前のはなしの流れを眺めてみると、「牛御前」は、牛を消滅させた牛の御前・牛御前(牛頭天王《ごずてんのう》)のことのようだが、現代では牛のことを「牛御前」と呼ぶことも一部では慣用となりつづけている。

[参考文献]『続国史大系』五 吾妻鏡、江戸叢書刊行会『江戸叢書』巻の四、『日あ本庶民生活史料集成』第十五巻・都市風俗、『古郷帰の江戸咄』、こぐろう「牛御前と丑御前について」(『松籟庵』)、曲亭馬琴『敵討枕石夜話』、松園梅彦『金龍山浅草寺 聖観世音霊験記』

宇治の間 [うじのま]

江戸城(東京都千代田区)の大奥にあった部屋で、「開かずの間」として知られていた。宇治の間の前の廊下(御奥《おおく》廊下)には、将軍家に何か凶事があるときにはふしぎな者が現われるといい、徳川家慶《とくがわいえよし》が亡くなる少し前に、ここに控《ひか》えているはずのない老女のすがたを見たなどのはなしが伝わる。(『御殿女中』)

宇治の間は、徳川綱吉《とくがわつなよし》が御台所《みだいどころ》様(鷹司信子《たかつかさのぶこ》)によって殺されたという『護国女太平記《ごこくおんなたいへいき》』などで知られるはなしが流布しており、「開かずの間」であるとされていた理由も、そのようなはなしに結びつけられて語られる。

[参考文献]三田村鳶魚『御殿女中』、『今古実録 護国女太平記』

淡青き女房の顔 [うすあおきにょうぼうのかお]

うすい青色をした、とても大きな女の顔。歯は鉄漿《おはぐろ》で真っ黒に染められているという。

江戸(東京都)の太田三郎右衛門《おおださぶろうえもん》という武士が、冬の夜に好きな詩の本を読んでいたところ、これが出現してにこにこと笑いかけて来たので、刀で斬ると消え、血の跡をたどってみると、たばねた元結《もとゆい》ごとバッサリ落ちた髪の毛だけが見つかったという。『新御伽婢子《しんおとぎぼうこ》』(巻一)の「化女の髻《けじょのもとどり》」というはなしにみられる。この妖怪がなにものだったのか正体は不明だったが、三郎右衛門の拾って帰った妖怪の髪は、その後いつまでたってもきれいに黒髪のままだったと書かれている。

[参考文献]高田衛(編)『江戸怪談集』下

鰻聟［うなぎむこ］

鰻が化けていたという若者。嵐の翌朝、川に裸の若者が倒れていたので、おじいさんと娘が家に連れ帰り、やがて娘のお聟《むこ》となる。お嫁さんのつくる美味しい料理を気に入った聟はある日、その材料を採りに行く嫁のあとをつけてみたところ、蛇を食材に用いていることを知ってしまう。聟は、「自分のすがたに似ている蛇の出汁《だし》を食べていたとは恐ろしい」と、自身の正体が鰻であることを告げ川へ去ってしまった。

昔話に登場するもの。東京都大田区大森では、呑川《のみかわ》（東京都）の「かんまがり」と呼ばれるあたりに住む鰻が正体だったと具体的に地名をともなって語られている。

魚介類が人間のすがたになって暮らす昔話では、多くは女性になった魚介類の側の料理の方法が問題になるが、このはなしでは人間側のほうが問題になっている。

［参考文献］大田区教育委員会『口承文芸（昔話・世間話・伝説）』

馬魂［うまだま］

夜空に現われて光り、やがて点滅して消えたという、かなり大きなふしぎな**光物《ひかりもの》**で、五〇センチぐらいに見えたという。一緒にいた八人ぐらいが同時に目撃したのだが、そのうちのひとりだけは、他のひとが見えると語っている横で同じ方角を見ても一切これが見えなかったという。府中競馬場の近くで見られたことと、**人魂《ひとだま》**というには寸法が大きい印象から、馬の魂なんじゃないか、などと語られた。

東京都府中市で語られる。「馬魂」という呼び名や解釈は話者の女性（大正五年生まれ、一八歳ごろだと語っているので、昭和初期のはなしか）たちの「競馬場だから馬の馬魂なんじゃないか」といった会話のなかで既に構築されているもので、発想としておもしろい。

［参考文献］府中市立郷土館『府中の口伝え集』

梅の木の鯉［うめのきのこい］

鉢植えの梅が枯れたので、処分しようと思ってあけたところ、根の部分が海鼠《なまこ》のようになっており、それが動き出して鯉に変じたというはなし。

文化一〇年（一八一三）ごろ、江戸城を中心に武家や茶坊主《ちゃぼうず》たちのあいだで流行った噂だが、実際は「どれだけ珍聞奇談を広めることができるか」という彼らの中での悪洒落《わるじゃれ》あそびから生み出されたはなしのひとつで、この梅の木のはなしは御用絵師の板谷桂意《いたやけいい》のこしらえたものだった（『街談文々集要』巻十二）などと伝えられている。

どれだけのひとがつくりばなしだと見抜いて享受していたのかはわからないが、かなり話題は集めたようで、このはなしは武家や町人たちのあいだでも多く写され見聞きされていたという。一九世紀の江戸ではこのようなことも人々の間で平然と「たのしんで」行われていたという点を知ってお

くことも、奇談や妖怪について調べる上では必要なポイントではある。

〔参考文献〕石塚豊芥子、鈴木棠三（校訂）『街談文々集要』

梅若様の涙雨〔うめわかさまのなみだあめ〕

東京都などでいわれる。梅若丸《うめわかまる》が亡くなったとされる日（三月一五日）に必ず降るといわれている雨。（「小津年中行事」）

梅若丸は能の『隅田川《すみだがわ》』で広く知られる。都で人買いにさらわれて関東に連れて来られ、隅田川（東京都）のほとりで行き倒れて死んでしまったとされる。その霊は木母《もくぼ》寺《じ》（東京都墨田区）に祀《まつ》られる。

「梅若の日」として、関東各地では三月一五日に草餅《くさもち》をつくったり遊山《ゆさん》をしたりする行事もあるが、これらはもともと存在していた春の行事に、日付要素として梅若丸が結びついたもののようである。（『勝田市史』民俗編）

〔参考文献〕又吉葉子「小津年中行事」（『西郊民俗』三号）、日野碕弥彦『伝説俗信風俗民謡 趣味の国』、『勝田市史』民俗編

栄誉権現〔えいよごんげん〕

東京都台東区上野公園の東照宮に祀《まつ》られている素焼きの**狸**の像。顔を上に向けたすがたをしており、ご利益があるとも信仰とされている。

阿波国《あわのくに》（徳島県）の大名家から、江戸城の大奥に贈られて安置されていたが、大奥で疫病が流行ったり、よくないことがつづいたりしたことの原因と目されて、ある大名家の屋敷に移された。その家もお取り潰《つぶ》しになり、今度はある旗本の屋敷に移されたが、その家もなくなってしまうなど、不幸を呼ぶ狸像とされて来たという。明治になってからは鳥越神社（東京都台東区鳥越）の東照宮に移されたが、そこでもよくないことがつづいて、最終的に大正時代に上野の東照宮に置かれることで、やっと落ち着きを見せたという。

大正時代に上野に移って以後、霊夢のみちびきによって参詣に来るひとが多くなったことから「夢見狸」とも呼ばれているという。栄誉権現という名も、そのころに付けられたもので、東照大権現《とうしょうだいごんげん》（徳川家康《とくがわいえやす》）の法号に含まれている「崇誉」を意識したものだという。

四国の「八百八狸《はっぴゃくやだぬき》」たちの分霊であるとも語られている。

〔参考文献〕長沢利明「狸の守護神」（『西郊民俗』百三十八号）

ADの生霊〔えーでぃーのいきりょう〕

テレビ局のスタジオで年末番組の準備中にAD（アシスタントディレクター）がセットから転落して意識不明の重体になってしまう。その番組自体は何とか滞りなく収録されたが、その後、たてつづけにはじまった正月番組の準備のどさくさのなかで、入院中のそのADが働いているすがたを撮影現場で見たというひとが続出した。翌年

の正月明けに現場復帰を果たせたADに入院中のことを聞いてみると「いつも現場のことを夢に見ていた」と答えたという。

東京都のテレビ局での体験談として語られる。「霊」として目撃された個人が幸いに復帰しており、出現していたのも「生霊《いきりょう》」である点が注目できるパターン。

［参考文献］恐い話研究会『ヒェーッ！ 幽霊・怪奇現象スペシャル』

縁切榎［えんきりえのき］

東京都板橋区にある木。古くから中山道《なかせんどう》の板橋宿のはずれに立っていて知られる。嫁入り行列はこの木の下を通ることが避《さ》けられていたほか、悪縁切りや酒断《だ》ちのご利益があるともいわれていたという。

敬順《けいじゅん》『十方庵遊歴雑記《じっぽうあんゆうれきざっき》』（初編）では、その由来は中山道を通って将軍家に輿入《こしい》れした宮様が直後に逝去したことなどにあるとしている。また酒断ちのまじないとして、この木の皮を水から煎《せん》じて酒に混ぜて飲めば、どんな酒呑みも忽然《こつぜん》と下戸《げこ》になると記している。

［参考文献］江戸叢書刊行会『江戸叢書』巻の三、武田静澄・安西篤子『東京の伝説』

えんげる

西洋にいるという**天狗**で、正直な者に仇《あだ》をなし、ひとに災いをもたらす。あるいはおこないの悪い者に対して災いを下すとされる。

松浦静山《まつらせいざん》『甲子夜話三篇《かっしやわさんぺん》』（巻七十）にみられる、行智《ぎょうち》による「狗賓《ぐひん》」や「天狗」は「えんげる」であるという説にみられる。**狗賓**は「天狗」の異名。「えんげる」は「Angel」を意味しているとみられ、蘭学からの情報の摂取によって天使が天狗として世界認識に足されていた例だといえる。

この学説を耳にした静山は、酒井《さかい》家の殿様が幼少の頃、浜町（東京都中央区）の屋敷で凧《たこ》あげをして遊んでいたとき、すがたは全く見えないが、人間をぶらさげて空に浮かべて運んで行くものを見たというはなしを同巻でつづけて書いている。ぶらさげられている人間は叫んでいるように見えたが、やがて川の方へ行って見えなくなってしまったという。全くもって正体不明だが、これもあるいは「えんげる」かも知れない、と静山は書き記している。

行智は、江戸（東京都）の博識な修験者《しゅげんじゃ》で、修験道や梵字《ぼんじ》に関する研究で知られ、平田篤胤《ひらたあつたね》などにも教授をしている。

［参考文献］松浦静山、中村幸彦・中野三敏（校訂）『甲子夜話三篇』六、行智、五来重（編注）『木葉衣・鈴懸衣・踏雲録事』

置行堀［おいてけぼり］

お堀で釣りをしていたら、なかなかな量の魚がとれたので満足して帰ろうとすると、「おいてけ、おいてけ……」という声がどこからともなくして来て、いつの間にか魚が魚籠《びく》からなくなったりしていたということ。錦糸町あるいは横網町にあった堀だといわれている。（『東京の伝説』）

江戸の本所《ほんじょ》七不思議（東京都墨田区）のひとつとしても挙げられ、広く知られている。

［参考文献］武田静澄・安西篤子『東京の伝説』、野久知橘莚・歌川国輝『本所七不思議』、山中共古「七不思議の話」（『郷土研究』三巻十二号）、林美一『江戸仕掛本考』

お稲荷様の山［おいなりさまのやま］

東京都多摩市貝取《かいどり》に伝わる。お稲荷《いなり》様の山を造成することになったが、工事のために入ったブルドーザーがひっくり返ってがらがら落ちる事故などが起きたという。

［参考文献］『多摩市の民俗（口承文芸）』

王子の狐［おうじのきつね］

王子稲荷《いなり》（東京都北区）の近くに棲《す》んでいた**狐**。落語の「王子の狐」に登場する。石をぶつけてきた人間に仕返しをしようと、ひとのすがたにどろんと化けたものの、その様子を目撃されており、化かされているふりをしていた人間にまんまとやり込められて料理屋での高額な支払いを持たされてしまう。一方、他人に「そんなことをしたら狐のたたりがあるぞ」と諭《さと》された人間のほうは、翌朝この狐の巣穴にやって来て「先日のお詫《わ》びに……」と、重箱いっぱいの牡丹餅《ぼたもち》を置いて行く。子狐たちが食べようとするが、「食べるんじゃない！おおかた馬の糞だろうから」――と、狐がたしなめる。

王子稲荷は、**尾裂**《おさき》たちが江戸に入ってこないようにしている（『曲亭雑記』）、一二月の大晦日に「装束榎《しょうぞくえのき》」に関東の狐たちが集まる（『今とむかし広重名所江戸百景帖』）などなど、ほかにも狐についての伝承は数多い。

亀井戸《かめいど》**の狐**などは、元禄のころにみられるこのはなしの古い型のひとつ。

［参考文献］戀塚稔『狐ものがたり』、滝沢馬琴、渥美正幹（編）『曲亭雑記』巻一下編、河津一哉（解説）『今とむかし広重名所江戸百景帖』

大きな鬼みたいなもの［おおきなおにみたいなもの］

東京都大田区の貉窪《むじなくぼ》の水が湧いて洗い場に使われていたところで野菜を洗ってると、水に誰かが映り込んで来たので、見ていたら、大きな**鬼**のようなものが立っているとわかり、大声をあげて家まで飛び帰った、というはなしが語られている。「鬼みたいなもの」と語られるがはっきりしておらず、正体はわからない。

［参考文献］大田区教育委員会『口承文芸（昔話・世間話・伝説）』

大きな魚［おおきなさかな］

川でとても大きな魚が釣れたので、しっかり引き上げようと水面近くに寄ったら、**河童**《かっぱ》にくわえ込まれて川の中に沈められ、命を落とす（『青梅市の民俗』）などのはなしは、東京都青梅市などをはじめ各地で語られている。

良さそうな魚を見せて、人間をおびき寄せて川に落とす手法は、世間話で語られるような河童や川獺《かわうそ》たちの化かしの手口としては非常に多い。

［参考文献］『青梅市の民俗』

大きな太陽［おおきなたいよう］

真夜中に畑仕事などから帰って来ると、西の空に突然大きな太陽があがって見えたりしたという。東京都多摩市などで、狢《むじな》や狸が見せてくるものとして語られていた。（『多摩市の民俗（口承文芸）』）

狢の月など、お月様に化けたりすることも多い狢や狸だが、お日様になる化け術もこころえていると知ることができる。

［参考文献］『多摩市の民俗（口承文芸）』

大蜘蛛［おおぐも］

武蔵国《むさしのくに》の自証院の近くにいたという大きな蜘蛛《くも》で、通行する人々を襲っていた。何物かわからない妖怪に多くの女性がさらわれているという知らせを受けた渡辺綱《わたなべのつな》は女装をして相手をおびきよせ、斬り捨てた。落ちていた血をたどっていったところ、大蜘蛛が死んでいたという。

「蜘蛛の井」（東京都新宿区）の由来のはなしとして伝わる。死んでいた大蜘蛛の下から水が湧き出して来たが、これを飲んだひとは苦しんで死んでしまったと語られる。

［参考文献］新宿区教育委員会『新宿と伝説』

大欅［おおけやき］

東京都町田市広袴町《ひろばかままち》に生えていた大きな欅《けやき》の木で、夜にうなり声を「うーふ、うーふ」と上げるといわれていた。ただふしぎなことに木の全体が見える少し離れた距離だとそのうなり声は聴こえるのに、木の真下あたりに来ると全く聴こえず、歩いて距離がひらくとまた聴こえたという。

昭和初期に切られてしまい、ふしぎな声も木とともになくなってしまったという。

［参考文献］町田市文化財保護審議会『町田市の民話と伝承』第二集

大塚の化物［おおつかのばけもの］

江戸の大塚（東京都文京区）には、管理する者もいなく、大きな石塔の立っている明《あ》き屋敷があり、その周囲ではしばしば妖怪が出たり、あやしいことが起こったりするなどの噂があったという。

『望海毎談《ぼうかいまいだん》』の「大塚村怪異」に記されており、さびしい日暮れ過ぎに僧侶らしきひとが前のほうを歩いていたので「道連れができた、こころづよい」とホッとしていたら、どんどんその僧侶の身長が大きくなり、塀垣よりも大きくなっていたというはなしや、日暮れに歩いていたら、足元に蛙《かえる》たちがまとわりついて来たりしたというはなしなどが挙げられている。

蛙が飛び出して来て足にまとわりついて来るなどは、歩《あゆ》みを阻《はば》むやりくちとしては、ナカナカぬるぬる成分が高いものでは

ある。

［参考文献］国書刊行会『燕石十種』第三

大伴赤麻呂［おおとものあかまろ］

武蔵国《むさしのくに》多磨郡（東京都）の大領《たいりょう》だったが、寺院のものを返却しないまま死んだので、その悪業《あくごう》から畜生道《ちくしょうどう》に落ち、黒まだらの牛として生まれ変わってしまったという。『日本霊異記《にほんりょういき》』（中巻 第九）や『今昔物語集《こんじゃくものがたりしゅう》』（巻二十第二十一）にあるもので、牛として生まれ変わったその背中には、畜生道に落ちた理由がびっしり碑文のように記されていたという。

［参考文献］原田敏明・高橋貢（訳）『日本霊異記』

大蟇［おおひき］

地面の穴の中に住んでいるという大きな蟇蛙《ひきがえる》で、色々な獲物を食べているうちに体が大きくなり、人間でも呑み込んでしまえるほどの大きさだったという。

東京都多摩市などに伝わる。

［参考文献］『多摩市の民俗（口承文芸）』

大蝮蛇［おおまむし］

江戸の小石川（東京都文京区）の井上頼母《いのうえたのも》という武士の屋敷の庭には、一〇〇年以上生きている大蝮蛇がぬしのように住んでおり、夏から秋にかけて夜になると近所の家の屋根を這《は》い回ったりしたという。太鼓を鳴らすと帰って行くので、ひとたびこれが出たとなると近所の人々は太鼓を打ち鳴らしていると噂されていた。

敬順《けいじゅん》『十方庵遊歴雑記《じっぽうあんゆうれきざっき》』（初編）などにあるもので、むかし井上家の当主はこれを弓で射ったことがあり、以来この蛇は片目だったともいう。

［参考文献］江戸叢書刊行会『江戸叢書』巻の三

大森家の猫［おおもりけのねこ］

江戸の小川町（東京都千代田区）にあった大森家の屋敷に住んでいた黒猫で、化け猫なのではないかとの噂があったりした。

石塚豊芥子《いしづかほうかいし》『街談文々集要《がいだんぶんぶんしゅうよう》』（巻一）には、文化元年（一八〇四）、大森家の近くにある松平讃岐守《まつだいらさぬきのかみ》の上屋敷で起きた怪死事件（屋敷の火の見櫓《やぐら》の下で櫓番がずたずたになって死んでいたもの。**天狗**か化け猫に引き裂かれたのではないかとささやかれたが、実際は櫓から落ちた時の傷だった）は、この**猫**の仕業ではないかと近所で噂されていたというはなしが記されている。

［参考文献］石塚豊芥子、鈴木棠三（校訂）『街談文々集要』

お菊［おきく］

皿数えの幽霊。「番町皿屋敷《ばんちょうさらやしき》」のはなしとして広く知られる。

武家奉公をしていたお菊は、仕えていた屋敷の主人の大切にしていた一〇枚組の皿のうちの一枚を割ってしまった罪によって斬り苛《さいな》まれる。その後、井戸に投げ捨てら

れたことから、その霊は夜な夜な井戸から皿を数える音をさせ、九枚目を数え終わると、「一枚足りない……」と泣いたという。

江戸の番町（東京都千代田区）の出来事だとして語られており、お菊の仕えていたのは、旗本の青山主膳《あおやましゅぜん》（青山播磨守《あおやまはりまのかみ》）の屋敷であると語られている。

『江戸砂子《えどすなご》』（巻一）には牛込門のあたりに「皿屋敷」があったと記しており、皿数えの幽霊が出るというはなしを載せているが、ここでは屋敷の主人も、女の名も書かれていない。

播磨国《はりまのくに》の姫路《ひめじ》（兵庫県）を舞台とする『播州皿屋敷《ばんしゅうさらやしき》』の芝居（こちらは青山鉄山《あおやまてつざん》）も先行して存在しており、お菊さんが皿数えをしたといったはなしは全国に広く伝わるが、芝居・演芸を通じて『番町皿屋敷』が親しまれたことで、こちらも広く全国に知られていった。

［参考文献］武田静澄・安西篤子『東京の伝説』、三田村鳶魚『足の向く侭』、菊岡沾涼『江戸砂子』、『今古実録 怪談皿屋敷実記』

奥多摩湖ロープウェイの幽霊［おくたまころーぷうぇいのゆうれい］

東京都奥多摩町にある廃墟となった奥多摩湖ロープウェイの「みとうさんぐち駅」（三頭山口駅）にあるぼろぼろになったロープウェイのゴンドラに現われたりすると語られている幽霊。半裸の女性のすがたをしているなどという。

奥多摩ロープウェイは昭和三七年（一九六二）に開業したが、わずか数年で廃業してしまって以後放置されており、のりもの廃墟として知られる。

［参考文献］TraveRoom「東京の最恐心霊スポットBEST25！ ヤバい廃墟や噂の真相は？」

送提灯［おくりちょうちん］

夜道を歩いていると、提灯《ちょうちん》を灯《とも》した女が現われて、歩いて行く前方にずっといたりするというふしぎなもの。**狐**や**狸**のいたずらだと語られている。

本所《ほんじょ》七不思議（東京都墨田区）のひとつとして挙げられている。「竪川《たてかわ》の送り提灯」（「七不思議の話」）ともいわれる。

［参考文献］野久知橘莛・歌川国輝『本所七不思議』、山中共古「七不思議の話」（『郷土研究』三巻十二号）

送撃柝［おくりひょうしぎ］

夜回《よまわ》りや夜の番をしているときに、拍子《ひょうし》木《ぎ》をカチカチと叩いていると、ついて来るように、どこからともなく拍子木の音が鳴り響いて来るというふしぎなもの。

本所《ほんじょ》七不思議（東京都墨田区）のひとつとして挙げられている。拍子木を撃つとふしぎなことが起こるというはなしとして「入江町《いりえちょう》の時無し」（『七不思議の話』）というものもみられるが、明治中期に売り出された錦絵の『本所七不思議《ほんじょななふしぎ》』での「送撃柝」が入江町のはなしとして語られていることを考えるとおなじものをさしているといえる。

［参考文献］野久知橘莛・歌川国輝『本所七不思議』、山

中共古「七不思議の話」（『郷土研究』三巻十二号）

瘧塚［おこりづか］

東京都杉並区本天沼《あまぬま》にある塚。太田道灌《おおたどうかん》が豊島を攻めた際に死んだ多くの兵たちが埋められているといい、掘り返したりすると瘧《おこり》（熱病）にかかるといわれていた。

［参考文献］武田静澄・安西篤子『東京の伝説』

お地頭様の柊［おじとうさまのひいらぎ］

東京都町田市の椚山《くぬぎやま》に生えていた大きな柊《ひいらぎ》の木で、枝を切ったりするとたたりがあると人々からは恐れられていた。

宅地造成でお地頭様が移転されるときに、伐採されてしまったという。

［参考文献］町田市文化財保護審議会『町田市の民話と伝承』第二集

おし沼の鬼［おしぬまのおに］

東京都多摩市落合に伝わる。おし沼の近くに生えている松にいるとされていた**鬼**。松の木のまわりを回ると出るといわれていたという。

［参考文献］『多摩市の民俗（口承文芸）』

おし沼の娘［おしぬまのむすめ］

東京都多摩市落合に伝わる。おし沼のほとりに出没したというふしぎな娘でひとを化かしたりした。正体は**狐**だったという。

むかし炭を売りに行った男が帰り道、この娘に「下駄《げた》を落っことしちゃったから拾ってくれ」と頼まれたので、おし沼に入って探っていたが、気づくとただの笹藪《ささやぶ》の中だったという。

［参考文献］『多摩市の民俗（口承文芸）』

おしめ洗い［おしめあらい］

「おしめを洗え」と、ひとに呼びかけて来るという幽霊。

東京都大田区の雪ヶ谷《ゆきがや》の「おしめ地蔵」と呼ばれる地蔵の近くに出たという。

［参考文献］大田区教育委員会『口承文芸（昔話・世間話・伝説）』

おじょうが池［おじょうがいけ］

東京都多摩市にある池。嫁入りのときにこの近くを通るのは避《さ》けられていたという。

むかし駕籠《かご》に乗ったお嫁さんがここを通り過ぎたのだが、突然駕籠が軽くなったので駕籠舁《かごかき》の二人が確かめるとお嫁さんはいなくなっていたという。池に吸い込まれてしまった、などといわれている。

［参考文献］『多摩市の民俗（口承文芸）』

お玉ヶ池の柳 ［おたまがいけのやなぎ］

江戸のお玉ヶ池（東京都千代田区）に生えていた古い柳の木には妖怪がいるといわれており、近くにあった家は「化物《ばけもの》屋敷」と呼ばれていた。菊岡沾涼《きくおかせんりょう》『江戸砂子《えどすなご》』（巻一）には、「かたみの柳」とも呼ばれていたことが記されている。

『御府内備考《ごふないびこう》』（巻七）には、享保のころ、孫兵衛《まごべえ》という大工の棟梁《とうりょう》がお玉ヶ池の地所《じしょ》を買って住んだところ、おみつという使用人があやしいものに遭遇して気絶したりするなど、ふしぎなことがつづいたので、柳の木を切り、池の大部分を埋めてしまった。すると翌年に孫兵衛は死んでしまったというはなしが『著実異事《ちょじついじ》』という本から引かれている。

［参考文献］菊岡沾涼『江戸砂子』、『大日本地誌大系一　御府内備考』

鬼の供養 ［おにのくよう］

大晦日に、囲炉裏《いろり》の灰の中に埋めるというおむすびやだんご。その年に穫《と》れた米でつくられる。火事や火傷《やけど》などから守ってくれるとされる。

東京都青梅市などに伝わる。**荒神《こうじん》様のおむすび**などは同種の大晦日の行事。

［参考文献］『青梅市の民俗』

鬼の宿 ［おにのやど］

節分の晩に追い立てられる**鬼**たちを、かくまってあげて、もてなすという風習。

東京都小平市には、この言い伝えを持つ家々があり、節分の夜に鬼たちに対して赤《せき》飯《はん》をお供えしたという。言い伝えの起源については、はっきりとしていないが、むかし疫病が流行ったときに「鬼の宿をすればよくなる」といわれたことを受けて、この風習をはじめたと語られている。（「鬼の宿」鬼鎮《きちん》神社（埼玉県嵐山町《らんざんまち》）など、節分のときに各地で追い払われた鬼たちをかくまってやる寺社はあり、鬼の宿もそれに属するものか。

［参考文献］水野道子「鬼の宿」（『西郊民俗』九十四号）

鬼娘 ［おにむすめ］

慶応三年（一八六七）に江戸の本郷丸山（東京都文京区）あたりに出ると噂されたもので、ひとを襲うと語られ恐れられていたという。

この噂を描いた内容の錦絵は何種類か売り出されており、そのうちの歌川芳盛《うたがわよしもり》『おにむすめ』は、ある家の娘が夜な夜などこかへ行くので跡をつけたところ、墓を暴《あば》いて亡者を食べていたと記している。仮名垣《かながき》魯文《ろぶん》・武田幾丸《たけだいくまる》『虚実弁解《きょじつべんかい》　媿《おに》のはなし』などは、この噂を素材にした戯文になっている。

「鬼娘」や「鬼女」と称される存在は、一九世紀後半に恐ろしい存在として度々《たびたび》各地

で噂にのぼったようで、明治のはじめごろには他にも滋賀県でひとを襲ったはなしを描いた梅堂国政《ばいどうくにまさ》『新聞鬼女噺』（『明治性的珍聞史』上、『古今妖怪纍纍』）なども売り出されている。

［参考文献］歌川芳盛『おにむすめ』、仮名書魯文・武田幾丸『虚実弁解 媿のはなし』、梅原北明『明治性的珍聞史』上、湯本豪一『古今妖怪纍纍』

お化け坂［おばけざか］

東京都多摩市東寺方《ひがしてらがた》にある坂。道に竹が鬱蒼《うっそう》と生い茂ってかぶさっており、とても不気味だったことから、俗に「おばけが出る」としてこの呼び名があったという。

［参考文献］『多摩市の民俗（口承文芸）』

お化け汁粉［おばけしるこ］

真夜中に「しるこや、しるこや」と、お汁粉餅《しるこもち》の売り声がして来るのだが、見ても全くそんなものは道にはおらず、そもそも誰も歩いてすらいなかったというふしぎなもの。

『郵便報知新聞』（明治八年八月二五日）に、この噂が東京の赤坂田町（東京都港区）で出ていたらしいことがみられる。「古狸《ふるだぬき》の業《わざ》かなんだかさっぱりしること能《あた》わず」と戯文《げぶん》調で記事は結ばれている。

［参考文献］湯本豪一『明治期怪異妖怪記事資料集成』

お化け蘇鉄［おばけそてつ］

旧・首相官邸（東京都千代田区）の前庭に植えられていた大きな蘇鉄の木で、内閣がつぶれそうになると葉っぱの生気が失せる、と昭和初期から語られていたという。

首相官邸の幽霊も参照。

［参考文献］入江一海「首相官邸を巡る怪談」（『現代読本臨時増刊 特集 妖奇実話』）

【か】

餓鬼精霊［がきしょうろう］

無縁にあたる霊たち。「餓鬼精《がきしょう》」とも。一人前になる以前に亡くなった者たちの霊。埼玉県や東京都保谷市《ほうや》（現・西東京市）などでいう。

盆棚《ぼんだな》の脇に置かれる蓮《はす》の葉っぱの上にのせる供物は「ガキショウサマたちの供物」だとされる。（『下戸田の民俗』）

［参考文献］戸田市史編さん室『下戸田の民俗』、戸田市史編さん室『新曽・上戸田の民俗』、東京都教育委員会『東京の民俗』五

柿木の怪虫［かきのきのかいちゅう］

柿の幹にくっついていたというふしぎな虫。蝸牛《かたつむり》のようなまるいかたちで、細い七寸（約二一センチ）くらいのしっぽがついており、目のあたりには黒い模様があり、口をぱくぱくさせていたという。

玄紀先生『日東本草図纂《にっとうほんぞうずさん》』（巻八）で「怪虫」と記載されているはなしにみられる。武蔵国《むさしのくに》の今里村（東京都港区）の桑原坂《くわはらさか》にあったお豆腐屋さんの柿の木にいるのが見つかり、子供たちが捕って殺したという。ちゃんとした呼び名もあったらしいが、伝わっていないと記されている。

［参考文献］玄紀先生『日東本草図纂』

影取池［かげとりいけ］

東京都多摩市にある池。小山田高家《おやまだたかいえ》の奥方がここで死んだといい、すすり泣きの声が池からすると伝わる。泣き声を耳にした者が、池に近づき影が映り込むと、水の中に吸い込まれてしまうと語られる。

［参考文献］『多摩市の民俗（口承文芸）』

梶原屋敷のあかずの間［かじわらやしきのあかずのま］

東京都大田区にあったという古い屋敷にある閉ざされた部屋で、入ると良くないとか、開けると病気になるといわれていた。

［参考文献］大田区教育委員会『口承文芸（昔話・世間話・伝説）』

桂川家の狸［かつらがわけのたぬき］

桂川甫賢《かつらがわほけん》の屋敷にいたという**狸**で、夜遅くに洋書の調べものなどをしている甫賢のもとへ、しばしば遊びに来たりしたという。ときどき公方《くぼう》さま（将軍）のすがたに化けても現われたという。

［参考文献］今泉みね『名ごりの夢　蘭医桂川家に生れて』

要石の虫［かなめいしのむし］

東京都大和村の芋窪《いもくぼ》（現・東大和市）に伝わる。芋窪の鹿島《かしま》神社にも「要石《かなめいし》」と呼ばれる大石があり、むかしは妊婦がお産の無事を占うためにその石のそばの土を掘ってこの虫を探したという。

芋窪の要石のそばを掘ると白い裸虫《はだかむし》が出て来るといい、出て来た虫が元気であればあるほど、その妊婦のお腹の子供は丈夫に育つといわれていた。

要石については**地震鯰《なまず》**を参照。

［参考文献］石井勘次郎「鹿島の要石」（『郷土研究』七巻三号）郷土研究社

歌舞伎町の大猿［かぶきちょうのおおざる］

東京都新宿区の歌舞伎町に夜な夜な出没したという大きい猿のようなもので、電線をわたったり、ひとの鞄《かばん》を奪ったりすると語られる。

平成二〇年代ごろ、未確認生物として語られており、巨大な猿、ゴリラのように大きい猿（『東京都市伝説』）といわれているが正体は不明である。さくら通りの靖国《やすくに》通りに接するあたりが出現スポット（「風俗街の歩き方・新宿歌舞伎町」）であるとも語られていた。

大きい猿というところから、『猿の惑星』に登場する名前から取られた「ジーラ」というあだ名もあった。（『東京都市伝説』、『都怪ノ奇録』）

［参考文献］めるTV『東京都市伝説』、鈴木呂亜『都怪ノ奇録』、「風俗街の歩き方・新宿歌舞伎町」（『ソフト・オン・デマンドDVD』十二月号）

亀井戸の狐［かめいどのきつね］

亀井戸《かめいど》（東京都江東区亀戸）に藤《ふじ》を見に行くひとの前に美しい若衆《わかしゅ》すがたに化けて現われて同道《どうどう》をして、お酒やごはんをご馳《ち》走《そう》してもらったという**狐**。満足して帰って来たその狐が、ほかの狐たちから「それは大変だ、きっとその人間に食べさせられたご馳走は馬の糞とかだったに違いないゾ」といわれるのが結末。

『新話《しんはなし》笑眉《わらいまゆ》』（巻一）の「初心な狐」など、正徳ごろの笑話にみられるはなしで、落語の**王子の狐**とおなじような結末をもつ古い型のひとつ。似た展開のはなしには『露休置土産《ろきゅうおきみやげ》』（巻三）の「狐も化かさるる世の中」などもある。（『元禄期軽口本集』・補注四十五）

［参考文献］武藤禎夫（校注）『元禄期軽口本集』、近代日本文学大系二十二『落語滑稽本集』

鑵子の女［かんすのおんな］

鑵子（お湯をわかす金属製の器具）の蓋《ふた》をあけると湯気の中に髪を振り乱した首しかない女の顔が現われてにこにこと笑い、ひとを驚かしたというもの。

馬場文耕《ばばぶんこう》『大和怪談頃日全書《やまとかいだんけいじつぜんしょ》』（巻二）にある。江戸城（東京都）の湯呑所《ゆのみどころ》に、宿《との》直《い》をしていた佐久間佐五右衛門《さくまさごえもん》が弁当を食べてお湯を飲もうとしに来たときに遭遇したと語られる。驚いた佐五右衛門が念仏を唱えると女は消えた。急いで部屋に戻ろうとするとおなじく宿直をしている武士と会ったので、その様子を語ると、その武士が「その女の首はこうか」と言った途端、湯気に出た女と全く同じ顔になったので、佐五右衛門は気絶し、しばらくして通りかかったお坊主衆に発見され、介抱されたという。**狐**か**狸**が化かしたものであろうと語られている。

［参考文献］馬場文耕『大和怪談全書』、柴田宵曲『妖異博物館』

観音寺の大入道［かんのんじのおおにゅうどう］

東京都多摩市の関戸に伝わる。観音寺の境内《けいだい》には大入道が出ると噂されており、日暮れ後などには子供たちは近寄ることはなかったという。

［参考文献］『多摩市の民俗（口承文芸）』

がんばり入道［がんばりにゅうどう］

「眼張入道」、「雁婆梨入道」、「加牟波里入道」などと書かれる。大晦日の晩に便所で杜鵑《ほととぎす》の鳴くような声をさせるという妖怪。

江戸（東京都）では、大晦日に便所で「がんばり入道ほととぎす」と唱えるとふしぎなものが現われる、金銭を得る、一年間妖怪に出会わないなどといわれていた。勝川《かつかわ》春英《しゅんえい》による錦絵や、鳥山石燕《とりやませきえん》による作画例が確認できるほか、豆絵《まめえ》などにも描かれており、画像妖怪としてもよく知られていたことがうかがえる。

松浦静山《まつらせいざん》『甲子夜話三篇《かっしやわさんぺん》』（巻七十二）では、大晦日の夜に便所でこれを唱えると入道が現われるので、その首を素早く服の左袂《ひだりそで》に入れれば小判に変わる、といった俗信がみられる。静山のもとにいた十八太という家来は、遊びに行くためのお金がなかったとき、これを試そうと再三唱えてみたが、いつまでたっても入道は出現せず、おしりがすっかり冷えてしまったというはなしを載せている。

忠通《ただみち》も、おなじように金銭を得るといった内容が語られている同様な例である。

［参考文献］松浦静山、中村幸彦・中野三敏（校訂）『甲子夜話三篇』六、坂戸弥一郎『浮世絵大家集成 春好・春英』、稲田篤信・田中直日（編）『鳥山石燕 画図百鬼夜行』、国立歴史民俗博物館『もののけの夏―江戸文化の中の幽霊・妖怪―』

紀尾井町の狐［きおいちょうのきつね］

東京の紀尾井町（東京都千代田区）あたりに住んでいた**狐**で、赤坂あたりを走る電車や汽車の「音」を、夜中にガタゴトチンチンと鳴らしてひとを化かしたりしていたという。

音のするほうに行っても何もいない、といったはなしで、**狐の機関車**や**狸の機関車**のように実際に車体をみせたりはしなかったようである。『新愛知』（明治四一年一月一七日）の記事などにみられ、明治四〇年代には既に「古狐《ふるぎつね》」だったと資料にはあるので、明治三〇年代に電車ができた以前は、鉄道馬車の真似もしていたのだろうか。

［参考文献］湯本豪一『明治期怪異妖怪記事資料集成』

狐が絡む［きつねがからむ］

「狐がひっからむ」などとも表現される。臭いもの（魚などにおいの強い食べ物）を持って夜道を歩いていると、はっきり見えづらいが足に**狐**が絡んで来たりしたという。東京都などでいわれる。

［参考文献］大田区教育委員会『口承文芸（昔話・世間話・伝説）』

狐の大入道［きつねのおおにゅうどう］

狭い夜道の幅いっぱいに**大入道**がひろがって現われて通れなかったりするもの。東京都大田区雪ヶ谷《ゆきがや》に伝わる。**狐**が化けて見せているといわれる。

［参考文献］大田区教育委員会『口承文芸（昔話・世間話・伝説）』

狐の子供［きつねのこども］

お櫃《はち》のふちをしゃもじで叩くと**狐**の子供たちが寄って来て憑《つ》く、といわれたりしていた。（『青梅市の民俗』）

このような行儀への注意の言いまわしは**おおさきどうか**にあるものなどとも近い。

［参考文献］『青梅市の民俗』

狐の祐天［きつねのゆうてん］

江戸の大伝馬町《おおでんまちょう》（東京都中央区）の升《ます》屋という煙管《きせる》問屋の娘・おゑいに、祐天《ゆうてん》上人と名乗る霊が乗り移って、「南無阿弥陀仏《なむあみだぶつ》」という六字の名号《みょうごう》を書き始めて評判となったが、実はおゑいには**狐**が取り憑《つ》いており、狐を取り憑かせていたのは升屋の後妻と密通していた上野国《こうずけのくに》（群馬県）の絹商人・弥三郎《やさぶろう》だったことが知れた。以上のことは、町名主《まちなぬし》の馬込勘解由《まごめかげゆ》によって世を騒がす事件として処理されたという。

『兎園小説《とえんしょうせつ》』（十一集）などに収められているはなしで、文政三年（一八二〇）のことだという。狐であると知れたきっかけは、「南無阿弥陀仏」の「弥」と「陀」の文字が全く異なる漢字で書かれていた点で、正体が狐狸《こり》の身であるために正しく名《みょう》号《ごう》を書くことができなかったのだという。

祐天上人は**累**《かさね》のはなしでよく知られていたため、その名を狐が騙《かた》ったようである。

［参考文献］『日本随筆大成』二期一、中村禎里『狐付きと狐落とし』

狐の呼び出し［きつねのよびだし］

東京都町田市成瀬《なるせ》に伝わる。真夜中にお城から呼び出しの法螺貝《ほらがい》が鳴ったので駆けつけると、城ではそんなものは鳴らしていなかった。**狐**が鳴らして化かしていたのだといわれる。

また、駆けつけると城へのぼる坂道を大きい火の玉が転がって来て、驚かせたりもしたという。

［参考文献］町田市文化財保護審議会『町田市の民話と伝承』第二集

狐火の喧嘩［きつねびのけんか］

夜空にまるいふしぎな光が一〇個くらい、赤色や青色のものがぐるぐると喧嘩をしているように回りながら飛んでいたというもの。

東京都府中市でのはなし。府中競馬場の近くで夜に目撃したという。目撃したふしぎな光や**火の玉**を、**狐**が見せているものと人々が解釈した例である。

［参考文献］府中市立郷土館『府中の口伝え集』

麒麟［きりん］

中国に伝わる獣で、毛虫《もうちゅう》（畜獣）たちの長であるとされ、徳のある支配者が世を治めていると出現するともいわれる。

『我衣《わがころも》』（巻十一）には、江戸の本郷（東京都文京区）に住む伊勢屋吉兵衛《いせやきちべえ》が物干し台

で昼寝をしていたときに、晴れた空を東から北西へ向かって、絵にみる麒麟のようなものが空を歩いてゆくのを見た、というはなしを記している。

あくまで、吉兵衛が見たというものは「絵でよくみる麒麟みたいなもの」で、これが実際に麒麟だったのかはわかっていない。日本での麒麟の具体的な目撃例はほとんど存在せず、吉兵衛が寝っころがりながら空に見たこれが「麒麟のはなし」として紹介されることが多い。

［参考文献］『日本庶民生活史料集成』第十五巻・都市風俗

九鬼の魔除け札［くきのまよけふだ］

江戸の八丁堀（東京都中央区）にあった九鬼《くき》家の屋敷では毎年お正月になると、門に一枚のおふだを貼っていたのだが、それを剝《は》ぎ取って来て家に貼ると「魔よけ」になるという噂があり、毎年これを手に入れようと多くのひとが門の閉まる時刻を狙ってやって来たという。（「江戸の松飾」）

おふだには「蘇民将来子孫家々」と書かれていたといい、牛頭天王《ごずてんのう》を親切に泊めてあげたお礼として疫病や災厄からの守護を約束してもらった蘇民将来《そみんしょうらい》のはなしに基づくものである。

たった一枚のおふだに対して何百人という争奪者が来たというはなしで、九鬼家としては迷惑だったろうとは思う。

［参考文献］柳田國男「江戸の松飾」（『民間伝承』八巻十号）

靴を探す女の子［くつをさがすおんなのこ］

「靴がなくなっちゃった、一緒にさがして」と頼んで来るという小さな女の子。正体は事故で亡くなった少女の霊で、靴はそのときに失くしたものなのだと語られることが多い。

『ヒェーッ！　幽霊・怪奇現象スペシャル』では、東京都での体験談として語られる。いくら探しても見つからなかったが、公園の砂場の中から赤い靴が出て来る。その赤い色が血であると気づいておどろき、靴を投げた途端、女の子も消えていたなどと語られる。

［参考文献］恐い話研究会『ヒェーッ！　幽霊・怪奇現象スペシャル』

櫟の大木［くぬぎのたいぼく］

東京都大田区馬込《まごめ》にあった大きな木で、切ったりすると血を出すといわれており、長いあいだ誰も切ろうとする者はいなかったという。

［参考文献］大田区教育委員会『口承文芸（昔話・世間話・伝説）』

首を斬る音［くびをきるおと］

タオルを振り下ろすときに鳴る音は、首を斬る音に似ているので良くない。（『府中の口伝え集』）

東京都府中市などでいわれているもの

で、そういう音を立てるのは縁起が悪いといった意味合いのもの。この例ではタオルとなっているが、手拭《てぬぐい》や洗濯物などに対して、「首を斬る音」や「人を斬る音」に似ているので縁起が悪いとする言いまわしは各地に広くみられるようである。

［参考文献］府中市立郷土館『府中の口伝え集』

車坂の幽霊［くるまざかのゆうれい］

東京都大田区池上の車坂に出たという。車道に女のひとが立っていたといい、ブレーキをかけて止まると消えてしまっていたという。昭和五〇年代に起こったはなしだと語られている。

［参考文献］大田区教育委員会『口承文芸（昔話・世間話・伝説）』

久留米屋敷のお化け［くるめやしきのおばけ］

江戸の久留米《くるめ》藩の屋敷には夜な夜なおそろしい妖怪が現われて悪さをするといわれていた。

松浦静山《まつらせいざん》『甲子夜話三篇《かっしやわさんぺん》』（巻七十四）にみられる。この妖怪は犬にだけはどうしても弱いらしく、その場に犬が居さえすれば何もしてこない。そのため、屋敷では常に犬を欠かさず置いて見廻らせているのだという噂が町の人々のあいだで語られていたという。

静山は、数代前の当主が犬を好んでおり、屋敷で多数の犬を飼育していたことから噂が勝手に生まれたという過程を記載している。

［参考文献］松浦静山、中村幸彦・中野三敏（校訂）『甲子夜話三篇』六

黒髪切［くろかみきり］

髪切を目的とした、人間の髪をばっさり切ってしまうふしぎなもの。体は真っ黒いビロードのような毛並みでおおわれていたという。

『中外新聞《ちゅうがいしんぶん》』（十六号）にみられ、慶応四年（一八六八）四月二〇日に、江戸の小川町（東京都千代田区）の歩兵屯所で、奉公している娘が夜に便所に行こうとしたところ、これに遭遇して髪を切られてしまったという。歌川芳藤《うたがわよしふじ》『髪切《かみきり》の奇談《きだん》』という錦絵も売り出されている。（『今昔妖怪大鑑』）

維新寸前のこの時期には噂が錦絵として販売されるようなことが多かったようで**鬼娘**のはなしの錦絵なども数種売り出されている。『髪切の奇談』では歩兵屯所ということを憚《はばか》ったのか「番町《ばんちょう》辺のさる御屋敷」と塡詞《かきいれ》でぼやかしているが、絵にだんぶくろ（洋装）の武士も描かれており、それを暗に示していたようである。

髪切をされたと語られているものの、切った存在が何であるかは正体不明で語られておらず、特に髪切とも呼ばれていないため名称もはっきりしない。その毛色の描写から、個別に取り扱われる際には「黒髪切」とも呼ばれている。

［参考文献］湯本豪一『今昔妖怪大鑑』

黒坊主［くろぼうず］

真っ黒い坊主すがたの妖怪で、眠っているひとの顔をべろべろとなめて来たりしたという。とても生臭かったとも語られる。『郵便報知新聞《ゆうびんほうちしんぶん》』（明治八年五月九日）にみられ、東京の神田福田町（東京都千代田区）の大工の家に出現したという。

小新聞《こしんぶん》（口語体《こうごたい》や挿絵を用いた庶民向けの新聞）が創刊される少し前に一時期流行した新聞錦絵《しんぶんにしきえ》の一枚として、月岡芳年《つきおかよしとし》がこの記事をもとに描いたものを錦昇堂《きんしょうどう》が売り出しており、この錦絵が存在していたことによって、黒坊主の存在は大正時代以後この記事とは切り離された画像妖怪として紹介（『明治性的珍聞史』中、『現代読本臨時増刊 特集 妖奇実話』）されることで、むしろ広く知られつづけることになった。

［参考文献］湯本豪一『明治期怪異妖怪記事資料集成』、千葉市美術館『文明開化の錦絵新聞』、湯本豪一『今昔妖怪大鑑』、梅原北明『明治性的珍聞史』中、『現代読本臨時増刊 特集 妖奇実話』

黒マント［くろまんと］

黒いマントを羽織っているふしぎな存在。夕方遅くまで遊び歩いている子供を、マントにくるんでさらってしまったりするといわれていた。（「ムラの化けもの都市の化けもの―闇の語り手たち―」）

東京都などで語られていたもの。昭和二〇年（一九四五）生まれのひとが子供のころにいわれていたというはなしがみられるので、昭和三〇年代前半あたりでも、まだまだ語られていたことがうかがえる。昭和初期から語られていた「赤マント」と類似してくる存在ではある。

「赤マント」は、このような人さらいのような立ち位置から、時代と共に便所などで問いかけをして来る「赤いちゃんちゃんこ」などのようなはなしに変わってゆくが、そこで対句として登場しているのは「赤マント・青マント」（「学校の怪談に見る童うた的発想について」）で、黒マントという語はみられないことが多い。

［参考文献］米屋陽一「ムラの化けもの都市の化けもの―闇の語り手たち―」（『民話の手帳』四十一号）、松谷みよ子「学校の怪談に見る童うた的発想について」（『民話の手帖』三十三号）

けっけ

お産のときに生まれたりするというもの。東京都中野区などでいわれる。**血塊**《けっかい》と同じもの。

［参考文献］中野区教育委員会『続 中野区の昔話・伝説・世間話』

外法［げほう］

呪術に用いられる人間の髑髏《どくろ》で、かたちの大きいものほど効力があるといわれる。「外法頭《げほうがしら》」とも。

加藤曳尾庵《かとうえびあん》『我衣《わがころも》』（巻六）には、寛政ごろに江戸の深川《ふかがわ》仲町（東京都江東区）のある巫女《みこ》が使っていた外法のひとつが逃げ出したはなしが載っている。巫女のもとで使

われている苦しさから、錦の袋に詰められたまま逃亡した外法は、関口雄斎《せきぐちゆうさい》という日《ひ》置《おき》流の弓の名手に「ひろってくれ」と声をかけ、夜明けが来るまでに五色の糸を眼に通して埋葬してくれるよう頼んだが、赤い色の糸の都合がつかず、結局巫女の使いの者が来て取り戻されてしまった。

外法が「夜明けまでに」と急いだのは、朝になると他の外法たちが目を覚まし、巫女に知らせてしまうからだ、と外法自身が語っている。

夜明け間際になってもどうしても見つからない赤い色の糸を、「子供の着物から抜いて使おう」と提案した雄斎に向かって「そんなしゃれこうべのためになんで吾《わ》が子の着物を」と反対し、巫女の使者に外法を渡してしまった妻は、翌年に起きた津波でその子供とともに逃げ場を失って、亡くなったという。

［参考文献］『日本庶民生活史料集成』第十五巻・都市風俗

源兵衛堀の河童［げんべえぼりのかっぱ］

江戸（東京都）で**河童**が語られる際によく使われていた呼ばれ方。かるたなどでも頻繁に用いられている。源兵衛堀の所在地は、本所《ほんじょ》（東京都墨田区）とも葛西《かさい》（東京都江戸川区）とも冠されておりはっきりしない。「げんべ堀」とも発音される。

弁慶《べんけい》堀（東京都千代田区）にも河童のはなしはあり、源兵衛堀と弁慶堀の両河童は混用され気味でもある。

［参考文献］別冊太陽『日本の妖怪』、今泉みね『名ごりの夢 蘭医桂川家に生れて』

高安寺の小坊主［こうあんじのこぼうず］

東京都府中市の高安寺にいたというふしぎな小坊主で、正体は**狐**だったという。

いつも知らない間に風呂からあがっており、いつ入っているのかも知れなかった。ふしぎに思った和尚が監視していると、小坊主には狐のしっぽが生えており、お湯をぽちょぽちょとかきまわして風呂に入ったような音をさせていた。後日、「狐ということが知れてしまっては、寺にはおれません」と告げ、小坊主はいなくなってしまったという。（『府中の口伝え集』）

建長寺の僧に化けた**狸**にもみられるように、お湯にしっぽをつけて湯を鳴らして入浴をしているかのように見せかけるくだりは、狐や狸のはなしに多くみられる展開である。お湯の中に直接からだを入れることを狐狸《こり》は好まないようである。

［参考文献］府中市立郷土館『府中の口伝え集』

荒神様のおむすび［こうじんさまのおむすび］

大晦日に、囲炉裏《いろり》の灰の中に埋めるというおむすび。かたちの良いものを埋めるほど綺麗《きれい》な器量《きりょう》の子供を授かるとされる。

東京都武蔵野市などに伝わる。**鬼の供養**などは同種の大晦日の行事。

［参考文献］東京都教育委員会『東京の民俗』五

庚申様の魔物［こうしんさまのまもの］

東京都多摩市連光寺にある庚申塔《こうしんとう》の中にいるとされた**魔物**。漠然としたものだが、**狐**や**狸**のようなものだともいわれる。

この前で転んだりすると、必ず足を悪くしてしまうなどと語られていたという。

［参考文献］『多摩市の民俗（口承文芸）』

庚申さんの木［こうしんさんのき］

東京都の田園調布（大田区）にある庚申さんのところに生えている木で、この木に触ると死ぬといわれていた。

［参考文献］大田区教育委員会『口承文芸（昔話・世間話・伝説）』

声のする火の玉［こえのするひのたま］

火の玉が動いているかと思うと、がやがやと人々がしゃべっているような話し声が聴こえたという。（『多摩市の民俗（口承文芸）』）

東京都多摩市落合に伝わる。話し声がしたなどの要素は、神奈川県の**多勢《おおぜい》の行列**なども近い例である。

［参考文献］『多摩市の民俗（口承文芸）』

こがら山の狢［こがらやまのむじな］

東京都町田市下小山田町《しもおやまだまち》にある「こがら山」と呼ばれる山にたくさんいたという**狢**たち。

夜や早朝になると「おーい、おーい」と人間そっくりな声でひとを呼んで騙《だま》しては遊んでいたりしたという。

こがら山には、実際に狢の巣穴が多くあったという。

［参考文献］町田市文化財保護審議会『町田市の民話と伝承』第二集

小笹姫［こざさひめ］

東京都新宿区西新宿の十二社《じゅうにそう》の弁天池に伝わる。付近一帯を支配していた中野長者《なかのちょうじゃ》の娘だったが、長者が自身の所有する宝物をまもるために、むやみに召使いたちを殺した怨《うら》みを受けて、婚礼の日に池に飛び込み、竜蛇《りゅうだ》のすがたになってしまったなどと語られている。

小笹姫がすがたを消した場所は「姿見《すがたみ》ずの橋」と呼ばれ、嫁入り行列などは通過するのが忌《い》まれていた。

［参考文献］武田静澄・安西篤子『東京の伝説』、中野区教育委員会『続 中野区の昔話・伝説・世間話』

国会議事堂の幽霊［こっかいぎじどうのゆうれい］

国会議事堂（東京都千代田区）に出るという幽霊。国会議事堂の立入禁止になっている八階には「あかずの間」があり、そこから女の泣き声がすると語られる。

国会議員やその関係者、記者などの耳にした「国会議事堂にはこんな怪談がある……」といった文脈で語られてもいるはなしだが、実際に語り継がれていたようなものなのかは未詳。

はなしのなかでは、八階のホールでは社交ダンスの練習が行われており、そこで仲良くなったある男女がやがて破局、女のほうがそこから落ちて死に、その幽霊が出るようになったとされている。ただし、語られる時々によって時代が戦前・戦後、ダンスをしていたのが議員・事務員などこまかい部分に違いがみられる。新倉《にいくら》イワオ『日本列島心霊怪奇スポット』では、戦後・事務員の組み合わせで語られている。

［参考文献］新倉イワオ『日本列島心霊怪奇スポット』

五本欅［ごほんけやき］

東京都板橋区上板橋に生えている大きな五本の欅の木。俗に、切ろうとしたときにたたりがあったので、切ることが忌《い》まれているなどと語られている。

もともと川越街道《かわごえかいどう》の道路拡張に際して、この木々を残すことを条件に用地が提供されたのが木の残されているいわれだそうで、古くは「がっからけやき」と呼ばれて親しまれていたようである。昭和四四、五年（一九六九、一九七〇）に排気ガスの影響などで五本のうちの二本が相次いで枯れてしまったが、「五本ないのに五本欅では変だ」ということで篤志家《とくしか》の寄付で欅の木が提供され、再び五本になったという。

「がっから」は「がっかり」の意味で、この道が長いだらだら坂だったことから東京の市場へ行き来する農家の荷車たちが言い始めた呼び名（『わが街 いまむかし 板橋区制五十周年記念誌』）だという。つまり、現代の自動車の運転手たちなどに語られる噂とはやや乖離《かいり》もあるわけだが、道路の中に残す（切ってはいけない）ことに変わりはない木たちではある。

［参考文献］『わが街 いまむかし 板橋区制五十周年記念誌』

金神様の欅の木［こんじんさまのけやきのき］

ある農家の家の地所《じしょ》に金神様が住んでいるとされていた大きい欅の木があった。切れば「七代祟《たた》る」といわれていたが、あるときこれを切ってしまった。するとばたばたと不幸がたてつづいたという。

東京都大田区矢口などで語られる。金神は暦などでいわれる神で、その方角をおかすとたたりが強いとされる。

［参考文献］大田区教育委員会『口承文芸（昔話・世間話・伝説）』

【さ】

罪人の首［ざいにんのくび］

打首獄門《うちくびごくもん》の刑に処された罪人たちの首が霊となって出るというもの。

江戸の刑場として知られる鈴ヶ森《すずがもり》（東京都品川区）や小塚原《こづかはら》（東京都荒川区南千住）などでは、この手の幽霊が出るという噂が古くからみられる。

『怪談皿屋敷実記《かいだんさらやしきじっき》』などでは、粂平内《くめのへいない》（辻斬りとして名高い）を、盗賊改《とうぞくあらため》だった青山《あおやま》主膳《しゅぜん》の屋敷に勤める首斬り役人であったと設定しており、臨終に際してこれまで打ち落とした数多《あまた》の首の怨霊におびやかされて狂死したと語っている。これなどは、首斬り役人についてのこわいはなしとして一般に認識されていたイメージを物語に応用した例であろう。

［参考文献］『今古実録 怪談皿屋敷実記』

塞の神［さえのかみ］

東京都鶴川村（現・町田市）などでは、**疫病神**のような立ち位置で語られてもおり、一年間に疫病を与える人々を帳面に記しているとされる。小正月の「とんど焼き」のときに、塞の神の家を燃やすのは、この帳面を燃やすためだと語られている。

［参考文献］草川隆「鶴川村の年中行事」（『西郊民俗』二号）

佐野松の狸［さのまつのたぬき］

江戸の吉原《よしわら》（東京都台東区）にあった佐野松という店にやって来た遊客《ゆうかく》に、**狸**の化けたお客がいたというもの。夜ふけになって眠っているあいだに、もとの大きな狸のすがたに戻ってしまったようで、店中が大騒ぎとなった。

狸は窓から跳び逃げてしまったそうだが、店の者が「大変だ」と調べてみたところ、すでに狸の支払っていたお金は葉っぱではなく正真のお金だったという。

［参考文献］石塚豊芥子、鈴木棠三（校訂）『街談文々集要』

鹿肉祟［しかにくのたたり］

お伊勢《いせ》参りの道中で鹿の肉を食べて帰った男が、江戸（東京都）に戻って来た途端ごはんを食べなくなり、ごみ捨て場にいる虫などをほじくり出して食べはじめ、ついには鼠《ねずみ》や動物の死骸などを野獣のようにむしゃむしゃ食べるようになってしまったというもの。

『新著聞集《しんちょもんじゅう》』（巻九）にみられる。精進《しょうじん》の考え方に基づくはなしとみられるが、なかなか異食の描写がこまかい。

［参考文献］『日本随筆大成』二期五

式部平内［しきぶへいない］

茶碗の水の中に映っていたというふしぎな若衆《わかしゅ》。

江戸の中川《なかがわ》佐渡守《さどのかみ》に仕えていた関内《せきない》という男が、本郷白山（東京都文京区）の茶店《ちゃみせ》で水をもらって飲んでいたところ、茶碗の中に美しい若衆の顔が映っていた。水を捨ててもう一杯もらってもそれは映っていたので、ふしぎに思いつつそのまま飲んだ。その夜、水に映っていた顔の若衆が関内を訪ねて来たので、ひとではないあやしいものだと思い斬ったところ、逃げてすがたを消したという。

『新著聞集《しんちょもんじゅう》』（巻十）にみられる。その後、平内の使いだという三人（松岡平蔵《まつおかへいぞう》・岡村《おかむら》平六《へいろく》・土橋久蔵《つちばしきゅうぞう》）が訪ねて来て、関内に思いを寄せて現われた平内をなぜに傷つけたのか、傷を湯治《とうじ》で癒し次第うらみをなすべしと抗議して来たので、これも脇差《わきざし》で斬りつけたところ同様に消え、その後はもう現れることもなかったという。

小泉八雲《こいずみやくも》『怪談』の「茶碗の中」は、このはなしをもとに脚色したもので、原文の結末「後又も来《きた》らず」を廃して、このはなしにはつづきもあったが失われてしまったと改作している。

［参考文献］『日本随筆大成』二期五、小泉八雲、平川祐弘（編）『怪談・奇談』

神護寺の山［じごじのやま］

武蔵国《むさしのくに》八王子（東京都八王子市）の神護寺の山には北条家の城があったと伝えられており、敬順《けいじゅん》『十方庵遊歴雑記《じっぽうあんゆうれきざっき》』（初編）には、城が落ちた六月一五日になると山が震動したり、武者すがたの亡霊が出て歩いたりするといい、村人たちは山に入らないと記されている。

［参考文献］江戸叢書刊行会『江戸叢書』巻の三

死神そっくりの者［しにがみそっくりのもの］

絵に描かれる黒い衣に身を包んで大鎌をかついだ**死神**そのものみたいなすがたをしたふしぎな存在。

事故現場でこれを見たというはなしがみられ、事故で亡くなったひとの首を小脇にかかえて、どこかに消え去ったなどと語られる。持ち去る首というのは肉体のものではなく、霊の首のようである。『関東近郊幽霊デートコースマップ』では、白金トンネル（東京都港区）でこれを見たというはなしなどが書かれている。

［参考文献］幽霊探検隊『関東近郊　幽霊デートコースマップ』

篠崎狐［しのざきぎつね］

武蔵国《むさしのくに》篠崎村（東京都江戸川区）にいたという**狐**たち。度々《たびたび》いたずらをしていたという。

『梅翁随筆《ばいおうずいひつ》』（巻五）にみられる。眠っていたこの狐たちを大声で驚かした商人が、仕返しをされるはなしが書かれている。商人が知り合いの家に行くと、そこの内儀《おかみ》さんが亡くなっており、留守番を頼まれる。そこへ幽霊になった内儀さんがやって来て襲いかかってくるのだが、知り合いの家に入った時点からのこと全てが狐の見せていた幻だったという。

　この化かし方は、昔話で法印《ほういん》や山伏《やまぶし》が化かされてしまうはなしとしても広く存在する手口である。

［参考文献］『日本随筆大成』二期十一

不忍池の主［しのばずのいけのぬし］

　不忍池（東京都台東区）のぬし。大きな蛇あるいは鯉《こい》だとされる。
　上野の池之端《いけのはた》にあった「錦袋円《きんたいえん》」という薬屋の娘が、池のぬしに見込まれて水の中に入ってしまったというはなしも伝わっており、重箱に詰めた強飯《こわめし》を娘が消えてしまった日に池に浮かべて供えていたと語られている。（『続 中野区の昔話・伝説・世間話』）
　薬屋の名称は、「宝丹《ほうたん》」（『藤沢の民話』一）と語られている例も見られる。
［参考文献］中野区教育委員会『続 中野区の昔話・伝説・世間話』、藤沢市教育文化研究所『藤沢の民話』一

十二社のお化け［じゅうにそうのおばけ］

　東京都新宿区西新宿にあった十二社《じゅうにそう》の滝《たき》のあたりには「おばけが出る」という噂が大正時代ごろまであったという。（『続 中野区の昔話・伝説・世間話』）
　十二社の滝や弁天池《べんてんいけ》は花街を伴《ともな》った名所だったが、淀橋《よどばし》浄水場の設置や昭和四〇年代の副都心再開発によってすがたを完全に消してしまった。十二社には**小笹姫《こざさひめ》**のはなしも存在する。
［参考文献］中野区教育委員会『続 中野区の昔話・伝説・世間話』

首相官邸の幽霊［しゅしょうかんていのゆうれい］

　首相官邸（東京都千代田区）に出ると噂されていた幽霊。幽霊が出たのを見た、というはなし以外にも、犬がけたたましく吠《ほ》える声がした、風呂の水を何時間汲《く》んでも水位が途中から増えなかった、政局に変事があると煙突の煙が風もないのに低く流れた、などの噂があったと語られる。（『土佐奇談実話集』、「首相官邸を巡る怪談」）

　この首相官邸は、昭和四年（一九二九）に建てられたもので、平成一四年（二〇〇二）には新しい官邸が完成したことを受けて平成一七年（二〇〇五）に移築改修され、現在は首相公邸として利用されている。そのため厳密にいえば「首相公邸（旧・首相官邸）の幽霊」と記載するのが正しいか。旧・首相公邸にも幽霊が出るという噂もあり、新官邸・旧官邸・新公邸・旧公邸の組み合わせについては、やや混乱もみられる。

平成二五年（二〇一三）、参議院で提出された加賀谷健《かがやけん》の「総理大臣公邸に関する質問主意書」のなかに「七　旧総理大臣官邸である総理大臣公邸には、二・二六事件等の幽霊が出るとの噂があるが、それは事実か。安倍総理が公邸に引っ越さないのはそのためか」という質問が含まれていたため、話題になったりもした。

お化け蘇鉄《そてつ》も参照。

〔参考文献〕小島徳治『土佐奇談実話集』、入江一海「首相官邸を巡る怪談」（『現代読本臨時増刊　特集　妖奇実話』）、参議院「第一八三回国会（常会）総理大臣公邸に関する質問主意書　提出番号一〇一」

城家の団子婆〔じょうけのだんごばば〕

江戸の番町《ばんちょう》（東京都千代田区）に住んでいた旗本の城孫三郎《じょうまごさぶろう》の屋敷に出たというふしぎな老婆で、月見団子をつくっていると、全く見知らぬ老婆もそれに加わって団子をまるめていたという。

何者とも知れないことを奇妙に思い、家から追い出すと、台所ではまた老婆が団子をまるめていた。また、外へ連れ出そうとして腕を引っぱってみると、その腕がどこまでもするするすると延びたりしたという。このことがあってから、城家では月見団子をつくるのを止めたところ、この老婆は出なくなった。

『やまと新聞』に連載されていた「番町七不思議」の連載の四つめ（明治二〇年四月三〇日）として掲載されている。水野年方《みずのとしかた》による挿絵には、使用人たちに腕を引っぱられても涼しい顔をして座っている団子婆が描かれている。

〔参考文献〕湯本豪一『明治期怪異妖怪記事資料集成』

小便狐〔しょうべんぎつね〕

舟などで橋の下を通ると、上から何者かが小便をかけて来るといったもの。橋を見上げても人影は全くなく、**狐**の仕業《しわざ》だといわれていた。

江戸の深川十万坪（東京都江東区）などの近くにある橋の下を、釣りをして帰って来た舟が通りかかると、橋の上から小便をかける者がいた。怒って舟を岸につけて橋の上に行くと誰もいない。舟に戻るとまた橋の上に何者かがいて小便をする。これを何度か繰り返すうちに、釣った魚がいなくなっていたという。

釣人《つりびと》のはなしは、津村正恭《つむらまさやす》『譚海《たんかい》』（巻九）にみられるもので、魚を奪うため、狐がやっていると語られていたことを書き留めている。釣った魚には唾をかけておくと狐に盗《と》られることはない、というおまじないも文末に書き添えられており、狐対策の俗信の一端を確認することもできる。

〔参考文献〕津村正恭『譚海』

女子高生とお婆さん〔じょしこうせいとおばあさん〕

東京都八王子市北野町で語られる。北野神社に夜になるとときどき現われるという、女子高生とお婆さんのふたりづれ。ひとに声をかけて来たりするが、決して顔を見てはいけないという。顔を見てしまうと

取り憑《つ》かれるなどと語られている。

〔参考文献〕幽霊探検隊『関東近郊 幽霊デートコースマップ』

女郎の森の桜〔じょろうのもりのさくら〕

東京都町田市の「女郎の森」と呼ばれる森に生えているという桜。切ると血が流れるといい、怖がられていた。むかしこの森の小屋に、山伏《やまぶし》に身請《みう》けされた女郎が暮らしており、その女郎の埋められた上に桜が生えていると語られていたという。

〔参考文献〕町田市文化財保護審議会『町田市の民話と伝承』第二集

白い馬の鎧武者〔しろいうまのよろいむしゃ〕

東京都町田市玉川学園に伝わる。七月七日の夜、小雨が降っていると、芝生の丘（玉川学園駅の東あたりにある丘の古い名）に向かって、白い馬に乗った鎧武者が音を立てながら駆け上がったりするすがたが見られたという。これをみると病気になるといわれる。

〔参考文献〕町田市文化財保護審議会『町田市の民話と伝承』第二集

人面犬〔じんめんいぬ〕

ひとの顔のような子犬。

文化七年（一八一〇）六月八日、江戸の田所町《たどころちょう》（東京都中央区）の紺屋さんの裏で、二、三匹の人面犬が生まれて、母犬にお乳をもらっているのが見られ、やがて噂を耳にした興行師に買われた。その人面犬たちは両国《りょうごく》で見世物《みせもの》に出され、大きく評判になったという。

石塚豊芥子《いしづかほうかいし》『街談文々集要《がいだんぶんぶんしゅうよう》』（巻七）による記録によれば、見世物に出ていたのはわずか数日のみで、ほどなく死んでしまったそうである。

〔参考文献〕石塚豊芥子、鈴木棠三（校訂）『街談文々集要』

水天宮と金毘羅〔すいてんぐうとこんぴら〕

江戸（東京都）の町人たちにいわれていた天気に関するふしぎで、それぞれの縁日《えんにち》に関して言ったもの。水天宮《すいてんぐう》が晴れれば金《こん》毘羅《ぴら》が雨になり、金毘羅が晴れれば水天宮は雨が降るといわれていた。（『一目小僧その他』）

特別な日の天気が真逆になるふしぎは、各地でも色々いわれており、神仏の仲が良い悪いことなどが言及される例もある。例えば、埼玉県深谷《ふかや》市では後榛沢《うしろはんざわ》と本榛沢《もとはんざわ》の神様はそれぞれ反目しあっており、片方の秋祭りが雨だともう一方が晴れたりしたという。（『岡部町後榛沢の予兆・民間療法・禁忌』）

〔参考文献〕柳田國男「橋姫」（『一目小僧その他』）、山崎泰彦「岡部町後榛沢の予兆・民間療法・禁忌」（『埼玉民俗』十号）

水盤の慈姑〔すいばんのくわい〕

水盤に入れて鑑賞する植物には慈姑《くわい》を用いることは避《さ》けられていた。「慈姑を植えると、老人の精気を吸い取ってしまう」といわれていたからだという。東京都などでいう。

〔参考文献〕内田邦彦「家筋と作物禁忌」(『郷土研究』四巻一号)

瑞林寺の怪物〔ずいりんじのかいぶつ〕

江戸谷中《やなか》(東京都台東区)瑞林寺に落ちて来たというふしぎな獣。頭と二本の前足、胴、しっぽというかたちをしており、五尺(約一・五メートル)ぐらいの長さだったという。

天保四年(一八三三)八月一日の大嵐に、これが落ちて来たということを記した絵入りの情報が、『献英楼《けんえいろう》画《が》叢拾遺《そうしゅうい》』(八十四、八集三)などをはじめ、写本に残されている。二匹描かれており、片方は頭としっぽの先に毛があるなど、多少特徴に差異がある。

〔参考文献〕湯本豪一『日本の幻獣図譜』、Alain Briot『Monstres et prodiges dans le Japon d'Edo』

すごく綺麗な女の人〔すごくきれいなおんなのひと〕

雑司ヶ谷《ぞうしがや》霊園(東京都豊島区)に出ると語られているもので、幽霊だなどといわれている。

夜にお墓のすぐ近くを通っていると木の下にすごく綺麗な女の人がたったひとりでたたずんでいるという。気になって通り過ぎてからまた振り返ってみると、忽然《こつぜん》と消えており、あたりを探してもそれらしい人影は全くなかったなどと語られる。

〔参考文献〕幽霊探検隊『関東近郊 幽霊デートコースマップ』

素晴らしい道〔すばらしいみち〕

夜道を歩いていると、見たこともない素晴らしい道が四方八方に延びていて、どっちに進んでいいのかわからなくなってしまったりする。**狐**などが見せて化かしていたものとして語られる。

東京都町田市で語られているはなしでは、「こっちの道かな」と足を出した途端に道がなくなってしまい、歩くことができなくなったりしたという。

〔参考文献〕町田市文化財保護審議会『町田市の民話と伝承』第二集

スピーカーの悲鳴〔すぴーかーのひめい〕

放課後の音楽を流していた学校の校内スピーカーから、一瞬だけ関係のない変な悲鳴やサイレンのようなものが聴こえたというもの。その日は第二次世界大戦末期に空襲があった日だったなどと語られる。

東京都の学校でのはなしとして語られている。

[参考文献]『ビビる！　都市伝説&怪談スペシャル』

隅田川の主［すみだがわのぬし］

隅田川（東京都）にいるといわれていたぬしで、とても大きな鯉《こい》だという。

石塚豊芥子《いしづかほうかいし》『多話戯草《たわけぐさ》』には、隅田川の鐘《かね》が淵《ふち》あたりに雌と雄の大緋鯉《ひごい》がおり、それがぬしとされていたと記している。

[参考文献]石塚豊芥子、鈴木棠三（校訂）『街談文々集要』

千駄ヶ谷トンネルの幽霊［せんだがやとんねるのゆうれい］

東京都渋谷区の千駄ヶ谷トンネルに出ると語られている幽霊。自動車で走っていたら幽霊がトンネル内に立っていたとか、逆さまに天井からぶらさがって現われたりしたなどといわれる。

墓地があった場所に無理矢理つくったので幽霊が出る（『東京都市伝説』）などのはなしもセットとして語られることが多い。

[参考文献]めるTV『東京都市伝説』

袖引幽霊［そでひきゆうれい］

人間の袖《そで》を引っぱって来るという幽霊。『新著聞集《しんちょもんじゅう》』（巻十）には、江戸柳原《やなぎはら》（東京都千代田区）の酒屋市兵衛《いちべえ》の女房が死後に幽霊になって現われ、店で働いていた女の袖を引っぱって気絶させたりしたはなしがみられる。引っぱられた袖はちぎられており、確かめてみるとその女房のお墓にその袖がひっかかっていたという。

[参考文献]『日本随筆大成』二期五

そろりころり

馬が人間のことばをしゃべって告げたという予言のなかに登場したふしぎな病気の名。南天《なんてん》と梅干しを煎《せん》じたものを飲めばこれをまぬがれることができると馬が語ったという噂が江戸に広まり、梅干しの値段が二〇倍から三〇倍にもなったと語られる。

元禄六年（一六九三）、江戸で出回った噂で、実際はそんな馬はおらず、流言《りゅうげん》を撒《ま》き梅干しでボロ儲けをした犯人として神田須田町（東京都千代田区）の八百屋惣右衛《やおやそうえ》門《もん》と浪人の筑紫団右衛門《つくしだんえもん》が町奉行能勢《のせ》出雲《いずもの》守頼相《かみよりすけ》に摘発された。馬が人間のことばをしゃべったという設定は、落語家の鹿野武《しかのぶ》左衛門《ざえもん》の噺本《はなしぼん》がもとになったとされ、何も関係のなかった武左衛門も処罰されてしまった。

[参考文献]関根黙庵『講談落語今昔譚』、宮尾しげを・木村仙秀『江戸庶民の風俗誌』

だいだらぼっち

とても大きな巨人。「大太法師」、「大多法師」などと字をあてても書かれる。

東京都大田区の久ヶ原《くがはら》にある貝塚は、大むかし「だいだらぼっち」という大きくて手が長い人々が住んでいて、その食べ殻《がら》が捨てられていたものと語られている。海の貝を毎日探して採っていたので手が長かったという。また洗足池《せんぞく》は、おしっこをした跡ともいわれる。（『口承文芸（昔話・世間話・伝説）』）

東京都青梅市の大幡《おおはた》神社にある「手洗《てあらい》石《いし》」にある指のような跡は、だいだらぼっちによるものとも語られている。（『青梅市の民俗』）

久ヶ原のだいだらぼっちの手の特徴は、茨城県の大串《おおくし》の**だいだらぼう**より濃く「手《て》長足長《ながあしなが》」に近い要素が入っている。同様な巨人は関東地方で「あまんじゃく」（天邪鬼《あまのじゃく》）などとも呼ばれる。

「だいだらぼっち」のような巨人を画題にして、いろいろな場面を描いた絵巻物が描かれていたことが、山崎美成《やまざきよししげ》『海録《かいろく》』（巻十二）にみられる。美成が所持していた作品は『大多法師画巻』という外題で、舟ごと大魚に呑まれてしまった人々が、その大魚を捕って料理した「だいだらぼっち」に見つかるといった内容が描かれていたという。

同様の展開をもつ物語は黒本の時代の版《はん》本《ぼん》にも見られ、『五《ご》たいそう』（**ぎょうさん王**が巨大魚になった鮎《あゆ》を食べようとして見つける）や、それを参考したとみられる七《しっ》珍万宝《ちんまんぽう》『五体惣〆是程《ごたいそうしめてこれほど》』（**だいだ法師**が鯤《こん》という大魚を食べようとして見つける）などにも確認できる。

［参考文献］大田区教育委員会『口承文芸（昔話・世間話・伝説）』、『青梅市の民俗』、谷川磐雄『民俗叢話』、山崎美成『海録』、『五たいそう』（『ほんほに五体惣』）、七珍万宝『五体惣〆是程』

大徳寺の僧 ［だいとくじのそう］

大徳寺（京都府京都市）の僧であるという触れ込みで村や宿場《しゅくば》にやって来た僧侶の正体が**狸**や**狢**《むじな》であったというはなし。

敬順《けいじゅん》『十方庵遊歴雑記《じっぽうあんゆうれきざっき》』（四編）には、武蔵国《むさしのくに》の国分寺村（東京都国分寺市）の名主だった儀兵衛の家に、狸がこれに化けて逗留《とうりゅう》し、真《しん》・行《ぎょう》・草《そう》と書体をいろいろにつかって揮毫《きごう》した書を残したといったはなしが載っている。この狸は犬に正体が見破られてしまい、喰い殺されてしまったという。

関東広域で語られる**建長寺の僧**は同じ手法を用いているはなし。

［参考文献］江戸叢書刊行会『江戸叢書』巻の六

第六天の木［だいろくてんのき］

第六天《だいろくてん》（波旬《はじゅん》あるいは蔵王権現《ざおうごんげん》などであるといわれる）が宿っているとされている大きな木で、切ったりするとたたりがあるといわれていた。

東京都では、豊多摩郡のあたりにこのようにいわれている木があったという。

［参考文献］綿貫福三「問答」答（十一）（『土俗と伝説』一巻二号）

高尾山の天狗［たかおさんのてんぐ］

高尾山（東京都）に住んでいるとされる**天狗**たちで、山に祀《まつ》られている「飯綱権現《いづなごんげん》」の使い。

俗に、人間に決して悪さなどはしない気品の高い天狗たちであるといわれており、にょきにょき張り出して山道の邪魔をしていた杉の大木（蛸杉《たこすぎ》）の根を押し上げたりしたのもこの天狗たちである（『武蔵野の民話と伝説』）などと語られている。

［参考文献］知切光歳『天狗の研究』、原田重久『武蔵野の民話と伝説』

タクシー幽霊［たくしーゆうれい］

タクシーの運転手たちのあいだでよく語られていたというはなし。

タクシーに女のお客が乗って来るが、いつの間にか座席からすがたを消していたり、跡が水でびしょびしょに濡《ぬ》れたりしていたという。

青山《あおやま》墓地（東京都港区）のはなしとしてよく語られる。「乗っていたのは亡くなった誰々です」などと、タクシーを停めた近くの家のひとや関係者が出て来る展開もあったりするが、この青山墓地の近くで幽霊がお客として乗ったはなしの存在は昭和初期にも確認できる。（『物語日本猟奇史』）

［参考文献］富岡直方『物語日本猟奇史』明治時代篇、幽霊探検隊『関東近郊　幽霊デートコースマップ』

澤蔵司［たくぞうす］

江戸小石川《こいしかわ》（東京都文京区）の伝通院《でんづういん》に住んでいた**狐**。僧のすがたになり勉学に励んでいたが、あるとき熟睡してしまい、しっぽを出していたところを見られてしまい、正体が狐であることを知られてしまったという。

「澤蔵司稲荷《いなり》」として祀《まつ》られている。菊岡《きくおか》沾涼《せんりょう》『諸国里人談《しょこくりじんだん》』（巻五）や『澤蔵主稲荷《たくぞうすいなり》大明神略縁起《だいみょうじんりゃくえんぎ》』では、伝通院に正誉《しょうよ》上人がやって来たころに現われた（『狐付きと狐落とし』）と語られている。『諸国里人談』では「伯蔵主《はくぞうす》」と呼ばれており、以前は下総《しもうさ》国《くに》飯沼（茨城県）の弘経寺《ぐぎょうじ》にいたという履歴で語られている。

敬順《けいじゅん》『十方庵遊歴雑記《じっぽうあんゆうれきざっき》』（初編）には、伝通院の憲澄《けんちょう》（鬼憲澄《おにけんちょう》の異名で知られた）が「狐は霊獣で火伏《ひぶせ》の力があるというのに、寺が火災になったのはどういうことだ、澤蔵司の祠《ほこら》など境内から無くしてしまえ」と言ったところ、澤蔵司が夢枕《ゆめまくら》に立って詫《わ》び

たはなしや、蕎麦《そば》が大好物で、僧のすがたで寺に混じっていたころにしばしば蕎麦を食べていたというはなしなどが載っている。

［参考文献］菊岡沾涼『諸国里人談』、中村禎里『狐付きと狐落とし』、江戸叢書刊行会『江戸叢書』巻の三、武田静澄・安西篤子『東京の伝説』

忠通［ただみち］

大晦日の真夜中に便所に腰をおろして「法性寺《ほっしょうじ》の入道前《にゅうどうさき》の関白太政大臣《かんぱくだじょうだいじん》」というたら腹を立てたからこれからは法性寺の入道前の関白太政大臣様とは言おうのう法性寺の入道前の関白太政大臣様」と三回、ひと息で唱えることができると、便所の中から毛むくじゃらの手が出て来て、お尻を触って来る、あるいはお金を差し出して来るといわれていた。（『民俗叢話』）

東京都に伝わる。「法性寺入道前関白太政大臣」というのは百人一首《ひゃくにんいっしゅ》にその名で和歌がおさめられている藤原忠通《ふじわらのただみち》のこと。長い名前として、早口言葉（『日本児童遊戯集』）などで親しまれていた。大晦日の俗信は江戸（東京都）で明治ごろまで行われていたようで、基本の部文は**がんばり入道**のはなしにあるようである。

［参考文献］谷川磐雄『民俗叢話』、大田才次郎『日本児童遊戯集』

棚原の主［たなばらのぬし］

東京都多摩市に伝わる、棚原の森のぬしだとされる。大きな太い山楝蛇《やまかがし》だという。草っ原や畑などにものすごい大きな這《は》い跡《あと》を残していったりしたという。

何か変事が起こるときにもすがたを見せるといい、大地震や戦争の前などに「棚原の主を見た」というはなしが語られていたりもする。

［参考文献］『多摩市の民俗（口承文芸）』

狸囃子［たぬきばやし］

太鼓や笛の音が耳に入って来るが、近くに行けば遠くなったり、遠ざかったと思えばとても近くに聴こえたりして、どこで鳴っているのかがはっきりとしないふしぎな音。**狸**たちが鳴らしているとされるお囃子《はやし》あるいは腹鼓《はらつづみ》の音だとされる。

本所《ほんじょ》七不思議（東京都墨田区）のひとつとして挙げられている。馬鹿囃子というのはお祭りのお神楽《かぐら》などで鳴らされるお囃子のことで、それが誰が鳴らすとも知れず聴こえて来るといったニュアンス。「馬鹿囃子《ばかばやし》」などとも呼ばれる。

［参考文献］野久知橘莚・歌川国輝『本所七不思議』、山中共古「七不思議の話」（『郷土研究』三巻十二号）

狸火［たぬきび］

狸が点《つ》けたりしてみせるという怪火。高い位置に見えたり、いくつか並んで見えたという。

東京都多摩市などに伝わる。

［参考文献］『多摩市の民俗（口承文芸）』

畳のあいだから出て来て踊ったという一寸ぐらいの小さな者たち。狩衣《かりぎぬ》・烏帽子《えぼし》を身に着けており、鼓《つづみ》や笛を打ち鳴らしつつ、「ちーちー小袴《ちいばかま》、小狩衣《ちいかりぎぬ》に小烏帽子《ちいえぼし》、夜も更《ふ》けてそーろーに、かっぽんかっぽんかっぽんぽん」と唄いながら扇《おうぎ》で舞ったという。

公方《くぼう》さま（将軍）が部屋で居眠りをしているときに見たといい、宿直《とのい》の者が見廻りに来たときには消えていたと語っていたという。（『名ごりの夢 蘭医桂川家に生れて』）無精《ぶしょう》をして畳《たたみ》の隙間に放置された楊枝《ようじ》たちが化けたとされる**ちんちんちんちん袴《ばかま》**や「ちんちん小袴《こばかま》」、「ちいちい小袴《こばかま》」などのはなしと重なって来る内容のものである。

［参考文献］今泉みね『名ごりの夢 蘭医桂川家に生れて』

稚児松［ちごのまつ］

上野山《うえのやま》（東京都台東区上野）に伝わる。元禄のころ、大きな松の木を伐採しようとしたとき、夜にその松の木の精が稚児《ちご》のすがたになって夢に現われて、切らないでくれるように哀しみながら頼んだという。

結果としてこの松の大木は切られず、稚児松と呼ばれるようになったという。

［参考文献］本多静六『大日本老樹名木誌』

遣天狗［つかいてんぐ］

武蔵国《むさしのくに》の秩父の山中にある七代《ななよ》の滝《たき》（東京都青梅市）の近くに住んでいた僧侶は**天狗**を使役しており、いろいろとおつかいに出していたという。その僧侶のもとに来た客人が「みやこの豆腐《とうふ》はとても美味い」というはなしをしたところ、僧侶が「ならばチョットお待ちなさい、お出ししましょう」と言い出したので客人が笑っていると、天狗をすぐ都に飛ばして豆腐を買ってこさせ、ご馳走《ちそう》に出してみせたという。

ほぼ同様のはなしは千葉県などにもみられ、寺にいる小僧に化けた天狗をおつかいに出し、あっという間に豆腐を買わせて来たりしている。（『長柄町の民俗』）

［参考文献］小寺融吉「天狗の話」（『旅と伝説』五巻四号）、東洋大学民俗学研究会『長柄町の民俗』

筑紫三位［つくしのさんみ］

東京都府中市本町《ほんまち》の安養寺に伝わる。等《とう》海僧正《かいそうじょう》が安養寺にいたころ、三位《さんみ》という僧侶は九州から僧正の噂をききつけて弟子入りし、修行に励んでいた。庫裡《くり》でお経の勉強中にうっかり居眠りをして、着物の裾《すそ》からしっぽを出してしまい、正体が**狸**であることが露顕《ろけん》してしまった。正体を知られた三位は、今までのお礼《れい》代わりとして人《ひと》見《み》ヶ《が》原《はら》で僧正たちにお釈迦《しゃか》さまのすがたなどを見せて、そのまま寺を去ったと語られている。（『東京の伝説』、『武蔵野の民話と伝

説』）『狸聖教縁起《たぬきせいきょうえんぎ》之《の》反古《ほご》』に記述があり、三〇〇〇歳の狸（『狸とその世界』）だったといわれている。自身が勉学に用いていた書物を残しており、この筑紫三位の「狸聖教」も、**宗運**《そううん》・**良正**《りょうしょう》のはなしに登場する「貉《むじな》聖教」と重なって来るものであるとみられる。埼玉県の**新三位**も参照。

［参考文献］武田静澄・安西篤子『東京の伝説』、原田重久『武蔵野の民話と伝説』、中村禎里『狸とその世界』

テレビ局に通う少女［てれびきょくにかようしょうじょ］

テレビ局に現われるとされるふしぎな少女。アイドル歌手を目指すも、色々な要因で亡くなってしまった少女の霊が、未練《みれん》に引きずられて通っていると語られており、これが現われた日に収録された映像にはふしぎな影が入っていたりするという。

守衛《しゅえい》たちは、出入口でこのような少女を見てしまうことがあるが、ある程度その顔を知っているので止めることなく通しているといった内容のはなしが語られる。

［参考文献］恐い話研究会『ヒェーッ！　幽霊・怪奇現象スペシャル』

天狗の震動［てんぐのしんどう］

天狗が巻き起こしたりするという家鳴《やな》りや震動。ときには家全体がぐるぐる音を立てて振り回されているような大きな震動も起こしたという。

敬順《けいじゅん》『十方庵遊歴雑記《じっぽうあんゆうれきざっき》』（初編）には、武蔵国《むさしのくに》の井《い》の頭弁天《かしらべんてん》（東京都三鷹市）の弁《べん》天守《てんもり》の庵《いおり》に住む翁《おきな》が遭遇したはなしとして、松の大木が倒れて来るような大音、庵の障子《しょうじ》が全て動くような震動、庵を転がして投げ飛ばして落とすような動きを挙げている。いずれも心を静めていれば何ともなく、木や庵にも別条がないことから翁は「天狗の所為でしかない」と何でもない顔をしているが、敬順はここに独りずまいはできなさそうだ、と感想を述べている。

［参考文献］江戸叢書刊行会『江戸叢書』巻の三

天狗の止まり木［てんぐのとまりぎ］

山に生えている特定の木をこのように呼んで、切るのを忌《い》む地域が多い。

東京都青梅市では「うでい」（『青梅市の民俗』）と呼んだりもするという。

［参考文献］『青梅市の民俗』

天狗の夜真似［てんぐのよまね］

夜遅くに**天狗**たちが昼間に人間が行っていた作業などとそっくりな声や音をさせて来たというもの。

東京都青梅市などには、家を建て替えるときに、毎日「よいこのさんさ」（地突《じつ》き）をしていたが、夜になるとそのまま同じ声や音が山からして来たりしたという。（『青梅市の民俗』）

このような、人間たちが日中に行っていた仕事や行動とそっくりな声や音を再現して夜に響かせて来たりするいたずらは、**狐**

や**狸**などのものとしても全国に伝わる。

［参考文献］『青梅市の民俗』

天狗笑い［てんぐわらい］

山で仕事をしていると、**天狗**がげらげらと大きな声で笑いかけて来たりすることをこう呼んでいる。

東京都青梅市に伝わるはなしでは、山仕事の途中、お弁当を食べて昼寝をしようとしていたら天狗様が出て来てげらげら大笑いしてくるので「悪いことはしませんので、ぜひ勘弁して下さい」と頭を下げたところ、天狗は笑うのをやめ、どこかへ行ってしまったという。

［参考文献］『青梅市の民俗』

天竺の僧［てんじくのそう］

江戸の白銀《しろがね》（東京都港区白金台）の瑞聖《ずいしょう》寺《じ》で働いていた七助という老人が出会ったというふしぎな人物。

七助が朝ごはんを炊《た》いていたところ、この僧侶が天竺だという見知らぬ土地に空中を歩いて連れて行ったという。七助は六年間行方《ゆくえ》知れずだったが、ある日、大きな蓮《はす》の葉っぱに梱包《こんぽう》されて空からふわふわと降りて瑞聖寺に帰って来たという。

津村《つむら》正恭《まさやす》『譚海《たんかい》』（巻二）にみられる。

［参考文献］津村正恭『譚海』

天女の異香［てんにょのいきょう］

天女に口接《くちづ》けされた者の口の中から発生しつづけたというふしぎな良い香り。

大田南畝《おおたなんぽ》『半日閑話《はんにちかんわ》』（巻六）に、松平《まつだいら》陸奥守忠宗《むつのかみただむね》の家臣・番味孫右衛門が昼寝中に天女に口を吸われて以後、しゃべるたびに口から良い香りをさせていたというはなしがみられる。とびきりの美男というわけでもなく、なぜ天女に好かれたのだろうかという理由は孫右衛門本人も含め、全くのなぞだったとも記されている。

［参考文献］『日本随筆大成』一期八

徳雲［とくうん］

「光三儀徳雲」とも。江戸の本所《ほんじょ》（東京都墨田区）のある旗本《はたもと》の土地に住んでいたという白狐。

津村《つむら》正恭《まさやす》『譚海《たんかい》』（巻十二）にみられる。八〇〇歳ぐらいになるという**狐**で、非常に物知りだったという。欲のない理解ある人々に芸術（知識や技術）を教え授けるのが務めだと考えていたという。平沢左内《ひらさわさない》という宝暦ごろに江戸でよく知られていた易《えき》学《がく》の名人のところにもしばしばやって来ていたらしい。

［参考文献］津村正恭『譚海』

毒蕎麦［どくそば］

文化一〇年（一八一三）の五月から七月ごろ、江戸（東京都）に出回った噂。

綿《わた》を育てたあとの土地で作られた蕎麦《そば》は毒蕎麦で、蕎麦屋で蕎麦を食うと死ぬなど

いろいろな妄説が結びつけられて語られ、江戸市中の蕎麦屋のほとんどは営業が成り立たない状態におちいったという。**悪星**《あくせい》や**折胡瓜**《へぎきゅうり》も参照。

［参考文献］石塚豊芥子、鈴木棠三（校訂）『街談文々集要』

飛妖物［とびもの］

文化一三年（一八一六）七月一七日に江戸の両国《りょうごく》（東京都中央区・墨田区）あたりの空に現われたというふしぎなもの。萌黄《もえぎ》色の狩衣《かりぎぬ》を着たひとのすがたをしたものを乗せた葦毛《あしげ》の馬が飛んでいたという。馬の前方には火の玉のようなものも飛んでいたと記されている。

［参考文献］石塚豊芥子、鈴木棠三（校訂）『街談文々集要』

戸袋の女［とぶくろのおんな］

雨戸を開かなくしたり、戸袋の中から出て来たりしたという妖怪。女のすがたと語られている。

根岸鎮衛《ねぎしやすもり》『耳袋《みみぶくろ》』（巻十）には、江戸の「房斎《ぼうさい》」という有名な菓子店が数奇屋《すきや》橋（東京都中央区）に引っ越したところ、これが出没する建物だったというはなしが記されている。

［参考文献］根岸鎮衛、鈴木棠三（編注）『耳袋』二

【な】

長い髪の女［ながいかみのおんな］

東京都八王子市にある旧・相武病院の廃墟に出ると語られている、長い髪の女性の幽霊。

残されたままの建物についても、様々に根も葉もない噂が伝えられてしまうようで、取り壊しをしようとするとたたりが起こったので、建物が残っているなどとも俗に語られている。

［参考文献］TraveRoom「東京の最恐心霊スポットBEST25！ ヤバい廃墟や噂の真相は？」

二尺の顔［にしゃくのかお］

外見は普通の人間だが顔は伏せており、突然に二尺（約六〇センチ）ぐらいの顔を見せて人をびっくりさせる妖怪。『百物語《ひゃくものがたり》』で御山苔松《おやまのたいしょう》が語っているはなしに登場しており、小泉八雲《こいずみやくも》の「むじな」の典拠（平川祐弘・編『怪談・奇談』）であるとされる。

紀伊国坂《きのくにざか》（東京都港区）に身なりの良い女性がうずくまっていたので、「薄荷《はっか》を持ち合わせていますから、どうぞ」と声をかけたところ、二尺の大きな顔を見せてきたので驚き、逃げ出すが、逃げた先の屋台の蕎麦屋《そばや》さんに、また大きな顔で驚かされるというはなしの展開は、驚かす顔のかたちは異なるものの、確かにそのまま「むじな」の**のっぺらぼう**である。

［参考文献］条野採菊（編）『百物語』、一柳廣孝・近藤瑞木（編）『幕末明治 百物語』、小泉八雲、平川祐弘・編『怪談・奇談』

新田様の竹［にったさまのたけ］

新田神社（東京都大田区）や**迷い塚**に生えている竹は、雷が鳴ると音を立てて割れるといわれていた。**新田義興《にったよしおき》**の霊が雷と化したことに関連している。

［参考文献］大田区教育委員会『口承文芸（昔話・世間話・伝説）』

新田義興［にったよしおき］

新田義興は、多摩川の矢口の渡し（東京都大田区）で竹沢右京亮《たけざわうきょうのすけ》・江戸遠江守《えどとおとうみのかみ》たちの謀略《ぼうりゃく》に遭い、沈む舟の上で切腹して死んだ。その霊は激しい雷などのたたりを起こし、うらみのある者たちを皆殺しにしたと語られており、新田神社（東京都大田区）に祀《まつ》られている。

この義興のはなしは『太平記《たいへいき》』（巻三十三）などで知られ、福内鬼外《ふくうちきがい》（平賀源内《ひらがげんない》）『神霊矢口渡《しんれいやぐちのわたし》』によって作品化されたことで、浄瑠璃や歌舞伎としても幅広く親しまれていた。

新田神社には**迷い塚**などのはなしがある他、義興と敵対した武士に関係のあるひとが来ると雨が降る、狛犬《こまいぬ》がうなる、熱病になるなどの言い伝えもあった。（『口承文芸（昔話・世間話・伝説）』）

［参考文献］大田区教育委員会『口承文芸（昔話・世間話・伝説）』、武田静澄・安西篤子『東京の伝説』

鶏玉蜀黍［にわとりとうもろこし］

鶏《にわとり》の頭にそっくりだという玉蜀黍《とうもろこし》で、死んだ鶏の霊が宿ってこのようなものが生えたなどと語られたという。

弘化二年（一八四五）に江戸（東京都で話題になったといい、この話題を売り出したとみられる『品川にてとうもろこし鶏に化したる図』という錦絵があり、そこには茎《くき》から出た玉蜀黍に鶏の頭部が生えている様子が描かれている。錦絵では品川（東京都港区）とされているが、『増訂武江年《ぞうていぶこうねん》

表《ぴょう》』では麻布（東京都港区）に生えたと記されている。

［参考文献］林美一『艶色江戸の瓦版』、斎藤月岑『増訂武江年表』、白井光太郎『植物妖異考』

猫児卵［ねこのたまご］

猫の顔のような、小さい冬瓜《とうがん》くらいの大きさをしたふしぎな卵のようなかたちのもの。普段は地中にいるが、栗《くり》の花の咲く五月ころにだけ土から出て来るという。

玄紀先生『日東本草図纂《にっとうほんぞうずさん》』（巻十二）にみられるはなし。武蔵国《むさしのくに》の中延《なかのぶ》（東京都品川区）の摩耶寺《まやじ》の山林で切り出しておいた木の下にこれを見つけたので、掘り出そうと思って寺から鋤《すき》を借りて来たら、もう地中深くにもぐってしまっていたという。

大陸に伝わる地中にいる土の妖怪「墳《ふん》羊《よう》」の仲間ではないか、という補註《ほちゅう》も施されているが詳細は不明である。

［参考文献］玄紀先生『日東本草図纂』

のっぺらぼう

外見は普通の人間だが顔は伏せており、突然に目や鼻や口のない顔を見せて人をびっくりさせる妖怪。一度おどろかせた後に、その人の逃げ込んだ先で別の人間に化けておき、再度「こんな顔では」と同じ顔でびっくりさせるはなしがよく語られる。

狐や**狸**をはじめとしたへんげ動物たちの化け種目であるとされる場合もある。

江戸のおもちゃ絵や豆絵《まめえ》にも「本所《ほんじょ》ののっぺらぼう」などの文句がみられ、しばしば描かれている。

豆絞りののっぺらぼうなど、身装《みなり》や出現場所に特徴のある例もみられる。

「のっぺらぼう」とは、つるんとして何もないことを形容したことばで、もともと顔の部品のない人間のかたちをした妖怪を示す固有の名前ではない。絵巻物にみられる「ぬっぺっぽう」などの妖怪の呼び名にこの言葉が用いられているのも、そういった形容の言葉としての要素があるからである。東京都でも「のっぺらぼう」同様の意味に用いられていた形容に「ずんべらぼん」（ずんべらぼう）などがあり、どちらも妖怪以外の事物を形容する文脈でも一般に用いられていた。

小泉八雲《こいずみやくも》『怪談』の「むじな」は、江戸の赤坂（東京都港区）紀伊国坂《きのくにざか》でこの妖怪に遭った男のはなしだが、八雲が参考にした直接の原典では「のっぺらぼう」ではなく**二尺の顔**に驚かされるはなし（平川祐弘・編『怪談・奇談』）で、妖怪のかたちは異なっている。

［参考文献］平川祐弘・編『怪談・奇談』、林美一『江戸仕掛本考』、国立歴史民俗博物館『もののけの夏―江戸文化の中の幽霊・妖怪―』、アン・ヘリング『おもちゃ絵づくし』

【は】

白鳥徳利［はくちょうとっくり］

道に白鳥徳利（首のながく造ってある白い徳利、お酒の容器として使われていた）が転がっているので拾おうとすると、ころっと転がって行き、追いかけて手を差し出しても、いつまでも転がっていってしまい、拾い上げることができないという。

東京都大田区などにみられ、**狐**が化かしているなどといわれる。

［参考文献］大田区教育委員会『口承文芸（昔話・世間話・伝説）』

歯黒鮫［はぐろざめ］

江戸湾（東京湾）にいたという凶悪な大《おお》鮫《ざめ》で、ひとを襲って食べたり、舟の下に入って舟を背負いあげたりした。

あるとき、この鮫が死んでいるのがみつかり、品川町（東京都品川区）の蒲鉾《かまぼこ》屋が買い取って切ってみたところ、腹からひとの髑髏《どくろ》が九つも転がり出て来たという。『葛飾誌略《かつしかしりゃく》』にあるもので「珍しき悪魚也《なり》」とも評されている。

［参考文献］房総叢書刊行会『房総叢書』第六巻

八王子霊園の電話ボックス［はちおうじれいえんのでんわぼっくす］

八王子霊園（東京都八王子市）にある電話ボックスで、深夜に女の幽霊が出ると語られている。

かなり遠くから見て「あ、誰かが入って電話を掛けてる」とわかるわけだが、近くに行くと、もう電話ボックスの中には誰も入っていなかった。電話ボックスに近づくあいだ、ガラス扉が開閉した様子もなく、その際に聞こえるはずの音も聞こえなかったという。

［参考文献］幽霊探検隊『関東近郊 幽霊デートコースマップ』

榛名山の天狗［はるなさんのてんぐ］

雹嵐《ひょうらん》を各地にもたらす**天狗**として、東京都の農村部などで語られていた。

昭和の中頃まで各地で盛んに行われていた榛名山（群馬県）へお参りをする榛名講《はるなこう》だが、これに行かない村はどこの村であるか天狗たちはしっかりと見ており、その結果として「あっちの村には何俵《ぴょう》、こっちの村にも何俵」と降らせる雹《ひょう》の量を勘定《かんじょう》して、そのとおりに降らせているといわれていた。（『三鷹の民俗 三 深大寺』）

俵《たわら》に詰められた雹を天狗たちが取引したり運んだりする光景を想像してみるとなかなかおもしろいが、農作物にとっては迷惑

な俵である。

［参考文献］井之口章次『三鷹の民俗 三 深大寺』

東枕の猿 ［ひがしまくらのさる］

東枕に眠って、夢の中で御幣《ごへい》を持った猿が出て来るとそのひとは死ぬ、といわれている。（『民俗叢話』）

東京都港区麻布などでいわれている夢見についての俗信。**西枕の猿**といえそうな例も栃木県などにある。

［参考文献］谷川磐雄『民俗叢話』

引就寝床 ［ひきつきねどこ］

室内で眠っていると、そのままの姿勢で体が天井にぴったり引き寄せられているので慌てると、もう体は元の位置にあるというふしぎな現象。

江戸城（東京都）に宿直《とのい》する武士たちのあいだで語られたりしており、**狐**や**狸**がたぶらかしていると考えられたりしていた。

松浦《まつら》静山《せいざん》『甲子夜話三篇《かっしやわさんぺん》』（巻一）には、御《ご》書院番《しょいんばん》の組頭《くみがしら》が詰める「闇《くら》がりの間《ま》」では、これがしばしば起こったので、やがて別の部屋が用いられるようになったはなしや、御書院番たちの例とは別に、これが起こる部屋は他にもあったというはなしなどが記されている。

［参考文献］松浦静山、中村幸彦・中野三敏（校訂）『甲子夜話三篇』一

美少女の絵 ［びしょうじょのえ］

美術室の倉庫にしまいこまれていた下書きだけの美しい少女の肖像画。たまたまそれを見つけ、未完成では何だかかわいそうだと思った生徒が色を塗りはじめると、何日か後には自分の塗っていない箇所に絵の具が塗られていた。ふしぎに思い、部員や顧問《こもん》に尋ねると、その絵は三年前に病死した生徒が残した未完成の自画像だったことがわかった。

東京都のある高校の美術部のはなしとして語られている。

［参考文献］恐い話研究会『ヒェーッ！ 幽霊・怪奇現象スペシャル』

美人の乗客 ［びじんのじょうきゃく］

目蒲《めかま》線（東京都）の車内に出たというふしぎな美女。下車していないはずなのに、いつの間にか消えていたりしたという。

東京都大田区馬込《まごめ》などでいわれており、貉窪《むじなくぼ》に住んでいる**貉**《むじな》が化けて乗っていたのだろうなどと語られていた。

［参考文献］大田区教育委員会『口承文芸（昔話・世間話・伝説）』

一つ眼 ［ひとつまなこ］

事八日《ことようか》（一二月八日）の日に家々にやって来るとされる一つ目の妖怪。「ひとつまなこがやって来るので早く戸締まりしろ」（『東京の民俗』五）などといわれていた。

東京都などで呼ばれる。

東京都多摩市などでは、茱萸《ぐみ》の木を前日の夜から焼いて、そのにおいで追い払ったりした（「多摩村の年中行事」）とされる。

［参考文献］東京都教育委員会『東京の民俗』五、小川芳文「多摩村の年中行事」（『西郊民俗』五号）

白狐のおきん［びゃっこのおきん］

明治のころ、東京の神田駿河台《するがだい》（東京都千代田区）にいた、「お稲荷《いなり》さん」が憑《つ》いていると噂されていた女子。

下女奉公をしている読み書きのできない一六歳ぐらいの少女だったが、ふしぎなことに病気の相談に即座に答えたり、立派な文字を揮毫《きごう》したりすることができたという。

噂がひろまって「白狐のおきん」として評判になったが、実際のところは、下女奉公をする前、八王子（東京都八王子市）で暮らしていたときの養家《ようか》が狐の霊を用いて占いや口寄せをする「稲荷おろし」などを営んでおり、そこで覚えた技術を用いていただけだったらしい。

［参考文献］秦政治郎『家庭訓育百話』

二人連れの女［ふたりづれのおんな］

江戸（東京都）の水戸徳川家の上屋敷に出ると古くからいわれつづけていた幽霊で、模様のある着物を身にまとった二人連れの女だったという。

安政二年（一八五六）の大地震のときには、屋敷に出た火を消すための水を運んでくれたという。

［参考文献］三田村鳶魚『御殿女中』

船に覆いかぶさるもの［ふねにおおいかぶさるもの］

羽田（東京都大田区）の沖に現われたという、もくもくとした霧のようなおばけのようなはっきりしない何か。横浜（神奈川県）に向かう船に、これが西の方から覆いかぶさって来たことがあったという。

特に何かをするわけでもなく、かまわず船を走らせていればよかったそうだが、変な気持ちになるものだったという。

［参考文献］大田区教育委員会『口承文芸（昔話・世間話・伝説）』

折胡瓜［へぎきゅうり］

文化一〇年（一八一三）六月ごろ、江戸（東京都）で騒がれた噂で、六月二七日にすごい落雷が来るが、折《へ》いだ胡瓜を軒《ひさし》にさげて、艾《もぐさ》と松《まつ》の実を焚《た》いていれば、そのとんでもない大落雷から身を避《よ》けられると語られていた。加藤曳尾庵《かとうえびあん》『我衣《わがころも》』（巻八）によれば、結局のところ六月二七日にすごい落雷などは起こらずじまいだったという。

文化一〇年の夏には多数の浮説《ふせつ》が出回ったようで、ほかにも**悪星**や**毒蕎麦**などの噂が江戸を騒がせたことが同時に書き記されている。

［参考文献］『日本庶民生活史料集成』第十五巻・都市風俗、石塚豊芥子、鈴木棠三（校訂）『街談文々集要』

ほい駕籠の呼声［ほいかごのよびごえ］

「ほい駕籠、ほい駕籠」と駕籠屋《かごや》さんが呼びかけてくる声がするのだが、すがたがどこにも見えないというふしぎなもの。**本所七不思議**《ほんじょ》（東京都墨田区）のひとつとして挙げられている。割下水《わりげすい》のあたりに出たとされたようである。

［参考文献］山中共古「七不思議の話」（『郷土研究』三巻十二号）

坊主来い［ぼうずこい］

悪い子供を取りに来るという恐い存在。

東京都多摩市などに伝わる。いつまでも泣いて言う事をきかない子供に「坊主来いが来るぞ」と言った。「坊主来い」は、もともと木菟《みみずく》の鳴き声から来ている。

［参考文献］『多摩市の民俗（口承文芸）』

坊山の天狗［ぼうやまのてんぐ］

東京都町田市の坊山と呼ばれていた森にいた**天狗**たち。ひとを驚かせてきたり、笛の音をさせたりもしたという。

坊山は、明治時代の中頃には森がほとんど切り拓《ひら》かれてしまったそうだが、その作業中にも木挽《こびき》たちの鋸《のこぎり》を隠してしまうなどのふしぎなことは起こったという。

［参考文献］町田市文化財保護審議会『町田市の民話と伝承』第二集

ほおなぜ

東京都川口村（現・八王子市）の「たたみが原」に出たという妖怪。あるひとが斬って退治したが、翌朝調べてみると榧《かや》の木に刀傷がついており、血のようなものが流れ出ていたという。（「恩方村所見」）

具体的にどのようなことをしてひとを驚かしていたかについては語られていないが、「頬撫《ほおな》ぜ」といった意味合いであろうかと考えられる。

［参考文献］草川隆「恩方村所見」（『西郊民俗』三号）

細川屋敷の異獣［ほそかわやしきのいじゅう］

江戸の鉄砲洲（東京都中央区）にあった細川采女正《ほそかわうねめのかみ》の屋敷に落ちて来たというふしぎな獣。猫ほど、あるいは鼬《いたち》よりは大きいぐらいの図体で、全体は黒く足先は白い。大きな長い鼻の下に眼がひとつだけあったという。

文政六年（一八二三）八月一七日の大嵐の夜に、これが落ちて来たということを記した絵入りの情報が、写本などに多数残されている。既に死んでいたせいなのかは不明だが、においはとても臭かった（『日本の幻獣図譜』）ともいう。『献英楼画叢《けんえいろうがそう》 拾遺《しゅうい》』（八十四、八集の三）にも、「怪獣之写」という見出しをつけられて書かれている。

絵については筆者ごとに巧拙《こうせつ》があり、一定なようで鼻の位置や解釈に差異がある。

文字情報を伏せて絵だけを並べてみるとそれぞれが全く別の妖怪のように見えるのも妙味《みょうみ》である。

［参考文献］川崎市民ミュージアム『日本の幻獣―未確認生物出現録―』、湯本豪一『日本の幻獣図譜』、Alain Briot『Monstres et prodiges dans le Japon d'Édo』

蛍狩りの娘［ほたるがりのむすめ］

夜道で蛍《ほたる》を捕っているふしぎな女性。通行人に同行を求めたりするが、いつの間にか、すがたを消してしまう。

東京都府中市でのはなし。夜中ちかい時刻に夜道を歩いていたら、庚申塚《こうしんづか》の近くで綺麗《きれい》な女のひとが蛍を捕っていた。ふしぎに思っていると、「こんなに捕ったのよ」と蛍を見せながら女のひとが「危ないから送って行ってよ」と頼んで来た。承諾すると、しばらく後をついて来たが、いつの間にかすがたを消しており、蛍もどこかにいなくなっていたという。

庚申塚の近くにあった森（府中競馬場ができる以前にあったという）の**狐**が化けて出たのではないかとも語られている。

［参考文献］府中市立郷土館『府中の口伝え集』

本所七不思議［ほんじょななふしぎ］

江戸の本所（東京都墨田区）における「七不思議」として語られる。七つの内容は固定ではない部分もあり、以下のようなものがみられる。**無灯**《あかりなし》**蕎麦**《そば》、**足洗邸**《あしあらいやしき》、**置行堀**《おいてけぼり》、**送提灯**《おくりちょうちん》、**送撃柝**《おくりひょうしぎ》（入江町の時無し）、**片葉葦**《かたばのあし》、**狸囃子**《たぬきばやし》（馬鹿囃子《ばかばやし》）、津軽《つがる》の太鼓《たいこ》、落ち葉せぬ椎《しい》、梅村邸《うめむらやしき》の井戸、**ほい駕籠**《かご》**の呼声**《よびごえ》、**小豆婆**《あずきばばあ》。

本所七不思議などは怪異現象やふしぎな物事だけで七席が占められているが、江戸各地の七不思議には「奥様あって殿様なし」（番町《ばんちょう》七不思議）、「糊屋《のりや》という名の湯屋《ゆや》」（霊岸島《れいがんじま》七不思議）のような言葉あそびのふしぎ（なぞなぞ）が含まれていることも多い。

［参考文献］武田静澄・安西篤子『東京の伝説』、松川生「江東俚話」（『郷土研究』一巻四号）、山中共古「七不思議の話」（『郷土研究』三巻十二号）

本姫［ほんひめ］

「本姫様」、「本のお姫様」、「書籍《しょじゃく》姫」とも。本が大好きだったという牧野《まきの》家のお姫様の墓で、墓石に耳をつけて聴くと咿唔《いご》の声（読書の声）が聴こえて来たという。（『四谷旧事談』、『大名生活の内秘』、『柳沢吉保』）

東京都新宿区四谷《よつや》で語られていたもので、墓の近くには大きな書庫（経蔵）が設けられ、多くの書籍が納められていた。本姫は『一切経《いっさいきょう》』を二度も通読したりするほどの本好きだった（『大名生活の内秘』、『柳沢吉保』）と語られている。この墓や書庫は大正時代まで四谷の全勝寺にあったが、茨城県笠間市に移転した（『新宿の伝説』）という。

明治後期まで、読書は声を出して行うことが一般的であり、読書の声というのは、本の中身を読んでいる声のことを示す。

〔参考文献〕山中笑「四谷旧事談」(『郷土研究』三巻七号)、林和『柳沢吉保』・「所謂柳沢騒動の真相」、三田村玄竜『大名生活の内秘』・「牧野備後守の献妻」、新宿区教育委員会『新宿と伝説』、九十九屋さんた・氷厘亭氷泉「本姫さまについて」(『大佐用』五号)

【ま】

まし

狸の異名だという。石塚豊芥子《いしづかほうかいし》『多話戯草《たわけぐさ》』にみられる。**猯**《まみ》の呼び方のひとつなのだろうか。

〔参考文献〕石塚豊芥子、鈴木棠三(校訂)『街談文々集要』

真崎稲荷の狐〔まっさきいなりのきつね〕

江戸の真崎稲荷(東京都荒川区南千住)の茶店《ちゃみせ》のお婆さんに馴《な》れ親しんでいた**狐**で、お婆さんが呼ぶと出て来るので人々に親しまれていたが、「わしは故郷の仙台《せんだい》に帰ることになった」とお婆さんに告げ、いなくなってしまったという。

津村正恭《つむらまさやす》『譚海《たんかい》』(巻十)や根岸鎮衛《ねぎしやすもり》『耳袋《みみぶくろ》』(巻四)には、この狐についてかなり長いはなしが収められている。冬木三右衛門《ふゆきさんえもん》という男が、茶店《ちゃみせ》のお婆さんから狐のいなくなったはなしをしていると、狐が別れに和歌をしたため短冊《たんざく》を置いて行ったと知ったので「それは珍しい、ぜひ買い求めたい」と無理を言い買い取って帰った。短冊には「つきは露《つゆ》つゆは草葉《くさば》に宿《やど》かりてそれからそれを宮城野《みやぎの》のはぎ」とあり、狐の書いた珍品として秘蔵していた。

あるとき三右衛門のところに工藤平介《くどうへいすけ》という仙台藩の侍医《じい》が訪問する機会があり、このはなしをしたところ、後日「お殿様も見たいとおっしゃる」という懇望《こんもう》を受け、短冊は屋敷に届けられた。殿様が短冊を鑑賞していると側用人《そばようにん》が「畜類なるが故《ゆえ》に、おぼえあやまりとみえますが、これは宮千代《みやちよ》の詠んだ和歌、まさしく御領内の狐だっ

たのでございましょう」と語ったという。

宮千代というのは松島《まつしま》の雲居《うんご》禅師に仕えていた童子のひとりで、何よりも和歌が好きだったが、病床で和歌の下の句が思いつかないうちに死んでしまい、その霊は宮城野の原に妖怪となって現われるようになった。雲居禅師がその霊に対して下の句をつけて成仏させてやったとされるのだが、その和歌というのが「つきは露つゆは草葉に宿りけりそれこそそれよ宮城野の萩《はぎ》」で、確かに狐が短冊に残した和歌のもとといえるものだったという。

〔参考文献〕津村正恭『譚海』、根岸鎮衛、鈴木棠三（編注）『耳袋』一

真っ白の着物着たの［まっしろのきものきたの］

白い着物を着た正体不明のもの。東京都三鷹市で語られる。むかし野々谷《ののがや》（調布市）から来ている牛乳配達のひとが道の途中にある山で見て驚いたらしく、「真っ白の着物着たのが出て来たッ」と、大慌てで配達先の家に飛び込んで来たことがあったという。（『三鷹の民俗 三 深大寺』）

服が白いというだけで、何であるのかは不明なままである。

〔参考文献〕井之口章次『三鷹の民俗 三 深大寺』

マッハ婆さん［まっはばあさん］

東京都豊島区池袋に出る。サンシャイン六〇通りを時速八〇キロメートル以上の速さで駆け抜けるという。目が合ってしまうと、首ねっこをつかまれ、あたりを引きずり回されてしまう。

新聞配達員が目撃した（『東京都市伝説』）とされているので、出現時刻は朝のまだ暗いうちなのだろうか。

〔参考文献〕めるTV『東京都市伝説』

豆絞りののっぺらぼう［まめしぼりののっぺらぼう］

豆絞りの模様の手拭《てぬぐい》で頬冠《ほおかぶ》りをした大きな男の**のっぺらぼう**で、**狢**《むじな》が化けていたものだろうと語られている。

千束《せんぞく》（東京都台東区）の市川松尾《いちかわまつお》（八世市川八百蔵《いちかわやおぞう》）の家のあたりに出没したといい、便所に入っていると、これが目の前に現われておどかして来たという。いつも決まって豆絞りの手拭だったのが、おもしろくもふしぎだったという。

〔参考文献〕市川猿之助「近火見舞の鳶頭」（『幕間』八月号）

迷い塚［まよいづか］

東京都大田区矢口の新田《にった》神社の裏手にある、**新田義興**《にったよしおき》ゆかりの塚。義興が矢口《やぐち》の渡《わた》しでつかった舟が埋められているという。祀《まつ》られる以前はこのあたりに毎晩のように怪火が飛んだりしていたという。周囲にある竹藪《たけやぶ》に入ると中から出られなくなるとも語られていた。

〔参考文献〕大田区教育委員会『口承文芸（昔話・世間話・伝説）』

万歳楽［まんざいらく］

江戸の深川（東京都江東区）の海で捕られた鼠《ねずみ》色をした何だかわからない大きな魚。体長は七尺（約二・一メートル）ほどで、頭があり、目が赤く、燕《つばめ》のような尾があったという。

本島知辰《もとじまともたつ》『月堂見聞集《げつどうけんもんしゅう》』（巻七）にみられる。正徳二年（一七一二）三月中旬ごろに四手網《よつであみ》にかかったといい、江戸城の将軍様に献上され、そのとき江戸に下って来ていた近衛《このえ》太閤から「万歳楽」と名づけられたとされる。

「万歳楽」というのは、翻車魚《まんぼう》の呼び名のひとつでもあり、このはなしも翻車魚の捕獲を示していると考えられるが、「毛の長さ七寸」、「惣身に毛あり髭あり」などの描写もあり、毛が生えていたらしいことが書かれている。「鬣《たてがみ》」などであれば「鰭《ひれ》」を示す文字ではあるが少々ふしぎでもある。

［参考文献］『続日本随筆大成』別巻二

耳の生えた鰻［みみのはえたうなぎ］

年を経《へ》た鰻は耳が生えているともいわれており、「耳の生えた鰻は食べてはいけない」といわれていた。

［参考文献］大田区教育委員会『口承文芸（昔話・世間話・伝説）』

無縁仏［むえんぼとけ］

東京タワー（東京都港区）は少し傾いている、というはなしに登場する。東京タワーには「無縁仏」たちがたくさんぶらさがっているので少し傾いていると語られる。（「ムラの化けもの都市の化けもの―闇の語り手たち―」）

いつごろ語られているのかは詳《つまび》らかでないが、東京タワーに関してのちょっとした噂・都市伝説として、昭和末期ごろには既に存在していたようである。

［参考文献］米屋陽一「ムラの化けもの都市の化けもの―闇の語り手たち―」（『民話の手帳』四十一号）

迎の婆［むかいのばばあ］

江戸の八丁堀（東京都中央区）のねぢがね屋甚兵衛《じんべえ》の店頭に「いかに甚兵衛、迎《むか》いに来たりたり、これへ出よ」と声をかけて招いて来たという、頭に置手拭《おきてぬぐい》をしたふしぎな老婆。

店員たちが不審者であろうと追い払ったが、甚兵衛は途端に気分が悪くなり、その日の暮れ方に死んでしまったという。

『新著聞集《しんちょもんじゅう》』（巻十）にみられ、迎えに来たと語っていた老婆が何者だったのかは全くわからないと記されている。

［参考文献］『日本随筆大成』二期五

狢の魔力［むじなのまりょく］

狢に化かされているとわかったり、居るのを確認したとき、とっさに「むじなだぁー」と言おうとしても、声が全く出なかっ

たり、体が自由を失ってしまうことがあったりする。狢がサーッとその場を逃げ去ると、声が出たり、動けるといわれており、狢はそのような「魔力」のようなものを持っているのかも知れないと語られていた。複数人が同時に声が出せなくなり、やはり狢が去った途端に一斉に「むじなだぁー」と叫んだというはなしもあるという。

東京都三鷹市などで語られる。

[参考文献] 井之口章次『三鷹の民俗 六 下連雀』

狢聟［むじなむこ］

東京都青梅市などに伝わる。むかし機織《はた》りの娘のもとに夜な夜な良い顔の男が訪ねて来て深い仲になったが、その正体は**狢**だったという。

[参考文献]『青梅市の民俗』

目借婆［めかりばば］

「めかい婆」、「めけえ婆」、「めかり婆さん」とも。ようかぞうの日（二月八日や一二月八日）に家々にやって来るという。これが来るので、その夜は家に目の多い目籠《めかい》を吊るせといわれている。

東京都などに伝わる。**箕借婆《みかりばばあ》**と同じもの。東京都多摩市では、**ようかぞう**と同じく茱萸《ぐみ》の木の枝を燃やした煙を嫌うと考えられており、家々の囲炉裏《いろり》で茱萸が燃やされたという。（『多摩市の民俗（口承文芸）』）

東京都三鷹市では、目借婆が目籠を苦手な理由を「たくさんの目に見られるから」（『三鷹の民俗 二 大沢』）と語っている。東京都鶴川村（現・町田市）では篩《ふるい》を飾るが、めかり婆さんは一つ目なので、篩の目の多さに驚いて逃げる（「鶴川村の年中行事」）などといわれる。

東京都府中市では、目籠の中に**鬼**と「めかりばあ」が泊まるとも語られている。こちらでも茱萸の木や葱《ねぎ》などが燻《いぶ》されており（『府中の口伝え集』）、その煙のにおいが魔よけとして重要視されていた。

[参考文献]『多摩市の民俗（口承文芸）』、井之口章次『三鷹の民俗 二 大沢』、府中市立郷土館『府中の口伝え集』、草川隆「鶴川村の年中行事」（『西郊民俗』二一号）

メキシコオパールの指輪［めきしこおぱーるのゆびわ］

会社に営業に来た宝石商の持参した指輪のなかにあった綺麗《きれい》なメキシコオパールの指輪を目にして、即座にどうしても欲しくなってしまった女性がそれを買って帰った。すると、両親から縁談を強く進められて苦しみ死んでしまう光景の浮かぶ夢を見るようになった。女性の娘がその指輪を借りたときも似た夢を見た。「もしや、夢として現われるのは指輪の前の持主の記憶なのでは」と思い、除霊の先生に見てもらうと「若い女の霊がみえる、このままでは危険」ということになり、頼んでお祓《はら》いをしてもらった。戻って来た指輪は何も変わってはいなかったが、ふしぎなことに、これまで感じられたような輝きは失せており、買おうと思ったときのような強烈な魅力は感じられなくなっていたという。

東京都世田谷区の主婦（保険外交員のアルバイトをしていた）の体験談として語られている。矢も盾もたまらずに購入を決めてしまったときの惹《ひ》きつけられるような魅力は、霊が影響していたのだろうかとも触れている。

［参考文献］「不可思議ワールド　私は霊に出遇った」（『不可思議』四号）

【や】

八尾狐［やおのきつね］

徳川家光《とくがわいえみつ》が霊夢に見たという八本のしっぽをもつ狐で、病の回復を告げたとされる。『東照大権現祝詞』に記述のあるもので、狐は東照大権現《とうしょうだいごんげん》（徳川家康《とくがわいえやす》）の使いであると考えられており、家光は狩野探幽《かのうたんゆう》に命じてその図を描かせたという。

探幽によって描かれた絵そのものは、ながらく確認されていなかったが、所在が判明し、平成二七年（二〇一五）にはじめて公開された。

［参考文献］京都国立博物館『桃山時代の狩野派　永徳の後継者たち』

八百屋お七の霊［やおやおしちのれい］

江戸の小石川（東京都文京区）で、ある武士が夜道で遭遇したという鶏《にわとり》で、顔だけが少女だったという。大田南畝《おおたなんぽ》『一話一言《いちわいちげん》』（巻三）にみられる。この鶏は武士の着物の裾《すそ》をくわえて引っぱり、自らが「八百屋お七」で、現在はこのようなすがたになってしまっている、と語って消えたという。

八百屋お七は、火事で焼け出された際に逃げた先の寺で出逢った寺小姓《てらこしょう》（芝居などでは吉三郎《きちさぶろう》という名前）に恋をしてしまい、もう一度逢いたいという考えから火事を起こして捕まり、火炙《ひあぶ》りの刑になったというはなしで広く知られる。

［参考文献］『日本随筆大成』別巻一

疫神［やくじん］

人々に疫病をもたらすとされる存在。親切にしてくれた人間に対してお礼をしたという。

『宮川舎漫筆《みやがわのやまんぴつ》』（巻三）には、江戸の浅草（東京都台東区）の老婆が、道で出会った飲まず食わずで行き倒れ寸前の女性に蕎麦《そば》をご馳走《ちそう》して助けてやった結果、その正体が疫神で、今度疫病が流行ったら鰌《どじょう》を食べれば治ると教えてもらったというはなしや、播磨屋惣七《はりまやそうしち》という男が石原町《いしわらちょう》（東京都墨田区）への帰り道に犬を怖がっている男と出会い、一緒に歩いてやった結果、その正体が疫神で、毎月三日に小豆粥《あずきがゆ》を食べる者の家に疫神たちは入らないということを教えてもらったはなしが載っている。

親切にしてくれた人間に対してお礼をしたという展開は、牛頭天王《ごずてんのう》・蘇民将来《そみんしょうらい》のはなし以来、古くから数々存在しており各地にみられる。

［参考文献］『日本随筆大成』一期十六、吉野裕（訳）『風土記』

厄神の王［やくじんのおう］

「邪神王」とも。疫病をつかさどっている存在で、人々に病気をもたらすとされる。

江戸の高田馬場（東京都新宿区）あたりに住んでいた森山丈助《もりやまじょうすけ》の家に、ある日「厄神の王」と名乗るふしぎな人物が現われて「四、五日やどりを貸せよ」と言ってしばらく逗留《とうりゅう》していった。王は身なりの汚い老若男女も、部屋に上げては「彼らは皆われの眷属《けんぞく》」と語っていた。やがて王は礼と称して、ふしぎなおふだと丸薬《がんやく》の製法を残してどこかへ行ってしまった。おふだを貼っておくと病気や眷属たち（疫病神たち）は家に入らない、もし家に入って来た（病人が出た）としてもおふだで体をなでたり、蒲団《ふとん》の下に敷いたりすれば回復すると、王は語ったという。

『箇労痢流行記《ころりりゅうこうき》』に記されているはなしで、安政のコレラ流行時に出まわった**疫神**《やくじん》なおふだの例のひとつ、またはそれを脚色したはなしのようである。

［参考文献］金屯道人（仮名垣魯文）『箇労痢流行記』、仮名垣魯文、門脇大（翻刻・現代語訳）『安政コロリ流行記 幕末江戸の感染症と流言』

厄病の神様［やくびょうのかみさま］

東京都三鷹市などに伝わる。事八日《ことようか》の日（一二月八日）に家々にやって来る存在。

笊《ざる》は穴があいているので、厄病の神様はその穴を通り抜け、すぐ向こうに行ってしまうとされ、家に笊をかけておくと良いとされる。この日に、履物《はきもの》を外に出しっ放しにしていると、履物に判を押されて、病気になってしまうという。

［参考文献］井之口章次『三鷹の民俗 二 大沢』

八つ目婆［やつめばばあ］

ようかぞうの日（一二月八日）に家々にやって来るとされる存在。東京都稲城《いなぎ》市大

丸に伝わる。

［参考文献］稲城市教育委員会『稲城市の民俗（一）年中行事』

谷戸池の河童［やといけのかっぱ］

東京都町田市に伝わる。上小山田《かみおやまだ》の谷戸池にいた**河童**で、石の上に子供のすがたに化けて座り、近くを通る人々に「かぎ引き」の勝負を挑んでは水の中にひきずり込んでいた。噂を耳にした小川虎之助《おがわとらのすけ》という勇士が馬に乗って池に来ると、やはり「かぎ引き」の勝負を挑んで来る子供が現われたので、馬にまたがったまま指をかけ、そのまま鞭《むち》を入れて駆け出し、河童を引きずりまわした。河童は降参して骨接《ほねつ》ぎの秘薬のつくり方を伝え、悪さをすることを止めたという。

「かぎ引き」は指をお互いに引っかけあって、それを引きあい、相手を倒したりする遊び。

［参考文献］町田市文化財保護審議会『町田市の民話と伝承』第二集

山の神の冠［やまのかみのかんむり］

東京都恩方村《おんがたむら》（現・八王子市）では、正月二一日は山に入ってはいけないとしている。山の神がお祭りの日（一七日）に良い気持ちに酔っ払って落としてしまった冠を、山の中で探し歩いている日であるからと語られている。

［参考文献］又吉葉子「小津年中行事」（『西郊民俗』三号）

幽霊梅［ゆうれいうめ］

哲学堂公園（東京都中野区）に植えられている梅の木で、この木を写真におさめて撮ると幽霊が写り込むことがあるという噂もある。（『平成十八年度　東京エリア怨念地図潜入レポート』）

哲学堂公園には、**人魂**《ひとだま》が出る、すすり泣きの声がする、得体の知れないものが出る、などの噂もあったりしたようである。（『日本幽霊出る出るＭＡＰ』）

哲学堂公園は、『妖怪学講義』など迷信や真怪《しんかい》の啓蒙で知られる井上円了《いのうええんりょう》が独自の研究精神と戯文感覚で設計した様々な建物や景観の存在する公園だが、そこに後の時代になってから迷信めいた噂が存在するのもチョッピリおもしろい部分ではある。

［参考文献］『平成十八年度　東京エリア怨念地図潜入レポート』、「日本幽霊出る出るＭＡＰ」（『BOOTNIC2』）

幽霊橋［ゆうれいばし］

東京都大田区にあった橋で、長栄橋の位置にもともと架けられていた石橋。お寺にあった**無縁**の墓石でできた石橋だったというはなしがあり、幽霊が出るといわれ、俗にこの呼び名があった。

［参考文献］大田区教育委員会『口承文芸（昔話・世間話・伝説）』

幽霊ライダー［ゆうれいらいだー］

奥多摩周遊の道路（東京都）に出ると語られる。バイクで走っていると、男女ふたり乗りらしいバイクが後ろから近づいて来るが、真横に来たのをみると、腰から下がなかったり、血だらけだったりするという。また、横づけになったときに「バイクお好きなんですね」と声をかけられたりしたというはなしなどもあるようだ。

［参考文献］幽霊探検隊『関東近郊 幽霊デートコースマップ』

ようかぞう

「ようかぞうさま」とも。ようかぞうの日（二月八日や一二月八日）に家々にやって来るとされる。**鬼**や**一つ目小僧**であるとも語られる。家々には目籠《めかい》や笊《ざる》が吊るされ、茱萸《ぐみ》の木の枝を燃やしたりした。

東京都多摩市などでは、ようかぞうの来る日に履物《はきもの》を外に出しっ放しにしていると、判を押される。それを履くと病気になるといい、履物をきちんとしまうようにいわれていた。また、この日には**目借婆**《めかりばばあ》が来るともいわれていたという。

［参考文献］『多摩市の民俗（口承文芸）』

夜泣石［よなきいし］

江戸の切支丹《きりしたん》屋敷（東京都文京区）にあった石。八兵衛《はちべえ》というキリシタンが生き埋めの刑になったとき、その上に置かれたとされる石で、夜な夜な泣き声を発したといわれている。

［参考文献］武田静澄・安西篤子『東京の伝説』

夜の西瓜［よるのすいか］

夜遅くに西瓜を食べたりすると、その晩、便所に入ったとき「幽霊」にお尻をなでられたりしておどかされるといわれていた。

東京都府中市でいわれていたもの。子供に対しての寝しなの果物・水分摂取を戒めることばである。

［参考文献］府中市立郷土館『府中の口伝え集』

【ら】

裂地［れっち］

突然に大地が裂けて大きな穴があき、悪人が奈落《ならく》の底に落ちてしまうこと。

『日本霊異記《にほんりょういき》』（中巻 第四）や『今昔物語集《こんじゃくものがたりしゅう》』（巻二十第三十三）には、武蔵国《むさしのくに》多磨郡鴨里（東京都）の吉志火麻呂《きしのひまろ》が母親を殺そうとした結果、地が裂けて落ちてしまうはなしが載っている。母親の日下部真刀自《くさかべのまとじ》は息子の髪をつかんで必死に救おうとしたが、火麻呂は奈落の底に落ちてしまった。『宝物集《ほうぶつしゅう》』（巻五）にも玉火丸《たまのほまる》のはなしとしてみられ、日本での代表例として語られている。『続歌林良材集《ぞくかりんりょうざいしゅう》』（上巻）の「子のために枝《し》折《おり》する事」にみられる枝折山《しおりやま》（富士山のこととされる）の由来についてのはなしにも、親を山へ捨てに行く子供に裂地の展開がみられるが、そちらでは親が「奥山《おくやま》にしつか枝折《しおり》はたがためぞ我身《わがみ》をきて捨《す》つる子《こ》のため」と和歌を詠むことで助かったと語られており、和歌についての古註を示している資料の性質上、和歌のほうが主眼となっている。

［参考文献］原田敏明・高橋貢（訳）『日本霊異記』、芳賀矢一（校訂）『宝物集』、『続々群書類従』十五輯 歌文部

【わ】

割下水の女子［わりげすいのおなご］

江戸の本所《ほんじょ》割下水（東京都墨田区）に住んでいたという女子で、狐に憑《つ》かれて以後、俗眼《ぞくがん》に見えないものを見ることのできる能力を得ていたという。根岸鎮衛《ねぎしやすもり》『耳袋《みみぶくろ》』（巻三）などに記されている。家に起こっている小さなこと（木の枝が一本折れたとかの本当に些細《ささい》なもの）から、それぞれの家にいる守り神からの知らせを見て、その家の者の吉凶を判じることができたと語られている。

［参考文献］根岸鎮衛、鈴木棠三（編注）『耳袋』一

神奈川県

【あ】

青き袋のようなもの
［あおきふくろのようなもの］

建保七年（一二一九）正月七日、鎌倉《かまくら》（神奈川県鎌倉市）の空に現われたという一丈（約三メートル）くらいの大きさのある、青い袋のようなかたちのもの。煙のような気を吹き出したかと思うと、翌日まで鎌倉には木も倒れるほどのものすごい強風が吹き荒れたという。

『鎌倉繁栄広記《かまくらはんえいこうき》』（巻十一）に登場しており、須弥山《しゅみせん》も砕けるかのような勢力で襲来した「鎌倉の大風」の端緒となったふしぎな出来事として書かれている。同書を題材とした黒本・鳥居清満《とりいきよみつ》『北条九代序《ほうじょうくだいのいとぐち》』にも、この袋の部分は引用されているが、いずれも絵としては描かれてはおらず、叙述にとどまっている。

［参考文献］八文字屋自笑『鎌倉繁栄広記』、黒石陽子「黒本『鎌倉比事 北条九代序』について」（『叢 草双紙の翻刻と研究』二十五号）

後追い小僧
［あとおいこぞう］

山道を歩いているひとの後ろを追いかけて来るというもので、振り返っても誰もいないという。夜には提灯《ちょうちん》のような光を灯《とも》して出て来るともいう。

神奈川県の丹沢の山々に出るといわれている。特にそれ以上のことはしてこないが、所持している食物などを置いておくとよいという。

［参考文献］山村民俗の会『山の怪奇・百物語』

油壺
［あぶらつぼ］

神奈川県三浦市に伝わる。むかし北条家によって滅ぼされた三浦家の者たちは海に身を投げ、その血で入江が油ぎりつづけたことから「油壺」という地名ができたとされる。戦で命を落とした亡霊たちの叫び声や泣き声も、長いあいだ聴かれつづけたという。

亡霊の叫喚《きょうかん》や悲泣《ひきゅう》についてのはなしは、敬順《けいじゅん》『十方庵遊歴雑記《じっぽうあんゆうれきざっき》』（三編）などに記されている。これを鎮めるため、永昌寺と海《かい》蔵寺《ぞうじ》が大施餓鬼《だいせがき》をおこなったという。

このときに最期を遂げた三浦家の武将のひとりが三浦義意《みうらよしおき》で、**荒次郎《あらじろう》の首**のはなしがある。

［参考文献］江戸叢書刊行会『江戸叢書』巻の五、永井路子・萩坂昇・森比左志『神奈川の伝説』

天邪鬼
［あまんじゃく］

箱根山（神奈川県箱根町）に住んでいた、ものすごく力の強い存在で、富士山をみんなが知らないあいだに崩してなくしてしまおうという大それた計画をくわだてて

いた。そのために夜になると富士山の土を運んで海へ捨てていたのだが、ある日、とりかかるのが遅れて土を運んでいる途中で夜が明けてしまった。そのときにこぼしてしまった土が二子山《ふたごやま》（神奈川県箱根町）に、夜ごとに海に捨てていた土でできたのが伊豆大島だと語られている。（『日本伝説集』）

神奈川県曽我村（現・大井町、小田原市）に伝わる。縁起物語では性質上、伊豆大島（東京都大島町《おおしままち》）は神仏によって造られたものとして語られているが、それ以外の領域では、このはなしのように、造ったのは「あまんじゃく」であると語る例もみられるようである。

このはなしのように、巨人をあらわす呼び名として、あまのじゃくと**だいだらぼっち**は、しばしば混ざっていたりもする。千葉県の**天邪鬼《あまんじゃ》**なども参照。

［参考文献］高木敏男『日本伝説集』、藤澤衛彦『日本伝説叢書』伊豆の巻

荒次郎の首［あらじろうのくび］

油壺《あぶらつぼ》（神奈川県三浦市）で最期を遂げた三浦荒次郎義意《みうらあらじろうよしおき》の首。三浦浄心《みうらじょうしん》『北条五代記《ほうじょうごだいき》』（巻九）によると、北条家の軍勢に攻められ、荒次郎は自刎《じふん》して首を落としたが、その首は生きているように眼は逆立ち、百錬《ひゃくれん》の鏡に血をそそいだような爛々《らんらん》とした光でひとびとをにらみつづけた。三年後、総世寺《そうせいじ》（神奈川県小田原市）の禅師が「うつつとも夢ともしらぬ一《ひと》ねぶり浮世《うきよ》のひまをあけぼのの空」という歌を手向《たむ》けたところ、ついに目をとじ、たちまち白骨と化したという。

居神《いがみ》神社（神奈川県小田原市）には、義意が祀《まつ》られており、首はこの境内にある松の木に飛んで来て、枝にかみついて、そのまま人々をにらみつけつづけたというはなしも伝わる。（『神奈川の伝説』）

［参考文献］橋本實（校訂）『校訂北条五代記』、永井路子・萩坂昇・森比左志『神奈川の伝説』

銀杏精［いちょうのせい］

神奈川県大野村（現・平塚市）の慈眼寺《じげんじ》の銀杏《いちょう》の大木について語られていたはなしで、明治四四年（一九一一）ごろ、日暮れを過ぎるとこの木から「ホーホー」と悲しげな声が響いて聴こえたという。噂が広がってしばらくは近郊の人々が、本当かしらと野次馬《やじうま》となって群集していたという。『満洲日日新聞《まんしゅうにちにちしんぶん》』（明治四四年五月一三日）などに噂の掲載が確認できる。

［参考文献］湯本豪一『明治期怪異妖怪記事資料集成』

亥の日の蛙［いのひのかえる］

一〇月の亥《い》の日（亥子《いのこ》）には、牡丹餅《ぼたもち》がお供えされるが、それを神々のもとへ蛙《かえる》たちが運んで行くといわれている。その牡丹餅を運ぶ様子を見ようとして畑の大根たちは首をのばす（成長する）といわれていた。（『遠藤民俗聞書』、「多摩村の年中行

事」、『県央部の民俗二 ―伊勢原地区―』）

神奈川県や東京都など各地に伝わる。

大根が人間たちが美味しそうに食べている牡丹餅を食べたくなって首をのばす（『東京の民俗』五）ともいわれており、いかに美味しそうにつくるかが大根をうらやましがらせるコツのようである。

〔参考文献〕丸山久子・川端道子・大藤ゆき・加藤百合子・石原綏代・青木卓『遠藤民俗聞書』、神奈川県立博物館『県央部の民俗二 ―伊勢原地区―』、小川芳文「多摩村の年中行事」（『西郊民俗』五号）、東京都教育委員会『東京の民俗』五、鈴木重光「鳥その外の話」（『土俗と伝説』一巻四号）

鰻の精〔うなぎのせい〕

相模川《さがみがわ》（神奈川県）の「一の釜」の上流にあった淵《ふち》でとても大きな鰻が捕れたという。釣った者が少し不気味に思っていると、岩の上に白髪の老人が現われて「小僧さらばぞ」と淵に向かって声をかけたあと、にらみつけて来たので、すぐ淵に鰻を戻し一目散に逃げ帰ったという。

神奈川県相模原市に伝わる。

〔参考文献〕座間美都治『相模原民俗伝説集』

産女〔うぶめ〕

出産のときに死んでしまった女のひとの霊がなるという妖怪。夜道などに子供を抱いて現われ、子供をしばらくのあいだ抱いていてくれと頼んで来たりする。

絵巻物や錦絵・絵草紙などにも描かれることも多く、広く知られていた。

鎌倉の大巧寺《だいぎょうじ》（神奈川県鎌倉市小町《こまち》）には、むかし日棟《にっとう》上人が毎晩祖師堂《そしどう》へおまいりをしていたときに夷堂橋《えびすどうばし》で遭遇した産女の「廻向《えこう》をしてほしい」という頼みを聞き入れてあげたというはなしが伝わる。廻向によって苦患《くげん》からまぬがれることのできた産女は金一封を礼に持って来たといい、日棟はそれで宝塔を建てたと『新編鎌倉志《しんぺんかまくらし》』（巻七）「産女宝塔」などに記されている。

大巧寺は「産女霊神」、「おんめさま」と呼ばれており、安産祈願で知られる。

〔参考文献〕『大日本地誌大系五 新編鎌倉志・鎌倉攬勝考』、寺島良安、島田勇雄・竹島淳夫・樋口元巳（訳注）『和漢三才図会』十、柳田國男「橋姫」（『一目小僧その他』）

馬喰橋〔うまくらいばし〕

神奈川県藤沢市にある馬喰橋《うまくらばし》。むかし馬がこの橋を渡ると風邪をひいて倒れることが相次いだという。そこへ旅の弘法大師が通りがかり「これは橋の台に因縁《いんねん》があるから取り換えるとよい」と告げ、台をつけかえて祈ってもらったところ、馬に障りは出なくなったという。（『藤沢の民話』文献資料）

『新編相模国風土記稿《しんぺんさがみのくにふどきこう》』（巻百五）には、「馬鞍渡橋」が名称としてあり、俗に「馬《うま》殺橋《ころしばし》」とも呼ばれていたとある。また、『海鏡猿田彦《かいきょうさるたひこ》』を引いて、橋の石には古くてよくわからない字があったとあり、旅の聖《ひじり》のいいつけ通り山に埋めたら馬が橋で倒れ死ぬことはなくなったと記している。

〔参考文献〕藤沢市教育文化研究所『藤沢の民話』文献資料、『大日本地誌大系四十 新編相模国風土記稿』

馬の走る音［うまのはしるおと］

馬が走って行くような音がするというもの。戦で死んだ騎馬武者の亡霊だとされる。

神奈川県鎌倉市などで語られる。あちこちにある切通《きりどお》しや「やぐら」などとセットで語られているようで、夜になると現われるとされる。

［参考文献］幽霊探検隊『関東近郊　幽霊デートコースマップ』

大犬［おおいぬ］

大きな犬で、墓をあばいて死体を食べてしまう。人間のすがたに化けることもあったと語られる。

むかし猟師が山で道に迷い、谷間にあった見知らぬ大きな屋敷に泊めてもらった。そこの主人は「犬の喧嘩を見るのが好きなので、あなたの犬と私の犬とを喧嘩させてみないか」と持ち掛けて来た。猟師は承知して連れていた猟犬を屋敷の犬と勝負させたが軽くかみ殺されてしまった。屋敷からの帰り道、羽織袴《はおりはかま》をつけたあやしい男を墓場で見かけたので注意して眺めていると、その男は墓の前に立つと全裸になり大きな犬にすがたを変えた。大犬は死体をむしゃむしゃ食べている様子を猟師が見ていたことを察知し、人間のすがたに再び化けた後に「見ていたろう」と迫るが、もはや命はないと覚悟した猟師が屋敷でのことを語り、飼犬の仇《かたき》をとってくれと頼むと快諾をする。猟師と大犬は谷間の屋敷に向かい再戦し、飼犬の仇をとった。屋敷の主人も正体は犬で、犬のすがたになって大犬に躍りかかったが、大犬はこれもかみ殺した。主人が死ぬと同時に屋敷もいつの間にか消え去っていた。

神奈川県大山町（現・伊勢原市）に伝わる。葬式のときに墓で大きく火を焚《た》くのは、この大犬のような犬は火の焚かれた墓を荒らすことができないからであるとして、このはなしは語られていたという。（「墓で火を焚く話――中郡大山町――」）

土葬が主流だった時代に、犬や狼から墓を守るために竹や刃物などを設置する行為は各地に色々なかたちでみられ、このはなしの背景にも、そのようなお墓に関する習俗がある。

内容としては、大犬が仇討ちに協力する点では意外と義侠心《ぎきょうしん》にあつかったり、屋敷の主人も実は犬が化けたものであったりするなど、へんげ動物な犬の例として以外にも、おもしろい箇所が多い。

［参考文献］小林梅次「墓で火を焚く話――中郡大山町――」（相模民俗学会『民俗』三号）

大鱸［おおすずき］

相模国《さがみのくに》の馬入川《ばにゅうがわ》（神奈川県）にいて、多くの人々を取って殺していたという一間《けん》（約一・八メートル）近くある大きな鱸《すずき》。

三浦浄心《みうらじょうしん》『北条五代記《ほうじょうごだいき》』（巻二）にみられ、北条氏直《ほうじょううじなお》の家臣・福島伊賀守《ふくしまいがのかみ》が鵜《う》で魚を捕りに馬入川へ行くと「この川には近

頃、何だかわからないくせものがいて、ひとが多く取られている」というはなしを聞いたので、川に入って退治をしたと語られる。その際、伊賀守の中間《ちゅうげん》は水中に引きずり込まれて死んでいる。

［参考文献］橋本實（校訂）『校訂北条五代記』

多勢の行列［おおぜいのぎょうれつ］

夕方の薄暗い道を歩いていると、提灯《ちょうちん》をつけて歩いて来る多くのひとが行列のように向こうから現われて、ごよごよとなにかしゃべっているような話し声が聴こえたという。辻《つじ》のところに来ると提灯はパッと消えて声も消えた。（『遠藤民俗聞書』）

神奈川県藤沢市遠藤に伝わる。話者は**狐**《きつね》**火**《び》だといわれた（『遠藤民俗聞書』）と語っている。話し声がしたなどの要素は、東京都の**声のする火の玉**などとも近い例のようである。

［参考文献］丸山久子・川端道子・大藤ゆき・加藤百合子・石原綏代・青木卓『遠藤民俗聞書』、藤沢市教育文化研究所『藤沢の民話』一

大梟［おおふくろう］

鉄砲を撃っても弾を足でつかんでしまい、撃つたびにどんどん大きくもなるふしぎなお化け梟。

神奈川県横浜市旭区に伝わるはなしでは、むかし「鍛冶屋《かじや》」と呼ばれる猟師が何発鉄砲を撃ち込んでも弾をつかみ、どんどん大きくなる様子に恐れをなして、一歩うしろに下がったら、そこは崖《がけ》で、鍛冶屋はそのまま転落してしまったという。

［参考文献］相模民俗学会『神奈川のむかし話』

おさよならい

神奈川県川崎市川崎区に伝わる。正月二三日に吹く北風（ならい）のこと。これが吹いて来る日は、家の軒下に目籠《めかご》を下げて、外に出ず家にとじこもるものだとされていた。

むかし「おさよ」という女のひとが、この日に漁に出て、三浦の沖で「ならい」に吹かれて溺《おぼ》れ死んでしまったことから、「おさよならい」と呼ばれるようになったと語られている。（『東京内湾漁撈習俗調査報告書』）

目籠を下げて戸外に出ない、という部分は**箕借婆**《みかりばばあ》や**一つ目小僧**、**疫病神**たちなど、事八日《ことようか》（二月八日や一二月八日）にやって来る**悪魔**たちへの対処とも重なる。

［参考文献］神奈川県教育委員会『東京内湾漁撈習俗調査報告書』

おしゃもっつぁん

神奈川県平塚市上吉沢《かみきちさわ》に伝わる、ひとを化かす**狐**たちをこう呼んだりしており、子供などに「夕方ぼさぼさ遊んでるとオシャモッツァンにだまされるぞ」などと注意したり、道を迷わされたときに「オシャモッツァンの狐に化かされたんだ」といったりした。

「おしゃもっつぁん」はもともと三狐《みぎつね》神社の愛称で、そこから転じて狐全般も指すようになったものとみられる。稲荷《いなり》（三狐稲女大明神）が祀《まつ》られており、食べ物の神であるところから「おしゃもじ様」の意味ではないかと語義については語られている。

［参考文献］平塚市博物館『おしゃもっつぁん 平塚市上吉沢台の民俗』

小野寺村の化物［おのでらむらのばけもの］

相模国《さがみのくに》（神奈川県）の小野寺村という山里にある「ばけものの住む家」とされていた家に出たという妖怪。いろいろとひとをおどかしていたため、誰もその家には住む者がなかったとされる。

『諸国百物語《しょこくひゃくものがたり》』（巻二）にあるはなしにみられるもの。都から村を訪れていた旅人が、どんなものかみてやろうと泊まったところ、夜中に稲妻のように明るい**光物**《ひかりもの》が森のほうから飛んで来て、かげろうのように痩せた男が現われた。その男は鍵をかけた戸を蹴破《けやぶ》って家に入り、旅人の胸も蹴り飛ばして気絶させてしまったという。

［参考文献］太刀川清（校訂）『百物語怪談集成』

お化け石塔［おばけせきとう］

神奈川県相模原市の天応院《てんのういん》にある石塔。むかし寺に泊まっていた武士が外をふと見ると異形《いぎょう》の物が寺の墓地に向かって歩いていたのを目にしたので、すぐさま駆け寄り、一刀のもとにまっぷたつに斬った。異形の物はそのまま消え、あとに石塔がまっぷたつに割れており、この石塔が化けていたのだと語られるようになったという。

［参考文献］座間美都治『相模原民俗伝説集』

おひの森［おひのもり］

神奈川県相模原市の相原《あいはら》にあった森。大きな檜《ひのき》の木があり、それが「おひのき」と呼ばれていた。この木は枝が一本でも折れたりしてもたたりがあるといわれていた。白い大蛇がぬしとして住んでいたとも語られる。

ある年、台風で枝が折れたときは疫病が流行したりしたという。

［参考文献］座間美都治『相模原民俗伝説集』

お盆の鰹［おぼんのかつお］

神奈川県鎌倉市。お盆の三日間は漁に出てはいけないと言われていた。ただ、この時期はよく鰹《かつお》が捕れるので言いつけを守らずに漁にこっそり出る者もいた。あるひとがお盆に漁に出て鰹をごっそり捕ることに成功したが帰って来て舟の鰹を改めて見たら、全て頭部だけになっており、首から下のある鰹が一尾もいなかったという。お盆の時期のこのようなことは、海で亡くなって水の底にいる仏（死者）たちが、たたりをしたのだと考えられていた。（『としよりのはなし』）

盆の期間中に禁じられている漁をしたら、思いのほか大漁だったが、帰って来る

と位牌《いはい》や盆花《ぼんばな》になっていた、という例は全国各地にもみられる。

〔参考文献〕鎌倉市教育委員会『としよりのはなし』、井之口章次「長崎県対馬西北部の見聞（七）」（『西郊民俗』三十五号）

お宮の化物〔おみやのばけもの〕

神奈川県藤沢市石川にあった諏訪《すわ》神社《じんじゃ》のお宮に出たという妖怪。とても大きく、人間をつかまえては食べていたという。

しかし、化物は常日頃から「じょうぶつしたい」と思っており、ひとを食べつづける境遇から脱け出して成仏することを願っていた。あるとき、お宮の近くで赤ちゃんのおもりをしていたひとが、どんな種類の子守歌をうたっても泣き止まない赤ちゃんに対して、最後の手段としてお経の文句を唄っていたのを耳にしておぼえ、それを一心に願い込み、ついに成仏することができたという。（『藤沢の民話』三）

妖怪が、成仏することで自分の境遇から逃れることを望む展開は、栃木県の**百目鬼**《どうめき》や飛驒《ひだ》（岐阜県）に伝わる「飢渇《うえ》た化物」のはなしなどにも見え、寺社縁起などの**竜**のように、仏教の影響を受けた構成のはなしであるとみられる。

〔参考文献〕藤沢市教育文化研究所『藤沢の民話』三

女の客〔おんなのきゃく〕

昭和初期に鎌倉（神奈川県）のタクシー運転手たちによく語られていたというはなし。鎌倉《かまくら》（神奈川県鎌倉市）から逗子《ずし》（神奈川県逗子市）に向かう道は、むかしは真昼でも寂しい道で、夜遅くお客を逗子に送った帰り道に、女の客があることがあった。乗せて走っていると、いつの間にか女のすがたは車内から消えていたという。（「死霊・生霊」）

タクシー幽霊のはなしのひとつ。自動車を利用する層が多い土地柄であったせいなのか、鎌倉あたりにも、この手のはなしは古くからあったようで、消えてしまうお客には女もいれば男もあったようである。

〔参考文献〕永井龍男「死霊・生霊」（『永井龍男全集』九雑文集一）、中岡俊哉『日本全国 恐怖の心霊地図帖』

御魔〔おんま〕

人々によくないものをもたらす**魔物**・悪霊。神奈川県横浜市の本牧《ほんもく》神社でおこなわれる「お馬流し」と呼ばれる行事は、茅《かや》でできた馬（といわれるもの）に悪いものをうつしてそれを流すものだが、その「おうま」は「御魔」から来ているという説も語られている。

〔参考文献〕永田衡吉『神奈川県民俗芸能誌』上

【か】

外国渡りの狐［がいこくわたりのきつね］

海外から渡って来たとされる**狐**たちで、人々に取り憑《つ》いて**狐憑き**にしたりしたという。明治一六年（一八八三）には一〇〇匹あまりの狐が日本へやって来たと語られる。『東京絵入新聞《とうきょうえいりしんぶん》』（明治一六年三月二四日）の記事にあるもので、神奈川県岩村（現・真鶴町《まなづるまち》）で狐に憑かれた貞造《ていぞう》・おいな夫婦が語ったとされることばのなかにみることができる。その内容によれば、一〇〇匹あまりのうちの七、八匹が岩村に入り込んだのだという。

記事中では「外国」としか言及されていないため、天竺《てんじく》なのか美国《めりけん》なのか具体的な本籍地は不明だが、狐に関する知識として、このような口ぶりが存在していたことは知ることができる。

［参考文献］氷厘亭氷泉「外国渡り狐百匹」（『大佐用』百八十五号）

海水変赤［かいすいへんせき］

海の水がどろどろした真っ赤なものに変わってしまったという怪異。正和元年（一三一二）四月一二日、相模国《さがみのくに》（神奈川県）を中心に西は駿河国《するがのくに》（静岡県）、東は房総半島（千葉県）にかけて発生して、「国家の災」の前兆なのではないかと噂されたという。

虎関《こかん》『済北集《さいほくしゅう》』（巻二十）にみられる。朱《しゅ》瀾丹涛《らんたんとう》と化した海は、単に変色しただけではなく、どろどろぬるぬるしており、粟《あわ》や魚子《ななこ》（魚卵）のような粒々《つぶつぶ》した触感もあったと記している。虎関は『玄中記《げんちゅうき》』にある巨魚のはなしを引いて、大きな魚が産卵をして血が流れて起こったようなものであり、災いの前兆（怪異）などではないと語ったという。

［参考文献］虎関『済北集』、村上彰男「赤潮の発生と防除」（『日本海水学会誌』四十二巻三号）

餓鬼［がき］

神奈川県秦野市《はだのし》のヤビツ峠に伝わる。峠にさしかかると、急にお腹が減ってしまい、歩けるか歩けないかギリギリの状態になってしまうことがあった。

三増峠《みませとうげ》の合戦で敗走し、飢え死にしてしまった武士たちの霊がなったものだと語られており、峠を行くひとは何か食物を供えてから通行していたという。（『神奈川の伝説』）

餒病神《ひだるがみ》のようなものを示す「餓鬼《がき》」ということばの用いられ方の例だといえる。

［参考文献］永井路子・萩坂昇・森比左志『神奈川の伝説』

隠座頭〔かくれざとう〕

神奈川県内郷村《うちごうむら》（現・相模原市緑区）などに伝わる。踏みがら（米の脱穀をするための道具、踏唐臼《ふみからうす》）をついている音をさせてくるといわれる。自分の家のものを誰かが鳴らしているのかなと見に行くと誰もおらず、隣の家のほうからまたその音が聴こえて来たりするという。

夜中に箕《み》を家の外に出しっ放しにしていると、隠座頭に借りられてしまう、ともいわれていたという。

［参考文献］鈴木重光『相州内郷村話』

影取池の大蛇〔かげとりいけのだいじゃ〕

神奈川県藤沢市に伝わる。むかし藤沢にいた長者の家で大蛇が可愛がられていたが、あまりにも大きくなってしまったことから餌（毎日、米一升《しょう》・酒三升《しょう》をのんだとも語られる）が間に合わず、近くの池にこれを放した。以後、大蛇は池の水面近くを通るひとから影を取って命を吸ったり、荷物から米や酒を奪ったりして暮らしていたという。その影取りがつづいたことから今度は大蛇そのものが退治されてしまうことになったが、すがたを消してしまうため、全く射ることができず困り果てていた。長者の家にいたときに「おはん」という名で呼ばれていたことから、その名で呼んだところ大蛇が顔を出したので、そこをすかさず射て退治したという。（『藤沢の民話』文献資料）

「飼われていた大蛇」や「育ち過ぎて大蛇になってしまった飼い蛇」が人々に害をなしたり恩返しをしたりするはなしは全国各地に広くある。群馬県の**天王淵《てんのうぶち》の大蛇**なども参照。伝説や昔話の世界での飼育限界は大蛇に集中しがちなようである。

［参考文献］藤沢市教育文化研究所『藤沢の民話』文献資料、川口謙二『書かれない郷土史 ―武蔵、相模を中心とした―』、永井路子・萩坂昇・森比左志『神奈川の伝説』

河童徳利〔かっぱとっくり〕

河童の持っているというふしぎな徳利で、いくらでも好きなだけお酒が出て来るという。しかし、底を三回叩くと二度とお酒は出て来なくなってしまうという。

神奈川県茅ヶ崎《ちがさき》市には、五郎兵衛という男が、馬を引きずりこもうとした間門川《まかどがわ》の河童を木に縛《しば》りつけて懲らしめた結果、これをもらったはなし（『神奈川の伝説』）が語られている。山田桂翁《やまだけいおう》『宝暦現来集《ほうれきげんらいしゅう》』（巻二十一）にも、三輪堀五郎左衛門という男が、馬を引っぱろうとして捕まって殺されそうになっていた河童を救ってやった結果、お礼にもらったというはなしが記されており、天保年間（一八三一～一八四五）から既に知られていたことがわかる。

現在は、五郎兵衛の子孫と縁のある静岡県川根本町《かわねほんちょう》に移っており、智満院に五郎兵衛の墓や河童の碑などもある。（「伝統民話河童徳利 ルーツ知り地域活性を」、『おば

けを楽しむ手引き』）

[参考文献] 永井路子・萩坂昇・森比左志『神奈川の伝説』、『続日本随筆大成』別巻七、「伝統民話河童徳利ルーツ知り地域活性を」（『タウンニュース』茅ヶ崎版）、式水下流『おばけを楽しむ手引き』

蛙石［かわずいし］

神奈川県小田原市の北条稲荷《いなり》にある石で、小田原城や城下に異変が起こりそうになると、それを知らせるように鳴くといわれている。

[参考文献] 永井路子・萩坂昇・森比左志『神奈川の伝説』

雉子梟［きじふくろう］

工藤祐経《くどうすけつね》のもとに出現したという化鳥《けちょう》で、屋敷に侵入し、祐経の居間でぎゃーぎゃー鳴き騒いだという。家臣たちが散々に追い回した結果、ようやく弓で撃ち落とすことができ、じっくり確認してみたところ、頭は梟《ふくろう》のようで、体は雉子《きじ》の雄、尾は五色に光り輝いており、何という鳥であるか知る者もない、あやしい鳥だったという。『隠顕曽我物語《いんけんそがものがたり》』に登場するが、本文には特別な固有名が示されていないので、猿虎《さるとら》蛇《へび》のように仮にそのまま並べて雉子梟としてみた。

このような化鳥は物語や芝居では「鵺《ぬえ》」がそのまま転用されていたりすることも多いが、この『隠顕曽我物語』の鳥のように、独自な特徴のものもいる。

[参考文献]『今古実録 隠顕曽我物語』

狐踊り［きつねおどり］

ふしぎな遊び。**狐**を呼び出して幣束《へいそく》を持っているひとに憑《つ》けたあと、みんなで歌をうたうと、そのひとがふしぎな踊りをしたという。「稲荷《いなり》踊り」とも。

神奈川県藤沢市では、幕末から明治のころまで、若者も年寄も普段遊びで集まったりしたときに、しばしばこれを実行しては楽しんでいたという。幣束を持ったひと（踊りをおどる人物）の背中を三回叩くと、憑いた狐は帰って行き、正気に戻るというが、女性が踊るときに雄の狐が憑いてしまった場合、なかなか離れないこともあったという。明治五年（一八七二）四月ごろ、狐などを用いた巫術《ふじゅつ》などが政府によって禁じられたことを受け、村々では「狐踊り」を禁じたようで、その旨を記載した文書が複数確認できる。（「藤沢市の狐踊り資料」、『藤沢の民話』一）

村がおもて向きとして禁令を実施させた以後も、人々は隠れてこれで遊んでいたという。似た遊びには**とおかみ**なども関東広域にあり、幣束をもったひとに質問を投げかけるなど、うらないの要素も持っていた。**こっくりさん**などに先行する遊戯性を伴《とも》ったものであった、と覚えておいて損はない。

[参考文献] 丸山久子・大島建彦「藤沢市の狐踊り資料」（『西郊民俗』百十五号）、藤沢市教育文化研究所『藤沢の民話』一

狐がつく ［きつねがつく］

神奈川県では、畑仕事のときに食べる野《の》良弁当《らべんとう》は残して家に帰ると「狐がつく」といい、決して食べ残して持ち帰らなかった。また、箸《はし》も家のものを持って行くと狐がつくので、はじめから持って行かず、田畑の近くに生えている篠《しの》などを折って使った。（「野良弁当」）

田畑でお昼を食べるときにその場で近くの植物で「生木箸《なまきばし》」をつくることは各地でみられる。そのような箸は、食後に必ず折って捨てろといわれており、折っておかないと発生するとされるよくないことには、妖怪が関連してくるものが多い。

［参考文献］福田圭一「野良弁当」（『民間伝承』三巻十二号）

鬼面の札 ［きめんのふだ］

「よろずの悪魔」におかされることのない魔よけとして、家々に貼られていたという鬼の絵のおふだ。「八幡大菩薩《はちまんだいぼさつ》」という文字と鏑矢《かぶらや》で貫かれた鬼の顔が描かれていたようである。敬順《けいじゅん》『十方庵遊歴雑記《じっぽうあんゆうれきざっき》』（三編）などにみられる。東海道の平塚から小田原の宿場《しゅくば》あたりにかけて、これを貼っている家がしばしばみられたという。

鬼が矢に貫かれている絵は、茨城県の千人塚の**鬼の首**や、『仙境異聞《せんきょういぶん》』で寅吉《とらきち》が示した岩間山のおふだなどにもみられる。

［参考文献］江戸叢書刊行会『江戸叢書』巻の五、平田篤胤、子安宣邦（校注）『仙境異聞・勝五郎再生記聞』

綺麗な簪 ［きれいなかんざし］

水辺に綺麗な簪が落ちていたりするもので、これを拾おうと手をのばしたりすると、そこをつかまれて**河童**《かっぱ》に沈められてしまうという。（「鳥その外の話」）

神奈川県などにみられる。良さそうな魚をみせておびき寄せる手法と同様のもので各地でも美しい着物や**綺麗な花**（千葉県）、帯《おび》、襷《たすき》、櫛《くし》、印籠《いんろう》、巾着《きんちゃく》など、さまざまな小間物《こまもの》を用いてひとを甘い魅力で誘い込む化け術はみられる。

［参考文献］鈴木重光「鳥その外の話」（『土俗と伝説』一巻四号）

綺麗な島田髷の娘 ［きれいなしまだまげのむすめ］

夜道を歩いていると、前方を美しく綺麗な髪を島田髷にした娘が歩いていたりするといったもので、**狸**や**狐**が化けているとされる。

神奈川県相模原市でのはなしでは、絵から抜けでたように綺麗だったが、とても夜の闇の中で暗くて見えるはずがないのになぜか娘ははっきりと見えるので、狸が化けているとわかった、と語られる。（『相模原民俗伝説集』）

暗くて本来は見えないはずなのにはっきり見えるものは狐狸《こり》の化けたものである、という判別方法は他の地方でも広く語られる特徴である。

［参考文献］座間美都治『相模原民俗伝説集』

金の玉［きんのたま］

金でできている鉄砲玉で、**魔物**を撃つことができるという。

神奈川県では、撃つときに唱える特別なことばがあると言い伝えられており、それを唱えながら金の玉で撃てば、**天狗**にもあたるという。所持しているだけでも「魔がささない」と語られる。

［参考文献］野口長義「北足柄狩猟語彙（二）」（『民間伝承』三巻十一号）

九頭の大竜［くとうのたいりょう］

「九頭竜《くずりゅう》」とも。箱根山（神奈川県箱根町）の湖水に伝わる。秋里籬島《あきさとりとう》『東海道名所図会《とうかいどうめいしょずえ》』（巻五）には「湖水の西の淵《ふち》に九頭の大竜有《あり》て」とあり、人々を風波や毒で悩ませていたが満巻《まんがん》（万巻）上人による「鉄鎖《てっさ》の呪縛《じゅばく》」で湖中にある木（栴檀香木《せんだんこうぼく》）に封じられ、箱根山の守護となったことが記されている。

［参考文献］秋里籬島『東海道名所図会』、永田衡吉『神奈川県民俗芸能誌』下

首塚松［くびづかまつ］

神奈川県藤野町（現・相模原市）にあった松で、戦で全滅してしまった尾崎掃部頭《おざきかもんのかみ》の軍勢の大量の首が埋められているといわれ、葉っぱなどを切ると真っ赤な血が出るなどと語られていた。

この松は、昭和中期には既に枯れてなくなってしまったようである。

［参考文献］川口謙二『書かれない郷土史 ―武蔵、相模を中心とした―』

五頭竜［ごずりゅう］

「五頭竜王」などとも。黒雲をまとった五つの頭をもつ**竜**。武蔵国《むさしのくに》と相模国《さがみのくに》の境にあった深沢（神奈川県鎌倉市）という湖に住みつき、**雷神**《らいじん》・**天狗**・鬼魅《きみ》・山神などを操って、洪水や氷の雨を起こしたり、人々を襲ったりしていたが、江の島に出現した弁天（弁才天女。無熱池竜王《むねつちりゅうおう》の娘）に思いを寄せ、改心したという。竜口山《たつのくちやま》（神奈川県藤沢市）は、この五頭竜が変じたものだと語られる。（「江島縁起」、「江島縁起絵巻」、「相州得瑞嶋上之宮縁起について―翻刻と紹介―」）

五頭竜のはなしは、『江島縁起《えのしまえんぎ》』や『江島《えのしま》縁起絵巻《えんぎえまき》』など、江の島（神奈川県）に関する縁起物語で語られている。縁起物語の本文では「悪竜」や「毒竜」、「竜王」、「竜鬼」などの表現もみられる。この五頭竜が長者の家の一六人の子供たちを食べてしまったことが子死越《こしごえ》（腰越、神奈川県鎌倉市）という地名の由来であるとも記されている。

『江島縁起』では、安康《あんこう》天皇のときに円大臣《つぶらのおおみ》、武烈《ぶれつ》天皇のときに大伴金村《おおとものかなむら》に竜鬼（五頭竜）がついて悪事をなしたとしており、寺島良安《てらしまりょうあん》『和漢三才図会《わかんさんさいずえ》』（巻六十七・相

模）は、この五頭竜の憑《つ》いたはなしが、人に何かが取《と》り憑《つ》いたことのはじまりであると書いている。

〔参考文献〕「江島縁起」（藤沢市『藤沢市史資料』第三十六集）、真保亨「江島縁起絵巻」（『三浦古文化』三十二号）、向坂卓也「相州得瑞嶋上之宮縁起について―翻刻と紹介―」（『金澤文庫研究』三百十九号）、寺島良安、島田勇雄・竹島淳夫・樋口元巳（訳注）『和漢三才図会』十

【さ】

酒買い狸〔さけかいだぬき〕

神奈川県鎌倉市の延命寺にいたという**狸**で、寺に長く住んでおり、むかし酒好きだった住職から頼まれるとしばしば酒を買うお使いをしていたりしたという。

ひとを化かしたりする術は使わなかったそうで、嘉永《かえい》二年（一八四九）に寿命で死んだあとは寺に葬《ほうむ》られ「古狸塚」が建てられた。

〔参考文献〕川口謙二『書かれない郷土史 ―武蔵、相模を中心とした―』、永井路子・萩坂昇・森比左志『神奈川の伝説』

天狗男・天狗女〔さごお・さごひめ〕

太古のむかしに天から風雨とともに現われたという存在で、**天狗**になったとされる。大山（神奈川県）について記した『相陽大山譜』にみられる。神武天皇が関東地方の鬼賊《きぞく》平定にやって来た際に現われた金鵄《きんし》は、この二体の化けたもので、その光で鬼賊を払いよけ、のちに大山に祀《まつ》られる大天狗・小天狗になったと語られている。

『日本書紀《にほんしょき》』に登場する神武天皇を助けたとされる金鵄を天狗に習合した例だとみられ、『相陽大山譜』には『先代旧事本紀大成《せんだいくじほんぎたいせい》経《きょう》』の「天逆毎《あまのざこ》」の記事を引いて「さこ」という語の解説する註《ちゅう》も挿入されている。

〔参考文献〕『伊勢原市史』資料編 続大山

鮫の船〔さめのふね〕

夜になると鮫《さめ》がにせものの船を見せて、船頭たちの進む方角を迷わせたりすること

があったという。このような船のあとについて船を走らせているうちに、進路や方角を外していることが多かったようである。

神奈川県葉山町真名瀬《はやままちしんなせ》などに伝わる。火《ひ》床《どこ》の灰を撒《ま》くと鮫は去るとされる。（「三浦半島採訪余滴」）

陸上における**狐**や**狸**たちと対《つい》になるような、へんげ動物としての鮫たちが用いる海上での化け術だが、船のすがたで現われる**船幽霊**たちとあわせて考えることもできる例であり、興味深い。

［参考文献］和田正洲「三浦半島採訪余滴」（相模民俗学会『民俗』十号）

地鎮様［じじんさま］

神奈川県鎌倉市などでは、「地鎮様の日」に土いじりをしてはいけないとされている。地鎮様は大地や農業の神だといわれる。（「わが住む町―鎌倉市浄明寺町―」）

土いじりを禁じる点は、**土用坊主**などとも重なって来る要素である。関東広域の**地鎮様**も参照。

［参考文献］大藤ゆき「わが住む町―鎌倉市浄明寺町―」（相模民俗学会『民俗』二号）

地蔵ヶ淵のとね坊［じぞうがふちのとねぼう］

神奈川県茅ヶ崎《ちがさき》市に伝わる。地蔵ヶ淵にいたという大きな鰻《うなぎ》。

大きな鰻を釣り上げた男が、早速家に持ち帰ってぶつ切りに刻み、鍋で煮てみたところ、裏口から「地蔵ヶ淵のとね坊ヤーイ」という声が聴こえて来た。すると鍋の中の鰻が「オーイ」と返事をし、ぶつ切りにされる前のすがたに戻って家の外へ出て行ったという。（『茅ヶ崎市史』三 考古・民俗編）

「とね坊」という名前は出て来ないが、ぶつ切りにされた身が再び寄り合ってもとに戻り、出て行ったという地蔵ヶ淵の鰻のはなしは、神奈川県藤沢市でも語られており、そちらでは耳の大きな鰻（『藤沢の民話』三）と語られている。「耳の大きな鰻」（**耳の生えた鰻**）は大鰻の特徴としてよく語られている要素でもある。

［参考文献］『茅ヶ崎市史』三 考古・民俗編、藤沢市教育文化研究所『藤沢の民話』三

蛇谷の大蛇［じゃがやつのだいじゃ］

鎌倉（神奈川県鎌倉市）の若宮《わかみや》にいた稚《ち》児《ご》に娘が恋焦がれて死に、その執念が大蛇となって稚児を取り殺してしまったという。秋里籬島《あきさとりとう》『東海道名所図会《とうかいどうめいしょずえ》』（巻六）に鎌倉の「蛇谷」の由来のはなしとして載っている。原話は『沙石集《しゃせきしゅう》』（巻七）にあるものだが、そちらでは地名由来については書かれていない。『沙石集』のはなしを採っている『諸国百物語《しょこくひゃくものがたり》』（巻三）では、若宮の稚児に恋をして大蛇となったのは、渡部新五郎《わたなべしんごろう》の娘という設定で書いている。

［参考文献］筑土鈴寛（校訂）『沙石集』下、秋里籬島『東海道名所図会』、太刀川清（校訂）『百物語怪談集成』

精進池の主［しょうじんがいけのぬし］

神奈川県箱根町にある精進池のぬしで、大蛇だといわれる。池の名前の「精進」は古くは「庄司」だったとも語られる。

むかし娘のすがたに化身して、池のほとりで尺八《しゃくはち》を吹いていた目の不自由な青年と仲良くなった。娘は「そなたにだけ」と、大水が出て池のまわりが流されてしまう事を告げたのだが、青年が村のひとにもそれを知らせてしまった結果、村の者は池に大蛇の嫌う鉄気《かなけ》のあるものを次々に投げ入れ殺してしまった。いっぽう、青年も坂道で体に蛇の鱗《うろこ》がたくさん突き刺さったすがたで死んでいたという。

［参考文献］川口謙二『書かれない郷土史 —武蔵、相模を中心とした—』、永井路子・萩坂昇・森比左志『神奈川の伝説』

白狐［しろぎつね］

もろこしの国から日本の国へ稲《いね》を持って帰って来たという白い狐。お稲荷《いなり》さんの使い。もろこしの国から稲を持ち出すことは禁じられていたので、白狐は田植えの作業に加わり、そこで稲の苗《なえ》をしっぽに隠し、見られないようにうしろ歩きのまま帰って来た。（『神奈川のむかし話』）

神奈川県川崎市多摩区などに伝わる昔話に出て来る。白狐がうしろ歩きで稲を持ち帰ったので、今でも田植えの作業は植えながらうしろ向きに進むのだと語られる。（『神奈川のむかし話』）

稲作のはじまりについての内容を語る昔話には、狐や犬、牛などが登場するが、稲荷と関連して狐と設定されていることが多く、里神楽《さとかぐら》の演目などにも狐が耕作をするものがみられる。

初午《はつうま》との関わりについてを語る群馬県の**お狐さん**のはなしなども関連する。

［参考文献］相模民俗学会『神奈川のむかし話』

水天島［すいてんじま］

江の島（神奈川県）にある島で、聖天島《しょうでんじま》の別名。秋里籬島《あきさとりとう》『東海道名所図会《とうかいどうめいしょずえ》』（巻六）に、雨が降る前にはこの島が鳴動するとされていたことが記されている。

［参考文献］秋里籬島『東海道名所図会』、藤沢市教育文化研究所『藤沢の民話』文献資料

須賀の人魚［すがのにんぎょ］

神奈川県平塚市に伝わる。須賀の海では、海で死んだひとは人魚《にんぎょ》になるといわれており、船に近づいては桶《おけ》をほしがるという。底を抜いたものを投げてやらないと、海の水を次々に船の中に入れて来て、沈めてしまうといわれている。（『平塚市須賀の民俗』）

船幽霊や**海坊主**のような性質が付与された人魚の例であるといえる。

［参考文献］平塚市博物館『平塚市須賀の民俗』

清左衛門地獄［せいざえもんじごく］

「地獄池」、「浮泉《うけのいずみ》」とも呼ばれる。神奈川県南足柄《みなみあしがら》市にある湧き水で、「清左衛門」と呼びかけると、ぶくぶくぼこぼこ水が湧き立つと語られている。

むかし大変な日照りが起きた年に、加藤《かとう》清左衛門《せいざえもん》が馬に乗って弁財天へ雨乞《あまご》い祈願に行ったところ、突然地面が裂けて清左衛門と馬は呑み込まれてしまい、この湧き水が出たと語られる。また、主君・大森藤頼《おおもりふじより》が小田原城で敗軍した際に、清左衛門が馬を駆けさせて若君を救って来たが、追手《おって》に囲まれて、この池に身を没したとも伝わる。

［参考文献］永井路子・萩坂昇・森比左志『神奈川の伝説』

晴明石［せいめいいし］

神奈川県鎌倉市に複数伝わる石で、安倍《あべの》晴明《せいめい》にゆかりのあるものだと語られる。

晴明石と呼ばれている石を踏んだりすると、足が痛む、転倒するなどのばちがあたるという。ただし、晴明石であることを全く知らず、たまたま踏んでしまったような場合は足が丈夫になるともいう。

［参考文献］大藤ゆき「鎌倉の晴明石」（『西郊民俗』九十四号）

芹沢の天狗・矢崎の天狗［せりざわのてんぐ・やさきのてんぐ］

神奈川県茅ヶ崎《ちがさき》市に伝わる昔話にみられる。小出川《こいでがわ》を挟んで芹沢《せりざわ》に住む天狗と矢崎《やさき》に住む**天狗**はお互いに「じぶんの鼻がいちばん高い鼻だ」と自慢していた。

あるとき、どちらが本当に高い鼻かをくらべるために、川の両岸から鼻をつきだして長さくらべをしたところ、互いの鼻がくっついてしまった。それを本当の橋だと間違えた魚屋さんが渡ろうと歩きはじめると、やっと鼻がはずれたが、魚屋さんは荷の魚もろとも川に落ちてしまった。

［参考文献］相模民俗学会『神奈川のむかし話』

仙［せん］

翅《つばさ》を持つごく小さな人間で、一寸（約三センチ）くらいの大きさをしている。仙人のような存在であるらしい。

『御伽百物語《おとぎひゃくものがたり》』（巻三）の「猿畠山《さるはたやま》の仙」というはなしに出て来るもので、鶯囀司《おうてんす》という僧侶が諸国をまわっている途中、鎌倉（神奈川県鎌倉市）の猿畠山で羽根の生えた小さなひとのようなものを見た。はじめ鶯囀司は、これを蜂《はち》のような虫かと思い、杖の先に扇をくくりつけ、打ち落として捕まえたりしている。

蜂と勘違いされたりしたこと含め、「仙」たちの形状は、ヨーロッパのフェアリー（Fairy）たちと比較してみてもおもしろいものではある。

［参考文献］太刀川清（校訂）『百物語怪談集成』

【た】

滝野川の河童 ［たきのがわのかっぱ］

神奈川県横浜市神奈川区に伝わる。滝野川にあった滝に住んでいた年を経《へ》た雌の**河童**で、人々や牛馬を引きずりこんでいた。

ある浪人の武士が懲罰したところ、この河童は夫だった河童の「されこうべ」（髑《どく》髏《ろ》）を差し出し、それ以後は悪さをしなくなったという。（『神奈川の伝説』）

年を経た河童と語られていることから考えるに、既にこの雌河童は夫とは死別しており、その髑髏を大事にしていたものか。

［参考文献］永井路子・萩坂昇・森比左志『神奈川の伝説』

竜の子 ［たつのこ］

むかしある寺に常に適度な水が満たされているというふしぎな硯《すずり》があった。その硯の中から栗虫《くりむし》のような小さな虫が出て来たので僧侶や喝食《かつじき》（寺に仕える少年）たちがつぶしてしまおうとしたところ、寺の長老は「殺生《せっしょう》はいかん」として、扇《おうぎ》に乗せて池に放してやった。するとその小さな虫はどんどん大きくなり、雷雨とともに**竜**になって天に昇って行った。それからは硯から自然に水は出なくなってしまった。海底で一〇〇〇年を経て、山に入った「竜の子」がこの硯に使われている石に混じっていたのだろうと語られている。

『奇異雑談集《きいぞうだんしゅう》』（巻五）や井沢蟠竜《いざわばんりょう》『広益《こうえき》俗説弁残編《ぞくせつべんざんぺん》』（巻四十四）にみられるが、寺号は示されていない。前者では金河《かながわ》（神奈川県横浜市神奈川区）、後者では武州金《ぶしゅうかな》沢《ざわ》（神奈川県横浜市金沢区）の寺院であるとされる。

［参考文献］井沢蟠竜、白石良夫・湯浅佳子（校訂）『広益俗説弁続編』

棚っ小僧 ［たなっこぞう］

家の棚（屋根裏）にいるという妖怪。

神奈川県津久井町串川《つくいまちくしかわ》（現・相模原市）に伝わる。**棚婆**《たなばば》などとは地域も近く、非常に近い存在か。

［参考文献］神奈川県立歴史博物館『分類神奈川県方言辞典（三）—社会生活・経済生活・人の一生・儀礼と信仰—』

棚婆 ［たなばば］

「たなんばあ」とも。家の棚《たな》（農家にあった養蚕《ようさん》などをしていた屋根裏にある部屋のこと）に出るという恐ろしい婆。

神奈川県青根村（現・相模原市）に伝わる。

［参考文献］民俗学研究所『綜合日本民俗語彙』二、神奈川県立歴史博物館『分類神奈川県方言辞典（三）—社会生活・経済生活・人の一生・儀礼と信仰—』

小さな山［ちいさなやま］

道に突然、そこに無かったはずの小さな山が出現するというもの。

神奈川県座間市などに伝わる。**狐**が化け術でみせてくるものだと語られ、煙草《たばこ》の火をくっつけてみたところ、「ギャッ」と叫び声をあげて消えたともいう。

［参考文献］相模民俗学会『神奈川のむかし話』

帳つけ［ちょうつけ］

神奈川県鎌倉市寺分《てらぶん》などに伝わる。**厄神《やくじん》様《さま》**と一緒に正月七日に家々を歩いて回りに来るという存在で、年越しの準備を怠っている家、灯明《とうみょう》があかあかとついていない家など、厄神が判定した家々を帳面につけてゆき、その年に厄病を送りこむ予定をたてるという。（『としよりのはなし』）

帳面に家々の様子を書き込み、その内容を災いをもたらすための評価に用いるという仕事は、他の地域の事八日《ことようか》の**一つ目小僧**のような存在とおなじ任務だといえる。

［参考文献］鎌倉市教育委員会社会教育課『としよりのはなし』

帳つけ番頭［ちょうつけばんとう］

神奈川県佐野川村《さのがわむら》（現・相模原市緑区）に伝わる。事八日《ことようか》（二月八日や一二月八日）の前の夜に家々にやって来るとされる**厄神《やくじん》**や**疫病神《やくびょうがみ》**のことで、家の外に履物《はきもの》を出しっ放しにしている家を、自身の持つ帳面につけてゆくとされる。

一つ目小僧たちのように目はひとつだといい、ぬきなし（目の粗い笊《ざる》）などを目の玉の多い存在として恐れる、また柚子《ゆず》の実や、柚子の枝を燃やしたにおいを嫌うとも語られている。（『書かれない郷土史 ―武蔵、相模を中心とした―』）

「帳つけ番頭」は一般に商家・豪農で事務に携《たずさ》わる人物に用いられることばで、帳面を書くという動作から、妖怪の名前として転用されたようである。

［参考文献］川口謙二『書かれない郷土史 ―武蔵、相模を中心とした―』

塚の直刀［つかのちょくとう］

古くからある塚から出土した大むかしの直刀。所持した者にたたりが起きたり、**光《ひかり》物《もの》**を発したりする。

神奈川県相模原市に伝わるはなしでは、家に眼病や失明をする者が出つづけたので、寺へ直刀を納めたところ、寺でも同様のたたりがあったので、塚に埋め戻して祠《ほこら》を建てたという。

［参考文献］座間美都治『相模原民俗伝説集』

つぶっちり

神奈川県横須賀市に伝わる昔話に出て来る**河童《かっぱ》**で、粒石川《つぶいしがわ》に住んでいたという。

むかし藤沢に用事のあるひとが、この「つぶっちり」から「かわなのかんろく」と

いう河童に渡してくれという手紙を預かったが、中身が気になって開封してみたところ、「このニンをとれ」（この人間を獲れ）という内容が書かれていたので、届けるのをやめて、破いて捨ててしまったという。

〔参考文献〕中村亮雄「伝説と昔話」（相模民俗学会『民俗』八号）

釣瓶坂〔つるべざか〕

神奈川県藤沢市に伝わる。ここを夜に歩くと、木の上あたりから釣瓶《つるべ》をおろすような音が響いて来て、ひとをびっくりさせたという。この音は**貉**《むじな》がたてているとも考えられていたようである。

〔参考文献〕藤沢市教育文化研究所『藤沢の民話』三

でえらぼっち

「でえら様」とも。とても大きな巨人。神奈川県相模原市では、「でえら窪《くぼ》」と呼ばれる凹地《くぼち》が、この足跡であると語られている。また、大きな山を運んで来たが疲れたので大山（神奈川県）に腰をかけて休んでいたところ、その山が根付いて動かなくなってしまい、それが富士山になったという。（『相模原民俗伝説集』）

神奈川県相模原市相原《あいはら》にあった蝸牛塚（めえめえ塚）も落とした土でできたものだと語られていた。（「ダイダラ坊拾遺」）

〔参考文献〕座間美都治『相模原民俗伝説集』、安西勝「ダイダラ坊拾遺」（相模民俗学会『民俗』十四号）

でっくりぼう

板で造られた人形《ひとがた》で、呪いに用いられる。

神奈川県横須賀市などでは、憎い相手の所有している樹にこれを釘《くぎ》で打ちつけると、相手が病気になったり、死んだりするといわれていた。

〔参考文献〕小島瓔礼「俗信」（相模民俗学会『民俗』八号）

天狗の腰掛松〔てんぐのこしかけまつ〕

神奈川県逗子市の神武寺《じんむじ》の山にあったという松の木。

秋里籬島《あきさとりとう》『東海道名所図会《とうかいどうめいしょずえ》』（巻六）には「時々《よりより》奇怪ありて里人恐る」とあり、木が起こすのか**天狗**が起こすのかはっきりしないが、しばしばふしぎなことが起こったとの噂が語られていたようである。

〔参考文献〕秋里籬島『東海道名所図会』

天狗坊淵の主〔てんごんぼうぶちのぬし〕

神奈川県日連村《ひづれむら》（現・相模原市緑区）の天狗坊淵にいたぬしで、巨大な鰻《うなぎ》だという。「天言坊《てんごんぼう》」（『神奈川の伝説』）とも。

大水が出たとき、よその川に大鰻が打ち上げられたことがあったが、その背に「テンゴンボウ」という字が現われていた。また、この淵で多くの鰻を釣って帰ろうとすると、山のほうから「てんごんぼーうー」

という声が響いて来て、魚籠《びく》の中の鰻たちが「さらばよー」と答えた、などのはなしも伝わる。

この淵の深さによって、その年の豊作・凶作を占ったりもしたという。

神奈川県煤ヶ谷村《すすがやむら》（現・清川村）の「おとぼうが渕」に伝わるはなしでは、ぬしである大きな山女魚《やまめ》が釣られてしまったあと、「天狗坊《てんごうぼう》や、おとぼうはいま仏坂を負われて行くゾ」と、淵に向かって声を上げた（「煤ヶ谷村話」）と語られており、群馬県の**おとぼう鯰《なまず》**との重なりもみられる。

［参考文献］鈴木重光『相州内郷村話』、永井路子・萩坂昇・森比左志『神奈川の伝説』、坂本光雄「煤ヶ谷村話」（『あしなか』三輯）

髑髏［どくろ］

鎌倉（神奈川県鎌倉市）で延宝三年（一六七五）に土砂崩れがあった際、巨大な髑髏が出土したことがあったという。大きさは三尺（約九〇センチ）ほどあり、歯は一寸五分（約四五ミリ）もある大きなものだった。

谷川士清《たにがわことすが》『和訓栞《わくんのしおり》』の「ひとがしら」（髑髏）の項目に、巨人の髑髏のような大きさの髑髏が出土した例のひとつとして挙げられている。

［参考文献］谷川士清『増補語林　倭訓栞』下

飛物［とびもの］

文化一〇年（一八一三）一一月九日に武蔵国《むさしのくに》の駒岡村（神奈川県横浜市鶴見区）に出現したというふしぎな空飛ぶ獣。毛は紫色で、尾は長く、**蝙蝠《こうもり》**のような翼をしていた。

『献英楼画叢《けんえいろうがそう》　拾遺《しゅうい》』（八十四、八集の三）などに、これが出たという絵入りの情報が書き写されている。大きな化物《ばけもの》が出た、と村人たちはこれを打ち捕らえ、大きな桶《おけ》を伏せてとじこめたと記されている。その後どうなったのかは未詳。

［参考文献］Alain Briot『Monstres et prodiges dans le Japon d'Edo』

土用坊主［どようぼうず］

土用《どよう》（立夏・立秋・立冬・立春の直前にやってくる期間）には土いじりをしてはいけないといわれていた。土用坊主の頭をひっかいてしまうからだと語られている。（『綜合日本民俗語彙』）

神奈川県青根村（現・相模原市緑区）などに伝わる。「土用に土いじりをしてはいけない」という内容は、暦などでいわれていた「土公神《どこうじん》」の考え方が民間にひろまってそれぞれ簡単に定着したものであり、土公神や土用坊主などのような存在が特に言及されない例（『太田市史』通史編　民俗上）も各地で数多くみられる。何かしらかの存在を設定して、それを傷つけてしまうのでダメだという表現は**土荒神様《どこうじんさま》**や**地鎮様《じじんさま》**などと要素は重なっている。

［参考文献］民俗学研究所『綜合日本民俗語彙』三、『太田市史』通史編　民俗上、寺島良安・島田勇雄・竹島淳夫・樋口元巳（訳注）『和漢三才図会』一

虎が石［とらがいし］

「虎御石《とらごいし》」、「虎子石」、「虎石」とも。大磯（神奈川県大磯町）にある石。

曽我物語《そがものがたり》などで知られる虎御前《とらごぜん》ゆかりの石だとされる。むかしは道ばたに転がっていたが、文政年間（一八一八〜一八三一）ごろに延台寺《えんだいじ》に置かれたという。浅井了意《あさいりょうい》『東海道名所記《とうかいどうめいしょき》』には、良い男が持つと上がり、悪い男が持つと上がらない色ごのみの石であるとも書かれている。敬順《けいじゅん》『十方《じっぽう》庵遊歴雑記《あんゆうれきざっき》』（三編）には、寺での拝見料が一二文だったことも記載されている。

虎御前の両親が子供のなかったころに、弁天に祈願をしたところ、この石を安置するようにお告げを受け、祈ったことで虎御前を授かった（『書かれない郷土史 —武蔵、相模を中心とした—』など）と語られるほか、虎子石を唄った木遣歌《きやりうた》には、虎御前が曽我十郎《そがのじゅうろう》と添い遂げたいと竜宮《りゅうぐう》に願掛けをした結果、竜神から授かったふしぎな石である（『神奈川県民俗芸能誌』下）とも唄われてもいる。

歌川芳員《うたがわよしかず》が東海道の各駅を戯画調に描いた錦絵組物《にしきえくみもの》『東海道五十三次《とうかいどうごじゅうさんつぎ》』の「大磯」は虎が石（虎子石）を題材にしているが、石にそのまま虎の尾や手足を生やすという狂画デザインで描かれている。

［参考文献］浅井了意『東海道名所記』、江戸叢書刊行会『江戸叢書』巻の五、永田衡吉『神奈川県民俗芸能誌』下、川口謙二『書かれない郷土史 —武蔵、相模を中心とした—』、永井路子・萩坂昇・森比左志『神奈川の伝説』

泥鑵子［どろかんす］

神奈川県相模原市の下九沢《しもくざわ》に伝わる。石室と呼ばれる場所に出たとされるが、何をする妖怪なのかについては残されていない。

鑵子《かんす》というのは、お湯を沸かせるための銅や鉄でできた茶釜《ちゃがま》のような器のこと。

［参考文献］座間美都治『相模原民俗伝説集』

【な】

夏狐［なつきつね］

夏に大きく声をあげて鳴く**狐**のこと。狐は「秋によく鳴くもの」だと考えられており、「夏狐鳴事珍事なり《なつきつねなくことちんじなり》」（『北条五代記』）など、あやしいこととして語られている。

小田原城（神奈川県小田原市）に現われ、鳴き声をあげたはなしなどが知られる。

三浦浄心《みうらじょうしん》『北条 五代記《ほうじょうごだいき》』（巻六）によると、小田原城で夏狐が鳴くのが聴かれたので、北条氏康《ほうじょううじやす》が狐が鳴くとはふしぎであると感じ「夏はきつ音《ね》に鳴く蟬《せみ》の唐衣《からころも》おのれおのれが身の上に着よ」という和歌を詠ん

だところ鳴き声は止み、翌朝探してみると狐が死んでいた。このことは実に奇妙ふしぎと讃《たた》えられたという。

いっぽう、小田原城にあった北条稲荷《ほうじょういなり》に関する伝説では、和歌のなかで「きつ」と「ね」に割られて詠まれることで死んだとされるこの夏狐の霊によって、後に氏康も亡くなってしまったことから、この狐を稲荷として祀《まつ》ったとされている。（『神奈川の伝説』）

［参考文献］橋本實（校訂）『校訂北条五代記』、根岸鎮衛、鈴木棠三（編注）『耳袋』二、永井路子・萩坂昇・森比左志『神奈川の伝説』

虹吹［にじふき］

神奈川県相模原市にある地名。大むかしそこには大きな沼があり、毎日その上に虹がかかっていたことからそう呼ばれていると伝わる。

［参考文献］座間美都治『相模原民俗伝説集』

猫胡瓜［ねこきゅうり］

猫から生えたという大きな胡瓜《きゅうり》。

神奈川県横須賀市浦賀に伝わる昔話に出て来るもの。船宿に飼われていた黒猫の挙動が怪しく不審だったために漁師が殺したが、翌年訪れたときに出されたのがこの妙に大きな胡瓜だった。調べてみると、その胡瓜の実った蔓《つる》は埋められた黒猫の骨から生えていた。（『神奈川の伝説』）

「猫南瓜《ねこかぼちゃ》」と呼ばれる昔話の、南瓜ではなく胡瓜が生えていたかたちのもの。

このはなしでは、胡瓜を食べていないが、同じく胡瓜が生える展開を持つ静岡県河津町《かわづちょう》の猫のはなし（「伊豆の昔話」）などでは、食べてしまった船頭が苦しんだ末に死んでしまう展開が含まれていることを考えると、この猫胡瓜もやはり有毒だったといえそうである。

［参考文献］永井路子・萩坂昇・森比左志『神奈川の伝説』、土屋武彦「伊豆の昔話」（『西郊民俗』九十四号）

猫の踊り場［ねこのおどりば］

神奈川県横浜市戸塚区にある塚で、**猫**がたくさん集まって踊っていたりしていたと語られる。

むかし戸塚の宿場の醤油《しょうゆ》屋の主人が商売からの帰り道、自分の家の猫が手拭《てぬぐい》をかぶって他の猫たちと踊っているのを目撃し、いつも夜になると手拭が一本家からなくなっていた理由を知ったという。

［参考文献］永井路子・萩坂昇・森比左志『神奈川の伝説』

【は】

白竜〔はくりょう〕

江の島（神奈川県）にいるとされる白い**竜**。秋里籬島《あきさとりとう》『東海道名所図会《とうかいどうめいしょずえ》』（巻六）では「白竜窟　竜窟より東に回る第二第三の窟也《いわやなり》二つの白竜つねにここに棲《す》む　竜《たつ》が岩屋《いわや》ともいふ」とあり、二頭いたようだ。

〔参考文献〕秋里籬島『東海道名所図会』、藤沢市教育文化研究所『藤沢の民話』文献資料

化地蔵〔ばけじぞう〕

大磯（神奈川県大磯町）の切通《きりどお》しにあるとして知られていた地蔵。夜ごとに美女などに化けて人々を化かしていた。

あるとき化かされた人によって斬り倒され、首が落ちてしまったことから、「首無地蔵」または「首切地蔵」とも呼ばれた。

東海道の名物として広く知られていたようで、井沢蟠竜《いざわばんりょう》『広益俗説弁残編《こうえきぞくせつべんざんへん》』（巻四十三）にも採り上げられている。

〔参考文献〕浅井了意『東海道名所記』、井沢蟠竜、白石良夫・湯浅佳子（校訂）『広益俗説弁続編』

羽白熊〔はしろぐま〕

太古のむかしに相模国《さがみのくに》（神奈川県）で人や馬を襲っていたという強力な鬼賊《きぞく》。岩に綱《つな》をかけて人間も獣も到達できないような所へ自在に昇り降りして生きていたという。のちに日本武尊《やまとたけるのみこと》が関東へやって来た際に捕らえられたが、その動きの達者さから「足軽《あしかる》」の住む山「足柄山《あしがらやま》」という地名ができたとされる。

『日本国名風土記《にほんこくめいふどき》』などにみられる、足柄（神奈川県南足柄市）という地名由来を説くためにつくられたはなしに登場する存在で、山賊の元祖でもあるとされる。足柄と日本武尊のはなしは**白鹿**《しろきしし》にみられるようなものが一般的であり、これはだいぶ離れたものとなっている。名前については『日本《にほん》書紀《しょき》』の神功《じんぐう》皇后の時代に記述のある九州の「羽白熊鷲《はしろくまわし》」が古註《こちゅう》空間の中で転化して生じたものかと考えられる。

〔参考文献〕『日本国名風土記』

比丘口の狐〔びくぐちのきつね〕

神奈川県相模原市の比丘口にいたという**狐**で、悪さをつづけていたので「しもっぴの大ほうえん」（東京都の三本杉というところにいたという法印《ほういん》。「ほうえん」は法印の意。飯縄権現《いづなごんげん》を祀《まつ》っていたという）がこの狐を「青い玉」にして穴に封じてしまったという。

その穴は、清兵衛《せいべえ》新田《しんでん》の氷川《ひかわ》神社の前に掘られたといい、真上に杉《すぎ》の木を植えて封

じ込めているとされている。のちに「福徳《ふくとく》稲荷《いなり》」として祀られた。

［参考文献］座間美都治『相模原民俗伝説集』

久木の孫三郎［ひさきのまごさぶろう］

神奈川県逗子市の久木《ひさき》にいた**狐**で、漁師たちを化かして魚を奪ったりしていたという。**披露山《ひろやま》のお夏**は妻。

［参考文献］永井路子・萩坂昇・森比左志『神奈川の伝説』

披露山のお夏［ひろやまのおなつ］

神奈川県逗子市の披露山にいた**狐**で、漁師たちを化かして魚を奪ったりしていたという。**久木《ひさき》の孫三郎《まごさぶろう》**は夫。

［参考文献］永井路子・萩坂昇・森比左志『神奈川の伝説』

福［ふく］

山のふしぎな穴にある豪華な屋敷に住む「ひょっとこ」のようなみにくい顔の子供。この子が家にいると幸せが舞い込む。

むかし薪《たきぎ》を山に採りに行ったおじいさんが、狐の穴のようなものを見つけ「こんなものは埋めてしまおう」と、薪を詰め込んだが、無限に入ってしまうのでふしぎに思い、奥へと入って行くと、豪華な屋敷に住む美しい娘と出会ってもてなしを受け、子をもらって帰った。おばあさんは「こんな子供どうすんだ、竈《かまど》の世話でもさせとくべ」と厄介《やっかい》あつかいしたが、次々幸せが舞い込み富貴《ふうき》になった。ある日、チョットした間違いをおばあさんが見つけ「もう家にはおかれねえ、出て行け」と怒鳴りつけたところ、子供は家からいなくなってしまい、家計も元の貧乏に戻ってしまった。後におじいさんが子供の顔のお面をつくり、いつも火の世話をしていた竈に祀《まつ》ったところ、また豊かになったという。このお面は「福の面」と呼ばれ、他の家々の竈にも祀られるようになったとされる。

神奈川県中井町などに伝わる昔話に出て来るもので「福の面」は、ひょっとこの面のこと。「ひょうとく」などと同様に、竈に飾る面の由来を説く内容になっている。

［参考文献］相模民俗学会『神奈川のむかし話』

米軍病院のお札［べいぐんびょういんのおふだ］

神奈川県相模原市などで語られる。廃墟のまま残されていた駐留米軍の病院跡があり、その内部にはあっちこっちにお札が貼られているという。きもだめしとして、そのお札を剝《は》がして来るといったことが行われたりするが、剝がした者は決まってその後、事故に遭ったりするという。

［参考文献］幽霊探検隊『関東近郊 幽霊デートコースマップ』

兵隊の亡霊［へいたいのぼうれい］

神奈川県座間市で語られる。真夜中にふしぎな大きな音とともに戦闘服を身につけて包帯を巻いたりした何人もの兵隊が、うろうろ歩いているのがキャンプ地の近くで

見られたという。ベトナム戦争のときに亡くなった傷病兵たちの亡霊だという。

〔参考文献〕幽霊探検隊『関東近郊 幽霊デートコースマップ』

方角様〔ほうがくさま〕

家に災難やよくないことが起きたりするのは、「方角様を汚《けが》したから」などといい、その方角に対してお神酒《みき》・塩・線香などを供えて謝り、ゆるしを乞《こ》うたという。（『横浜在郷農家の伝承―二俣川町善部―』）
神奈川県横浜市旭区に伝わる。**大将軍**などと同様に、暦などにみられる方位方角による吉凶などの概念が、より単純化したとみられる存在である。
〔参考文献〕和田正洲「横浜在郷農家の伝承―二俣川町善部―」（相模民俗学会『民俗』四号）

鳳霜魚〔ほうそうぎょ〕

天保九年（一八三八）六月、相模国《さがみのくに》の浦賀（神奈川県横須賀市）の浜辺で捕らえられたというふしぎな魚。捕らえられる以前から、晴れている日には、夜間は陸で昼間は海でみられていたという。

このような怪魚が捕れたということを一枚刷りにしたかわら版《ばん》のようなものが出ていたようで、『諸方見聞図会』や『献英楼《けんえいろう》画叢《がそう》拾遺《しゅうい》』（八十四、八集の三）などにみられる。全体は海老《えび》のような魚で、頭には猩々《しょうじょう》（海にいると考えられていた存在、赤い髪でお酒を好む）のように髪の毛が生えており、馬か猫のような顔、腹は金色に光っているように見えたという。「ほうねん魚」とも呼ばれる（『Monstres et prodiges dans le Japon d'Edo』）とかわら版には記載されている。

〔参考文献〕Alain Briot『Monstres et prodiges dans le Japon d'Edo』、藤澤衛彦『変態見世物史』

星見の池〔ほしみのいけ〕

「星見が池」とも。神奈川県三浦市の松輪《まつわ》にある池で、むかしは海水が入って来ており、海の幸《さち》が多くみられたが、ここから魚介を捕ると必ず病気になるなどのたたりがあるとされていた。「星見《ほしみ》」は「惜《お》しみ」から来ているといい、神様が捕られることを惜しんでいると語られる。（『海辺の暮らし―松輪民俗誌―』）
むかし安房国《あわのくに》（千葉県）から来た者が「いい栄螺《さざえ》がいっぱいあるじゃんかよ」と、こっそり捕って帰ったところ、病気になって死んでしまったという。（『神奈川の伝説』）
厄神《やくじん》様のほしみの魚の「ほしみ」も同様の例である。
〔参考文献〕『海辺の暮らし―松輪民俗誌―』三浦市教育委員会、永井路子・萩坂昇・森比左志『神奈川の伝説』

骨の手〔ほねのて〕

運動場の地面からたくさんの骨の手が突き出て来て、ひとの足をつかんで転ばせたりするというもの。ひとの目にははっきり見

えるものではないようである。

『本当にこわい！　学校の怪談スペシャル』では、神奈川県のある学校でのはなしとして語られており、運動会のリレーで怪《け》我《が》をした走者の足をたくさんの骨の手がつかんでいたのをたまたま見てしまった、他のひとも当人も手は見えていなかった、といったはなしが書かれている。


［参考文献］『本当にこわい！　学校の怪談スペシャル』

ぼんぼん鮫［ぼんぼんざめ］

神奈川県真鶴町《まなづるまち》に伝わる。沖からぼんぼんという鐘《かね》を打っているような音がするというもので、鮫たちが鳴らしているのだとされる。

むかしここには子鮫をまもって漁船を荒らす夫婦の鮫がいたが、梵鐘《ぼんしょう》を運んでいる船を襲撃したとき、逃げるために船頭たちが海に落とした梵鐘の中にとじこめられてしまった。この鐘の音は、子鮫たちがしっぽで梵鐘を粉砕しようとしている音なのだという。


［参考文献］永井路子・萩坂昇・森比左志『神奈川の伝説』

【ま】

〓鮎［まこ］

海に住んでいるふしぎな獣。人間のことばをしゃべることはしないが、しぐさは丁《てい》寧《ねい》で、礼儀正しく、やさしい。人間が体のどこかがかゆいと思うと、口にせずともそれを察し、心地よく手でかいてくれるという。普段は、海辺で流木や干し魚を集めて暮らしているようである。

井原西鶴《いはらさいかく》『西鶴諸国咄《さいかくしょこくばなし》』（巻五）にみられる。金沢（神奈川県横浜市金沢区）に隠棲《いんせい》していた流円坊《りゅうえんぼう》という僧侶が、海で二匹の〓鮎と親しくなったところ、彼らは庵《いおり》にし

ばしばやって来て、よく懐《なつ》いていたという。あるとき一匹しか来なくなったので「もしや死んでしまったのか」と尋ねると、鱒鮎は笑って沖のほうを指さすだけだった。数ヶ月後、来なかったもう一匹が再び庵に顔を見せたが、ふしぎなことに流円坊の故郷《くに》（伊勢《いせ》）の師匠が着ていたような紫の衣を手に持って来ていた。その後、国許《くにもと》から「円山師が遷化《せんげ》なされた」という知らせが届き、鱒鮎が師匠の死を知らせてくれたことがわかったという。

［参考文献］井原西鶴、和田萬吉（校訂）『西鶴諸国咄・本朝桜陰比事』

まさかりが淵の主［まさかりがふちのぬし］

神奈川県横浜市戸塚区深谷町《ふかやちょう》にある滝のある淵のぬしで、水中で機織《はた》りをしている美しい娘だという。

むかし樵夫《きこり》が木を切るのに使っていた鉞《まさかり》を落としてしまい、淵に探しに行ったところ、「わたしを見たことを他言せぬのならば鉞は返す」と告げた。樵夫が承知すると、ぬしは竜宮《りゅうぐう》のような美しい御殿に案内してくれ、ご馳走《ちそう》でもてなしてくれた。樵夫が三日ほど御殿で過ごして家に帰ると、この世では三年が過ぎていた。死んだと思われていた樵夫は、村の人々から問われた結果、ぬしのことをしゃべってしまい、そのまま絶命してしまったという。（『神奈川の伝説』）

水中のぬしが、機織りをしている女性のすがたをしているというはなしは、全国に広くみられる。

［参考文献］永井路子・萩坂昇・森比左志『神奈川の伝説』

万宝［まんぼう］

神奈川県鎌倉市腰越《こしごえ》などでは、翻車魚《まんぼう》は「釣針《つりばり》にかからない魚」と考えられており、もし釣針にかかったりすると、その家の者が死ぬ、家が絶えるなど、よくないことが起こるといわれていた。

海上で普通に浮いている状態のものと出会うことは、めでたいとされており、身を切り取ったあとは、ごはんを乗せて「良い漁がおとずれますように」と願掛けをして流したり、「だいりょだいりょ」（背鰭《せびれ》）を持ち帰って神棚に置いたりしたという。

［参考文献］土屋秀四郎「伊勢吉漁師聞書（一）」（相模民俗学会『民俗』二十七号）

みさき鴉［みさきがらす］

亡者が食べるはずの供物を横取りして食べてしまうという悪い鴉。また、亡くなった子供たちがあの世に行って地蔵《じぞう》のまわりで石を積んでいると、これがやって来て、積み上げた石を足でぶっ壊したりするという。このような害を及ぼさないように、新仏（死者）が出た家では「いちっこ」（巫子）に「みさきよけ」をしてもらっていたという。（『としよりのはなし』）

神奈川県鎌倉市梶原などに伝わる。神奈川県小田原市などでも赤や青の御幣《ごへい》を墓に立て「みさき」よけをしていた（「ミサキ

よけ」）という。巫子《いちっこ》などが言及していたという点を考えると、宗教者たちを中心として、このような種類の理論や言い伝えはかなり広く存在していたのではないかと考えられる。

［参考文献］鎌倉市教育委員会社会教育課『としよりのはなし』、木村博「ミサキよけ」（『仏教と民俗』四号）

三つ目入道［みつめにゅうどう］

顔に目が三つある大入道。

神奈川県相模原市の鳩川《はとがわ》の今橋《いまばし》には、**狸**が化けた三つ目入道が出ると語られていた。

［参考文献］座間美都治『相模原民俗伝説集』

見張所の幽霊［みはりじょのゆうれい］

神奈川県横須賀市にあった追浜海軍航空《おっぱまかいぐんこうくう》隊《たい》の基地で語られていたとされる幽霊。

昭和のはじめ、浦郷《うらごう》にある小料理屋の店員の娘と馴染みになった兵隊がおり、夜間の見張所に立つ時間にコッソリ出会っていたのだが、あるとき急な交替を知らないまま別人の兵隊に近づいてしまった娘は、逃げ出すはずみで井戸に落ちて死んでしまった。以後浴衣《ゆかた》すがたのその娘の幽霊が見張りに立つ兵隊たちに目撃され、見たという兵隊は次々に発熱して寝込んでしまったりしたという。

［参考文献］長松英郎「基地の古井戸に現われた怪美人」（『現代読本臨時増刊 特集 妖奇実話』）

茗荷鮫［みょうがざめ］

大田南畝《おおたなんぽ》『一話一言《いちわいちげん》』（巻十一）にみられる。安永六年（一七七七）、相模国《さがみのくに》の小田原（神奈川県小田原市）に現われた五〇間《けん》（約九〇メートル）ぐらいはあるという大魚で、どんな大船でも引っくり返して沈めてしまったという情報が記されている。

茗荷鮫という名は鮫の一種に用いられていた呼び名で、『重修本草綱目啓蒙《ちょうしゅうほんぞうこうもくけいもう》』（巻三十・鮫魚）によると、歯が茗荷《みょうが》のようなかたちであることに由来するようである。ふつうの茗荷鮫とくらべ、尋常ではない大きさの『一話一言』などにある例は「大茗荷鮫」といった感じか。

［参考文献］『日本随筆大成』別巻二、梯南洋（校訂）『重修本草綱目啓蒙』

名馬の蹄跡［めいばのあしあと］

「駿馬《しゅんめ》の蹄迹《あしあと》」、「石橋の馬蹄《ばてい》」とも。箱根（神奈川県箱根町）にあった小さな石橋についていたとされる馬の足跡のようなもの。踏むとたたりがあるとされた。

むかし曽我五郎《そがのごろう》が馬で通ってつけた足跡で、脚気《かっけ》を病むひとが願掛けをすると良いとも語られていた。

曲亭馬琴《きょくていばきん》『著作堂一夕話《ちょさくどういっせきわ》』などにみられる。ある人が石を取り換えたところ、俄《にわか》に死んでしまったので、すぐに戻されたともいう。

［参考文献］『日本随筆大成』一期十

目一つ小僧［めひとつこぞう］

一二月八日に家々を見にやって来るという存在。**疫病神**《やくびょうがみ》であるとされる。

神奈川県秦野《はだの》市などでは「目一つ小僧に判を押される」といい、この晩に家の外に履物《はきもの》を出しっ放しにしてはいけない（『秦野盆地周辺の民俗 神奈川県秦野市横野宮上・小原』）とされる。神奈川県横須賀市では、八の日（二月八日、一二月八日）に来るといわれ、目の多い笊《ざる》や草刈鎌《くさかりがま》を屋根に伏せて置いた（「年中行事」）という。神奈川県藤沢市でも「よおかどう」または「よおかぞう」と呼ばれる日（二月八日、一二月八日）にやって来るといい、目籠《めえかい》を竹竿《たけざお》にさして屋根に高く出し、目のたくさんあることを見せつけて目一つ小僧を怖がらせる（『遠藤民俗聞書』）とされていた。

人々の家を見て行き、暮らしぶりの悪い者の名前を帳面につけ、それをもとに疫病をもたらすとされる。目一つ小僧は、その帳面を塞《せえ》の神《かみ》に一時的に預けてゆくので、それを不注意で燃やしてしまったとするために正月一四日の「さいとばらい」（子供たちが「悪魔ばらい」と称して御幣《ごへい》を振って町内をまわったあと、正月飾りや麦藁《むぎわら》で造った塞の神の小屋を燃やす）が行われる。この火で焼いた団子を食べると一年間風邪《かぜ》をひかないという。（『秦野盆地周辺の民俗 神奈川県秦野市横野宮上・小原』）

［参考文献］立正大学民俗学研究会『秦野盆地周辺の民俗 神奈川県秦野市横野宮上・小原』、池田俊平「年中行事」（相模民俗学会『民俗』八号）、丸山久子・川端道子・大藤ゆき・加藤百合子・石原綏代・青木卓『遠藤民俗聞書』

妄念［もうねん］

海に出るとされる亡霊や**餓鬼**《がき》で、海で亡くなり、死体のあがらないままになっているひとの霊だとされる。

神奈川県三浦市などに伝わる。

［参考文献］神奈川県立歴史博物館『分類神奈川県方言辞典（三）――社会生活・経済生活・人の一生・儀礼と信仰――』

【や】

厄神様［やくじんさま］

神奈川県鎌倉市寺分《てらぶん》などに伝わる。厄病をつかさどる神で、正月七日に家々を歩いてまわりに来るという。その家が年越しの準備をあれこれ怠《おこた》っていたり、灯明《とうみょう》があかあかとついていない家であると確認すると、連れて歩いている**帳つけ**に命じて逐一記載をさせ、その年に厄病を送りこむ予定をたてるという。

［参考文献］鎌倉市教育委員会社会教育課『としよりのはなし』

厄神様のほしみの魚［やくじんさまのほしみのさかな］

鱚《きす》のこと。神奈川県横須賀市秋谷《あきや》などでは、**厄神**が大事にしている魚なので食べてはいけないとされていた。「ほしみ」は、神様が大事にしているもののことで、食べてはいけないものをさして用いられる。（「三浦半島採訪余滴」）

星見の池の「ほしみ」も同様の例である。

［参考文献］和田正洲「三浦半島採訪余滴」（相模民俗学会『民俗』十号）

山男［やまおとこ］

山中に住んでいる存在。『譚海《たんかい》』（巻九）などには、相模国《さがみのくに》では箱根山（神奈川県箱根町）に山男が住んでいるとされ、山で捕った赤腹魚を小田原（神奈川県小田原市）の町に市場がたつ日になると持って来て、お米と交換していったとされる。小田原の領内では「人に害をなすものにあらず」とみられていたようである。基本的には全裸に近いが、葉っぱや樹皮を衣服にしているともある。

［参考文献］津村正恭『譚海』

山の神［やまのかみ］

正月八日、二月八日、一二月八日は神奈川県では山に入らない日とされており、山の神のたたりを受けるとされている。

神奈川県鎌倉市浄明寺などでは、この日に山に入ると「山の神につき倒される」といい、あるひとは山から転げ落ち、山崩れに遭って死んだという。（「わが住む町―鎌倉市浄明寺町―」）

神奈川県藤沢市では、八の日のほかに、特に二月一七日が山に入ると山の神が怒る日である（『遠藤民俗聞書』）といわれていた。神奈川県伊勢原市などでは正月一七日が山の神の日で、山に入らない（『県央部の民俗二―伊勢原地区―』）としている。

千葉県君津《きみつ》市大谷《おおやつ》などでは二月七日は山の神（**天狗**だともいう）が木を植えて歩く日、一一月七日は木が育ったか見に歩く日であるといい、山に入ると山の神が怒って、けがなどをすると語られる。毎月の七日も山仕事をしない日であると言い伝えられていたという。（『大谷の民俗』）

群馬県などで**木が妊《はら》む日**とされているのも正月の八日または一七日とされている。

［参考文献］大藤ゆき「わが住む町―鎌倉市浄明寺町―」（相模民俗学会『民俗』二号）、丸山久子・川端道子・大藤ゆき・加藤百合子・石原綏代・青木卓『遠藤民俗聞書』、神奈川県立博物館『県央部の民俗二―伊勢原地区―』、國學院大學民俗学ゼミナール『大谷の民俗』

山の神の冠［やまのかみのかんむり］

神奈川県津久井郡などでは、正月二一日に「山の神の冠落とし」と称して、山の神の冠を射落とし、力を弱めることで山での事故が起こったりしないようにする行事が行われていた。日の出前に、庭で東・南・西・北・中央の順に竹で造った弓を射たという。

〔参考文献〕川口謙二『書かれない郷土史—武蔵、相模を中心とした—』、永田衡吉『神奈川県民俗芸能誌』上、『関東の民間信仰』

山姫［やまひめ］

山中に住む美女とされるが、それに**狢**《むじな》が化けていたというはなしもみられる。

神奈川県相模原市で語られたはなしでは、むかし農家の役男《やくおとこ》（やっとこ）がお使いに行った帰り道に山姫に遭った。「もう取り殺される」と切羽詰まり、山姫の着物の裾《すそ》をめくっておしり丸出しにしたところ、山姫はおどろいて柿の種を男に投げつけ逃げ出した。役男は怖くて裾をずっとつかんでいたので、ずるずる引きずられたが、気がつくと振り払われてしまっており、手には獣の毛が残っていたという。

山姫に化けていたのは狢で、投げつけて来た柿の種が非常にくさかったのは、柿をまるごと食べていた狢が、おしりから出した種であったからだという。

〔参考文献〕座間美都治『相模原民俗伝説集』

行家の怨霊［ゆきいえのおんりょう］

源《みなもとの》頼朝《よりとも》が相模川《さがみがわ》（神奈川県）の橋供養《はしくよう》の帰り道に馬から落ちた原因とも語られている。源行家は頼朝の叔父で、頼朝は行家や義経《よしつね》、安徳《あんとく》天皇の霊を見て馬上で昏倒《こんとう》し、それがもとになって亡くなったと語られている。

秋里籬島《あきさとりとう》『東海道名所図会《とうかいどうめいしょずえ》』（巻五）の「平塚」には、八的原《やまとがはら》で義経と行家の怨霊、稲村崎《いなむらがさき》にて安徳天皇の御霊《ごりょう》が現形《げんぎょう》したと記されている。同書には、悪霊のあやつる黒雲がもくもくと出て雷を発したことに驚いた馬が、頼朝を落として川に飛び込み死んだので馬入川《ばにゅうがわ》という川の名がついたというはなしも異伝として載せている。

〔参考文献〕秋里籬島『東海道名所図会』

義経と弁慶の首［よしつねとべんけいのくび］

浅井了意《あさいりょうい》『東海道名所記《とうかいどうめいしょき》』（巻一）などでよく知られていたはなしで、討取《うちと》られ鎌倉に運ばれた源義経と武蔵坊弁慶《むさしぼうべんけい》の首が、鎌倉から白旗《しらはた》の里（神奈川県藤沢市）に飛んで行き、大きな亀の背中に乗って現われ、声を出して笑ったとされる。

亀に乗ったという部分については、『皇国地誌《こうこくちし》』などには、首が亀の背中に乗って川に出現し、村の子供が急に物狂いにかかって義経であることを告げた（『藤沢の民話』文献資料）とある。この地にある白幡明神（白幡神社）のある丘は亀形山とも呼ばれており、そのあたりから亀がおはなしに付属しているようである。

〔参考文献〕浅井了意『東海道名所記』、藤沢市教育文化研究所『藤沢の民話』文献資料、川口謙二『書かれない郷土史—武蔵、相模を中心とした—』、永井路子・萩坂昇・森比左志『神奈川の伝説』

【ら】

竜池の大蛇［りゅういけのだいじゃ］

相模国《さがみのくに》の淵野辺村《ふちのべむら》（神奈川県相模原市）に伝わる。むかし境川《さかいがわ》には武蔵《むさし》と相模《さがみ》にまたがる竜池という大きな池があり、そこに大きな蟒蛇《うわばみ》あるいは**竜**がおり、人々を苦しめていた。領主の淵辺伊賀守義博《ふちのべいがのかみよしひろ》はこれを弓で退治し、鏑矢《かぶらや》によって三つに散ったその蛇体は分けて埋められ、それが竜頭寺《りゅうとうじ》・竜像寺《りゅうぞうじ》・竜尾寺《りゅうびじ》の由来とされる。

祀《まつ》られた後の呼び名には「淵大水有主神《ふちのおおみずもちのぬしのかみ》」や「翁頭宮《おうとうのみや》」という神号もみられ、翁頭宮は大塔宮《おおとうのみや》（護良親王）を示しているとも考えられている。（『相模原民俗伝説集』）『新編相模国風土記稿《しんぺんさがみのくにふどきこう》』（巻六十九）などでは、大蛇のいた沼の名は「大沼」と呼ばれている。

退治された竜が分譲された結果、それぞれが寺の名となった例は千葉県の**印旛沼《いんばぬま》の主**などにもみられる。

［参考文献］座間美都治『相模原民俗伝説集』、座間美都治『相模原の史跡』、『大日本地誌大系三十六 新編相模国風土記稿』

蓮勝寺の猿［れんしょうじのさる］

神奈川県横浜市の蓮勝寺に伝わるふしぎな猿の石像。むかし寺の近くの藪《やぶ》のそばを歩くとどこからともなく奇声が飛んで来て人々をびっくりさせることがつづいた。正体が全くわからなかったが、藪の中を探ってみるとこの猿のかたちをした石像がみつかり、寺へ運び込んでからは、人々が道ばたで変な声におどかされることはなくなったという。

その後、蓮勝寺に置かれるようになった猿の石像だが、いつも口のあたりが湿り気を帯びているそうで、何か天変地異が起こりそうになると、それが乾いてからからになるといわれていた。大正一二年（一九二三）九月一日の関東大震災のときも蓮勝寺の猿の像の口は乾いていたと語られている。

［参考文献］川口謙二『書かれない郷土史 ―武蔵、相模を中心とした―』、永井路子・萩坂昇・森比左志『神奈川の伝説』

六部の幽霊［ろくぶのゆうれい］

神奈川県相模原市に伝わる。むかし梅宗《ばいそう》寺《じ》の門前に飴《あめ》売りのお婆さんがいた。あるとき旅の六部《ろくぶ》（巡礼者）の女が身重《みおも》の体のまま倒れていたので助けたが、赤ん坊を産んだのちに死んだ。赤ん坊は寺で育てられることになったが、その頃から日暮れ過ぎになると、婆さんのところにふしぎな女が飴を買いに来るようになった。七日目に来なくなったので、寺の僧侶にそのことを語ってみたところ、ふしぎな女は亡くなった六部の幽霊で、赤ん坊にその飴をやってい

たことが知れたという。

『喜庵老人聞書《きあんろうじんききがき》』という文書に記されているはなし（『相模原民俗伝説集』）だという。「飴買幽霊《あめかいゆうれい》」のはなしだが、子供が墓の中から見つかる展開ではなく、子供をお寺で産んでから亡くなっている点など多少展開は異なる。

［参考文献］座間美都治『相模原民俗伝説集』

東京都（伊豆諸島）

【あ】

磯餓鬼［いそがき］

海岸でこれに憑《つ》かれると急にお腹が減り過ぎて立っていられなくなり、倒れてしまったりするという。

利島《としま》（東京都利島村）では、この用心のために芋《いも》などを籠《かご》には入れて持って行くものだとされていた。（『綜合日本民俗語彙』）

伊豆大島（東京都大島町）では霧の出ている夜や、雨のしとしとと降る夜に現われたりすると語られている。（『離島の伝説』）

［参考文献］民俗学研究所『綜合日本民俗語彙』一、諸田森二・福田清人『離島の伝説』

腕取り［うでとり］

三宅島《みやけじま》（東京都三宅村）に伝わる。夜道に出て来るという妖怪で「うで出せ」と声をかけて出て来るという。

［参考文献］國學院大學民俗学研究会『民俗採訪』三十年度

海天狗［うみてんぐ］

海に出るという**天狗**で、ひとを化かしたりするという。神津島《こうづしま》（東京都神津島村）などでいわれる。

［参考文献］國學院大學民俗学研究会『民俗採訪』三十年度

おごめ

三宅島《みやけじま》（東京都三宅村）に伝わる。木の上で赤ちゃんのような声で泣いたり高笑いをしたりしてくるといい、その声が聴こえることを「おごめ笑い」と呼んだりしたという。すがたがどのようなものかは見えないとされる。（『綜合日本民俗語彙』）

伊豆大島（東京都大島町）では、「こうろへいたち」（劫《こう》を経《へ》た鼬《いたち》）が赤ちゃんの死体を食べると「おごめ」になって、夜道でひとに向かって「うばありたい」（おんぶされたい）と泣くという。普通に背負ってしまうと喉笛《のどぶえ》を噛《か》まれるといい、背中合わせにおんぶするものだと語られていたという。（『大島むかしむかし』）

普通とは異なる背負い方・抱き方をしろという対処方法は産女《うぶめ》に渡される赤ちゃんへの対処と重なっている。

［参考文献］民俗学研究所『綜合日本民俗語彙』一、高田鐵蔵『大島むかしむかし』

鬼ヶ島［おにがしま］

青ヶ島《あおがしま》（東京都青ヶ島村）は、古くは「鬼ヶ島」と称されてもいた。八丈島《はちじょうじま》も源為朝《みなもとのためとも》を主人公とした物語や伝説では、**鬼**の住

む島と舞台設定されて登場することが多く、島のあちこちに為朝と鬼が闘ったり、競争をしたりしたという地名由来のはなし(「八丈島と為朝伝説」)がある。

八丈島などでは、青ヶ島は「おうがしま」(『八丈島三根の民話と伝説』)と発音されていた。八丈島そのものは「女護島《にょごがしま》」(『離島の伝説』、『日本伝説叢書』伊豆の巻)とも呼ばれていた。

浅井了意《あさいりょうい》『伽婢子《おとぎぼうこ》』(巻六)の「伊勢兵庫仙境に到る」は、北条氏康《ほうじょううじやす》に命じられ坂見《さかみ》岡江雪《おかこうせつ》・伊勢兵庫頭《いせひょうごのかみ》の二人が「鬼」が住むといわれる八丈島に調査に向かうが、兵庫頭の舟が風に流されて補陀落《ふだらく》世界の近くにある「滄浪国《そうろうこく》」という仙境に流れ着いてしまうはなしになっている。

[参考文献] 山口貞夫『伊豆大島図誌』、金田章宏・奥山熊雄『八丈島三根の民話と伝説』、藤木喜久麿「八丈島と為朝伝説」(『旅と伝説』二巻十一号)、諸田森二・福田清人『離島の伝説』、藤澤衛彦『日本伝説叢書』伊豆の巻、日本名著全集『怪談名作集』

【か】

海軍兵の幽霊 [かいぐんへいのゆうれい]

新島《にいじま》(東京都新島村)に出ると語られているもので、足音をざくざく立てながら行進しているように歩いているという。

[参考文献] 中岡俊哉『日本全国 恐怖の心霊地図帖』

海難法師 [かいなんほうし]

「海難坊」、「かいなんぼし」とも呼ばれる。伊豆大島(東京都大島町)をはじめとした島々に伝わる。

伊豆大島では、正月二四日から二五日にかけて五色の旗を立てた舟で島にやって来るとされる。この二四日の晩には「とべら」の葉を挿して戸じまりをしっかりして外に決して出ず、音も立てないで静かに過ごす。餅《もち》を二五個つくっておき、それを供えておく。むかし悪代官《あくだいかん》を殺して海に逃げ、死んでしまった島の若者二五人の霊、あるいはその代官の霊だ(「伊豆諸島の正月廿四日行事」、『伊豆大島図誌』、『伊豆大島』、「伊豆新島の話(三)」)などと語られている。飾られる葉っぱは柊《ひいらぎ》(「伊豆新島の話(三)」)の場合もある。

三宅島《みやけじま》(東京都三宅村)でも正月二四日の晩にやって来るとされており、「かんなんぼうし」などとも呼ばれる。油で揚《あ》げた餅や餅草《もちぐさ》(蓬《よもぎ》)を供えた。「皿かせごけかせ皿なきゃ人間の子をかせ」といいながらまわって来るとも語られる。「ごけ」とは食物を入れる器のこと。(『民俗採訪』)

三宅島の坪田には、この日に神々が集まって鞠《まり》遊びをする(「伊豆諸島の日忌祭の伝説」)ので外へ出ないとしているはなし

もみられるなど、悪代官を由来として語られるようになる以前のかたちとみられる要素も各地には垣間《かいま》みられる。（「伊豆諸島の正月廿四日行事」）

「忌《き》の日」（「伊豆諸島の日忌祭の伝説」）とも称されており、**忌の日明神**なども同様のもの。

［参考文献］山口貞夫「伊豆諸島の正月廿四日行事」（『島』一巻二号）、山口貞夫『伊豆大島図誌』、斎藤和堂『伊豆大島』、藤木喜久麿「伊豆諸島の日忌祭の伝説」（『民族』四巻二号）、藤木喜久麿「伊豆七島の伝説（二）」（『旅と伝説』一巻十二号）、藤木喜久麿『新島採訪録』、國學院大學民俗学研究会『民俗採訪』三十年度、尾佐竹猛「伊豆新島の話（三）」（『郷土研究』四巻五号）、藤澤衛彦『日本伝説叢書』伊豆の巻

金釣瓶 ［かなつるべ］

伊豆大島（東京都大島町《おおしままち》）に伝わる。天からがらがらーと音を立てて下りて来て、泣いている子を持って行ってしまうといわれていた金属製の釣瓶《つるべ》。

子供を叱ったりするときに用いられていた存在。

［参考文献］高田鐵蔵『大島むかしむかし』

かねのまるかし

大歳《おおとし》の晩（大晦日）にやって来るという存在。子供たちは「かねのまるかしが来るぞ」とおどかされていたという。

八丈島《はちじょうじま》（東京都八丈町）に伝わる。節分の晩にやって来るとしている地域もある。

［参考文献］東京都教育委員会『八丈島民俗資料緊急調査』

きだま様 ［きだまさま］

八丈島《はちじょうじま》（東京都八丈町）などに伝わる、木々の精霊のこと。もりぎ（御神木）のほかにも、太く古い木にはこれが宿っているとされ、そのような木々を切ったり、傷つけたりしてはならないとされていた。（『八丈島民俗資料緊急調査』）

きだま様の宿っているとされる木は「きだま木《ぎ》」と呼ばれる。森を伐採するときは必ず一本は木を残すものだとされており、それが「きだま木」とされることが多かった（『八丈島』）という。必要があってそれを伐採するときは、鉈《なた》を木に向かってまっすぐに立てて祈り、「きだま」を木から去らせてから作業をおこなう（『八丈島民俗資料緊急調査』）とされていた。

木を切った者の家の屋根裏に、きだま様が憑《つ》いたはなしなどもあり、夜になると糸を紡《つむ》ぐような音をさせたりしたという。（『八丈島』）

［参考文献］大間知篤三『八丈島』、東京都教育委員会『八丈島民俗資料緊急調査』

忌の日の明神 ［きのひのみょうじん］

御蔵島《みくらじま》（東京都御蔵島村）に伝わる、正月二四日から二五日にかけてやって来るとされる存在。この二四日の晩には戸じまりをしっかりして外に決して出ず、音も立てないで静かに過ごす。椿《つばき》の油で揚げた、ひらたいお団子が供えられる。

頭に擂鉢《すりばち》をかぶり擂粉木《すりこぎ》を持っているといい、いたずら者を見つけるとつかまえて擂りつぶしてしまうとされる。また**天狗**のように鼻が高いとも語られている。(『離島生活の研究』)

あぶらげ(油で揚げたお団子のこと)を作っていない家があると、その家の便所《せっちん》の戸を蹴《け》り壊していく、二五日は赤い帆をあげて擂鉢に乗って海へ帰って行くので朝の一〇時まで海を見ない、などとも語られている。(『御蔵島民俗資料緊急調査報告』)

神津島《こうづしま》(東京都神津島村)では「二十五日様」、「日忌《ひいみ》様」といわれ、伊豆の島々を順々に巡って行く神々、あるいは大釜をかぶせられて島に流される途中で沈んでしまった高貴なひとの霊が訪れるなどと語られている。(「伊豆神津島の廿五日様」)

海難法師なども同様のもの。

[参考文献] 日本民俗学会『離島生活の研究』(櫻井徳太郎「東京都御蔵島」)、東京都教育委員会『御蔵島民俗資料緊急調査報告』、藤木喜久麿「伊豆神津島の廿五日様」(『民族』四巻二号)

きりこみ

三宅島《みやけじま》(東京都三宅村)でいわれる、木を切ったとき、そのひとに憑《つ》くというもの。山の神の木などを切ると憑くという。

[参考文献] 國學院大學民俗学研究会『民俗採訪』三十年度

きんちめ

妖怪のこと。青ヶ島(東京都青ヶ島村)でいわれる。言い伝えに語られていたり、あるいは目撃談としてもさまざまに語られている。

くで山と呼ばれる死人の汚れ物(くで)を捨てる場所にも、一つ目で長い舌のきんちめがいるといわれており、くで捨てに行ったときは、決して振り返らずに戻って来るものだとされていたという。(『離島生活の研究』)

ひとが死ぬことを知らせる存在として、死ぬ前に出るものは**人魂**《ひとだま》であり、死んだ後に「きんちめ」が出るとも語られている。(『離島生活の研究』)

昭和四八年(一九七三)にも、きんちめを見たという騒ぎが島の中原《なかはら》にあった教員住宅で起こっており、白い人魂のようなものがふわふわ飛んで消えたとか、目玉みたいだったとかいう目撃談(『青ヶ島の神々〈でいらほん流〉神道の星座』)の例がみられる。

[参考文献] 日本民俗学会『離島生活の研究』(酒井卯作「東京都青ヶ島」)、菅田正昭『青ヶ島の神々〈でいらほん流〉神道の星座』

蒟蒻の花 [こにゃこのはな]

八丈島《はちじょうじま》(東京都八丈町)でいわれる。蒟《こん》蒻芋《にゃくいも》(こにゃこ)の花が家の庭で咲くと、よくない事の起こる前兆だと語られていたという。(『八丈島』)

普段は花を咲かせない花が咲く、という俗信。**薩摩芋の花**や**里芋の花**も参照。

[参考文献] 大間知篤三『八丈島』

地獄の帳面［じごくのちょうめん］

地獄の釜《かま》の蓋《ふた》が開いている期間（正月一六日から二月一五日まで）に、喧嘩をしたり悪事をしたりすると、そのひとの名前は地獄の「帳面」に書き込まれて、死んだあとに地獄へ落ちることになると注意されていた。（『八丈島民俗資料緊急調査』）

八丈島《はちじょうじま》（東京都八丈町）などでいわれる。一般にいうところの「閻魔帳《えんまちょう》」だが、指定期間が語られている点がおもしろい。

［参考文献］東京都教育委員会『八丈島民俗資料緊急調査』

七人の坊様［しちにんのぼうさま］

八丈島《はちじょうじま》（東京都八丈町）に伝わる。東山で「ぼうさん」などと口にすると、荷を運んでいる牛が倒れ込んでしまうのだという。

むかし緋《ひ》の衣《ころも》をつけた僧侶が七人、舟で島に流れ着いたが、船頭が僧侶たちを島に置き去りにして行ってしまった。東山の上から七人が扇《おうぎ》で舟を招き返そうとしたが、舟は海の底へと沈んでしまった。僧侶たちは喉《のど》の渇きから水を求めて島をさまよい、苦しさから刀で土を突いたところ水が湧き出したので、それを飲んだが、間もなく全員死んでしまった。この僧侶たちのたたりが山では起こるのだと語られている。水の湧いた場所は「果てえが淵《ふち》」と呼ばれている。

［参考文献］東京都教育委員会『八丈島民俗資料緊急調査』

新澪池［しんみおいけ］

三宅島《みやけじま》（東京都三宅村）に伝わる。池の中で機《はた》織りをしている女をみた男がいたが、それをひとに語ったところ、命を落としたという。

［参考文献］國學院大學民俗学研究会『民俗採訪』三十年度

【た】

たかいひと

「山の者」とも。三宅島《みやけじま》（東京都三宅村）などでいう。山の中にいるという**天狗**のような存在。鳥のようなすがたをしているという。（『民俗採訪』）

これにさらわれて神隠しのようになっていたひとの語ったはなしでは、お腹が空くと「赤い団子」を食べさせてくれた（『民俗採訪』）という。

埼玉県東秩父村に伝わる「白髪の老人」に連れて行かれて神隠しにあったというひとのはなしのなかにも、「赤い木の実」をもらって食べた（韮塚一三郎『埼玉県伝説集成』下）という内容が出て来るが、「赤い団子」と何か関係があったりするのか気になるところでもある。

［参考文献］國學院大學民俗学研究会『民俗採訪』三十年度、韮塚一三郎『埼玉県伝説集成』下

宝船［たからぶね］

新島《にいじま》（東京都新島村）に伝わる。むかし宝物を山のように積んだ無人の船が島にやって来て停泊していた。それを見つけた「かみじんじい」と呼ばれる老爺《ろうや》が、「こんなすごい宝がいっぱいある」という証拠に、船から蒔絵《まきえ》の立派なお膳をひとつ持って帰り、村人に知らせたが、人々がやって来たときには、もう船は影もかたちもなかったという。

この宝船のお膳は、その後は島に代官様が視察に来たときなどに使われていたというが、明治二年（一八六九）の大火で焼けて失われてしまったという。

［参考文献］藤木喜久麿「伊豆七島の伝説（一）」（『旅と伝説』一巻十一号）

祇苗島の蛇［ただなえじまのへび］

神津島《こうづしま》（東京都神津島村）に伝わる。むかし海草を島に採りにいった「おこち」という女が、島においてきぼりにされて死んでしまい、その髪の毛から生まれたという大量の蛇たち。（「伊豆七島の伝説（三）」、『離島の伝説』、『民俗採訪』）

祇苗島《ただなえじま》は神津島の近くにある無人の島だが、蛇がいることで知られ、俗に「蛇島」とも呼ばれている。

［参考文献］藤木喜久麿「伊豆七島の伝説（三）」（『旅と伝説』二巻一号）、諸田森二・福田清人『離島の伝説』、國學院大學民俗学研究会『民俗採訪』三十年度

乳っこ担ぎ［ちちっこかつぎ］

三宅島《みやけじま》（東京都三宅村）に伝わる。山にいるとされる存在。きれいな女性のすがたをしており、大きな乳を両肩にかけている

という。道を歩いていると突然これが山から出て来たりしたと語られている。（『民俗採訪』）

乳を肩にかける格好は、近いエリアでは八丈島《はちじょうじま》（東京都八丈町）の**てっち**などにもみられる特徴だが、各地の**山姥**《やまんば》、あるいは海外の山や森にすむ妖怪や女神のもつ外見の特徴としても広くみられるものである。

［参考文献］國學院大學民俗学研究会『民俗採訪』三十年度

ちながんばあ

式根島《しきねじま》（東京都新島村《にいじまむら》）に伝わる。乳の長い**山猫**で、人々を化かしたりしたほか、夜中になると人々の家に入って来て、食物をごっそり食べてしまったという。（『離島の伝説』）

島に流れて来た大浦又次《おおうらまたじ》・福谷源太左衛《ふくやげんたざえ》門《もん》（『伊豆七島の伝説（四）』）、あるいは小《お》倉又治《ぐらまたじ》・福島源太左衛門《ふくしまげんたざえもん》（『離島の伝説』）という武士の槍《やり》によって退治されたと語られる。その後、山猫の霊が再び悪さをしたので、役行者《えんのぎょうじゃ》がそれを封じ、「大王大明神」として祀《まつ》った（『伊豆七島の伝説（四）』）という。

［参考文献］諸田森二・福田清人『離島の伝説』、藤木喜久麿「伊豆七島の伝説（四）」（『旅と伝説』二巻七号）

てっじめ

「てっじめえ」とも。八丈島《はちじょうじま》（東京都八丈町）に伝わる、山の中にいるという存在。山で牛の世話をしているひとや、山仕事をしているひとにいたずらをしたり、食品を盗んだり、邪魔をしてきたり、手伝いをしたりしたという。**山猫**（ねっこめ）であるとも語られている。

小屋にいたずらに来た「てっじめ」の腕を鉈《なた》でぶち切ったところ、それは竹のような節《ふし》のあるもので、「はよ返して下せぇ」というので返してやったら、「しっちょうばっちょうくればっちょう、アーコー（灰）焼ってぶっつけたら治った」と言って逃げていったという。

いたずらをした「てっじめ」の腕を切るはなしは多くあるようで、正体を猫として語っているはなしなどにもみられる。返してやったときに口走って行くことばには「味噌《みそ》をくっつけたらひん治ったで」などもある。

猫を「ねっこめ」、蜘蛛《くも》を「てんごめ」、牛なら「うしめ」と呼ぶなど、「……め」というのは八丈島の口語における接尾辞で、意味としては「てっじ」であり、**天児**《てんじ》や**てっち**と語彙《ごい》としては同じものである。

［参考文献］東京都教育委員会『八丈島民俗資料緊急調査』

てっち

てっじめ、「やまんば」、「やまんばば」とも呼ばれる。八丈島《はちじょうじま》（東京都八丈町）に伝わる。山の中にいるという存在。女性のすがたをしているともいい、大きな乳を両肩にかけているという。（『八丈島』）

八丈島には、山に大きなおっぱいの山姥《やまんば》がいて子供を育てている（『八丈島民俗資料緊急調査』）というはなしや、正月九日に神様にも供える「ふくで」（餅《もち》）のてんぷらを食べておかないと山で山姥に化かされたり、刈って集めた草を散らかされたりする（『八丈島民俗資料緊急調査』）という俗信などもみられ、ほぼ山姥のような存在としても記録されている。乳を肩にかける格好は、近いエリアでは三宅島《みやけじま》（東京都三宅村）の**乳っこ担ぎ**などにもみられる特徴だが、各地の**山姥**、あるいは海外の山や森にすむ妖怪や女神のもつ外見の特徴としても広くみられるものである。

［参考文献］大間知篤三『八丈島』、東京都教育委員会『八丈島民俗資料緊急調査』

蜘蛛［てんごめ］

八丈島《はちじょうじま》（東京都八丈町）に伝わる昔話に出て来るもの。欲張りな男の所にやって来たお嫁さん（「口の無い嫁」という条件がつけられていたりする）の正体が「てんごめ」（蜘蛛《くも》）だったというもの。

夫の留守のあいだに大量のごはんを炊《た》いておにぎりにして、頭の上にある口でそれを食べていた。見られてしまったお嫁は正体をみせ、夫を盥《たらい》に詰め込んでさらう。山の途中に生えていた「いづ」の枝につかまって夫は命からがら逃げ出し、「うらじろ」に隠れて助かったという。

「食わず女房」の昔話で、結末の部分が正月に「いづ」と「うらじろ」を飾る由来として語られている。逃げている夫が植物に対して「隠してくれたら正月の飾り物にしてやる」と成功報酬を持ち掛ける場面がある例もある。

［参考文献］東京都教育委員会『八丈島民俗資料緊急調査』

天児［てんじ］

八丈島《はちじょうじま》（東京都八丈町）に伝わる。山の中に住んでいるという子供のようなすがたのもの。ひとをたぶらかしたり化かしたりするという。

小寺応斎《こでらおうさい》『伊豆日記《いずにっき》』などにあり、**山猫**がこのようなことをしているのかも知れないということもあわせて書いている。

同じく八丈島に伝わる**てっち**は、近い存在であると考えられる。

［参考文献］大間知篤三『八丈島』、平岩米吉『猫の歴史と奇話』

飛物［とびもの］

神津島《こうづしま》（東京都神津島村）に伝わる。**火の玉**が空を飛ぶことをこのように呼んでいた。これが出現するのは火事の前触れだと考えられていたという。

［参考文献］國學院大學民俗学研究会『民俗採訪』三十年度

【な】

鼠神様［ねずみがみさま］

青ヶ島（東京都青ヶ島村）に祀《まつ》られているもので、むかし島に大量に渡って来たという鼠の大群を封じ込めて祀ったものだという。（『青ヶ島の生活と文化』）

島にものすごい鼠の大群がやって来て、環境を甚大に荒らしてしまうはなしは、『古今著聞集《ここんちょもんじゅう》』にある黒島（愛媛県）をはじめ各地にもみられるが、式根島《しきねじま》に伝わる大量の**猫**たちが島に押し寄せて来たはなし（**山猫**の項参照）なども重なって来る。

［参考文献］青ヶ島村教育委員会『青ヶ島の生活と文化』

【は】

箱根の大蛇［はこねのだいじゃ］

箱根（神奈川県）の湖に住んでいたという大蛇。いつも湖で魚を釣っていた翁《おきな》が、ある日あまりにも魚がかからないので「もし湖にぬしがいたらば、魚をくれんかのう、そうしたらば三人いる娘のうちの一人をやっても良い」とつぶやきながら、居眠りしてしまった。それを聴いていたのがこの大蛇で、魚を授けて数日後に娘をもらい受けに来た。娘たちは鳩《はと》に変じて富士山に逃げて大蛇を追い返し、三島大明神の助けで南にある三宅島《みやけじま》へ逃げのびた。追いかけて来た大蛇だったが、島の神々たちがつくった、飯の穴と酒の穴の中身をぜんぶお腹に入れた結果、酔って眠ってしまい、そのままギタギタに斬られて退治されたという。（『伊古奈比咩命神社』）

三宅島に伝わる『白浜大明神縁起《しらはまだいみょうじんえんぎ》』などの縁起物語に登場しており、島に祀《まつ》られる女神たちの由来のはなしとして語られている。実際に三宅島でも重なる内容の大蛇退治のはなし（「三宅島の話」）もみられ、この大蛇の斬られた体が島々に散り、頭は八《はち》丈島《じょうじま》で蝮《まむし》、胴は御蔵島《みくらじま》で青大将《あおだいしょう》、尾は伊豆大島で縞蛇《しまへび》、こまかい欠片《かけら》は三宅島で蜥蜴《かまじ》になった（『民俗採訪』）などとも語られている。

『島衛沖白浪《しまちどりおきのしらなみ》』に描かれている**お百姫**《ひゃくひめ》のはなしにも、島にまで追いかけて来る大蛇という要素が登場する。

［参考文献］伊古奈比咩命神社『伊古奈比咩命神社』、國學院大學民俗学研究会『民俗採訪』三十年度、辻村太郎「三宅島の話」（『郷土研究』二巻九号）、藤木喜久麿「伊豆七島の伝説（一）」（『旅と伝説』一巻十一号）、藤木喜久麿「伊豆七島の伝説（三）」（『旅と伝説』二巻一号）

話し声［はなしごえ］

新島《にいじま》（東京都新島村）に伝わる。夜道でうしろから話し声が気味悪く聴こえて来て、跡をついて歩いて来ると思っていると、突然に耳元で「わっ」と叫び声を立てて来ることがあった。大喝《だいかつ》して来たのが何者であるのかすがたも見えず、正体はわからないという。

本村《ほんそん》と若郷村《わかごうむら》のあいだの道に出たと語られていた。

［参考文献］尾佐竹猛「伊豆新島の話（三）」（『郷土研究』四巻五号）

【ま】

魔人［まじん］

神津島《こうづしま》（東京都神津島村）に伝わる。「六本木」と呼ばれる大きな椎《しい》の木に住んでいたといい、ひとの運んでいる魚を木の上から盗《と》ったり、ひとに取《と》り憑《つ》いて言動を狂わせたりしたという。

［参考文献］國學院大學民俗学研究会『民俗採訪』三十年度

御穴鏡［みあなのかがみ］

利島《としま》（東京都利島村）に伝わる。宮塚山《みやつかやま》にある洞穴《ほらあな》の中には、ふしぎな鏡が安置されているといい、この穴にひとが入ったりすると大嵐になるといわれていた。

むかし宮塚山のこの穴に鏡があることを知った僧侶が、修行を装って入り、これを盗み出したが、島から船で出た途端に大嵐に遭い、僧侶もろともに海に消えてしまった。島の「おがむばば」（拝む婆）が祈りを捧《ささ》げたところ、鏡は海から洞穴に戻って来たという。

［参考文献］日本民俗学会『離島生活の研究』（西垣晴次「東京都伊豆利島」）

みさき様［みさきさま］

「大山小山様」とも。利島《としま》（東京都利島村）に伝わる。山の神であるといい、**天狗**とも語られる。四月一七日には、豊作を願っておいのりがおこなわれるという。

山仕事をしているとき、道具が不意にどこかに見えなくなってしまうなどの体験が語られており、そのようなときは山の神様

を拝むと語られている。

［参考文献］日本民俗学会『離島生活の研究』（西垣晴次「東京都伊豆利島」）

蜈蚣［むかで］

八丈島《はちじょうじま》（東京都八丈町）などでは、年を経《へ》た蜈蚣も、よくひとを化かすと考えられていた。

蜈蚣がひとを化かすときは、たくさんある足を使って背を高く高く立ち上がって化かすなどと語られている。

［参考文献］東京都教育委員会『八丈島民俗資料緊急調査』

疱瘡鬼［もがさのかみ］

「痘神」、「疱瘡神《ほうそうがみ》」とも。疱瘡《ほうそう》（天然痘《てんねんとう》）をひとびとにもたらす存在。八丈島《はちじょうじま》・利島《としま》（東京都）などでは源《みなもとの》 為朝《ためとも》がこれを退治したと語られている。

八丈島（東京都八丈町）では、為朝は島の人々に明日葉《あしたば》（八丈草《はちじょうそう》）が体に良いということを教えたとされる。『伊豆《いず》海島《かいとう》風土《ふど》記《き》』などにも、八丈草が疱瘡によい薬草とされていたことがみられる。（『日本伝説叢書』伊豆の巻）

退治された疱瘡神たちが為朝に対して「末世まで立ち寄りません」と手形を押して誓ったというはなしは、近世に広く語られており、各地で「鎮西八郎為朝《ちんぜいはちろうためとも》」と書いた紙を貼っておけば疫病よけになるというまじないになっている。江戸（東京都）でもその画題は絵草紙・錦絵でしばしば描かれている。

［参考文献］藤澤衛彦『日本伝説叢書』伊豆の巻、酒井シヅ『絵で読む江戸の病と養生』

【や】

山猫［やまねこ］

神津島《こうづしま》・三宅島《みやけじま》（東京都）などをはじめとした島々では、山の中にいる山猫・**猫**が、本州でのへんげ動物としての**狸**や**狐**の役割（『八丈島』）を担っている面がみられる。八丈島《はちじょうじま》（東京都八丈町）では**てつじめ**が猫であるともいわれており（『八丈島民俗資料緊急調査』）隣接している。ただし、伊豆大島では**鼬**《いたち》がその位置を占めており、少し違いがみられる。

三宅島（東京都三宅島）では子供が悪いことをしたりすると、「山の猫に喰わせる」

と戒めたりしていた。（『民俗採訪』）
神津島《こうづしま》（東京都神津島村）では、山から出て来た山猫が人間に化けて働いているひとのなかに「おれにも飯《まんま》くれ」と混じって来たという。（『民俗採訪』）
式根島《しきねじま》（東京都新島村《にいじまむら》）には、むかし猫たちが大量に島に渡って来て人々を困らせたという言い伝えがある。猫たちは、島を訪れた役行者《えんのぎょうじゃ》によって追い出されたといい、人々は再び式根島に住むことができるようになった（『離島の伝説』）と語られる。**ちながんばあ**も参照。
八丈島では、前足で木の枝にぶらさがって猫はひとを化かすという。牛が道で急に動けなくなってしまうのも猫の仕業とされており、牛の鼻の穴に手を突っ込んで動けなくさせているので、手綱《たづな》で鼻のあたりを叩くとその猫が「キャーン」と叫んで逃げ、牛は動けるようになるという。また、猫に化かされていると感じたときは、羽織っているものをかぶって、股ごしに逆さまに見ると、それが猫ならば正体が分かるといわれていた。（東京都教育委員会『八丈島民俗資料緊急調査』）
三島勘左衛門《みしまかんざえもん》『伊豆七島風土細覧』や小《こ》寺応斎《でらおうさい》『伊豆日記《いずにっき》』にも、山猫が子供をさらったはなしがみられ、曲亭馬琴《きょくていばきん》はその趣向を『椿説弓張月《ちんせつゆみはりづき》』など自身の作品に度々かなりそのまま取り込んで物語の素材にしている。（『日本伝説叢書』伊豆の巻、『猫の伝説と奇話』）

［参考文献］大間知篤三『八丈島』、東京都教育委員会『八丈島民俗資料緊急調査』、國學院大學民俗学研究会『民俗採訪』三十年度、諸田森二・福田清人『離島の伝説』、藤澤衛彦『日本伝説叢書』伊豆の巻、平岩米吉『猫の歴史と奇話』

【ら】

竜宮様［りゅうぐうさま］

「乙姫《おとひめ》様」とも。八丈島《はちじょうじま》（東京都八丈町）に伝わる海の中のふしぎな存在。これににらまれた蜑人《かづぎ》（海に潜って漁をする人々）は、何かさびしい（恐ろしいという意味）気分が湧いて来て、海に潜れなくなってしまう。緋《ひ》の袴《はかま》と衣《ころも》を着て機《はた》織りをするすがたを見た老人もいたという。
溺死者《できししゃ》には「竜宮様が抱きついている」と考えられており、近親者が踏んでから陸に引き上げてあげるとされていた。

［参考文献］大間知篤三「竜宮様」（『民間伝承』四巻一号）

COLUMN ぜんすまろの陀羅尼 03

江戸で書かれた芝居や物語のなかでは、あやしい仙人たちが妖術・妖通力・魔法の使い手や術譲《じゅつゆず》りの先生として登場することが多い。

術の発動のさせ方にはいろいろあるのだが、そこで用いられる呪文には、「なむさったるま、ふんだりぎゃぁ、守護聖天《しゅごしょうでん》、はらいそ、はらいそ」（帝《でい》烏枢丸《うすまる》）や「なむたったるま、ぶんだりぎゃぁ、えんすまる、さんだまる、しごしょうでん、あらいそあらいそ」（竹杖外道《ちくじょうげどう》）など、ふしぎなことばが登場することも多い。

これは歌舞伎《かぶき》に先行して浄瑠璃《じょうるり》で用いられていた術の設定のひとつに、南蛮渡来《なんばんとらい》の術という型式があったことに由来しており、それを狂言作者たちが応用していった結果である。

これらの雛型《おてほん》は、徳川初期以後に何種類も書かれていた「切支丹物語《きりしたんものがたり》」などに属するキリスト教伝来から天草《あまくさ》の乱までをかなり荒唐無稽な設定をまじえて物語化した本に出て来たりする「死後生《しごしょう》天波羅夷僧有善主麿《てんはらいそうぜんすまろ》」という陀羅尼《だらに》（おいのりのことば）である。神様（ゼウス）を示している「ぜんすまろ」が、呪文では意識的に外されたりしていることもわかる。

「切支丹物語」の類は基本的に、出版は禁じられていたが、写本として人々に読まれつづけており、その設定は『天草軍記《あまくさぐんき》』や『慶安太平記《けいあんたいへいき》』などの写本でも用いられ、天草四郎《あまくさしろう》や由井正雪《ゆいしょうせつ》を題材とした芝居や物語での人物――七草四郎《ななくさしろう》や宇治《うじ》常《じょう》悦《えつ》の用いる術の型式として用いられ、広まっていった。これは物語や芝居などでの例だが、「口承」ではなく「書承」の情報も、伝承・画像どちらの要素を調べる上で重要になって来る部分である。

［参考文献］郡司正勝『鶴屋南北全集』九、渥美清太郎『日本戯曲全集　鶴屋南北怪談狂言集』、京篤二郎『耶蘇宗門根元記』、近松全集刊行会『近松全集』十一

関東広域

【あ】

青鷺火［あおさぎび］

「青鷺の火」とも。青鷺や五位鷺《ごいさぎ》など、鷺たちの仲間はあやしい光を発しながら飛んだりすると考えられていた。

鷺たちが怪光・怪火になることは、江戸（東京都）でも広く知られており、古くから絵草紙やおもちゃ絵・豆絵《まめえ》などにもしばしば描かれている。鳥山石燕《とりやませきえん》『今昔画図続百鬼《こんじゃくがずぞくひゃっき》』には「青鷺火《あおさぎび》」、竹原春泉斎《たけはらしゅんせんさい》『絵本百《えほんひゃく》物語《ものがたり》』には「五位《ごい》の光《ひかり》」など、鷺たちを題材にした絵が描かれており、それぞれ鷺のへんげ要素が描かれた例として知られる。

東京都稲城《いなぎ》市などでは、五位鷺は「水に向かって火を吹く」（『稲城市の民俗（二）昔話・伝説・世間話』）などともいわれている。これなども光ることを表現しているものだろうと考えられる。

［参考文献］稲田篤信・田中直日（編）『鳥山石燕 画図百鬼夜行』、多田克己（編）『竹原春泉 絵本百物語―桃山人夜話―』、吉田幸一『怪談百物語』、林美一『江戸仕掛本考』、国立歴史民俗博物館『もののけの夏―江戸文化の中の幽霊・妖怪―』、清水正男・廣澤知晴『「怪物徒然草」―翻刻と解題―』一、稲城市教育委員会『稲城市の民俗（二）昔話・伝説・世間話』

赤いお月様［あかいおつきさま］

赤いお月様のようなまるくてふしぎな光。真っ暗な夜道を歩いているとこれが浮かんで見え、近づこうとすると遠ざかっていったという。（『八潮の民俗資料』二、『多摩市の民俗（口承文芸）』）

埼玉県八潮市の中川土手で体験されたというはなしで、「これが土手によく出るといわれている人魂《ひとだま》なのかも知れない」と思い、ぞっとした（『八潮の民俗資料』二）と語られている。

東京都八王子市でも、似たようなものは体験されており、「まぁるいお月様のような真っ赤な大きい火の玉」が浮かんで見え、歩けば動き、止まれば停止したという。こちらは「狐《きつね》らしいんだ」（『多摩市の民俗（口承文芸）』）と語られている。

［参考文献］『八潮の民俗資料』二、『多摩市の民俗（口承文芸）』

悪虫［あくちゅう］

ひとの体に悪い影響を与える「虫」という意味で、**疳《かん》の虫《むし》**などをこのように呼んだりすることもあり、「虫切り」のおふだに、この文字が書かれる例がみられる。

茨城県有賀村（現・水戸市）の有賀神社のお磯下りの祭の行列に出る神矛《かみほこ》は人々から「虫切り」のご利益があるといわれ、悪虫や悪鬼《あっき》を払うとも語られている。（「大洗磯前神社の神事（三）」）

神奈川県相模原市の顕鏡寺《けんきょうじ》で出されて

いた疳の虫封じのおふだには「悪虫留《どめ》」（『家内安全・無病息災 ～庶民の願い～』）と記されたものもある。

［参考文献］八王子市郷土資料館『家内安全・無病息災 ～庶民の願い～』、村田朱美「大洗磯前神社の神事（三）」（『西郊民俗』百三十四号）

悪魔［あくま］

人々に良くないものをもたらす**魔物**・悪霊。悪魔ということばは、寺社や修験者《しゅげんじゃ》、芸能を通じて広く用いられていた。

節分や事八日《ことようか》（二月八日や一二月八日）の日にやってくるとされる存在を、広くこのように呼んだりもする。悪魔は「目が嫌い」（『三鷹の民俗 九 北野』）だとされ、目の多くある籠《かご》や笊《ざる》などが立てられていた。

各地の祭礼で舞われる「獅子舞《ししまい》」や、弓を用いた「蟇目《ひきめ》」や「おびしゃ」などの神事は悪魔を払うものとして行われている。

また、地域のはずれに建てられたりする「塞の神《さいのかみ》」や「庚申《こうしん》」などは、悪魔を地域に入れないためのものと語られたりもする。

獅子舞の伝書『神楽字引《かぐらじびき》』（『法神楽辻引』）には「悪魔をはらう七五の楽《がく》」（『神奈川県民俗芸能誌』上）などの神楽歌がみられるほか、獅子舞の歌にも「われわれはつづれの獅子とおもわるる 悪魔を払うお獅子なりけり」（『栃木県の民俗芸能』一）などの文句がある。

麻《あさ》の葉《は》は悪魔を払うものだとされ、麻の葉模様や、麻の葉型の背守《せまも》りは、子供の初《うぶ》着《ぎ》などに魔よけとして用いられて来た。

茨城県の大杉《おおすぎ》大明神（あんば様）の「大《おお》杉囃子《すぎばやし》」には「あんばの大杉大明神 悪魔を払ってよういやせ。あんばの方から吹く風は 疱瘡《ほうそう》麻疹《はしか》の守り風」などの歌の文句が入っている。（『きょうわの伝説』）

埼玉県秩父市寺尾の観音寺《かんのんじ》にある矢の堂の由来では、行基《ぎょうき》が観音《かんのん》像を造っていることを知り、神仏によって自分たちの住所がおびやかされると感じた悪魔や**邪神**《じゃじん》たちが火を降らせたりするなどの邪魔をしたとされ、八幡大菩薩《はちまんだいぼさつ》が神鏑《しんてき》（聖なる鏑矢《かぶらや》）を放ってこれをしりぞけたという。（『観音霊験記』）

埼玉県上尾《あげお》市の徳星寺《とくしょうじ》にある榧《かや》の大木は、弘法大師《こうぼうだいし》が、修行をさまたげる悪魔を撃退するためのまじないに使った「針を刺した榧の実」から生えて、育ったものだとされている。（『大日本老樹名木誌』）

東京都青梅市谷野《やの》などでは、八朔《はっさく》の日（八月一日）に大きな数珠《じゅず》をまわして「百万遍《ひゃくまんべん》」を行なって悪魔よけ（『青梅市の民俗』）としていた。群馬県山田郡境野村（現・桐生市）では、七月二三日に寺院で行われる「大般若《だいはんにゃ》」という行事で般若経《はんにゃきょう》に風をくれてやることで悪魔を払う（『山田郡誌』）といわれている。

神奈川県横浜市鶴見区などでは、大晦日の夕方に家の戸を全て開け、全ての部屋を御幣《ごへい》で清める「悪魔っぱらい」と呼ばれる行事も行われていた。使い終わったあとの御幣は、家の入口や辻に挿した。（『農耕習俗と農具―昼間家日記を中心に―』）

群馬県吾妻町《あがつままち》（現・東吾妻町）では、正月一五日の朝、「十五日粥《じゅうごにちがゆ》」（小豆《あずき》を入れた

お粥）をつくる前に「狢燻《むじないぶ》し」と称して、松葉を囲炉裏《いろり》で大量に焚《た》いて煙を立てた。この煙で悪魔が燻し出されて、家から去る（『吾妻町坂上地区の小正月行事』）といわれていた。群馬県前橋市などでは、「十五日粥」の残りを正月一八日の朝にあたためて「渡り粥」にして食べたあと、洗った釜の水を家のまわりに撒《ま》くと魔物や長虫《ながむし》（蛇）、蜂《はち》が来ない（『前橋市城南地区の民俗』、『水上町の民俗』）という。

群馬県片品村《かたしなむら》などでは、事八日《ことようか》の日に豆の粉（黄粉《きなこ》）を食べないと「悪魔にみいられる」などといわれていた。黄粉をつけた餅は水難よけのために行う「川びたり餅」にも同地域では用いられている。（『片品村史』）

竹竿《たけざお》の先に鎌《かま》をつけたものを立てて「悪魔よけ」（『山田郡誌』、『子どもの歳時と遊び』）にしたりもする。これなどは嵐、雷雨、**竜巻**、**鎌鼬**《かまいたち》などをよけるための風習とも重なって来る。

まど、**まどうもん**などとも呼ばれる。**獅子や宇宙の麒麟**《きりん》なども参照。

［参考文献］永田衡吉『神奈川県民俗芸能誌』上、山田郡教育会『山田郡誌』、『下妻市史』別編 民俗、協和町寿大学『きょうわの伝説』、東京都教育委員会『東京の民俗』五、栃木県教育委員会『栃木県の民俗芸能』一、戸田市史編さん室『新曽・上戸田の民俗』、卍亭応賀『百番観音霊験記』、卍亭応賀・歌川国貞『観音霊験記』、秩父、柴田常恵・稲村坦元（編）『新訂増補 埼玉叢書』第三、神奈川県立博物館『農耕習俗と農具 —昼間家日記を中心に—』、茨城民俗学会『子どもの歳時と遊び』、『青梅市の民俗』、群馬県教育委員会『吾妻町坂上地区の小正月行事』、群馬県教育委員会『前橋市城南地区の民俗』、群馬県教育委員会『水上町の民俗』、井之口章次『三鷹の民俗 九 北野』、本多静六『大日本老樹名木誌』、國學院大學民俗学研究会『民俗採訪』六十年度、中村茂子・三隅治雄『大衆芸能資料集成』二 祝福芸二大神楽、鈴木暢幸『仏教文学概説』

小豆洗 ［あずきあらい］

小豆を洗っているような音をさせる。どこから聴こえてくるのかはっきりしない音をさせてくるほか、「小豆とごうか人とって食おか」という声をかけてひとをびっくりさせたりするとも語られる。

群馬県桐生市などでは「小豆洗」のことを「小豆洗の婆」とも呼んでおり、白髪の老婆である（『勢多郡誌』）と語られる。『新編常陸国誌《しんぺんひたちこくし》』（巻四）には、水戸（茨城県水戸市）の青物町に「あづきあらい橋」という橋があり、「小豆洗」と呼ばれる**狐**がいたからそう呼ばれていたとする俗説を記している。俗説と明言されているのは、橋の名称が「小豆洗」とは無関係な土橋を現わす別の意味のことば（厚木洗い）から来ているとする説が展開されていたからだが、どちらとも即断はできない。

［参考文献］『勢多郡誌』、清水時顕（柳田國男）「小豆洗ひ」（『郷土研究』三巻十二号）、中山信名・栗田寛『新編常陸国誌』上

小豆磨婆 ［あずきとぎばばあ］

小豆を磨《と》いでいるような音をさせる。

東京都稲城《いなぎ》市では、雨のしとしと降る日に清水窪《しみずくぼ》と呼ばれるところで「ジョキ、ジョキ、モキ、モキ」と音をさせたという。（『稲城市の民俗（二）昔話・伝説・世間話』）

神奈川県相模原市では鳩川《はとがわ》にこれが出るといい、白髪の老婆がさらさらと音をたて

て小豆を磨いでいるという。**貉**《むじな》や**狐**がこれを行っているとも語られる。（『相模原民俗伝説集』）

［参考文献］稲城市教育委員会『稲城市の民俗（二）昔話・伝説・世間話』、座間美都治『相模原民俗伝説集』

小豆婆［あずきばばあ］

小豆を磨《と》いでいるような音をさせる。**小豆磨**《あずきとぎ》や**小豆洗**《あずきあらい》などには、すがたかたちが語られないことが多いが、小豆婆、**小豆**《あずき》**洗婆**《あらいばばあ》などと称される場合、老婆が小豆を川で洗っている（『新宿と伝説』、『多摩市の民俗（口承文芸）』）と、はっきり語られることが多い。**本所七不思議**《ほんじょななふしぎ》（東京都）には小豆婆が入れられていることもある。

東京都多摩市の乞田川《こったがわ》などでは、夜に恐ろしい老婆が小豆をじゃーじゃー洗っている音をさせたりするなどと語られている。（『多摩市の民俗（口承文芸）』）

神奈川県横浜市都筑《つづき》区でも、小豆を磨いでいる、ひとを化かしたり、捕って食べたりするといわれていた。（「小豆婆あ」）

［参考文献］『多摩市の民俗（口承文芸）』、福田圭一「小豆婆あ」（『民間伝承』一巻十二号）、新宿区教育委員会『新宿と伝説』

天邪鬼［あまんじゃく］

天邪鬼《あまのじゃく》のこと。麝香揚羽《じゃこうあげは》という蝶《ちょう》の蛹《さなぎ》（『国鉄鹿島線沿線の民俗』）のことをこう呼んでおり、茨城・神奈川県などをはじめとして、後ろ手に縛《しば》られているひとのような蛹のかたちを縛られた天邪鬼に見立てている。天邪鬼は何にでも反対をする性格を咎《とが》められて「おてんとう様」（太陽）によって縛られたのだ（『相州内郷村話』）などと語られていたという。

子供たちは蛹を見つけたときに「あまんじゃくじゃくなんでしばられた親に不孝でしばられた」という歌をうたっていたという。（『国鉄鹿島線沿線の民俗』、『子どもの歳時と遊び』）

［参考文献］茨城民俗学会『国鉄鹿島線沿線の民俗』、茨城民俗学会『子どもの歳時と遊び』、鈴木重光『相州内郷村話』

あめりか狐［あめりかぎつね］

アメリカ大陸から渡来したと想像されていたもので、悪疫の元凶であると考えられた。「アメリカ国の尾裂狐《おさききつね》」とも。

開港以後の関東や東海道を中心に語られていたもので、**狐**や**尾裂**《おさき》が取り憑《つ》くことで悪い病気になるといわれていたという。とりわけ安政二年（一八五五）や文久二年（一八六二）のコレラの流行時は、このような狐を祓《はら》うためとして三峯山《みつみねさん》（埼玉県秩父市）の「お犬様」のおふだが広く求められたりもした。（『家内安全・無病息災 ～庶民の願い～』）

海外から狐が来るという考え方は、前後してかなりの数があったようで、神奈川県の**外国渡りの狐**などのように、明治に入ってからもみることができる。

［参考文献］『田無市史』三 通史編、八王子市郷土資料館『家内安全・無病息災 ～庶民の願い～』

石の皮［いしのかわ］

煎《い》り豆の皮（薄皮《うすかわ》）をいちいち取って食べていると、死んでから地獄で石の皮を剝《む》かされるといわれ、戒められていた。（『山田郡誌』、『太田近郊の迷信』、『高萩の昔話と伝説』）

関東各地にみられるが、全国的にも広くある子供の食べ方に対しての躾《しつけ》に用いられていた言いまわしである。

群馬県水上町《みなかみまち》（現・みなかみ町）などでは、着物が着られなくなる（『水上町の民俗』）としており、生きているうちに悪報が発生するパターンもある。

［参考文献］山田郡教育会『山田郡誌』、太田女子高等学校郷土研究クラブ『太田近郊の迷信』、『高萩の昔話と伝説』、群馬県教育委員会『水上町の民俗』

鼬［いたち］

狐《きつね》や**狸**などのようにひとを化かしたり、**送り鼬**をして来たり、**火柱**《ひばしら》を起こしたりするという。また、鼬に道を横切られるのは「鼬の道切り《みちき》」などと呼ばれており各地で縁起の良くないものとされていた。よその家を訪ねに行くときに、鼬に道を横切られると、訪問先は必ず留守である（『銭易と算易』）ともいわれる。

人見必大《ひとみひつだい》『本朝食鑑』（巻十一・鼠類鼬鼠）には、鼬の火柱について記しているほか、庭で鼬たちが群れをなして鳴くのは縁起が悪いが、「鼬、眉目美し《みめよ》」と唱えれば凶から吉へと転ずる、という俗信も書き留めている。

群馬県では、「口から玉を吹いたりする」といい、それが眉毛や帽子などにとまると、そのひとは化かされてしまうという。（『片品村史』）

茨城県などでは、鼬はときどき前足をへんに小手にかざして人間を眺めてきたりする（『子どもの歳時と遊び』、『駒井の民俗』）などといわれており、これと同じような見方を人間がするのは余り良いものではないとされていた。**狢**《むじな》にも似たような動作が言及されていたりする。

茨城県十王町《じゅうおうまち》（現・日立市）などでは、鼬に道切りをされたときは「鼬道切れちみち切れ我行先《われゆくさき》はあらぎの里」と唱えて三歩あとずさりするとよい（『県北海岸地区民俗資料緊急調査報告書』）といわれていたという。

神奈川県でも、振り返ってひとを眺めて来る鼬の動作は不審なものとみており、眉毛の数を読まれて化かされないようにしろなどといわれていたという。（「獣の話」）

伊豆大島では、へんげ動物としての狸や狐などの役割を、鼬が担《にな》っている。

［参考文献］人見必大、島田勇雄（訳注）『本朝食鑑』五、茨城民俗学会『子どもの歳時と遊び』、『片品村史』、『多摩市の民俗（口承文芸）』、坂井昭『干潟の民俗誌 ～東京湾に面した西上総地方の漁業と暮らし～』、坂間則仁「津久井町鳥屋民俗断片 二（俗信・伝説）」（相模民俗学会『民俗』二十五号）、狛江市史編集専門委員会『駒井の民俗』、茨城民俗学会『県北海岸地区民俗資料緊急調査報告書』、鈴木重光「獣の話」（『土俗と伝説』一巻三号）、『都賀町史』民俗編、『千葉県君津郡誌』下、『小櫃村誌』、石黒玄山『銭易と算易』

位牌田［いはいだ］

栃木・群馬・千葉県などに伝わる、位牌のような細長いかたちをした田地。所有するとたたりがあるとされ忌《い》まれていた。

群馬県山田郡では、「位牌パカに麦類を播《ま》くと死人が出来る」（『山田郡誌』）という例もみることができる。「パカ」は「畑《はた》」で「位牌畑」のことか。

似たような例に**塔婆畑《とうばばたけ》**がある。

［参考文献］『勢多郡誌』、山田郡教育会『山田郡誌』、上三川町文化財研究会『上三川町の伝説と民話 続編』、千葉県教育委員会『印旛手賀沼周辺民俗調査報告書』

丑寅槐［うしとらえんじ］

家の敷地の丑寅《うしとら》の方角に槐《えんじゅ》の木を植えると「魔よけ」になるといわれており、植えることはよいことだといわれたりしていた。

群馬・栃木県などでいわれている。丑寅（東北）は鬼門《きもん》と呼ばれており、悪いものや**悪魔**・邪鬼たちが入って来る方角だとされている。

［参考文献］栃木県郷土資料館『秋山の民俗』、角田恵重「上野勢多郡より」（『郷土研究』三巻七号）

海坊主［うみぼうず］

海に出るという妖怪。大きな影のようなすがた、大きな坊主のようなかたちなど、色々に形状は語られているが、あまりはっきりはしていない。船に海の水を入れて沈めてしまうなどと各地で語られている。

お盆や大晦日は漁に出るものではないといい、船を出すと海坊主に遭うといわれてもいる。お盆の一六日に船を出したら海坊主が信じられない大きさの船になって前方に現われ、ぶつかると思ったら寸前で消えた（『浦安の昔ばなし』）といったはなしもみられる。千葉県の**幽霊船**も参照。

東京都では、品川《しながわ》（東京都品川区）の沖などによく出ると語られていた。（『口承文芸（昔話・世間話・伝説）』）

神津島《こうづしま》（東京都神津島村）などでは、これがひとに取《と》り憑《つ》いたりするともいう。（『民俗採訪』）

千葉県木更津市などでは、雨が降っていて風のある「なまの日」（雲ゆきのあやしい天気の日）には海坊主がよく出ると船乗りたちのあいだでは語られていたという。（『きさらづの民話』）

千葉県市川市塩浜などでは、お盆の海には海坊主が「柄杓《ひしゃく》を貸せーっ」と言ってよく出るといわれていた。**無縁仏**がこれになるとも語られている。（『市川の伝承民話』）

千葉県銚子市などでは、夏の土用を過ぎたころに海へ子供が遊びに行くと海坊主が出て来てさらわれるといわれたという。（『妖怪と出会う夏 in Chiba 2015』）

神奈川県鎌倉市などでは、海上で突然に舟が全く進まなくなってしまうことがあり、気づくと舟に海坊主が乗っていたなど、舟の上に乗って来るというはなしがいくつもみられる。**狢《むじな》**たちが海坊主に化けてひとを驚かしたといったはなしもしばしばあったようである。（『としよりのはなし』）

［参考文献］大田区教育委員会『口承文芸（昔話・世間話・伝説）』、國學院大學民俗学研究会『民俗採訪』三十年度、木更津の民話刊行会『きさらづの民話』、浦安市教育委員会社会教育課『浦安の昔ばなし』、市川民話の会『市川の伝承民話』、千葉県立中央博物館『妖怪と出会う夏 in Chiba 2015』、鎌倉市教育委員会社会教育課『としよりのはなし』

大鮑［おおあわび］

とても巨大な鮑《あわび》。

下総国《しもうさのくに》多田良《ただら》村《むら》（千葉県南房総市）には、寛文五年（一六六五）、海から毎夜あやしい光が出るので調べたところ、七、八間《けん》（約一二～一四メートル）もの巨大な大鮑が捕れた（『房総の伝説』）という記録がある。これなどは、大鮑があやしい**光物**《ひかりもの》な怪異だとみられた例ともいえる。

茨城県水府村（現・常陸太田市）には、むかし金砂《かなさ》神社の神様たちが舟に乗って来たとき、舟底にあいてしまった穴を大鮑がふさいでくれたので舟が沈まなかったというはなしも伝わる。（『民話のふる里』）

［参考文献］高橋在久・荒川法勝『房総の伝説』、今瀬文也『民話のふる里』

大牛［おおうし］

夜道にとても大きな牛が道幅いっぱいに眠っており、前に進めなくなってしまったりするという。**狐**や**狸**などが化けているとされる。

東京都大田区では道に座って煙草《たばこ》を一服したりして落ち着いて見たら消えていた（『口承文芸（昔話・世間話・伝説）』）などと語られる。

千葉県市川市などでは、これをどかそうと一生懸命になっているあいだに、脇に置いておいた折詰《おりづめ》を盗《と》られてしまった（『市川の伝承民話』）といったはなしもみられる。

大きな牛がいて夜道をふさいでいる、といった要素は昔話などにもみられ、各地に広く存在するようである。

［参考文献］大田区教育委員会『口承文芸（昔話・世間話・伝説）』、市川民話の会『市川の伝承民話』

大きな蛇［おおきなへび］

大きな蛇は、遠く離れた木の上などから、ひとの息や生き血を吸い上げることができるという。

田んぼの草取り作業の途中で昼寝をしていた娘の鼻からずーずーずーと何か出ていると思ったら、それは息や血で、木の上に大きな蛇がいて、吸い取っていたのが知れたが、起こそうとしたときには、もう娘は死んでいた、といったはなし（『口承文芸（昔話・世間話・伝説）』）が各地で語られたりしている。

群馬県太田市で語られている例にも、木の下で休んで眠っている旅人から何か赤いものが出て上に出て行くと思ったら、木の上から蛇が血を吸っていた（『太田市史』通史編 民俗下）という同じような吸い上げ方式の血の吸い方をする蛇がみられる。

［参考文献］大田区教育委員会『口承文芸（昔話・世間話・伝説）』、『太田市史』通史編 民俗下

おおさきどうか

尾裂《おさき》のこと。「とうか」は**狐**のことで「尾《お》裂稲荷《さきとうか》」といった意味合いである。

埼玉県深谷《ふかや》市後榛沢《うしろはんざわ》などでは、茶碗や重箱《じゅうばこ》のふちを叩いたりするのは、「おおさきどうかを呼ぶ」から、やってはいけない（「岡部町後榛沢の予兆・民間療法・禁忌」）といわれていた。

群馬県大間々町《おおまままち》（現・みどり市）や伊勢崎市、前橋市などでも茶碗を叩くと「オサキが来る」（『大間々町の民俗』二、『三和町の民俗』、『前橋市城南地区の民俗』）といわれたりしていたことが報告書などにも見え、「尾裂」が伝わっていた地域に広くみられる躾《しつけ》のための言いまわしだったことがわかる。このような言いまわしには**狐の子供**などもみられる。

［参考文献］山崎泰彦「岡部町後榛沢の予兆・民間療法・禁忌」（『埼玉民俗』十号）、大間々町誌刊行委員会『大間々町の民俗』二、伊勢崎市『三和町の民俗』、群馬県教育委員会『前橋市城南地区の民俗』

お菊［おきく］

松平下総守忠明《まつだいらしもうさのかみただあきら》の家老を勤めていた山《やま》田《だ》家に仕えていたという召使い。すがたの美しさから他の召使いたちに嫉妬の目でみられており、お膳の汁椀に針を入れたという疑いをかけられ、蛇《へび》や毒虫を詰め込んだ長持《ながもち》に入れられて殺された。その霊は家老の屋敷に出つづけ、屋敷内に吉事があれば泣き声、凶事が起これば笑い声を響かせたりしたという。屋敷では「お菊稲荷《いなり》」としてこれを祀《まつ》ったという。

舞台そのものは群馬県のはなしとされており、埼玉県行田《ぎょうだ》市にある「お菊稲荷」は松平家の者が移り住んで来たときに持ってきたものだという。

［参考文献］韮塚一三郎『埼玉県伝説集成』下、早船ちよ・諸田森二『埼玉の伝説』

送り鼬［おくりいたち］

道を歩いていると**鼬**が背後をつけて歩いて来るというもの。こちらが止まると向こうも止まり、歩き出すと向こうも歩き出して、ずっとついて来るという。

群馬・埼玉・茨城県などに伝わる。群馬県邑楽町《おうらまち》では、鼬に跡をつけられていると「あたまが、ざざあとしてくる」（『群馬県史』資料編二十七 民俗三）、埼玉県戸田市では「体がゾーッ、ゾーッと変な感じになって来る」（『新曽・上戸田の民俗』）などともいわれており、こころの状態にも影響を及ぼして来る描写に共通性がみられる。

［参考文献］『群馬県史』資料編二十七 民俗三、戸田市史編さん室『新曽・上戸田の民俗』、古河市史編さん委員会『古河の昔話と伝説』

送り狼［おくりおおかみ］

「送りおおかめ」とも。夜道などでひとの跡をついてくる狼。道で転んでしまうと喰

いかかってくる、ひとを飛び越えて襲ってくるなどといわれる。関東各地に伝わる。もしも転んでしまったら、「あぁ履物《はきもの》が切れた」など、転んだのではないという芝居を狼に聴こえるようにしゃべれば襲われない（『相州内郷村話』）とされる。

狼たちは一本の茅《かや》でも生えていれば、そこに一〇〇〇匹は隠れることができると俗に語られている。一方、牛の糞にはとても弱いといい、狼たちは嫌っているという。体のどこかに少しでもついてしまうとそこから体が腐ってしまう（『相州内郷村話』）とも語られていた。狼は大きくなると馬のように大きい（「埼玉県秩父郡皆野町日野沢の見聞（四）」）ともいう。

塩や赤飯《せきはん》が好物といわれており、「好きな塩をやるから助けてくれ」と塩をあげると襲って来ないので、狼の出るような山道を行くときは塩を持つもの（「大口真神と狼」）とされていた。反面、好物であるから塩を持ち歩いていると送り狼につけられるのでいけない（『相州内郷村話』）とも語られている。

帯《おび》や褌《ふんどし》などを長くうしろに垂らして引きずって歩くと良い（「大口真神と狼」）ともいわれている。また、赤い色を嫌うので赤い腰巻《こしまき》をすると狼よけになる（『府中の口伝え集』）ともいわれる。

転ばずに気をつけつつ、無事に家に着いたら「ご苦労様」と礼をいわないといけない。いわない限り、送り狼はずっとその場に居るといわれている。（『稲城市の民俗（二）昔話・伝説・世間話』）

神奈川県などに確認できる「牛の糞がつくと体が腐ってしまう」という狼についての俗信については、小野蘭山《おのらんざん》『本草綱目啓《ほんぞうこうもくけい》蒙《もう》』（巻四十七・獣類）に、狼は青蛙《あおがえる》に触れると皮が腐爛《ふらん》してしまうという説がみられ、関連性が見受けられる。

［参考文献］『青梅市の民俗』、稲城市教育委員会『稲城市の民俗（二）昔話・伝説・世間話』、長谷川一郎「大口真神と狼」（相模民俗学会『民俗』十九号、鈴木重光『相州内郷村話』、石田祐子・須藤恵子・中林瑛子「埼玉県秩父郡皆野町日野沢の見聞（四）」（『西郊民俗』三十六号）、府中市立郷土館『府中の口伝え集』、小野蘭山『本草綱目啓蒙』

尾裂［おさき］

「おさきぎつね」、「おおさき」、**おおさきどうか**とも。「御先」、「御崎」、「御前」、「大前」、「大さき」などとも書かれる。**管狐**《くだぎつね》や**袂狐**《たもとぎつね》、「飯綱《いづな》」などと同じような憑物《つきもの》で、関東地方では木鼠《きねずみ》や**鼬**《いたち》、**おこじょ**のような小動物のようなすがたをしているとされていた。群馬・栃木・埼玉県などを中心に語られる。尾が裂けている（「秩父の俗信オオサキについて」）とされ、それが呼び名のもとと考えられているが、耳が割れている（『片品村史』）と語られるときもある。尾の先は白い（『水上町の民俗』）、尾の先は飯杓子《めしじゃくし》のように平たく体毛は白・黒・鼠色で三毛《みけ》や斑《ぶち》模様のものもいる（「奥武蔵の民俗」）ともいう。また埼玉県両神村《りょうかみむら》では、二〇年ほど前に見たとして「オーサキは十五〜二十センチほど、豚のような白い色。オコジョとは違う」（埼玉県両神村での聞き取り、二〇一八年・戦狐）など、はなしの上では

特徴が様々に語られているが、各地で一定はしていない。

　これを飼っていると財産ができるとされるが、子をつくって数がどんどん増えるといい、人間はその食べ物を確保するのが追いつかなくなってしまうとされる。どうしようもなくなったときは抱《かか》えて川に入ると、逃げ去ってしまう（『片品村史』）ともいう。

　生糸《きいと》にする繭《まゆ》の取引のときに「おおさき」が秤《はかり》に隠れて乗って量をごまかす（『上野村の民俗』上・下）とか、他人の家の粉を毛につけて持ち帰って来るともいわれ、箱に這入《はい》って一回で五～八合の粉を掠《かす》め取るなどといわれていた。

　群馬県では、おさきを使ってよそから富を引っぱらせて財産をなしたような成り上がり者の資産家を「おさき大尽《だいじん》」、忘れてきちゃったなど上手いことを言って他人からタダでもらって吸う煙草《たばこ》のことを「おさき煙草」（『利根西の民俗―清里・総社・元総社・東地区―』）と呼んだりもした。子供や酔っ払いが嫌い（『前橋市城南地区の民俗』）とも語られる。

　埼玉県では、「おおさき」を封じるときは、甕《かめ》や茶壺《ちゃつぼ》へ大量の芥子粒《けしつぶ》と一緒に詰め込んでおけば、「おおさき」は一年に一粒ずつを食べるので出て来ない（『奥武蔵の民俗』）などといわれている。これなどは何か典拠のありそうな設定である。

　尾裂たちがこの世に発生した由来として語られている俗説には、退治された九尾《きゅうび》の狐（砕かれた**殺生石**《せっしょうせき》の破片）、あるいはそのしっぽ（九つに裂けた尾）から生じたとするはなしなどがある。（「オオサキ考――玉藻伝説との関連において」、「オ、サキの語源に関する伝説其の他」、『高麗郷土史』）

　曲亭馬琴《きょくていばきん》『曲亭雑記《きょくていざっき》』（巻一）や『梅翁《ばいおう》随筆《ずいひつ》』には、**狐**たちのあいだで江戸は王子《おうじ》稲荷《いなり》の支配となっているので、戸田川を境にして上毛《かみつけ》・下毛《しもつけ》（群馬・栃木県）や北武《きたむ》蔵《さし》（埼玉県）の「尾さき狐」たちは入ることができないとするはなしも収められている。東海道の方面からは六郷川が境目になっているとも設定されているが、尾裂とみられるはなしも江戸に存在しており、なかにはうまいこととまぎれ込んで侵入している例もあるようだ。

［参考文献］『片品村史』、『勢多郡誌』、伊勢崎市『市街地の民俗』、群馬県教育委員会『前橋市城南地区の民俗』、群馬県教育委員会『水上町の民俗』、福島保夫「オオサキ考――玉藻伝説との関連において」（『埼玉大学紀要』二十六 人文科学篇）、関根邦之助「秩父の俗信オオサキについて」（『秩父民俗』二号）、野中義夫「オ、サキの語源に関する伝説其の他」（『秩父民俗』四号）、『上野村の民俗』上・下、加藤喜代次郎、新井清寿『高麗郷土史』、前橋市教育委員会『利根西の民俗―清里・総社・元総社・東地区―』、滝沢馬琴、渥美正幹（編）『曲亭雑記』巻一下編、『日本随筆大成』二期十一、井之口章次「奥武蔵の民俗」（『仏教と民俗』四号）、井上円了『妖怪学全集』二

尾裂憑き［おさきつき］

「おおさき憑き」とも。**狐憑き**のように**尾裂**たちがひとに取《と》り憑《つ》くこと。

　取り憑かれたひとは普段とは全く異なる大食いになったりするが、食べている量に反してどんどん痩せ衰えていくといわれる。また、物を食べるときは布団《ふとん》をすっぽりかぶって、他人に見られないように食べ

る（「埼玉県秩父郡皆野町日野沢の見聞（四）」）とも語られる。

埼玉県皆野町《みなのまち》などでは、豆・米・麦を煎《い》って紙に包んで祈禱《きとう》をしたもので撫《な》でると、憑いていた「おおさき」がその紙に移るので、それを道に捨てて振り返らずに帰り、「送り出し」をしたと語られている。この「送り出し」は他の病気にも用いられてたという。（「埼玉県秩父郡皆野町日野沢の見聞（四）」）

埼玉県倉尾村（現・小鹿野町《おがのまち》）などでは、墓地に生えている苔《こけ》を尾裂や**狐**に憑かれたひとの近くに置いておくと嫌がる（『民俗採訪』）という判別法などもみられる。

［参考文献］石田祐子・須藤恵子・中林瑛子「埼玉県秩父郡皆野町日野沢の見聞（四）」（『西郊民俗』三十六号）、國學院大學民俗学研究会『民俗採訪』二十七年度

怖風虫 ［おじけむし］

群馬県などでは、赤ちゃんに乳を与えてすぐに梨《なし》を食べさせたりすると「怖風虫がつく」といい、注意すべきことだとされていた。（『山田郡誌』）

疳《かん》の虫《むし》などの類なのだろうか。

［参考文献］山田郡教育会『山田郡誌』

おとか

「おとうか」、「とうか」とも。関東各地では**狐**のことをこのようにも呼んでいる。使用例は群馬・栃木県に特に多くみられるが、埼玉・茨城・千葉県でも利根川流域を中心に「とうか」という呼び方は広くみられる。「とうか」という音は「稲荷《とうか》」から来ており、狐そのものをさすものである。やることは、**狐火《きつねび》**を見せたり、田んぼを深い川に見せたり、人の持ち歩いている食品を盗んだりと、狐と全く重なる。

群馬県邑楽《おうら》郡千代田村（現・千代田町）などでは、化かされることを「おとかにまやかされた」と言ったりした。また、子供たちが夕方遅くにかくれんぼなどして遊んでいると術をかけて、そこにいる者を見えなくしてしまったりするといわれていた。（『千代田村の民俗』）

野中義夫は、「おとうか」の語源として語られる俗説として、砕かれた**殺生石《せっしょうせき》**のうちの、九尾《きゅうび》の狐の「あたま」の部分の破片から生まれた大量の狐たちなので「お頭《とう》化《か》」であるというはなしを「古老の談」であるとして紹介している。（「オ、サキの語源に関する伝説其の他」）

［参考文献］群馬県教育委員会『千代田村の民俗』、伊勢崎市『市街地の民俗』、岡崎柾男『取手のむかし話』、小林徳男「川釣りと妖気」（『埼玉民俗』八号）、田中正明「東秩父旧槻川村の民俗（四）」（『秩父民俗』十号）、野中義夫「オ、サキの語源に関する伝説其の他」（『秩父民俗』四号）、倉田一郎「栃木県安蘇郡野上村語彙」（國學院大學方言研究会『方言誌』十七輯）

鬼 ［おに］

山などに住んでいるとされる妖怪で、とても力が強く、旅人や人里を襲ったりする。各地で伝説や昔話などに広く登場する。

鬼は汚いものや臭いものを嫌うとされ、節分に用いられる鰯《いわし》の頭などは、そこから発するいやなにおいで鬼を寄せつけないと

されている。
　節分に払う対象となる**悪魔・魔物**として広く言い習わされている。豆まきで「鬼は外」と払われるほか、真夜中にお膳とともに村はずれに鬼を送るという行為も地域によってはおこなわれている。（『東京の民俗』五、小平市小川町）
　千葉県では横芝光町《よこしばひかりまち》の広済寺《こうさいじ》の「鬼来迎《きらいごう》」という行事で演じられる閻魔《えんま》と地蔵を中心にした狂言に、地獄の獄卒《ごくそつ》としての赤鬼や黒鬼などが登場する。「鬼来迎」のような仏法を説く芝居は、香取《かとり》市の浄福寺、成田市の迎接寺《こうしょうじ》などでも過去は催されており、面や台本などが残されている。（『「鬼来迎」と房総の面』、『地方狂言の研究』）
　埼玉県嵐山町の鬼鎮《きじん》神社は、節分のときに各地で追い払われた鬼たちを入れてやる（『埼玉の伝説』）と語られており、豆まきの際は「福は内、鬼は内、悪魔外」と唱える。（**鬼の宿**も参照）
　また、事八日《ことようか》（二月八日や一二月八日）に家々にやって来る（東京学芸大学民俗学研究会『昭和四十四・四十五年度調査報告』、『郷土史荒砥村』下、『五霞村の民俗』、『三和町の民俗』、『新曽・上戸田の民俗』）ともされる。東京都の農村地域では、目籠《めけ》を出したり（『東京の民俗』五、国分寺市）「節分」の日に竈《かまど》や囲炉裏《いろり》で葱《ねぎ》や韮《にら》などを焼いて、そのにおいで「事八日」にやって来る鬼をよけるとされていた。このにおいを嗅ぐことは、ひとにとっては風邪《かぜ》をひかなくなる良いものである（『東京の民俗』五）とも同時に語られる。また、籠《かご》を飾っておくと編目《あみめ》を数えているうちに夜が明けてしまうので鬼は何もせずに帰る（『多摩村の年中行事』）とされている。埼玉県川里村（現・鴻巣《こうのす》市）などには事八日を「鬼が婿《むこ》に来る」（『埼玉の民俗 年中行事』）と表現している例もみられる。
　茨城県でも一二月八日は「鬼が屋根の上を通る」、鬼が来ないように目籠《めき》を出す（『五霞村の民俗』）とされる。千葉県でも目籠を立てることを「鬼払い」や「悪魔よけ」（『民間信仰』一号）などと称している。また、大蒜《にんにく》と豆腐《とうふ》を柊《ひいらぎ》に刺したもの――「にんにくどうふ」も各地で鬼や悪魔をよけるもの（『勝田市の民俗』、『瓜連町史』、『勝田市史』民俗編、『県北海岸地区民俗資料緊急調査報告書』）として飾られる。
　関東各地で行われる「おびしゃ」などの弓を用いる神事では、的《まと》に「鬼」という字が書かれることも多い。埼玉県八潮市木曽根の氷川《ひかわ》神社で行われる「弓ぶち」では「鬼」の字を二種類に書いており、角《つの》のあるほうを雄の鬼、ないほうを雌の鬼と称している。（『埼玉のオビシャ行事』、『八潮の民俗資料』一、『八千代市文化財総合調査報告』二）
　ごはんを少ししか食べない嫁（『千代田村の民俗』）など、「食わず女房」の昔話では正体が鬼であったとされることも多く、端午《たんご》の節供に菖蒲《しょうぶ》や蓬《よもぎ》の葉っぱを魔よけに用いる由来と結びつけられて語られている。
　おし沼の鬼などのように、特定の地点と結びついて子供たちに恐れられていたようなものもある。

〔参考文献〕知切光歳『鬼の研究』、群馬県教育委員会『千代田村の民俗』、前橋市教育委員会『利根西の民俗―清里・総社・元総社・東地区―』、群馬県教育委員会『前橋市城南地区の民俗』、荒砥第二尋常高等小学校『郷土史荒砥村』下、五霞村歴史民俗研究会『五霞村の民俗』、伊勢崎市『三和町の民俗』、『勝田市の民俗』、『勝田市史』民俗編、勝田市史編さん委員会『勝田市の民俗』、『瓜連町史』、茨城民俗学会『県北海岸地区民俗資料緊急調査報告書』、東京学芸大学民俗学研究会『昭和四十四・四十五年度調査報告』、東京都教育委員会『東京の民俗』五、早船ちよ・諸田森二『埼玉の伝説』、埼玉県教育委員会『埼玉のオビシャ行事』、『八潮の民俗資料』一、八千代市教育委員会『八千代市文化財総合調査報告』二、戸田市史編さん室『新曽・上戸田の民俗』、大田区教育委員会『口承文芸（昔話・世間話・伝説）』、國學院大學神道研究会『民間信仰』一号、小川芳文「多摩村の年中行事」（『西郊民俗』五号）、長井五郎『埼玉の民俗 年中行事』、片山正和「「鬼来迎」と房総の面」、宮尾しげを『地方狂言の研究』

車前草の実〔おばこのみ〕

ふたまたになっている車前草《おばこ》（おおばこ）の実を蔭干《かげぼ》しにしたものを灯芯《とうしん》にした灯《あか》りで照らせば、どんな妖怪や怪物もすがたかたちを隠すことはできないとされ、悪魔祓《ばら》いや狐狸《こり》を祓うために蟇目《ひきめ》をするときは、これを灯すとされていたという。

津村正恭《つむらまさやす》『譚海《たんかい》』（巻二、巻五）には、弓の伝書にこの秘法が記されていると書かれている。修験者《しゅげんじゃ》や武家などのあいだに伝えられていたもののようである。

〔参考文献〕津村正恭『譚海』

女の口明け〔おんなのくちあけ〕

年のはじめに女のひとが亡くなることをいい、その年に死者が多く出る前触れだとする言いまわしは各地にみられた。

栃木県小山《おやま》市などでは「女の口明け七らんと」（『小山市史』民俗編）などと称される。「らんと」（卵塔）は墓のこと。

〔参考文献〕東京学芸大学民俗学研究会『昭和四十四・四十五年度調査報告』、『小山市史』民俗編

【か】

餓鬼〔がき〕

茶碗を箸《はし》で叩いたりするのは、「餓鬼を呼ぶ」から、やってはいけないといわれていた。（『民俗叢話』、『水上町の民俗』）

群馬県などでは、茶碗を叩くとその音は地獄まで響いてしまい、それを餓鬼が聴きつけてやって来てしまう（『水上町の民俗』）と語られる。

東京都などでは「だから、いくら食べても腹が空く」（『民俗叢話』）などともつづけており、ごはんを欲しがって茶碗を叩いたりするのを戒めたりしていたようである。

〔参考文献〕谷川磐雄『民俗叢話』、群馬県教育委員会『水上町の民俗』

隠れ里〔かくれざと〕

一般には、隠者や落人《おちうど》などが隠れ住む山里あるいは浮世から離れた桃源郷《とうげんきょう》・仙境のような場所、昔話に出て来る「鼠浄土《ねずみじょうど》」や「雀《すずめ》のお宿《やど》」のような場所の呼び名として用いられることが多いが、お膳などを貸し出してくれる伝説が過去には存在したと語られる洞穴を、「かくれざと」と呼ぶ例が関東にはいくつもみられる。

茨城県五霞村《ごかむら》（現・五霞町）の穴薬師《あなやくし》は、隠れ里と呼ばれており、お膳が必要になったとき、使用する日と数を言っておくとその日に貸してくれたという。（『五霞村の民俗』）

千葉県和田村（現・佐倉市）には「隠れ里」と呼ばれる洞穴があり、夜になると米を搗《つ》くような音がするふしぎな穴だといわれていた。（『千葉県印旛郡誌』、『たんたん山―佐倉市の民話―』）

米を搗くような音という内容は、**静か餅**などとも重なって来る。

〔参考文献〕五霞村歴史民俗研究会『五霞村の民俗』、『千葉県印旛郡誌』、佐倉市教育委員会『たんたん山―佐倉市の民話―』

隠座頭〔かくれざとう〕

遅くまで遊んでいる子供を連れ去ってしまうとされる存在。

茨城県桜川村（現・稲敷《いなしき》市）では「夕方早く帰らぬとかくれざとうに隠される」などと大人たちが子供に向かって注意していたという。（『ちょうちん酒』）

千葉県八千代市高津《たかつ》などでも、遅くまで隠れごと（かくれんぼ）をしていると隠座頭に隠されるといわれたりしたという。（『八千代市の歴史』資料編　民俗）

茨城県古河《こが》市などでは「かくね里に隠される」などといわれていたという。「かくね」は隠すという意味で、かくれんぼなどは「かくねごと」と称される。（古河市史編さん委員会『古河の昔話と伝説』）

先に存在していた**隠れ里**ということばそのものから派生して、「隠れ里にかくされる」が「隠座頭にかくされる」と語られるようになったとも考えられている。

〔参考文献〕人見暁郎『ちょうちん酒』、古河市史編さん委員会『古河の昔話と伝説』、八千代市編さん委員『八千代市の歴史』資料編　民俗

籠転がし〔かごころがし〕

「籠転ばし」、「目籠転《めかい》がし」とも呼ばれる。出棺後に室内で草刈《くさか》り籠《かご》や目籠《めかご》を転がすこと。栃木・茨城県などを中心に各地で広くみられた風習で、これをおこなって清めることで、亡霊は座敷や家の中に戻ることができなくなるという。

目籠には目が多くあるという点から**魔物**を怖がらせて、魔よけをする（『五霞村の民俗』）とも語られる。また、目が多いので、亡者があの世に行く途中の道で怖がらなくなる（『五霞村の民俗』）といったことも語られており、こちらは死出《しで》の旅《たび》の途中の魔

物などに対しても、目籠が目の多さで威嚇《いかく》してくれるということなのだろうか。

埼玉県では「笊転《ざる》がし」などとも呼ばれ、同様に出棺後に清めるためとして笊を転がし、塩をまいたりもする。（『川越地方郷土研究』）**笊《ざる》っ転がし**も参照。

［参考文献］五霞村歴史民俗研究会『五霞村の民俗』、『小山市史』民俗、國學院大學民俗学研究会『民俗採訪』四十五年度、栃木県教育委員会『那須山麓の民俗　黒磯市百村・板室地区』、武蔵大学人文学部日本民俗史演習『石下町小保川・崎房の生活と伝承』、埼玉県立川越高等女学校校友会郷土研究室『川越地方郷土研究』第三冊、船江純一「葬式の日と籠と臼」（『郷土研究』二巻十二号）

火車［かしゃ］

死人を奪いにやって来るとされる地獄の火に包まれた車。

『新著聞集《しんちょもんじゅう》』（巻十）には、武蔵国《むさしのくに》の妙願寺村（埼玉県加須《かぞ》市）の酒屋安兵衛《さかややすべえ》が火車の恐ろしい炎に魘《うな》されながら死んでしまったはなしがみられる。

大田南畝《おおたなんぽ》『半日閑話《はんにちかんわ》』（巻十）には、江戸の浅草（東京都台東区）にあった堀《ほり》家の屋敷の屋根に腐った水死体が空から落下して来たという出来事があり、火車が運んでいた死骸を落としたのではないかと語られていたという。

［参考文献］『日本随筆大成』二期五、『日本随筆大成』一期八、ビジュアル選書『地獄絵』

火車［かしゃ］

死人を奪いにやって来るとされる妖怪。昔話などでは猫《ねこ》のへんげ、**魔物**であるとされることも多く、寺の再興をするはなしなどに広く登場する。「火車」という呼び名は地獄から亡者を奪いに来る火に包まれた車に由来するとされる。**猫**や**貂《てん》**も参照。

群馬県片品村《かたしなむら》では、火車という怪獣を斬ったとされる「火車斬《かしゃき》り丸《まる》」という刀があった（『片品村史』）とも伝わる。

雷は「猫の魔」である（『浦安の昔ばなし』）といった言いまわしもみられる。ここでの雷というのは火車が棺《ひつぎ》を奪いに来るときに出現する黒雲や雷雨などを指しているようである。

［参考文献］『片品村史』、『勢多郡誌』、浦安市教育委員会社会教育課『浦安の昔ばなし』

風の神［かぜのかみ］

風邪《かぜ》などの疫病を人々にもたらす存在。

群馬県山田郡では正月に「風の神送り」という行事があり、子供たちが家々をまわって米や豆をもらい、それを渡良瀬川《わたらせがわ》に流す。これをすることによってその年は風邪にかからないといわれていた。（『山田郡誌』）

豆を煎《い》って三本辻に捨てて来ると重い風邪も治る（『利根西の民俗―清里・総社・元総社・東地区―』、『渋川市誌』四　民俗編）ともいわれており、埼玉県深谷《ふかや》市後榛沢《うしろはんざわ》などでも、煎った大豆《だいず》を紙に包んでおひねりにして辻に置き、「風邪の神」を送り出せば風邪がよくなる（「岡部町後榛沢の予兆・民間療法・禁忌」）といわれている。豆などを捨てて風邪を送り出すことは広範囲にみ

られるようである。

伊豆大島（東京都大島町《おおしままち》）では、島で流行病が起きたときは、幣束《へいそく》や人形を乗せた舟をつくり、それを「送れ送れ、風の神送れ、仙台まで送れ」と唱えて送り出し、流したという。（「厄病神送り」）

［参考文献］山田郡教育会『山田郡誌』、山崎泰彦「岡部町後榛沢の予兆・民間療法・禁忌」（『埼玉民俗』十号）、前橋市教育委員会『利根西の民俗―清里・総社・元総社・東地区―』、『渋川市誌』四 民俗編、角川源義「厄病神送り」（『民間伝承』四巻一号）

片葉葦［かたばのあし］

葉がみんな片側にしか生えていないというふしぎな葦《あし》。全国各地にみられる。江戸の**本所《ほんじょ》七不思議**（東京都墨田区）のひとつにも横網・駒留橋《こまどめばし》の片葉葦（「七不思議の話」）が挙げられている。

川越氷川《ひかわ》神社（埼玉県川越市）の北東あたりの土地も群生地として敬順《けいじゅん》『十方庵遊歴雑記《じっぽうあんゆうれきざっき》』（三編）などに記され、古くから知られていた。

茨城県下妻市塔の下の片葉葦は、むかし恋人を訪ねるために旅をしていた美しい姫が、にわかに発病して亡くなったことに由来していると語られており、姫の突いていた芦《あし》の杖が根づいて増えたものだとされる。姫は「道祖《さや》の神」として祀《まつ》られており、葉はみんなそこに向かって生えているとされる。（『下妻市史』別編 民俗）

群馬県前橋市の増田渕の片葉葦は、むかし赤城家成の姫を沈めたことに由来し、その怨霊で片葉になっているのだと語られる。（『勢多郡誌』、『郷土史荒砥村』下）

お崎姫のはなしのひとつなども、片葉葦の発生と結びつけられて語られている。

［参考文献］江戸叢書刊行会『江戸叢書』巻の五、野久知橘莚・歌川国輝『本所七不思議』、山中共古「七不思議の話」（『郷土研究』三巻十二号）、武田静澄・安西篤子『東京の伝説』、『下妻市史』別編 民俗、『勢多郡誌』、荒砥第二尋常高等小学校『郷土史荒砥村』下

河童［かっぱ］

川に住んでいるとされる。猿のようなものであるとか、背中に甲羅があるとか色々に語られ、頭の皿にある水が無くなると力を失うともいう。千葉・神奈川県などでは海でも活動している点がみられ、他の地方同様に海岸沿いでは出現箇所は川と限定されないようである。

しりこだま（肛門）をぬく、と語られるが、内臓を全て引き出して食べる（『片品村史』）と語られることも多い。河童たちは胆《きも》が紫色のひとを狙う（『民俗採訪』二十八年度）とも語られている。

川へ小便をすると、河童や川の神のたたりがあるともよく語られる。もしも川へおしっこをしなければならないような緊急事態のときは、「蛇さん、河童さん、ごめんなさいよ」と唱えれば災難に遭わない（『北千木町南千木町の民俗』）などとも語られる。

赤松宗旦《あかまつそうたん》『利根川図志《とねがわずし》』では、利根川に出るとされる河童についてが記されている。（茨城県の**祢々子《ねねこ》**を参照）

千葉県柏市増尾《ますお》などでは、河童に追われたら後ろを振り向いてはいけない、追いつ

かれてしまう（『柏・我孫子のむかし話』）などと語られていた。振り向いてはいけないという部分は埼玉県などの**盆河童**のはなしにもみられる。

茨城県大洋村《たいようむら》（現・鉾田《ほこた》市）の福泉寺の池には河童が住んでいた（『茨城の寺』二）という。

むかし下野国《しもつけのくに》（栃木県）の武将簗河内守《やなかわちのかみ》朝光《ともみつ》は、馬を洗うために川に行ったところ、河童が馬に吸いついて来たので蹴《け》り飛ばし、「上に七堰、下に七堰離れた地で暮らせ」と言い聞かせたという。（『上三川町の伝説と民話』）

栃木県益子町の妙伝寺には、むかし住職による説教で河童たちが悪さを止めたというはなしが伝わる。（『栃木の伝説』）

柿《かき》を芯まで食べると河童に引っぱられる（『野田市民俗調査報告書　中里・小山の民俗』）などといわれる。河童といえば胡瓜《きゅうり》や茄子《なす》が、畑の初物などを流す行事（**河童の川流し**を参照）を通じて多く連想されるが、柿や桃《もも》などの果実にも関連する要素は各地にみられる。

河童たちは瓢簞《ひょうたん》や夕顔《ゆうがお》の実が苦手であるともいう。群馬県では七夕の日は河童に襲われやすいが「夕顔の汁を苧殻箸《おがらばし》で喰った」と唱えれば尻を抜かれない（『水上町の民俗』）という。夕顔の実の汁でこねた団子を食べると体が水あめのようにとろけて無くなってしまう（『茨城の河童伝承』）とも語られていたという。

群馬県では、河童は絣《かすり》の着物を嫌っているともいい、川へ行くときは絣の着物を着ていると尻《けつ》を抜かれないともいわれている。（『水上町の民俗』）

水芝《みずしば》でつくった草履《ぞうり》を河童たちは好むといい、それを履いて川の近くに行ってはいけないとされていた。（『茨城の河童伝承』）

江戸・東京の下町では胡瓜が店頭へ出始める暑い時期になると、胡瓜に子供の名前と年を書いて川に流し、水難よけ・河童よけとしていた（『こしかたの記』）という。このような夏の光景は関東各地でも広くみられた。

千葉県湖北村《こほくむら》（現・我孫子《あびこ》市）などでは、七夕の笹飾《ささかざ》りを翌日（七月八日）の朝日がのぼる前に川に流すと、河童に捕られなくなるという。朝日が出てから流すと効果がないとされていた。（今井幸則「紙上問答」答（八九））

「かまふた」（地獄の釜の蓋《ふた》の開くとされる日、七月一日）に魚を捕ると、河童に引き込まれる。（『山田郡誌』）茨城県では「かまぶたの朔日《ついたち》」に「河童の供養」などと言って白い餅を川に流したりする。（『茨城の河童伝承』）

茨城県潮来町《いたこまち》などでは、一二月一日に「河童餅」を子供たちに持たせたり、舟の舳《へ》先《さき》に供えたりした。（『茨城の河童伝承』）大《やま》和《と》村《むら》（現・桜川市）では「かわっぴたし」と呼び、馬がけがをしないように餅を川に流したり、お汁粉《しるこ》にして食べさせたりした。（東京学芸大学民俗学研究会『昭和四十四・四十五年度調査報告』）下妻市では「かぴたり」の日に丸餅あるいはあんこをつけた餅を川に流した。（『下妻市史』別編　民

俗）石下町《いしげまち》（現・常総市《じょうそうし》）では「かわぴたり」あるいは「かぴたり」と呼び、丸くした餅を川に流した。これをすると川で溺《おぼ》れないという。（『石下町小保川・崎房の生活と伝承』）大野村（現・鹿嶋市）では餅を食べることで河童に引かれないとされるほか、海岸沿いの地域では海に餅を投げることで海難よけとする（『大野村史』）ともされていた。

千葉県では、一二月一日に「かわぴたり餅」を食べると河童にいたずらされない（「鏑木の年中行事」）とされる。上総町折木《かずさまちおりき》沢《さわ》（現・君津《きみつ》市）などでは、鼻にあんこをつけて尻を川に浸《ひた》す（「折木沢の年中行事」）などといわれていたという。

栃木県では、一二月一日を「かわぴたり」、「かぴたり」などと呼び、焼いた餅を川に投げたり、あんころ餅を供えたりする。（「川ピタリ」、『小山市史』民俗編）「かっぱ餅」（『那須山麓の民俗　黒磯市百村・板室地区』）とも呼ばれる。

群馬県では、一二月に小豆《あずき》を食べないと川で河童に引かれる（『山田郡誌』）といわれていた。これなどは一二月のはじめにおこなわれる「川ぴたり餅」の行事などであんこを食べることで水難をよけることが関連している。

かぴたり餅の風習は、伊豆諸島にもみられ、「かわびたり」などの呼び方で、水難をよけるためとして餅を食べたりすることが、やはり一二月一日におこなわれていた。（『離島生活の研究』）

神楽には、恵比寿《えびす》様が釣り上げた河童が三番叟《さんばそう》を踊るといった演目（『前橋市城南地区の民俗』）などもある。

［参考文献］赤松宗旦、柳田國男（校訂）『利根川図志』、岡崎柾男『柏・我孫子のむかし話』、山田郡教育会『山田郡誌』、上三川町文化財研究会『上三川町の伝説と民話』、岡村青『茨城の河童伝承』、今瀬文也『茨城の寺』二、武田静澄・安西篤子『栃木の伝説』、東京学芸大学民俗学研究会『昭和四十四・四十五年度調査報告』、武蔵大学人文学部日本民俗史演習『石下町小保川・崎房の生活と伝承』、榎戸貞治郎「川ピタリ」（『民間伝承』三巻五号）、群馬県教育委員会『水上町の民俗』、『小山市史』民俗編、栃木県教育委員会『那須山麓の民俗　黒磯市百村・板室地区』、『下妻市史』別編　民俗、河上一雄「鏑木の年中行事」（『西郊民俗』三十四号）、河上一雄「折木沢の年中行事」（『西郊民俗』三十五号）、鏑木清方『こしかたの記』、日本民俗学会『離島生活の研究』（西垣晴次「東京都伊豆利島」）、伊勢崎市『北千木町南千木町の民俗』、今井幸則「紙上問答」答（八九）（『郷土研究』三巻七号）、群馬県教育委員会『前橋市城南地区の民俗』、國學院大學民俗学研究会『民俗採訪』二十八年度、野田市史編さん委員会『野田市民俗調査報告書　中里・小山の民俗』

河童小僧［かっぱこぞう］

河童の呼び方のひとつ。江戸（東京都）を中心に演芸や絵本などでも使用例を多くみることができる。

埼玉県などでも、「河童小僧に引かれた」（『八潮の民俗資料』一）などの表現が一般的に用いられていたことが確認できる。

［参考文献］『八潮の民俗資料』一、鶯亭金升『明治のおもかげ』

河童の川流し［かっぱのかわながし］

その年の初胡瓜《きゅうり》を川に流して水難をよけたりする行事。これをしないと**河童**に引かれるとか、畑が荒らされるなどと言われた。

東京都狛江《こまえ》市などでは、その年はじめて

茨城県　栃木県　群馬県　埼玉県　千葉県　東京都　神奈川県　東京都（伊豆諸島）　関東広域　その他

川で泳ぐ前には必ず胡瓜を一本流して河童に供えた（『駒井の民俗』）という。埼玉県八潮市などでは、一本を天王様《てんのう》に捧《ささ》げて、もう一本を川に流した（『八潮の民俗資料』一）という。「天王」というのは祇園精舎《ぎおんしょうじゃ》のまもり神である牛頭天王《ごずてんのう》のことで、胡瓜の輪切りは祇園の紋に似ているので食べない（「四谷旧事談」）など、**祇園**《ぎおん》に関する民間の行事は川や河童と縁が深い。

［参考文献］『八潮の民俗資料』一、狛江市史編集専門委員会『駒井の民俗』、山中笑「四谷旧事談」（『郷土研究』三巻六号）

金魂［かねだま］

「金霊」、「金玉」とも書かれる。**人魂**《ひとだま》のように空を飛ぶ青白い怪火《かいか》で、これをみると金運がひらけるという。

関東各地に伝わるが、東京都、神奈川県などでは光の色やかたちの違いなどによって人魂と明確に種類を呼び分けたりもする。人魂は黄色く、しっぽを後ろに長くひいて飛ぶ。金魂は青白く、しっぽは短く、人魂に比べて輝度が強いという。また、人魂と異なり、「びゅーん」とうなりながら飛ぶ（『続 中野区の昔話・伝説・世間話』）などともいう。群馬県でも青い色で、うなりながら飛ぶ（『藪塚本町の民俗』）という点を特徴として語られているのがみられる。

埼玉県などでは、蔵から出て飛ぶもので、あとからお金がついて飛んで行ってしまう（『下戸田の民俗』）とも語られる。

埼玉県槻川村《つきがわむら》（現・東秩父村）では、東から飛んで来る青白い色のもの（「東秩父旧槻川村の民俗（四）」）とされており、やはり色の青白いものを呼んでいる。いっぽう、赤いものを金魂、青いものを人魂としている例（「津久井郡城山町の葬送習俗」）もあるようである。

［参考文献］神田左京『不知火・人魂・狐火』、戸田市史編さん室『下戸田の民俗』、田中正明「東秩父旧槻川村の民俗（四）」（『秩父民俗』十号）、中野区教育委員会『続 中野区の昔話・伝説・世間話』、安江正一「カネダマ」（『民間伝承』四巻一号）、安西勝「津久井郡城山町の葬送習俗」（相模民俗学会『民俗』十二号）、群馬県教育委員会『藪塚本町の民俗』

蝦蟇［がま］

蝦蟇や蟇《ひき》を中心に蛙《かえる》たち全般も、へんげ動物として色々なはなしが語られている。

根岸鎮衛《ねぎしやすもり》『耳袋《みみぶくろ》』（巻四）の「蝦蟇の怪の事」などでは、古い家の縁《えん》の下にいる蛙は化けたり、ふしぎな力を持つなどと語られていた様子をうかがうことができる。

肉芝仙《にくしせん》などをはじめ、江戸（東京都）では浄瑠璃や歌舞伎の作品を中心に、蝦蟇は妖術と強く結びつけられている。**大蝦蟇**《おおがま》や**大蟇**《おおひき》、**蝦蟇蛙**《おかまげえろ》**の化物**《ばけもの》なども参照。**おりょう**などのように山で糸紡《つむ》ぎをしている女性に化けるはなしなども全国に多い。いっぽう、農村を中心として蛙たちは**地鎮様**《じじんさま》**の蛙**や**亥**《い》**の日**《ひ》**の蛙**、**稲荷**《いなり》**様の騎馬**《のりうま》、**庚申**《こうしん》**様の騎馬**など「田の神」の使いであるという側面も持っており、そのあたりは**狐**と近い感覚も存在している。

［参考文献］根岸鎮衛、鈴木棠三（編注）『耳袋』一、アン・ヘリング『おもちゃ絵づくし』

鎌鼬［かまいたち］

強い風を受けて、足などに鎌で切ってしまったような傷ができること。「鎌鼬に切られた」などといわれる。血が出るだけで痛くはないらしい。**竜巻**や旋風《つむじかぜ》そのものを鎌鼬と呼んでいる例も多くみられる。

埼玉県皆野町《みなのまち》では強い風の日は鎌鼬に足を切られる、そういう日には竹の先に鎌をつけて家に立てておいた（「埼玉県秩父郡皆野町日野沢《みなのまちひのざわ》の見聞（四）」）という。埼玉県深谷市《ふかや》後榛沢《うしろはんざわ》などでは、竜巻の中に鎌鼬がいる（「岡部町後榛沢の予兆・民間療法・禁忌」）とも語られている。

群馬県伊勢崎市などには、「上州《じょうしゅう》のかまいたち、武州《ぶしゅう》のおさき」（『三和町の民俗』）ということわざがあり、それぞれの地域に多いものとして鎌鼬（群馬県）と**尾裂**《おさき》（埼玉県や東京都）が挙げられている。群馬県前橋市でも、竜巻に鎌鼬がいる（『前橋市城南地区の民俗』）と語っている例はみられる。

千葉県佐倉市などでは、旋風《つむじかぜ》のことを鎌鼬とも呼んでおり、動物を追い払うように足をどんどん踏み鳴らしながら「ほーいほーい」と手を叩いて追い払うとよいと語られていたという。（『佐倉市史』民俗編）

神奈川県でも、旋風に鎌鼬がいると語られており、ものを投げつけると止むといわれている。（「鳥その外の話」）

浅井了意《あさいりょうい》『伽婢子《おとぎぼうこ》』（巻十）では、関八州《かんはっしゅう》でいわれるものと記されており、何に拠《よ》ったものかは不鮮明だが、関東地方のものとして挙げている。

〔参考文献〕山崎泰彦「岡部町後榛沢の予兆・民間療法・禁忌」（『埼玉民俗』十号）、石田祐子・須藤恵子・中林瑛子「埼玉県秩父郡皆野町日野沢の見聞（四）」（『西郊民俗』三十六号）、伊勢崎市『三和町の民俗』、『太田市史』通史編 民俗下、群馬県教育委員会『前橋市城南地区の民俗』、鈴木重光「鳥その外の話」（『土俗と伝説』一巻四号）、『佐倉市史』民俗編、日本名著全集『怪談名作集』

釜鳴［かまなり］

使用中の釜が、突然大きな音で鳴ること。法螺貝《ほらがい》のように大きな音がするという。吉凶についてのうらないとして、古くから行われていた。大吉か大凶のどちらかである（『千葉県安房郡誌』）、太く鳴るのは吉兆だ（『前橋市城南地区の民俗』）などといわれている。「釜うなり」（『続 中野区の昔話・伝説・世間話』）とも呼ばれる。

群馬県などでは、正月に物をふかしたりしているとき、釜が鳴るのは縁起が良いとされ、一年間幸福だ（『山田郡誌』）という。また、釜鳴りは商売繁盛につながる（『大間々町の民俗』三）ので商家などではその音がよろこばれていたようである。

一方、良くないことの前触れ（『片品村史』）としていることも多い。群馬県などでは火事の前兆（『藪塚本町の民俗』）ともいわれる。

〔参考文献〕山田郡教育会『山田郡誌』、角田恵重「上野勢多郡より」（『郷土研究』三巻七号）、『片品村史』、『千葉県安房郡誌』、中野区教育委員会『続 中野区の昔話・伝説・世間話』、群馬県教育委員会『藪塚本町の民俗』、群馬県教育委員会『前橋市城南地区の民俗』、大間々町誌刊行委員会『大間々町の民俗』三

髪切［かみきり］

突然、髪の毛がばっさり切られてしまったりすること。人間の髪を切るふしぎな存在、あるいは**狐**や**狸**または虫などの仕業、術使いなどの魔法などであるとも考えられていた。「髪切虫《かみきりむし》」とも呼ばれる。（『猟奇医話』）

山岡元隣《やまおかげんりん》『宝蔵《たからぐら》』（巻四・煎瓦）には、「異国より悪魔の風のふき来るにそこふきもどせ伊勢《いせ》の神風《かみかぜ》」という歌を書いて戸口に貼ったり、簪《かんざし》につけたりすれば「髪切虫」を防げる、煎瓦《いりがわら》（焙烙《ほうろく》）の下に隠れる習性があるので家にある煎瓦は割り捨てろなどという噂も、寛永年間（一六二四～一六四五）にあったということが記されている。

大田南畝《おおたなんぽ》『半日閑話《はんにちかんわ》』（巻十）には、江戸（東京都）で髪がばっさり切られたように抜け落ちたというはなしを載せているが、人間によるものでもなく、なぜ起こったのかは不明だったという。女性だけに限って起きるわけではなく、『後見草《のちみぐさ》』（中巻）などに記された例をみてみると、男性もちょんまげを根元からぶっつり切り落とされたというはなしもあったようである。

根岸鎮衛《ねぎしやすもり》『耳袋《みみぶくろ》』（巻四）には、狐の内臓の中から女性の髪の毛が髻《もとどり》ごと、まるごと二つも出て来たというはなしがあり、髪切をした狐であろうと語られている。

狩野《かのう》家の妖怪を描いた絵巻物に「髪切《かみきり》」という呼び名の添えられた画像妖怪は、嘴《くちばし》が長く、両手が鋏《はさみ》のかたちというデザインで描かれているが、この種の絵巻物（『妖怪図巻』、『続 妖怪図巻』）以外の場面で気軽に作画されている例は、ほとんどみられない。『宝蔵』の「髪切虫」の噂のなかには「剃刀《かみそり》の牙・鋏《はさみ》の手足」という表現がみられるものの絵はなく、絵巻物の享受層（役目の上で絵を習う武士など）を含めて、「髪切」全般がどんな絵すがたをしているとは特に考えられていなかったようで、絵巻物にみられる画像要素が伝承要素として完全に一致して、人々に幅広く想像されるような段階までは、まだ当時は進んでいなかったようである。

［参考文献］田中香涯『猟奇医話』、富岡鼓川『変態人異奇病抄』上、山岡元隣『宝蔵』、『日本随筆大成』一期八、『燕石十種』第一、根岸鎮衛、鈴木棠三（編注）『耳袋』一、多田克己『妖怪図巻』、湯本豪一『続 妖怪図巻』

雷様［かみなりさま］

「雷神《らいじん》」、「雷様《らいさま》」、「ごろごろ様《さま》」とも。雷を地上に落としたりする存在。雷が鳴っているときにお腹を出していたり、裸だったりすると雷様におへそを取られる・抜かれると戒められた。

節分の豆まきに使った豆の残りは保存しておいて、雷が鳴ったときに食べたり、撒《ま》いたりすると落雷をよけることができるという俗信は各地でいわれている。これに似たものには、正月に竈神《かまがみ》様へ供えた松は残しておいて、初雷が鳴ったときに燃やすと落雷が避《よ》けられる（『吾妻町坂上地区の小正月行事』）というものもある。

「桑原《くわばら》」というおまじないを唱えれば雷が避けられるという俗信も広くみられるが、群馬県では「木部《きべ》殿領分桑原桑原《くわばらくわばら》」と唱えると雷や**雹嵐**《ひょうらん》が避けられるともいわれている。（『群馬県多野郡誌』）

蚊帳《かや》の中に入る、線香に火をつけて立てる、なども雷よけのおまじないとして広く伝えられている。線香については東京都などでは「雷は、けぶ（煙）が嫌いだから」などとその理由について語られている。（『三鷹の民俗　一　野崎』、『三鷹の民俗　四　井口』）

また、古くから雷は天が悪人に罰を与えるために遣《つか》わすともいわれる。茨城県水戸市元山町《もとやまちょう》の神応寺《じんのうじ》にある蹴上観音《けりあげかんのん》は、雷よけとして知られる。むかし九州の秋太郎という悪人の家に雷神が落ちて母親を襲ったが、観音《かんのん》像が雷神を蹴り上げて追い払ってくれていたので無事だった。秋太郎は改心してこの観音を持って諸国巡礼し、神応寺にこれを置いて行ったとされる。（『茨城の寺』一）

［参考文献］東京都教育委員会『東京の民俗』五、多野郡教育会『群馬県多野郡誌』、井之口章次『三鷹の民俗　一　野崎』、井之口章次『三鷹の民俗　四　井口』、今瀬文也『茨城の寺』一、群馬県教育委員会『吾妻町坂上地区の小正月行事』

雷の槌［かみなりのつち］

落雷とともに地上に落ちて来ることのあるというふしぎなかたちの石のようなもの。俗に「雷の槌」などと呼ばれて、**雷様**が誤って落としたものなどといわれていた。

承応二年（一六五三）に武蔵国榛沢郡《むさしのくにはんざわぐん》（埼玉県）に落ちたとされるものが榛名《はるな》神社には奉納されていた。（『上野国志』）

［参考文献］毛呂権蔵『上野国志』

烏にばけろ［からすにばけろ］

道路などで動物の死骸などを見てしまったときに唱えるおまじない。「親にばけないで烏にばけろ」と唱えるとよいという。

［参考文献］茨城民俗学会『子どもの歳時と遊び』

川獺［かわうそ］

人を化かすへんげ動物のひとつとして東京都などを中心に広く考えられていた。

女に化けて橋の欄干《らんかん》から飛び落ちた、傘《かさ》の上によくわからないものが乗って来たなど、川べりなどでひとを化かしたりおどかしたりする存在として、**鷺**《さぎ》や**河童**《かっぱ》と並んで江戸ではたびたび話題にも絵にも登場している。

埼玉県などでも、女に化けて夜道で道連《みちづ》れになり、川に突然飛び込んでびっくりさせた、という川獺のはなし（『新曽・上戸田の民俗』）がみられる。

茨城県古河《こが》市などでは、川獺はお坊さん、**狢**《むじな》はおばけ、**狸**はお百姓さん、**狐**は美女に化けるのが特に上手い（『古河の昔話と伝説』）と、へんげ動物たちの得意分野を語っている。

津村正恭《つむらまさやす》『譚海《たんかい》』（巻十三）には、川獺は水獣なのでその皮を使った銭財布《ぜにざいふ》は火に

焼けることがないと書き留められている。これとおなじような内容は、神奈川県でも実際に語られていたことがみられ、そのために皮の取引価格が高かった（「獣の話」）とある。

魚や**大きな魚**などに化けて、川で魚を捕っているひとを深みに落とし、殺してしまったりするはなしなどもあり、河童たちの手法と重なる部分も大きい。

［参考文献］鏑木清方『こしかたの記』、津村正恭『譚海』、大田区教育委員会『口承文芸（昔話・世間話・伝説）』、箱守重造『関城町の昔ばなし』、戸田市史編さん室『新曽・上戸田の民俗』、鈴木重光「獣の話」（『土俗と伝説』一巻三号）、古河市史編さん委員会『古河の昔話と伝説』

かわす

川獺《かわうそ》のこと。東京都、神奈川県などで呼ばれる。人を化かすともいわれていた。

東京都の羽田（大田区）のあたりなどでは舟で眠っていると胸の上に乗って来るといい、これをされたひとは魘《うな》されるという。これを「かわすがうなす」などいったという。

［参考文献］大田区教育委員会『口承文芸（昔話・世間話・伝説）』

川天狗［かわてんぐ］

川にいるとされる**天狗**たち。魚釣りをしているときに目撃したというはなしが多い。東京都や埼玉・神奈川県などでいわれるほか、中部地方などでも広く存在が語られる。**火の玉**のすがた（『相州内郷村話』、「津久井の河童と川天狗」）で人の前に出現することが多いが、一般的な天狗のすがたで色は赤かった（「川釣りと妖気」）などとも語られる。

川の流れの中を火の玉が転がったり、流れたりして、ひとを驚かす（「津久井の河童と川天狗」、「妖怪聞書」）といい、群馬県では、このような川天狗の火の玉に向かって網《あみ》を打つと魚が大量に捕れる（『上野村の民俗』下）とも語られている。

魚がたくさん釣れて喜んでいたが、何かばしゃばしゃと水音が近くでしたので、それに気をとられていたら釣った魚がまるごとなくなったりする。このようなふしぎな出来事も川天狗の仕業などといわれた。（『青梅市の民俗』）

東京都八王子市などでは、他人の目を憚《はばか》って夜中に田の水路や小川で魚を捕っているときに、よく遭遇すると語られていたという。一部では川天狗のいたずらの正体を**川獺**《かわうそ》であるとしている人々もいた。（「川天狗の話」）

神奈川県では「かわてんごう」と呼ばれることも多い。こちらでも川獺《かわうそ》や**河童**《かっぱ》と存在そのものが重なっていることが多々ある。（「津久井の河童と川天狗」）

川天狗であるとの言及はないが、川でのはなしとして、千葉県野田市などでは魚釣りのときに火の玉を見ると大漁になる（『野田市民俗調査報告書 三ヶ尾・瀬戸・三ツ堀・木野崎の民俗』）といったものも確認できる。

［参考文献］鈴木重光『相州内郷村話』村田鈴城「川天狗

の話」（『郷土研究』七巻六号）、『青梅市の民俗』、小林徳男「川釣りと妖気」（『埼玉民俗』八号）、中村亮雄「津久井の河童と川天狗」（相模民俗学会『民俗』十号）、埼玉県史編さん室『埼玉県史民俗調査報告書（山村地帯民俗調査）』、『上野村の民俗』下、根岸謙之助「妖怪聞書」（『上毛民俗』三十二号）、野田市史編さん委員会『野田市民俗調査報告書 三ヶ尾・瀬戸・三ツ堀・木野崎の民俗』

疳の虫［かんのむし］

乳幼児や子供の体にいるとされる虫。夜泣きや癇癪《かんしゃく》、あるいはお乳をよくのまないことの原因であるといわれていた。単に「虫《むし》」とも称される。

手のひらに墨を塗り、呪文を唱えると白い糸のような虫がにょろにょろ出て来て、それを「虫切り」、「疳切り」などと呼び、疳の虫を払う行為として民間で行われていた。（『都賀町史』民俗編）

赤ちゃんの晴着《はれぎ》に麻《あさ》の葉《は》模様を用いるのは魔よけであるとともに、「虫が切れる」として良いものだとされた。（東京学芸大学民俗学研究会『昭和四十四・四十五年度調査報告』）

茨城県筑波町泉《いずみ》（現・つくば市）の泉子《こ》育《そだて》観音《かんのん》（慶竜寺）や神奈川県相模原市の顕《けん》鏡《きょう》寺《じ》は虫封じの寺として広く知られていた。（『家内安全・無病息災 〜庶民の願い〜』）また、群馬県伊勢崎市の退魔寺《たいまじ》も虫封じのおまじないをしてくれる寺（『北千木町南千木町の民俗』）として知られていたという。

群馬県などでは、酸漿《ほおずき》の根を煎《せん》じたもの、かがみ草を煎じたもの（『山田郡誌』）などが、むかしは疳の虫の薬として良いとされていたという。

神奈川県などでは、山椒魚《さんしょううお》を串に刺して干物にしたものが疳の虫の薬とされていた。日で干したものがよいとされ、火などで乾燥させたものは効果がないといわれていたという。（『県央部の民俗二 ―伊勢原地区―』）

［参考文献］山田郡教育会『山田郡誌』、伊勢崎市『北千木町南千木町の民俗』、今瀬文也『茨城の寺』三、八王子市郷土資料館『家内安全・無病息災 〜庶民の願い〜』、東京学芸大学民俗学研究会『昭和四十四・四十五年度調査報告』、埼玉県立川越高等女学校校友会郷土研究室『川越地方郷土研究』第三冊、東京都教育委員会『東京の民俗』五、『八潮の民俗資料』一、神奈川県立博物館『県央部の民俗二 ―伊勢原地区―』、『都賀町史』民俗編

雉の酬［きじのむくい］

むかし下総国《しもうさのくに》（茨城・千葉県）のある鷹《たか》使《つか》いが大病にかかって非常に苦しんで死んだ。本人以外には見ることができなかったが、その体を雉が責《せ》め苛《さいな》んで苦痛を与えていたといい、雉が食べたと語っていた太腿《ふともも》には刀で切り取られたかのような傷がついていたという。

『沙石集《しゃせきしゅう》』（巻八）にあるもの。詳しい地名は示されていない。下野国《しもつけのくに》（栃木県）の**鶉《うずら》の酬《むくい》**も同話に載せられている。

［参考文献］筑土鈴寛（校訂）『沙石集』下

狐［きつね］

へんげをする動物として広く知られ、各地で狐に化かされたというはなしが数多くみられる。北関東では**おとか**（おとうか）

とも呼ばれる。「化かされる」ことは他に「つままれる」、「まやかされる」などとも表現される。

東京都でも、幕末から明治前半にかけて大名屋敷跡や各地にあった広い原っぱには夜になると狐が出ると言われ、人通りが全く途絶えることも多かったという。

油あげを持って夜道を歩くと、狐につままれてしまう（『山田郡誌』）、狐に憑《つ》かれやすくなってしまう（東京学芸大学民俗学研究会『昭和四十四・四十五年度調査報告』）などという。油あげ、狐ずし（稲荷《いなり》ずし）、魚、小豆《あずき》めしなどは広く狐の好物であるとされる。また南京豆《なんきんまめ》（『口承文芸（昔話・世間話・伝説）』）が大好物だと語られる狐などもいたようである。

田宮仲宣《たみやちゅうせん》『愚雑俎《ぐざっそ》』（巻一）には、狐たちは提灯《ちょうちん》の蠟燭《ろうそく》を奪ったりするが、貴人のものなど紋所《もんどころ》の描かれた提灯からは蠟燭は奪わないと記している。千葉県などでは、蠟燭を奪われないように、提灯に唐辛子《とうがらし》を入れたりした（『長柄町の民俗』）という。しつけ糸がついたままの服を着ていると狐に化かされる（『南総の俚俗』）などと注意したりもされていた。

狐はひとを化かすときに必ずそのひとのすぐそばにいる（『町田市の民話と伝承』第二集）といわれる。**狐火《きつねび》**が遠くに見えているようなときも、それを見せている狐はひとのすぐ足元にいたりする（『多摩市の民俗（口承文芸）』）などともいわれる。また、前方に何かを見せていたりしても、狐そのものは人間の背後から術をかけているので、背後を蹴《け》ったりすると狐に当たって、退散する（『戸鹿野の民俗（二）』）、しっぽを水にひたして振るとひとを化かすことができるので、水のないところで狐は化かすことができない（『新曽・上戸田の民俗』）と語られたりもしている。茨城・千葉県では、狐はそのひとのいる場所の先から、**狢《むじな》**は後ろから化かしている（『長柄町の民俗』、『古河の昔話と伝説』）とも語られている。

煙草《たばこ》や付木《つけぎ》が苦手だとされており、夜道を歩いたり、遠出をするときには狐を離すために常に持ち歩いたりした。（『多摩市の民俗（口承文芸）』、東京学芸大学民俗学研究会『昭和四十四・四十五年度調査報告』、『三鷹の民俗 二 大沢』、『三鷹の民俗 九 北野』、『下戸田の民俗』、『惣右衛門の民俗』、『新曽・上戸田の民俗』、『常陸高岡村民俗誌』、『民俗採訪』四十五年度、『長柄町の民俗』、『東海村のむかし話と伝説 付 わらべ唄』、『古河の昔話と伝説』、『稲城市の民俗（二）昔話・伝説・世間話』、八千代市編さん委員『八千代市の歴史』資料編民俗）付木に使われている硫黄《いおう》のにおいを狐たちは嫌っているといい、明治以後はマッチ（早付木《はやつけぎ》）も同様に苦手と考えられて、食物に添えておくと悪い狐に盗み取られなくなるといわれていた。苦手なものには唐辛子も挙げられており、埼玉県秩父市などでは油あげずしをお土産にするときなどは、狐よけとして唐辛子をひとつ箱の中に添えた（「秩父の「まじない」私考」）という。象牙《ぞうげ》製の骰子《さいころ》と美しい小石（『南総

の俚俗』）、熊蜂《くまんばち》の頭（『常陸高岡村民俗誌』）などを携帯していても化かされないと語られていた。

「ちん来いちん来い」など、犬を呼ぶときに言うようなことばを口の中でつぶやけば、日暮れの道や夜道で狐狸《こり》に化かされない（『片品村史』）ともいわれる。

酉《とり》年生まれのひとは狐に化かされやすい（『野田市民俗調査報告書 三ヶ尾・瀬戸・三ツ堀・木野崎の民俗』）ともいわれている。

茨城県十王町《じゅうおうまち》（現・日立市）では、狐と顔が合ったら、手を広げて顔の横にあてて左右に動かすとよい（『県北海岸地区民俗資料緊急調査報告書』）といわれていたという。

狐に化かされてしまったひとには、焙烙《ほうろく》を頭にかぶせておけば、だんだんと正気に戻る（『青梅市の民俗』）とも語られている。

千葉県館山《たてやま》市などでは、夜に爪を切ると狐にだまされる（『民間信仰』一号）といわれており、切るのを戒めていた。

［参考文献］『日本随筆大成』三期九巻、群馬県教育委員会『千代田村の民俗』、山田郡教育会『山田郡誌』、東京学芸大学民俗学研究会『昭和四十四・四十五年度調査報告』、『片品村史』、内田邦彦『南総の俚俗』、大間知篤三『常陸高岡村民俗誌』、『八潮の民俗資料』二、大田区教育委員会『口承文芸（昔話・世間話・伝説）』、『多摩市の民俗（口承文芸）』、町田市文化財保護審議会『町田市の民話と伝承』第二集、『青梅市の民俗』、井之口章次『三鷹の民俗 二 大沢』、井之口章次『三鷹の民俗 九 北野』、戸田市史編さん室『下戸田の民俗』、戸田市史編さん室『惣右衛門の民俗』、戸田市史編さん室『新曽・上戸田の民俗』、飯塚槌良「秩父の「まじない」私考」（『秩父民俗』十二号）、國學院大學神道研究会『民間信仰』一号、星野義正・佐久間昇「戸鹿野の民俗（二）」（『民間伝承』九巻六・七合併号）、『茨城民俗学会『県北海岸地区民俗資料緊急調査報告書』、國學院大學民俗学研究会『民俗採訪』四十五年度、東洋大学民俗学研究会『長柄町の民俗』、東海村教育委員会『東海村のむかし話と伝説 付わらべ唄』、古河市史編さん委員会『古河の昔話と伝説』、野田市史編さん委員会『野田市民俗調査報告書 三ヶ尾・瀬戸・三ツ堀・木野崎の民俗』、八千代市編さん委員『八千代市の歴史』資料編 民俗、稲城市教育委員会『稲城市の民俗（二）昔話・伝説・世間話』

狐憑き［きつねつき］

狐が人に取《と》り憑《つ》いて、病気にしたり、過食や奇異な行動をとらせたりすること。狐に憑かれた人物が、急に吉凶を判じるようになったり、俗眼《ぞくがん》に見えぬものを見たり語ったりするようになったというはなしなどもみられる。「狐託き」、「狐付き」などとも書かれる。

修験者《しゅげんじゃ》（法印《ほういん》、山伏《やまぶし》）や寺社などにその治療が頼まれたりしており、弓を用いた「蟇目《ひきめ》」や、祈禱《きとう》などによって狐が祓《はら》われていた。小豆《あずき》や油あげ、玉子など、狐の好物を食べさせたり、川に流したりすると良いともされている。「玉子十個、天ぷら十枚」、「玉子二十個、油あげ五十枚」（『那須山麓の民俗 黒磯市百村・板室地区』）など狐ごとに具体的な数を指定して供えさせたりすることもある。

樒《しきみ》の葉っぱを煎《せん》じたものをすすめてみて、断固として飲まないのは狐憑きである、という判別法（『通俗仏教百科全書』二）なども用いられていたようである。

茨城県土浦市などには、狐憑きを払うおまじないとして「きりやまのきりきりやまのきりやまのきりきりもどせもとのやしろに」という歌を三回唱えるとよい、という俗信もあったようである。（「禁厭一束

（下）」）

憑く狐の雌雄の違いで、発生する症状の様子に違いがあるともいい、男狐だと荒々しく暴れ、女狐だと雄に比べればおとなしい（小島瓔礼「俗信」）とされる。千葉県御《おん》宿町《じゅくまち》などでは、憑く狐には野良狐《のらぎつね》・管狐《くだぎつね》の違いがあり、野良狐ならば落としやすい（『民俗採訪』二十七年度）などといわれる。

体に変化が起こるという考えも多く、神奈川県などでは、内臓を狐がすべて食べてしまい体の中が「がらんど」（からっぽ）になってしまう（「愛甲郡に於ける「おおかみ」の信仰」）と語られる。千葉県習志野市津田沼でも原因不明な病などは「狐に内臓喰われた」（『習志野市史』別編 民俗）などと表現されていたという。群馬県などでは、狐憑きになっているひとは腋《わき》のしたに「たま」、「たまんご」（こぶ）ができる、死ぬとそこが穴になっている（『片品村史』）などともいわれていた。

東京都の農村部や埼玉県では「狐たかり」（『多摩市の民俗（口承文芸）』、『府中の口伝え集』）、「狐ったかり」（『三鷹の民俗 五 上連雀』、『埼玉県史民俗調査報告書（山村地帯民俗調査）』）、「狐がつっかかる」（『八潮の民俗資料 一』）なども表現される。「つっかかる」は「憑き懸かる」ということか。

御嶽山《みたけさん》や三峯山《みつみねさん》の「お犬様」のおふだは狐憑きに効果が高いとして、関東一円で用いられていた。また、狼の皮も嫌うといい、狐が逃げ出すとして用いられていた。（『家内安全・無病息災 ～庶民の願い～』、『お犬様のお札～狼・神狗・御眷属～』、『神になったオオカミ～秩父山地のオオカミとお犬様信仰～』、『多摩市の民俗（口承文芸）』）

江戸の神田（東京都千代田区）に住んでいた旗本の能勢《のせ》家には由緒ある稲荷《いなり》が祀《まつ》られており、魔よけのおふだを配っていた。「能勢《のせ》の黒札《くろふだ》」と呼ばれており、これで体をなでると狐が落ちるとも人々からいわれていた。

あめりか狐や**外国渡りの狐**などはアメリカ大陸をはじめ、異国から渡って来た狐が人に憑いて、悪疫や流行り病をもたらすと考えられていたものである。

千葉県大多喜町《おおたきまち》の正宝院には、**四斑犬**《よつぶちいぬ》という狐から伝授された秘法があり、古くは狐おとしに霊験《れいげん》があるとして知られていた。（『日本伝説叢書』上総の巻）

茨城県結城《ゆうき》市の安穏寺《あんのんじ》は**殺生石**《せっしょうせき》を打ち砕いた玄翁《げんのう》（源翁）ゆかりの寺で、そのことから門をくぐると狐憑きも治るといわれていたという。（『茨城の寺』三）

明治時代には、狐憑病《こひょうびょう》・犬神病・狐憑症などの名称で医学者たちの間でも門脇真《かどわきまさ》枝《え》『狐憑病新論』をはじめ、精神疾患のひとつとして広く研究された。一方宗教者たちの間でもさまざまにその対処理論や治療術が近代以後も用いられていた。

〔参考文献〕小泉丹『科学的教養』、長岡乗薫『通俗仏教百科全書』二、藤澤衛彦『日本伝説叢書』上総の巻、今瀬文也『茨城の寺』三、吉原春園「禁厭一束（下）」（『郷土研究』一巻十二号）、中村正治「愛甲郡に於ける「おおかみ」の信仰」（相模民俗学会『民俗』二号）、『片品村史』、栃木県教育委員会『那須山麓の民俗 黒磯市百村・板室地区』、『八潮の民俗資料』一、『多摩市の民俗（口承

文芸）』、井之口章次『三鷹の民俗 五 上連雀』、埼玉県史編さん室『埼玉県史民俗調査報告書（山村地帯民俗調査）』、府中市立郷土館『府中の口伝え集』、小島瓔礼「俗信」（相模民俗学会『民俗』八号）、國學院大學民俗学研究会『民俗採訪』二十七年度、『習志野市史』別編 民俗、八王子市郷土資料館『家内安全・無病息災 ～庶民の願い～』、埼玉県立自然の博物館『神になったオオカミ～秩父山地のオオカミとお犬様信仰～』、松場正敏『お犬様のお札～狼・神狗・御眷属～』、『田無市史』三 通史編

狐っ火［きつねっび］

狐火《きつねび》のこと。夜に光るふしぎな光、怪火。関東各地で呼ばれる。

しっぽに明かりを点《とも》すとも、**狐**が口から出す泡ぶくが光って見える、狐が吐く息が光るとも言われる。

光っているものがあったので、お湯をかけてみたら馬の骨があった（『片品村史』）などのはなしもみられる。これは枯骨《ここつ》（古びた骨）を狐が持って狐火とするという説の影響下にあるようである。

狐っ火を見せている狐は、火の見えている遠くのほうではなく、見ているそのひとの足元近くにいる（『県央部の民俗二 —伊勢原地区—』）などとも語られる。

とうかっ火《び》という呼び方も存在している。

［参考文献］『片品村史』、大田区教育委員会『口承文芸（昔話・世間話・伝説）』、『多摩市の民俗（口承文芸）』、藤沢市教育文化研究所『藤沢の民話』一、小島瓔礼「俗信」（相模民俗学会『民俗』八号）、神奈川県立博物館『県央部の民俗二 —伊勢原地区—』、木更津の民話刊行会『きさらづの民話』、『印西町史』民俗編、野田市史編さん委員会『野田市民俗調査報告書 大殿井・横内・鶴奉・目吹の民俗』

狐の機関車［きつねのきかんしゃ］

狐が汽車・電車などに化けて、線路の上を向こうから走って来たりするもの。明治時代に鉄道が敷かれるに従い、各地で「運転士が体験した」というかたちで語られていった。

警笛を鳴らすと向こうも警笛を鳴らすがどんどん向こうから迫って来るが、こっちが停車すると、もう消えているという。

東京都の**紀尾井町**《きおいちょう》**の狐**も参照。

［参考文献］木更津の民話刊行会『きさらづの民話』

狐の提灯［きつねのちょうちん］

「狐の提灯行列」とも。**狐**などが夜道でひとを化かして見せて来るという提灯あるいは黄色い光。東京都や茨城県などに伝わる。いくつも明かりがつらなって見えたり、自分のさげている提灯よりも綺麗《きれい》な提灯がいくつも点《つ》いているなと思っていると、それが遠ざかって消えて行ったりするという。

狐が息を吐くといくつでも提灯が出て来る（『三鷹の民俗 五 上連雀』）、ばらっ葉を頭にのせるときらきら光る（『国鉄鹿島線沿線の民俗』）、しっぽに自分の唾をつけて光らせて振っている（『市川の伝承民話』）ともいう。

「綺麗《きれい》な提灯だなぁ」などと褒め言葉をかけると数が増えたりもした（『町田市の民話と伝承』第二集）という。いっぽう、実際に綺麗だったので「狐の提灯行列」を座って眺めていたら、風呂敷《ふろしき》が食い破られて

弁当箱の中の鮭《しゃけ》が盗まれていた（『稲城市の民俗（二）昔話・伝説・世間話』）といったはなしもある。なかなか油断のできないものである。

『多摩市の民俗（口承文芸）』に収録されている「狐の提灯」についての会話は、「狐にできるのかなぁ」、「人間の精神でねえのかなあ」など、スタジオジブリのアニメーション映画『平成狸合戦ぽんぽこ』の屋台でのおじさんたちの会話場面の参考資料になっているようである。

〔参考文献〕大田区教育委員会『口承文芸（昔話・世間話・伝説）』、『多摩市の民俗（口承文芸）』、町田市文化財保護審議会『町田市の民話と伝承』第二集、井之口章次『三鷹の民俗 五 上連雀』、戸田市史編さん室『下戸田の民俗』、茨城民俗学会『国鉄鹿島線沿線の民俗』、市川民話の会『市川の伝承民話』、稲城市教育委員会『稲城市の民俗（二）昔話・伝説・世間話』、八千代市編さん委員『八千代市の歴史』資料編 民俗

狐の嫁入り［きつねのよめいり］

提灯《ちょうちん》のあかりのような**狐火**《きつねび》が一列につらなって動くのが見えたりするもの。小雨が降っているときに見えるともいう。千葉県館山《たてやま》市などでは「狐の祝儀《しゅうぎ》」（『民間信仰』一号）、茨城県東海村などでも「狐のご祝儀」（『東海村のむかし話と伝説 付わらべ唄』）と呼ばれたりもする。

狐火だけではなく、実際の嫁入り行列のような音が聴こえるともいい、運んでいる箪笥《たんす》（嫁入り道具）の鐶《かん》がかたかた鳴る音や、話し声なども聴こえる（『口承文芸（昔話・世間話・伝説）』）としている場合もある。

また、狐火が見えることとは別に、晴れているのに雨が降る、天気雨のことも「狐の嫁入り」と呼ばれる。

眉を唾でこすったり、履物《はきもの》を脱いで裏返しにして、その上に座って煙草《たばこ》を吸って休んだりすると消える（『埼玉県史民俗調査報告書（山村地帯民俗調査）』）ともいう。

千葉県本納町《ほんのうまち》（現・茂《も》原《ばら》市）などでは、柱に耳をつけると狐の嫁入りの行列の声が聴こえる（『南総の俚俗』）といったことも語られていたという。

埼玉県蕨《わらび》市塚越《つかごし》では、むかし雨の降る日は、線路のふちあたりに火がぽかりぽかりと点滅することがあり、これも「狐の嫁入り」といわれていたという。（『塚越地区の民俗』）

狐たちが人間の嫁入り行列をそのまま真似ているというかたちの狐の嫁入りは絵画の画題としても多く描かれている。江戸では「鼠《ねずみ》の嫁入り」の絵本の鼠を狐に置き換えた「狐の嫁入り」の絵本が子供向けに多数出版されており、明治・大正ごろまでかなりの数が販売されている。

〔参考文献〕大田区教育委員会『口承文芸（昔話・世間話・伝説）』、町田市文化財保護審議会『町田市の民話と伝承』第二集、狛江市史編集専門委員会『駒井の民俗』、座間美都治『相模原民俗伝説集』、國學院大學神道研究会『民間信仰』一号、内田邦彦『南総の俚俗』、『塚越地区の民俗』、東海村教育委員会『東海村のむかし話と伝説 付わらべ唄』、古河市史編さん委員会『古河の昔話と伝説』、野田市史編さん委員会『野田市民俗調査報告書 今上・山崎の民俗』、八千代市編さん委員『八千代市の歴史』資料編 民俗、吉川市教育委員会『三輪野江地区の民俗』、埼玉県史編さん室『埼玉県史民俗調査報告書（山村地帯民俗調査）』、くもん子ども研究所『浮世絵に見る江戸の子どもたち』

狐の嫁どり［きつねのよめどり］

「狐の嫁とり」とも。**狐の嫁入り**のこと。提灯《ちょうちん》のあかりのような**狐火**《きつねび》が一列につらなって動くのが見えたり、ぱっぱっと点《つ》いたり消えたりする。東京都、埼玉・千葉県などでいわれる。

［参考文献］岡崎柾男『柏・我孫子のむかし話』、『八潮の民俗資料』二、『多摩市の民俗（口承文芸）』、市川民話の会『市川の伝承民話』

狐火［きつねび］

狐たちが起こしていると考えられている怪火。**人魂**《ひとだま》や鬼火などと並んで、あやしい光がみえること全般をさしたりもする。

色については、青っぽい色をしている（『下戸田の民俗』）ともいわれる。また、横には揺れない（『としよりのはなし』）、後光《ごこう》がささない（光芒《こうぼう》がひろがらない）ともよくいわれている。

狐火は、離れている場所からは見えているが、浮かんでいる場所そのものや、その間近にいるひとからは見えることはないともいう。（『としよりのはなし』）

関東圏では農村部などを中心に「狐《きつね》っ火《び》」と呼ばれることのほうが多い。色味が異なってくるが、**赤い光**などの例は**狐**が起こしている怪光《かいこう》・怪火として同じものといえる。

しっぽに火を点《とも》しているとか、獣などの古骨《ここつ》（枯骨）をくわえて光を点しているとも語られる。また狐が吹く泡ぶくが提灯《ちょうちん》のような光に見える（『長柄町の民俗』、『三輪野江地区の民俗』）などともいう。

錦絵や版本《はんぽん》に描かれる際は、しっぽに火を点しているかたちで描かれることが多い。

［参考文献］戸田市史編さん室『下戸田の民俗』、鎌倉市教育委員会社会教育課『としよりのはなし』、東洋大学民俗学研究会『長柄町の民俗』、吉川市教育委員会『三輪野江地区の民俗』

牛馬の手綱［ぎゅうばのたづな］

栃木県小山《おやま》市などでは、妊婦が牛や馬の手綱《たづな》をまたいではいけないといわれており、またいだりすると子供が「ふたつつむじ」になるとされた。（『小山市史』民俗編）

千葉県本納町《ほんのうまち》（現・茂原《もばら》市）など各地では、妊婦がまたぐとお産が重くなる（『南総の俚俗』）といわれることが多い。

［参考文献］『小山市史』民俗編、内田邦彦『南総の俚俗』

管狐［くだぎつね］

袂狐《たもとぎつね》や**尾裂**《おさき》と同じような憑物《つきもの》。竹の管《くだ》に入ってしまうような大きさの小動物だという。東京都、千葉・神奈川県などに伝わる。行者《ぎょうじゃ》や巫女《いちこ》には管狐を使う者も多くいたという。東海・中部地方などを中心に広く伝わる。

千葉県木更津市などでは、袖《そで》の中に入れるぐらいの小さな**狐**だと語られており、ひとに憑くとされる。（『きさらづの民話』）

神奈川県横須賀市では、マッチ箱の中に狐を二匹飼っているとされる老婆が昭和二〇年代末まで生きていたという。（小島瓔

礼「俗信」）
［参考文献］木更津の民話刊行会『きさらづの民話』、小島瓔礼「俗信」（相模民俗学会『民俗』八号）

血塊［けっかい］

お産のときに生まれたりするというもの。出現とともに動き出して縁《えん》の下に入ろうとするとされ、それを防ぐために産室を屏《びょう》風《ぶ》などで囲ったりしたと語られる。（『綜合日本民俗語彙』）
埼玉県戸田市では、毛だらけであるとか、口・鼻が牛のようであるといい、生まれた途端に走り出して、家の縁の下にもぐり込んでしまうと語られていたという。（『新曽・上戸田の民俗』）
埼玉県蕨《わらび》市で生まれたという「けっかい」は動物のように毛だらけだったという噂があったという。（『惣右衛門の民俗』）
神奈川県三保村玄倉《みほむらくろくら》（現・山北町）では、生まれた途端に囲炉裏《いろり》の自在鈎《じざいかぎ》を昇ろうとするので、もし「けっかい」が出たら叩き落とすための備えとして、自在鉤に飯杓《めしじゃく》子《し》などが結んであったという。（『綜合日本民俗語彙』）
「けっかい」という呼び名は古くから医書で使用されていた「血塊」という熟語が、お産で発生する存在にも転用されたもののようである。転用前の正統な意味としては、和気広世《わけのひろよ》『薬経太素』（上巻・川芎《せんきゅう》）に「懐妊とも血塊とも不知《しれず》」とあるような症例をはじめ、妊娠しているように見えるが胎内に何もおらず、血塊（血のかたまったもの）があるのみだったという用例がみられ、これに近いものには**けぶ**がある。また、血が悪くなることが原因で起こるとされる病気（『九州国立博物館蔵『針聞書』虫の知らせ』、『戦国時代のハラノムシ『針聞書』のゆかいな病魔たち』）にも「血塊」という熟語は用いられている。
『綜合日本民俗語彙』の「ケッカイ」の項目では「血塊」ではなく「結界」が本来の意味だったのではないのだろうかとの学説が立てられている。
群馬県などの**水嚢**《すいのう》をまたいではいけないとする俗信のなかにも、血塊が言及されることがある。**豆つま**なども参照。
［参考文献］戸田市史編さん室『新曽・上戸田の民俗』、戸田市史編さん室『惣右衛門の民俗』、民俗学研究所『綜合日本民俗語彙』二、『続群書類従』三十輯下・雑部、『九州国立博物館蔵『針聞書』虫の知らせ』、長野仁・東昇『戦国時代のハラノムシ『針聞書』のゆかいな病魔たち』

建長寺の僧［けんちょうじのそう］

建長寺（神奈川県鎌倉市）の僧であるという触れ込みで村や宿場《しゅくば》にやって来た僧侶の正体が**狸**や**狢**《むじな》であったというはなしで、関東各地に伝わる。

多くは、眠ってしっぽを出したり、ごはんの食べ方が妙だったりして正体が露顕《ろけん》するが、なかには風呂に入っているところを見られてわかってしまったという展開もいくつかある。狸や**狐**は風呂のお湯につかることはできないようで、大抵しっぽをちゃぽちゃぽと湯舟に入れて音を立て、入浴しているように装っていた瞬間を目撃されて

正体が割れてしまったと語られている。

このような建長寺の僧に化けた狸・狢は宿泊したときに、書や絵の揮毫《きごう》を頼まれていたりもしており、「狸が書いた」とされる軸を伝えている家もある。神奈川県相模原市には、「**白澤《はくたく》の画《え》**」（『相模原民俗伝説集』では「眼の三つある怪獣の画」と書かれている）というものも伝わるという。

東京都の**大徳寺の僧**などは同じ手法を用いている化けばなし。

［参考文献］鈴木重光『相州内郷村話』、座間美都治『相模原民俗伝説集』

黄蝶［こうちょう］

大量の群れをつくって空を埋め尽くす、ふしぎな黄色い蝶《ちょう》。これが現われた後には大きな兵乱が天下に起こるとされる。

『鎌倉北条九代記《かまくらほうじょうくだいき》』（巻八）には東国兵乱を知らせた怪異の例として、常陸《ひたち》・下野《しもつけ》国《のくに》（茨城・栃木県）の山や野を埋め尽くすように黄蝶が出現し、やがては人々の家の中にまで飛び交った後に**平将門《たいらのまさかど》**が反逆し、陸奥《むつ》・出羽《でわ》・常陸・下野国に黄蝶が現われた後に東北から北関東にかけて安倍貞任《あべのさだとう》が逆心をして、それぞれ大きな兵乱になったと語られている。

山東京伝《さんとうきょうでん》『善知安方忠義伝《うとうやすかたちゅうぎでん》』では、**肉芝《にくし》仙《せん》**が将軍太郎良門《しょうぐんたろうよしかど》に術譲《じゅつゆず》りをし、関東で天下を狙い始めたことを知らせる怪異として、この故事が活用されている。

［参考文献］武笠三（校訂）『保元物語・平治物語・鎌倉北条九代記』、『山東京伝全集』十六 読本二

虚空蔵さんの騎馬［こくぞうさんののりうま］

鰻《うなぎ》のこと。栃木県などでは虚空蔵菩薩《こくうぞうぼさつ》はこれに乗って移動するということから大切な魚であるとされ、食べてはいけないとされていた。（『小山市史』民俗、『民俗採訪』、『高根沢の祭りと行事』）

群馬県荒砥村《あらとむら》泉沢（現・前橋市）では「虚空蔵菩薩の眷属《けんぞく》」であるとされ、食べると目がつぶれると語られていた。（『郷土史荒砥村』下、『前橋市城南地区の民俗』）

丑《うし》年・寅《とら》年うまれのひとは鰻を食べてはいけないという俗信は各地で広くみられる。これも虚空蔵菩薩がその年のうまれのひとの守り本尊にあたることから来ている。

虚空蔵菩薩に関連して、栃木県などでは星宮や星御前（妙見菩薩《みょうけんぼさつ》や北辰明王天子《ほくしんみょうおうてんし》のこと）についても氏子《うじこ》が鰻を食べてはいけない（『下野国誌』、『関東の民間信仰』）と言い伝えられていたようである。

このような虚空蔵菩薩と鰻に関するあれこれや、たたりが語られる文脈なども、**星見《ほしみ》の池**や**厄神様《やくじんさま》のほしみの魚**などでいわれる「ほしみ」の類ともいえる。

［参考文献］『小山市史』民俗、國學院大學民俗学研究会『民俗採訪』五十五年度、荒砥第二尋常高等小学校『郷土史荒砥村』下、群馬県教育委員会『前橋市城南地区の民俗』、高根沢町教育委員会『高根沢の祭りと行事』、河野守弘『下野国誌』三之巻 神祇鎮座、『関東の民間信仰』

こっくりさん

ふしぎなうらない。「狐狗狸」、「狐狢狸」

などと字があてられたりもする。欧米から流入したテーブルターニングが起源であるなどと考察されている。明治二〇年（一八八七）ごろに東京をはじめとして各地で流行しており、うらないの仕方が錦絵などに描かれて売られたりもしている。

竹三本を左綯《な》いの麻糸《あさいと》でたばねてつくった足の上にお櫃《ひつ》の蓋《ふた》やお盆をのせたものに手をのせて、「こっくりさん」に質問をすると判断を動きで示してくれる（あらかじめ決めた答えの竹の足のほうへ動いたり、決まった数だけ自然に動いたりする）という。三味線《しゃみせん》を弾くとその調子に合わせて自動的に動いたりするといい、「こっくり踊り」と称されたりもした。

あて字からの連想で、初期から**狐**や**狸**がお告げに関わっていると想像されることが多く、こっくりさんは、丑《うし》や寅《とら》の年の生まれの参加者を嫌う（『流行こっくり踊り』）などの設定が語られたりもしたようである。

明治中期の流行以後は、第二次世界大戦末期に流行ったとされる。終戦時にセレベス島（現・スラウェシ島。インドネシア）で捕虜《ほりょ》キャンプに置かれた日本人たちのあいだで「いつ帰国できるだろうか」というはなしが出たときに「こっくりさんに訊《き》いてみよう」というひとがあって、箸《はし》にお盆をのせて試したところ、栄町（栃木県足利市）の示現稲荷《じげんいなり》と称する霊狐から「六年後に帰れるだろう、体を大切にしろ」というお告げが出た（『続 足利の伝説』）というはなしもみられる。

昭和中期ころまで遊里や宴席で広く遊ばれていたようで、大小さまざまな宴会芸の種本《たねぼん》に「遊び方」が掲載されていることが多い。こっくりさんを呼び出すときに唱えることばのおしりにつける「～コンクリシャリキ、シンリキシャリキ」（『かくし芸と遊び百科』）といった囃子《はやし》ことばなどもみることができる。群馬県渋川《しぶかわ》市では昭和のはじめごろには学校で子供たちが遊んでいた（『渋川市誌』四 民俗編）と語られている。

昭和後期に、鳥居《とりい》と五十音を書いた紙のうえに硬貨を置いて質問をする、形式の異なるふしぎなうらないが数々生まれ、児童や学生にも流行した。「こっくりさん」という名称もそこで用いられ、以後は「こっくりさん」のイメージも全国的にそちらへ移行している。

[参考文献]『流行こっくり踊り』、宮武外骨『奇態流行史』、高城一郎『かくし芸と遊び百科』、関根邦之助「憑きもの信仰と家筋」（『秩父民俗』十号）、台一雄『続 足利の伝説』、『渋川市誌』四、國學院大學民俗学研究会『民俗採訪』四十二年度、稲城市教育委員会『稲城市の民俗（三）子供歳時記』

木葉経 [このはぎょう]

「狸書経《りしょきょう》」とも。**狸**が化けていた僧侶が去った際に、寺に残したというふしぎな経《きょう》典《てん》。すべて葉っぱでできており、そこにお経の内容などが写されていたと語られる。

与謝蕪村《よさぶそん》が「肌寒《はだざむ》し己《おの》が毛《け》を噛《か》む木葉《このは》経《ぎょう》」という句につけている短い文章『木の葉経』にみられる。下総国《しもうさのくに》（茨城・千葉県）のはなしと記載されており、**宗運**《そううん》・**良正**《りょうしょう》のはなしなどにみられる「貉聖教《むじなせいきょう》」とおなじ

ものを示していると考えられる。（『狸とその世界』）

［参考文献］正宗敦夫（編）『日本古典全集　与謝蕪村集』、中村禎里『狸とその世界』

コロボック

貝塚がつくられていたような太古のむかしに存在していた、と二〇世紀初期に考えられていた人々。

明治末から大正時代あたりに編纂《へんさん》された関東地方の公的な地誌には、しばしばこの存在についての言及が目立つ。人類学者の坪井正五郎《つぼいしょうごろう》が主張していた太古の先住民としての「コロボックル」（コロポックル）を示しており、その概念が消滅してしまって以後は、完全に宙に浮いた仮想の存在になっている。

表記はかなりまちまちでもあったようで、コロボック（『千葉県東葛飾郡誌』）、コロボックル（『戸部史談』）、コログル（『相馬伝説集』）などと書かれているのが確認できる。

［参考文献］田代善吉『栃木県史』考古編、『千葉県東葛飾郡誌』、寺田喜久『相馬伝説集』、山崎小三『戸部史談』

小童部［こわらわべ］

疫癘《えきれい》を人々にもたらす小童部（子供）のすがたをした**疫神**。これが近くに何人も居座っているほど、そのひとは重い病気になってしまう。

『沙石集《しゃせきしゅう》』（巻八）には、坂東《ばんどう》の地（関東地方）で疫癘が蔓延《まんえん》したとき、多くの小童部がなぶってくると訴えた患者に、何人もの僧侶が『千手陀羅尼《せんじゅだらに》』を唱えたところ、小童部たちが去り、病気を癒すことができたというはなしがみられる。

疫鬼が子供のすがたをしているという考え方は、『今昔物語集《こんじゃくものがたりしゅう》』（巻十六）の目に見えない牛飼童《うしかいわらわ》のすがたをした者が小槌《こづち》でひとを叩いて重い病気にしていたはなしなどにもみられる。また大陸にも「病《やまい》、膏肓《こうこう》に入《い》る」の故事に出て来る二豎《じゅ》（「豎」も「子供」の意味）をはじめとして古くからあり、その影響があるともいえる。

［参考文献］筑土鈴寛（校訂）『沙石集』下、池上洵一（編）『今昔物語集』本朝部　上

【さ】

作業服の男［さぎょうふくのおとこ］

下久保《しもくぼ》ダム（群馬・埼玉県）に出ると語られている幽霊。ダム工事の作業中に亡くなった作業員だともいわれている。

［参考文献］『平成十八年度　東京エリア怨念地図潜入レポート』

薩摩芋の花［さつまいものはな］

ふつう薩摩芋は花を咲かせたりしないのだが、一斉に咲いたりすることがある。よくないことや大変なことが世の中に起こる前兆だと語られることが多い。

東京都三鷹市では、「世の変わり目」にも咲くことがあると語られている。第二次世界大戦末期の昭和一九年（一九四四）一〇月にも多くの畑で咲いたというはなしが語られている。（『三鷹の民俗　八　牟礼』、『三鷹の民俗　一　野崎』）

神奈川県葉山町木古庭《きこば》では、薩摩芋の花が咲くと誰かが死ぬ（「三浦半島採訪余滴」）といったりした。

埼玉県上尾《あげお》市などでも、薩摩芋の花が咲くと変わったことが起こると語られており、誰かが死んだりするのではないかなどと考えたりしたという。（『上尾の民俗』三）

群馬県でも、薩摩芋の花が咲くのは不吉の前触れ（『太田近郊の迷信』）などといわれている。

千葉県でも、花が咲くとその家に異変がある（『南総の俚俗』）などとされる。

各地の例を比較してみると、個人やその周辺の範囲のみでとらえる場合と、もっと世の中の大きなサイズの変事に結びつけて考える場合とが同時に混在して語られていることがわかる。**里芋の花**や、八丈島《はちじょうじま》の**蒟蒻《こにゃこ》の花**も参照。

［参考文献］井之口章次『三鷹の民俗　八　牟礼』、井之口章次『三鷹の民俗　一　野崎』、和田正洲「三浦半島採訪余滴」（『民俗』十号）、相模民俗学会上尾市教育委員会『上尾の民俗』三、狛江市史編集専門委員会『駒井の民俗』、太田女子高等学校郷土研究クラブ『太田近郊の迷信』、内田邦彦『南総の俚俗』、興風会図書館『野田町誌』、野田市史編さん委員会『野田市民俗調査報告書　今上・山崎の民俗』

里芋の花［さといものはな］

ふつう里芋は花を咲かせたりしないのだが、一斉に咲いたりすることがある。**薩摩芋の花**と同様、各地でよくないことや悪いことが起こる前兆だと語られることが多い。

千葉県小櫃村《おびつむら》（現・君津《きみつ》市）などでは、これが咲くと誰かが死ぬなどといわれていた。（『小櫃村誌』）

［参考文献］井之口章次『三鷹の民俗　二　大沢』、内田邦彦『南総の俚俗』、草川隆「多摩村の信仰・俗信」（『西郊民俗』五号）、興風会図書館『野田町誌』、野田市史編さん委員会『野田市民俗調査報告書　今上・山崎の民俗』、

『小櫃村誌』

山椒の木［さんしょうのき］

東京都や群馬・神奈川県など各地で、庭に山椒の木を植えると、家に病人が絶えないので、植えてはならないと忌《い》まれていた。

［参考文献］山田郡教育会『山田郡誌』、群馬県教育委員会『藪塚本町の民俗』、谷川磐雄『民俗叢話』、丸山久子・川端道子・大藤ゆき・加藤百合子・石原綏代・青木卓『遠藤民俗聞書』

三本足の烏［さんぼんあしのからす］

足の三本ある烏《からす》で、「おびしゃ」などと呼ばれる各地の弓を用いた神事や年中行事で用いられる的《まと》の絵に描かれる。三本足の烏が描かれるのは、太陽の烏（金烏《きんう》）を退治した伝説に由来すると考えられている。太陰《たいいん》（月）の兎《うさぎ》（玉兎《ぎょくと》）が同時に用いられている地域もある。

的に描かれる丸や絵は、茄子《なす》の枯れ枝を焼いた灰を水に溶いて作った墨を用いるとしていた地域もみられる。（「弓神事の原初的意味をさぐる―三本足の烏の的を中心に―」）

千葉県多古町《たこまち》では「からすおびしゃ」と呼ばれ、三本足あるいは二本足の烏が描かれ、射られる。（「弓神事の原初的意味をさぐる―三本足の烏の的を中心に―」）

千葉県東金市《とうがねし》の貴船《きふね》神社でおこなわれる「おゆみうち」では、的の黒丸の上と下に三本足の烏が描かれる。千葉県多古町《たこまち》の「からすおびしゃ」では的に兎や松竹梅が描かれるものもある。

足の数が二本のもの、崩れたもの（烏の字を草書にしたようなもので「る」のようなかたちで書かれる）などもみられる。また、烏ではなく五羽の**燕**《つばめ》や四羽の雁《かり》（『下妻市史』民俗 別編）が描かれたりもする。

これら三本足の烏が射られる「おびしゃ」の内容は、**三本足の白鳥**や**日輪の烏**など、太陽を弓で射落としたとされる各地の縁起物語などとも密接に関係しあっている（『熊野の太陽信仰と三本足の烏』）と考えられている。

［参考文献］土浦市立博物館『月と太陽』、萩原法子「弓神事の原初的意味をさぐる―三本足の烏の的を中心に―」、萩原法子『熊野の太陽信仰と三本足の烏』、『下妻市史』別編 民俗、埼玉県教育委員会『埼玉のオビシャ行事』、萩原秀三郎『稲と鳥と太陽の道』

地獄の開く音［じごくのあくおと］

釜蓋朔日《かまぶたついたち》（七月一日など）の夜中に耳を澄ませていると、地獄の開く音が聴こえるといわれる。

群馬県板倉町などでは「ばかん、ばかん」という音が聴こえるといわれる。また、この日に供えられるお饅頭《まんじゅう》は、地獄から亡者たちが帰って来るとき、ちぎって後ろに投げるお饅頭になると語られていた。獄卒《ごくそつ》の**鬼**たちが、それを食べているあいだに娑婆《しゃば》に到達できるのだという。（『群馬県史』資料編二十七 民俗三）

埼玉県上尾《あげお》市などでは、「釜の口開け」の日に地面に耳をつけると、地獄でのこの音が聴こえると語られている。（『上尾の民

俗』三）

茨城県勝田市（現・ひたちなか市）などでは、縁《えん》の下に顔をつっこんでみると「ボー」と地獄の蓋が開く音が聴こえるといわれていたという。（『勝田市史』民俗編）

千葉県茂原《もばら》市や佐倉市などでも、「釜《かま》の蓋《ふた》の朔《ついたち》」に芋畑に行くと地獄で釜の蓋の開く音が聴こえると語られている。（『南総の俚俗』、『日本伝説叢書』上総の巻、『佐倉市史』民俗編）

釜蓋朔日や釜の蓋の朔、釜の口開けの日というのは、地獄で亡者たちを煎《い》っている釜の蓋が開けられて、あの世の霊たちが解放される日のこと。千葉県などでは、この日には釜の底が見えないほどごはんをたくさん炊《た》くと良い（『民間信仰』一号）ともいわれている。

［参考文献］『群馬県史』資料編二十七 民俗三、上尾市教育委員会『上尾の民俗』三、國學院大學神道研究会『民間信仰』一号、『勝田市史』民俗編、内田邦彦『南総の俚俗』、藤澤衛彦『日本伝説叢書』上総の巻、『佐倉市史』民俗編

獅子［しし］

天竺《てんじく》に住むという獣。**悪魔**や「へんげのもの」を祓《はら》うと考えられている。

埼玉県小川町の獅子・簓舞《ささらまい》のはじまりの縁起物語として伝えられているはなしでは、獅子舞の獅子はもともとは天竺の山に住んでおり、人々を襲ったり姫を奪ったりしていたが、姫とのあいだに生まれた息子の刃《やいば》にかかって死に、人々を悪魔から守る存在になったと語られる。（『古野清人著作集』六・「獅子舞の起源」）

埼玉県の『大日本獅子舞之由来』や、神奈川県の『日本獅子舞之由来』などにみられる縁起物語では、嵯峨《さが》天皇のときに御所にふしぎな黒雲と**光物**《ひかりもの》が出現して、異形《いぎょう》のものが三つ落ちて来た。天下が乱れることを告げる不吉なものであるとして海に捨てられることになったが、詳しく調べさせた結果、南天竺《なんてんじく》の洞ヶ嶽《ほらがたけ》に住む獅子の頭で、徳の高い王者が世に立っているときに出現するものであるとわかり、これが獅子舞のはじまりになったとされる。（『古野清人著作集』六・「獅子舞の起源」、『神奈川県民俗芸能誌』上）

埼玉県馬室村《まむろむら》（現・鴻巣《こうのす》市）の獅子舞の縁起物語として伝わる『馬室《まむろ》獅《し》子《し》舞略縁《まいりゃくえん》起《ぎ》』では、神武天皇のころに五穀の種を求めて**狐**が大唐《たいとう》に向かい、そこでその声を聴けばみな死ぬとされている獅子の大声を知恵で攻略して吼《ほ》え殺させ、無事に五穀を持ち帰った。その後、狐が獅子を祀《まつ》ってあげたのが獅子頭《ししがしら》のはじまりだと語られる。（『古野清人著作集』六・「獅子舞の起源」）

いずれの縁起物語も、神仏習合の時代にかたちづくられており、伝書として各地に残されているものにみることができる。『馬室《まむろ》獅《し》子《し》舞略縁《まいりゃくえん》起《ぎ》』にみられる狐が獅子と勝負したはなしは、似たものが各地でも語られており、それが縁起物語として文字に残された例のひとつだといえる。はなしそのものは大唐としているが、前半部に天竺の孤山《こざん》の獅子王が悪魔・外道たちを祓う

威力を持っていることについて語っており、獅子が天竺から日本へやって来たというイメージは共通しているようである。

〔参考文献〕古野清人『古野清人著作集』六、永田衡吉『神奈川県民俗芸能誌』上

地鎮様〔じじんさま〕

「地神様」とも。「じちんさま」とも呼ばれる。栃木県では、十日夜《とおかんや》（一〇月一〇日）は「地鎮様の日」なので、田んぼや畑に入ってはいけないといわれていた。群馬県でも、地神様に怒られるので畑に入らない（『群馬県史』資料編二十七 民俗三）とされていたことはみられる。

栃木県栃木市などでは、土いじりをしたり、田畑を耕したりすると地鎮様の顔を切ってしまう、鼻づらをぶっ欠くなどと語られている。また、四つどき（午前一〇時）前に田畑に入るのがいけないともいわれている。（『都賀町史』民俗編）

栃木県鹿沼市などでは、田畑に入ると地鎮様の鼻を踏み折ってしまう（『鹿沼の民俗』）と語られている。また、地鎮様の頭を踏んでしまうことになるので、子供の顔の器量《きりょう》が悪くなる（『鹿沼市下沢の生活と伝承』）などともいわれていた。

地鎮様の蛙《かえる》を鍬《くわ》などで傷つけてしまうから（『都賀町史』民俗編）とも語られる。

地鎮様は、仏教の「堅牢地神」が画像要素として採られて信仰されていることが多い。土いじりを禁じる点は、**土荒神様《どこうじんさま》**や**土用坊主**などとも重なって来る要素である。特定の日や四つどき以前に、田畑に入るのを禁じる俗信は種類幅が多く、用いられている名称は、寺社や暦などの要素の影響もありつつも、根っことしては農耕全体に関わる言い伝えがそれぞれに残留しているのかも知れない。**七夕様**や、神奈川県鎌倉の**地鎮様**なども参照。

〔参考文献〕武蔵大学人文学部日本民俗史演習『鹿沼市下沢の生活と伝承』、小川芳文・早乙女芳正「鹿沼の民俗」（『西郊民俗』七号）、『都賀町史』民俗編、『群馬県史』資料編二十七 民俗二、『関東の民間信仰』

地鎮様の蛙〔じじんさまのかえる〕

田の神の使いだという蛙たち。「地鎮」は「じちん」または「地神《じしん》」などとも。

栃木県小山《おやま》市などでは十日夜《とおかんや》（一〇月一〇日）に、地鎮様の蛙たちが餅を背負って天に帰るとされており、餅《もち》をついて供える。そのとき餅は南に口を向けた箕《み》で運ぶものだとされていた。（『小山市史』民俗編）

茨城県真壁《まかべ》郡大和村《やまとむら》（現・桜川市）などでも、蛙は田の神の使いであると考えられており、十日夜《とおかんや》には餅や黄粉《きなこ》をまぶしたおにぎりが俵《たわら》の上や箕に供えられる。田の神は天に帰り、蛙は冬眠に向けて餅を持って帰るという。（東京学芸大学民俗学研究会『昭和四十四・四十五年度調査報告』）

群馬県では、十日夜のこの餅を「かえるの餅」、「げえろ餅」、「かえるの駄賃《だちん》」などとも呼ぶ。（『群馬県史』資料編二十七 民俗三）

蛙を田の神そのものとして考えている地

域（『那須山麓の民俗　黒磯市百村・板室地区』）もある。千葉県では田畑で鍬《くわ》に刺さって死んだ蛙を慰めるために「蛙切り牡《ぼ》丹餅《たもち》」を供える（『南総の俚俗』）といった内容もみられる。これらは害虫を食べてくれたりする点や、蛙の活動期間が田植えや刈入れの時期と重なる点がもとになっているのではないかと考えられている。**稲荷《いなり》様の騎馬《のりうま》**なども重なってくる考え方のものである。

〔参考文献〕『小山市史』民俗編、東京学芸大学民俗学研究会『昭和四十四・四十五年度調査報告』、『群馬県史』資料編二十七　民俗三、栃木県教育委員会『那須山麓の民俗　黒磯市百村・板室地区』、『都賀町史』民俗編、内田邦彦『南総の俚俗』

地震鯰〔じしんなまず〕

地中深くにいて地震の原因と考えられた大きな鯰。「地底鯰《ちていなまず》」とも。この上に日本列島が乗っているとされ、鹿島《かしま》神宮（茨城県鹿嶋市）や香取《かとり》神宮（千葉県香取市）にある「要石《かなめいし》」がこれを押さえ留めているとも語られる。

茨城県酒門町《さかどちょう》（現・水戸市）などでは、鹿島様は地震を起こす鯰を常に片手で刺し留めているので、おむすびも両手で食べることはできない、人間もおむすびを食べるときはふたつに割って片手ずつに持って食べないと罰があたる、などおむすびの食べ方の説明に結びつけられて語られていたりもする。（「常盤採録」）

「大きな鯰がいる」というまめ知識が人々のあいだに広まったのは、大雑書《おおざっしょ》（暦や占いを中心に各種知識を収録した版本）などに収録された日本の図（かなり大雑把《おおざっぱ》なもので、国名の位置がわかる程度の図）に描かれていた大きな生物の絵が基本になっており、広まるにつれて「地震鯰」（『永暦雑書天文大成』）などの名称もみられるようになった。このような図は明治になっても存在しつづけており、例えば『万宝大雑書』（明治二四年）でも「地底鯰之図」と題して色刷り口絵として掲載され、「ゆるぐとも　よもやぬけまじ　かなめいし　かしまの神の　あらんかぎりは」という古くからこの図に添えられつづけている歌が記載されている。「地底鯰」の図はもともと**竜**であったといわれており、その絵に描かれていた髭《ひげ》などの特徴や、鯰が暴れると地震が起こるという俗説から巨大な「鯰」と考えられるようになっていったという。実際、大雑書に描かれている絵は、見た目としては鯰というより竜といえる古いかたちのまま描き継がれている。

いっぽう『先代旧事本紀大成経《せんだいくじほんぎたいせいきょう》』（巻二十二）にある記述を基準としたものか、近世の寺社関係の文献では、地震と関連するはなしとして、鯨のような大魚が日本を地震からまもっているという説もあり、この大魚は千葉県の**下総《しもうさ》の国の椿《つばき》**などの太古のむかしに生えていたとされる各地の巨樹と結びつけられて語られている。

安政二年（一八五五）の安政の大地震の直後、江戸で数多く無届《むとどけ》出版されたかわら版《ばん》や冊子・錦絵に描かれた狂画には、地震を起こすという発想から鯰を用いたものが

多くあり、その資料群は「鯰絵《なまずえ》」と称されている。

［参考文献］今野圓輔「常盤採録」（『民間伝承』九巻六・七合併号）、『万宝大雑書』、『永暦雑書天文大成』、「藝文風土記　地震よけ信仰と鯰絵」（『常陽藝文』三百九十号）、木下直之・吉見俊哉『ニュースの誕生　かわら版と新聞錦絵の情報世界』、氷厘亭氷泉「近江の栗の木」（『大佐用』二百五～二百六号）

地蔵日［じぞうび］

この日に田や畑に種をまいたり苗《なえ》つけをしたりするのはいけないとされている日の総称。月ごとに決まっており、正月から順に辰《たつ》・酉《とり》・亥《い》・卯《う》・辰・寅《とら》・辰・未《ひつじ》・辰・戌《いぬ》・巳《み》・巳の日が、地蔵日だとされる。

これらの日に畑仕事をすると、縁起が悪い、作物の出来が悪くなる、死ぬなどの言いまわしが俗信にみられるが、実際のところはこの日が地域の寺社の田や畑の仕事をみんながする日になっていることが多く、「悧巧《りこう》な坊さんが考えたものだ」（『秋山の民俗』）と、冷静な肌感覚による見方も同時にきちんと存在する。

栃木県葛生町《くずうまち》（現・佐野市）などには、地蔵日を覚える歌が残っており、「たつとりいうたつとらたつひつじたついぬのみみこそ地蔵日」などと唄われている。

［参考文献］栃木県郷土資料館『秋山の民俗』

七難の揃毛［しちなんのそそげ］

とても長い毛のようなふしぎなもので、魔よけなどと考えられたりしていた。山の女神や**山姥《やまんば》**の陰毛であるともいわれる。大水の出たあとに上流から流れて来たというはなしが多いようである。

佐々木貞高《ささきさだたか》『閑窓瑣談《かんそうさだん》』（巻一）には、上野国《こうずけのくに》の新羽村《にっぱむら》（群馬県上野村）の神流川《かんながわ》に、洪水で三三尋《ひろ》（約六〇メートル）あまりにもなる長い毛のようなものが流れて来たので拾い上げ、湯立てをして占わせたところ、野栗権現《のぐりごんげん》の陰毛であるとわかり祀《まつ》られたはなしがみられる。

茨城県常総《じょうそう》市の東弘寺の宝物として伝えられていた七難の揃毛（七難分毛）は、江戸などで広く知られていたようで、山崎《やまざき》美成《よししげ》『海録《かいろく》』（巻二）などの随筆にも各地の例とともに記載され、魔よけとして知られていた。

寺島良安《てらしまりょうあん》『和漢三才図会《わかんさんさいずえ》』（巻六十七・伊豆）の箱根権現の宝物にも「悉難《しつなん》の揃《そそ》毛《げ》」という記述がみられる。

［参考文献］寺田喜久『相馬伝説集』、藤澤衛彦『日本伝説叢書』下総の巻、中山太郎『日本巫女史』、中山太郎「七難の揃毛」（『旅と伝説』一巻十一号）、山崎美成『海録』、『日本随筆大成』一期十二、寺島良安、島田勇雄・竹島淳夫・樋口元巳（訳注）『和漢三才図会』十

死神［しにがみ］

ひとを死に誘い込むとされる存在。ごく普通の人間のようなすがたをしており、これに出会ったり、近くにいられたりすると、そのひとは死んでしまうという。

死神から誘われて取《と》り憑《つ》かれてしまったひとが、ついふらふらと死にたくなってしまったが、ふとしたきっかけで別のことに気が向いて死をまぬがれたといったはなし

がよくみられる。展開は、中国の「縊鬼《いき》」や「溺鬼《できき》」にあるようなはなし（『修訂 鬼趣談義』）と近く、**悪気《あっき》の縄《なわ》**のような例も死神のはなしのひとつだといえる。『反古《ほご》のうらがき』（巻一）にあるはなしは見出しも「縊鬼」とつけられていたりする。

歌舞伎では、三世桜田治助《さくらだじすけ》『尾上梅寿一《おのえきくごろういち》代噺《だいばなし》』に死神が登場しており、ひとに首縊《くびくく》りをさせようと誘い込んだりする。三世尾上菊五郎《おのえきくごろう》が勤めたこの役をぜひ加えたいという五世尾上菊五郎の案によって、河竹《かわたけ》黙阿弥《もくあみ》『盲長屋梅加賀鳶《めくらながやうめがかがとび》』にも死神の出番が加えられた。（『五代目菊五郎自伝』）

落語でも明治時代に三遊亭円朝《さんゆうていえんちょう》が新たに演じはじめた『死神』がよく知られ、現在も演じられている。こちらの死神は、死に近いひとの枕もとに現われるというかたちのものである。死神の家の中に人間たちの寿命を示した命の蠟燭《ろうそく》があるといった設定はこの噺が西洋の芝居（『クリスピーノと代母《コマーレ》』など）や昔話から取り入れた要素で、その後のいろいろな物語にも影響を与えている。（『落語「死神」の世界』）

昭和以後は、西洋の死神のデザイン（骸骨で大きな鎌をかついでいたりもする）が日本でも死神という単語から連想される画像要素の首座に立つようになり、菊五郎が工夫したようなぼろぼろな服を着た痩せた老人のようなデザインはあまり主流ではなくなったが、もともと人間と特に変わらないすがたでいろいろな場面で現われるとされる存在であった分、デザイン上の固定的な要素がほとんど存在してこなかったことの裏返しだといえそうである。

迎《むかい》の婆《ばばあ》なども、死神の類と考えられていたりもする。

［参考文献］根岸鎮衛、鈴木棠三（編注）『耳袋』二、『鼠璞十種』第一、澤田瑞穂『修訂 鬼趣談義』、伊坂梅雪『五代目菊五郎自伝』、西本晃二『落語「死神」の世界』

蛇 ［じゃ］

とても大きな蛇《へび》あるいは**竜**。山や水中にすんでひとをおびやかすとされるほか、**悪魔**などをよけるための「魔よけ」として藁《わら》などを材料に造られたりもする。

埼玉県では、「おびしゃ」の日に藁や柳《やなぎ》の根などを使って大きな蛇を造り、地域を練り歩かせたり、飾ったりして、魔よけや疫病よけとしている。（『埼玉のオビシャ行事』）

栃木県小山《おやま》市間々田《ままだ》では「じゃがまいた」という祭礼で、竹や藁で造った大きな「蛇《じゃ》」を持って「じゃがまいた、じゃがまいた、四月八日のじゃがまいた」と囃《はや》しながら練り歩き、豊作を祈った。「八大竜王《はちだいりゅうおう》」を祀《まつ》ったのがはじまりであるともされ、角があり、しっぽには「尻剣《しりけん》」と呼ばれる剣のようなかたちの部品もつけられる点から、竜のかたちであることはよくわかる。（『小山市史』民俗編、「蛇が巻いた」）

［参考文献］埼玉県教育委員会『埼玉のオビシャ行事』、『小山市史』民俗編、丸山瓦善「蛇が巻いた」（『土俗と伝説』一巻三号）

十五夜の雨・十三夜の雨 ［じゅうごやのあめ・じゅうさんやのあめ］

十五夜と十三夜に雨が降ることは良くな

いこととされており、十五夜の雨は大麦《おおむぎ》が、十三夜の雨は小麦《こむぎ》が不作になってしまう（『五霞村の民俗』、『前橋市城南地区の民俗』）といわれていた。逆に、雨が降らないで晴れれば晴れるほど、月が綺麗《きれい》なほど、豊作につながる（『那須山麓の民俗　黒磯市百村・板室地区』）とも語られる。

特定の日の雨が悪であり、作物の良し悪しと結びつけられて語られていた例で、栃木・茨城県など各地で確認できる。**七夕様**や**三千の悪神**《あくじん》などにみられる特定の日に「雨が降ると良い」と語られているものとは逆の要素である。

［参考文献］栃木県教育委員会『那須山麓の民俗　黒磯市百村・板室地区』、五霞村歴史民俗研究会『五霞村の民俗』、狛江市史編集専門委員会『駒井の民俗』、群馬県教育委員会『前橋市城南地区の民俗』

十の字狢［じゅうのじむじな］

十文字《じゅうもんじ》の模様がついているとされる**狢**や**狸**。関東各地で呼ばれている。

栃木県鹿沼市などではずる賢《がしこ》い（『民俗採訪』）と語られていたりする。

千葉県野田市などでは、十の字狢たちはよくひとを化かすが狸は化かさない（『野田市民俗調査報告書　今上・山崎の民俗』）などとも語られている。

神奈川県藤沢市などでは、狢の特徴として頭からしっぽにかけて十の字の模様があると語られている。（『遠藤民俗聞書』）

［参考文献］丸山久子・川端道子・大藤ゆき・加藤百合子・石原綏代・青木卓『遠藤民俗聞書』、野田市史編さん委員会『野田市民俗調査報告書　今上・山崎の民俗』、國學院大學民俗学研究会『民俗採訪』五十五年度

精霊様［しょうろうさま］

お盆に海で泳ぐと「精霊様に足を引かれる」などといい、泳ぎが禁じられていた。（『民間信仰』一号、「三浦半島採訪余滴」）

千葉・神奈川県などでいわれる。精霊《しょうろう》はご先祖さまの霊のことで、お盆の漁が避《さ》けられていたことと理由は同様である。

千葉県館山《たてやま》市では、泳ぐと「閻魔《えんま》様に足を引っぱられる」（『民間信仰』一号）と語られている場合もある。これも精霊様とおなじく、お盆・地獄と関係したものである。

［参考文献］和田正洲「三浦半島採訪余滴」（相模民俗学会『民俗』十号）、國學院大學神道研究会『民間信仰』一号

白い鉄砲［しろいてっぽう］

竹や笹《ささ》の葉っぱに白い鉄砲のような模様が現われるという怪異。何か変事の起こる前兆であると語られていた。

群馬県などでは、竹の葉の表面に白い鉄砲のようなかたちの模様が出るのは戦《いくさ》が起こる兆しだといわれている。（『山田郡誌』）

千葉県野田市の清水にある金乗院《こんじょういん》の熊《くま》笹《ざさ》にも、変事があるときは鉄砲の模様が葉っぱに出るといわれており、第二次世界大戦のときにも出たなどと語られている。（『野田の歴史』）

［参考文献］山田郡教育会『山田郡誌』、市山盛雄『野田の歴史』

白鹿【しろきしし】

東国に至った日本武尊《やまとたけるのみこと》が遭遇したとされる大きくて真っ白い鹿。日本武尊が投げつけた蒜《ひる》が目にあたり、撃退された。『古事記《こじき》』では足柄《あしがら》（神奈川県）の坂の神、『日本書紀《にほんしょき》』では信濃《しなの》（長野県）の山の神であったと書かれている。後の時代には、白鹿は足柄明神であった（『新編相模国風土記稿』巻二十）とするはなしもある。

『武蔵名勝図会《むさしめいしょうずえ》』（巻十二）では、白鹿を撃退したところ、あたり一面が暗闇になったとされ、山で踏み迷った日本武尊の前に現われ、闇を凱啼《がいてい》して払ったのが御嶽山《みたけさん》（東京都）のお犬様（神狗《しんく》）たちであったと記している。これは『日本書紀』のはなし（山で道に迷った日本武尊を白狗《しろきいぬ》が道案内をしている）を基調にしており、白鹿を御嶽山の**邪神**であったとしている。このはなしは民間でも（『青梅市の民俗』）語られていたようである。『御嶽山社頭来由記《みたけさんしゃとうらいゆき》』は、節分に戸口に飾る蒜は、白鹿退治に由来すると説いており、修験《しゅげん》を通じたこのあたりの節分の解説は、**鬼**に対して北関東で行われる「にんにくどうふ」などの魔よけとも重なって来るようである。

足柄の地に関連する地名由来の古註《こちゅう》にみられる存在として**羽白熊《はしろぐま》**もある。

［参考文献］『大日本地誌大系三十六　新編相模国風土記稿』、永井路子・萩坂昇・森比左志『神奈川の伝説』、植田孟縉『武蔵名勝図会』、八王子市郷土資料館『家内安全・無病息災～庶民の願い～』、『青梅市の民俗』、埼玉県立自然の博物館『神になったオオカミ～秩父山地のオオカミとお犬様信仰～』、五来重（編）『修験道史料集』一　東日本篇

砂撒狸【すなまきだぬき】

「砂掛狸《すなかけだぬき》」とも。道などでどこからともなく砂を掛けて来たり、砂が降って来るような音をさせたりする。**狸**や**狢《むじな》**がおこなっているとされ、茨城・千葉県や東京都などを中心に各地にみられる。

狸は体を濡《ぬ》らして、砂地でごろごろ転がって砂をつけ、木の上からそれをばら撒いてひとに掛けて来る（『府中の口伝え集』）など、その手法手順が相当具体的に語られていたりすることも多い。**狢《むじな》の砂《すな》**も参照。

［参考文献］府中市立郷土館『府中の口伝え集』

石塔磨【せきとうみがき】

「墓磨き」、「墓洗い」、「石塔洗い」とも。

文政一三年（一八三〇）の夏ごろ、江戸（東京都）をはじめ各地の寺社にある墓石や石塔が夜のうちにぴかぴかに磨き洗われるということがつづき、何者の仕業《しわざ》なのかもはっきりせず、噂となった。妖怪の仕業とも語られていた。

『武江年表《ぶこうねんぴょう》』には、洗い上げた後、墓石に彫られている戒名に朱を入れていたということなども記されている。

『弘賢随筆』の「石塔洗ひ取毀しに付御触等」には、むかし描かれたとされる「はかあらい」（はかあらひ）と称される妖怪の絵が収録されている。「石塔磨」の噂が出たときに、このような古い例があるという情報

が知識人の間で流されていたようであるが、この「いにしえ」に描かれた妖怪の絵と称されている画像妖怪そのものがどういう種の出所資料なのかについては、詳しくわからない。

［参考文献］斎藤月岑『増訂武江年表』、屋代弘賢『弘賢随筆』

葬列の藁草履［そうれつのわらぞうり］

墓場に向かう葬列に使われた藁草履《わらぞうり》で、墓についたときに脱ぎ捨てられる。これを拾っておいて山仕事をするときに履くと、踏み抜きをしてけがをすることがないといわれていた。東京都保谷《ほうや》市（現・西東京市）など（『東京の民俗』五）に伝わる。茨城県などでも棘《とげ》を踏み抜いたりしない（『五霞村の民俗』）、東京都多摩村（現・多摩市）などでは山で蛇や蝮《まむし》に遭わない（『東京都南多摩郡多摩村』）とも語られる。

埼玉県川越市などでは、葬列に使われて墓で捨てられた金剛草履《こんごうぞうり》を、拾って家に置いておくと蚕《かいこ》のあがりが良くなる（『川越地方郷土研究』第三冊）といったりしていたようである。

［参考文献］東京都教育委員会『東京の民俗』五、又吉葉子「東京都南多摩郡多摩村」（『西郊民俗』五号）、埼玉県立川越高等女学校校友会郷土研究室『川越地方郷土研究』第三冊、五霞村歴史民俗研究会『五霞村の民俗』

【た】

大将軍［だいしょうぐん］

群馬県などでは、家を建てるときに大将軍の方角に出入り口を設けるとたたられるとされていた。（『山田郡誌』）

大将軍の木を切ってはいけない（『北千木町南千木町の民俗』）ともいわれる。埼玉県富士見市などでも、家の敷地内には、切ってはいけない木や、動かしたり触れたりしてはいけない土のある方角があり、それに触れてしまうと「さわりがある」などとして、忌《い》まれていた。「たいしょうぐん」（『埼玉県入間東部地区の民俗—信仰・芸

能・口承文芸の変貌―』）とも呼ばれる。

群馬県吾妻町《あがつままち》（現・東吾妻町）などでは、年男《としおとこ》は正月の新年はじめてのおしっこをするとき、「大将軍さまのいる方角」をよけるものだとされていた。（『吾妻町坂上地区の小正月行事』）

大将軍というのは「牛頭天王《ごずてんのう》」の王子にあたる「大将軍神」のことで、陰陽道などで暦《こよみ》に方角が設定されている。毎年の暦に知識の上で詳しく設定されている存在が、俗信としてやや一般化して語られた例であるといえる。**姫金神**《ひめこんじん》も参照。

〔参考文献〕山田郡教育会『山田郡誌』、伊勢崎市『北千木町南千木町の民俗』、埼玉県入間東部地区教育委員会連絡協議会『埼玉県入間東部地区の民俗―信仰・芸能・口承文芸の変貌―』、群馬県教育委員会『吾妻町坂上地区の小正月行事』、寺島良安、島田勇雄・竹島淳夫・樋口元巳（訳注）『和漢三才図会』一

大眼［だいまなく］

「だいまなこ」、「でえまなく」とも。事八《ことよう》日《か》（二月八日、一二月八日）の日に家々にやって来るとされる一つ目の妖怪。群馬・栃木県などで呼ばれる。

栃木県益子町などでは、七日の夜から九日の朝にかけて「大まなく」と呼ばれる**悪魔**が出歩いている（「八日ソバ」）とされる。栃木県野上村《のがみむら》（現・佐野市）などでは**一つ目小僧**のような目がひとつの存在だと語られ、一二月八日にやって来るので（二月には**小眼**《しょうまなこ》が来るとされる）がちゃがちゃ（棯の実《さいかち》）や唐辛子《とうがらし》を焼いたりした（「栃木県安蘇郡野上村語彙」、『民俗採訪』）という。栃木県鹿沼市でも「だいまなく」が来るので朝に囲炉裏《いろり》で葱《ねぎ》を焼いた（『鹿沼の民俗』）という。

群馬県片品村《かたしなむら》などでは、前の晩（七日）をこう呼んでおり、厄病よけ・悪魔よけとして大きい籠《かご》や水嚢笊《すいのうざる》を下に向けて庭や門《かど》口《ぐち》に出しておいたり、葱《ねぎ》で爪をこすったりしたという。（『片品村史』）

東京都の農村地域などでも、事八日に葱を焼いたにおいで**鬼**を払ったりする。

〔参考文献〕『片品村史』、榎戸貞治郎「八日ソバ」（『民間伝承』三巻五号）、倉田一郎「栃木県安蘇郡野上村語彙」（國學院大學方言研究会『方言誌』十七輯）、國學院大學民俗学研究会『民俗採訪』四十一年度、小川芳文・早乙女芳正「鹿沼の民俗」（『西郊民俗』七号）

平将門［たいらのまさかど］

関東で反乱を起こし、新皇《しんのう》を称したが、天慶三年（九四〇）二月一四日、藤原秀郷《ふじわらのひでさと》（俵藤太《たわらとうた》）に唯一の弱点である「こめかみ」を弓で射られて退治されたと語られる。その存在は各地でいろいろな伝説や昔話、あるいは物語に登場しており、その霊は神としても広く祀《まつ》られている。

全くおなじ顔をした分身たちがいたと語られており、「七天王《しちてんのう》」とも呼ばれる。七という数は、武士たちに崇敬されていた妙見《みょうけん》菩薩《ぼさつ》・北斗七星《ほくとしちせい》から来ているとも考えられている。（『将門伝説　民衆の心に生きる英雄』）

『将門記《しょうもんき》』などには、将門は死後に地獄でさまざまな楚毒《くるしみ》を受けることになったが、ひと月のうち、ほんのいっときだけいつも責苦《せめく》の手が停止されるときがあったので、

獄卒《ごくそつ》にその理由を尋ねたところ「おまえが生前、戦勝祈願をする動機のためだが、たまたま金光明経《こんこうみょうきょう》を書いて誓願をしたことがあっただろう、それによる功徳《くどく》だ」と解説されたというはなしが載っている。このはなしは将門が奈落から現世に向かって「中有《ちゅうう》のつかい」に託して伝えたという体《てい》で語られている。

東京都千代田区大手町の「首塚」は、京都で獄門にかけられていた将門の首が関東に向かって飛び、落ちた場所だとされる。この首塚は、関東大震災や第二次世界大戦の後に整理されそうになったとき、ふしぎな事故が多発していずれも中止されたといい、将門の霊の影響である（『東京の伝説』）などと語られている。近くに聳《そび》え立つビルの中では、首塚にお尻を向けるような座席の配置をするとたたりがあるという噂（『関東近郊 幽霊デートコースマップ』）があるともいう。令和二年（二〇二〇）一一月から翌年四月にかけて首塚は改修工事が行われたが、その期間中（一一月二二日、二五日など）に茨城県を震源とした少し大きめの地震があったことが将門と結びつけられて語られたりもした。

千葉県では**八幡《やわた》の藪《やぶ》知らず**も、将門にもゆかりの深い土地であると語られている。千葉県佐倉市には将門山《まさかどやま》や、将門の弱点を秀郷に内通したとされる桔梗前《ききょうのまえ》の塚などが残っている。

埼玉県皆野町《みなのまち》の城山には、敗走した将門が隠れていたとされる穴がある。秀郷がそこに到達したところ、将門が七人現われ、秀郷は本物の将門がどれだかわからず退治することができなかったが、桔梗姫《ききょうひめ》（桔梗前）が「本当の将門様だけが息が白い」ということを教えてしまったので、将門は退治されたと語られている。（埼玉県史編さん室『埼玉県史民俗調査報告書（山村地帯民俗調査）』）

江戸では、浄瑠璃・歌舞伎などをはじめとして、絵草紙や読本《よみほん》にも将門や、遺児である**滝夜叉姫**《たきやしゃひめ》や将軍太郎良門《しょうぐんたろうよしかど》は広く取り上げられており、親しまれていた。

新皇《しんのう》を称したきっかけとして、『将門記』では、ふしぎな昌伎《しょうぎ》（巫女）がやって来て八幡大菩薩《はちまんだいぼさつ》からのお告げをしたことが語られている。将門が自身のために造営しようとした新皇御所《ごしょ》の位置については下総国《しもうさのくに》猿島郡石井（茨城県）であったとも、『神皇《じんのう》正統記《しょうとうき》』などでは下総国相馬郡（茨城県）であったとも記されている。徳川時代の芝居や物語を中心とした「将門もの」作品では多くが相馬を採用しており、相馬御所・相馬公家《くげ》・相馬内裏《だいり》などのことばがみられる。**相馬の古御所の妖怪**も参照。

［参考文献］武田静澄・安西篤子『東京の伝説』、梶原正昭（訳注）『将門記』、黒田彰『中世説話の文学史的環境続』、梶原正昭・矢代和夫『将門伝説 民衆の心に生きる英雄』、『千葉県印旛郡誌』、埼玉県史編さん室『埼玉県史民俗調査報告書（山村地帯民俗調査）』、幽霊探検隊『関東近郊 幽霊デートコースマップ』、中岡俊哉『日本全国恐怖の心霊地図帖』

竜巻［たつまき］

竜巻は**竜**そのものと結びつけて語られていることが多い。

神奈川県鎌倉市の補陀落寺《ふだらくじ》は別名「竜巻《たつまき》寺《でら》」と呼ばれ、竜巻あるいは竜によって寺が壊されたことがあるとされる。秋里籬島《あきさとりとう》『東海道名所図会《とうかいどうめいしょずえ》』（巻六）などには「天明三年八月竜《りょう》出て寺を破る故《ゆえ》に竜巻寺《りょうまきでら》といふ」と記されている。

群馬県などでは、竜巻を見たら金物などをガンガン叩いて「竜だ、竜だ」と騒ぐと良いとされる。（『山田郡誌』）また、風よけとして「辰《たつ》が来ないように」と竿《さお》の先に鎌《かま》をつけて立てたりした（『薮塚本町の民俗』）という。群馬県太田市竜舞《りゅうまい》には、大嵐のときに現われて巨大な竜巻となって村々を襲った竜を呑竜《どんりゅう》上人が水晶の数珠《じゅず》を投げつけて退治したことが地名の由来になった（『太田市史』通史編　民俗下）というはなしも伝わる。

茨城県などでは竜巻が来たら、箕《み》や笊《ざる》で押し返すとよいといわれていた。（『石下町小保川・崎房の生活と伝承』）

埼玉県深谷《ふかや》市後榛沢《うしろはんざわ》などでは、竜巻には**鎌鼬《かまいたち》**がいるともいわれ、竜巻に向かって唾を吐くとよけることができる（「岡部町後榛沢の予兆・民間療法・禁忌」）などともいわれている。竜巻に鎌鼬がいるというはなしは群馬県前橋市（『前橋市城南地区の民俗』）などでも語られている。

［参考文献］秋里籬島『東海道名所図会』、川口謙二『書かれない郷土史―武蔵、相模を中心とした―』、『太田市史』通史編　民俗下、山田郡教育会『山田郡誌』、群馬県教育委員会『薮塚本町の民俗』、武蔵大学人文学部日本民俗史演習『石下町小保川・崎房の生活と伝承』、山崎泰彦「岡部町後榛沢の予兆・民間療法・禁忌」（『埼玉民俗』十号）、群馬県教育委員会『前橋市城南地区の民俗』

七夕馬 ［たなばたうま］

七夕のときに飾られる真菰《まこも》で造られる馬。七夕牛もいっしょに造られたりする。**七夕様**がこれに乗って天《あま》の川《がわ》を渡るとも語られる。

『房総志料《ぼうそうしりょう》』（巻四）、『房総志料続篇《ぼうそうしりょうぞくへん》』（巻一）などにも、牛郎紅女《ぎゅうろうこうじょ》（彦星《ひこぼし》と織姫《おりひめ》）を迎えるために七夕に七夕馬が造られていた風習の記載がみられる。

七夕の朝は、莢《さや》のある豆（めずら）や芋の畑に七夕馬に乗った七夕様が現われるので、入ってはいけない。四つどき（午前一〇時）前に畑に入ると、蹴《け》り飛ばされる、病気になるなどとの言い伝えが関東地方に古くは多くみられた。

七夕が終わってもこの馬の造り物は捨てずに屋根や軒下などにぶらさげてとっておき、川などで溺《おぼ》れてしまったひとが出たとき、これをたくさん集めて燃やし、体を温めると意識を取り戻すことがあるなどといわれていた。（『下戸田の民俗』）

これらの七夕の言い伝えは**三千の悪神《あくじん》**など疫病に関するものと同様、大陸由来の織姫・彦星（織女《しょくじょ》・牽牛《けんぎゅう》）を中心とした七夕の世界観や物語とは異なる基盤の上にある伝承で、二〇世紀以後は年中行事で造られるものとして七夕馬がわずかに残留しているほかは急激に失われている。

［参考文献］戸田市史編さん室『惣右衛門の民俗』、戸田市史編さん室『下戸田の民俗』、房総叢書刊行会『房総叢書』第六巻　地誌其一

七夕様［たなばたさま］

七夕にまつわる存在。七夕の日に雨が降らないと疫病や悪神《あくじん》を産むなどといわれる。群馬県では、七夕の朝にやって来る存在を「厄病神」（『群馬県史』資料編二十七民俗三、『前橋市城南地区の民俗』）、埼玉県浦和市沼影では七夕に天の川で逢う存在を「悪い神々」（「たなばたの日の雨」）とも表現しており、「七夕様」の持っていたひとつの側面を示している。**三千の悪神**や**疫病神の子**、**風の神の子**などは、七夕様が産むとされる悪神たちであり、この考え方に属すると位置づけることができる。

群馬県前橋市などでは、七夕に雨が降らないと厄病神が生まれる、または天の川を渡り、地上へやって来てしまう（『前橋市城南地区の民俗』）と語られていた。

埼玉県各地でも、七夕に雨が降らないとよくない、「病気」や「疫病神」が生まれるとする言い伝えは各地（『埼玉の民俗 年中行事』、「たなばたの日の雨」）にみられ、埼玉県蕨《わらび》市などでも、雨が降らずに七夕様が逢ってふたりのあいだに子供ができてしまうと、疫病が流行ってしまうので、たった三粒でも雨は降ったほうが良い（『塚越地区の民俗』）と語っている。この「子供」も「病気」そのものを示しているようである。

八丈島《はちじょうじま》（東京都八丈町）でも、雨が降らないと七夕様が出会ってしまって虫がおきる（東京都教育委員会『八丈島民俗資料緊急調査』）、虫けらがおこる（『八丈島三根の民話と伝説』）とされていた。この虫は農作に悪影響をおよぼすので七夕の日は雨が降って七夕様が逢わないほうが良いといわれていたようで、語られていた範囲はかなり広くもあるようである。

以上のように七月七日の七夕については、笹《ささ》に飾り付けをして織姫《おりひめ》・彦星《ひこぼし》（織女《しょくじょ》・牽牛《けんぎゅう》）を祝う星まつりとはもともと別ものだったと考えられる言い伝えが関東各地でも各種確認することができる。七夕の日に雨が降らないと病や毒が世に生まれてしまう、七夕の日の朝に畑に入ると何かしらかの罰を受ける、というのがその中心的な要素で、それらには七夕様という存在が関わっている（「タナバタ伝承の禁忌に見る地域性」）とされていた。このような七夕様の言い伝えは、おもに夏から秋にかけての農耕を中心にした生活や野菜の生産（『埼玉の民俗 年中行事』）が基礎背景になっているが、やがて星を中心とした七夕に吸収され、現代に近づくにしたがい、生活のなかで中心的に語られる機会も徐々に失われていったとみられる。

四つどき（午前一〇時）前に畑に入ってはいけないとする理由には、そのときに畑に七夕様がいるからだ（『前橋市城南地区の民俗』）とされるものが多い。馬に乗って畑にやって来るともいい、**七夕馬**に関係してくる部分もある。

群馬県では、七夕の朝に豆（めずら）の畑をはじめとした野菜畑に入ってはいけない（『前橋市城南地区の民俗』）とされてい

た。畑に入ると眼を病む、足をけがする（『三和町の民俗』）、胡瓜《きゅうり》畑に入ると大水が起こる（『松井田町の民俗　坂本・入山地区』）などといわれている。

雨については、茨城県七会村《ななかいむら》（現・城里《しろさと》町《まち》）などでは七月六日には天から薬が降って来るので、体や器物を川で洗うと綺麗《きれい》になる（『民俗採訪』）ともいわれている。

〔参考文献〕『群馬県史』資料編二十七　民俗三、伊勢崎市『三和町の民俗』、群馬県教育委員会『松井田町の民俗　坂本・入山地区』、群馬県教育委員会『前橋市城南地区の民俗』、倉石忠彦「タナバタ伝承の禁忌に見る地域性」（『国立歴史民俗博物館研究報告』五十二）、『塚越地区の民俗』、東京都教育委員会『八丈島民俗資料緊急調査』、金田章宏・奥山熊雄『八丈島三根の民話と伝説』、國學院大學民俗学研究会『民俗採訪』四十五年度、國學院大學民俗学研究会『民俗採訪』五十五年度、長井五郎『埼玉の民俗　年中行事』、井上浩「たなばたの日の雨」（『埼玉民俗』二号）、相葉伸『群馬の民間信仰』

狸〔たぬき〕

へんげをする動物として広く知られる。各地で狸に化かされたというはなしが数多くみられ、いろいろな妖怪に化けたりできると語られる。茨城・千葉県などでは**狢**《むじな》との区別が薄く、ほぼ同一の存在として認識されていることも多い。

狸は出会うと独特の格好でひとを見上げて来る（『三鷹の民俗　四　井口』）という、これは狢や**鼬**《いたち》について語られる小手をかざした動作と同じものだと考えられる。

煙草《たばこ》が苦手、嫌いだといわれており、化かされていると思ったときは、煙草に火をつけるとよいと語られている。（『新曽・上戸田の民俗』）

狐と異なる特徴のひとつとして、狸は睾《きん》玉《たま》を大きく広げてひとを化かしたりすることが挙げられる。「たぬきのきんたま八畳《じょう》敷《じき》」などと称されており、それを広い座敷や庵《いおり》に見せたりもした。（**狢の睾玉**《きんたま》も参照）

狸が八畳敷をさまざまに用いる様子は江戸では画題として浮世絵師などに広く描かれており、歌川国芳《うたがわくによし》『狸のたわむれ』などがよく知られる。総生寛《ふそうかん》による戯文「未開人《ひらけぬひと》の演説《いいたて》」には、むかしの物価は安かったという流れのせりふのなかに「狸の睾丸《きんたま》より大きいぼた餅がふたつで六文《もん》」という言いまわしがみられ、市中にはこのような売り口上もありふれて存在しただろうことがうかがえる。

〔参考文献〕井之口章次『三鷹の民俗　四　井口』、千葉県文学教育の会『千葉のむかし話』、戸田市史編さん室『新曽・上戸田の民俗』、稲垣進一・悳俊彦『国芳の狂画』、「未開人の演説」（『滑稽演説会』一号）

狸の機関車〔たぬきのきかんしゃ〕

狸や**狢**《むじな》が汽車・電車などに化けて、線路の上を向こうから走って来たりするもの。明治時代に鉄道が敷かれるに従い、各地で「運転士が体験した」というかたちで語られていった。

向かい側から同じ線路の上を走って来るので、ブレーキをかけて停止すると何もない、というのがひとつの型になっていた。

〔参考文献〕古河市史編さん委員会『古河の昔話と伝説』

狸の腹鼓［たぬきのはらつづみ］

狸たちが鳴らすとされるもので、お腹を鼓《つづみ》のように叩いてぽんぽんと打ち鳴らすという。千葉県の**證誠寺**《しょうじょうじ》**の狸囃子**《たぬきばやし》は著名な腹鼓として知られる。

石塚豊芥子《いしづかほうかいし》『多話戯草《たわけぐさ》』には、役者の尾上菊五郎《おのえきくごろう》の寮（別荘）で月見をしていた者たちのお囃子《はやし》に合わせて狸が腹鼓を鳴らしつづけた結果、叩き過ぎで死んでいたので、塚を築いて葬《ほうむ》ってやったというはなしを記している。

津村正恭《つむらまさやす》『譚海《たんかい》』（巻五）には、狸が腹を自分でぽこぽこ叩くのではなく、狸が二匹お互いの腹をぶつけたりしたときにこの鼓のような音が鳴るのだ、という説も書き留められている。この俗説などは実際の観察と重ねて、腹鼓についてを語ろうとしたかたちのものであるといえる。

［参考文献］石塚豊芥子、鈴木棠三（校訂）『街談文々集要』、津村正恭『譚海』

たませ

関東各地で**人魂**《ひとだま》や**火の玉**などをこのように呼んだりもする。

「たませ」は魂の意味で、死後の四十九日《しじゅうくにち》のあいだは「屋根棟《やねむね》にタマセがいる」（『下戸田の民俗』）などとも表現される。また、「烏《からす》が鳴くと、たませが出て鳴く」（『下戸田の民俗』）ともいい、烏鳴《からすな》きがあると死人が出るといった俗信とも関連している。

［参考文献］戸田市史編さん室『下戸田の民俗』、古河市史編さん委員会『古河の昔話と伝説』、阿部義雄『印西方言録』

袂狐［たもとぎつね］

管狐《くだぎつね》や**尾裂**《おさき》と同じような憑物《つきもの》。着物の袂《たもと》に入ってしまうような大きさの小動物とされる。東京都、神奈川県などに伝わる。行者《ぎょうじゃ》や巫女《いちこ》などには、これを使う者もいたという。

袂狐はすぐに子が増えてしまうといい、あまりに増え過ぎてしまったときは、一緒になって川にもぐって離す。または桟俵《さんだらぼっち》に五色の御幣《ごへい》を立てたものに乗せ、それを頭の上に置いて川に沈み、桟俵を手で触れることなく流してしまえば、離すことができる（『口承文芸（昔話・世間話・伝説）』）などと語られている。

［参考文献］大田区教育委員会『口承文芸（昔話・世間話・伝説）』

鴆［ちん］

中国に伝わる非常に強い毒を持つと考えられていた鳥。鴆の猛毒はとても甘いともいわれる。

群馬県などでは、毒を田畑にもたらす**唐《とう》土《ど》の鳥**は「鴆」という鳥であるとも考えられていた。

［参考文献］群馬県教育委員会『水上町の民俗』

辻切り【つじぎり】

藁《わら》で造られる蛇あるいは**竜**で、**悪魔**や疫病などをよけるものとされ、地域の入口や境に正月二五日などに立てられる。千葉県などをはじめ各地でみられ、蛇が造られる他に、道に縄を張るかたちの辻切り、辻切り縄（「正月行事と植物（二）」）もみられる。かたちの大きなものは**蛇**《じゃ》の造り物などとも関連が深い。

栃木県では、「辻切り」、「辻止《つじど》め」、「辻固め」などの呼び方などがある。大きな草《わら》鞋《じ》などを用いたりもしていた。これは、その大きさを見て**疫病神**たちを恐れおののかせるためだと語られる。（『都賀町史』民俗編）

茨城県では、「道切《みちき》り」、「辻止め」という呼び方で地域の入口や境におふだを立てて、疫病よけとしたり（『五霞村の民俗』）もする。

［参考文献］千葉県教育委員会『印旛手賀沼周辺民俗調査報告書』、下総郷土談話会「正月行事と植物（二）」（『民間伝承』三巻八号）、五霞村歴史民俗研究会『五霞村の民俗』、『都賀町史』民俗編

角駒【つのこま】

角が生えた馬のこと。その出現は、何らかの兆《きざ》しであるとされたりもする。

群馬県などには、祭礼のときの囃子《はやし》ことばに「世の中の良いときは駒に角が生《お》い候《そうろう》」といった内容の歌の文句（『片品村史』）がみられる。

［参考文献］『片品村史』

テレビ会議の子【てれびかいぎのこ】

在宅勤務同士のテレビ会議の画面にサッと自然に映り込んだり、ごく自然に居たりする正体不明なふしぎな子供。通話時は、誰もが「そのひとの家の子供だな」などと思っていたが、後になってから、そんな年ごろの家族は居ない、そもそもあのひとは独り暮らし、などと気づいたりしたといったもの。

令和二年（二〇二〇）四月ごろ、新型コロナウイルス感染症の影響から出た東京都などでの在宅勤務の推奨や、全国的な緊急事態宣言などに伴《ともな》い自宅からリモートワークをする人々が急増しはじめた時期に、ツイッターなどで目立ってみられたテレビ会議を舞台設定にしたはなしである。

貂【てん】

狐や**狸**などのように、ひとを化かしたりするへんげ動物だと考えられている。

狐や狸などよりも化け術に長《た》けているとも語られており、「狐七化《きつねなな》け、狢《むじな》の八《や》化け、貂《てん》の九化け、猫《ねこ》の十化け」（『高萩の昔話と伝説』）という言いまわしも残されている。

茨城県では葬列を襲って村の憎まれ婆さんの棺を奪った「棺かけ松」のはなしに登場する黒雲や**竜巻**とともに現われた怪獣が「てん」（『国鉄鹿島線沿線の民俗』）と呼ばれている。これなどは**火車**《かしゃ》に**猫**でなく貂が

結びつけられた例。**てんまる**も参照。

［参考文献］『高萩の昔話と伝説』、茨城民俗学会『国鉄鹿島線沿線の民俗』

天狗［てんぐ］

山に住むとされる妖怪。さまざまな神通《じんつう》力《りき》を持っているという。昔話や伝説などにもさまざまに登場しているほか、各地の山や森、寺社でいろいろなはなしが語られている。神奈川県や伊豆大島（東京都大島町《おおしままち》）などでは「てんごう」とも呼ばれる。**川天狗**など、川にいるとされる天狗たちも各地で広く語られている。

天狗に子供などが隠されたりしたときは、山で糞や屁など汚いことを口にすると、天狗たちの魔力が切れて、子供が見つかったりする（「聞き書き七題」）ともいわれる。

群馬県では、日暮れの「おおまがとき」に外で遊んでいると天狗にさらわれる、といわれていたという。（『水上町の民俗』）

［参考文献］中田稀介「聞き書き七題」（『秩父民俗』十一号）、神奈川県立歴史博物館『分類神奈川県方言辞典（二）―社会生活・経済生活・人の一生・儀礼と信仰―』、群馬県教育委員会『水上町の民俗』、高田鐵蔵『大島むかしむかし』

天狗倒［てんぐだおし］

山で大きな音を立てて木が切り倒されるような音だけがすること。調べてみても、そのような木はどこにも倒れていない。**天狗**や**山の神**が起こすといわれている。「天狗の空木折《からきおり》」（『水上町の民俗』）などとも呼ばれる。

群馬県坂上村《さかうえむら》（現・東吾妻町《ひがしあがつままち》）などでは、木が倒れる音のほかにも、枝を踏んだり折ったりするような音をさせたりもするという。（『あがつま坂上村誌』）

栃木県野上村《のがみむら》（現・佐野市）などでは、山仕事の途中で昼寝をするときに、山の神様へ起きたい頃合いの時刻を祈願しておくと、ちょうどその時間になったころに大きな音で天狗倒が発生して起きることができた、といったはなし（『民俗採訪』）もみられる。

［参考文献］群馬県教育委員会『水上町の民俗』、坂上村誌編纂委員会『あがつま坂上村誌』、國學院大學民俗学研究会『民俗採訪』四十一年度

天狗魔物［てんぐまもの］

山に住むあやしい存在、神のような存在のことをこのようにまとめて呼んだりもしたようである。

［参考文献］川口謙二『書かれない郷土史―武蔵、相模を中心とした―』

唐黍［とうぎみ］

「とうぎみ」は「とうもろこし」のこと。

栃木県野上村《のがみむら》（現・佐野市）などでは、「トーギミをつくらぬ」としている家があり、もし自分の家の畑でつくったりすると「不思議がある」といわれていた。（『禁忌の問題―特に植物栽培禁忌の二三の現象を

めぐりて―」）

群馬県伊勢崎市では、玉蜀黍《とうもろこし》をつくってはいけないという家があったが、第二次世界大戦中に食糧生産を割り当てられて、仕方なくつくったところ死人が出た、というはなし（『北千木町南千木町の民俗』）もみられる。

神奈川県清川村でも、「もろこしをつくらぬ」としていた地域があり、流行病が出る、悪いことが起こるともいわれていた。むかし一軒の家が習わしを破って畑でつくったところ、馬小屋から馬は一歩たりとも出ていないはずなのに、ひとつぶ残らず馬に食べられていたというふしぎなことが起こったという。（『書かれない郷土史 ―武蔵、相模を中心とした―』）

玉蜀黍を家の畑でつくってはいけないとする習わしそのものは各地に広くみられる。禁忌の度合いには、つくってはいけないに留まっているもの（他の家からもらったり、買って来たりする分には差支えない）と、食べてもいけないとしているものとがあり（「禁忌の問題―特に植物栽培禁忌の二三の現象をめぐりて―」）、その内容の幅は異なる。

［参考文献］倉田一郎「禁忌の問題―特に植物栽培禁忌の二三の現象をめぐりて―」（『山村生活調査』第二回報告書）、川口謙二『書かれない郷土史 ―武蔵、相模を中心とした―』、伊勢崎市『北千木町南千木町の民俗』

唐土の鳥［とうどのとり］

正月七日の七草粥《ななくさがゆ》に使う野草を刻むときに唱える歌に出てくる、災いをもたらすという鳥。この鳥が日本へ飛んで来ないようにと願う内容が歌のなかで唱えられ、厄払いされていた。

「七草なずな唐土の鳥が日本の国へ渡らぬうちに」、「七草なずな唐土の鳥が渡らぬ先に」などと唱えられる。日本の鳥と唐土の鳥との二羽編成（『吾妻町坂上地区の小正月行事』、『県央部の民俗二 ―伊勢原地区―』、『前橋市城南地区の民俗』）で登場するものもみられる。

江戸（東京都）では「七草なずな唐土の鳥が日本の土地へ渡らぬ先になずな七種《くさ》はやしとほとと」などと唱えていたという。（『江戸庶民の風俗誌』）

群馬県吾妻町《あがつままち》（現・東吾妻町）では、「七草なずさ とうとき神の おしえのかいは わざわいはろうて さいわいきたる とうどのとりが にほんのくにへ わたらぬさきに はしたたけ はしたたけ」といった文句もみられる。また、お粥に使う野草については「一日芹《いちにちぜり》」（六日に採って来たもの）はよくないとされていた。（『吾妻町坂上地区の小正月行事』）

茨城県筑波町（現・つくば市）などでは「七草なずな、なのない鳥が、鳴かないうちに、ぱんかぱんかぱんか」（『筑波研究学園都市地区民俗資料緊急調査報告書』）と唱えたりしていたという。

鳳凰《ほうおう》など、具体的な鳥を想定している場合もあり、鴆《ちん》であると考えられていた地域もみられる。

［参考文献］宮尾しげを・木村仙秀『江戸庶民の風俗誌』、群馬県教育委員会『吾妻町坂上地区の小正月行事』、群馬

県教育委員会『前橋市城南地区の民俗』、神奈川県立博物館『県央部の民俗二 —伊勢原地区—』、茨城民俗学会『筑波研究学園都市地区民俗資料緊急調査報告書』、長井五郎『埼玉の民俗 年中行事』

とおかみ

ふしぎなうらない。稲荷《いなり》などの神を呼び出して幣束《へいそく》を持っているひとにのりうつらせたあと、質問をしたりしたという。

東京都町田市下三輪《しもみわ》などでは、幕末から明治のころまで、若者も年寄も普段遊びで集まったりしたときに、これをしばしば実行しては楽しんでいたという。幣束を持ったひとは中座《なかざ》と呼ばれ、目隠しなどをさせて座る。それをみんなでぐるりと囲み、「おおかみ、みため、みとたけ、はらいたまえ、きよめたまえ」とか「とおかみ、えみたもう、きよみたもう、かんごしゅ、りっこんだけ」などの唱えごとをすると、稲荷様やお釜様、お恵比寿《いべす》様などがのりうつり、踊り出すとされる。(「トオカミということ」)

神奈川県川崎市麻生《あさお》区細山などでも、同じように「とおかみ」などの唱えごとをして、幣束を持ったひとにのりうつった稲荷様などに質問を投げかけたりして遊んだという。失くし物の場所を訊《き》くときは豊川《とよかわ》さん(豊川稲荷)がいちばんよく教えてくれるなど、どんな稲荷が来るかによってお告げの精粗はあったようである。また、「とうかみ」は「稲荷神《とうかがみ》」という意味であると語られていたようである。(「トオカミということ」)

「とおかみ」という名前などは、お祓《はら》いなどで唱えられる「とほかみえみため」や、禊《みそぎ》教の「とおかみえみため、はらいたまえ、きよめたまえ」という唱えごとなどから来ている(「トオカミということ」)と考えられる。また、「稲荷神《とうかがみ》」を語源であるとする説が、実際に「とうかみ」で遊んでいた明治時代の人々のあいだで語られていたというはなしが報告されていることはおもしろい点である。

似た遊びには神奈川県の**狐踊り**などがみられる。明治二〇年代からみられるようになる**こっくりさん**などに先行するものであると考えられる。

[参考文献] 中島恵子「トオカミということ」(『西郊民俗』七十四号)

戸守り [とまもり]

「戸まぶり」などとも呼ばれる。おふだを戸などに×《ばつ》印のように交叉《こうさ》させて貼ること。**疫病神**よけ、盗難よけなどと言われる。

[参考文献] 『八潮の民俗資料』一

鳥追いの鳥 [とりおいのとり]

小正月におこなわれる鳥追い歌のなかにみられる田畑に害をもたらす鳥。この鳥の頭と尻を切り分けて流すといった内容が歌のなかで唱えられ、厄払いされていた。

群馬県では各地で頭と尻を切って佐渡島《さどがしま》(新潟県)へ流す(『関東の民間信仰』)といった形式のものがみられる。

群馬県吾妻町《あがつままち》(現・東吾妻町)では、「と

りおいだ　とりおいだ　あれはだあがとりおいだ　きんじょうどんのとりおいだ　かしらきって　しりきって　かろうとへさらべえこんで　佐渡が島へ　ほーい、ほい」、「ああーりゃ　だーがー　鳥追いだ　金十どんの鳥追いだ　かしら切って　尻切って　佐渡が島まで　ホーイホイ」などとみられる。「だあが」は「誰が」、「かろうと」は「唐櫃《からびつ》」の意味。(『吾妻町坂上地区の小正月行事』)

　全国各地の鳥追いの歌で唱えられる鳥は、具体的には烏《からす》・鷺《さぎ》・鴨《かも》・雀《すずめ》のほか、朱鷺《とき》を意味していることが多い。乱獲で激減する以前は、田んぼを荒らす害鳥という側面も濃くあったことに由来している。いっぽうで、七草の**唐土《とうど》の鳥**などのような鳥としても想定されており、「羽がいが十六、目が一つ」、「羽が十三、目が七つ」などの描写がみられたりもする。(『新潟県における鳥追い歌　その言語地理学』、「農作開始の行事」)

[参考文献] 群馬県教育委員会『吾妻町坂上地区の小正月行事』、『関東の民間信仰』、佐伯隆治「農作開始の行事」(『民間伝承』九巻一号)、渡辺富美雄・松沢秀介・原田滋『新潟県における鳥追い歌　その言語地理学』

【な】

縄の火 [なわのひ]

竈《かまど》や囲炉裏《いろり》で火を焚《た》くときに火に縄などを入れて燃やしたりすると「火早い」といわれており、火事などを誘発するので良くないとされていた。

　千葉県東葛飾郡などでいわれていた。切れ縄などを燃やしてはいけないとしている俗信は東京都の**朝縄夜藤《あさなわよふじ》**を含め各地でも広くみられ、火に入れてはいけないとされているものは他にもたくさんある。

　群馬県前橋市などでは、もし縄を燃やしたりするときは、まとめて唾を三回かけて

から燃やさないといけない（『前橋市城南地区の民俗』）といわれていたという。

千葉県の**青物の火**なども参照。

〔参考文献〕「国々の言い習はし（三）」（『郷土研究』二巻十一号）、群馬県教育委員会『前橋市城南地区の民俗』

抜け首［ぬけくび］

眠っているときに人間の首が抜け出て、飛んだりするもので、**轆轤首**《ろくろくび》をこう呼んだりもする。（『子どもの歳時と遊び』）

「轆轤首」よりも「抜け首」という呼び方のほうが古くは一般的だったようで、絵巻物などでも轆轤首の絵に「ぬけくび」と、呼び名が書き添えられている例（『妖怪図巻』、『続 妖怪図巻』）がみられることからも、それをうかがうことはできる。

〔参考文献〕茨城民俗学会『子どもの歳時と遊び』、多田克己『妖怪図巻』、湯本豪一『続 妖怪図巻』、宍戸俊治「轆轤首考」

沼の主［ぬまのぬし］

下総国《しもうさのくに》（茨城・千葉県）のある大きな沼のぬしで、大蛇のすがたをしている。むかしある継母《ままはは》が「私の継娘《ままむすめ》はあなたにくれてやる」と、常にこの沼の主に向かって言っており、ある嵐の日に大きな蛇が家に娘をもらいにやって来た。しかし娘の父は「子をお前にやる許しなど私は親として出していない。ましてや娘と妻は血がつながっていない、連れてゆくならこの妻にしろ」と告げ、娘とともに逃げ去った。以後、ぬしは物狂いとなった継母にまとわりつづけたという。

『沙石集《しゃせきしゅう》』（巻七）にあるもの。下総とだけあり詳しい地名は示されていない。『諸国《しょこく》百物語《ひゃくものがたり》』（巻三）では、これを素材として人名などを書き足した下総国の松本源八《まつもとげんぱち》の娘のはなしとして書かれている。

〔参考文献〕筑土鈴寛（校訂）『沙石集』下、太刀川清（校訂）『百物語怪談集成』

猫［ねこ］

猫は年を経《へ》ると化ける、といわれており、**狐**や**狸**と並んでへんげ動物として広く語られている。葬礼や寺院と結びついて**魔物**や**火車**《かしゃ》であると考えられており、他の種のへんげ動物に比べて悪魔的側面が語られることも多い。反面、破邪《はじゃ》や魔よけの力も持つとされ、船頭や勝負師たちの間では雄の三毛猫が「魔よけ」（『下戸田の民俗』）として珍重されたりもしている。

一定の体重を超えると化けるようになるとも語られる。化けるといけないので「目《め》方《かた》（体重）を計るものではない」（『高萩の昔話と伝説』）ともいわれる。反面、猫の体重が一貫目（約三・七五キロ）を超えることを祝ったりする（『三和町の民俗』）という風習もあり、家で飼育される動物である分、語られ方は善悪一方にかたよっておらず、まちまちでもある。

しっぽのながい猫は化ける（『南総の俚

俗』、『民俗叢話』）ともいう。

化け猫は行灯《あんどん》などの油をぺろぺろなめる（『きさらづの民話』）とも一般によく語られる。このあたりは歌舞伎や絵草紙あるいは演芸や映画などにも応用されつづけ、化け猫の表現上で大きく所作《しょさ》の要素としても受け継がれて来た。その影響からか、千葉県では灯火の油をなめる猫は化ける（『小櫃村誌』）などとも称されている。

少林寺の猫などのように、寺への恩返しのために、良い檀家《だんか》を獲得するために火車のような活動をするはなしは広く各地に伝わる。また**唐猫塚**《からねこづか》や**ねこざね土手**、**華蔵院**《けぞういん》**の猫**にもみられるような、**猫の踊り場**のはなしは、ほかにも関東各地にさまざまに散在している。

猫股も参照。東京都の島々では、**山猫**がへんげ動物として知られる。

〔参考文献〕齋藤源三郎「房総地方の動物に関する俗信」（『旅と伝説』六巻三号）、『高萩の昔話と伝説』、伊勢崎市『三和町の民俗』、戸田市史編さん室『下戸田の民俗』、内田邦彦『南総の俚俗』、木更津の民話刊行会『きさらづの民話』、『小櫃村誌』

猫股［ねこまた］

猫のしっぽが二股になったものをいう。いろいろに化けたり、術を使って来たりするという。「猫又」、「猫魔《ねこま》」とも。古い文章では漢語をそのまま用いて「金華《きんか》」、「金華《きんか》猫《びょう》」や「猫鬼《びょうき》」の用字を「ねこまた」にあてたりもしている。

神奈川県内郷村《うちごうむら》（現・相模原市）などでは、猫は**魔物**なので葬式に近づけてはいけない、柄杓《ひしゃく》から直接に水を飲んではいけない、という俗信と結びつけられて語られており、猫にまたがれて動き出した遺体が台所の水を柄杓でがぶがぶ飲んでしまうと、またいだ猫は千人力を得て「猫股」になってしまう（『相州内郷村話』）といわれていたという。

ただし、「ねこまた」のみが化け術を持つとして語られる存在（化け猫）なわけではなく、猫と猫股に明確な差があるかというと、伝承の上では特にはっきり区別していなかったりもする。しっぽの特徴についても同様で、ここで挙げた内郷村などの例にもみられるように、しっぽが二股になることに言及していない例も多い。

〔参考文献〕鈴木重光『相州内郷村話』、アン・ヘリング『おもちゃ絵づくし』

ねぶた

「ねぶと」とも。ひとに眠気をもたらす睡《すい》魔《ま》のようなもの。七夕の日に行われる「ねぶた流し」などの行事は、ねぶた（合歓《ねむ》）の木の枝や葉などを用いて目や顔あるいは体を川や池で綺麗《きれい》に洗い、これを流し去ることで夏に眠気に襲われないことを願ったという。「眠《ねぶた》」や「睡」あるいは「睡魔《ねぶた》」（『麻むしの話』）と字があてられて表記されることもある。

関東圏では、川で体を洗う行事のなかで語られており、群馬・埼玉県などで広く確認できる。群馬県では「おねんぶり流し」（『群馬県史』資料編二十七　民俗三）、栃木

県では「ねむた流し」(「ねぶた流し」)、「ねぶと流し」(へつし「紙上問答」答(七四))とも呼ばれる。

群馬県高崎市などでは、七夕に女の子たちは川で髪を洗ったり、「ねむ」、「ねぶた」の枝や葉っぱで髪をなでたりする行事があったという。葉っぱで目をこすると目の病気にならないともいわれていた。(『大類村史』、『高崎市東部地区の民俗』)

埼玉県では、七夕の日にねぶたの葉で目を洗うと眼病にならない、一年中の目覚めが良いなどといわれる。また川の水で体を洗うと丈夫に過ごせるなどといわれていた。また、七夕の日ちょうどにねぶたの花が咲くのは、よくないこととされ、悪い疫病が流行るなどといわれていたという。(『埼玉県史民俗調査報告書(山村地帯民俗調査)』)

埼玉県皆野町《みなのまち》日野沢《ひのざわ》では、七夕の日にねぶった・豆の葉っぱで顔を洗い、「ネブッタながし、ないながし、まなくかすみがないように」と唱えた(「埼玉県秩父郡皆野町日野沢の見聞(二)」)という。「まなく」は「眼」で、目を清くする内容がみられる。

栃木県野上村《のがみむら》(現・佐野市)などでは朝の暗いうちに川に行って「ねぶと流し」と称して笹《ささ》で体を祓《はら》って流したという。この笹は畑に立てておくと虫よけになる(『民俗採訪』四十一年度)とも語られていた。

栃木県宇都宮市では、体を洗うと同時に、紙で造った人形を川に流す(へつし「紙上問答」答(七四))ということもしていたようである。

千葉県夷隅《いすみ》郡などでは、「七夕に泳いではいけない」という例(「七夕と水浴禁忌」)もみられ、水を浴びることが逆に禁じられているケースもみられるが、これなどは「ねぶた」とは位置づけの異なる、お盆や**祇園**《ぎおん》の行事関係から来ているものだといえる。

［参考文献］『川越市史』民俗編、『渋川市誌』四 民俗編、『群馬県史』資料編二十七 民俗三、群馬県教育委員会『高崎市東部地区の民俗』、『大類村史』、埼玉県史編さん室『埼玉県史民俗調査報告書(山村地帯民俗調査)』、石田祐子・須藤恵子・中林瑛子「埼玉県秩父郡皆野町日野沢の見聞(二)」(『西郊民俗』三十四号)、吉原一「七夕と水浴禁忌」(『民間伝承』二巻三号)、倉田一郎「七日盆の古意」(『民間伝承』九巻三号)、柳田國男「ねぶた流し」(『郷土研究』二巻五号)、へつし「紙上問答」答(七四)(『郷土研究』二巻五号)、藤原相之助「麻むしの話」(『郷土研究』七巻七号)、本多冬城「佞武多(七夕祭)」(『土の鈴』三輯)、國學院大學民俗学研究会『民俗採訪』二十七年度、國學院大學民俗学研究会『民俗採訪』四十一年度、相葉伸『群馬の民間信仰』

【は】

獏［ばく］

中国に伝わる霊獣。象のような長い鼻が特徴。日本では「悪い夢をたべてくれる」存在として広く語られている。

大雑書《おおざっしょ》（暦や占いを中心に各種知識を収録した版本）や夢判《ゆめはん》じなどの書籍を通じて、各地にかなり浸透していたようである。埼玉県では、「見し夢を獏《ばく》の餌食《えじき》にするからは心も晴れし曙《あけぼの》の空」（「岡部町後榛沢の予兆・民間療法・禁忌」）というおまじないの歌が人々の間に伝えられていたことも確認できる。

群馬県などでは、悪い夢を見たら起きてから「ばくさまにあげます」と唱えると良い（『山田郡誌』）といわれている。群馬県上野村《うえのむら》の乙父《おっち》神社のはなしのなかに出て来る「夢を喰って下さい」と願いを掛ける「天竺《てんじく》のばこうさま」（『群馬県史』資料編二十七 民俗三）というものも獏であろうと推察できる。群馬県の**天竺《てんじく》の蟇《がま》**も参照。

［参考文献］山崎泰彦「岡部町後榛沢の予兆・民間療法・禁忌」（『埼玉民俗』十号）、山田郡教育会『山田郡誌』、『群馬県史』資料編二十七 民俗三

馬具［ばぐ］

妊娠をしているときに馬具をまたいで歩いたりすると、赤ちゃんが十月十日《とつきとおか》でお腹の中から出て来なくなる、一二ヶ月たたないとお腹から出て来なくなってしまうなどといわれていた。群馬・埼玉・千葉県などをはじめ各地に伝わる。

埼玉県戸田市では「ふたつつむじ」になる（『惣右衛門の民俗』）ともいわれる。こちらは**牛馬《ぎゅうば》の手綱《たづな》**についていわれる内容と共通してくる。**水嚢《すいのう》**などは語られる内容が異なって来るが隣接して来る。

［参考文献］山田郡教育会『山田郡誌』、埼玉県立川越高等女学校校友会郷土研究室『川越地方郷土研究』第三冊、坂井昭『干潟の民俗誌 ～東京湾に面した西上総地方の漁業と暮らし～』、戸田市史編さん室『惣右衛門の民俗』、戸田市史編さん室『新曽・上戸田の民俗』、埼玉県入間東部地区教育委員会連絡協議会『埼玉県入間東部地区の民俗―信仰・芸能・口承文芸の変貌―』、埼玉県史編さん室『埼玉県史民俗調査報告書（山村地帯民俗調査）』

八の日［はちのひ］

八の日に家を建て始める、医者にかかるなどのことをしてはいけないとされる。どちらも長くなってしまい、いつまでたっても終わることがないといわれていた。（『石下町小保川・崎房の生活と伝承』）

神奈川県藤沢市などでは、四月八日に病床につくと悪いといわれている。（『遠藤民俗聞書』）

特に理由はわからない（『石下町小保川・崎房の生活と伝承』）とされているが、うらないなどで言及されていたものが一般に俗

信として語られるようになったものであると考えられる。

〔参考文献〕武蔵大学人文学部日本民俗史演習『石下町小保川・崎房の生活と伝承』、丸山久子・川端道子・大藤ゆき・加藤百合子・石原綏代・青木卓『遠藤民俗聞書』

馬肉〔ばにく〕

妊娠をしているときに馬肉を食べてしまうと、赤ちゃんが十月十日《とつきとおか》でお腹の中から出て来なくなる、一二ヶ月たたないとお腹から出て来なくなってしまうなどといわれ、食べてはならないとされていた。

群馬・栃木県などでいわれていた。馬の妊娠期間が人間より長いことに由来している俗信である。

〔参考文献〕山田郡教育会『山田郡誌』、『都賀町史』民俗編

半夏さん〔はんげさん〕

群馬・茨城県などに伝わる。むかし半夏さんが、「畑も世話をしなきゃ、田も世話をしなきゃ」と忙しくまわっていた結果、畑と田に片脚を突っこんだまま死んでしまったので、半夏《はんげ》の日（七月二日ごろ。半夏生《はんげしょう》）には田植えをしてはいけない、とされている。（『利根西の民俗—清里・総社・元総社・東地区—』、『大間々町の民俗』二、『三和町の民俗』、『前橋市城南地区の民俗』、『古河の昔話と伝説』）

群馬県前橋市などでは、半夏さんは半夏の日に働いたせいで若死にしたので半夏の日に田植えをすると若死にする（『利根西の民俗—清里・総社・元総社・東地区—』）、半夏さんは半夏のときには忙し過ぎて夫婦別々になるので半夏の日に田植えをすると夫婦別れをする（『群馬県史』資料編二十七民俗三）、群馬県太田市などでは、半夏さんはかぶっていた菅笠《すげがさ》が風であおられて紐《ひも》が首にからまって死んだので半夏の日に菅笠をかぶって田植えをしてはいけない（『藪塚本町の民俗』）ともいわれている。

群馬県太田市では、普通の半夏さんのはなしもある一方、半夏の日に田植えをしている早乙女《さおとめ》たちにお昼を持って行ったとき、屁をたれてしまったことを笑われたお姫様が、恥ずかしさから切腹して死んだので、半夏に田植えをしてはいけない（『太田市史』通史編 民俗下）という**姫小田**《ひめこだ》のはなしと混ざってしまっている例も語られている。

〔参考文献〕前橋市教育委員会『利根西の民俗—清里・総社・元総社・東地区—』、大間々町誌刊行委員会『大間々町の民俗』二、伊勢崎市『三和町の民俗』、『群馬県史』資料編二十七 民俗三、『太田市史』通史編 民俗下、群馬県教育委員会『藪塚本町の民俗』、群馬県教育委員会『前橋市城南地区の民俗』、群馬県教育委員会『高崎市東部地区の民俗』、古河市史編さん委員会『古河の昔話と伝説』

半夏の毒〔はんげのどく〕

半夏の日（七月二日ごろ。半夏生《はんげしょう》）には天から毒が降って来るといわれており、水や植物に気をつけろといわれていた。

東京都青梅市などでは、「半夏坊主《はんげぼうず》の日」に**魔物**がやって来て、井戸をのぞき込んで夏の毒を入れて行くので、この日は井戸に板や莚《むしろ》をかけて蓋《ふた》をしたという。（『青梅市

の民俗』）

神奈川県では、半夏の日の朝に毒が降るので、茄子《なす》や胡瓜《きゅうり》など畑の作物を採りに行ってはいけないとされていた。（『県央部の民俗二―伊勢原地区―』）

群馬県千代田町などでは、土用の丑《うし》の日に毒が降るので井戸に蓋《ふた》をする（『群馬県史』資料編二十七　民俗三）などといわれている。

夏の時期に毒が天から降るという考え方は、『管子《かんし》』（度地篇）をはじめ大陸にもあり、それらが基本とも言えるが、朝に畑に行ってはいけないという部分は**七夕様**にもみられる農作に関わる言い伝えと重なっているようである。

［参考文献］『青梅市の民俗』、神奈川県立博物館『県央部の民俗二―伊勢原地区―』、『群馬県史』資料編二十七民俗三、氷厘亭氷泉「天から毒の半夏生」（『大佐用』二百十四号）

半夏坊主［はんげぼうず］

群馬県千代田村（現・千代田町）などに伝わる。半夏《はんげ》の日（七月二日ごろ。半夏生《はんげしょう》）に田植えをしてはいけないとされている。この日に半夏坊主が田んぼに突っ込んで死んだからだという。（『千代田村の民俗』）大《おお》間々町《まままち》（現・みどり市）では「半夏和尚《はんげおしょう》」（『大間々町の民俗』二）とも呼ばれていたようである。

栃木県野上村《のがみむら》（現・佐野市）では「半夏《はんげ》坊様《ぼうさま》」（『民俗採訪』）と呼ばれる。栃木県葛《くず》生町《うまち》（現・佐野市）では、「半夏坊主」、「半夏様」と語られる一方で、同じ内容が**でいだらぼう**（巨大なひと）のこととして語られてもいる。（『秋山の民俗』）

田植えは半夏の一〇日前までに終わらせるもの（『小山市史』民俗編）、半夏草《はんげそう》が白くなるまでに終えるもの（『五霞村の民俗』）など、各地で半夏生の日は田植えの終わりどきの基準とされており、埼玉県秩父市などでは半夏を過ぎてから植えた稲《いね》は一粒ずつ実が少なくなる（「稲作り・民俗・言いぐさ」）ともいわれる。

［参考文献］群馬県教育委員会『千代田村の民俗』、群馬県教育委員会『藪塚本町の民俗』、大間々町誌刊行委員会『大間々町の民俗』二、栃木県郷土資料館『秋山の民俗』、國學院大學民俗学研究会『民俗採訪』四十一年度、『小山市史』民俗編五霞村歴史民俗研究会『五霞村の民俗』、常木金雄「稲作り・民俗・言いぐさ」（『秩父民俗』十二号）

光物［ひかりもの］

正体のわからない光。空を飛んだり浮かんだりする様子が目撃される。**人魂**《ひとだま》や**狐火**《きつねび》など、怪火・怪光について全般をさして語られたりもする。

また、寺社縁起の中などには埋もれている仏像が存在を知らせるために発するふしぎな現象として登場するが、僧侶や修験者《しゅげんじゃ》が現地に到着して解決するまでは嵐や生活への被害を伴ったりもしており、**阿薩婆**《あさば》**の火光**《かこう》など、恐ろしいもの、妖怪のようなものと人々から見られていたとするはなしは多い。

『坂東観音霊場記《ばんどうかんのんれいじょうき》』（巻九）には、聖武天皇のころ銚子《ちょうし》の浦（千葉県）が荒れて魚が捕れなくなり、沖に鯨《くじら》のような大きさのあ

やしい光物が夜ごとに出現して潮を吹くような光を発した。夢で「光の出ているところにおそれず網《あみ》をおろせ」と青い衣冠《いかん》をまとった官人《かんにん》に言われた漁師が網を入れたところ、瑪瑙《めのう》石を脇にかかえた十一面観音《じゅういちめんかんのん》の像が出て来たというはなしが載っている。

建保元年（一二一三）、霞ヶ浦《かすみがうら》（茨城県）に発生したあやしい光物は、魚を追い払ってしまって漁師たちを困らせたが、この地を訪れた親鸞《しんらん》が「その正体はみほとけであろう」と調べさせたところ、阿弥陀如来《あみだにょらい》の木像が出て来たという。（『茨城の寺』二）

［参考文献］亮盛『坂東観音霊場記』、今瀬文也『茨城の寺』二

人魂［ひとだま］

空を飛ぶ怪火。ひとの亡くなる前兆として、これが飛ぶといったことが多く語られる。老人や子供の場合は小さい（『下戸田の民俗』）ともいう。光の色はさまざまだが、赤い**火の玉**のような光が、青い尾をひきながら飛ぶ（『千葉県安房郡誌』）、また、青い一間《けん》（約一・八メートル）ぐらいの長さの尾をひく（『埼玉県史民俗調査報告書（山村地帯民俗調査）』）などともいわれる。

成人するまでに一度も見たことがなければ、その後は一生、人魂が飛ぶのを見ることはない（『五霞村の民俗』、『藪塚本町の民俗』、『三和町の民俗』、『埼玉県史民俗調査報告書（山村地帯民俗調査）』）ということは各地でしばしば語られている。

東京都、神奈川県などでは色やかたちの違いなどで、**金魂**《かねだま》との呼び分けがあったりもする。

江戸では「芝居の人魂」という悪口にも用いられている。そのこころは「ぶらぶらしてる」の意味。（『砂払』上）

［参考文献］『千葉県安房郡誌』、戸田市史編さん室『下戸田の民俗』、五霞村歴史民俗研究会『五霞村の民俗』、群馬県教育委員会『藪塚本町の民俗』、伊勢崎市『三和町の民俗』、埼玉県史編さん室『埼玉県史民俗調査報告書（山村地帯民俗調査）』、山中共古、中野三敏（校訂）『砂払』上（『松登妓話』）

一つ眼の団十郎［ひとつまなぐのだんじゅうろう］

「ひとつまなくの団十郎」、「ひとつめまなぐの団十郎」などとも。事八日《ことようか》（二月八日や一二月八日）の日に家々にやって来るとされる一つ目の妖怪。

群馬・栃木・茨城県などで呼ばれる。群馬県板倉町をはじめとして「だんじゅうろう」は「だんじろう」とも発音される。

［参考文献］『群馬県史』資料編二十七 民俗三、赤城毅彦『茨城方言民俗語辞典』、國學院大學民俗学研究会『民俗採訪』二十八年度

一つ目小僧［ひとつめこぞう］

一つ目の妖怪。関東地方の各地に伝えられていた年中行事のなかには一つ目小僧が事八日《ことようか》（二月八日や一二月八日）や節分の日に家々にやって来る、**悪魔**・**魔物**であるといわれていることが多い。

一つ目小僧がやって来る晩に、履物《はきもの》を外に出しっ放しにしていると、それに印《いん》をつ

けられてしまうので良くないとされる。印とは焼き印（『おしゃもっつぁん 平塚市上吉沢台の民俗』）とも考えられていたようである。

また、履物を出しっ放しにしていたり、戸締まりをキチンとしていなかったりした家がどの家だったかを一つ目小僧は持っている帳面に記録して、**疫病神**に報告するとされる。この帳面を一つ目小僧はとりあえず初午《はつうま》の日まで道祖神《どうそじん》（塞《さい》の神《かみ》）に預けて行くので、それを焼いてしまうのを目的として小正月の「どんど焼き」に道祖神の小屋を焼く行事が設定されている。（『神奈川のむかし話』、『多摩市の民俗（口承文芸）』）

埼玉県などでは、子供たちは「にようかの日」（事八日）に「一つ目小僧が来るから早く寝ろ」とよくいわれていた（「幸手市の年中行事（二）」）という。

一つ目小僧は「目の数が多いもの」を怖がると考えられており、目籠《めかご》・草刈籠《くさかりかご》・篩《ふるい》などが魔よけとして戸外にさげられたりもする。また、そのにおいを嫌うとされる茱《ぐ》萸《み》の木の枝（『相州内郷村話』）を燃やしたりもする。

ようかぞうなどとも呼ばれる。

［参考文献］柳田國男『一目小僧その他』、東京都教育委員会『東京の民俗』五、『多摩市の民俗（口承文芸）』、町田市文化財保護審議会『町田市の民話と伝承』第二集、鈴木重光『相州内郷村話』、平塚市博物館『おしゃもっつぁん 平塚市上吉沢台の民俗』、相模民俗学会『神奈川のむかし話』、赤城毅彦『茨城方言民俗語辞典』、戸田市史編さん室『下戸田の民俗』、真中勝子「幸手市の年中行事（二）」（『西郊民俗』百三十六号）

火の雨［ひのあめ］

天から火の雨が降って来るというもの。太古のむかしにあったこととして各地で語られてもいる。火によって死ぬひとが多く出たので、その時代の人々は石で造った洞穴や石室などに住んでこれを避けたとされる。

群馬県岩鼻村《いわはなむら》（現・高崎市）の栗須《くりす》の原にある「火雨塚《ひさめづか》」は、むかし天から火の雨が降って多くの人が困ったときに暮らした跡だとされる。

茨城県勝田市（現・ひたちなか市）の中根にある「十五郎穴」も、むかし火の雨が降ったとき、そこへ入って火をよけたと語られていた。（『勝田市史』民俗編）

多くは、古い塚にある石室・洞窟を説明するために語られていたものである。なかには庚申《こうしん》のはなしと結びつけて**天邪鬼**《あまんじゃく》のはなしに火の雨と岩屋《いわや》が登場したりもする。

いっぽう**伏日**《ふしび》に天から降るとされる火の雨は、少し異なるもので、暦や作物の生育に関連する文脈のもの。

［参考文献］中島吉太郎『伝説の上州』、『上州の史話と伝説』その二、『勝田市史』民俗編

火の玉［ひのたま］

空を飛ぶ怪火や怪光のこと。

東京都の吉祥寺（武蔵野市）のあたりでは、しょぼしょぼ雨の降る夜などに歩いていると寺院から火の玉がふわふわ飛んで出て来たりする、などのはなしが語られてもいる。（『三鷹の民俗 七 井の頭』）

〔参考文献〕井之口章次『三鷹の民俗 七 井の頭』

火柱〔ひばしら〕

火の柱のような光が現われて、倒れたりするもの。これが倒れた方角に火事が起こるといわれている。見ると縁起が悪いともいう。

「鼬《いたち》の火柱《ひばしら》」とも呼ばれ、**鼬**が起こすとされており、曲亭馬琴《きょくていばきん》『曲亭雑録《きょくていざつろく》』（巻一）には、「いたち」という名そのものも「気立《きた》ち」、「火起《ひた》ち」から来ているという俗説もあったことがみられる。

〔参考文献〕山田郡教育会『山田郡誌』、群馬県教育委員会『藪塚本町の民俗』、栃木県教育委員会『那須山麓の民俗 黒磯市百村・板室地区』、古河市史編さん委員会『古河の昔話と伝説』、茨城民俗学会『子どもの歳時と遊び』、鈴木重光『相州内郷村話』、安江正一「ヒバシラ」（『民間伝承』四巻一号）、星野義正・佐久間昇「戸鹿野の民俗（二）」（『民間伝承』九巻六・七合併号）、滝沢馬琴、渥美正幹（編）『曲亭雑記』巻一下編

姫金神〔ひめこんじん〕

特定の方角や場所に存在しているとされ、恐ろしい存在であると語られている。群馬県水上町《みなかみまち》（現・みなかみ町）に伝わる。春に竈《かまど》、夏に畑、秋に庭、冬に井戸にいるといい、たたりの力は非常に強いと語られる。（『きつねのあくび 藤原の民話と民俗』）

埼玉県横瀬村赤谷《よこぜむらあかや》（現・横瀬町）では、土いじりをするときには、お神酒《みき》と波の花《なみのはな》（塩）でそこを清めて「よきことよ、明き塞《あふさが》りは無《な》きものよ、まもらせたまえ姫君《ひめぎみ》の神《かみ》、あびらおんけんそばかぁ」と三回唱えてからでないといけない、とされていた。「姫君《ひめぎみ》の神」は姫金神を意味するという。（『埼玉県史民俗調査報告書（山村地帯民俗調査）』）

姫金神というのは、もともとは暦などで方位や季節に設定されている存在。もし姫金神にあたるとたたられるから、そのへんに無闇に立ち小便をしてはいけない（『きつねのあくび 藤原の民話と民俗』）といった言いまわしもみられたようである。**大将軍**も参照。

〔参考文献〕『きつねのあくび 藤原の民話と民俗』、埼玉県史編さん室『埼玉県史民俗調査報告書（山村地帯民俗調査）』

雹嵐〔ひょうらん〕

「雹雷」、「氷乱」とも。雹《ひょう》を伴う激しい雷雨のこと。**雷神**や**竜**がこれを起こすと考えられていた。「ひょうらんよけ」と称するおふだは北関東の寺社で「雷よけ」のおふだとともに授与されており、田畑に立てられる。雷電神社（群馬県板倉町）などのおふだが主に用いられていた。（「小山市史」民俗編）

茨城県などでは、雹が降って来たら釜《かま》の蓋《ふた》を家の外に投げたり（『石下町小保川・崎房の生活と伝承』）、釜の蓋を逆さにして庭の外に置いたり（『五霞村の民俗』）するとよいといわれていた。

群馬県前橋市などでは、擂木《すりこぎ》で俎板《まないた》や鍋《なべ》釜《かま》を叩いて大きな音を鳴らし、雹よけをしたという。(『前橋市城南地区の民俗』)

『密蔵院薬師如来縁起《みつぞういんやくしにょらいえんぎ》』は、**木部姫《きべひめ》**が竜になったはなしを含んでおり、氷乱よけとして、「木辺神」と称される正月の松飾りを焼いたり、「木辺領」と唱えたりすると良いということを記している。

［参考文献］『小山市史』民俗編、武蔵大学人文学部日本民俗史演習『石下町小保川・崎房の生活と伝承』、五霞村歴史民俗研究会『五霞村の民俗』、柴田常恵・稲村坦元(編)『新訂増補　埼玉叢書』第三

火雷様［ひらいさま］

雷のことで、どこにもかまわず落ちて来て、悪さをするという。

群馬・茨城県などでいわれる。同列に語られる別の雷様《らいさま》に**水雷様《みずらいさま》**がある。(『子どもの歳時と遊び』、水上町の民俗』)

どのような性質の雷であるかによって火雷・水雷といった分け方をすることは広く存在していたようで、井原西鶴《いはらさいかく》『西鶴諸国咄《さいかくしょこくばなし》』(巻二)の「神鳴《かみなり》の病中」というはなしの中にも「火神鳴《ひかみなり》」、「水神鳴《みずかみなり》」という雷様が登場していたりもする。また、三宅島《みやけじま》に伝わる『白浜大明神縁起《しらはまだいみょうじんえんぎ》』(『三島大明神縁起』)でも「火の雷」、「水の雷」は一対の雷神として登場している。

［参考文献］茨城民俗学会『子どもの歳時と、群馬県教育委員会『水上町の民俗』、井原西鶴、和田萬吉(校訂)『西鶴諸国咄・本朝桜陰比事』、伊古奈比咩命神社『伊古奈比咩命神社』

枇杷の木［びわのき］

枇杷の木は庭に植えるのが忌《い》まれていた。埼玉・茨城・千葉県などでは、ひとのうなり声を聴くのが好きなので、これを庭に植えると家に病人が絶えなくなるといわれている。

うなり声を好むと同時に、枇杷は墓に植える木なのでいけない(『三鷹の民俗 五 上連雀』)と語られたりもする。

植えたひとが死なないと木が実をつけない(『南総の俚俗』)、子供ができなくなる(『八潮の民俗資料 一』、『下戸田の民俗』)、愁《うれ》いを好むから(『遠藤民俗聞書』)、木が太った分だけ人間が痩せる(『新曽・上戸田の民俗』)などを植えてはならない理由として語っている場合もある。「魔者《まもの》の木なのでたたる」(『駒井の民俗』)といった言いまわしもみることができる。

俗信の研究で知られる今野圓輔《こんのえんすけ》も「病人がうなるなどと、ビワの木がどうしてこんなに全国的に嫌われるようになったか」(『現代の迷信』)と述べているほど、枇杷の例は全国にもみられ、そこで語られる「ひとのうなり声が好き」という性質設定は、**葡萄《ぶどう》の木**などにもおなじような内容が語られていたりもする。内田邦彦《うちだくにひこ》は、葬式に用いる竜耳に枇杷の葉っぱが用いられるのが理由になっているのではないか(『南総の俚俗』)とも記している。

［参考文献］今野圓輔『現代の迷信』、内田邦彦『南総の俚俗』、武蔵大学人文学部日本民俗史演習『石下町小保川・崎房の生活と伝承』、坂井昭『干潟の民俗誌 ～東京湾に面した西上総地方の漁業と暮らし～』、『八潮の民俗資料 一』、山崎泰彦「岡部町後榛沢の予兆・民間療法・禁

忌」(『埼玉民俗』十号)、井之口章次『三鷹の民俗 五 上連雀』、戸田市史編さん室『下戸田の民俗』、戸田市史編さん室『新曽・上戸田の民俗』、和田正洲「三浦半島採訪余滴」(相模民俗学会『民俗』十号)、群馬県教育委員会『藪塚本町の民俗』、國學院大學神道研究会『民間信仰』一号、埼玉県史編さん室『埼玉県史民俗調査報告書(山村地帯民俗調査)』、狛江市史編集専門委員会『駒井の民俗』、丸山久子・川端道子・大藤ゆき・加藤百合子・石原綏代・青木卓『遠藤民俗聞書』、『太田市史』通史編 民俗上

貧乏神 [びんぼうがみ]

人々に貧乏をもたらす存在で、本人も貧しく汚い身なりをしている。杖や破れ団扇《うちわ》などを持ったすがたで絵に描かれることが多い。昔話などにも広く登場する。

神奈川県相模原市に伝わるはなしでは、馬方《うまかた》が汚い身なりの老人を親切心で帰り馬に乗せて来ると**無間鐘**《むげんのかね》を撞《つ》いて長者となったという噂もある家の前で「小便がしたくなった」と降り、そのままそこに入って行ったという。もちろんその家は間もなくつぶれたという。

[参考文献]座間美都治『相模原民俗伝説集』、永井路子・萩坂昇・森比左志『神奈川の伝説』

貧乏神 [びんぼうがみ]

他人の足の裏をかいたりすると、「貧乏神がとっつく」といわれており、やったりすると叱られた(『民俗叢話』)という。掃《は》きそうじをしているとき、掃いている先に立つことも「貧乏神がつく」(『野田町誌』)などといって避けられていた。

東京都などでいわれる。いたずらをたしなめるときの言いまわしだと考えられる。

群馬県水上町《みなかみまち》(現・みなかみ町)などでは、囲炉裏《いろり》の鈎竹《かぎだけ》(自在鈎《じざいかぎ》)を揺すって遊んだりすると貧乏神が来ると叱られたという。(『水上町の民俗』)

[参考文献]谷川磐雄『民俗叢話』、群馬県教育委員会『水上町の民俗』、興風会図書館『野田町誌』

葡萄の木 [ぶどうのき]

葡萄の木は庭に植えるのが忌《い》まれていた。埼玉県などでは、ひとのうなり声を聴くのが好きなので、これを庭に植えると家に病人が絶えなくなるといわれている。(『埼玉県入間東部地区の民俗―信仰・芸能・口承文芸の変貌―』)

枇杷《びわ》の木と内容的には同じ性質設定であり、この言いまわしが広く用いられていたことをうかがうこともできるが、葡萄の場合は、どちらかといえば「実が下がる」(『新曽・上戸田の民俗』)という点を、家の運が下がると結びつけて語っていることのほうが多い。

[参考文献]埼玉県入間東部地区教育委員会連絡協議会『埼玉県入間東部地区の民俗―信仰・芸能・口承文芸の変貌―』、戸田市史編さん室『新曽・上戸田の民俗』

船幽霊 [ふなゆうれい]

海に出る妖怪。船に向かって「柄杓《ひしゃく》を貸せ」などと声をかけてくるという。船幽霊に応じる際には、底を抜いたり穴をあけてある柄杓を用いないと、それで船内に水を入れられて沈められてしまうとされる。

霞ヶ浦（茨城県）では三叉沖《みつまた》によく出るといわれており、渡すための底を抜いた柄杓を備えていた（「船幽霊」）という。

千葉県御宿町《おんじゅくまち》などでは、「いいなぎ貸せほいほい」（『民俗採訪』二十七年度）、千葉県木更津市などでは「淦取《あかと》り貸せ」や「柄《え》長《なが》貸せ」（『きさらづの民話』）と呼びかけてくるものだと考えられていたようである。

神津島《こうづしま》（東京都神津島村）などでは、昼間のうちは小さな魚のすがたで舟のまわりにいるが、夜になると「水くれ」、「煙草《たばこ》くれ」などと要求して来るという。水や弁当をくれてやるときは、必ず舟の面舵《おもかじ》の側から渡す。そうしないと舟にあがりこんで来るとされている。（『民俗採訪』三十年度）

［参考文献］小寺融吉「船幽霊」（『旅と伝説』五巻六号）、木更津の民話刊行会『きさらづの民話』、國學院大學民俗学研究会『民俗採訪』二十七年度、國學院大學民俗学研究会『民俗採訪』三十年度

蛇莫敷［へびごしき］

何十匹もの山棟蛇《やまかがし》が身をからみあわせて玉のようになっているもの。これを見たら鎌をのせる、あるいは褌《ふんどし》をかぶせると大金持ちになれると語られている。（『水上町の民俗』、『埼玉県史民俗調査報告書（山村地帯民俗調査）』）

群馬県みなかみ町や埼玉県皆野町《みなのまち》などに伝わる。**蛇玉**《へびだま》とおなじような蛇の群れである。『兎園小説外集《とえんしょうせつがいしゅう》』にも「蛇こしき」というものがあるということを伝える情報が記されている。

［参考文献］埼玉県史編さん室『埼玉県史民俗調査報告書（山村地帯民俗調査）』、群馬県教育委員会『水上町の民俗』、『日本随筆大成』二期三

宝珠の玉［ほうしのたま］

小さい毛玉のようなもので、**狐**のしっぽの先、毛羽《けば》だといわれる。手に持つとふわふわしているが、置くとしっかりとした堅い玉のようだとも語られる。

東京都や神奈川県など各地に伝わる。祀《まつ》られたりしているような立派な狐がよそへ移るときに置いて行く（『口承文芸（昔話・世間話・伝説）』）などといわれており、寺社や商家などでは箱に入れて保管していたりしたという。

栃木県芳賀町《はがまち》の豊玉稲荷《とよたまいなり》は、白狐が置いて行ったしっぽの宝珠の玉を祀ったものだという。この宝珠の玉は鈴木内記《すずきないき》という旗《はた》本《もと》のものだったが、明治維新のころに鈴木家を離縁された愛妾《あいしょう》が玉を盗み出して、高値で横浜（神奈川県）の質《しち》屋に売り払ってしまった。玉の霊力なのか、質屋はその後とても繁盛し、自分の屋敷内に宝珠の玉を祀ったという。（『東高橋の民俗』）

［参考文献］大田区教育委員会『口承文芸（昔話・世間話・伝説）』、『多摩市の民俗（口承文芸）』、芳賀町史編さん委員会『東高橋の民俗』

盆河童［ぼんがっぱ］

お盆の時期に出るとされる**河童**。この時期に泳ぎに行くのは「河童に引かれる」、「河童にさらわれる」といわれており、特に戒《いまし》められていた。埼玉・茨城県などをはじめ各地でこのようなことはいわれていた。

茨城県五霞町《ごかまち》では、盆河童はお盆の時季にいる「特に大きいの」（『五霞村の民俗』）を呼んだりもする。

埼玉県八潮市大曽根《おおそね》などでは、お盆の「送り火」をするとき提灯《ちょうちん》を持ってお寺に行くが、そのとき振り向いてはいけないとされる。後ろを向いたりすると「ボンガッパに引っ張られる」（『八潮の民俗資料』二）という。

河童にも一年間の成長があって、盂蘭盆《うらぼん》や祇園《ぎおん》のシーズンには大きくなったりするのだろうか。

［参考文献］『八潮の民俗資料』一、二、五霞村歴史民俗研究会『五霞村の民俗』

本物のお化け ［ほんもののおばけ］

遊園地などに設置された、お化け屋敷やスリラーショーのなかに、仕掛けや人間が扮装したもの以外の本物がまぎれ込んでおり、ひと知れずそれにおどかされたり、またまひとりだけそれを見てしまったりしたなどのはなしがしばしば語られる。

としまえんや浅草花やしきなどをはじめ、古くからの遊園地や新しいテーマパークに、関東地方でも具体例は枚挙にいとまがない。

［参考文献］幽霊探検隊『関東近郊 幽霊デートコースマップ』

【ま】

猯 ［まみ］

狸や**狢**《むじな》のようなへんげ動物で、狢とおなじく「あなぐま」をこのように呼んだりするが、狸・狢との境界は曖昧で、地域によって全くおなじものを指していたり、別の生き物を呼んでいたりもする。東京都の「狸穴《まみあな》」などの地名にある「まみ」はその例のひとつ。

根岸鎮衛《ねぎしやすもり》『耳袋《みみぶくろ》』（巻三）には、江戸の番町《ばんちょう》（東京都千代田区）にあった松野八郎兵衛《まつのはちろべえ》の屋敷に猯がいて、色々と妖怪を出現させたはなしがみられる。

東京都多摩市などでは、狸や狢の大きくなった（年を経《へ》た）ものが猫で、立って歩いたりすることも相当できる（『多摩市の民俗（口承文芸）』）と語られていたようである。**おまみさん**や**てんまる**も参照。

［参考文献］『多摩市の民俗（口承文芸）』、根岸鎮衛、鈴木棠三（編注）『耳袋』一

豆つま［まめつま］

「豆つ魔」とも。四、五寸（約一二～一五センチ）くらいの小さい人間のようなすがたの**魔物**で、特に子供に禍《わざわい》をもたらすとされる。叩き払うと血になって消えるという。『仙境異聞《せんきょういぶん》』にみられ、お産のあとに埋められた胞衣《えな》（赤ちゃんと共に出て来る胎盤《たいばん》や膜）が、「豆つま」あるいは「鼹鼠《もぐらもち》」（**鼢《もぐら》**）になるというはなしを寅吉《とらきち》が語っている。胞衣などを埋めるときに白米を入れると出ないとも語っている。

［参考文献］平田篤胤、子安宣邦（校注）『仙境異聞・勝五郎再生記聞』

魔物［まもの］

人々によくないものをもたらす**悪魔**。**鬼**などのように事八日《ことようか》（二月八日、一二月八日）の日に天からやって来る（「岡部町後榛沢の予兆・民間療法・禁忌」）、家々を訪れる（『野田市民俗調査報告書　船形の民俗』）ともいわれる。

蛇は魔物なので殺してはいけない（『野田市民俗調査報告書　船形の民俗』）などといわれる。昔話などでも蛇は「魔物」（『群馬県史』資料編二十七　民俗三）と称される例は多い。

むかしは猫も魔物とされることが多く、葬式のとき死者の上に置く刀や、部屋に立てておく箒《ほうき》などは魔物（猫）を近づけないためだとされる。刀などの他にも、杼《ひ》、筬《おさ》（機織《はた》りに使う道具）や鎌《かま》、鋏《はさみ》、座敷箒《ざしきぼうき》なども魔よけとして用いられる。男の場合は刀、女の場合は杼や筬とされることもある。（『小山市史』民俗編、『筑波研究学園都市地区民俗資料緊急調査報告書』、『石下町小保川・崎房の生活と伝承』、『勝田市の民俗』、『都賀町史』民俗編、『府中の口伝え集』）

ことばの上では猫以外の、**狐**や**狸**、**鼬《いたち》**をはじめとしたへんげ動物たちも概《おおむ》ね「魔物」（『府中の口伝え集』、『駒井の民俗』）と語られることが多い。

群馬県では、山の猟師たちのあいだには「やえがき」というまじないの唱えごとがむかしは言い伝えられており、山小屋に魔物たちを寄せつけないために唱えられていたという。（『水上町の民俗』）

赤ちゃんの使用後の初湯《うぶゆ》を捨てた跡なども、魔物である猫が触らぬように菰《こも》などで覆い隠す習俗があった。（『山田郡誌』）

東京都多摩市などでは、子供が夜泣きをするときは、屋の棟《むね》の上にいる魔物を払うと良いとされ、長い竿《さお》で屋根の上を払ったりした。（「多摩村の信仰・俗信」）

埼玉県などでは、夜に衣類を干したりするとその下を魔物が通って、子供が夜泣き

するといわれていた。(『川越地方郷土研究』)

埼玉県横瀬村《よこぜむら》(現・横瀬町)などでは、茶碗をお箸《はし》で叩くと「魔物が来る」などと叱られたりしたという。(『埼玉県史民俗調査報告書(山村地帯民俗調査)』)

まど、まどうもんなども参照。魔物と猫については**猫・猫股・山猫**なども参照。

[参考文献] 野田市史編さん委員会『野田市民俗調査報告書 船形の民俗』、『群馬県史』資料編二十七 民俗三、和田謙寿「在家葬送習俗における猫の魔性伝播考」(『仏教と民俗』五号)、山崎泰彦「岡部町後榛沢の予兆・民間療法・禁忌」(『埼玉民俗』十号)、山田郡教育会『山田郡誌』、『小山市史』民俗編、武蔵大学人文学部日本民俗史演習『石下町小保川・崎房の生活と伝承』、勝田市史編さん委員会『勝田市の民俗』、埼玉県立川越高等女学校校友会郷土研究室『川越地方郷土研究』第三冊、戸田市史編さん室『新曽・上戸田の民俗』、大田区教育委員会『口承文芸(昔話・世間話・伝説)』、群馬県教育委員会『水上町の民俗』、齋藤源三郎「房総地方の動物に関する俗信」(『旅と伝説』六巻三号)、埼玉県史編さん室『埼玉県民俗調査報告書(山村地帯民俗調査)』、『都賀町史』民俗編、府中市立郷土館『府中の口伝え集』、狛江市史編集専門委員会『駒井の民俗』、茨城民俗学会『筑波研究学園都市地区民俗資料緊急調査報告書』、草川隆「多摩村の信仰・俗信」(『西郊民俗』五号)

見上げ入道 [みあげにゅうどう]

見上げれば見上げるほど背が高くなるという妖怪。

狢《むじな》が化けている(『町田市の民話と伝承』第二集)などといわれたりもする。

[参考文献] 町田市文化財保護審議会『町田市の民話と伝承』第二集

箕借婆 [みかりばばあ]

「箕借婆さん」、「箕借婆様」、「みかわり婆さん」とも。事八日《ことようか》(二月八日や一二月八日)の日にやって来るとされる存在。神奈川県や東京都などに広く伝わる。

団子が好物だとされる。箕借婆のために供えられる団子の多くは収穫後に田や庭の地面に落ちている穂を集め、粉にしてつくられた団子(「ミカリバアサンの日」)で、土穂《つじゅう》団子と呼ばれるものである。

神奈川県横浜市などでは、口に火をくわえてやって来るとされている。家のまわりに米粒が落ちていると、拾って食べようとする箕借婆が火を落として火事につながるので、事八日の前にきれいに集めて石臼《いしうす》で挽《ひ》き、団子にしておく(『神奈川のむかし話』)とされていた。ごはんを粗末にこぼして、食後に足にごはん粒などをつけている子供を「足を箕借婆に食べられるぞ」と叱ったりもしたようである。

神奈川県川崎市などでは、箕借婆は、三人の息子(三人坊《さんにんぼう》)を失っており、松明《たいまつ》をともして家のまわりを探しているうちに、その火が家に燃え移って住まいも失くしてしまった(『神奈川のむかし話』、「ミカリバアサンの日」)と語られる。子供たちは巳《み》・寅《とら》・午《うま》の年の生まれである(「ミカリバアサンの日」)などとも語られてもいる。

東京都稲城《いなぎ》市では、団子が欲しくて家々に来たが、そうと言い出せず「箕を貸してくれ」と言ったところ、人々に断られたので家々に火をつけた(『稲城市の民俗(一)年中行事』)などと語られている。

東京都大田区などでは一二月二五日に来るといい、門口《かどぐち》などに串に刺した団子を立てた。箕借り婆さんは三人の子供のために団子をつくろうとしたが、田に落ちている米を拾うために使う箕がなく、それをよそに借りに行ったあいだに家が燃えて、子供たちを失ったなどと語られる。（『口承文芸（昔話・世間話・伝説）』）

一つ目小僧を連れて来るとも、目が一つしかないともいわれており、目の多いもの（目籠《めかご》や篩《ふるい》、笊《ざる》）を出しておくと怖がって近づいてこないという。いっぽう、目がたくさんある（「ミカリバアサンの日」）とも語られており、すがたは一定していないようである。

神奈川県横浜市緑区の青砥《あおと》では、「みかりばあさま」は、むかし西の国へ経文を取りに向かった僧侶を邪魔した「へんげのもの」で、僧侶のお供だった石猿《いしざる》の「こくうぞう」が耳に入れている棒で退治したが、その後も事八日《ことようか》にやってくる（「ミカリバアサマの日―続―」）といったはなしもみられる。「こくうぞう」は「虚空蔵《こくうぞう》」とも聴こえるが内容からみると「悟空《ごくう》」のことで、どうして箕借婆のはじまりを説《と》いたはなしが『西遊記《さいゆうき》』に結びついているのかはよくわからない。

千葉県では、木更津市や君津市《きみつ》などをはじめとして由布津主命《ゆふつぬしのみこと》、日本武尊《やまとたけるのみこと》や大友皇子に由来する「みかり」、「神狩《みかり》」と呼ばれる行事があり、夜に戸をとざして、手仕事などもせず音を立てず静かに過ごす（『房総の伝説』、「安房神社のミカリ」、「ミカリ追記」）とされている。

目借婆《めかりばば》とも呼ばれる。**土穂婆《つじゅうばばあ》**も参照。

［参考文献］相模民俗学会『神奈川のむかし話』、大田区教育委員会『口承文芸（昔話・世間話・伝説）』、平野馨『房総の伝説』石井進「ミカリバアサンの日」（『民間伝承』十二巻三・四合併号）、稲垣純男「ミカリバアサマの日―続―」（『民間伝承』十四巻六号）、大島建彦「安房神社のミカリ」（『西郊民俗』十八号）、大島建彦「ミカリ追記」（『西郊民俗』十九号）

見越入道 ［みこしにゅうどう］

背後からひとを見越して顔をのぞき込んでくるという妖怪。だんだん大きくなっていったりもする。

見越入道は帯《おび》の結び玉の上に乗って、ひとを見越してくるといい、鎌をそこに挿しておくと防げるとされていた。（『口承文芸（昔話・世間話・伝説）』）

帯に乗って来るという性質は、群馬県（『勢多郡誌』）でも語られており、広くみられるようである。

神奈川県藤沢市などでは、びしょびしょ雨の降る夜などによく出る（『藤沢の民話』文献資料）とも語られている。

［参考文献］大田区教育委員会『口承文芸（昔話・世間話・伝説）』、『勢多郡誌』、藤沢市教育文化研究所『藤沢の民話』文献資料

水雷様 ［みずらいさま］

雷のことで、鳴ったりするだけで落ちて来ることはないという。

群馬・茨城県などでいわれる。同列に語られる別の雷様《らいさま》に**火雷様《ひらいさま》**がある。

［参考文献］茨城民俗学会『子どもの歳時と遊び』、群馬

県教育委員会『水上町の民俗』

無縁［むえん］

「無縁様」、「無縁仏」とも。一人前になる以前に亡くなった者、あるいは祭り手のいなくなってしまった者たちの霊をこのように呼ぶ。

お盆の盆棚《ぼんたな》の下に分けて置かれるお供えは無縁たちのもので、彼らは荷葉《はすのは》や芋葉《いものは》、杉葉《すぎのは》にのせられたそれを食べることができるとされている。

盆棚の下に子供が入って遊ぼうとすると「無縁がいるから入ってはいけない」と叱られたという。（「碓氷の無縁仏」）

無縁にお供えを分けて置いておかないと、悪いことをする（「折木沢の年中行事」）ともいわれている。一方、あまり上げ過ぎると頼りにされ過ぎて、運が悪くなる・家がつぶれる（「碓氷の無縁仏」）ともいう。

「無縁の鬼」（『郷土史荒砥村』下）とも称されるほか、餓鬼《がき》ということばを用いて**餓**《が》**鬼精霊**《きしょうろう》や**餓鬼**《がき》**どん**などと呼ぶ地域も多い。

［参考文献］東京都教育委員会『東京の民俗』五、草川隆「鶴川村の年中行事」（『西郊民俗』二号）、荒砥第二尋常高等小学校『郷土史荒砥村』下、戸田市史編さん室『新曽・上戸田の民俗』、河上一雄「折木沢の年中行事」（『西郊民俗』三十五号）、中島恵子「碓氷の無縁仏」（『西郊民俗』十三号）、神奈川県立博物館『県央部の民俗二―伊勢原地区―』、國學院大學民俗学研究会『民俗採訪』四十五年度、國學院大學民俗学ゼミナール『大谷の民俗』、群馬県教育委員会『高崎市東部地区の民俗』、稲城市教育委員会『稲城市の民俗（一）年中行事』

狢［むじな］

ひとを化かす動物として広く考えられている。**狸**との区別は土地ごとに異なっており、はっきりしない点がある。また、関東地方では茨城・千葉県などを中心に、狢はほぼ狸と同一の存在としてあつかわれていたりもした。文福茶釜《ぶんぶくちゃがま》で名高い**守鶴**《しゅかく》なども、狸・狢どちらにも語られている。

「ひょうひょう」、「みょうみょう」などと鳴く（『野田市民俗調査報告書 尾崎・東金野井の民俗』）ともいわれる。

群馬県千代田村（現・千代田町）などでは**おとか**（**狐**）同様に人間を化かす（『千代田村の民俗』）と語られている。千葉県土村《つちむら》（現・柏市）などでは狐に比べて狢のほうが声色《こわいろ》は上手だ（『柏・我孫子のむかし話』）とされる。

埼玉県皆野町《みなのまち》などでは、狢は沢に入って水を顔にかけると綺麗《きれい》な顔の人間に化けることができる、などとも表現されている。（『埼玉県史民俗調査報告書（山村地帯民俗調査）』）

神奈川県藤沢市などでは、狢たちはひとに化けたとき、しゃべりのことば尻が少しぶつ切りで「ねぇ」なども「ね、ね」といったふうな様子であるという。（『藤沢の民話』文献資料）

東京都三鷹市などでは、「狢を獲《と》ろうとすると必ずうなされる」とも語られる。（『三鷹の民俗 二 大沢』）

群馬県上野村などでは、山で兎《うさぎ》に化けるといい、狢の化けた兎は前足が少ししか地面につかないので足跡が三本足にみえる

（『上野村の民俗』上）などと語られる。

前足をへんに小手にかざして人間を眺めてきたりするなどといわれており、これと同じような動作をしたりすると、「むじなじゃあんめぇし」と叱られたりしたという。（『柏・我孫子のむかし話』）鼬《いたち》にも似たような動作が言及されたりする。

狐などと同様、付木《つけぎ》やマッチ、煙草《たばこ》（『下戸田の民俗』、『新曽・上戸田の民俗』）が嫌いだといわれる。群馬県では唐辛子《とうがらし》を入れた小さい布の袋を持ち歩いていれば化かされない（『北千木町南千木町の民俗』）ともいう。

埼玉県戸田市などでは、狢は人間の三倍はやく走ることができる（『新曽・上戸田の民俗』）などとも語られている。

茨城県取手市では、狢はひとから六尺（約一・八メートル）離れた背後から悪さをするといわれており、狐は大したことはせず、狢のほうが悪いとも考えられていた。また、「だれてる」（気持ちがしっかりしていない状態）と狢にやられることが多い（『取手のむかし話』）と語られる。狸・狢は遠く離れた位置、特に背後からひとを化かすという考え方（『藤沢の民話』一、『下戸田の民俗』、『長柄町の民俗』、『古河の昔話と伝説』）は関東各地で広くみられるが、四国などにもあり、香川県でも「狸は三間《げん》離れている」（『真野聞書』）などという。

十の字狢なども参照。

［参考文献］野田市史編さん委員会『野田市民俗調査報告書 尾崎・東金野井の民俗』、野田市史編さん委員会『野田市民俗調査報告書 中里・小山の民俗』、宮崎雷八『上毛野昔語』東毛編、群馬県教育委員会『千代田村の民俗』、藤沢市教育文化研究所『藤沢の民話』文献資料、藤沢市教育文化研究所『藤沢の民話』一、井之口章次『三鷹の民俗 二 大沢』、岡崎柾男『取手のむかし話』、岡崎柾男『柏・我孫子のむかし話』、岡崎柾男『謎のなんじゃもんじゃ』、和気周一『真野聞書』（『讃岐民俗』二号）、伊勢崎市『北千木町南千木町の民俗』、大田区教育委員会『口承文芸（昔話・世間話・伝説）』、戸田市史編さん室『下戸田の民俗』、戸田市史編さん室『新曽・上戸田の民俗』、埼玉県史編さん室『埼玉県史民俗調査報告書（山村地帯民俗調査）』、狛江市史編集専門委員会『駒井の民俗』、丸山久子・川端道子・大藤ゆき・加藤百合子・石原綏代・青木卓『遠藤民俗聞書』、東洋大学民俗学研究会『長柄町の民俗』、『上野村の民俗』上、古河市史編さん委員会『古河の昔話と伝説』

狢 ［むじな］

東京都三鷹市などでは、子供が泣いたり悪さをしたりすると「むじなが来る」といって、大人はおどかしたりした。（『三鷹の民俗 九 北野』）

東京都府中市などでも、「ムジナがカシの実食べにくるから泣くんじゃない」と泣いた子供を叱っていたという。（『府中の口伝え集』）

千葉県君津《きみつ》市などでも「早く帰らないとむじなが出るぞ」（國學院大學民俗学ゼミナール『大谷の民俗』）と大人が言っていた、という使用例がみられ、明治～昭和にかけて**狢**・**狸**・**狐**などへんげ動物が各地でこのように子供をおどかす際にも使用されていたことが、広くうかがえる。

群馬県利根郡などでは、大晦日の晩にお風呂に入らないと「むじなになるぞ」といわれていた。（『群馬県史』資料編二十七民俗三）

［参考文献］井之口章次『三鷹の民俗 九 北野』、府中市立郷土館『府中の口伝え集』、國學院大學民俗学ゼミナール『大谷の民俗』、『群馬県史』資料編二十七 民俗三

狢憑き［むじなつき］

狢が人に取《と》り憑《つ》いて、病気にしたり、過食や奇異な行動をとらせること。症状は**狐憑き**とほぼ重なる。

群馬県などでは、霊剣を真っすぐに構えて対峙《たいじ》すると憑物は落ちるが、**狐**の場合は容易にすぐ離れる一方、狢の場合は余裕でにこにこしていたりして、なかなか離れない太い性格をしている（『水上町の民俗』）と語られてもいる。

［参考文献］群馬県教育委員会『水上町の民俗』

狢の睾玉［むじなのきんたま］

狸の八畳敷《はちじょうじき》とほぼ同義。とても大きく広がったりするといい、これを用いてひとをよく化かしたりすると語られる。

千葉県野田市に伝わるはなしでは、旅の毒消し売りが利根川べりで**狢**に化かされ千畳敷の屋敷にいるような気分になったが、気がついたら広げられた睾玉の上だったと知れたりしたという。

［参考文献］岡崎柾男『謎のなんじゃもんじゃ』

狢の砂［むじなのすな］

夜道を歩いていると、**狢**が砂をぶっかけて来たりするという。埼玉・千葉・神奈川県などに伝わる。

千葉県では、狢が砂浴びをして木に登り、それを落としているとも語られている。（『市川の伝承民話』、『八千代市の歴史』資料編 民俗）

夜道を歩いていると、ざーっと音だけがしてくることもあり、こういった音も狢が砂を掛けて来たと称される。暗くなる前に帰宅をうながす言いまわしとして「早く帰らないと狢が砂をひっかけるぞ」（『藤沢の民話』一）というものもあったようである。**砂撒狸**《すなまきだぬき》も参照。

［参考文献］戸田市史編さん室『下戸田の民俗』、藤沢市教育文化研究所『藤沢の民話』一、東洋大学民俗学研究会『長柄町の民俗』、市川民話の会『市川の伝承民話』、八千代市編さん委員『八千代市の歴史』資料編 民俗

狢の提灯［むじなのちょうちん］

狢や**狸**のいたずらだとされており、夜空にぼんやりと大きな提灯のあかりのようなものが突然浮かんで、ひとを驚かしたりする。茨城・千葉県などに伝わる。

必ず木の枝に寄り添って出ているので、すぐ「狢の仕業《しわざ》だな」とわかったりもしたという。（『子どもの歳時と遊び』）

光が赤い色や黄色をしている（『龍ケ崎市史民俗調査報告書』一 馴柴・八原地区）という特徴は**狐火**《きつねび》や**狢火**《むじなび》に共通する部分であり、**人魂**《ひとだま》などとは異なる部分でもある。

［参考文献］龍ケ崎市教育委員会『龍ケ崎市史民俗調査報告書』一 馴柴・八原地区、茨城民俗学会『子どもの歳時と遊び』、阿部義雄『印西方言録』

貉の月［むじなのつき］

貉や**狸**がみせてくるといわれるもので、出るはずのない場所に月が出ていたり、月があっちこっちにいくつも見えたりするというふしぎなもの。「狸の化け月」（『千代田村の昔ばなし』）、「貉のお月様」（『東海村のむかし話と伝説 付わらべ唄』）、「貉の三日月」（『きさらづの民話』）などとも呼ばれる。茨城・千葉県を中心に関東各地で語られる。

茨城県高岡村（現・高萩市）では、毎晩満月が出つづける松の木があり、貉退治をしたというはなしがある。（『常陸高岡村民俗誌』）

東京都多摩市貝取《かいどり》では、月が空に出ているのに反対側にも出ていたりしたという。（『多摩市の民俗（口承文芸）』）

埼玉県戸田市などでは、変な時間に出ている月は貉であるから、自分から見て後ろを蹴飛《けと》ばせ（『下戸田の民俗』）という具体的な対処法を記録している。これは貉や狸は人間の後方にいてひとを化かしているということに則《のっと》った撃退技である。

［参考文献］東洋大学民俗学研究会『長柄町の民俗』、『多摩市の民俗（口承文芸）』、戸田市史編さん室『下戸田の民俗』、仲田安夫『千代田村の昔ばなし』、大間知篤三『常陸高岡村民俗誌』、國學院大學民俗学研究会『民俗採訪』四十五年度、『高萩の昔話と伝説』、龍ケ崎市教育委員会『龍ケ崎市史民俗調査報告書』一 馴柴・八原地区、東海村教育委員会『東海村のむかし話と伝説 付わらべ唄』、木更津の民話刊行会『きさらづの民話』、八千代市編さん委員『八千代市の歴史』資料編 民俗

紫の着物［むらさきのきもの］

種痘《しゅとう》（天然痘《てんねんとう》の予防接種のこと）をする前の子供には紫色をした着物を着せるものではない、とされていた。病気になってしまうと考えられていたようである。

［参考文献］山田郡教育会『山田郡誌』

元信の馬［もとのぶのうま］

高名な画家として知られる狩野元信《かのうもとのぶ》によって描かれたとされる馬の絵で、絵から抜け出して畑などを荒らしたとされるはなしが各地にみられる。

群馬県前橋市の日輪寺には狩野元信が描いたという黒馬の絵馬があり、その馬が夜な夜な抜け出して麦《むぎ》などを荒らしていた。絵に手綱《たづな》を描き加えたところ、抜け出さなくなったと語られる。（『前橋の伝説百話』）

茨城県下館《しもだて》市などにも同様のはなし（『民話のふるさと』）があり、手綱《たづな》を描き込むことで抜け出さなくなっている。

［参考文献］佐藤寅雄『前橋の伝説百話』、今瀬文也『民話のふる里』

元信の竜［もとのぶのりゅう］

狩野元信《かのうもとのぶ》によって描かれたとされる**竜**の絵で、絵から抜け出して畑などを荒らしたとされるはなしが各地にみられる。

埼玉県中山村（現・川島町《かわじままち》）の、比企《ひき》家の位牌堂《いはいどう》の天井には元信が描いたという竜の絵があり、夜になると抜け出して畑を荒らしたりしていた。絵の喉《のど》の部分を切り、

天井に天蓋《てんがい》を設置したところ、抜け出さなくなったという。ただし、天蓋を取りつける工事をした大工は病気になって死んだとも語られる。

［参考文献］埼玉県立川越高等女学校校友会郷土研究室『川越地方郷土研究』第四冊

ももんがぁ

妖怪を示すことば。東京都をはじめ、関東各地でいわれる。「ももんじい」とも。

目鼻口を指でひろげたり、白目や赤目をむいて舌を出したりして不気味な表情をつくり、「ももんがぁー」と声をあげて相手をおどかす行為は、各地に広くみられた。

錦絵や絵草紙に描かれた絵のなかには妖怪たちが、わざわざ「ももんがぁ」をして（すがたかたちそのものだけで十分おどかせるのに）人間をおどかしたりしている姿勢で描かれたりもする。

［参考文献］能田太郎「お化考」（『郷土研究』七巻七号）、町田市立国際版画美術館『和漢百物語　月岡芳年』、アン・ヘリング『おもちゃ絵づくし』

ももんじゃ

妖怪を示すことば。群馬県上毛《じょうもう》郡や千葉県長生《ちょうせい》郡など各地でいわれる。（「日本妖怪変化語彙」）

「群馬県上毛郡」は原典での表記。分布としては群馬県の例とみられるが、はっきりしない。

［参考文献］日野巌「日本妖怪変化語彙」（『動物妖怪譚』）

【や】

厄神［やくじん］

人々によくないことや悪いことをもたらす存在。大雑書《おおざっしょ》（暦や占いを中心に各種知識を収録した版本）などでは「厄神の日」というものが設定されており、毎年八月五日に厄神たちは日本にやって来て、九月一五日に人々の数を記し、一一月九日に誰を病気にするかを決め、正月七日に使いを各地に放つので、それぞれの日にはつつしむように（『永暦雑書天文大成』）と語られていた。

一方、各地の年中行事では**疫病神**や**鬼**・

悪魔などと、ほぼ同じような性質で語られている。大雑書とも間接的に関連しているものの、流れの少し異なる伝承要素から成り立っている存在たちである。

群馬県利根村（現・沼田《ぬまた》市）では、正月七日の晩に厄神が天から降りて来て、家々をのぞいて歩くという。目籠《めかご》をみると「オレより目が多い」と驚くので、これを立てて夜は音を立てずに静かにして、家をのぞき込まれないようにした。（『群馬県史』資料編二十七 民俗三）

群馬県水上町《みなかみまち》青木沢（現・みなかみ町）などでは、二月八日には厄神たちが集まっているのでお宮に行ってはいけない（『水上町の民俗』）といわれていたという。栃木県大山田村（現・那珂川町《なかがわまち》）などでも一二月八日には寺社に厄神たちが押し込められているので正月になるまではやたらと近寄らない（『民俗採訪』）といわれてもおり、このような考え方が広くあったようである。

栃木県鹿沼市などでは、だいまなくの日（二月八日）に厄神が来るといわれており、目籠《めかい》を立てかけたり、葱《ねぎ》を焼いたりして、家に近寄らないようにしていた。履物《はきもの》を外に出していてはいけない、などの言い伝えもみることができる。（『鹿沼市下沢の生活と伝承』）

埼玉県神泉村《かみいずみむら》（現・神川町《かみかわまち》）では、一二月八日に家々にやって来るとされる。目籠を屋根に立てかけて置けば、目がたんとあることを怖がって近づいて来ないという。臭いにおいを嫌うので葱《ねぎ》・がらぎっちょなどを燃やしたりもした。（『埼玉県史民俗調査報告書（山村地帯民俗調査）』）

東京都鶴川村（現・町田市）では、履物を外に出していると焼印を押していく（「鶴川村の年中行事」）とも語られている。

がらぎっちょ・かるぎっちょ・がらがっちょなどと呼ばれているのは梍《さいかち》の実のこと。焼くことでにおいが発生する。

［参考文献］『永暦雑書天文大成』、『群馬県史』資料編二十七 民俗三、群馬県教育委員会『水上町の民俗』、武蔵大学人文学部日本民俗史演習『鹿沼市下沢の生活と伝承』、埼玉県史編さん室『埼玉県史民俗調査報告書（山村地帯民俗調査）』、草川隆「鶴川村の年中行事」（『西郊民俗』二〇号）、國學院大學民俗学研究会『民俗採訪』二十八年度、長井五郎『埼玉の民俗 年中行事』

疫病神［やくびょうがみ］

「厄病神」とも。人々によくないことや悪いことをもたらす存在。「悪病神《あくびょうがみ》」（『群馬県史』資料編二十七 民俗三）という呼び方もみられる。

事八日《ことようか》（二月八日や一二月八日）に家々にやって来る存在とも語られる。**鬼**や**悪魔**と同様、臭いにおいが嫌いだとされ、大蒜《にんにく》や葱《ねぎ》を刺したもの（『美野里町史』下、『葛城の生活と伝承』）、がらがっちょ（梍《さいかち》）の実をいぶした煙（『わが街 いまむかし 板橋区制五十周年記念誌』）などが疫病神よけとされて来る。また各地で大きな草鞋《わらじ》を村や町の入口に置くと、疫病神が入ってこられないようになるとされていた。

神奈川県などでは、事八日に厄病神は外に出されたままの履物《はきもの》に判を押して、その持主に病気をもたらす（「採訪ノートから

(二二)」)、事八日に**一つ目小僧**が帳面に書き込んだ家に行って災いをもたらす(『神奈川のむかし話』)などといわれている。

埼玉県荒川村(現・秩父市)などでは、一二月八日に厄病神がおふだを配って歩くといい、目籠《めけえご》を飾った(「猪の鼻の年中行事」)という。

東京都多摩市などでも、事八日に厄病神がやって来て、外に出されている履物に判を押して行くという。これをされたひとは病む(「多摩村の年中行事」)という。

疫病神は餅《もち》が好きだともいわれており、病気の重いひとや、回復したてのひとのいる家では、疫病神が再び帰って来てしまうことを恐れて餅つきをしなかったという。(『南総の俚俗』)

家の入口に粟《あわ》をまいて置くのを「あわずに帰る」といい、疫病神が入ってこない(「埼玉県越ヶ谷地方の俗信」)おまじないだともいわれる。

五月の端午《たんご》の節供に軒に菖蒲《しょうぶ》の葉っぱなどを葺《ふ》くのは蛇や鬼だけではなく、厄病神を払う意味もあるとされている。(『東京の民俗』五)

群馬県吾妻町《あがつままち》(現・東吾妻町)などでは、小正月の「どんどん焼き」の火は丁寧《ていねい》に消さないと「厄病神が入る」(『吾妻町坂上地区の小正月行事』)といわれていたという。

茨城県などでは、小正月の「どんどん焼き」で燃え残った竹や木を持ち帰って軒先に吊るしておくと火事や疫病神がやって来ない(『下妻市史』別編 民俗)といわれる。また、正月八日に山に入ると疫病神に取り憑《つ》かれて流行病にかかる(『勝田市の民俗』)とされる。

関東各地で広く祠《ほこら》などに祀《まつ》られている仏神に「第六天神」や「魔王神」などと呼ばれる存在があるが、第六天神社(神奈川県茅ヶ崎《ちがさき》市)などは民間で厄病よけ(『書かれない郷土史—武蔵、相模を中心とした—』)と称されてもおり、第六天魔王(他化自在天)は、ある面では疫病神と対立関係にあるともいえるかも知れない。

[参考文献]『群馬県史』資料編二十七 民俗三、東京都教育委員会『東京の民俗』五、相模民俗学会『神奈川のむかし話』、『下妻市史』別編 民俗、『美野里町史』下、赤城毅彦『茨城方言民俗語辞典』、『片品村史』、内田邦彦『南総の俚俗』、川口謙二『書かれない郷土史—武蔵、相模を中心とした—』、『川越市史』民俗編、勝田市史編さん委員会『勝田市の民俗』、『わが街 いまむかし 板橋区制五十周年記念誌』、福島憲太郎「埼玉県越ヶ谷地方の俗信」(『旅と伝説』六巻三号)、佐藤英夫「採訪ノートから(二二)」(相模民俗学会『民俗』十八号)、群馬県教育委員会『吾妻町坂上地区の小正月行事』、犬飼常晴「猪の鼻の年中行事」(『西郊民俗』三号)、小川芳文「多摩村の年中行事」(『西郊民俗』五号)、武蔵大学人文学部日本民俗史演習『葛城の生活と伝承』

八雲立つ [やぐもたつ]

恐怖心を打ち消したりするとされるおまじない。さびしい夜道をひとりで歩かないといけないようなときは、両の手の親指をにぎって隠し、「やぐもたつ やぐもつまごめ やえがきを やえがきつくる そのやえがき あびらおんけんそわか あびらおんけんそわか あびらおんけんそわか」(『きつねのあくび 藤原の民話と民俗』)と唱えながら歩くと良いといわれていた。

親指をにぎって隠すのは、夜道で「親指

が害をする」（『きつねのあくび　藤原の民話と民俗』）ためだとも語られる。

「やぐもたつ……」の文句は、素戔嗚尊《すさのおのみこと》が詠んだとされる「八雲《やくも》立つ出雲《いずも》八重垣妻籠《やえがきつまご》みに八重垣《やえがき》つくるその八重垣《やえがき》を」という和歌を下敷きにしたもののようである。

［参考文献］渋谷勲『きつねのあくび　藤原の民話と民俗』

山女［やまおんな］

山中に住んでいる存在。とても力が強いという。**山姥《やまんば》**とほとんど同じもののようにも語られている。

群馬県上野村《うえのむら》などでは、山の神は女性のすがたをしており、たたりを受けるとおそろしい（『上野村の民俗』上）と、山仕事をするひとのあいだで語られていたという。

［参考文献］茨城民俗学会『子どもの歳時と遊び』、『上野村の民俗』上

山鳥［やまどり］

尾羽《おばね》が一二節以上になった山鳥は、化けたりするといわれていた。鳥類のへんげ動物としては広く語られている。

群馬県などでは**光玉《ひかりだま》**となって飛ぶといい、その光は青い筋を引きながら飛ぶ（『片品村史』）と語られる。また、山鳥が羽根をすりあわせると**火の玉**が発するといい、晩秋から初雪のころ、夜中に餌を探すための灯《あか》りとして火の玉を出す（「戸鹿野の民俗（二）」）などともいわれている。

埼玉県倉尾村（現・小鹿野町《おがのまち》）などでも、一三尾あるものは化ける（『民俗採訪』二十七年度）といわれている。

茨城県では、山鳥が夜になると飛びながら光を放ったりすると語られている。（『常陸高岡村民俗誌』、『民俗採訪』四十五年度）

神奈川県をはじめ、一三節以上の尾羽は魔よけになるともいわれており、家に置くと良いともいわれている。（『相州内郷村話』、「北足柄狩猟語彙（二）」）

小野蘭山《おのらんざん》『本草綱目啓蒙《ほんぞうこうもくけいもう》』（巻四十四・原禽類）にも、尾羽が一三節になると人を化かすようになる、邪鬼を射る蟇目《ひきめ》の鏑矢《かぶらや》には山鳥の尾羽を用いるなどと説明されており、弓に関する伝書や書物を通じて広まっていた知識のようである。

埼玉県の**でっかい鳥**なども参照。

［参考文献］『片品村史』、星野義正・佐久間昇「戸鹿野の民俗（二）」（『民間伝承』九巻六・七合併号）、鈴木重光『相州内郷村話』、野口長義「北足柄狩猟語彙（二）」（『民間伝承』三巻十一号）、大間知篤三『常陸高岡村民俗誌』［参考文献］國學院大學民俗学研究会『民俗採訪』二十七年度、國學院大學民俗学研究会『民俗採訪』四十五年度、小野蘭山『本草綱目啓蒙』四

山姫［やまひめ］

山中に住んでいる存在で、美しい女性であると語られることが多い。群馬県などでみられる**十二様《じゅうにさま》**は女神であるとも語られてもおり、山姫や**山姥《やまんば》**と共通してくる部分も多い。

雷電山《らいでんやま》（埼玉県）には、足が一本の山姫

が住んでおり、山奥で美しいお神楽《かぐら》のような音楽が聴こえて来たりするのは、山姫が奏《かな》でている（『埼玉県伝説集成』下）と語られている。この雷電山の山姫のはなしは、藤澤衛彦《ふじさわもりひこ》『神話伝説大系 日本篇』の「民間説話」の項目に収録されている「山姫の舞」というはなしにみられ、栗を二七個供える（山姫の年の数だとされる）、足は蝦蟇《がま》のようであるなどの要素もみられるが、童話向けに潤色した際に使用したとみられる文をそのまま掲載しており、もともとの伝承地やはなしの構成要素などがはっきりしない部分がある。

〔参考文献〕韮塚一三郎『埼玉県伝説集成』下、石丸まく人『埼玉妖怪図鑑』弐、藤澤衛彦『神話伝説大系 日本篇』

山姥［やまんば］

「やまうば」、「やまんばばあ」とも。山中に住んでいる存在で、昔話のなかで人々から恐れられている一方、富を授けてくれたりもする。

孫を寝かしつけていたはずの祖母が急に孫を食べてしまい、そのまま山へ入って山姥になってしまったというはなしも各地にみられる。このかたちの山姥のはなしは、それぞれ具体的にどこどこの家にいたお婆さんだ、と結びつけられて語られている例（『きつねのあくび 藤原の民話と民俗』）も多い。

金太郎《きんたろう》（怪童丸、坂田金時《さかたのきんとき》）は足柄山《あしがらやま》（神奈川県）の生まれで、山姥の子供と語られる。この設定は『前太平記《ぜんたいへいき》』（巻十六）に書かれている内容が基本になっており、浄瑠璃や歌舞伎などを通じて広く享受されていた。坂田金時とおなじく源 頼光《みなもとのよりみつ》の四天王《てんのう》である碓井貞光《うすいのさだみつ》も、山の中で育ったという幼少時があるせいなのか、母が山姥であるというはなしが一応存在したようで、両者ともに山姥の子供であると同時紹介されている例が『本朝俗諺志《ほんちょうぞくげんし》』（巻五「丹波大江山」）にみることはできる。貞光の生い立ちのはなしについては**碓氷《うすい》峠の大蛇**も参照。

千葉県いすみ市弥正《やまさ》の姥が谷には、山姥がおり、山で子供を抱いて日なたぼっこをしたり、春になると牛に乗って里に下りて来るすがたが見られたりしたと語られている。この山姥の子供も、金太郎であると語られていたりもする。（『房総の伝説』）

〔参考文献〕川口謙二『書かれない郷土史 ―武蔵、相模を中心とした―』、永井路子・萩坂昇・森比左志『神奈川の伝説』、渋谷勲『きつねのあくび 藤原の民話と民俗』、板垣俊一（校訂）『前太平記』上、菊岡沾涼『本朝俗諺志』、高橋在久・荒川法勝『房総の伝説』

雪女［ゆきおんな］

「雪女郎《ゆきじょろう》」とも。雪の降る日に出るという妖怪。若い女のすがたをしているという。

茨城県などでは、大雪の降った日に立っているとされており、子供たちは「悪い子供は連れてゆかれる」などとおどかされた（『子どもの歳時と遊び』）という。東京都でも、農村部などを中心に、雪が降ったときに雪女が出る（『口承文芸（昔話・世間話・伝説）』、『多摩市の民俗（口承文芸）』、『続 中野区の昔話・伝説・世間話』）とい

ったはなしは広く確認できる。

昭和以後、広く知られた小泉八雲《こいずみやくも》『怪談』の「雪女」も、冒頭に武蔵国《むさしのくに》が舞台であることが明記されているように、東京都の農村部で語られていた昔話が参考されている。

江戸では、「越後《えちご》の国《くに》の雪女郎《ゆきじょろう》」などの言いまわしで、かるたなどでも広く知られていたほか、吉原遊廓《よしわらゆうかく》の花魁《おいらん》たちが八朔《はっさく》の行事（八月一日）に白い着物をつける様子が「雪女郎」と見立てられたりしていた。そのため、錦絵やおもちゃ絵などでも花魁すがたで描かれることがしばしばあった。

〔参考文献〕今野圓輔『日本怪談集』妖怪篇、大田区教育委員会『口承文芸（昔話・世間話・伝説）』、中野区教育委員会『続 中野区の昔話・伝説・世間話』、『多摩市の民俗（口承文芸）』、茨城民俗学会『子どもの歳時と遊び』、小泉八雲、平川祐弘（編）『怪談・奇談』、アン・ヘリング『おもちゃ絵づくし』

【ら】

雷獣［らいじゅう］

雷とともに空から落ちて来るといわれているふしぎな獣。

相模国《さがみのくに》（神奈川県）の雨降山《あめふりやま》（大山）に落ちた雷獣を写したとされる後藤梨春《ごとうりしゅん》『震雷記《しんらいき》』の挿絵は、よく知られている。晴天《はれ》のときは性格はおとなしいが、曇天《くもり》だと気性が荒くなったとされる。（『見世物研究』）

古河城《こがじょう》（茨城県古河市）に落ちた雷獣は、火鉢《ひばち》に墜落して、武士たちによって退治された。そのときの火鉢は**雷の火鉢**として知られる。（瓦全生「足利より」）

雷獣が落ちて来たとみられる場所には、木の皮に引っかき傷のようなものがよくみられたという。（『子どもの歳時記と遊び』、高田鐵蔵『大島むかしむかし』）

栃木県日光市には、雷神穴と呼ばれる穴があり、そこは雷獣たちの巣（『図聚天狗列伝』東日本編）などといわれてもいたようである。

〔参考文献〕浅倉無聲『見世物研究』、瓦全生「足利より」（『郷土研究』二巻十号）、茨城民俗学会『子どもの歳時と遊び』、大田区教育委員会『口承文芸（昔話・世間話・伝説）』、群馬県教育委員会『水上町の民俗』、高田鐵蔵『大島むかしむかし』、知切光歳『図聚天狗列伝』東日本編

竜［りゅう］

大きな蛇体をもつ存在で、さまざまに語られている。水にまつわる伝承は多く、淵《ふち》や沼のぬしとしても大蛇とほぼ同体のものとして伝えられている。空を飛ぶともいわれ、雨や**雹嵐**《ひょうらん》などの天候に結びつけられることも多いが、**竜巻**などは、竜そのものとされることが多い。また、竜孫《りゅうそん》や登竜門《とうりゅうもん》

など大陸での熟語から、竜は馬や鯉《こい》を示すことばとしても用いられていた。

津村正恭《つむらまさやす》『譚海《たんかい》』（巻十二）には、蛇というものは普段そんなに街でちょろちょろ目につく存在ではないが、いざ出たときは竜が出るというしるしで、蛇は竜の同類であるから同類同士感じ合って出現するものだという説が書き留められている。

各地の寺社では**竜灯《りゅうとう》**を献じる存在としても語られる。これは生きる上で竜が日々受けつづけなければならない三熱《さんねつ》の苦しみから解き放ってくれたお礼として、寺社に献じているとされることが多い。三熱の苦しみとは、体や骨を熱に焼かれる苦しみ（熱《ねっ》沙熱風《さねっぷう》）・棲家《すみか》や衣冠を悪風で失う苦しみ（悪風暴起《あくふうぼうき》）・金翅鳥《こんじちょう》たちに食べられてしまう苦しみ（畏金翅鳥《いこんじちょう》、金翅鳥王食《こんじちょうおうじき》）の三つ（『仏教文学概説』、ビジュアル選書『地獄絵』）だが、日本では竜以外の存在（神・悪魔・妖怪・精霊・天狗）も、このような熱苦を日々受けていると設定している例（能の『葛城《かつらぎ》』など）もみられるようである。

（『仏教文学概説』）

［参考文献］津村正恭『譚海』、鈴木暢幸『仏教文学概説』、ビジュアル選書『地獄絵』

竜灯［りゅうとう］

竜あるいは竜宮《りゅうぐう》の者たちが寺社のためにかかげているとされるふしぎな光。全国に広くみられるもので、竜灯があがるとされる「竜灯松」、「竜灯杉」などの樹木は各地の寺社にみられる。

寺社を中心に語られる性質上、竜たちが受けなければならない苦しみ（三熱《さんねつ》）から救われたお礼として寺社に献じているというかたちのものがやはり多い。

大田南畝《おおたなんぽ》『一話一言《いちわいちげん》』（補遺巻三）には、毎年五月の晦日《みそか》に筑波山（茨城県）では竜灯があがると記されている。山の梵鐘《ぼんしょう》が竜宮の贈り物であることに由来するといわれている。

埼玉県秩父市荒川上田野《かみたの》の長泉院は開山以前、山のふもとにある淵《ふち》から竜女が竜灯を捧《ささ》げて山頂にあがっていたといい、人々からふしぎに思われていたという。（『観音霊験記』）

神奈川県横浜市神奈川区の浦島山《うらしまやま》には、大正時代まで「竜灯松」があり、竜宮の乙《おと》姫《ひめ》が竜灯をあげていたと語られている。（『神奈川の伝説』）

群馬県板倉町の板倉沼からも竜灯が出て、神社の杉の木の上にあがった（『上毛野昔語』東毛編）とされる。この沼も竜宮につながっているという言い伝えがある。群馬県前橋市の竜源寺にあった桜の木にも、和尚にお血脈《けちみゃく》を授けてもらったお礼として**小沼《この》の主《ぬし》**が竜灯をあげていた（『上州の伝説』）というはなしがあったという。

茨城県谷田部町《やたべまち》（現・つくば市）にも、不動堂にむかしは竜灯が毎晩あがったというはなし（『民話のふる里』）が伝わる。

千葉県松崎村（現・印西市《いんざい》）などでは、印旛沼《いんばぬま》の真ん中には百丈穴《ひゃくじょうあな》という穴があり、そこから月の一日・一五日・二八日になると竜角寺に向かって竜灯があがったと

語られている。（『千葉県印旛郡誌』）

大六天の鮭の由来にも、竜王が竜灯を弘法大師に捧げた（『房総の伝説』）はなしがある。

〔参考文献〕卍亭応賀・歌川国貞『観音霊験記』、卍亭応賀『百番観音霊験記』秩父、『日本随筆大成』別巻六、宮崎雷八『上毛野昔語』東毛編、都丸十九一・池田秀夫・宮川ひろ・木暮正夫『上州の伝説』、今瀬文也『民話のふる里』、早船ちよ・諸田森二『埼玉の伝説』、永井路子・萩坂昇・森比左志『神奈川の伝説』、『千葉県印旛郡誌』、平野馨『房総の伝説』

労咳虫〔ろうがいのむし〕

人間の体の中で労咳《ろうがい》を起こさせると考えられていた虫。労咳は肺の臓に起こるとされていた病気で、結核《けっかく》などのこと。

臓器の働きなど人間の体の中身をおもしろく描いた錦絵『房事養生鑑《ぼうじようじょうかがみ》』では、肺の箇所にこれが描かれていたりもする。

〔参考文献〕林美一『艶色江戸の瓦版』、酒井シヅ『絵で読む江戸の病と養生』

六三〔ろくさん〕

「六算」とも。群馬・茨城県などでは、腰や肩、頭が痛くなることを「ろくさんが立つ」とか「ろくさんが祟《たた》る」といったりする。僧侶や法印《ほういん》などに頼んで「六三よけ」をしてもらうことで「ろくさん」を祓《はら》う（『茨城方言民俗語辞典』）と考えたりしていた。

「六三」・「六算」は、一般的には年齢などから算出した数字に基づく病気よけのまじないで、「六三よけ」は寺社をはじめ全国で広く用いられていた。「六三」は医者にかかっても治らないような症状およびその原因をさし、数字によって体のどこにいるかが算定される。

茨城県津澄村《つすみむら》（現・行方市《なめがた》）などでは、「六算を除く」ためのおまじないとして、辻に小豆飯《あずきめし》を供えた（『民俗叢話』）という。「六算」が治るように稲荷《いなり》に祈って、痛みが癒えたときは豆腐・赤飯《せきはん》・団子などをお礼として供える（「上野勢多郡より」）という言い伝えもあることから考えると、「六三よけ」をどのような対象に願掛けするかによって、お礼のお供え物に変動があるのだとみられる。

群馬県藪塚本町《やぶづかほんまち》（現・太田市）などでは、三本辻に自分の年の数だけ線香を立てて、煙を患部に当てて、後ろを振り返らずに帰ると「六算よけ」になる（『藪塚本町の民俗』）と語られている。線香を辻に立てることは群馬県前橋市（『前橋市城南地区の民俗』）や、群馬県伊勢崎市でも行われており、「ろくさん様がたたっている」ので、一把《わ》ぜんぶ（まる線香）を三本辻にあげてくるとよい（『三和町の民俗』、『八斗島町の民俗—利根川流域の生活と伝承—』）とされる。また、理由ははっきりしないが「葱《ねぎ》を食べてはいけない」といわれていたという。（『八斗島町の民俗—利根川流域の生活と伝承—』）

埼玉県秩父市などでも、お年寄にはこの計算方法を暗記しているひとがいて「ろく

さん様がどこに当たっている」（「秩父の「まじない」私考」）などと語ったりしていたという。

〔参考文献〕赤城毅彦『茨城方言民俗語辞典』、谷川磐雄『民俗叢話』、角田恵重「上野勢多郡より」（『郷土研究』三巻七号）、前橋市教育委員会『利根西の民俗―清里・総社・元総社・東地区―』、群馬県教育委員会『藪塚本町の民俗』、群馬県教育委員会『前橋市城南地区の民俗』、伊勢崎市『三和町の民俗』、伊勢崎市『八斗島町の民俗―利根川流域の生活と伝承―』、飯塚槌良「秩父の「まじない」私考」（『秩父民俗』十二号）、石黒玄山『銭易と算易』

轆轤首〔ろくろくび〕

眠っているときに首が長くのびたりするとされるふしぎな病気、あるいはそのような首の妖怪。首がのびて行灯《あんどん》の油をぺろぺろなめる（「轆轤首考」）などとも語られる。「ろくろっ首」、「ろくろく首」とも発音・表記されたりもしている。

伴蒿蹊《ばんこうけい》『閑田耕筆《かんでんこうひつ》』（巻二）には、江戸の吉原（東京都台東区）のある遊女が轆轤首で、眠っているあいだに首がのびていたというはなしが記されている。松浦静山《まつらせいざん》『甲子夜話三篇《かっしやわさんぺん》』（巻七十）には、竹屋半四郎《たけやはんしろう》という商人は、夜眠っていると首が一、二尺のびてごろんと転がったというはなしがあり、「男の轆轤首なり」と記している。

江戸では、絵画や落語なども通じて広く知られるようになったほか、因果物《いんがもの》として、近現代に至るまで見世物《みせもの》のたねとしても轆轤首の興行は広くみられた。

病気としては、芝居や落語などに「嫁入り前の若い娘がなる」という要素がしばしば用いられている。この点から、轆轤首は女ばかりと思われがちな面もあるが、随筆にみられるような例もあるほか、男の轆轤首も、見世物になっていたり、絵草紙に登場したりしている。戯文などでは治療方法として髪に鉄製の簪《かんざし》や笄《こうがい》をつけて、お尻のほうに強い磁石《じしゃく》をつければ、磁石に吸われて頭が引き戻されるので首が治るなどのはなしがよくみられ、歌川国芳《うたがわくによし》『きたいな名医難病療治《めいいなんびょうりょうじ》』、落合芳幾《おちあいよしいく》『本道外画難病《ほんどうげがなんびょう》療治《りょうじ》』などにも描かれている。

抜け首の項目も参照。

〔参考文献〕『日本随筆大成』一期十八、松浦静山、中村幸彦・中野三敏（校訂）『甲子夜話三篇』六、宍戸俊治「轆轤首考」、富岡鼓川『変態人異奇病抄』上、鶯亭金升『明治のおもかげ』、古河三樹『図説 庶民芸能 江戸の見世物』、稲垣進一・悳俊彦『国芳の狂画』、酒井シヅ『絵で読む江戸の病と養生』、国立歴史民俗博物館『もののけの夏―江戸文化の中の幽霊・妖怪―』

COLUMN

豆絵は画像妖怪の鉱脈宝庫 04

「その他」は、おもに江戸（東京都）で広く享受され、現在も作品を通じて知られる画像妖怪たちを並べたが、ストーリーや内容（伝承要素）を持たず、絵草紙や錦絵にデザインが描き継がれただけの画像要素のみの画像妖怪たちも、唐傘《からかさ》お化けや提灯《ちょうちん》お化けを筆頭株に、多く収録してみた。

実際のところ、現在のわれわれも過去のひとびとも、イメージとして目にし、想像する妖怪というのは、それら画像要素のみの存在たちだからである。（現象や伝承要素しかないものが、個別のイメージを持たれ、描かれること自体がなかった）

幕末から明治ごろ（一九世紀）には、おもちゃ絵、豆絵、かるた、双六《すごろく》などに非常に多く妖怪が描かれているが、大部分は本当に古くから伝承・画像要素が豊富なもの（鬼・天狗・河童・山姥・雪女・狐・狸・猫など）と、完全にデザインのみで伝承要素や内容がないもの、両極端しかない。

豆絵というのは、おもちゃ絵のひとつで、一枚の画面を縦横にこまかく区切って、それぞれにひとつずつ小さく絵を描いてある型式のものである。子供たちは、ひとこまずつ切って遊んだり、一列ずつ折りたたんでつなげて小さな本にしてたのしんでいた。妖怪を描いたものは、呼び名がそれぞれ添えられている絵もあるが、ほとんどは名前もなく、絵草紙などに登場しても、ただかたちを見せるだけの「仕出し」（その他大勢）あつかいの画像妖怪たちである。

事典という性質上、今回は確実に名前が添えられているかるたや双六の例（油《あぶら》買《か》い・雲《くも》の化物《ばけもの》・撞木娘《しゅもくむすめ》・ぶるぶる女《おんな》・擂木鳥《れんぎどり》など）をいくつか採ったが、役者絵や名所絵に比べ、おもちゃゆえに残存数も少なく、まだまだ未知の鉱脈が眠っている領域でもある。

［参考文献］北尾政演（山東京伝）『御存商売物』、藤澤衛彦・西村貞『日本版画美術全集六 民俗版画』

その他

（物語、演芸、芝居、絵画、戯文などの画像妖怪たち）

【あ】

垢嘗［あかなめ］

垢舐《あかねぶり》とも。浴室に出るとされる妖怪で、舌で垢をなめるという。

鳥山石燕《とりやませきえん》『画図百鬼夜行《がずひゃっきやこう》』や、それを参照したらしいおもちゃ絵・かるた・絵巻物（『日本の妖怪』、『妖怪見聞』）などに描かれているのが確認できる。甘泉堂《かんせんどう》から売り出されていた『化物《ばけもの》かるた』の読札《よみふだ》には「なめたやなめたや垢なめ小僧」（『日本の妖怪』）とある。

妖怪たちについてを論評した山岡元隣《やまおかげんりん》『百物語評判《ひゃくものがたりひょうばん》』（巻二）では、「垢ねぶりは風呂屋や屋敷の浴室に出るが、どうしてそんな名前なのか」といった内容の質問で取り上げられており、「物から生じた存在は、その物を食べて生きると考えられている。垢から生まれた存在なのでそういう名前なのだ」といった内容の答えを示している。浴室で垢をなめるという妖怪の存在が少なくとも知られていたことがわかるが、これに先行する「あかなめが出た」、「あかなめはこういうもの」といった具体的なはなしが幅広く伝わっていた痕跡はあまり確認することはできず、画像妖怪としての利用も石燕の絵を直接参考にしたほんの一部の作品以外はほとんどみられないため、どのような要素を持つ妖怪として実際あつかわれていたかについては、不明な部分がまだ多い。

垢嘗に、はなしと絵がつけられた稀《まれ》な確認例には江戸（東京都）に出たとされる『日東本草図纂《にっとうほんぞうずさん》』（巻十二）の**垢舐**がある。

［参考文献］稲田篤信・田中直日（編）『鳥山石燕 画図百鬼夜行』、別冊太陽『日本の妖怪』、茨城県立歴史館『妖怪見聞』、湯本豪一『古今妖怪纍纍』、太刀川清（校訂）『続百物語怪談集成』、高田衛（編）『江戸怪談集』下、氷厘亭氷泉「あかなめのはなし」（『大佐用』十七号）

浅倉当吾［あさくらとうご］

「朝倉当吾」とも。高津村《たかつむら》の庄屋《しょうや》。村を厳しい年貢《ねんぐ》から救うため、通天橋《つうてんきょう》で紅葉《もみじ》狩りをしていた将軍・足利義政《あしかがよしまさ》に領主・織越大《おりこしたい》領《りょう》政知《まさとも》（堀越大領《ほりこしたいりょう》とも）の圧政を直訴《じきそ》して処刑されるが、亡霊となってたたりを起こした。

三世瀬川如皐《せがわじょこう》『東山桜荘子《ひがしやまさくらぞうし》』をはじめ、歌舞伎・合巻《ごうかん》などの物語作品で描かれた、佐倉宗吾《さくらそうご》（佐倉惣五郎、木内惣五郎）を素材とした登場人物。領主の堀田正信《ほったまさのぶ》も堀越《ほりこし》政知《まさとも》に、舞台も下総国公津村《しもうさのくにこうづむら》を意識して摂《せっ》津国《つのくに》高津村、作品世界は柳亭種彦《りゅうていたねひこ》『修紫《にせむらさき》田舎源氏《いなかげんじ》』を基調にするなど、名前や時代が足利時代に替えられている。これは幕府によって出版や芝居での時事事件・実名使用が禁じられていた当時の習慣から来るものである。読本《よみほん》として書かれた松亭金水《しょうていきんすい》

『忠勇阿佐倉日記《ちゅうゆうあさくらにっき》』でも、舞台を近江国《おうみのくに》（滋賀県）と設定し、佐倉宗吾は花井当吾《はないとうご》、堀田正信は甲賀弾正左衛門正光《こうがだんじょうざえもんまさみつ》として登場する。

歌舞伎では、直訴《じきそ》をして捕縛《ほばく》された当吾は、悪玉らによる裁《さば》きで「壌竜《しょうりょう》の名笛《めいてき》」や足利家御用金《ごようきん》の強奪犯にも仕立て上げられ、子供を殺され、磔《はりつけ》にかけられて刑死する。その亡霊は織越御殿に出るようになり、さまざまな妖怪を現わして政知を苦しめる。当吾の叔父である光然法印《こうぜんほういん》の亡霊も、再演以後には書き足された。

浅倉当吾として歌舞伎化される以前から、石川一口《いしかわいっこう》や一立斎文車《いちりゅうさいぶんしゃ》による講釈や、写本（実録もの）として読まれていた『地《じ》蔵堂通夜物語《ぞうどうつやものがたり》』、『佐倉義民伝《さくらぎみんでん》』などでは、宗吾・惣五郎という本名も用いられつづけていたが、明治以後は歌舞伎・合巻などでも本名が用いられるようになった。しかし、名称が均一になってしまったため、近現代にかけては各作品のいろいろなイメージ要素が混ざってしまった部分もある。

言い伝えられている佐倉宗吾は、一揆《いっき》をとどめ、江戸で将軍に直訴をした結果、定めによって処刑され、領主の堀田家にたたりをなしたと語られる。その後、その霊は宗吾霊堂《そうごれいどう》（千葉県成田市）に祀《まつ》られ、人々を救った義民《ぎみん》として広く知られている。

（『実説 佐倉宗吾伝』）

将門山《まさかどやま》（千葉県佐倉市）との関連から、宗吾が将門の末裔《まつえい》であるとするなど、宗吾の物語には**平将門**が結びつけられることも多い。

［参考文献］国立劇場調査養成部『東山桜荘子』、『名作歌舞伎全集』十六 江戸世話狂言集二、『今古実録 佐倉義民伝』、渥美清太郎『日本戯曲全集 維新狂言集』、松園梅彦『造栄桜叢紙』、並木五柳・仮名垣魯文『桜荘子後日文談』、松亭金水『忠勇阿佐倉日記』、長田午狂『実説 佐倉宗吾伝』、太田記念美術館『江戸妖怪大図鑑』

油買い［あぶらかい］

笠をかぶり、徳利《とっくり》を手にさげて油を買いに行くすがたをした妖怪。**酒買い**や**豆腐小僧**などに次いでよく絵に描かれており、江戸で売り出されていたおもちゃ絵・かるたにもみることができる。

正体は**狐**や**狸**をはじめとしたへんげ動物や**河童《かっぱ》**とみられていたようで、例えば甘泉《かんせん》堂《どう》から売り出されていたかるたでは、体が緑色をした油買いが描かれている。

千葉県の**枇杷田《びわだ》の市兵衛《いちべえ》**などは、子供ではなく老爺《ろうや》のこしらえだが、狐の化けていた「油買い」すがたの出没例をうかがうことができる。

［参考文献］別冊太陽『日本の妖怪』

あまびこ

「天彦」、「雨彦」、「海彦」などと字があてられることもある。毛の生えたすがたをしたふしぎな存在の絵で、脚が三本あるのが最大の特徴。

あまびこと称する存在が肥後国《ひごのくに》に出現して豊作と疫病を予言した、これを家に貼って日々眺めて暮らせば病をまぬがれることができるなどの内容を添えて記した絵紙《えがみ》を路上で売る読売《よみうり》（かわら版《ばん》売り）に類した

業者が存在しており、幕末から明治一〇年代にかけて、江戸・東京で散発的にみられたことが写本などの記録や新聞記事からうかがうことができる。(「予言獣アマビコ考―「海彦」をてがかりに―」、「予言獣アマビコ・再考」)

『東京曙新聞』(明治一四年一〇月一一日)では葛西《かさい》の金町《かなまち》(東京都葛飾区)に「世界が消滅期になり天災が巻き起こって人々はことごとく死ぬ。それをまぬがれることができる天彦の御影《みえい》を全国頒布《はんぷ》している。一枚五銭だ、百枚置いて行く」などという商《バ》売《イ》をしていた三人連れの男が出没していたことが見え、価格や押売り風味な販売形態の一例を知ることができる。また『郵便報知新聞』(明治一五年七月一〇日)には本《ほん》所《じょ》の外手町《そとでちょう》(東京都墨田区)ではコレラの流行に対して伊藤《いとう》まさという後家《ごけ》さんが自ら「あま彦」の絵紙を刷《す》って町内中に「コレラ除《よ》けを差し上げます」と言って配ってまわって迷惑がられたというはなしなどもみられる。(『明治期怪異妖怪記事資料集成』、『明治妖怪新聞』)

絵すがたは異なるが、ほぼ内容が重なる江戸で売られていた類例には**神社姫**や**神猿**《しんえん》なども挙げることができる。

幕末から明治一五年(一八八二)あたりにかけて、東京都に限らず、各地にこのような業者は営業をしていたようである。明治一五年八月、コレラ流行に乗じて一般の錦絵などにも「あまびこ」をあつかったものが販売されたことが警視庁によって予防の妨げになるとして取り締まりを受けた(『新聞集成明治編年史』五、『読売新聞』明治一五年八月三〇日)ほか、明治一五年一〇月、内務省が「内務省達乙第五十五号社寺守札神仏号ヲ記載セル画像ニ関スル件」(『法令全書』明治一五年)で、まもりふだや神仏号を記載した画像の出版販売はその神社寺院のものに限ると布達しており、寺社以外の者が護符まがいのものを販売することが禁じられて以後、この手の絵紙を取り扱う業者は鳴りをひそめたともみえる。

〔参考文献〕Alain Briot『Monstres et prodiges dans le Japon d'Edo』、『新聞集成明治編年史』五、内閣官報局『法令全書』明治十五年、湯本豪一『明治期怪異妖怪記事資料集成』、湯本豪一『明治妖怪新聞』、長野栄俊「予言獣アマビコ考―「海彦」をてがかりに―」(『若越郷土研究』四十九巻二号)、長野栄俊「予言獣アマビコ・再考」(『妖怪文化研究の最前線』)

犬獅子〔いぬじし〕

とんでもない力の持ち主の犬で、「犬神」となって畑悪八郎時景《はたあくはちろうときかげ》に力を与え、新田《にった》家の玉琴姫《たまことひめ》と宝物を奪い去ることを狙わせるが、巫女《みこ》の榊葉《さかきば》に化けていた「お辰狐《たつぎつね》」の活躍によって退けられる。

福森久助《ふくもりきゅうすけ》『錦着恋山守《にしききてこいのやまもり》』(『花三升吉野深雪』)の四立目《たてめ》の浄瑠璃《じょうるり》に登場する。歌舞伎にいくつか存在する「犬神《いぬがみ》」の一例である。悪八郎は畑六郎左衛門時能《はたろくろうざえもんときよし》の弟、玉琴姫は新田義貞《にったよしさだ》の妹、お辰狐は宝物のひとつとして登場する「干珠《かんじゅ》」(潮が引き去るというふしぎな力を持つ珠)を代々守護して来た白狐の娘狐と設定されている。犬獅子とお辰狐とが蘭奢待《らんじゃたい》(貴重な香木)の素敵な

香りにうっとりとろけて二人とも動けなくなってしまう演出などはおもしろい。

この芝居の世界は『太平記《たいへいき》』を素材としており、もととなっている悪八郎は弟ではなく家臣、犬獅子はともに戦に出ていた猛犬で、そこから名前が取られている。

［参考文献］渥美清太郎『日本戯曲全集　舞踊劇集』、『参考太平記』

牛鬼［うしおに］

「鬼牛《きぎゅう》」とも呼ばれ、水に没して死んだ者のうらみがなるという大きな牛。そのすがたを見た者は死ぬともいわれる。

牛御前《うしごぜん》の牛を脚色した存在。浅草寺の観《かん》音《のん》さまを題材にした曲亭馬琴《きょくていばきん》『敵討枕石夜《かたきうちちんせきや》話《わ》』や、それを再編した松園梅彦《まつぞのうめひこ》『金龍山《きんりゅうざん》浅草寺聖観世音霊験記《せんそうじしょうかんぜおんれいげんき》』などに登場する。

浪《なみ》の山《やま》の戸五郎《とごろう》という悪人が狩りの最中に誤って殺してしまった廻国行者石浜要助《いしはまようすけ》の亡霊が、牛鬼となっていた。戸五郎は、要助の持っていた金を資本《もとで》にして、廻船業をはじめて羽振りがよくなり、武蔵国《むさしのくに》の浅草（東京都台東区）に家を持つほどになっていた。戸五郎の女房・綾瀬《あやせ》と娘・浅茅《あさじ》が浅草寺に花見に行ったところ、牛鬼が出現して綾瀬を突き殺し、浅茅と寺の僧侶たちに毒気《どっけ》を浴びせて去って行った。浅茅はふしぎなことに牛鬼の毒気と涎《よだれ》で懐妊しており、生まれた女の子は駒形《こまがた》と名づけられる。物語ではこの後、この浅茅・駒方の母娘が、**浅茅ヶ原《あさぢがはら》の一つ家**の母娘となり、戸五郎を含め、結果的に要助の息子・石浜要太郎によって討たれる。

溺鬼《できき》（水で死んだ者の霊）が化す「鬼牛」という獣であるという設定は、馬琴好みの大陸趣味を添加したものといえる。『金龍山浅草寺聖観世音霊験記』もこれをそのまま使っているが、歌川芳直《うたがわよしなお》が描いている挿絵には「牛鬼怪」とも示されている。

この存在からも、牛に対してまだ「牛御前」呼びが慣用されていなかったことをみることができる。

［参考文献］曲亭馬琴『敵討枕石夜話』、松園梅彦『金龍山浅草寺聖観世音霊験記』、江戸叢書刊行会『江戸叢書』巻の四

薄雲［うすぐも］

土蜘蛛《つちぐも》が化けた美しい傾城《けいせい》（遊女）で、源頼光《みなもとのよりみつ》のもとへさまざまな妖怪変化を送り込み、自身も頼光を魔道に落とそうと接近するが、「鬼切丸《おにきりまる》」の刀の力で祓《はら》われる。

三世桜田治助《さくらだじすけ》『来宵蜘蛛線《くべきよいくものいとすじ》』に登場する。**奥州座頭《ざとう》**、**豆腐小僧**、**酒買い**などがへんげとして現われる。能の『土蜘蛛《つちぐも》』を素材にしたものだが、通常の頼光四天王《してんのう》ではなく、最初のうちは坂田金時《さかたのきんとき》以外は綱手《つなで》（渡辺綱《わたなべのつな》の娘）、呉竹《くれたけ》（卜部季武《うらべのすえたけ》の妹）、荒井《あらい》（碓井貞光《うすいのさだみつ》の妹）という編成になっている。薄雲の正体が明かされる最後のあたりで、季武も「押戻し《おしもどし》」として登場する。

薄雲という名前は、土蜘蛛が化けた傾城の名前として用いられることが多い。

［参考文献］渥美清太郎『日本戯曲全集　舞踊劇集』、氷

厘亭氷泉「四天王の妹御さま」（『大佐用』二百十一号）、氷厘亭氷泉「蜘蛛のお名前」（『大佐用』二百十二号）

お岩［おいわ］

四谷左門《よつやさもん》の娘で、民谷伊右衛門《たみやいえもん》の妻。しかし伊右衛門は左門を暗殺し、お梅《うめ》という女と良い仲になる。産後の肥立《ひだ》ちが悪く体調を崩してしまったお岩は、伊右衛門が持参した「血《ち》の道《みち》」に効くという妙薬を飲むが、実はそれは面体《めんてい》の崩れる秘法の毒薬で、恐ろしい顔になり果てて亡くなる。伊右衛門は民谷家に伝わる唐渡《からわた》りの秘薬「ソウキセイ」を手に入れるために下男《げなん》になっていた**小仏小平**《こぼとけこへい》を殺し、お岩の死体と一緒に戸板に打ちつけ、二人を不義密通《ふぎみっつう》の末の心中と偽装して川に流す。その後、お岩や小平の怨霊が様々に現われるなか、伊右衛門は佐藤与茂七《さとうよもしち》によって討たれる。

四世鶴屋南北《つるやなんぼく》『東海道四谷怪談《とうかいどうよつやかいだん》』の登場人物。歌舞伎や、それを題材とした様々な作品で広く知られる。伊右衛門は、神谷仁《かみやに》右衛門《えもん》という名前で設定されている場合もある。

人々のあいだで知られている「お岩」は、先行する多数の歌舞伎の演出（鏡・髪《かみ》梳《す》き・提灯《ちょうちん》抜け・南瓜《かぼちゃ》など**累**《かさね》の芝居に用いられていたものも多い）や、当時話題にのぼっていた全く別のはなしを加えた新工夫の脚色などが混ぜ合わさって調理された結果完成した歌舞伎のお岩さんであり、実録ものとして語られるお岩さんのはなしや、田宮《たみや》家のお岩さん（貞女《ていじょ》として語られている）とは大分ひらきがある。

『四谷雑談』など、実録もので語られているお岩は、江戸の四谷左門町《よつやさもんちょう》（東京都新宿区）に住んでいた田宮又右衛門《たみやまたえもん》の娘で、婿養子として家に入った伊右衛門の身持ちの悪さに端を発して、死後にたたりをなしたとされる。

大きな鼠《ねずみ》が**猫**をくわえて現われたり、鼠たちが伊右衛門をさまざまに邪魔したり、害したりするなど、鼠の活躍が多いのは、お岩の生まれ歳が「子《ねずみ》」なので南北が設定したといわれる。**提灯お岩**や**南瓜**《かぼちゃ》**お化け**などは、歌舞伎の演出から派生して、独立して描かれるようにもなった画像成分である。

［参考文献］坪内逍遥・渥美清太郎『大南北全集』十二、国立劇場調査養成部調査記録課『通し狂言 東海道四谷怪談』、太田記念美術館『江戸妖怪大図鑑』

奥州座頭［おうしゅうざとう］

「仙台座頭《せんだいざとう》」とも。へんげ動物などが化けている座頭《ざとう》さん。奥州座頭・仙台座頭は、仙台浄瑠璃《せんだいじょうるり》などの芸で知られており、それに化けている。

歌舞伎では、土蜘蛛《つちぐも》がこれに化けて源《みなもとの》頼光《よりみつ》のもとに出現し、木琴《もっきん》や琴《こと》・三味線《しゃみせん》などを弾くことが多く、初期作品にあたる明和二年（一七六五）の『蜘蛛糸梓弦《くものいとあずさのゆみはり》』にも、土蜘蛛が仙台座頭に化けて来る演出がみられる。

土蜘蛛が化ける以外にも、術でへんげをする存在がこのような座頭さんになって木琴や琴・三味線などを弾く演出はさまざまな作品で用いられており、天竺徳兵衛《てんじくとくべえ》など

がこれに変身したりもしている。また、真《まっ》赤《か》堂《どう》大《おお》嘘《うそ》『当世《とうせい》故事附《こじつけ》 選怪興《せんかいきょう》』でも「闇《あん》魔《ま》」という妖怪として戯文《げぶん》化されている。

頼光の屋敷に現われたすがたを描いた錦絵などでは四天王《してんのう》たちより大きな背丈で描かれている場合もあり、そのあたりになると**大入道**に近い大座頭《おおざとう》であるといえる。

［参考文献］吉田瑛二（校訂）『歌舞伎年代記』、渥美清太郎『日本戯曲全集　舞踊劇集』、「大切浄瑠璃・蜘糸宿直噺」（『歌舞伎新報』千四十九号）『洒落本大成』六、中右瑛『浮世絵　魑魅魍魎の世界』、太田記念美術館『江戸妖怪大図鑑』、アン・ヘリング『おもちゃ絵づくし』、氷厘亭氷泉「蜘蛛のお名前」（『大佐用』二百十二号）

阿国御前［おくにごぜん］

佐々木《ささき》家の側室。家老の小栗宗丹《おぐりそうたん》の絵筆の腕と岩倉夜叉丸《いわくらやしゃまる》の妖術による最高級な人形《ひとがた》の呪いで佐々木頼賢《ささきよりかた》と正室・園生《そのう》は亡くなる。それに端を発した御家騒動のなかで、阿国御前は心を寄せていた家臣の狩野《かの》四郎次郎元信《しろじろうもとのぶ》の態度がつくりごとで、銀杏《いちょうの》前《まえ》（園生の妹）と夫婦同然の仲になっていたのだと思い込み、嫉妬の末に次々と梳《す》く髪が抜けてゆき、憤死してしまう。霊となった阿国御前は元興寺《がんごうじ》の荒寺《あれでら》を御殿に見せて元信を誘い込み琴のしらべで眠らせるが、駆けつけた元信の下僕《しもべ》・土佐又平《とさのまたべい》が差し出した尊像《そんぞう》の厨子《ずし》の力で術はすべてとけ、琴も卒塔婆《そとば》に、阿国御前も骸骨になってしまう。しかし、その怨念は後まで残り、抜けた黒髪たちが蛇に変じて動き出したり、又平の女房・累《かさね》に阿国御前の髑髏《どくろ》が喰いついて恐ろしい顔に変えてしまったりする。

四世鶴屋南北《つるやなんぼく》『阿国御前化粧鏡《おくにごぜんけしょうのすがたみ》』の登場人物。阿国御前が骸骨になってしまう場面などは「牡丹灯籠《ぼたんどうろう》」、又平が与右衛門《よえもん》と名を替えて若殿さまを育てる場面には**累**《かさね》の趣向が演出に用いられている。阿国御前の「髪梳《かみす》き」の演出（髪の毛が抜け、その束を怒りながら絞ると血がぼとぼと流れる）は、その後に『東海道四谷怪談《とうかいどうよつやかいだん》』の**お岩**にも南北は配合しており、血絞《ちしぼ》り幽霊としては先輩にあたる。

荒寺を御殿と見せている場面で登場する奥女中たち（撫子《なでしこ》・朝顔《あさがお》・小萩《こはぎ》・あやめ）はすべて寺にあった、おびんづる・仁王《におう》の頭・如意輪観音《にょいりんかんのん》・五輪塔《ごりんとう》の壊れたものが正体で、**弥子**《いやこ》のはなしに出て来るような演出になっている。

［参考文献］渥美清太郎『日本戯曲全集　鶴屋南北怪談狂言集』、河竹登志夫「夏芝居の世界」（『季刊　歌舞伎』五号）

お露［おつゆ］

「牡丹灯籠《ぼたんどうろう》」の幽霊として知られる。

旗本《はたもと》・飯島平左衛門《いいじまへいざえもん》のお嬢さんで、浪人の萩原新三郎《はぎわらしんざぶろう》と出逢って恋仲になるが、お露は病気で死んでしまい、侍女のお米《よね》も後を追って亡くなった。新三郎はそのことを知らず、家を訪ねて来るお露を生身の人間だと思って接していた。やがて、新三郎の死相を八卦見《はっけみ》の白翁堂勇斎《はくおうどうゆうさい》が察したことによって、お露が幽霊であるということがわかり、新三郎は勇斎からもらった海音如来《かいおんにょらい》のおまもりを身に付け、「雨宝陀羅尼《うぼうだらに》」を唱え、おふだを家に貼る。お米とともに牡

丹灯籠を下げて新三郎の家にやって来たお露だったが、おふだの力で入ることができないので、隣に住む伴蔵《ともぞう》・お峰《みね》を金一〇〇両で買収し、おまもりを盗み出させ、おふだを剝《は》がさせ、新三郎を抱きしめたまま取り殺してしまった。

三遊亭円朝《さんゆうていえんちょう》『怪談牡丹灯籠《かいだんぼたんどうろう》』に登場するもので、浅井了意《あさいりょうい》『伽婢子《おとぎぼうこ》』（巻三――こちらでは弥子《いやこ》と荻原新之丞《おぎわらしんのじょう》）をはじめ、これまでも数々と物語や芝居に翻案されて来た『剪灯新話《せんとうしんわ》』の「牡丹灯記《ぼたんとうき》」のはなしをもとにしたもの。明治時代に口演・出版されたこのはなしが親しまれた結果として、普通の「牡丹灯籠」のはなしも、お露・新三郎の組み合わせで語られることが一般的になっているが、『怪談牡丹灯籠』全体の筋書《すじがき》は「牡丹灯籠」以外の要素（黒川孝助《くろかわこうすけ》の仇討《あだう》ち、札剝《ふだへが》し後の伴蔵《ともぞう》の悪行など）もあり、長編である。（『怪談名作集』、『思ひ出草』）

からんころんからんころん、と駒下駄《こまげた》の足音を鳴らしてお露が新三郎の家を訪れる演出は、足のある幽霊描写として一九世紀の秀逸。

［参考文献］三遊亭円朝『怪談牡丹灯籠』、日本名著全集『怪談名作集』、岡本綺堂『思ひ出草』

お百姫
［おひゃくひめ］

都に暮らしていたお姫様だが、気のふさぐ病にかかり、父母にもすがたを見せなくなってしまった。陰陽師《おんみょうじ》の安倍晴則《あべのはるのり》に占わせたところ、姫の前世は葛城山《かつらぎさん》（和歌山県）の猟師《かりゅうど》で葛城山の鬼神を退治したという因果を持つ人物。現在その鬼神は逢坂山《おうさかやま》（滋賀県）の大蛇として生まれ変わっており、その大蛇の毒気《どっけ》が原因であるとの結果が出た。毒気から身を離すため、姫は聖徳《しょうとく》太子《たいし》が造ったという金無垢《きんむく》の釈迦《しゃか》像と、壬《み》生《ぶ》の三加男《みかお》が春日《かすが》大明神に祈願をして鍛《きた》えた妖邪を祓《はら》う宝剣・壬生の剣《つるぎ》をたずさえて「うつろ舟」で流され、三宅島《みやけじま》（東京都三宅村）に漂着した。大蛇は島にまで追って来たが、島に祀《まつ》られている栂《とが》大明神（富賀《とが》大明神）と壬生の剣によって退治された。姫はその後も、都からの迎えが来ても帰ろうとはせず、島で大蛇の菩提《ぼだい》を弔《とむら》い、島の人々から「お百大明神」として祀られた。

『島鵆沖白浪《しまちどりおきのしらなみ》』に登場する。本編は博徒《ばくと》や掏摸《すり》・悪女たちが活躍するいわゆる「白浪《しらなみ》もの」の筋立てだが、この「お百姫」の物語が語られる場面は非常に大時代《おおじだい》で「おとぎ世界」な展開となっている。「お百大明神」という名は、三宅島の御笏《おしゃく》神社を下敷きにしているようで、この作中の三宅島と現実の三宅島の差異については伊東専三《いとうせんぞう》（橋塘《きょうとう》）の編集による当時の『島鵆沖白波』（第二十四回）でも言及されている。

『島鵆沖白浪』は、明治中期に談洲楼燕枝《だんしゅうろうえんし》と伊東花楽《いとうからく》がつくったはなしで、寄席で語られたほか、歌舞伎でも演じられた。佐原《さわら》の喜三郎《きさぶろう》などの悪人たちを主人公にした物語で、悪人たちが三宅島から脱走する場面では、海の上で**船幽霊**に遭遇する演出もみられる。

［参考文献］柳亭燕枝、伊東専三（編）『島鵆沖白浪』、関

根黙庵『講談落語今昔譚』

お冬［おふゆ］

三宅島《みやけじま》（東京都三宅村）の神着村《かみつきむら》に住む娘。三宅島で島流しからの脱走の計画を立てた佐原《さわら》の喜三郎《きさぶろう》や大坂屋花鳥《おおさかやかちょう》たちは、大明神に祀《まつ》られている壬生《みぶ》の剣《つるぎ》と釈迦《しゃか》像を奪い、島守《しまもり》の木村大助《きむらだいすけ》を殺すが、そこへちょうどお冬が訪ねて来てしまう。大助が花鳥によって殺されているのを見たお冬は「殿様が殺された、人殺し」と叫んで駆け出すが、脱走の一味のひとり根生院《こんしょういん》の玄若《げんじゃく》によって殺された。

島ぬけをしてしばらくの後、落ちぶれた玄若が江戸に舞い戻った喜三郎のもとを訪れるが、その夜、血だらけのお冬の亡霊が出現する。壬生の剣をかざすとお冬はすがたを消したが、玄若が詫《わ》びながらいままでの悪事を語っていたことを危惧して、花鳥は玄若を刺し殺してしまう。

『島鵆沖白浪《しまちどりおきのしらなみ》』の登場人物で、この作中で幽霊となる存在。玄若は島ぬけ後に各地を放浪していたあいだ、ずっと夢の中でお冬に責められていたとも語られている。玄若とお冬は島では一緒に住んでもいた恋仲だった。喜三郎は佐原（千葉県）の博徒《ばくと》、花鳥は吉原の花魁《おいらん》、玄若は湯島の納所坊主《なっしょぼうず》が咎人《とがにん》になる前の、もとの身の上。

『島鵆沖白浪』は、明治中期に談洲楼燕《だんしゅうろうえん》枝《し》と伊東花楽《いとうからく》がつくったはなしで、寄席で語られたほか、歌舞伎でも演じられた。三宅島の場面では島の宝物として登場する壬生の剣の由来として**お百姫《ひゃくひめ》**（お百大明神）の物語が展開する。

木村大助《きむらだいすけ》の苗字《みょうじ》は、後の演者たちによる口演では、三宅島に実際にある苗字を活かした壬生《みぶ》（『佐原の喜三郎』、『俠客 佐原の喜三郎』）に改められていたりもする。

［参考文献］柳亭燕枝、伊東専三（編）『島鵆沖白浪』、春風亭柳枝『佐原の喜三郎』、青竜斎貞峰『俠客 佐原の喜三郎』

【か】

葛城太夫［かつらぎだゆう］

土蜘蛛《つちぐも》が化けた美しい傾城《けいせい》（遊女）で、源頼光《みなもとのよりみつ》のもとへ様々な妖怪変化を送り込み、自身も頼光を魔道に落とそうと接近するが、頼光の四天王、渡辺綱《わたなべのつな》と坂田金時《さかたのきんとき》に追い払われる。

三世河竹新七《かわたけしんしち》『蜘糸宿直噺《くものいとおよづめばなし》』に登場する。能の『土蜘蛛《つちぐも》』を素材にしたもので、**奥州座頭《ざとう》**、**豆腐小僧**、**茶道小坊主**などがへんげとして現われる。小波《さざなみ》（卜部季武《うらべのすえたけ》の娘）、紅葉《かえで》（碓井貞光《うすいのさだみつ》の娘）なども登場する。葛城《かつらぎ》は土蜘蛛の棲家《すみか》として知られる葛《かつら》

城山《ぎさん》から取られた名前。

[参考文献] 田村成美『続々歌舞伎年代記』、「大切浄瑠璃・蜘糸宿直噺」(『歌舞伎新報』千四十九号)、氷厘亭氷泉「四天王の妹御さま」(『大佐用』二百十一号)、氷厘亭氷泉「蜘蛛のお名前」(『大佐用』二百十二号)

南瓜お化け [かぼちゃおばけ]

南瓜の実に目や鼻が生じてひとをびっくりさせるというもの。

南瓜に目鼻が出現する演出は、四世鶴屋《つるや》南北《なんぼく》による『累淵扨其後《かさねがふちさてもそののち》』、『慙紅葉汗顔見勢《はじもみじあせのかおみせ》』、『東海道四谷怪談《とうかいどうよつやかいだん》』などの芝居で、**累**《かさね》や**お岩**の霊が垣根に下がって実った南瓜に引き起こすものが広く知られており、特にお岩の役者絵にしばしば描かれていたほか、その画像要素が江戸では一般的になり、おもちゃ絵や豆絵《まめえ》などに単独で描かれることもあった。

歌川芳員《うたがわよしかず》の**砂村の怨霊**も、これに工夫を加えて描かれたものと考えられる。

[参考文献] 山口剛『紙魚文学』、坪内逍遥・渥美清太郎『大南北全集』十二、太田記念美術館『江戸妖怪大図鑑』、猫々道人「劇場客物語」(『歌舞伎新報』七十九号)

亀山の化物 [かめやまのばけもの]

「亀山のお化け」とも。江戸の浅草(東京都台東区)で売られていた郷土玩具。笠をかぶった人間が仕掛けで跳びはねると笠がぬげて猿に変わって着地するといったもの。「とんだりはねたり」または「とんだりはねたりかわったり」とも呼ばれ、現在も助六《すけろく》をはじめ仁木弾正《にっきだんじょう》などいろいろな題材を用いた種類がみられる。

「ひとつ長屋の佐治兵衛《さじべえ》どの四国を廻りて猿《さる》となる」という数え唄の文句をもとに亀《かめ》屋又兵衛《やまたべえ》(忠兵衛《ちゅうべえ》とも)という者が売り始めたといい、この歌をうたいながら販売されていたという。(『川柳江戸名物図絵』、『川柳大辞典』)

浅草亀山でつくって売っていたので亀山のお化けと呼んでいた(『日本郷土玩具事典』)という名前の由来もあるようである。

「亀山のお化け」という文句は、そのまま妖怪を主題としたかるたなどにも用いられている。

[参考文献] 大曲駒村『川柳大辞典』上、鈴木勝志『続雑排語辞典』、花咲一男『川柳江戸名物図絵』、多田克己『江戸妖怪かるた』、西沢笛畝『日本郷土玩具事典』

唐傘お化け [からかさおばけ]

唐傘に目鼻が生えたり、手足や体などがついたりしたかたちでよく描かれる画像妖怪。一番多いのは傘の柄《え》の部分がそのまま一本の足になっているかたちのもので、この特徴から「唐傘一本足」、「一本足」などとも呼ばれている。

江戸でも赤本や黒本の時代から絵本に描かれており、豆絵《まめえ》(画面を細かく区切ってたくさんの絵が描きこまれている形式のおもちゃ絵)や「ばけもの尽くし」などの類にも大抵常連として浮世絵師たちや近代以後の画家たちに描き継がれており、**提灯**《ちょうちん》**お化け**と並ぶ、画像要素のみの妖怪の大看板である。

歌舞伎でも、そのすがたを踊りなどに取

り入れており、三世河竹新七《かわたけしんしち》『闇梅百物語《やみのうめひゃくものがたり》』でも「立てば芍薬《しゃくやく》すわれば牡丹《ぼたん》あるくすがたは蟹《かに》ならぬ一本足の横っ飛び」という唄に合わせて徳利《とっくり》と扇《おうぎ》を手に持って踊ったりする。

〔参考文献〕渥美清太郎『日本戯曲全集　河竹新七及竹柴其水集』、くもん子ども研究所『浮世絵に見る江戸の子どもたち』、別冊太陽『日本の妖怪』、アン・ヘリング『おもちゃ絵づくし』

狐胆酒〔きつねのきもざけ〕

狐の生き胆を混ぜたふしぎな酒で、これを口にした者は心が鋭くなり、悪人になってしまうという。

鳥居清経《とりいきよつね》『思案閣女今川《しあんかくおんないまがわ》』に登場する。足利頼兼《あしかがよりかね》の悪臣・日向禅師久国《ひゅうがのぜんじひさくに》がこれを造って飲ませることで、頼兼は悪人に変わってしまうという筋書《すじがき》。最終的には今川仲秋《いまがわなかあき》ら忠臣によって退けられる。黒本・青本である点から、実際に上演された芝居を素材にしているものと考えられている。

〔参考文献〕大東急記念文庫善本叢刊『赤本黒本青本集』

客フランス国の女郎蜘〔きゃくふらんすこくのじょろうぐも〕

「客フランス国」という異国で生まれたとされる巨大な女郎蜘蛛《じょろうぐも》。糸をめぐらす詐機《さぎ》（詐欺）の魔術に長《た》けているという。

一貫山人・二世歌川国輝《うたがわくにてる》『客フランス国産女郎蜘の図』に描かれている妖怪。巨大な傾城《けいせい》のすがたに化け、蜘蛛の糸を操って人々を騒がせている様子が描かれている。「振らんす」という花魁《おいらん》ことばと「フランス」を掛けた戯文《げぶん》から成り立っていると思われるが、絵に書き込まれた直接の情報量が少ないため、売り出された慶応三年（一八六七）のどんな時事や流行を当て込んで描かれたものなのかはっきりしない。

〔参考文献〕一貫山人・二世歌川国輝『客フランス国産女郎蜘の図』、坂本満・戸枝敏郎『日本の美術　横浜版画と開化絵』

ぎょうさん王〔ぎょうさんおう〕

とても大きな巨人。「だいだぼっち」の住むという「ばくだい国」の王様で、背の高さは十三万三千四百五十六丈七尺八寸九分もあるとされる。

黒本の『五《ご》たいそう』（『ほんほに五体《ごたい》惣《そう》』）に登場するもので、南の海に行って巨大魚になった鮎《あゆ》に食べられてしまった舟の乗員たちを、救い出す（巨大鮎を食べようと思ったら、たまたまその中にいた）はなしなどが描かれている。背の高さが六万二千五丈もある「てんほう童子《どうじ》」や「めっそう童子《どうじ》」などの家来がいる。

七珍万宝《しっちんまんぽう》『五体惣〆是程《ごたいそうしめてこれほど》』は、この作品をもとに描かれており、**だいだ法師**やその眷属《けんぞく》たちのおおまかなイメージもこれに沿っている。

だいだらぼっちを描いている『大多法師《だいだほうし》画巻』といった絵巻物でも同じような展開の物語が描かれており、このような一連の物語（画像成分）として「だいだらぼっち」たちも江戸の市民などに享受されていたことがわかる。

〔参考文献〕『五たいそう』（『ほんほに五体惣』）

雲の化物［くものばけもの］

歌川芳虎《うたがわよしとら》『百物語《ひゃくものがたり》　戯《たわむれ》双六《すごろく》』に描かれている顔のある雲の画像妖怪。

芳虎のこの作品は双六《すごろく》であるために、各妖怪に名称がはっきりつけられているが、歌川重清《うたがわしげきよ》『新板化物《しんぱんばけもの》づくし』（『今昔妖怪大鑑』）など、特に妖怪たちの名前などが書き込まれていない豆絵《まめえ》（画面を細かく区切ってたくさんの絵が描きこまれている形式のおもちゃ絵）にも似た妖怪が描かれていたりもするため、芳虎による完全独想のデザインというわけではないようである。

［参考文献］石神井公園ふるさと文化館『江戸の妖怪展』、国立歴史民俗博物館『もののけの夏―江戸文化の中の幽霊・妖怪―』、湯本豪一『今昔妖怪大鑑』

呉羽前［くれはのまえ］

大塔宮《おおとうのみや》の側室。宝物である「錦の御旗《みはた》」を狙った長崎次郎高繁《ながさきじろうたかしげ》によって殺され、幽霊となる。若君を抱いて出現し、小山田太《おやまだた》郎高家《ろうたかいえ》へ託した。

福森久助《ふくもりきゅうすけ》『夜《よる》の鶴雪氅《つるゆきのけごろも》』（『花三升吉野深雪』の大切浄瑠璃）の登場人物。呉羽前の霊は「産女《うぶめ》」の演出で雪の中に出て来る。最後には登場した長崎次郎の懐《ふところ》から「錦の御旗」を引き出し、これも小山田太郎の手に渡す。

『太平記《たいへいき》』を素材にした世界の歌舞伎で、小山田太郎は新田義貞《にったよしさだ》、長崎次郎は北条《ほうじょう》高時《たかとき》にそれぞれ従っていた武士をもとにしており、対立関係もはっきりしている。

［参考文献］渥美清太郎『日本戯曲全集　舞踊劇集』

黒仏［くろぼとけ］

下野国《しもつけのくに》の那須野原（栃木県）で**殺生石**《せっしょうせき》となった玉藻前《たまものまえ》（九尾《きゅうび》の狐）が、しばしば現わしたという真っ黒くて大きな仏像。大きな眼でにらんで来たり、にたにたと笑い出したりして近づくひとを驚かした。

岡田玉山《おかだぎょくざん》『絵本玉藻譚《えほんたまものがたり》』に登場するもので、殺生石の起こした化け術のひとつとして描かれている。人々に害をなす殺生石を法力で封じようと那須野原へやって来た石《いし》屋法師《やほうし》は、この黒仏に大いにおどかされてしまう。

『絵本玉藻譚』を下敷きにした玉藻前をあつかった作品にしばしば登場しており、仮《か》名垣魯文《ながきろぶん》『玉藻前悪狐伝《たまものまえあくこでん》』でも黒仏の場面がみられ、歌川芳直《うたがわよしなお》による挿絵にもその場面が描かれている。

［参考文献］岡田玉山『絵本玉藻譚』、仮名垣魯文『玉藻前悪狐伝』

庚申山の野猫［こうしんやまのやまねこ］

犬村大角《いぬむらだいかく》の父親・赤岩一角《あかいわいっかく》を殺して、そのすがたに化けていた下野国《しもつけのくに》（栃木県）庚申山に住む数百歳の怪猫《かいびょう》。月に三度、**猫**のすがたに戻っては妖怪たちを従え、馬のように歩く苔《こけ》むしたふしぎな枯木《かれき》（老樹《おいき》の木《す》精《だま》が化けたもの）にまたがって山を歩いていた。

曲亭馬琴《きょくていばきん》『南総里見八犬伝《なんそうさとみはっけんでん》』（六十回～

六十六回）に登場する。山中を猫のすがたで歩いていたところ、犬飼現八《いぬかいげんぱち》によって半弓《はんきゅう》で左目を射られて傷を負う。家に帰り、にせ一角に戻った野猫は「この目の傷は、百年土中に埋もれた木天蓼《またたび》と、胎児の生き胆《ぎも》とその母の生き血をあわせた薬を服用すれば治る」と、大角の妻・雛衣《ひなぎぬ》の体を差し出させるが、正体を告げに入った現八と大角によって退治される。

　庚申山の野猫がまたがっている特徴的な枯木馬《かれきうま》は、二世為永春水《ためながしゅんすい》『仮名読八犬伝《かなよみはっけんでん》』の見返し絵（十二編）や本文の挿絵（十六編）で歌川国芳《うたがわくによし》が、笠亭仙果《りゅうていせんか》『八犬伝犬の《はっけんでんいぬの》草紙《そうし》』（二十二編）で三世歌川豊国《うたがわとよくに》がそれぞれ描いてもいる。

［参考文献］曲亭馬琴、小池藤五郎（校訂）『南総里見八犬伝』三、四、二世為永春水『仮名読八犬伝』、笠亭仙果『八犬伝犬の草紙』、尾崎久弥『大江戸怪奇画帖』

光然法印［こうぜんほういん］

「光然和尚」とも。**浅倉当吾《あさくらとうご》**の叔父。仏光寺の僧侶。当吾の子供たちの助命祈願をしていたが、処刑されてしまったことを知り、忿怒《ふんぬ》のまま印旛沼《いんばぬま》（千葉県）に身を投げて魔界へ落ち、当吾の霊たちと同様、織《お》越大領《こしたいりょう》の屋敷へ亡霊となって出現する。

　佐倉宗吾《さくらそうご》を題材にした歌舞伎の『東山《ひがしやま》桜荘子《さくらそうし》』が、『花雲佐倉曙《はなのくもさくらのあけぼの》』として再演されたときに書き足された登場人物で、文久元年（一八六一）河竹黙阿弥《かわたけもくあみ》が補綴《ほてつ》をした『桜荘子後日文談《さくらそうしごにちぶんだん》』でも書き足されて登場している。歌舞伎の「荒事《あらごと》」の要素として添加された色合いが大きい。

［参考文献］渥美清太郎『日本戯曲全集　維新狂言集』、国立劇場調査養成部『東山桜荘子』、『名作歌舞伎全集』十六　江戸世話狂言集二

蝙蝠［こうもり］

　蝙蝠は、江戸では文人などの間で「蝠《ふく》」の字が「福《ふく》」に音が繋がるとして、寿老人《じゅろうじん》の絵のまわりに五色の蝙蝠を描く（『譚海』・巻一）など、中華由来の吉祥《きっしょう》文様としての意味合いが持たされることが多かったが、一方で芝居や絵本などでは亡霊や妖怪の巣食う古御所《ふるごしょ》や荒寺《あれでら》に群れで飛び交う不気味なものとして登場させられることも多かった。四世鶴屋南北《つるやなんぼく》『阿国御前化粧《おくにごぜんけしょうの》鏡《すがたみ》』でも**阿国御前《おくにごぜん》**の霊が登場する元興寺《がんごうじ》の荒寺の場面で、蝙蝠の群れが現われる演出がみられる。

　鳥山石燕《とりやませきえん》『今昔画図続百鬼《こんじゃくがずぞくひゃっき》』の「長壁《おさかべ》」（**長壁姫**）の絵にも蝙蝠の群れが描き込まれている。落合芳幾《おちあいよしいく》『今様擬源氏《いまようなぞらえげんじ》』の「蓬《よも》生《ぎう》」は山東京伝《さんとうきょうでん》『善知鳥安方忠義伝《うとうやすかたちゅうぎでん》』の登場人物の大宅太郎光圀《おおやのたろうみつくに》を画題に、相馬の古《ふる》御所《ごしょ》が描かれているが、古御所に出現したあやしいものとして蝙蝠の大群を取り上げて描いている。**相馬の古御所の妖怪**も参照。

［参考文献］津村正恭『譚海』、渥美清太郎『日本戯曲全集　鶴屋南北怪談狂言集』、太田記念美術館『江戸妖怪大図鑑』

小幡小平次［こはだこへいじ］

　江戸（東京都）の役者で、死んだあとにその亡霊が出た、というはなしがいろいろと語られていた。役者としての小平次は

「幽霊の役が得意だった」と語られる。

　旅興行をしていた先で小平次を殺した友人が、さも他人事のように小平次の自宅でそのことを語ると、「そんなはずはない、うちのひとはちゃんと旅から帰って来て、いま蚊帳《かや》の中で眠ってますヨ」といわれ、慌てて見に行くと蚊帳の中には影もかたちもなかった、といったはなしをはじめ、山崎美成《やまざきよししげ》『海録《かいろく》』（巻三）には、伊豆（静岡県）で失敗をして命を落としたが小平次は、友人に「自分が死んだことを女房に決して語ってはいけない」と約束していたが、小平次の女房に問いただされつづけた友人がすべてを語ってしまおうとしたところ、屋根から「それを言い聞かしては悪《あ》しし」という声がした、というはなしなども同時に記されている。

　根岸鎮衛《ねぎしやすもり》『耳袋《みみぶくろ》』（巻九）などをはじめ、人物・場面が異なるはなしもみられるが、語られていたはなしは主としてこのような短いもので、物語や芝居の題材となり、いろいろな脚色が足された結果、広く知られていった。「蚊帳《かや》」が小道具として活用される展開が多かったようで、葛飾北斎《かつしかほくさい》『百物語　こはだ小平次』も、蚊帳とセットで描かれている錦絵である。小平次は印旛沼《いんばぬま》（千葉県）で殺された（『海録』）とも語られており、沼は蚊帳とともに物語化された作品群では欠かせない小道具になっている。

　一般に親しまれて来た小平次を題材にした物語や芝居の多くは、山東京伝《さんとうきょうでん》『復讐奇談安積沼《ふくしゅうきだんあさかのぬま》』（女房はお塚、小平次を殺すのは安達左九郎《あだちさくろう》という登場人物で、お塚と左九郎は密通しており共犯関係と設定されている）を基調にしており、安積沼（福島県）がその「沼」として設定されることも多い。

　歌舞伎では四世鶴屋南北《つるやなんぼく》『彩入御伽草《いろえいりおとぎぞうし》』や河竹黙阿弥《かわたけもくあみ》『小幡怪異雨古沼《こはだのかいいあめのふるぬま》』など、また大正時代に書かれた鈴木泉三郎《すずきせんざぶろう》『生《い》きてゐる小平次《こへいじ》』も、小平次を登場人物に用いた作品として広く知られる。

　講談では、鰶伝兵衛《このしろでんべえ》の弟子だったので、こはだ（鰶《このしろ》の小さいときの呼び名）という名前をつけた（『実説怪談百物語』）などと語られている。

　全く異なった小平次のはなしもそれ以前には存在していたそうで、そちらのはなしは、魚売りの「こはだ小平次」が怪物と遭遇したりするはなしだったそうである。（『娯楽の江戸』）

［参考文献］山崎美成『海録』、根岸鎮衛、鈴木棠三（編注）『耳袋』二、三田村鳶魚『娯楽の江戸』、国立劇場調査養成部『小幡怪異雨古沼』国立劇場調査養成部『怪談木幡小平次・小幡怪異雨古沼』、桃川如燕『実説怪談百物語』、太田記念美術館『江戸妖怪大図鑑』、アン・ヘリング『おもちゃ絵づくし』

こはだ小平次［こはだこへいじ］

　こはだをにぎるのが得意だったという寿《す》司《し》職人。殺されたあとにも寿司屋をしており、敵方の人物が知らずに食べに来るが、寿司がスッと消えてしまったりしたという。（『すし物語』）
　こはだ（鰶《このしろ》）が江戸前寿司のたねとして親しまれていたことを逆輸入してつくられたはなしだと考えられる。旅役者として語られる以前に存在していたという魚売りの

小平次とも、また別の流れのものだと思われるが、いつごろから語られていたかは、まだ調査が足りずはっきりしない。

［参考文献］宮尾しげを『すし物語』

小仏小平［こぼとけこへい］

小汐田又之丞《おしおだまたのじょう》に仕えていた小者《こもの》。主人だった又之丞が患《わずら》ってしまった鶴膝風《かくしつふう》という病気を治すために、民谷《たみや》家に伝わる唐渡《からわた》りの秘薬「ソウキセイ」を求めて民谷伊右衛《たみやいえも》門《ん》の下男《げなん》になるが、伊右衛門によって殺され、**お岩**の死体と一緒に戸板に打ちつけられて川に流されてしまう。その後は、伊右衛門の前に霊となって現われ、苦しめつづけた。

四世鶴屋南北《つるやなんぼく》『東海道四谷怪談《とうかいどうよつやかいだん》』の登場人物。名前は**小幡小平次**《こはだこへいじ》をもとにしているが、独自の存在となっている。殺された小平の指が、すべて蛇に変わるという演出でよく知られていた。

小汐田又之丞は、赤穂浪士の潮田又之《うしおだまたの》丞《じょう》が歌舞伎に登場するときの名前で、『東海道四谷怪談』が、塩冶判官《えんやはんがん》と高師直《こうのもろなお》が対立する「忠臣蔵」の世界のなかで描かれていることに基づいている。

［参考文献］坪内逍遥・渥美清太郎『大南北全集』十二、国立劇場調査養成部調査記録課『通し狂言 東海道四谷怪談』、畑耕一『変態演劇雑考』、太田記念美術館『江戸妖怪大図鑑』

【さ】

相模屋の猫［さがみやのねこ］

東海道の大磯《おおいそ》の宿場《しゅくば》（神奈川県大磯町）の相模屋という旅籠《はたご》にたたりをなし、夜な夜な現われては、お客や家の者をおびやかしていたという化け猫。

豊臣《とよとみ》千人勇士の隊長・仙石権兵衛《せんごくごんべえ》（仙石《せんごく》秀久《ひでひさ》）を主人公にした講釈に登場するもの。もともとは旅籠の飼い猫だったが、肴《さかな》を盗んでいるのを目撃した猫嫌いのおかみさんに川の中へ投げ捨てられた。しかし、縄を切って川から這《は》い上がり、化け猫になったと語られる。仙石権兵衛が小田原城潜

入騒動の後、大磯の宿場に立ち寄った際に噂を聴いて投宿し、この猫が化けた女中と闘い退治した。

　実際に桃山時代の大磯に仙石権兵衛による**猫**退治の伝承があったわけではなく、先行する演芸やお芝居に登場する各種の化け猫のはなしを配合ミックスして、権兵衛の道中での一章として組み込んだものであるとみられる。

［参考文献］凝香園『豊臣豪傑　仙石権兵衛』

鷺娘［さぎむすめ］

　鷺の化けた美しい娘。真っ白い白無垢《しろむく》の着物をまとった娘に化けた鷺が舞う長唄《ながうた》の『柳雛諸鳥囀《やなぎにひなしょちょうのさえずり》』をはじめとした「鷺娘」の舞踊は広く親しまれている。

「鷺」そのものがへんげ動物のひとつとしても親しまれていた点から、江戸（東京都）では妖怪の一代表としてしばしば絵画や戯文《げぶん》の題材にも挙げられており、妖怪を主題とした歌川芳虎《うたがわよしとら》『百物語戯双六《ひゃくものがたりたわむれすごろく》』や月岡芳年《つきおかよしとし》『新形三十六怪撰《しんけいさんじゅうろっかいせん》』でも「鷺娘」は描かれている。

［参考文献］国立歴史民俗博物館『もののけの夏―江戸文化の中の幽霊・妖怪―』、山口剛『紙魚文学』

酒買い［さけかい］

「酒買小僧《さけかいこぞう》」とも。大きな笠《かさ》をかぶって、雨の日などにお酒を買いに行くお使いの格好をした子供のすがたの妖怪。大きな徳利《とっくり》を持ったり、ぶら下げたりしている。**油買いや豆腐小僧**のように、おもちゃ絵や豆《まめ》絵《え》、絵草紙などに多く描かれている画像妖怪である。**狸**や**川獺《かわうそ》**、**河童《かっぱ》**などがこれに化けて、ひとをおどろかしたりするとされていた。

　近畿地方でも、「まめだ」（豆狸）が化けるものとして描かれることが多く、長谷川《はせがわ》貞信《さだのぶ》（小信《このぶ》）の描いたおもちゃ絵などにも常連としてみることができる。

　四世鶴屋南北《つるやなんぼく》『隅田川花御所染《すみだがわはなのごしょぞめ》』では、桜《さくら》ん坊という僧侶が大きな八丁笠《はっちょうがさ》をかぶり茶碗と、ちろり（酒を燗《かん》する器）を持って、狸が化けた酒買いのようなすがた（桜ん坊は「八丁笠の酒買い、たしかに狸」と称している）で出て来て、**清玄尼《せいげんに》**がおどろく演出などが具体的にみられる。

［参考文献］坪内逍遥・渥美清太郎『大南北全集』六、湯本豪一『今昔妖怪大鑑』

茶道小坊主［さどうこぼうず］

　お茶を運んで来て、ひとに差し出して来る子供のすがたの妖怪。「茶坊主《ちゃぼうず》」などとも呼ばれる。

　江戸では芝居や絵草紙・錦絵に多くみられ、一つ目や三つ目などに変わったりしてひとを驚かせたりする。切禿《きりかぶろ》（短く切りそろえて下げている髪型）の女の子であったりする場合も多い。

　油買いや**豆腐小僧**たちのようなタイプの画像妖怪のひとつであるといえるが、物語などでもしばしば出て来ることもあり、**狐**や**狸**など、へんげ動物が使って来た手法と

して世間話めかして語られることも多く、伝承要素に及ぼしている影響も大きいといえる。しかし逆に、描かれるほうのパターンは**一つ目小僧**（納所《なっしょ》すがたの小坊主）が主流となり、昭和以後からは江戸で描かれていたような男児・女児さまざまなデザインがあまり描かれなくなってしまったようでもある。

［参考文献］「大切浄瑠璃・蜘糸宿直噺」（『歌舞伎新報』千四十九号）、国立歴史民俗博物館『もののけの夏―江戸文化の中の幽霊・妖怪―』、氷厘亭氷泉「四天王の妹御さま」（『大佐用』二百十一号）、アン・ヘリング『おもちゃ絵づくし』

七星の鏡［しちせいのかがみ］

北斗七星《ほくとしちせい》の力を持っているふしぎな鏡で、これを盗み出そうとした岩倉雲鷲《いわくらくもわし》・犬《いぬ》上虎岩《がみとらいわ》に対し、へんげをみせて追い返す。

四世岩井半四郎《いわいはんしろう》が踊った『杜若七重の染衣《かきつばたななえのそめぎぬ》』という七変化の踊りに登場する。斯波《しば》家から細川勝元《ほそかわかつもと》が預かって宝蔵《たからぐら》に入れておいたこの鏡を山名宗全《やまなそうぜん》が二人に盗み出させようとしているという設定になっている。七星の鏡の精は小野小町《おののこまち》・手習い娘・座頭《ざとう》・汐汲《しおく》み・浦島太郎・おぼこ人形・**獅子**《しし》の精と、次々にへんげをしてみせるというかたち。

へんげの出現を見た虎岩のせりふには「この館《やかた》は化物屋敷《ばけものやしき》」などといった表現もみられる。

［参考文献］渥美清太郎『日本戯曲全集　舞踊劇集』

撞木娘［しゅもくむすめ］

撞木鮫《しゅもくざめ》のような顔をした妖怪。江戸の版本《はんぽん》や豆絵《まめえ》（画面を細かく区切ってたくさんの絵が描きこまれている形式のおもちゃ絵）などに広く描かれている画像妖怪である。

かるたでは、「うすい峠のしゅもく娘」、「しゅもく橋のしゅもく女」など（『日本の妖怪』、『江戸妖怪かるた』）の文句が読み札につけられているが、このような江戸の妖怪かるたの文句は直接その妖怪を紹介しているものではなく、画像のみが先行している存在（特にどういう妖怪であるという伝承部分が存在しない）に、口ざわりのよい読み文句をつけているだけのものも多く、撞木娘の場合はそれにあたるようである。**ぶるぶる女**や「蟬娘《せみむすめ》」などもこれに近い。

月岡芳年《つきおかよしとし》『新形三十六怪撰《しんけいさんじゅうろっかいせん》』の「おもいつづら」で描かれている舌切雀の葛籠《つづら》から出て来ている妖怪のなかに描かれた目玉の大きな妖怪は、しばしば「撞木娘」と紹介されることがあるが、これは二一世紀に入って「撞木娘」がしばしば紹介されるようになってからの類推傾向であり、特に根拠のある結びつきではない。芳年の絵を先入観を持たず自然に見れば、目の位置が水平に描かれ口が目よりも上につきがちな撞木鮫の描き方にはなっておらず、ただずまいに撞木娘を素材にした可能性は挙げることができるかも知れないが、撞木鮫としては全く精緻に描かれてはおらず、左上右上に延びた目の形状からいえば蝸牛《かたつむり》のかたちを示しているとみられる。（『芳年のつづらの

アレ」、「撞木と蛞蝓と蝸牛」）

［参考文献］氷厘亭氷泉「芳年のつづらのアレ」（『大佐用』二十五号）、氷厘亭氷泉「撞木と蛞蝓と蝸牛」（『大佐用』二十六号）、別冊太陽『日本の妖怪』、多田克己『江戸妖怪かるた』、日本かるた文化館「化け物かるた」

神猿［しんえん］

山王《さんのう》の神猿と名乗る三匹の猿が、「今年は天下豊年である」、「しかし人々が多く死ぬ」、「いま改めて新年を祝って来年とすれば良い」といった内容をそれぞれ語った、病難よけのためには餅《もち》をついて門松《かどまつ》を立て正月祝いをしろ……などの内容を記した『明神神猿記《みょうじんしんえんき》』などの外題《げだい》をつけた半紙《はんし》二枚つづりの冊子を路上で売る読売《よみうり》（かわら版《ばん》売り）が江戸に存在した。

石塚豊芥子《いしづかほうかいし》『街談文々集要《がいだんぶんぶんしゅうよう》』（巻十二）によると、この冊子は文化一一年（一八一四）四月上旬ごろから出たもので、川越（埼玉県川越市）近郊の庚申《こうしん》塚の森に出た猿が語ったとされてもいたという。豊芥子は、このような妄言を記した刷りものが街で売られたり噂になったりすることは度々あることで無駄に銭を使う人々は多い、とまとめている。「世界七分通《ぶ》り死亡いたし」などの語り口は、**神社姫**や**あまびこ**などの同種な絵紙にもみられる書き方である。

［参考文献］石塚豊芥子、鈴木棠三（校訂）『街談文々集要』

心火［しんか］

陰火《いんか》や**人魂《ひとだま》**のこと。

芝居のせりふなどでも用いられており、四世鶴屋南北《つるやなんぼく》『阿国御前化粧鏡《おくにごぜんけしょうのすがたみ》』では、**阿国御前《おくにごぜん》**が髪の毛を絞って血がこぼれ落ちた後に心火《しんか》が上がったり、灯籠《とうろう》が心火で燃え上がったりする演出などもみられる。また、『法懸松成田利剣《けさかけまつなりたのりけん》』でも七里姫《しちりひめ》が斬られる場面で「女が念は七つの心火」というせりふがあり、七つの心火がどろどろどろと出たりしている。

［参考文献］渥美清太郎『日本戯曲全集　鶴屋南北怪談狂言集』、郡司正勝『鶴屋南北全集』九

神社姫［じんじゃひめ］

「神蛇姫」とも。大きな蛇体・魚体に女の顔がついたようなふしぎな存在の絵。体の側面にも目があったり、宝珠や尾の先に剣《つるぎ》のような部品を持つすがたで描かれていたりもする。竜宮《りゅうぐう》からの御使者《おししゃ》で肥前《ひぜん》の浜辺に出て豊作と疫病を予言した、これを家に貼って日々眺めて暮らせば病をまぬがれることができる、長寿となるなどの内容を添えて記した絵紙を路上で売る読売《よみうり》（かわら版《ばん》売り）が文政二年（一八一九）ごろ江戸に存在した。

加藤曳尾庵《かとうえびあん》『我衣《わがころも》』（巻十四）は、印刷したものが売り歩かれる前に、同様の内容が手書きでも写されていたことを記しているが、「例の愚俗の習《ならわ》し」とも感想を述べており、以前からへんな魚の絵が描かれたこの手の浮説《うわさ》が存在していたことがうかがえる。

石塚豊芥子《いしづかほうかいし》『街談文々集要《がいだんぶんぶんしゅうよう》』（巻二）には「神蛇姫」とあり、文化二年（一八〇五）

ごろに売られていた人魚のかわら版を焼き直して創られたものだろうと述べている。斎藤月岑《さいとうげっしん》は江戸市中で神社姫の絵紙が売られていたことについて「探幽《たんゆう》が戯画百鬼夜行の内ぬれ女の図を写し神社姫と号して流布せしを尊ぶものありしなり」（『武江年表』文政二年）と記しており、狩野《かのう》家の系統の妖怪絵巻にみられる「濡女《ぬれおんな》」の絵をもとにして描かれた絵であろうといった程度の迷信として記載している。

［参考文献］湯本豪一『日本の幻獣図譜』、『日本庶民生活史料集成』第十五巻・都市風俗、斎藤月岑『武江年表』、石塚豊芥子、鈴木棠三（校訂）『街談文々集要』

砂村の怨霊［すなむらのおんりょう］

歌川芳員《うたがわよしかず》『百種怪談《むかしばなし》妖怪双六《ばけものすごろく》』などに描かれている南瓜《かぼちゃ》の妖怪。南瓜の実に顔があり、葉っぱや蔓《つる》でできた体がそれを持ちながら歩いているかたちで描かれている。

南瓜に目鼻が出現する**南瓜お化け**の演出は四世鶴屋南北《つるやなんぼく》による芝居に用いられて広く知られており、それをもとにすがたかたちを工夫して発展させた画像妖怪であるといえる。砂村（東京都江東区）は、南瓜など野菜の産地（『川柳江戸名物図絵』）として江戸で知られていた。

［参考文献］くもん子ども研究所『浮世絵に見る江戸の子どもたち』、湯本豪一『今昔妖怪大鑑』、石神井公園ふるさと文化館『江戸の妖怪展』、坪内逍遥・渥美清太郎『大南北全集』十二、花咲一男『川柳江戸名物図絵』、猫々道人「劇場客物語」（『歌舞伎新報』七十九号）

清玄尼［せいげんに］

もともとは入間《いるま》家の花子前《はなこのまえ》というお姫様で、許嫁《いいなずけ》の吉田松若丸《よしだまつわかまる》が魔風《まふう》にさらわれて行方不明となってしまい、入間家乗っ取りをたくらむ粂平内長盛《くめのへいないながもり》と岩藤局《いわふじのつぼね》の勧《すす》めで妹の桜姫に跡目を譲ることになり出家をした。松若丸は**天狗**にさらわれ魔界に入った後、鎌倉幕府を滅ぼすために大友常陸之助《おおともひたちのすけ》頼国《よりくに》にすがたを変えていた。清玄尼は、桜姫の婿となる頼国の顔と、松若丸の姿絵がそっくりなことから頼国に近づき、ふたりが呑み交わそうとしていた鴛鴦《おしどり》の血の入った酒を代わりに飲み干して、寺を破門放逐される。隅田川で見たおたずね者の高札《こうさつ》で、頼国が本当に松若丸であったと知り、桜姫に対して嫉妬に燃える清玄尼だったが、猿島惣太《さるしまそうた》に殺されてしまう。怨霊となった清玄尼は、松若丸そっくりなすがたになって松若丸の前に現われる。吉田家の宝物「都鳥《みやこどり》の一巻《いっかん》」の力で祓《はら》われた清玄尼の霊は、釣鐘の中に入り込んでさらに強大になる。

四世鶴屋南北《つるやなんぼく》『隅田川花御所染《すみだがわはなのごしょぞめ》』の登場人物。『けいせい紅葉襠《もみじのうちかけ》』などで用いられた桜姫に恋焦がれて破戒僧《はかいそう》となる「清玄《せいげん》」を女に書き換えた「女清玄」の設定を、吉《よし》田松若《だまつわか》を中心に物語が展開する「隅田川《すみだがわ》」と、御殿で岩藤《いわふじ》・尾上《おのえ》が対立する「鏡山《かがみやま》」のふたつを合成した世界に加えた芝居になっている。松若丸が二人になってしまうのは「双面《ふたつおもて》」という歌舞伎の演出を用いたものである。

惣太に殺される場面で、刃を握《にぎ》った清玄尼の指が落ちて白蛇に変わる演出もみられ

る。また、履くと鴛鴦《おしどり》の霊によって色恋に狂ってしまうという金剛草履《こんごうぞうり》が芝居に登場するが、**阿曽沼《あそぬま》の鴛鴦**で知られる下野国《しもつけのくに》（栃木県）阿曽沼に生えた菅菰《すがこも》のみを材料にしてつくられていると設定されている。

法界坊は、隅田川の世界を用いているため、鐘に入って「清姫《きよひめ》」のような蛇体となることも含めて共通点が多く、特に野分姫《のわけひめ》の立ち位置は清玄尼と非常に近い。

［参考文献］国立劇場芸能調査室『隅田川花御所染』、坪内逍遥・渥美清太郎『大南北全集』六

相馬の古御所の妖怪 ［そうまのふるごしょのようかい］

平将門《たいらのまさかど》が自身の内裏《だいり》として建てた相馬《そうま》内裏《だいり》の廃墟に現われたさまざまな妖怪たち。数多くの妖怪であったり、合戦をする骸骨《がいこつ》の軍兵たちであったり、**蝙蝠《こうもり》**の群れであったり、生首を大数珠《じゅず》のようにして百万《ひゃくまん》遍《べん》（大数珠を大勢でまわしながら念仏を唱える行事）をする幽霊たちであったり、多種多彩である。

山東京伝《さんとうきょうでん》『善知安方忠義伝《うとうやすかたちゅうぎでん》』に登場する。大宅太郎光圀《おおやのたろうみつくに》が**滝夜叉姫《たきやしゃひめ》**を征伐したことで古御所《ふるごしょ》は焼け落ちる。

『善知安方忠義伝』で、京伝は『百鬼夜行《ひゃっきやこう》絵巻《えまき》』や『化物草紙《ばけものぞうし》』を参考に歌川豊国《うたがわとよくに》に挿絵を描かせており、絵巻物や、それを写した版本にみられる画像妖怪を多数応用している。その挿絵はのちの浮世絵師たちが豆絵《まめえ》やおもちゃ絵を描く際の粉本《おてほん》としても間接的・部分的に描き継がれている。『百鬼夜行絵巻』に描かれている赤い妖怪がいくつかの豆絵やおもちゃ絵にデザインとして用いられているのも、この延長上にあるといえる。（『百鬼夜行絵巻の赤い妖怪　だっちょのページ』）

歌舞伎や舞踊を通じて**滝夜叉姫《たきやしゃひめ》**と光圀が対峙《たいじ》する場面がよく知られて以後は、錦絵・絵草紙にこの場面は数多く描かれており、独立した画題となり、古御所に登場する画像妖怪を足したり替えたりしつつ、原作にはない工夫も豊富にみることができる。歌川国芳《うたがわくによし》による三枚つづきの錦絵は、骸骨合戦の部分を巨大な骸骨に改良して描いたもので、『善知安方忠義伝』を題材とした作品として最もよく知られている。

［参考文献］『山東京伝全集』十六　読本二、『歌川国芳展生誕二〇〇年記念』、中右瑛『浮世絵　魑魅魍魎の世界』、湯本豪一『今昔妖怪大鑑』、太田記念美術館『江戸妖怪大図鑑』、国立歴史民俗博物館『もののけの夏―江戸文化の中の幽霊・妖怪―』、氷厘亭氷泉『百鬼夜行絵巻の赤い妖怪　だっちょのページ』

息 ［そく］

訓読みで「いき」とも呼ばれる。日光東照宮（栃木県日光市）の陽明門《ようめいもん》や拝殿の装飾彫刻にみられる**竜**のようなもの。顔や前足は竜のようなかたちをしており、角は一本である。

東照宮の『御宮《おみや》並《ならびに》脇堂社結構書《わきどうしゃけっこうしょ》』に「息」であると示す記述がみられ、それに従ってこのように呼ばれている。しかし、ほかに絵画などの例はみられず、彫刻も全身像ではないため、全体がどのような存在なのかははっきりわかっていない。（『図説社寺建築の彫刻』、『日光東照宮の謎』）

「息」という名称が用いられず「竜頭」（『日光東照宮建築装飾図集』）とだけ紹介されていたりもする。

〔参考文献〕角南隆『日光東照宮建築装飾図集』、高藤晴俊『図説 社寺建築の彫刻』、高藤晴俊『日光東照宮の謎』、『日光東照宮の装飾文様』人物・動物・絵画、『日光東照宮の装飾文様』植物・鳥類

【た】

だいだ法師〔だいだほうし〕

とても大きな巨人。「めっぽう世界」に住んでいるといい、背の高さは十万由旬《じゅうまんゆじゅん》もあるとされる。

七珍万宝《しっちんまんぼう》『五体物〆是程《ごたいそうしめてこれほど》』に登場するもので、巨大な魚「鯤《こん》」に呑まれてしまった舟の乗員たちを、救い出す（鯤を食べようと思ったら、たまたまそのなかにいた）はなしなどが描かれている。隠居をしているという点から考えると、息子さんなどがいる設定のようである。

黒本の『五たいそう』に登場する**ぎょうさん王**から設定を取っており、**だいだらぼっち**として描かれているが、格子《こうし》模様の着物など、絵本で描かれていた見越入道《みこしにゅうどう》のデザインも流用されている。

〔参考文献〕七珍万宝『五体物〆是程』

大魔王の使い〔だいまおうのつかい〕

徳川光圀《とくがわみつくに》（水戸黄門《みとこうもん》）の夢に現われたという、夜叉《やしゃ》のようなすがたをして鉄杖《てつじょう》を持った大きな**悪魔**。「正しい心で世を糺《ただ》してまわる光圀を魔道へ落とすために、大魔王の使いとして現われた」と語り襲いかかるが、光圀を助太刀《すけだち》に来た武甕槌命《たけみかづちのみこと》によって退治される。

『水戸黄門仁徳録《みとこうもんじんとくろく》』にみられるもので、魔界（下界とも）の「大魔王」そのものは直接登場せず、具体的にどのような存在かは不鮮明である。水戸黄門の実録ものに登場する敵のなかでは最も規模の巨大なものだが、同書でみられる世界の果てを船で漫遊するはなし（**真黒《まくろ》き魚《うお》**などが登場する）な

どと同様に、その後の芝居や講談にそこだけが主題として取られた機会は少ないようである。

〔参考文献〕『今古実録 水戸黄門仁徳録』、『全国漫遊 水戸黄門仁徳録』下

滝夜叉姫［たきやしゃひめ］

平将門《たいらのまさかど》の娘で、将門没後は出家し如月《にょげつ》尼《に》と称していたが、**肉芝仙**《にくしせん》の**蝦蟇**《がま》の妖術によって悪の心に染まり、弟の将軍太郎良門《しょうぐんたろうよしかど》とともに妖術を用いて天下を乱した。

山東京伝《さんとうきょうでん》『善知安方忠義伝《うとうやすかたちゅうぎでん》』に登場する。肉芝仙《にくしせん》の妖術によって残党たちとともに下総国《しもうさのくに》の相馬（茨城県）で暗躍するが、源頼信《みなもとのよりのぶ》の忠臣・大宅太郎光圀《おおやのたろうみつくに》によって退治された。

『善知安方忠義伝』は、『前太平記《ぜんたいへいき》』の世界を基本設定に用いており、滝夜叉・良門姉弟の設定は、『前太平記』（巻十八）にある平将門の娘・如蔵尼《にょぞうに》のはなしから脚色されている。

『善知安方忠義伝』は、後に『世善知鳥相馬旧殿《よにうとうそうまのふるごしょ》』や『忍夜恋曲者《しのぶよるこいはくせもの》』など芝居にかけられたことで江戸では広く知られるようになり、錦絵や絵草紙にも多数描かれた。**相馬の古御所**《ふるごしょ》**の妖怪**も参照。

〔参考文献〕『山東京伝全集』十六 読本二、板垣俊一（校訂）『前太平記』上、太田記念美術館『江戸妖怪大図鑑』

脱雪［だっせつ］

両肩から両乳の上にかけて、青黒く乾《ほ》し固まった別人の両腕がしがみついていたという比丘尼《びくに》。真夜中過ぎるころになると、肩にしがみついている腕は動き出して脱雪の胸をしめつけて来たという。もともとはある大名の屋敷に仕えていた女で、その腕は病気で亡くなったその大名の奥方のもの。奥方が「死ぬ前に是非、庭の八重桜《やえざくら》を見たい」と乞われたのでおぶって庭に出たところ、そのまま亡くなり、どうしても腕が外れなくなったのだという。

『百物語《ひゃくものがたり》』で講釈師の松林伯円《しょうりんはくえん》によって語られていたはなしにみられる。尼僧となり各地を巡っていた脱雪が、投宿した下野《しもつけ》国《のくに》（栃木県）の河内郡田中村の家でこのはなしを物語ったという内容になっている。

似た展開の尼僧のはなしは根岸鎮衛《ねぎしやすもり》『耳袋《みみぶくろ》』（巻九）にあり、そちらは大和国《やまとのくに》（奈良県）で聴かれたはなしとされている。

小泉八雲《こいずみやくも》は、この伯円のはなしを題材に「因果話《いんがばなし》」というはなしを執筆している。

〔参考文献〕条野採菊（編）『百物語』、一柳廣孝・近藤瑞木（編）『幕末明治 百物語』、小泉八雲、平川祐弘（編）『怪談・奇談』、根岸鎮衛、鈴木棠三（編注）『耳袋』二

玉梓［たまずさ］

安房国《あわのくに》（千葉県）の武将・神余光弘《じんよみつひろ》の側室だった美女。家臣の山下定包《やましたさだかね》と通じて光弘を討って城主となった定包の妻となるが、里見義実《さとみよしざね》によって滅ぼされ、以後は里見家に仇《あだ》をなす巨悪の存在として、その怨霊が義実の娘の伏姫《ふせひめ》と、その子供たちにあたる八犬士の人生に波瀾をもたらした。

曲亭馬琴《きょくていばきん》『南総里見八犬伝《なんそうさとみはっけんでん》』（二回）から

登場する。当初、里見義実は玉梓を赦《ゆる》そうとしたが、金碗八郎《かなまりはちろう》の進言によって斬首をさせており、その点が里見家や金碗の一族を怨《うら》む最大の原因として描かれている。後に役行者《えんのぎょうじゃ》の利益《りやく》によって成仏をしたが、余念は**狸**の**妙椿**《みょうちん》に影響をおよぼし、八犬士を苦しめた。

［参考文献］曲亭馬琴、小池藤五郎（校訂）『南総里見八犬伝』一

竹杖外道［ちくじょうげどう］

天竺《てんじく》の**悪魔**。天竺徳兵衛《てんじくとくべえ》や岩倉夜叉丸《いわくらやしゃまる》の前に現われ、二人に蝦蟇《がま》の妖術を授けて足利幕府転覆を進めさせる。

四世鶴屋南北《つるやなんぼく》『阿国御前化粧鏡《おくにごぜんけしょうのすがたみ》』の登場人物。「なむたったるま、ぶんだりぎゃぁ、えんすまる、さんだまる、しごしょうでん、あらいそあらいそ」という呪文のことばを用いる。天竺徳兵衛への術譲《じゅつゆず》りの舞台は伊吹山《いぶきやま》（滋賀・岐阜県）、徳兵衛の正体は赤松政則《あかまつまさのり》と設定されている。

蛙《かえる》は蛇に弱いという性質を用いた設定として、徳兵衛や夜叉丸が、御殿に残っている**阿国御前**《おくにごぜん》の黒髪が怨《うら》みから変じた蛇にびっくりして失策をする場面や、巳《み》年巳《み》月巳《み》日巳《み》刻うまれである葛城《かつらぎ》（名古屋山三《なごやさんざ》の妻）の血汐を受けた「飛竜丸《ひりゅうまる》」の名剣の力で術が破れてしまう場面などがみられる。

竹杖外道という名前は、目連尊者《もくれんそんじゃ》（目犍《もくけん》連《れん》）を襲ったとされる実際の天竺に伝わる外道から取られている。

［参考文献］渥美清太郎『日本戯曲全集　鶴屋南北怪談狂言集』

提灯お岩［ちょうちんおいわ］

盆提灯《ぼんぢょうちん》に**お岩**の顔が浮かび上がるというもの。

四世鶴屋南北《つるやなんぼく》『東海道四谷怪談《とうかいどうよつやかいだん》』などをはじめとしたお岩さんを題材に取った芝居にみられる演出をもとにしたもので、舞台を写した役者絵をはじめ、さまざまに描かれており、葛飾北斎《かつしかほくさい》『百物語　お岩さん』もこれを題材に描かれたものである。

提灯のほかにも、魚籠《びく》や南瓜《かぼちゃ》などに顔が出たりする演出もあり、こちらも役者絵から離れて、おもちゃ絵や豆絵《まめえ》に単体の画像妖怪として描かれていたりもする。

小幡小平次《こはだこへいじ》の芝居にも、この演出は用いられたのか、並木五瓶《なみきごへい》『怪談木幡小平次』（三編）の見返しや挿絵にも提灯や徳利《とっくり》に顔が出ている絵がみられる。

［参考文献］坪内逍遥・渥美清太郎『大南北全集』十二、太田記念美術館『江戸妖怪大図鑑』、国立劇場調査養成部『怪談木幡小平次・小幡怪異雨古沼』

提灯お化け［ちょうちんおばけ］

提灯に目鼻が生えたり、手足や体などがついたりしたかたちでよく描かれる。

江戸でも赤本や黒本の時代から絵本に描かれており、豆絵《まめえ》（画面を細かく区切ってたくさんの絵が描きこまれている形式のおもちゃ絵）や「ばけもの尽くし」などの類にも大抵常連の画像妖怪として浮世絵師たちや近代以後の画家たちに描き継がれてい

る。「提灯小僧《ちょうちんこぞう》」とも称されるが、胴体や子供の要素が特に存在しないかたちであっても「小僧」と称されており、「小僧」に深い意味はないようである。

『新板化物尽《しんぱんばけものづくし》』（『江戸仕掛本考』、『もののけの夏—江戸文化の中の幽霊・妖怪—』）やかるた（『いろはかるた』）では目鼻のある提灯から翼が生えたかたちで描かれたりもしており、いろいろなデザインがみられる。

［参考文献］別冊太陽『いろはかるた』、別冊太陽『日本の妖怪』、林美一『江戸仕掛本考』、国立歴史民俗博物館『もののけの夏—江戸文化の中の幽霊・妖怪—』

趙良弼［ちょうりょうひつ］

日本を魔国にしようとやって来た蒙古《もうこ》の蝦蟇《がま》仙人の霊で、実の息子である**帝烏枢丸《でいうすまる》**に出生の秘密を語り、蝦蟇の妖術を授かり、鎌倉幕府転覆を進めさせる。

四世鶴屋南北《つるやなんぼく》『法懸松成田利剣《けさかけまつなりたのりけん》』の登場人物。妖術で人々を惑わして邪宗に染め、日本を魔国にしようとしていたが、「日の御旗《みはた》」、「月の御旗」、「雲竜の宝剣《うんりょうのほうけん》」などの力によって魔力が使えず、幼い帝烏枢丸《でいうすまる》を浜辺に捨てて江の島から身を投げて死んだとされる。白菊丸《しらぎくまる》として成長していた帝烏枢丸への術譲《じゅつゆず》りの舞台は江の島（神奈川県藤沢市）の稚児《ちご》ヶ淵《がふち》が設定されている。

帝烏枢丸の白菊丸という寺での名前や、蝦蟇仙人という設定は、稚児ヶ淵の白菊丸、蝦蟇石など、江の島の著名な伝承要素を趣向材料にしたもの。舞台が鎌倉・江の島なのは蒙古襲来と日蓮《にちれん》を芝居前半の世界設定としているためである。

［参考文献］郡司正勝『鶴屋南北全集』九、落合清彦「因果に顫く人々」（『季刊 歌舞伎』五号）

帝烏枢丸［でいうすまる］

蒙古の蝦蟇《がま》仙人**趙良弼《ちょうりょうひつ》**の息子で、父の霊から三千万里自在の蝦蟇《がま》の妖術を授かり、鎌倉幕府転覆と日本を魔国にすることをたくらむ。

四世鶴屋南北《つるやなんぼく》『法懸松成田利剣《けさかけまつなりたのりけん》』の登場人物。相模国《さがみのくに》片瀬（神奈川県藤沢市）の漁師・一心太兵衛《いっしんたへえ》に拾われて育ち、鎌倉（神奈川県鎌倉市）の円覚寺に稚児・白菊丸《しらぎくまる》として奉公していたと設定されている。「なむさったるま、ふんだりぎゃぁ、守護聖《しゅごしょう》天《でん》、はらいそ、はらいそ」という呪文のことばを用いる。

日本を守る宝物（日・月の御旗《みはた》と雲竜《うんりょう》の宝剣《ほうけん》）をばらばらにすることで日照りを起こし、天下の人々を困らせ、帝烏枢丸は北《ほう》条長時《じょうながとき》に化けて鎌倉幕府に入り込み、これは日蓮《にちれん》が人々を惑わしたたたりであるとして処刑を命じる。「日の御旗」から七つ頭の小蛇が現われ帝烏枢丸をたじろがせるが、まんまと惟康《これやす》親王から「日の御旗」を奪う。しかし、菊市《きくのいち》という座頭《ざとう》すがたで忍び込んでいた日蓮がそれを奪い返し、蝦蟇仙人の妖術を破る「柊若《きじゃく》の相」をもつ辰《たつ》年辰《たつ》月辰《たつ》日辰《たつ》刻うまれの血汐の持主・七里姫《しちりひめ》の血が二つの旗にかかると、帝烏枢丸の術は発動しなくなり、すがたを消す。

この歌舞伎にも後半部に**累**《かさね》の趣向が用いられている。再演されているのは主にその

二番目の筋（もともと『色彩間苅豆《いろもようちょっとかりまめ》』として独立もしている）で、帝鳥枢丸の筋が展開する一番目の筋は初演以後、とんと演じられていない。七里姫は、深沢の悪竜の化身とも書かれている。これは**五頭竜**《ごずりゅう》のことだが、寺社縁起によくある竜女を意識して、**竜**であるからという点のみで活用しており、縁起物語の本来の内容からは完全に切り離した別物として用いている。

［参考文献］郡司正勝『鶴屋南北全集』九、落合清彦「因果に顫く人々」（『季刊 歌舞伎』五号）、渥美清太郎『日本戯曲全集 鶴屋南北怪談狂言集』

田楽天狗［でんがくてんぐ］

鎌倉幕府の執権《しっけん》・北条高時《ほうじょうたかとき》を惑わすために現われ、田楽舞《でんがくまい》を踊った数多くの**天狗**や異類異形《いるいいぎょう》の化物《ばけもの》たち。

高時の目には楽しい田楽法師《でんがくほうし》たちと見えていたが、その楽しそうな音を耳にした女房たちがそっとのぞいてみると、それらは人間ではなく、座敷に残っていた足跡も鳥や獣のようなものだったという。

『太平記《たいへいき》』（巻五）の「相模入道弄田楽并闘犬事」にみられるもので、**妖霊星**《ようれいぼし》の歌を唄ったとも語られる。『太平記絵巻』でも、高時が天狗や妖怪と踊っている絵がこの場面では描かれている。（『太平記絵巻の世界』）高時のはなしとして、後の『太平記』の世界を用いた物語や絵画・芝居などでも多く題材に取られて来ている。

河竹黙阿弥《かわたけもくあみ》『北条九代名家功《ほうじょうくだいめいかのいさおし》』では、春日《かすが》の田楽法師・南円坊《なんえんぼう》、住吉《すみよし》の田楽法師・東江坊《とうこうぼう》などのすがたに化けた天狗たちが登場する。

［参考文献］『参考太平記』、埼玉県立博物館『太平記絵巻の世界』、河竹繁俊（校訂）『黙阿弥脚本集』十二

豆腐小僧［とうふこぞう］

「豆腐買い」、「豆腐なめ」、「化け小僧」とも。笠《かさ》をかぶり、買って来た豆腐《とうふ》をお盆などにのせて歩いて行くすがたをした妖怪。

油買いや**酒買い**などと同様、よく絵に描かれており、江戸で売り出されていたおもちゃや絵やかるたにも多くみることができる画像妖怪である。凧《たこ》のおもちゃ絵などにもみられ、歌川芳藤《うたがわよしふじ》『新板かたち凧づくし』（『おもちゃ絵づくし』）でも、長い舌で豆腐をなめながら歩いている様子が図案化されている。

正体は**狐**・**狸**をはじめとしたへんげ動物や**河童**《かっぱ》ともみられていたようで、三世桜田《さくらだ》治助《じすけ》『来宵蜘蛛線《くべきよいくものいとすじ》』や三世河竹新七《かわたけしんしち》『蜘糸《くものいと》宿直噺《およづめばなし》』でも、大きな笠をかぶって豆腐を持って登場するお使い（**薄雲**《うすぐも》や**葛城太夫**《かつらぎだゆう》になった土蜘蛛《つちぐも》が化けている）が登場して来るが、決まって「これは葛西《かさい》の源兵衛堀、河童にかわる竹の子笠」などといった**源兵衛堀の河童**の歌を最初に唄う演出がみられる。落合芳幾《おちあいよしいく》・仮名垣魯文《かながきろぶん》『東海道中栗毛弥次馬《とうかいどうちゅうくりげのやじうま》』の池鯉鮒《ちりゅう》の宿《しゅく》の絵でも、道で遭遇した大きな笠をかぶって豆腐と徳利《とっくり》を買って帰る子供を弥次《やじ》さん喜多《きた》さんが「これこそ世に言う豆腐小僧の河童のばけもの、または狸か狢《むじな》ならん」と胆《きも》をつぶす描写が描かれていたりすることなどからも、その雰

囲気の一端をうかがうことができる。

おもちゃ絵やかるたでは、顔が**一つ目小僧**として描かれていることも多く、そのような顔を見せて道で出遭ったひとを驚かして来ると想定されてもいたようである。

［参考文献］渥美清太郎『日本戯曲全集　舞踊劇集』、「大切浄瑠璃・蜘糸宿直噺」（『歌舞伎新報』千四十九号）、落合芳幾・仮名垣魯文『東海道中栗毛弥次馬』、大野和彦『大東海道』下、別冊太陽『日本の妖怪』、湯本豪一『今昔妖怪大鑑』、アン・ヘリング『おもちゃ絵づくし』、氷厘亭氷泉「四天王の妹御さま」（『大佐用』二百十一号）

【な】

肉芝仙［にくしせん］

筑波山（茨城県）の奥に住む三〇〇〇歳の年を経た蝦蟇《がま》の精で、**平将門**《たいらのまさかど》の息子である将軍太郎良門《しょうぐんたろうよしかど》に蝦蟇の術を授けて天下を乱させようとした。

山東京伝《さんとうきょうでん》『善知安方忠義伝《うとうやすかたちゅうぎでん》』に登場する。山蜘《やまぐも》・茨木《いばらき》という眷属《けんぞく》もおり、都に送り込んだりもしている。**滝夜叉姫**《たきやしゃひめ》の用いた妖術も肉芝仙のものである。

蝦蟇《がま》仙人から蝦蟇の妖術を授かるという展開は、近松門左衛門《ちかまつもんざえもん》『傾城島原蛙合戦《けいせいしまばらかえるがっせん》』の七草四郎《ななくさしろう》などをはじめ、天竺徳兵衛《てんじくとくべえ》や**帝**《てい》**烏枢丸**《うすまる》など、浄瑠璃や歌舞伎で天下を狙う悪役に用いられつづけていた演出を活用しており、外国渡りの魔術であるという設定が多い。肉芝仙も天竺《てんじく》から伝わった術であると術譲《ゆず》りの場面で語っており、それは意識されている。**竹杖外道**《ちくじょうげどう》や**趙良弼**《ちょうりょうひつ》も参照。

［参考文献］『山東京伝全集』十六　読本二、近松全集刊行会『近松全集』十一、太田記念美術館『江戸妖怪大図鑑』

鯰公［ねんてき］

明治時代の戯文や狂画・ポンチ（諷刺《ふうし》漫画）などに多く描かれる、官吏《かんり》のすがたをした鯰《なまず》。洋服を着たり、芸者（猫妓《ねこ》）と遊んだりしているすがたで描かれることが多い。明治時代の官吏がみんな髭《ひげ》を生やしていたことからの発想で、「鯰」と戯称されていたことを直接的に戯文や狂画にしたものである。「鯰《なまず》の開化者《ばけもの》」などとも。

鯰との関連から、官吏が免職に遭うことを地震（「鯰が動く」というしゃれことば）と表現したりもしており、そのことを下敷

きにした戯文や絵も『団団珍聞《まるまるちんぶん》』などの諷刺雑誌に多数みられる。(『団団珍聞』「驥尾団子」がゆく』)

安政のころに江戸で多く売り出された鯰絵に数多く描かれた**地震鯰**たちの絵が先輩表現としてあり、その下地があってか、明治中期ごろまでかなり幅広く描かれている。

「てき」は呼び掛けのことばで、熊《くま》さんや八《は》っつぁんたちが「幽霊」を「幽公《ゆうてき》」と呼んだりするのと同じもの。

[参考文献]「当世化物づくし」(『魯文珍報』二十号)、「鯰魚社会ノ怪異」(『東京新誌』九十九号)、「震鯰縁会」(『東京新誌』百二十九号)、猫々道人「劇場客物語」(『歌舞伎新報』三十六号)、木本至『『団団珍聞』「驥尾団子」がゆく』

【は】

白澤 [はくたく]

中国に伝わる、徳の高い王者が立っているときに出現するという獣。人語を解し、この世のいろいろなことを知っているとされる。

日光東照宮(栃木県日光市)では、拝殿の法親王《ほうしんのう》着座《ちゃくざ》の間《ま》の杉戸に「白澤」が二体、描かれている。東照宮の『御宮《おみや》並《ならびに》脇《わき》堂社結構書《どうしゃけっこうしょ》』に「白澤」であると示す記述がみられ、それに従って現在はこのように呼ばれているが、昭和の末ごろまでは特に根拠もなく**貘**《ばく》や**獅子**《しし》と称されることが多かったという。日本では白澤は胴の左右に三つずつ、顔にも三つ、合計九つといったように目が多く描かれることも多いが、狩野《かのう》探幽《たんゆう》によるこの杉戸の絵の白澤は漢画そのままの白澤のようで、目は二つのみである。(『日光東照宮の謎』、『図説 社寺建築の彫刻』)

幕末に狩野一信《かのうかずのぶ》によって描かれ、増上寺(東京都)へ奉納された『五百羅漢図《ごひゃくらかんず》』(六九幅「禽獣《きんじゅう》」)にも獅子・貘《ばく》・鶴《つる》などとともに白澤が描かれているが、目が九つのかたちのものが描かれている。(『増上寺秘蔵の仏画 五百羅漢 幕末の絵師 狩野一信』)

関東広域で語られる**狸**の化けた**建長寺の僧**が描いたとされる絵のなかにも「白澤」があったことがみられる。(『相州内郷村話』)

[参考文献]高藤晴俊『図説 社寺建築の彫刻』、高藤晴俊『日光東照宮の謎』、『日光東照宮の装飾文様』植物・鳥類、『日光東照宮の装飾文様』人物・動物・絵画、『増上寺秘蔵の仏画 五百羅漢 幕末の絵師 狩野一信』、鈴木重光『相州内郷村話』

菱川重信 [ひしかわしげのぶ]

江戸の画家。高田（東京都豊島区）の大《だい》鏡《きょう》山南蔵院《ざんなんぞういん》の障壁画を依頼され、寺にこもって絵仕事に打ち込んでいたとき、門人・磯貝浪江《いそがいなみえ》の策略に遭って殺されてしまう。浪江は重信の妻・おきせに恋慕をして入門していた男で、子供の真与太郎《まよたろう》も殺そうと十二社《じゅうにそう》の滝に投げ込ませたが、重信の亡霊が現われて、真与太郎を救った。その後も重信の霊は真与太郎を守り、ついに仇《あだ》である浪江を討たせることに成功させた。『怪談乳房榎《かいだんちぶさえのき》』の登場人物。もとは秋元《あきもと》家に仕えていた間与島伊惣次《まよじまいそうじ》という武士で、狩野《かのう》・土佐《とさ》・光琳《こうりん》・応挙《おうきょ》・一蝶《いっちょう》など諸流派の絵を修得した名人と設定されている。外《げ》題《だい》に用いられている「乳房榎《ちぶさえのき》」は、おきせの乳にできた激しく痛む「お腫《でき》」を癒すため、木から出る乳を授かって来る霊験《れいげん》ある榎の木に由来しており、真与太郎が浪江を討つ舞台でもある。このお腫は、中に雀がたくさんいて、体の内側や臓腑をつっ突いてくるように痛いと描写されており、「そんなわけがあるか」と浪江が小柄《こづか》で切開してみると、白緑色のふしぎな鳥が大量に飛び出し、おきせも死んでしまう。

『怪談乳房榎』は、明治中期に三遊亭円《さんゆうていえん》朝《ちょう》がつくったはなしで、寄席で語られたほか、歌舞伎などでも演じられている。浪江によって殺された直後、南蔵院では重信が出掛ける前には未完成だった雄竜《おりゅう》・雌竜《めりゅう》の天井絵が殺された重信本人によって仕上げられており、ついさっき押したばかりのような生乾《なまがわ》きの落款印《らっかんいん》があった、という画家の幽霊ならではの演出がみられる。

[参考文献] 三遊亭円朝『怪談乳房榎』、久保田彦作『怪談乳房榎』

非天外道 [ひてんげどう]

天竺《てんじく》の**悪魔**。神通力《じんつうりき》を持っており、多数の異形《いぎょう》の悪魔や羅刹《らせつ》たちを手下に従えている。非天外道たちは「生死不知」であるともいう。

『那須記《なすき》』（巻三）で語られている弁財天の縁起物語に登場する。天竺の流沙川《りゅうさがわ》のほとりに暮らしていた「文女《ぶんにょ》」という長者は、財宝に囲まれ何不自由なく暮らしていたが子供がなかった。念願叶《かな》って懐妊したが、産まれたのは人間ではなく五〇〇個もの卵だった。文女は卵を「玉生籠《ぎょくしょうろう》」と銘のある玉手箱に詰めて流沙川に流す。それを拾ったのは河口に住む「虚白《きょはく》」という老人で、家に持ち帰って大切にしていると五〇〇個の卵から五〇〇人の男の子が生まれた。虚白夫婦のもとでやがて五〇〇人は野盗の集団のようなものに成長し、文女長者の屋敷には天下の財宝が集まっているということから、非天外道とその手下たちを用心棒の大将として引き入れ、屋敷を襲撃した。しかし文女を守護する四天王《してんのう》（地天・水天・火天・風天）によって非天外道たちは退《しりぞ》けられ、五〇〇人は自身の本当の親が文女であることを知って改心。文女は弁財《べんざい》天《てん》、五〇〇人の子供たちは弁財天に従う五《ご》

百童子《ひゃくどうじ》になったという。

［参考文献］黒尾東一（編）『那須記』

一つ目小僧［ひとつめこぞう］

一つ目の妖怪。子供のすがたをしており、大きな目がひとつだけある顔を見せてひとを驚かせたりする。「一つ眼」とも。

江戸では赤本をはじめとして各種の絵本や、錦絵などに広く描かれている。**茶道小坊主**や**豆腐小僧**なども、一つ目として描かれることが多く、その顔で相手をおどかしたりすることが多い。

のっぺらぼうなどのように、ひとの前に何度も現われて驚かすはなしは、物語や演芸、世間話としても広く語られている。

［参考文献］鈴木重三・木村八重子（編）『近世子どもの絵本集』江戸篇、湯本豪一『今昔妖怪大鑑』、湯本豪一『古今妖怪纍纍』、太田記念美術館『江戸妖怪大図鑑』、国立歴史民俗博物館『もののけの夏—江戸文化の中の幽霊・妖怪—』、アン・ヘリング『おもちゃ絵づくし』、大田区教育委員会『口承文芸（昔話・世間話・伝説）』、埼玉県立歴史と民俗の博物館『絵で語る埼玉の民話』

二子山の大百足［ふたごやまのおおむかで］

相模国《さがみのくに》の二子山《ふたごやま》（神奈川県箱根町）に出たとされる巨大な蜈蚣《むかで》。大きさは一丈五尺（約四・五メートル）程あったとされる。

安政四年（一八五七）六月一五日に小田原の領内随一の槍《やり》の使い手・大蔵権之助《おおくらごんのすけ》が、猟師たちをおびやかしていたこの大百足を退治したというかわら版《ばん》（『日本の幻獣図譜』）に出て来るものだが、このような怪獣退治のはなしは、生物の巨大な細工物をあつかった見世物の宣伝用にも販売されており、二子山で退治されたというはなしの真偽や、飾られていた蜈蚣自体もどのようなものであったかは未詳。

［参考文献］湯本豪一『日本の幻獣図譜』

ぶるぶる女［ぶるぶるおんな］

妖怪を主題とした江戸のかるたに描かれている。かるたでは、「こんにゃく島のぶるぶる女」、「こんにゃく橋のぶるぶる女」など（『日本の妖怪』、『江戸妖怪かるた』）の文句が読み札につけられているが、特にどういう妖怪であるという伝承部分は特別に存在しておらず、**撞木娘**《しゅもくむすめ》などと似た画像妖怪のようである。蒟蒻島《こんにゃくじま》は霊岸島《れいがんじま》（東京都中央区）の地名で、そこからの連想で口ざわりの良い文句とともに描かれて生まれたものとも考えられる。

鳥山石燕《とりやませきえん》『今昔画図続百鬼《こんじゃくがずぞくひゃっき》』に「震々《ぶるぶる》」という妖怪はあるが、かるたの「ぶるぶる女」にその画像成分が用いられている例は見られていない。

［参考文献］別冊太陽『日本の妖怪』、多田克己『江戸妖怪かるた』、稲田篤信・田中直日（編）『鳥山石燕 画図百鬼夜行』

法界坊［ほうかいぼう］

江戸の聖天町《しょうでんちょう》（東京都台東区）に住む欲深い破戒僧《はかいそう》。釣鐘建立《つりがねこんりゅう》の勧進《かんじん》を募って歩いて暮らしていたが、永楽《えいらく》屋の手代・要助《ようすけ》の許嫁《いいなずけ》で、はるばる都からやって来ていた野《の》

分姫《わけひめ》を殺害。その後、以前から好《す》いていた永楽屋の娘・おくみにも襲いかかるが、道具屋甚三《じんざ》の妻・おさく（あるいは道具屋甚三）に殺されてしまう。死んでしまった法界坊と野分姫の霊は混ざって一体になってしまい、おくみとそっくりなすがたになり要助・おくみの前に現われる。吉田《よしだ》家の宝物である「鯉魚《りぎょ》の一軸《いちじく》」（あるいは「観世音《かんぜおん》の厨子《ずし》」）の力でふたりの合併した霊は祓《はら》われるが、鐘ヶ淵《かねがふち》の釣鐘の中に入り込んでさらに強大になる。

吉田松若《よしだまつわか》を中心に物語が展開する「隅田《すみだ》川《がわ》」世界の歌舞伎として書かれた奈河《ながわ》七五三助《しめすけ》『隅田川続俤《すみだがわごにちのおもかげ》』の登場人物。吉田松若が「鯉魚の一軸」を探し出すため、永楽屋の要助として身をやつしていると設定されている。法界坊の直接の素材は『色《いろ》模様青柳曽我《もようあおやぎそが》』（『垣衣恋写絵《しのぶぐさこいのうつしえ》』）に登場した大日坊・野分姫で、それを発展させ「隅田川」の世界に移している。

一体になってしまった法界坊と野分姫がおくみそっくりになって出て来る演出は「双面《ふたおもて》」と呼ばれる手法（女と、その女に瓜ふたつになった霊が同時に現われる）だが霊の中身が男女合併のふたりである点が「法界坊」の特色で、この場面は『双面水《ふたおもてみずに》照月《てるつき》』として独立した舞踊曲にもなっている。釣鐘に入る幕切れは、「道成寺《どうじょうじ》（清姫《きよひめ》）が踊りたい」という中村仲蔵《なかむらなかぞう》の要望（当時は女形しか勤めることができなかった）からつけられたとも語られている。

鐘入りして強大になった法界坊・野分姫は最後に「押戻《おしもど》し」（松浦《まつうら》五郎《ごろう》、大館左馬《おおだてさま》五郎《ごろう》、竹抜五郎《たけぬきごろう》などの名前で登場する）によって押さえられる演出もある。ただし「鐘入り」から先が演じられないことも多い。（国立劇場芸能調査室『隅田川続俤』・今谷久平「鑑賞・双面」）

清玄尼《せいげんに》は、隅田川の世界を用いているため法界坊と近い設定も多い。

［参考文献］国立劇場芸能調査室『隅田川続俤』、渥美清太郎『日本戯曲全集　寛政期京阪世話狂言集』

【ま】

真黒き魚［まくろきうお］

世界の果ての海にいるという、鯉《こい》のようなかたちをした真っ黒くて大きな魚。『水戸黄門仁徳録《みとこうもんじんとくろく》』にみられるもので、徳《とく》川光圀《がわみつくに》（水戸黄門《みとこうもん》）が世界の果て漫遊へ船出をした際に、これに出会っている。**大魔王の使い**とおなじく、その後の芝居や講談にそこだけが主題として取られた機会は少ないようであるが、『水戸黄門仁徳録』を素材とした明治時代の絵草紙（『絵本実録 水戸黄門記』、『絵本水戸黄門記実録錦』など）にはこの魚たちを挿絵に描いている例

などもみられる。

［参考文献］『今古実録 水戸黄門仁徳録』、『全国漫遊 水戸黄門仁徳録』下、清水義郎『絵本実録 水戸黄門記』、楽々斎主人『絵本水戸黄門記実録錦』初編

政木狐［まさきぎつね］

武蔵国上野《むさしのくにうえの》の不忍池《しのばずのいけ》（東京都）で茶店を営む老婆に化けていた**狐**で、無実の罪で処刑されようとしていた河鯉孝嗣《かわごいたかつぐ》を助け、里見家に魔の手を及ぼす**妙椿**《みょうちん》の正体が**狸**であることを犬江親兵衛《いぬえしんべえ》に語り、その撃破の手助けをした。

曲亭馬琴《きょくていばきん》『南総里見八犬伝《なんそうさとみはっけんでん》』（百十五回）から登場する。「政木」というのは河鯉家に仕えていた乳母の名前で、幼い孝嗣が政木以外の乳を飲もうとしないので、仔狐を育ててくれた河鯉家への恩返しのために、この狐が政木に化けて養育していたことに由来する。政木に化けたのは、夫だった狐を殺した掛田和奈三《かけたわなぞう》への怨《うら》みをぶつけたときに、政木も巻き添えになって川で死んでしまったことへの罪滅ぼしであった。実は狐であるということが知られて河鯉家からすがたを消して以後は、不忍池で茶店《ちゃみせ》をひらき、一〇〇〇人のひとを助けて「狐竜《こりょう》」になろうという祈願を立てていた。親兵衛・孝嗣への助言によって満願達成し、念願だった狐竜のすがたへと変じ、物語の最後には石と化して金光寺《こんごうじ》に落ちたとされる。

幼いころの孝嗣に「乳母《ばば》の顔はわんわんになりはべりたり」といわれ、すがたを消してしまったという展開は、『兎園小説《とえんしょうせつ》』に収録された**孫右衛門狐**《まごえもんぎつね》のはなしが用いられており馬琴の利用素材がよくわかる。

政木狐の化石したはなしについては千葉県の**野狐**《やこ》**の媚珠**《びじゅ》も参照。

［参考文献］曲亭馬琴、小池藤五郎（校訂）『南総里見八犬伝』六、七、十

妙椿［みょうちん］

「妙椿尼《みょうちんに》」とも。「八百比丘尼《やおびくに》」と名乗って各地を巡っていた尼僧。正体は**狸**。**玉梓**《たまずさ》の怨霊の影響によって里見家や八犬士を敵視しており、館山城《たてやまじょう》（千葉県）を乗っ取って里見家の敵方となった蟇田素藤《ひきたもとふじ》に協力して、妖術やふしぎな力を持つ「甕襲《みかそ》の玉《たま》」を用いて暗躍する。

曲亭馬琴《きょくていばきん》『南総里見八犬伝《なんそうさとみはっけんでん》』（百回）から登場する。安房国《あわのくに》の富山《とみさん》（千葉県）に住んでいた狸で、八犬士の物語の発端となる忠犬の「八房《やつふさ》」に乳をやって育てていたのが、この狸であると設定されている。蟇田素藤からは軍師として信頼され「天助尼《てんじょに》公《こう》」と仰《あお》がれている。

術を用いて里見家の浜路姫《はまじひめ》のすがたを素藤に見せ、恋の虜《とりこ》にすることで、里見義成《さとみよしなり》とのあいだにいさかいを起こさせ、里見家の若君である義通《よしみち》を館山城に幽閉することに成功するが、八犬士のひとり犬江親兵衛《いぬえしんべえ》によって妨害される。その後は妖術を用いて親兵衛を里見家から追い出させ、引き離している隙《すき》に館山城を奪還するが、**政木**《まさき》**狐**《ぎつね》から妙椿の素性を教わった親兵衛によって、素藤ともども退治された。

「甕襲《みかそ》の玉《たま》」は、太古のむかしに**狢**《むじな》のお腹

から出て来たというふしぎな宝貝《たから》で、妙椿がこれをひたいに当て呪文を唱えると、たちまちものすごい魔風《まふう》が巻き起こったりしている。百十二回・百十七回・百二十一回などに登場しており、甕襲《みかそ》というのは『日《に》本書紀《ほんしょき》』（垂仁天皇八七年）の古伝に登場する、狢のお腹から八尺瓊勾玉《やさかにのまがたま》をみつけた足往《あゆき》という犬の飼主の名前から命名されている。

［参考文献］曲亭馬琴、小池藤五郎（校訂）『南総里見八犬伝』五、六、七

【や】

八幡の藪知らずの妖怪

［やわたのやぶしらずのようかい］

水戸《みと》黄門《こうもん》（徳川光圀《とくがわみつくに》）が**八幡の藪知らず**を踏破《とうは》する冒険に挑む講釈や物語で描かれる、藪のなかで遭遇するさまざまなすがたかたちをした妖怪たち。

本文を読んでみると、白髪の翁《おきな》が登場するだけで、ほとんどの妖怪はまったく登場せず、口絵や表紙絵などに画像表現として描かれるのみであることが多い。

［参考文献］中村浅吉『絵本水戸黄門一代記』、楽々斎主人『絵本水戸黄門記実録錦』初編、太田記念美術館『江戸妖怪大図鑑』

妖霊星

［ようれいぼし］

天下が乱れようとするとき現われるという怪異。この悪星が下って災いをなすと語られる。『太平記《たいへいき》』（巻五）にみられ、北条高時《ほうじょうたかとき》のもとに現われて舞い踊った**田楽天狗《でんがくてんぐ》**たちが「天王寺《てんのうじ》の妖霊星」と唄ったということを耳にした儒者の藤原仲範《ふじわらのなかのり》は、「天王寺（大阪府）の方角から天下動乱国家敗亡が起こるとみえる、国主は徳を治め、武家は仁を施し、妖を消す謀《はかりごと》を致されよ」と注意したとされる。

「妖霊星」の解説は、仲範が述べているのだが、『参考太平記《さんこうたいへいき》』の注には、妖霊星と呼ばれる星についての伝承はみられず、妖星と伏霊星を合わせたものかと記されている。

北条高時を活歴風味に歌舞伎にした河竹《かわたけ》黙阿弥《もくあみ》『北条九代名家功《ほうじょうくだいめいかのいさおし》』でも、田楽天狗たちは「天王寺のや、妖霊星《ようれいぼし》を見ざるか」と唄っている。

［参考文献］『参考太平記』、河竹繁俊（校訂）『黙阿弥脚本集』十二

夜婦会［よふかい］

天女のように美しい妖怪だが正体は九尾《きゅうび》の狐で、玉藻前《たまものまえ》のように人々を惑わしつくすという。

真赤堂大嘘《まっかどうおおうそ》『当世故事附《とうせいこじつけ》 選怪興《せんかいきょう》』の「己《おい》等《らが》野《の》の夜婦会」という戯文にみられる妖怪。江戸の吉原《よしわら》（東京都台東区）の花魁《おいらん》を素材にした画像妖怪で、玉藻前・**七色狐**・白狐など狐尽《づ》くしの戯文となっている。**狐**たちが遊女という連想は戯文を中心に、**猫**は芸者、**狸**は幇間《たいこもち》という具合に息長く表現として存在していた。

髪切《かみきり》の原因もこの妖怪という表現も文中にみられるが、この髪切は吉原などで行われていた罰刑のほうの髪切を掛けている。

［参考文献］『洒落本大成』六

【ら】

擂木鳥［れんぎどり］

擂粉木《すりこぎ》に羽根や目が生えて鳥のようになったもの。

「擂木《れんぎ》に羽根」（ありえないこと、といった意味）といった画題で、鳥羽絵《とばえ》に描かれていたものが広く描かれるようになったもので、江戸では豆絵《まめえ》（画面を細かく区切ってたくさんの絵が描きこまれている形式のおもちゃ絵）などにこのかたちの妖怪も描かれていることが多い。

熊本県などでいわれる「木心坊《きしんぼう》」という妖怪は、椿《つばき》の木でできた擂粉木が化けるとされることから、平成以後この擂木鳥の画像が結びつけられて絵に描かれることも多いが、もともとの要素が異なる存在同士（擂粉木の伝承に擂粉木の画像）を当てはめあっただけに過ぎず、直接の関係性は全くない。

［参考文献］別冊太陽『日本の妖怪』、湯本豪一『今昔妖怪大鑑』

五十音順索引

この索引は、本書収録の全怪異・妖怪を五十音順に配列したものである。

か

さ

た

は

五十音順

五十音順

部類別索引

この索引は、本書収録の項目を部類別にまとめたものである。見出しは五十音順に配列してある。複数該当するものは重複して掲載してもいる。

手遊（おもちゃ）

貝

怪火・怪光・光物

五十音順
部類別
属性別

五十音順
部類別
属性別

田畑・伏日・農耕

五十音順
部類別
属性別

雪

夢

永沈（ようちん）

竜蛇・大蛇

霊獣

抜首（ろくろくび）

属性別索引

この索引は、本書収録の項目のうち属性別にできるものをまとめたものである。関連する人物・作品での横のまとまりも、主なものをこちらに挙げた。

おわりに

ちょうどまる一年前、笠間書院から「関東地方の怪異・妖怪に関する情報提供をお願い、可能であるならばご執筆もご依頼したいと考えておりますが、いかがでしょうか？」――とおたよりをいただいてから今日このごろまで、いちばん大変だったのは、図書館にまったく自由に行けなかったことでした。

その元凶は、新型コロナウイルス。

すっかり閉じてしまった図書館もあれば、抽選での完全事前予約制になった図書館もあり、また通常のように開館していても、滞在できるのは二時間だけ!!　と時間制限がある図書館もあり、烏《からす》や蛙《かえる》の鳴く時刻まで何も食べず資料とノートをいったりきたりといった捜査活動は、ただの一度もできなかったのでした。

この関東の巻を書くにあたって、歩いていける距離の図書館を利用したのは、わずかに三回。国会図書館に資料複写を頼んで郵送してもらったのも両手で足りる回数です。

では、それ以外はどうしていたのだというと、自分で持っていた資料から、本箱から引っぱり出してこられる分だけをズンズンと積み上げて、順番に見つけた内容をノートとデータに書き込んでゆく……という作業をつづけたのでした。（ノートし足りなかった箇所を、すぐ原本で再確認ができるように使ったものをすべて積み上げたままにしていたので、壁に掛けてある鳩時計に背がとどく……までは行きませんでしたが、なかな

か凶悪な景観になっていました）

そのような「完全自室生産」という状況でしたので、持っていなかったり、追加入手する機会に恵まれなかったりで、欲しくても調べ切れなかったこと、触れることのできなかった地域・事例はまだまだ山のようにあります。

怪異や妖怪は、日々あたらしく増えてゆくものでもありますし、埋もれてしまえば次第に薄らいでいってしまうものでもあります。

地方別に各地の情報をたっぷり搭載してゆくこの『日本怪異妖怪事典』で興味を得た存在や内容があったら、ぜひ同じような、似たようなものがいないか、身近な範囲で探してみたり、まとめてみたりしてください。そうすることで日本全国に広く存在していることがはっきり濃くなってくるからです。

分厚い原稿の編集をして下さった笠間書院や制作のみなさんにお世話になったこともももちろんですが、戦狐さんからはフィールドワークでのオサキ情報を提供してもらったほか、目下作業が進んでいる他の地方の執筆者さんたちはじめ、妖怪の研究の最先端を走る異類の会のお歴々からも、情報や助言をいろいろいただきました。あわせて、山のような参考資料にも。下総の椿の木のように限りなく大きく大きく、感謝致します。

令和三のとし　蓮の葉のあおき月

氷厘亭氷泉

- 土屋秀四郎「伊勢吉漁師聞書（一）」（『民俗』27 号）、相模民俗学会、1958 年、鎌倉市腰越
- 坂本光雄「煤ヶ谷村話」（『あしなか』3 輯）、山村民俗の会、1943 年
- 土屋武彦「伊豆の昔話」（『西郊民俗』94 号）、西郊民俗談話会、1981 年、静岡県河津町縄地
- 大藤ゆき「鎌倉の晴明石」（『西郊民俗』94 号）、西郊民俗談話会、1981 年
- 丸山久子・大島建彦「藤沢市の狐踊り資料」（『西郊民俗』115 号）、西郊民俗談話会、1986 年
- 木村博「ミサキ避け」（『仏教と民俗』4 号）、仏教民俗学会、1959 年
- 和田謙寿「在家葬送習俗における猫の魔性伝播考」（『仏教と民俗』5 号）、仏教民俗学会、1959 年

【東京都・伊豆諸島】

- 東京都教育委員会『八丈島民俗資料緊急調査』、1974 年、文化財の保護 6
- 東京都教育委員会『御蔵島民俗資料緊急調査報告』、1975 年
- 日本民俗学会『離島生活の研究』、1966 年、集英社（西垣晴次「東京都伊豆利島」、櫻井徳太郎「東京都御蔵島」、酒井卯作「東京都青ヶ島」）
- 藤木喜久麿『新島採訪録』、アチックミューゼアム、1936 年、アチックミューゼアムノート 11
- 大間知篤三『八丈島』、創元社、1951 年
- 金田章宏・奥山熊雄『八丈島三根の民話と伝説』、1992 年
- 斎藤和堂『伊豆大島』、福住屋商店、1914 年
- 山口貞夫『伊豆大島図誌』、地人社、1936 年
- 高田鐵蔵『大島むかしむかし』、つばきや、2005 年
- 青ヶ島村教育委員会『青ヶ島の生活と文化』、1984 年

- 菅田正昭『青ヶ島の神々〈でいらほん流〉神道の星座』、創土社、2012 年
- 伊古奈比咩命神社『伊古奈比咩命神社』、1943 年（『白浜大明神縁起』）

- 藤澤衛彦『日本伝説叢書』伊豆の巻、日本伝説叢書刊行会、1918 年
- 諸田森二・福田清人『離島の伝説』、角川書店、1980 年

- 辻村太郎「三宅島の話」（『郷土研究』2 巻 9 号）、郷土研究社、1914 年
- 尾佐竹猛「伊豆新島の話（三）」（『郷土研究』4 巻 5 号）、郷土研究社、1916 年
- 藤木喜久麿「伊豆神津島の廿五日様」（『民族』4 巻 2 号）、民族発行所、1929 年
- 藤木喜久麿「伊豆諸島の日忌祭の伝説」（『民族』4 巻 2 号）、民族発行所、1929 年
- 山口貞夫「伊豆諸島の正月廿四日行事」（『島』1 巻 2 号）、一誠社、1933 年
- 藤木喜久麿「伊豆七島の伝説（一）」（『旅と伝説』1 巻 11 号）、三元社、1928 年
- 藤木喜久麿「伊豆七島の伝説（二）」（『旅と伝説』1 巻 12 号）、三元社、1928 年
- 藤木喜久麿「伊豆七島の伝説（三）」（『旅と伝説』2 巻 1 号）、三元社、1929 年
- 藤木喜久麿「伊豆七島の伝説（四）」（『旅と伝説』2 巻 7 号）、三元社、1929 年
- 藤木喜久麿「八丈島と為朝伝説」（『旅と伝説』2 巻 11 号）、三元社、1929 年

- 平塚市博物館『平塚市須賀の民俗』、平塚市博物館、1979年、平塚市博物館資料17
- 平塚市博物館『おしゃもっつぁん 平塚市上吉沢台の民俗』、平塚市博物館、1998年、平塚市博物館資料4

- 丸山久子・川端道子・大藤ゆき・加藤百合子・石原綏代・青木卓『遠藤民俗聞書』、藤沢市教育委員会、1961年
- 藤沢市教育文化研究所『藤沢の民話』1、1973年
- 藤沢市教育文化研究所『藤沢の民話』3、1978年
- 藤沢市教育文化研究所『藤沢の民話』文献資料、1974年
- 『海辺の暮らし—松輪民俗誌—』三浦市教育委員会、1987年、三浦市民俗シリーズ3
- 立正大学民俗学研究会『秦野盆地周辺の民俗 神奈川県秦野市横野宮上・小原』1984年、立正大学民俗学研究会調査報告4

- 山崎小三『戸部史談』、1898年
- 鈴木重光『相州内郷村話』、郷土研究社、1924年
- 座間美都治『相模原の史跡』、1976年
- 座間美都治『相模原民俗伝説集』、1978年
- 永田衡吉『神奈川県民俗芸能誌』上・下、錦正社、1969年
- 川口謙二『書かれない郷土史 —武蔵、相模を中心とした—』、錦正社、1960年
- 永井龍男「死霊・生霊」(『永井龍男全集』9雑文集1)、講談社、1981年

- 相模民俗学会『神奈川のむかし話』、日本標準、1977年
- 永井路子・萩坂昇・森比左志『神奈川の伝説』、角川書店、1977年

- 鈴木重光「獣の話」(『土俗と伝説』1巻3号)、文武堂書店、1918年
- 鈴木重光「鳥その外の話」(『土俗と伝説』1巻4号)、文武堂書店、1919年
- 福田圭一「小豆婆あ」(『民間伝承』1巻12号)、民間伝承の会、1936年
- 野口長義「北足柄狩猟語彙(二)」(『民間伝承』3巻11号)、民間伝承の会、1938年
- 福田圭一「野良弁当」(『民間伝承』3巻12号)、民間伝承の会、1938年
- 石井進「ミカリバアサンの日」(『民間伝承』12巻3・4合併号)、民間伝承の会、1948年
- 稲垣純男「ミカリバアサマの日—続—」(『民間伝承』14巻6号)、民間伝承の会、1950年
- 中村正治「愛甲郡に於ける「おおかみ」の信仰」(『民俗』2号)、相模民俗学会、1954年
- 大藤ゆき「わが住む町—鎌倉市浄明寺町—」(『民俗』2号)、相模民俗学会、1954年
- 小林梅次「墓で火を焚く話—中郡大山町—」(『民俗』3号)、相模民俗学会、1954年
- 和田正洲「横浜在郷農家の伝承—二俣川町善部—」(『民俗』4号)、相模民俗学会、1954年
- 池田俊平「年中行事」(『民俗』8号)、相模民俗学会、1955年、横須賀市大楠町秋谷・子安
- 小島瓔礼「俗信」(『民俗』8号)、相模民俗学会、1955年、横須賀市大楠町秋谷・子安
- 中村亮雄「伝説と昔話」(『民俗』8号)、相模民俗学会、1955年、横須賀市大楠町秋谷・子安
- 中村亮雄「津久井の河童と川天狗」(『民俗』10号)、相模民俗学会、1955年
- 和田正洲「三浦半島採訪余滴」(『民俗』10号)、相模民俗学会、1955年
- 安西勝「津久井郡城山町の葬送習俗」(『民俗』12号)、相模民俗学会、1955年
- 安西勝「ダイダラ坊拾遺」(『民俗』14号)、相模民俗学会、1955年
- 佐藤英夫「採訪ノートから(二)」(『民俗』18号)、相模民俗学会、1956年、津久井町渡戸
- 長谷川一郎「大口真神と狼」(『民俗』19号)、相模民俗学会、1956年
- 坂間則仁「津久井町鳥屋民俗断片2〔俗信・伝説〕」(『民俗』25号)、相模民俗学会、1957年

- 石井勘次郎「鹿島の要石」(『郷土研究』7巻3号)、郷土研究社、1933年
- 村田鈴城「川天狗の話」(『郷土研究』7巻6号)、郷土研究社、1933年
- 綿貫福三「問答」答（十一）(『土俗と伝説』1巻2号)、文武堂書店、1918年
- 大間知篤三「竜宮様」(『民間伝承』4巻1号)、民間伝承の会、1938年
- 角川源義「厄病神送り」(『民間伝承』4巻1号)、民間伝承の会、1938年
- 安江正一「カネダマ」(『民間伝承』4巻1号)、民間伝承の会、1938年、足立区梅田町
- 安江正一「ヒバシラ」(『民間伝承』4巻1号)、民間伝承の会、1938年、足立区梅田町
- 柳田國男「江戸の松飾」(『民間伝承』8巻10号)、民間伝承の会、1943年
- 草川隆「鶴川村の年中行事」(『西郊民俗』2号)、西郊民俗談話会、1957年、東京都南多摩郡鶴川村
- 草川隆「恩方村所見」(『西郊民俗』3号)、西郊民俗談話会、1957年、東京都南多摩郡恩方村
- 又吉葉子「小津年中行事」(『西郊民俗』3号)、西郊民俗談話会、1957年、東京都南多摩郡恩方村小津
- 又吉葉子「東京都南多摩郡多摩村」(『西郊民俗』5号)、西郊民俗談話会、1958年
- 小川芳文「多摩村の年中行事」(『西郊民俗』5号)、西郊民俗談話会、1958年
- 草川隆「多摩村の信仰・俗信」(『西郊民俗』5号)、西郊民俗談話会、1958年
- 中島恵子「トオカミということ」(『西郊民俗』74号)、西郊民俗談話会、1976年
- 中島恵子「市ヶ谷の茶の木稲荷―稲荷と茶―」(『西郊民俗』75号)、西郊民俗談話会、1976年
- 長沢利明「檜原村の巫俗」(『西郊民俗』85号)、西郊民俗談話会、1978年、東京都西多摩郡檜原村
- 水野道子「鬼の宿」(『西郊民俗』94号)、西郊民俗談話会、1981年、東京都小平市
- 長沢利明「狸の守護神」(『西郊民俗』138号)、西郊民俗談話会、1992年

- 市川猿之助「近火見舞の鳶頭」(『幕間』8月号)、和敬書店、1949年

- 松谷みよ子「学校の怪談に見る童うた的発想について」(『民話の手帖』33号)、日本民話の会、1987年
- 米屋陽一「ムラの化けもの都市の化けもの―闇の語り手たち―」(『民話の手帳』41号)、日本民話の会、1989年

【神奈川県】

- 『大日本地誌大系5 新編鎌倉志・鎌倉攬勝考』、大日本地誌大系刊行会、1915年
- 『大日本地誌大系36 新編相模国風土記稿』、雄山閣、1932年
- 『大日本地誌大系38 新編相模国風土記稿』、雄山閣、1933年
- 『大日本地誌大系40 新編相模国風土記稿』、雄山閣、1933年

- 神奈川県立博物館『県央部の民俗2―伊勢原地区―』、1974年、神奈川県民俗調査報告書7
- 神奈川県立博物館『農耕習俗と農具―昼間家日記を中心に―』、1990年、神奈川県民俗調査報告書18
- 神奈川県立歴史博物館『分類神奈川県方言辞典（3）―社会生活・経済生活・人の一生・儀礼と信仰―』、2006年、神奈川県民俗調査報告23
- 神奈川県教育委員会『東京内湾漁撈習俗調査報告書』、1967年
- 『茅ヶ崎市史』3考古・民俗編、1980年
- 『伊勢原市史』資料編 続大山、1994年
- 吉川市教育委員会『三輪野江地区の民俗』、2006年、吉川市史調査報告書4
- 鎌倉市教育委員会社会教育課『としよりのはなし』、鎌倉市教育委員会、1971年、鎌倉市文化財資料第7集
- 横須賀市衣笠公民館『衣笠地区 古老のはなし』、衣笠地区古老に聞く会実行委員会、1977年

- 東京都教育委員会『東京の民俗』五、1988年
- 新宿区教育委員会『新宿と伝説』、1969年
- 大田区教育委員会『口承文芸（昔話・世間話・伝説）』、1986年、大田区の文化財第22集
- 中野区教育委員会『続 中野区の昔話・伝説・世間話』、中野区歴史民俗資料館、1989年、中野の文化財No.15
- 『田無市史』3通史編、1995年
- 『青梅市の民俗』、青梅市教育委員会、1972年
- 『わが街 いまむかし 板橋区制50周年記念誌』、1982年
- 稲城市教育委員会『稲城市の民俗（一）年中行事』、1983年、稲城市文化財調査報告書8
- 稲城市教育委員会『稲城市の民俗（二）昔話・伝説・世間話』、1985年、稲城市文化財調査報告書9
- 稲城市教育委員会『稲城市の民俗（三）子供歳時記』、1988年、稲城市文化財調査報告書11
- 『多摩市の民俗（口承文芸）』多摩市史叢書5、1992年
- 狛江市史編集専門委員会『駒井の民俗』、2016年、新狛江市民俗調査報告書2
- 府中市立郷土館『府中の口伝え集』、府中市教育委員会、1986年
- 町田市文化財保護審議会『町田市の民話と伝承』第二集、町田市教育委員会、1998年

- 井之口章次『三鷹の民俗 一 野崎』、三鷹市文化財委員会・三鷹市教育委員会、1980年
- 井之口章次『三鷹の民俗 二 大沢』、三鷹市文化財委員会・三鷹市教育委員会、1981年
- 井之口章次『三鷹の民俗 三 深大寺』、三鷹市文化財委員会・三鷹市教育委員会、1982年
- 井之口章次『三鷹の民俗 四 井口』、三鷹市文化財委員会・三鷹市教育委員会、1983年
- 井之口章次『三鷹の民俗 五 上連雀』、三鷹市文化財委員会・三鷹市教育委員会、1984年
- 井之口章次『三鷹の民俗 六 下連雀』、三鷹市文化財委員会・三鷹市教育委員会、1985年
- 井之口章次『三鷹の民俗 七 井の頭』、三鷹市文化財委員会・三鷹市教育委員会、1985年
- 井之口章次『三鷹の民俗 八 牟礼』、三鷹市文化財委員会・三鷹市教育委員会、1986年
- 井之口章次『三鷹の民俗 九 北野』、三鷹市文化財委員会・三鷹市教育委員会、1986年

- 鏑木清方『こしかたの記』、中央公論美術出版、1961年
- 今泉みね『名ごりの夢 蘭医桂川家に生れて』、平凡社、1963年
- 鶯亭金升『明治のおもかげ』、岩波書店、2000年
- 藪野杢兵衛『東京史蹟見物』、中興館書店、1918年
- 林和『柳沢吉保』、実業之日本社、1921年
- 三田村玄竜『大名生活の内秘』、早稲田大学出版部、1921年
- 三田村鳶魚『御殿女中』、春陽堂、1930年
- 宮尾しげを・木村仙秀『江戸庶民の風俗誌』、千葉出版、1970年
- 原田重久『武蔵野の民話と伝説』、有峰書店、1974年

- 武田静澄・安西篤子『東京の伝説』、角川書店、1977年

- 松川生「江東俚話」（『郷土研究』1巻4号）、郷土研究社、1913年
- 中尾清太郎「武蔵井の頭池の伝説」（『郷土研究』2巻11号）、郷土研究社、1915年
- 山中笑「四谷旧事談」（『郷土研究』3巻6号）、郷土研究社、1915年
- 山中笑「四谷旧事談」（『郷土研究』3巻7号）、郷土研究社、1915年
- 山中共古「七不思議の話」（『郷土研究』3巻12号）、郷土研究社、1916年

- 平野馨『房総の伝説』、第一法規、1976 年
- 高橋在久・荒川法勝『房総の伝説』、角川書店、1976 年

- 三浦生「をしをくり」（『郷土研究』1 巻 10 号）、郷土研究社、1913 年
- 前田林外「蛸」（『郷土研究』2 巻 4 号）、郷土研究社、1914 年
- 山中共古「近世の犬神」（『郷土研究』2 巻 5 号）、郷土研究社、1914 年
- 「国々の言い習はし（二）」（『郷土研究』2 巻 10 号）、郷土研究社、1914 年
- 南方熊楠「河童の薬方」（『郷土研究』2 巻 11 号）、郷土研究社、1915 年
- 「国々の言い習はし（三）」（『郷土研究』2 巻 11 号）、郷土研究社、1915 年
- 今井幸則「紙上問答」答（一二二）（『郷土研究』2 巻 11 号）、郷土研究社、1915 年
- 吉原春園「下総小見川の話」（『郷土研究』3 巻 2 号）、郷土研究社、1915 年
- 今井幸則「紙上問答」答（八九）（『郷土研究』3 巻 7 号）、郷土研究社、1915 年、下総東葛飾郡湖北村地方
- 馬加大蔵「天狗になった人」（『土俗と伝説』1 巻 4 号）、文武堂書店、1919 年
- 齋藤源三郎「房総地方の動物に関する俗信」（『旅と伝説』6 巻 3 号）、三元社、1933 年
- 高木卯之助「山村語彙」（『民間伝承』1 巻 12 号）、民間伝承の会、1936 年、千葉県香取郡古城村
- 吉原一「七夕と水浴禁忌」（『民間伝承』2 巻 3 号）、民間伝承の会、1936 年
- 下総郷土談話会「正月行事と植物（二）」（『民間伝承』3 巻 8 号）、民間伝承の会、1938 年
- 瀬川清子「漁業禁忌」（『民間伝承』3 巻 10 号）、民間伝承の会、1938 年、千葉県安房郡富崎町
- 水野葉舟「妖怪名彙（参加）」（『民間伝承』4 巻 7 号）、民間伝承の会、1939 年
- 小川景「妖怪其他」（『民間伝承』5 巻 2 号）、民間伝承の会、1939 年
- 大島建彦「安房神社のミカリ」（『西郊民俗』18 号）、西郊民俗談話会、1961 年
- 大島建彦「ミカリ追記」（『西郊民俗』19 号）、西郊民俗談話会、1961 年
- 河上一雄「鏑木の年中行事」（『西郊民俗』34 号）、西郊民俗談話会、1965 年、千葉県香取郡干潟町鏑木
- 河上一雄「折木沢の年中行事」（『西郊民俗』35 号）、西郊民俗談話会、1965 年、千葉県君津郡上総町折木沢
- 萩原法子「弓神事の原初的意味をさぐる—三本足の烏の的を中心に—」（『日本民俗学』196 号）、日本民俗学会、1993 年

【東京都】

- 斎藤月岑『増訂武江年表』、国書刊行会、1912 年
- 『古郷帰の江戸咄』、山下彦兵衛・簾翠屋仁兵衛・鎰屋平右衛門、1687 年
- 菊岡沾涼『江戸砂子』、若菜屋小兵衛、1732 年
- 江戸叢書刊行会『江戸叢書』巻の三、江戸叢書刊行会、1916 年（『十方庵遊歴雑記』初編、『江戸惣鹿子名所大全』）
- 江戸叢書刊行会『江戸叢書』巻の四、江戸叢書刊行会、1916 年（『十方庵遊歴雑記』二編、『江戸惣鹿子名所大全』）
- 江戸叢書刊行会『江戸叢書』巻の五、江戸叢書刊行会、1916 年（『十方庵遊歴雑記』三編、『江戸雀』）
- 江戸叢書刊行会『江戸叢書』巻の六、江戸叢書刊行会、1916 年（『十方庵遊歴雑記』四編、『江戸雀』）
- 『大日本地誌大系 1 御府内備考』、大日本地誌大系刊行会、1914 年

- 金屯道人（仮名垣魯文）『箇労痢流行記』、天寿堂、1857 年
- 仮名垣魯文、門脇大（翻刻・現代語訳）、周防一平・広坂朋信（注）、今井秀和・佐々木聡（解説）『安政コロリ流行記 幕末江戸の感染症と流言』、白澤社、2021 年

- 野田市史編さん委員会『野田市民俗調査報告書 船形の民俗』、2008 年
- 佐倉市教育委員会『たんたん山―佐倉市の民話―』、1980 年
- 浦安市教育委員会社会教育課『浦安の昔ばなし』、1984 年
- 八千代市教育委員会『八千代市文化財総合調査報告』2、1982 年
- 八千代市編さん委員『八千代市の歴史』資料編 民俗、1993 年
- 市川民話の会『市川の伝承民話』、市川市教育委員会、1992 年

- 興風会図書館『野田町誌』、1957 年
- 阿蘇郷土研究サークル『よなもと今昔』2 号、阿蘇研究サークル、1983 年
- 阿蘇郷土研究サークル『よなもと今昔』3 号、阿蘇研究サークル、1984 年
- 阿蘇郷土研究サークル『よなもと今昔』4 号、阿蘇研究サークル、1985 年
- 國學院大學神道研究会『民間信仰』1 号、1972 年、安房神社周辺地域
- 國學院大學民俗学ゼミナール『大谷の民俗』、1980 年、千葉県君津市久留里大谷
- 東洋大学民俗学研究会『長柄町の民俗』、1972 年、昭和 46 年度調査報告

- 千葉県立中央博物館『妖怪と出会う夏 in Chiba 2015』、2015 年
- 千葉県博図公連携事業実行委員会『千葉県の妖怪ガイド』、2016 年

- 大森金五郎『民間年中行事略』、1935 年
- 内田邦彦『南総の俚俗』、桜雪書屋、1915 年
- 坂井昭『干潟の民俗誌 ～東京湾に面した西上総地方の漁業と暮らし～』、1995 年
- 岡崎柾男『柏・我孫子のむかし話』、単独社、1984 年
- 岡崎柾男『謎のなんじゃもんじゃ』、げんごろう、1996 年
- 木更津の民話刊行会『きさらづの民話』、みずち書房、1984 年
- 木更津青年会議所『西かずさ昔むかし』、1984 年
- 土橋幸一『小櫃川流域のかたりべ』、旧君津市上総農業協同組合、1996 年

- 山田美恵子『伝説と民謡』、千葉県観光協会、1949 年
- 勝股清『八日市場市の沿革と人物』、新日本文化啓蒙社、1957 年
- 長田午狂『実説 佐倉宗吾伝』、宗吾御一代記館、1967 年

- 市山盛雄『野田の歴史』、崙書房、1965 年
- 岡倉捷郎『鹿野山と山岳信仰』、崙書房、1979 年
- 片山正和『「鬼来迎」と房総の面』、崙書房、1980 年
- 小寺正美『ふるさと八千代物語 旧大和田・阿蘇・睦の歴史と民話』、崙書房、1984 年
- 阿部義雄『印西方言録』、崙書房、1988 年
- 尾原昭男『千葉のわらべ歌』柳原書店、1984 年、日本わらべ歌全集 6 下

- 藤澤衛彦『日本伝説叢書』下総の巻、日本伝説叢書刊行会、1919 年
- 藤澤衛彦『日本伝説叢書』上総の巻、日本伝説叢書刊行会、1917 年
- 藤澤衛彦『日本伝説叢書』安房の巻、日本伝説叢書刊行会、1919 年
- 千葉興業銀行『千葉ふるさとむかし話』、千葉興業銀行、1992 年
- 千葉県文学教育の会『千葉のむかし話』、日本標準、1973 年
- 千葉県文学教育の会『続千葉のむかし話』、日本標準、1974 年

年
● 井之口章次「奥武蔵の民俗」(『仏教と民俗』4号)、仏教民俗学会、1959年

【千葉県】

● 清宮秀堅『下総国旧事考』第六、清宮利右衛門、1905年
● 磯辺昌言『佐倉風土記』
● 渡辺善右衛門『古今佐倉真佐子』
● 佐倉市史編さん委員会『古今佐倉真佐子』、1983年
● 小沢治郎左衛門『上総国町村誌』1編～9編、1889年
● 赤松宗旦、柳田國男(校訂)『利根川図志』、岩波書店、1938年
● 宮負定雄、川名登(編)『下総名勝図絵』、国書刊行会、1990年

● 房総叢書刊行会『房総叢書』第二輯、1914年(『日本総国風土記』抄、『佐倉風土記』、『房総雑記』)
● 房総叢書刊行会『房総叢書』第一巻 縁起及古文書、1941年
● 房総叢書刊行会『房総叢書』第三巻 史伝其一、1941年(『千葉実伝』)
● 房総叢書刊行会『房総叢書』第六巻 地誌其一、1941年(『房総志料』、『房総志料続篇』、『葛飾誌略』)
● 房総叢書刊行会『房総叢書』第八巻 紀行及日記、1941年(『葛飾記』)
● 房総叢書刊行会『房総叢書』第十巻 雑書及抄本、1941年(『椿新田開発記』)

● 鉄牛禅師『椿新田開発実記』、鉄牛禅師奉賛会、1950年

● 千葉県『史蹟名勝天然紀念物調査』第6輯、1929年
● 千葉県教育委員会『印旛手賀沼周辺民俗調査報告書』、1969年
●『千葉県印旛郡誌』、1913年
●『千葉県東葛飾郡誌』、東葛飾郡教育会、1923年
●『千葉県安房郡誌』、安房郡教育会、1926年
●『千葉県君津郡誌』上・下、君津郡教育会、1927年
●『小櫃村誌』、1978年
●『海上町史』特殊史料編、椿新田関係資料、1982年
●『富津市史』通史、1982年
●『岬町史』、1983年
●『多古町史』上、1985年
●『酒々井町史』通史編 下、1987年
●『佐倉市史』民俗編、1987年
●『印西町史』民俗編、1996年
●『船橋市史』民俗・文化財編、2001年
●『習志野市史』別編 民俗、2004年
● 野田市史編さん委員会『野田市民俗調査報告書 今上・山崎の民俗』、1995年
● 野田市史編さん委員会『野田市民俗調査報告書 三ヶ尾・瀬戸・三ツ堀・木野崎の民俗』、1998年
● 野田市史編さん委員会『野田市民俗調査報告書 大殿井・横内・鶴奉・目吹の民俗』、1998年
● 野田市史編さん委員会『野田市民俗調査報告書 吉春・谷津・岩名・五木の民俗』、2000年
● 野田市史編さん委員会『野田市民俗調査報告書 尾崎・東金野井の民俗』、2004年
● 野田市史編さん委員会『野田市民俗調査報告書 中里・小山の民俗』、2006年

- 長井五郎『埼玉の民俗 年中行事』、北辰図書、1963 年
- 加藤喜代次郎、新井清寿『高麗郷土史』、日高町教育委員会、1974 年
- 鈴木棠三『川越地方昔話集』、民間伝承の会、1937 年
- 埼玉県立歴史と民俗の博物館『絵で語る埼玉の民話』、埼玉県立歴史と民俗の博物館、2013 年、博物館ブックレット第二集

- 石丸まく人『埼玉妖怪図鑑』壱 - 四、2010-2013 年
- 藤澤衛彦『日本伝説叢書』北武蔵の巻、日本伝説叢書刊行会、1917 年
- 藤澤衛彦『神話伝説大系 日本篇』、近代社、1928 年、神話伝説大系（M）13
- 藤澤衛彦『日本神話と伝説』、大洋社、1934 年、神話伝説大系
- 藤澤衛彦『神話伝説大系 日本 神話と伝説』、趣味の教育普及会、1935 年
- 韮塚一三郎『埼玉県伝説集成』上・中・下、北辰図書出版、1973 年
- 早船ちよ・諸田森二『埼玉の伝説』、角川書店、1977 年

- 岩川隆「現代人の怪奇・幽霊譚」（『潮』昭和 50 年 9 月号）、潮出版社、1975 年

- 福島憲太郎「埼玉県越ヶ谷地方の俗信」（『旅と伝説』6 巻 3 号）、三元社、1933 年
- 犬飼常晴「猪の鼻の年中行事」（『西郊民俗』3 号）西郊民俗談話会、1957 年、埼玉県秩父郡荒川村
- 石田祐子・須藤恵子・中林瑛子「埼玉県秩父郡皆野町日野沢の見聞（二）」（『西郊民俗』34 号）、西郊民俗談話会、1965 年
- 石田祐子・須藤恵子・中林瑛子「埼玉県秩父郡皆野町日野沢の見聞（四）」（『西郊民俗』36 号）、西郊民俗談話会、1966 年
- 真中勝子「幸手市の年中行事（二）」（『西郊民俗』136 号）、西郊民俗談話会、1991 年
- 神山弘「慈光山の伝説」（『あしなか』16 輯）、山村民俗の会、1950 年
- 新井良輔「越生の妖怪ばなし」（『あしなか』201 輯）、山村民俗の会、1987 年
- 井上浩「たなばたの日の雨」（『埼玉民俗』2 号）、埼玉民俗の会、1972 年
- 山崎泰彦「児玉町で聞いた妖怪譚三話」（『埼玉民俗』7 号）、埼玉民俗の会、1977 年
- 小林徳男「川釣りと妖気」（『埼玉民俗』8 号）、埼玉民俗の会、1978 年
- 山崎泰彦「両神村の伝説と世間噺と鳥の昔話と—川塩地区を中心として—」（『埼玉民俗』8 号）、埼玉民俗の会、1978 年
- 山崎泰彦「岡部町後榛沢の予兆・民間療法・禁忌」（『埼玉民俗』10 号）、埼玉民俗の会、1980 年
- 関根邦之助「秩父の俗信オオサキについて」（『秩父民俗』2 号）、秩父民俗研究会、1968 年
- 野中義夫「オヽサキの語源に関する伝説其の他」（『秩父民俗』4 号）、秩父民俗研究会、1969 年
- 関根邦之助「憑きもの信仰と家筋」（『秩父民俗』10 号）、秩父民俗研究会、1975 年
- 中田稀介「どうさきの話」（『秩父民俗』10 号）、秩父民俗研究会、1975 年
- 田中正明「東秩父旧槻川村の民俗（四）」（『秩父民俗』10 号）、秩父民俗研究会、1975 年
- 中田稀介「聞き書き七題」（『秩父民俗』11 号）、秩父民俗研究会、1976 年
- 常木金雄「稲作り・民俗・言いぐさ」（『秩父民俗』12 号）、秩父民俗研究会、1977 年
- 飯塚槌良「秩父の「まじない」私考」（『秩父民俗』12 号）、秩父民俗研究会、1977 年
- 斎藤広一「秩父地方におけるヤマトタケルノミコトの伝説」（『秩父民俗』13 号）、秩父民俗研究会、1978 年
- 福島保夫「オオサキ考——玉藻伝説との関連において」（『埼玉大学紀要』26 人文科学篇）、埼玉大学教養部、1978 年
- 小池信一「近世史料にみる憑き物「オーサキ狐」の諸相」（『文書館紀要』3 号）、埼玉県立文書館、1989

● 角田恵重「上野勢多郡より」(『郷土研究』3巻7号)、郷土研究社、1915年
● 星野義正・佐久間昇「戸鹿野の民俗(二)」(『民間伝承』9巻6・7合併号)、民間伝承の会、1943年、群馬県戸鹿野新町
● 井之口章次「狼弾きの竹」(『民間伝承』13巻11号)、民間伝承の会、1949年
● 根岸謙之助「妖怪聞書」(『上毛民俗』32号)、上毛民俗学会、1956年
● 本多夏彦「馬の病気「だいば神」」(『上毛民俗』33号)、上毛民俗学会、1956年
● 角田恵重・住谷修・上野勇「ダイバ神資料」(『上毛民俗』34号)、上毛民俗学会、1956年
● 上野勇「片品のオコジョと命名法」(『上毛民俗』34号)、上毛民俗学会、1956年
● 高井義信「テンカジン」(『旅と伝説』6巻9号)、三元社、1933年
● 坂井久光「槌の子その後」(『あしなか』140輯)、山村民俗の会、1974年
● 中島恵子「碓氷の無縁仏」(『西郊民俗』13号)、西郊民俗談話会、1960年
● 中島恵子「西上州入山の「山の神」」(『西郊民俗』24号)、西郊民俗談話会、1963年、群馬県松井田町入山
● 大島建彦「神つけ聞書」(『西郊民俗』126号)、西郊民俗談話会、1989年、群馬県渋川市
● 周東隆一「エゾの神　母衣輪神社考」(『鼎』1号)、あさを社、1974年
●「座談会 片品村の民俗」(『鼎』5号)、あさを社、1974年(住人たちによる座談会特集)

【埼玉県】

● 中島孝昌『三芳野名勝図会』、川越図書館、1917年

● 埼玉県史編さん室『埼玉県史民俗調査報告書(山村地帯民俗調査)』、1980年、上泉村下阿久原・横瀬村赤谷・皆野町金沢・両神村出原・両神村薄、小森
●『荒川』人文3、1988年、荒川総合調査報告書4
● 埼玉県教育委員会『埼玉のオビシャ行事』、1994年
●『川越市史』民俗編、1968年
●『日高町史』民俗編、1989年
●『白岡町史』民俗編、1990年
●『八潮の民俗資料』一、1979年、八潮市史調査報告書2
●『八潮の民俗資料』二、1981年、八潮市史調査報告書5
●『塚越地区の民俗』、1988年、蕨市史調査報告書5
●『蕨地区の民俗』、1989年、蕨市史調査報告書7
● 戸田市史編さん室『惣右衛門の民俗』、1979年、市史調査報告書第4集
● 戸田市史編さん室『下戸田の民俗』、1980年、市史調査報告書第6集
● 戸田市史編さん室『新曽・上戸田の民俗』、1987年、市史調査報告書第12集
● 上尾市教育委員会『上尾の民俗』3、1994年、上尾市文化財調査報告第43集
● 深谷商工会『深谷町誌』、1937年
● 埼玉県立川越高等女学校校友会郷土研究室『川越地方郷土研究』第3冊、1937年
● 埼玉県立川越高等女学校校友会郷土研究室『川越地方郷土研究』第4冊、1938年
● 埼玉県入間東部地区教育委員会連絡協議会『埼玉県入間東部地区の民俗―信仰・芸能・口承文芸の変貌―』、1983年
● 大井町・三芳町・上福岡市・富士見市、民俗調査報告第6集

● 斎藤鶴磯『武蔵野話』、武蔵野話刊行会、1950年

- 多野郡教育会『群馬県多野郡誌』、1927 年
- 山田郡教育会『山田郡誌』、1939 年
- 『勢多郡誌』、勢多郡誌編纂委員会、1958 年
- 『片品村史』、1963 年
- 『大類村史』、大類村史編集委員会、1979 年
- 『渋川市誌』4 民俗編、1984 年
- 『太田市史』通史編 民俗上・下、1985 年
- 坂上村誌編纂委員会『あがつま坂上村誌』、1971 年
- 伊勢崎市『三和町の民俗』、1981 年、伊勢崎市史民俗調査報告書 第 1 集
- 伊勢崎市『八斗島町の民俗—利根川流域の生活と伝承—』、1982 年、伊勢崎市史民俗調査報告書 第 2 集
- 伊勢崎市『波志江町の民俗』、1984 年、伊勢崎市史民俗調査報告書 第 3 集
- 伊勢崎市『市街地の民俗』、1986 年、伊勢崎市民俗調査報告書第 6 集
- 伊勢崎市『北千木町南千木町の民俗』、1987 年、伊勢崎市民俗調査報告書第 8 集
- 前橋市教育委員会『利根西の民俗—清里・総社・元総社・東地区—』、1991 年、前橋市市民文化財調査報告書第二集
- 大間々町誌刊行委員会『大間々町の民俗』2、1995 年、大間々町誌基礎資料 5、高津戸地区
- 大間々町誌刊行委員会『大間々町の民俗』3、1997 年、大間々町誌基礎資料 10、大間々市街地
- 埼玉大学文化人類学研究会『赤岩の民俗』、1989 年
- 荒砥第二尋常高等小学校『郷土史荒砥村』下、1939 年
- 太田女子高等学校郷土研究クラブ『太田近郊の迷信』、1952 年（『太田市史』通史編 民俗下巻にも再収録されている）

- 太田稲主『上野国新田郡史』、太田美屋、1929 年
- 中島吉太郎『伝説の上州』、中島吉太郎氏遺稿刊行会、1932 年
- 根岸省三・関口正巳・井上清・三沢義信『上州の史話と伝説』その二、上毛新聞社、1974 年
- 『上野村の民俗』上・下、みやま文庫、1961 年
- 宮崎雷八『上毛野昔語』東毛編・西毛編、みやま文庫、1964-1965 年
- 相葉伸『群馬の民間信仰』、みやま文庫、1975 年
- 今井善一郎『赤城の神』、煥乎堂、1974 年
- 都丸十九一『消え残る山村の風俗と暮し 群馬の山村民俗』、高城書店出版部、1959 年
- 都丸十九一『上州の風土と方言』、上毛新聞社、1977 年
- 上野勇『でえろん息子』、創元書房、1951 年
- 渋谷勲『きつねのあくび 藤原の民話と民俗』、日本民話の会、1982 年
- 佐藤寅雄『前橋の伝説百話』、前橋市観光協会、1974 年
- 臼田八十八『丹生の民話と史話』、1974 年
- 清水義雄『黒幣の天狗』、群馬サンケイ新聞社、1981 年
- 笛木大助『新治村の民話』、1997 年
- 岡部福蔵『新田の史蹟』、1933 年
- 『群馬県史料集』2 風土記篇 2、群馬県文化事業振興会、1967 年
- 『群馬県史料集』8 縁起篇 1、群馬県文化事業振興会、1973 年

- 都丸十九一・池田秀夫・宮川ひろ・木暮正夫『上州の伝説』、角川書店、1978 年

- 利根川生「利根川と片品川」（『郷土研究』1 巻 4 号）、郷土研究社、1913 年

- 矢板市文化財愛護協会『やいたの昔の話』、随想舎、2015年
- 台一雄『足利の伝説』、岩下書店、1971年
- 台一雄『続 足利の伝説』、岩下書店、1974年
- 日向野徳久『日本の民話』5 栃木篇、未来社、1974年
- 小林友雄『下野伝説集 追分の里』、栃の葉書房、1976年
- 小林友雄『下野伝説集 あの山この里』、栃の葉書房、1976年
- 立松和平・横松桃子『黄ぶな物語』、アートセンターサカモト、1999年

- 武田静澄・安西篤子『栃木の伝説』、角川書店、1980年

- へつし「紙上問答」答(七四)(『郷土研究』2巻5号)、郷土研究社、1914年
- 瓦全生「足利より」(『郷土研究』2巻10号)、郷土研究社、1914年
- 「下野上都賀郡の老樹」(『郷土研究』2巻11号)郷土研究社、1915年
- 船江純一「葬式の日と籠と臼」(『郷土研究』2巻12号)、郷土研究社、1915年
- 「国々の言習はし(五)」(『郷土研究』3巻1号)、郷土研究社、1915年、中山丙子・下野足利郡
- 榎戸貞治郎「川ピタリ」(『民間伝承』3巻5号)、民間伝承の会、1938年
- 榎戸貞治郎「八日ソバ」(『民間伝承』3巻5号)、民間伝承の会、1938年
- 小川芳文・早乙女芳正「鹿沼の民俗」(『西郊民俗』7号)、西郊民俗談話会、1958年、栃木県上都賀郡北押原村・東大芦村
- 永島大輝「栃木県下都賀郡岩舟町静和の世間話と民俗知識」(『昔話伝説研究』34号)、昔話伝説研究会、2015年
- 永島大輝「栃木市岩舟の世間話」(『世間話研究』26号)、世間話研究会、2018年
- 永島大輝「「聞いてみた」学校の怪談・俗信」(『昔話伝説研究』35号)、昔話伝説研究会、2016年
- 永島大輝「「聞いてみた」学校の怪談・俗信 二年目」(『昔話伝説研究』36号)、昔話伝説研究会、2017年
- 永島大輝「「聞いてみた」学校の怪談・俗信 三年目」(『昔話伝説研究』37号)、昔話伝説研究会、2018年
- 倉田一郎「栃木県安蘇郡野上村語彙」(國學院大學方言研究会『方言誌』17輯)、寧楽書院、1936年

【群馬県】

- 毛呂権蔵『上野国志』、環水堂、1910年

- 『群馬県史』資料編25 民俗1、1984年
- 『群馬県史』資料編27 民俗3、1980年
- 群馬県教育委員会『吾妻町坂上地区の小正月行事』、1966年、群馬県民俗調査報告書
- 群馬県教育委員会『松井田町の民俗　坂本・入山地区』、1967年、群馬県民俗調査報告書第9集
- 群馬県教育委員会『水上町の民俗』、1971年、群馬県民俗調査報告書第13集
- 群馬県教育委員会『千代田村の民俗』、1972年、群馬県民俗調査報告書第14集
- 群馬県教育委員会『藪塚本町の民俗』、1974年、群馬県民俗調査報告書第16集
- 群馬県教育委員会『前橋市城南地区の民俗』、1974年、群馬県民俗調査報告書第17集
- 群馬県教育委員会『大間々町の民俗』、1977年、群馬県民俗調査報告書第19集
- 群馬県教育委員会『高崎市東部地区の民俗』、1978年、群馬県民俗調査報告書第20集
- 江森泰吉『安蘇郡誌』、全国縮類共進会協賛会、1909年
- 世良田村誌編纂会『世良田村旧蹟案内』、1936年
- 『佐波郡誌』、1924年

● 丸山瓦善「蛇が巻いた」(『土俗と伝説』1巻3号)、文武堂書店、1918年
● 石塚尊俊「七不思議」(『民間伝承』4巻6号)、民間伝承の会、1939年
● 今野圓輔「常盤採録」(『民間伝承』9巻6・7合併号)、民間伝承の会、1943年
● 長沢利明「女化稲荷（一)」(『西郊民俗』116号)、西郊民俗談話会、1986年、茨城県竜ヶ崎市馴馬
● 村田朱美「大洗磯前神社の神事（三)」(『西郊民俗』134号)、西郊民俗談話会、1991年
● 高原豊明「常陸の晴明伝説—猫島の晴明伝説を中心に—」(『茨城の民俗』33号)、茨城民俗学会、1994年
● 高柳伸次「霞ヶ浦の主大緋鯉の話」(『茨城の民俗』39号)、茨城民俗学会、2000年
● 黒田忠夫「立切と片目のウナギ」(『茨城の民俗』39号)、茨城民俗学会、2000年
●「藝文風土記 陰陽師・安倍晴明」(『常陽藝文』212号2001年1月号)、常陽藝文センター、2001年
●「藝文風土記 悪路王の首の謎」(『常陽藝文』261号2005年2月号)、常陽藝文センター、2005年
●「藝文風土記 地震除け信仰と鯰絵」(『常陽藝文』390号2015年11月号)、常陽藝文センター、2015年
● 深澤徹「吉備大臣入唐・外伝」(物語研究会『書物と語り』)、若草書房、1998年、新物語研究5

【栃木県】

● 河野守弘『下野国誌』三之巻 神祇鎮座、待価堂、1893年
● 河野守弘『下野国誌』四之巻 神祇鎮座、待価堂、1893年

● 黒尾東一（編)『那須記』、横田印刷所、1969年（再版1970年)

●『栃木県史』史料編 中世1、1973年
● 栃木県教育委員会『栃木県の民俗芸能』一、1971年
● 栃木県教育委員会『那須山麓の民俗　黒磯市百村・板室地区』、1971年、栃木県民俗資料報告書第8集
●『小山市史』民俗編、1978年
●『都賀町史』民俗編、1989年
● 芳賀町史編さん委員会『東高橋の民俗』、1999年、芳賀町史報告書第2集
● 宇都宮市役所『宇都宮市六十周年誌』、1960年
● 宇都宮市教育委員会『宇都宮の手仕事』、1980年
● 宇都宮市教育委員会『宇都宮の民話』、1983年
● 高根沢町教育委員会『高根沢の祭りと行事』、1984年
● 上三川町文化財研究会『上三川町の伝説と民話』、1975年
● 上三川町文化財研究会『上三川町の伝説と民話 続編』、1976年
● 武蔵大学人文学部日本民俗史演習『葛城の生活と伝承』、1982年、日本民俗史演習調査報告書5、栃木県塩谷郡喜連川町葛城
● 武蔵大学人文学部日本民俗史演習『鹿沼市下沢の生活と伝承』、1995年、日本民俗史演習調査報告書18
● 栃木県郷土資料館『秋山の民俗』、1982年、郷土資料調査報告第7集
● 尾島利雄『民間信仰の諸相—栃木の民俗を中心として—』、錦正社、1983年
● 徳田浩淳『宇都宮郷土史』、文化新報社、1959年
● 田代善吉『栃木県史』神社編、下野史談会、1934年
● 田代善吉『栃木県史』寺院編、下野史談会、1934年
● 田代善吉『栃木県史』考古編、下野史談会、1939年

● 下野民俗研究会月曜会『民話の海へ とちぎの新しい民話集』、随想舎、1994年
● 下野民俗研究会『読みがたり 栃木のむかし話』、日本標準、2004年

- 『笠間の民話』上・下、笠間市生涯学習推進本部、1996-1998 年

- 東京学芸大学民俗学研究会『昭和四十四・四十五年度調査報告』、1971 年（四十五年度調査地 茨城県真壁郡大和村本木茂賀坪）
- 武蔵大学人文学部日本民俗史演習『四ヶの生活と伝承』、1981 年、日本民俗史演習調査報告書 4
- 武蔵大学人文学部日本民俗史演習『石下町小保川・崎房の生活と伝承』、1986 年、日本民俗史演習調査報告書 9

- 茨城民俗学会『国鉄鹿島線沿線の民俗』、茨城民俗学会、1981 年
- 茨城民俗学会『子どもの歳時と遊び』、第一法規、1970 年
- 今瀬文也『茨城の寺』一、太平洋出版、1971 年
- 今瀬文也『茨城の寺』二、太平洋出版、1972 年
- 今瀬文也『茨城の寺』三、太平洋出版、1972 年
- 今瀬文也『茨城の寺』四、郁文、1975 年
- 今瀬文也『民話のふる里』、秀英書房、1977 年

- 寺田喜久『相馬伝説集』、相馬伝説集刊行会、1922 年
- 金子敏『狐から生まれた男 幻の戦国武将・栗林義長』、崙書房、1978 年

- 人見暁郎『ちょうちん酒』、1974 年
- 協和町寿大学『きょうわの伝説』、1981 年
- 岡崎柾男『取手のむかし話』、単独社、1989 年
- 水郷民俗研究会『潮来の昔話と伝説』、1996 年
- 木村進『石岡地方のふるさと昔話』、ふるさと“風”の会、2016 年
- 仲田安夫『千代田村の昔ばなし』、筑波書林、1979 年
- 佐野春介『大穂町の昔ばなし』、筑波書林、1980 年
- 楠見松男『瓜連町の昔ばなし』、筑波書林、1980 年
- 岡村青『常陸国天狗譚』、筑波書林、1980 年
- 岡村青『茨城の河童伝承』、筑波書林、1981 年
- 箱守重造『関城町の昔ばなし』、筑波書林、1981 年
- 笠間市文化財愛護協会『笠間市の昔ばなし』、筑波書林、1981 年

- 大間知篤三『常陸高岡村民俗誌』、刀江書院、1951 年
- 今瀬文也・武田静澄『茨城の伝説』、角川書店、1980 年
- 赤城毅彦『茨城方言民俗語辞典』、東京堂出版、1991 年

- 北洲堂主人「泣き祇園祭」（『風俗画報』46 号）、東陽堂、1892 年
- 飯田豊雲「椀貸穴」（『郷土研究』1 巻 3 号）、郷土研究社、1913 年
- 吉原春園「紙上問答」答（十五）（『郷土研究』1 巻 9 号）、郷土研究社、1913 年、常陸土浦
- 吉原春園「女化原」（『郷土研究』1 巻 10 号）、郷土研究社、1913 年
- 吉原春園「紙上問答」答（十五）（『郷土研究』1 巻 10 号）、郷土研究社、1913 年、常陸土浦
- 吉原春園「禁厭一束（下）」（『郷土研究』1 巻 12 号）、郷土研究社、1914 年、常陸土浦
- 「国々の言習はし（五）」（『郷土研究』3 巻 1 号）、郷土研究社、1915 年、吉原頼雄・常陸新治郡
- 吉原春園「人身御供と一つ物」（『郷土研究』3 巻 8 号）、郷土研究社、1915 年、常陸新治郡山ノ荘村

sinreispot　2020年4月30日
- TraveRoom「千葉の最恐心霊スポットランキングTOP18！怖い廃墟や幽霊の噂とは？」https://traveroom.jp/tiba-snireispot　2020年5月7日
- SHIORI「【栃木】ガチで怖い心霊スポット17選｜本当に出る廃病院や危険すぎるトンネルも…」https://shiori-tabi.jp/posts/758#head-0bbcacb1827639bf5cf65779abb7cb7c　2019年11月6日
- 「茨城県最強危険心霊スポット★行ってはいけない10選」https://bjtp.tokyo/ibaraki-sinrei-spot/

- 清水寺「由来・歴史」、『清水寺』https://www.seisuiji.or.jp/history
- 桐生みどり「氷室山」（『桐生山野研究会』・楚巒山楽会『やまの町　桐生』）https://akanekopn.web.fc2.com/yama/sanyaken/sanyaken92.html
- 桐生みどり「根本山」（『桐生山野研究会』・楚巒山楽会『やまの町　桐生』）https://akanekopn.web.fc2.com/yama/sanyaken/sanyaken67.html
- 櫻木神社「年中行事一覧」、櫻木神社『櫻木神社 しあわせの桜咲く』https://sakuragi.info/saiten-list/
- やがさね「御武射祭（おんぶしゃ）櫻木神社」、『やがさね歴史談』http://yagasane.web.fc2.com/nosaobi.html

【茨城県】
- 北条時隣『鹿島志』（『鹿島名所図会』）、1823年
- 中山信名・栗田寛『新編常陸国誌』上・下、積善堂、1901年

- 茨城民俗学会『筑波研究学園都市地区民俗資料緊急調査報告書』、茨城県教育委員会、1967年、大穂町・茎崎町・筑波町・豊里町・桜村・谷田部町
- 茨城民俗学会『県北海岸地区民俗資料緊急調査報告書』、茨城県教育委員会、1969年、日立市・十王町・高萩市・北茨城市
- 『高萩市史』下、1969年
- 『高萩の昔話と伝説』、1980年
- 『勝田市史』民俗編、1975年
- 『八郷町誌』、1975年
- 『小櫃町史』、1978年
- 『大野村史』、大野村教育委員会、1979年
- 『石岡市史』上、1979年
- 『瓜連町史』、1986年
- 『美野里町史』下、1993年
- 『下妻市史』別編 民俗、1994年

- 『茨城県東茨城郡美野里町の民俗』、1964年（更科公護らによる手書き現地調査報告のコピーを綴じた冊子。狂牛寺文庫（氷厘亭氷泉）所蔵）
- 勝田市史編さん委員会『勝田市の民俗』、1972年、勝田市史編さん資料2
- 五霞村歴史民俗研究会『五霞村の民俗』、五霞村教育委員会、1976年、五霞村の歴史民俗研究3
- 龍ケ崎市教育委員会『龍ケ崎市史民俗調査報告書』1 馴柴・八原地区、1985年

- 古河市史編さん委員会『古河の昔話と伝説』、1978年、古河市史資料6
- 東海村教育委員会『東海村のむかし話と伝説 付わらべ唄』、1981年
- 岩間町史編さん資料収集委員会『いわまの伝え話』、岩間町教育委員会、1986年

【Webサイト】

- 氷厘亭氷泉『百鬼夜行絵巻の赤い妖怪 だっちょのぺーじ』、新・妖怪党 http://akakutemarukkoi.yu-nagi.com/　2010-2017年
- 氷厘亭氷泉「妖怪要説 鬼質学紺珠」、妖怪仝友会 http://yokaidoyukai.ho-zuki.com/youkai/kisituindex.htm　2018年

- 妖怪仝友会『大佐用』、2011-2021年 http://yokaidoyukai.ho-zuki.com/taisayo.htm
- 九十九屋さんた・氷厘亭氷泉「本姫さまについて」（『大佐用』5号）、妖怪仝友会、2012年
- 氷厘亭氷泉「あかなめのはなし」（『大佐用』17号）、妖怪仝友会、2012年
- 氷厘亭氷泉「芳年のつづらのアレ」（『大佐用』25号）、妖怪仝友会、2013年
- 氷厘亭氷泉「撞木娘じゃないほう」（『大佐用』26号））、妖怪仝友会、2013年
- 氷厘亭氷泉「撞木と蛞蝓と蝸牛」（『大佐用』26号）、妖怪仝友会、2013年
- 氷厘亭氷泉「長寿効果 にんかん」（『大佐用』57号）、妖怪仝友会、2014年
- 氷厘亭氷泉「四目十目の鵺」（『大佐用』62号）、妖怪仝友会、2014年
- 氷厘亭氷泉「悪楼＝あくる＝悪路」（『大佐用』116号）、妖怪仝友会、2017年
- 氷厘亭氷泉「悪楼＝あくる＝悪路 まとめ」（『大佐用』118号）、妖怪仝友会、2017年
- 氷厘亭氷泉「鉄鬼と活鬼と天狗」（『大佐用』122号）、妖怪仝友会、2017年
- 氷厘亭氷泉「天星精魂と痘疹神」（『大佐用』180号）、妖怪仝友会、2019年
- 氷厘亭氷泉「悪鬼よけ三十六童子・禽」（『大佐用』184、188号）、妖怪仝友会、2019-2020年
- 氷厘亭氷泉「外国渡り狐百匹」（『大佐用』185号）、妖怪仝友会、2019年
- 氷厘亭氷泉「将門さまと勾玉と魔神」（『大佐用』204号）、妖怪仝友会、2020年
- 氷厘亭氷泉「近江の栗の木」1、2（『大佐用』205-206号）、妖怪仝友会、2020年
- 氷厘亭氷泉「下総の椿の木と魔王」（『大佐用』207号）、妖怪仝友会、2020年
- 氷厘亭氷泉「四天王の妹御さま」（『大佐用』211号）、妖怪仝友会、2021年
- 氷厘亭氷泉「蜘蛛のお名前」（『大佐用』212号）、妖怪仝友会、2021年
- 氷厘亭氷泉「天から毒の半夏生」（『大佐用』214号）、妖怪仝友会、2021年

- 日本かるた文化館「化け物かるた」（江戸はかるたの王国5）https://japanplayingcardmuseum.com/4-5-4-0-bakemonocarta-goastful-popular/
- こぐろう「牛御前と丑御前について」、こぐろう『松籟庵』http://syouraian.blog134.fc2.com/blog-entry-89.html　2016年7月25日、https://note.com/kogurou/n/n3f0cbcfd202e　2017年6月17日（note版・移転掲載）

- 塵塚りんす「器怪にまつわる研究成果」、塵塚りんす『ちりづかアーカイブ』https://lins.garyoutensei.com/research.html
- 本城達也「斎藤守弘さんのお話」、ASIOS『ASIOSブログ』http://asios.org/saitomorihiro　2014年3月5日
- 「伝統民話河童徳利　ルーツ知り地域活性を」、タウンニュース社、『タウンニュース』茅ヶ崎版、https://www.townnews.co.jp/0603/2011/06/24/108878.html　2011年6月24日
- 参議院「第183回国会（常会）総理大臣公邸に関する質問主意書　提出番号101」https://www.sangiin.go.jp/japanese/joho1/kousei/syuisyo/183/meisai/m183101.htm

- めるTV『東京都市伝説』、める『めるTV』http://meru.tv/tul/index.htm
- TraveRoom「東京の最恐心霊スポットBEST25！ヤバい廃墟や噂の真相は？」https://traveroom.jp/tokyo-

- 佐伯隆治「農作開始の行事」(『民間伝承』9巻1号)、民間伝承の会、1943年
- 倉田一郎「七日盆の古意」(『民間伝承』9巻3号)、民間伝承の会、1943年
- 大藤時彦「小豆とぎ」(『民間伝承』9巻5号)、民間伝承の会、1943年
- 最上孝敬「オトボウ淵」(『西郊民俗』8号)、西郊民俗談話会、1959年
- 井之口章次「長崎県対馬西北部の見聞(七)」(『西郊民俗』35号)、西郊民俗談話会、1965年
- 中山太郎「七難の揃毛」(『旅と伝説』1巻11号)、三元社、1928年
- 小寺融吉「天狗の話」(『旅と伝説』5巻4号)、三元社、1932年
- 小寺融吉「船幽霊」(『旅と伝説』5巻6号)、三元社、1932年

- 倉石忠彦「タナバタ伝承の禁忌に見る地域性」(『国立歴史民俗博物館研究報告』52)、国立歴史民俗博物館、1993年
- 宮原一郎「川越藩士の神隠し—安政五年皆川市郎平の一件から—」(『川越市立博物館 博物館だより』76)、川越市立博物館、2015年

- 黒石陽子「黒本『鎌倉比事 北条九代序』について」(『叢　草双紙の翻刻と研究』25号)、近世文学研究「叢」の会、2004年

- 『現代読本臨時増刊 特集 妖奇実話』、日本文芸社、1957年(入江一海「首相官邸を巡る怪談」、長松英郎「基地の古井戸に現われた怪美人」)
- 「不可思議ワールド 私は霊に出遇った」(『不可思議』4号)、明文社、1983年
- 『トワイライトゾーン別冊　心霊ミステリー』、KKワールドフォトプレス、1984年
- 「日本幽霊出る出るMAP」(『BOOTNIC2』)、英知出版、1992年
- 別冊歴史読本『世にも不思議な 江戸怪奇事件帳』、新人物往来社、1998年
- 「風俗街の歩き方・新宿歌舞伎町」(『ソフト・オン・デマンドDVD』12月号)、ソフト・オン・デマンド、2014年

- 和気周一「真野聞書」(『讃岐民俗』2号)、1939年
- 『聴く語る創る』10号 石垣島の民話、日本民話の会、2003年

- 石川町教育委員会・玉川村教育委員会・平田村教育委員会『千五沢の民俗』、1972年、福島県石川郡
- 早稲田大学日本民俗学研究会『平豊間の民俗』、1981年、福島県いわき市平豊間
- 菊地與吉『道川村郷土史』、岩城町教育委員会、2002年、秋田県岩城町
- 文化庁文化財部『北関東のササガミ習俗』茨城県・栃木県、2015年、無形の民俗文化財記録61

- 國學院大學民俗学研究会『民俗採訪』27年度、1953年、千葉県夷隅郡浪花村・布施村・御宿町、埼玉県秩父郡倉尾村
- 國學院大學民俗学研究会『民俗採訪』28年度、1954年、栃木県那須郡大山田村
- 國學院大學民俗学研究会『民俗採訪』30年度、1956年、伊豆三宅島・神津島・新島・式根島
- 國學院大學民俗学研究会『民俗採訪』41年度、1967年、栃木県安蘇郡田沼町(旧・野上村)
- 國學院大學民俗学研究会『民俗採訪』42年度、1968年、群馬県群馬郡倉渕町
- 國學院大學民俗学研究会『民俗採訪』45年度、1971年、茨城県西茨城郡七会村
- 國學院大學民俗学研究会『民俗採訪』55年度、1981年、栃木県鹿沼市(旧・西大芦村)
- 國學院大學民俗学研究会『民俗採訪』60年度、1986年、千葉県山武郡蓮沼村
- 井之口章次「お化けの地方色」(『言語生活』7月号)、筑摩書房、1959年

● 多田克己『江戸妖怪かるた』、国書刊行会、1998 年

●『歌川国芳展 生誕二〇〇年記念』、日本経済新聞社、1996 年
● 茨城県立歴史館『妖怪見聞』、2011 年
● 石神井公園ふるさと文化館『江戸の妖怪展』、2012 年
● 太田記念美術館『江戸妖怪大図鑑』、2014 年
● 国立歴史民俗博物館『もののけの夏—江戸文化の中の幽霊・妖怪—』、2019 年

【かわら版・見世物】
● 藤澤衛彦『変態見世物史』、文芸資料研究会、1927 年
● 浅倉無聲『見世物研究』、思文閣出版、1977 年
● 古河三樹『図説 庶民芸能 江戸の見世物』、雄山閣出版、1982 年
● 川崎市民ミュージアム『日本の幻獣—未確認生物出現録—』、2004 年
● 湯本豪一『日本の幻獣図譜』、東京美術、2016 年

● 長野栄俊「予言獣アマビコ考—「海彦」をてがかりに—」(『若越郷土研究』49 巻 2 号)、福井県郷土誌懇談会、2005 年
● 長野栄俊「予言獣アマビコ・再考」(小松和彦(編)『妖怪文化研究の最前線』)、せりか書房、2009 年
● Alain Briot『Monstres et prodiges dans le Japon d'Edo』、College de France Institut des Hauntes Etudes JAPONAISES、2013 年(『献英楼画叢 拾遺』)

【新聞】
●『新聞集成明治編年史』5、財政経済学会、1936 年
● 湯本豪一『明治期怪異妖怪記事資料集成』、国書刊行会、2009 年

【法令】
● 内閣官報局『法令全書』明治 15 年、1882 年

【雑誌・報告書】
● 宍戸俊治「轆轤首考」(『中外医事新報』885、886 号)、中外医事新報社、1917 年
● 村上彰男「赤潮の発生と防除」(『日本海水学会誌』42 巻 3 号)、日本海水学会、1988 年

● 柳田國男「ねぶた流し」(『郷土研究』2 巻 5 号)、郷土研究社、1914 年
● 平瀬麦雨「大太法師足跡」(『郷土研究』3 巻 1 号)、郷土研究社、1915 年
● 清水時顕(柳田國男)「小豆洗ひ」(『郷土研究』3 巻 12 号)、郷土研究社、1916 年
● 内田邦彦「家筋と作物禁忌」(『郷土研究』4 巻 1 号)、郷土研究社、1916 年
● 大野芳宜(柳田國男)「小豆洗ひに就て」(『郷土研究』4 巻 2 号)、郷土研究社、1916 年
● 能田太郎「お化考」(『郷土研究』7 巻 7 号)、郷土研究社、1934 年
● 藤原相之助「麻むしの話」(『郷土研究』7 巻 7 号)、郷土研究社、1934 年
● 本多冬城「佞武多(七夕祭)」(『土の鈴』3 輯)、土の鈴会、1920 年

【錦絵・絵本】

● 卍亭応賀・歌川国貞『観音霊験記』、山田屋庄次郎、1859 年
● 落合芳幾・仮名垣魯文『東海道中栗毛弥次馬』、当世堂、1860 年
● 一貫山人・2 世歌川国輝『客フランス国産女郎蜘の図』、1867 年
● 歌川芳藤『髪切の奇談』、玉屋惣助、1867 年
● 歌川芳盛『おにむすめ』、伊勢屋庄之助、1867 年
● 仮名垣魯文・武田幾丸『虚実弁解 魄のはなし』、1867 年
● 野久知橘莚・歌川国輝『本所七不思議』、小島亀吉、1886 年
●『流行こっくり踊り』、田中為之介、1887 年
● 綾岡有真『日光勝景』化灯籠、秋山滑稽堂、1896 年

● 北尾政演（山東京伝）『御存商売物』、鶴屋喜右衛門、1782 年

● 藤澤衛彦・西村貞『日本版画美術全集 6　民俗版画』、講談社、1961 年
● 林美一『江戸仕掛本考』、有光書房、1972 年
● 林美一『艶色江戸の瓦版』、河出書房新社、1988 年

● 坂戸弥一郎『浮世絵大家集成 春好・春英』、大鳳閣書房、1932 年、浮世絵大家集成 13
● 永田生慈（解説）『北斎漫画』1-3、岩崎美術社、1986-1987 年
● 河津一哉（解説）『今とむかし広重名所江戸百景帖』、暮しの手帖社、1993 年
● 坂本満・戸枝敏郎『日本の美術 横浜版画と開化絵』、至文堂、1993 年、日本の美術 238
● 稲垣進一・悳俊彦『国芳の狂画』、東京書籍、1993 年
● 大野和彦『大東海道』下、京都書院、1998 年
● くもん子ども研究所『浮世絵に見る江戸の子どもたち』、小学館、2000 年
● アン・ヘリング『おもちゃ絵づくし』、玉川大学出版部、2019 年

● 中右瑛『浮世絵 魑魅魍魎の世界』、里文出版、1987 年
● 町田市立国際版画美術館『和漢百物語 月岡芳年』、1991 年
● 高田衛（監修）稲田篤信・田中直日（編）『鳥山石燕 画図百鬼夜行』、国書刊行会、1992 年
● 多田克己（編）『竹原春泉 絵本百物語—桃山人夜話—』、国書刊行会、1997 年
● 多田克己『妖怪図巻』、国書刊行会、2000 年
● 湯本豪一『続 妖怪図巻』、国書刊行会、2006 年
● 尾崎久弥『大江戸怪奇画帖』、国書刊行会、2001 年
● 湯本豪一『今昔妖怪大鑑』、パイ インターナショナル、2013 年
● 湯本豪一『古今妖怪纍纍』、パイ インターナショナル、2017 年

● 梅原北明『明治性的珍聞史』上・中、文芸資料研究会、1926-1927 年
● 木下直之・吉見俊哉『ニュースの誕生 かわら版と新聞錦絵の情報世界』、東京大学総合研究博物館、1999 年
● 千葉市美術館『文明開化の錦絵新聞』、国書刊行会、2008 年

● 別冊太陽『日本の妖怪』、平凡社、1987 年
● 別冊太陽『いろはかるた』、平凡社、1974 年

- 『全国漫遊 水戸黄門仁徳録』上・下、大川屋書店、1915年

- 凝香園『豊臣豪傑 仙石権兵衛』、博多成象堂、1915年

- 三遊亭円朝『怪談乳房榎』、金桜堂、1888年
- 久保田彦作『怪談乳房榎』、金桜堂、1893年
- 三遊亭円朝『怪談牡丹燈籠』、岩波書店、2002年

- 柳亭燕枝、伊東専三（編）『島衛沖白浪』上・下、滑稽堂、1883-1884年
- 春風亭柳枝『佐原の喜三郎』、青木嵩山堂、1898年
- 青竜斎貞峰『侠客 佐原の喜三郎』、大川屋、1919年

- 近代日本文学大系22『落語滑稽本集』、国民図書、1928年（『新話笑眉』）
- 武藤禎夫（校注）『元禄期軽口本集』、岩波書店、1987年
- 関根黙庵『講談落語今昔譚』、雄山閣、1924年
- 西本晃二『落語「死神」の世界』、青蛙房、2002年

- 宮尾しげを『地方狂言の研究』、檜書店、1977年
- 中村茂子・三隅治雄『大衆芸能資料集成』2 祝福芸2 大神楽、三一書房、1981年

【歌謡・童謡】

- 大田才次郎『日本児童遊戯集』、平凡社、1968年
- 渡辺富美雄・松沢秀介・原田滋『新潟県における鳥追い歌　その言語地理学』、野島出版、1974年

【絵巻】

- 真保亨『妖怪絵巻』、毎日新聞社、1978年
- 島田修二郎（編）『新修日本絵巻物全集』別巻1、角川書店、1980年（『融通念仏縁起絵』）
- 梅津次郎「初期の融通念仏縁起絵について」（『仏教芸術』37号）、毎日新聞社、1958年
- 埼玉県立博物館『太平記絵巻の世界』、1996年
- 『増上寺秘蔵の仏画 五百羅漢 幕末の絵師 狩野一信』、日本経済新聞社、2011年
- 京都国立博物館『桃山時代の狩野派 永徳の後継者たち』、2015年

【工芸】

- 角南隆『日光東照宮建築装飾図集』、大塚工芸社、1931年
- 高藤晴俊『日光東照宮の謎』、講談社、1996年
- 高藤晴俊『図説 社寺建築の彫刻』、東京美術、1999年
- 『日光東照宮の装飾文様』人物・動物・絵画、グラフィック社、1994年
- 『日光東照宮の装飾文様』植物・鳥類、グラフィック社、1994年、
- 「祢々切丸」（奉仕会『日本文化財』18）、奉仕会出版部、1956年
- 「化灯籠」（奉仕会『日本文化財』18）、奉仕会出版部、1956年

- 渥美清太郎『日本戯曲全集 寛政期京阪世話狂言集』、春陽堂、1928年（『隅田川続俤』）
- 渥美清太郎『日本戯曲全集 舞踊劇集』、春陽堂、1928年（『杜若七重の染衣』、『来宵蜘蛛線』、『錦着恋山守』、『夜の鶴雪鷺』）
- 渥美清太郎『日本戯曲全集 河竹新七及竹柴其水集』、春陽堂、1929年（『闇梅百物語』）
- 渥美清太郎『日本戯曲全集 維新狂言集』、春陽堂、1933年（『花雲佐倉曙』）
- 坪内逍遥・渥美清太郎『大南北全集』6、春陽堂、1926年（『隅田川花御所染』）
- 坪内逍遥・渥美清太郎『大南北全集』12、春陽堂、1926年（『東海道四谷怪談』）
- 郡司正勝『鶴屋南北全集』9、三一書房、1974年（『法懸松成田利剣』）
- 国立劇場調査養成部調査記録課『通し狂言 東海道四谷怪談』、日本芸術文化振興会、2015年
- 国立劇場芸能調査室『隅田川花御所染』、国立劇場、1988年
- 国立劇場芸能調査室『隅田川続俤』、国立劇場、1989年
- 国立劇場調査養成部『小幡怪異雨古沼』、日本芸術文化振興会、2013年、未翻刻戯曲集19
- 国立劇場調査養成部『怪談木幡小平次・小幡怪異雨古沼』、日本芸術文化振興会、2013年、正本写合巻集11
- 桃川如燕『実説怪談百物語』、国華堂、1910年（「小幡小平次怪談」）
- 国立劇場調査養成部『東山桜荘子』、日本芸術文化振興会、2015年、未翻刻戯曲集21
- 『名作歌舞伎全集』16 江戸世話狂言集2、東京創元社、1970年（『佐倉義民伝』）、解説・戸板康二
- 河竹繁俊（校訂）『黙阿弥脚本集』12、春陽堂、1921年（『北条九代名家功』）
- 河竹繁俊（校訂）『黙阿弥脚本集』25、春陽堂、1923年（『一つ家』）

- 伊坂梅雪『五代目菊五郎自伝』、先進社、1929年

- 三田村鳶魚『足の向く侭』、国史講習会、1921年
- 三田村鳶魚『娯楽の江戸』、恵風館、1925年
- 畑耕一『変態演劇雑考』、文芸資料研究会、1928年
- 岡本綺堂『思ひ出草』、相模書房、1937年

- 立川焉馬、吉田暎二（校訂）『歌舞伎年代記』、宝文館、1926年
- 田村成美『続々歌舞伎年代記』、鳳出版、1976年

- 「大切浄瑠璃・蜘糸宿直噺」（『歌舞伎新報』1049号）、歌舞伎新報社、1889年
- 河竹登志夫「夏芝居の世界」（『季刊 歌舞伎』5号）、松竹株式会社演劇部、1969年
- 落合清彦「因果に顫く人々」（『季刊 歌舞伎』5号）、松竹株式会社演劇部、1969年

- 『今古実録 水戸黄門仁徳録』、栄泉社、1883年
- 『今古実録 怪談皿屋敷実記』、栄泉社、1883年
- 『今古実録 佐倉義民伝』、栄泉社、1885年
- 『今古実録 護国女太平記』、栄泉社、1886年

- 児玉又七『水戸黄門記』、大橋堂、1879年
- 辻岡屋文助『水戸黄門記』、辻岡屋文助、1881年
- 楽々斎主人『絵本水戸黄門記実録錦』初編、木村文三郎、1882年
- 中村浅吉『絵本水戸黄門一代記』、中村浅吉、1887年
- 清水義郎『絵本実録 水戸黄門記』、金寿堂、1889年

- 仮名垣魯文『玉藻前悪狐伝』、糸屋庄兵衛、1855年

- 曲亭馬琴、小池藤五郎（校訂）『南総里見八犬伝』1-10、岩波書店、1990年
- 笠亭仙果『八犬伝犬の草紙』1-56、紅英堂、1848-1881年
- 2世為永春水・鳳簫菴琴童・仮名垣魯文『仮名読八犬伝』1-30、文渓堂・菊寿堂、1848-1868年

- 松園梅彦『造栄桜叢紙』、錦橋堂、1852年
- 松亭金水『忠勇阿佐倉日記』、大和屋喜兵衛など、1855年
- 並木五柳・仮名垣魯文『桜荘子後日文談』、錦橋堂、1861年

- 山東京伝全集編集委員会『山東京伝全集』16読本2、ぺりかん社、1997年（『善知安方忠義伝』）

- 山口剛『紙魚文学』、三省堂、1932年（「真顔の「化物尽し讃め詞」」）
- 清水正男・廣澤知晴「『怪物徒然草』―翻刻と解題―」（『目白学園女子短期大学研究紀要』33号）、1996年

【俳諧・川柳・狂歌・戯文】

- 正宗敦夫（編）『日本古典全集 与謝蕪村集』、日本古典全集刊行会、1928年（「木の葉経」）
- 大曲駒村『川柳大辞典』上・下、日文社、1955年
- 鈴木勝志『続雑排語辞典』、明治書院、1982年
- 花咲一男『川柳江戸名物図絵』、三樹書房、1994年
- 吉田幸一・倉島須美子（編）『狂歌百鬼夜狂』、古典文庫、2002年、古典文庫662

- 『洒落本大成』6、中央公論社、1979年（真赤堂大嘘『当世故事附 選怪興』）
- 山中共古、中野三敏（校訂）『砂払』上・下、岩波書店、1987年

- 木本至『「団団珍聞」「驥尾団子」がゆく』、白水社、1989年

- 「未開人の演説」（『滑稽演説会』1号）、竹夭堂、1878年
- 「当世化物づくし」（『魯文珍報』20号）、和同開珍社、1878年
- 「鯰魚社会ノ怪異」（『東京新誌』99号）、九春社、1878年
- 「震鯰縁会」（『東京新誌』129号）、九春社、1879年
- 猫々道人（仮名垣魯文）「劇場客物語」（『歌舞伎新報』36号）、歌舞伎新報社、1879年（第22齣「歴史の本読で驚かす鯰の開化者」）
- 猫々道人（仮名垣魯文）「劇場客物語」（『歌舞伎新報』79号）、歌舞伎新報社、1880年（第50齣「古本の怪劇場古今の変革を談ず」）

【芝居演芸】

- 犬井貞恕『謡曲拾葉抄』、日本図書センター、1979年

- 近松全集刊行会『近松全集』11、岩波書店、1989年
- 渥美清太郎『日本戯曲全集 鶴屋南北怪談狂言集』、春陽堂、1928年（『阿国御前化粧鏡』）

● 武笠三（校訂）『先哲像伝・近世畸人伝・百家琦行伝』、有朋堂書店、1927 年（八島五岳『百家琦行伝』）

● 大木月峯『妖怪百物語』、川勝鴻宝堂、1887 年
● 条野採菊（編）『百物語』、扶桑堂、1894 年
● 一柳廣孝・近藤瑞木（編）『幕末明治 百物語』、国書刊行会、2009 年
● 小泉八雲、平川祐弘（編）『怪談・奇談』、講談社、1990 年、講談社学術文庫「小泉八雲名作選集」
● 小島徳治『土佐奇談実話集』、高知書院、1957 年
● 久米晶文（編集校訂）山折哲雄・宮田登・佐藤正英（監修解説）『宮負定雄 幽冥界秘録集成』、八幡書店、1994 年

【軍談】
● 梶原正昭（訳注）『将門記』1-2、平凡社、1976 年
●『真名本 曽我物語』1-2、平凡社、1987 年
● 武笠三（校訂）『保元物語・平治物語・鎌倉北条九代記』、有朋堂書店、1922 年
● 橋本實（校訂）『校訂北条五代記』、雄山閣、1940 年
● 八文字屋自笑『鎌倉繁栄広記』、八文字屋八左衛門、1745 年
●『参考太平記』、続群書類従完成会太洋社、1943 年（改訂版）

●『今古実録 前太平記』、栄泉社、1885 年
● 板垣俊一（校訂）『前太平記』上・下、国書刊行会、1988-1989 年
●『今古実録 隠顕曽我物語』、栄泉社、1886 年
● 隅田了古『日本忠孝伝』、錦耕堂、1883 年

● 近藤瓶城『史籍集覧』5、近藤出版部、1925 年（『関八州古戦録』）
● 下川潮『剣道の発達』、大日本武徳会、1925 年
● 佐藤昱『聞きがき新選組』、新人物往来社、1972 年

【物語・絵草紙】
● 美濃部重克・田中文雅（編）『室町物語』2、三弥井書店、1985 年
● 市古貞次『未刊中世小説』4、古典文庫、1956 年（『岩竹』）、古典文庫 110
● 西尾市岩瀬文庫『絵ものがたりファンタジア、岩瀬文庫の絵本・絵巻～絵になったモノガタリの世界～』、2007 年

● 大東急記念文庫善本叢刊『赤本黒本青本集』、汲古書院、1976 年（『思案閣女今川』）
● 鈴木重三・木村八重子（編）『近世子どもの絵本集』江戸篇、岩波書店、1985 年
●『五たいそう』（『ほんほに五体惣』）、1765 年
● 七珍万宝『五体惣〆是程』、榎本吉兵衛、1790 年

● 高井蘭山『絵本三国妖婦伝』、1803 年
● 高井蘭山『絵本三国妖婦伝』、木村文三郎、1884 年
● 岡田玉山『絵本玉藻譚』、1805 年
● 岡田玉山『絵本玉藻譚』、辻岡文助、1887 年

- 『日本随筆大成』2期2、吉川弘文館、1973年（山崎美成『提醒紀談』）
- 『日本随筆大成』2期3、吉川弘文館、1974年（曲亭馬琴『兎園小説外集』）
- 『日本随筆大成』2期5、吉川弘文館、1974年（『新著聞集』）
- 『日本随筆大成』2期11、吉川弘文館、1974年（『梅翁随筆』）
- 『日本随筆大成』3期9、吉川弘文館、1977年（田中仲宣『愚雑俎』）
- 『日本随筆大成』別巻1-6、吉川弘文館、1978年（大田南畝『一話一言』）
- 『続日本随筆大成』別巻2、吉川弘文館、1982年（本島知辰『月堂見聞集』）
- 『続日本随筆大成』別巻7、吉川弘文館、1982年（山田桂翁『宝暦現来集』）
- 『燕石十種』第一、国書刊行会、1908年（『後見草』）
- 『燕石十種』第三、国書刊行会、1908年（『望海毎談』）
- 『新燕石十種』第三、国書刊行会、1913年（『怪談老の杖』）
- 『鼠璞十種』第一、国書刊行会、1916年（酔桃子『反古のうらがき』）

- 宮武外骨『奇態流行史』、半狂堂、1922年
- 宮武外骨『明治奇聞』2編、半狂堂、1926年

【説話集・奇談集】

- 『太平広記』1-10、中華書局、1961年
- 干宝、竹田晃（訳）『捜神記』、平凡社、2000年
- 澤田瑞穂『修訂 鬼趣談義』、平河出版社、1990年

- 池上洵一（編）『今昔物語集』本朝部 上、岩波書店、2001年
- 『本朝語園』下、古典文庫、1983年（寛永三年版複製）、古典文庫446
- 『続々群書類従』15輯 歌文部、続群書類従完成会、1969年（『続歌林良材集』）
- 黒田彰『中世説話の文学史的環境 続』、和泉書院、1995年

- 日本名著全集『怪談名作集』、日本名著全集刊行会、1927年、日本名著全集江戸文芸之部10（浅井了意『伽婢子』、上田秋成『雨月物語』）
- 森田喜郎『上田秋成の研究』、笠間書院、1979年

- 菊岡沾凉『諸国里人談』、須原屋平左衛門、1743年
- 菊岡沾凉『本朝俗諺志』、須原屋平左衛門、1747年
- 馬場文耕『大和怪談全書』（『大和怪談頃日全書』、写本）
- 一口泉老人『草話風狸伝』、河内屋茂兵衛、1836年

- 高田衛（編）『江戸怪談集』中、岩波書店、1989年（片仮名本『因果物語』）
- 高田衛（編）『江戸怪談集』下、岩波書店、1989年（『新御伽婢子』、『百物語評判』）
- 太刀川清（校訂）『百物語怪談集成』、国書刊行会、1987年（『諸国百物語』、『御伽百物語』）
- 太刀川清（校訂）『続百物語怪談集成』、国書刊行会、1993年（『百物語評判』）
- 吉田幸一『怪談百物語』、古典文庫、1999年、古典文庫627（『好色百物語』、『絵本百物語』）

- 井原西鶴、和田萬吉（校訂）『西鶴諸国咄・本朝桜陰比事』、岩波書店、1932年
- 塚本哲三（校訂）『窓のすさみ・武野俗談・江戸著聞集』、有朋堂書店、1915年（松崎白圭『窓のすさみ』）

● 五来重（編）『修験道史料集』1 東日本篇、名著出版、1983年、山岳宗教史研究叢書17（『流水山縁起』、『八溝山日輪寺縁起』、『御嶽山社頭来由記』）

● 友清歓真『幽冥界研究資料』1、山雅房、1939年（『嘉津間答問』、『前橋神女物語』）
● 松井桂陰『神の実在と天狗の神秘』、普明神社東京連絡所、1965年
● 平田篤胤、子安宣邦（校注）『仙境異聞・勝五郎再生記聞』、岩波書店、2000年

● 京篤二郎『耶蘇宗門根元記』、名古屋キリシタン文化研究会、1994年

● 土浦市立博物館『月と太陽』、1992年
● 萩原秀三郎『稲と鳥と太陽の道』、大修館書店、1996年
● 萩原法子『熊野の太陽信仰と三本足の烏』、戎光祥出版、1999年

● 八王子市郷土資料館『家内安全・無病息災 〜庶民の願い〜』、八王子市教育委員会、2011年
● 埼玉県立自然の博物館『神になったオオカミ〜秩父山地のオオカミとお犬様信仰〜』、埼玉県立川の博物館、2017年
● 松場正敏『お犬様のお札〜狼・神狗・御眷属〜』、松勇堂、2013年

● 中山太郎『日本巫女史』、大岡山書店、1930年
● 菅野則子「史料紹介『女人成仏 血盆経縁起』」（『帝京史学』20号）、帝京大学、2005年

【随筆】
● 根岸鎮衛、鈴木棠三（編注）『耳袋』1-2、平凡社、1972年
● 松浦静山、中村幸彦・中野三敏（校訂）『甲子夜話』5、平凡社、1978年
● 松浦静山、中村幸彦・中野三敏（校訂）『甲子夜話三篇』1-6、平凡社、1982-1983年
●『日本庶民生活史料集成』第15巻・都市風俗、三一書房、1971年（加藤曳尾庵『我衣』）
● 石塚豊芥子、鈴木棠三（校訂）『街談文々集要』、三一書房、1993年、近世庶民生活史料（『多話戯草』も収録）

● 山岡元隣『宝蔵』、秋田屋五郎兵衛、1671年
● 小山田与清『松屋外集』（写本）
● 屋代弘賢『弘賢随筆』（写本）

● 滝沢馬琴、渥美正幹（編）『曲亭雑記』巻一下編、博弘堂・吉川半七、1880年（「ねこま いたち考」）
● 山崎美成『海録』、国書刊行会、1915年
● 津村正恭『譚海』、国書刊行会、1917年

●『日本随筆大成』1期8、吉川弘文館、1975年（大田南畝『半日閑話』）
●『日本随筆大成』1期10、吉川弘文館、1975年（朝川善庵『善庵随筆』、曲亭馬琴『著作堂一夕話』）
●『日本随筆大成』1期12、吉川弘文館、1975年（佐々木貞高『閑窓瑣談』）
●『日本随筆大成』1期16、吉川弘文館、1976年（宮川政運『宮川舎漫筆』）
●『日本随筆大成』1期18、吉川弘文館、1976年（伴蒿蹊『閑田耕筆』）
●『日本随筆大成』2期1、吉川弘文館、1973年（曲亭馬琴『兎園小説』）

- 『日本国名風土記』、西脇七良右衛門、1665 年（『日本紀之内国名』）
- 植田孟縉『武蔵名勝図会』、慶友社、1967 年
- 秋里籬島『東海道名所図会』、吉川弘文館、1910 年
- 浅井了意、朝倉治彦（校訂）『東海道名所記』1、平凡社、1979 年

【神仏】

- 虎関『済北集』、中野氏是誰、1650 年
- 源信、花山勝友（訳）『往生要集』、徳間書店、1972 年

- 筑土鈴寛（校訂）『沙石集』上・下、岩波書店、1943 年
- 原田敏明・高橋貢（訳）『日本霊異記』、平凡社、1967 年
- 芳賀矢一（校訂）『宝物集』、冨山房、1927 年
- 近藤喜博『神道集 東洋文庫本』、角川書店、1959 年
- 貴志正造（訳）『神道集』、平凡社、1967 年

- 『先代旧事本紀大成経』、戸島惣兵衛、1681 年（延宝版）

- 長岡乗薫『通俗仏教百科全書』二、開導書院、1891 年
- 鈴木暢幸『仏教文学概説』、明治書院、1931 年
- ビジュアル選書『地獄絵』、新人物往来社、2011 年

- 『的門上人全集』2、的門上人全集刊行会、1920 年（『托事雑集』）
- 『浄土宗全書』19、浄土宗典刊行会、1929 年（『檀林飯沼弘経寺志』）
- 『浄土宗全書』20、浄土宗典刊行会、1931 年（『檀林結城弘経寺志』）

- 柴田常恵・稲村坦元（編）『新訂増補 埼玉叢書』第三、国書刊行会、1970 年（『秩父三十四所観音霊験円通伝』、『子の権現御縁起』、『密蔵院薬師如来縁起』、『慈林寺薬師如来略縁起』、『華香山来迎院縁起』、『吉見岩殿山略縁起』）

- 「江島縁起」（『藤沢市史資料』第 36 集）、藤沢市教育委員会、1992 年
- 真保亨「江島縁起絵巻」（三浦古文化研究会『三浦古文化』32 号）、京浜急行電鉄、1982 年
- 向坂卓也「相州得瑞嶋上之宮縁起について―翻刻と紹介―」（『金澤文庫研究』319 号）、金沢文庫、2007 年

- 松園梅彦『金龍山浅草寺 聖観世音霊験記』、品川屋朝治郎、1855 年
- 『祐天上人御一代記』、金泉堂、1887 年

- 亮盛『坂東観音霊場記』、1771 年
- 卍亭応賀（服部応賀）『百番観音霊験記』秩父、児玉弥吉、1882 年

- 行智、五来重（編注）『木葉衣・鈴懸衣・踏雲録事』、平凡社、1975 年
- 宮田登・宮本袈裟雄（編）『日光山と関東の修験道』、名著出版、1979 年、山岳宗教史研究叢書 8（中川光熹「古峰ヶ原の信仰」、円山知良「赤城山信仰」）

● 寺島良安、島田勇雄・竹島淳夫・樋口元巳（訳注）『和漢三才図会』1、平凡社、1985 年
● 寺島良安、島田勇雄・竹島淳夫・樋口元巳（訳注）『和漢三才図会』10、平凡社、1988 年

【暦雑書】

●『永暦雑書天文大成』、敦賀屋九兵衛・播磨屋九兵衛、1808 年
●『万宝大雑書』、水野幸・水野慶次郎、1891 年
● 石黒玄山『銭易と算易』、三秀社、1921 年

● 村山修一『日本陰陽道史話』、大阪書籍、1987 年、朝日カルチャーブックス 71
●『日本古典偽書叢刊』3、現代思潮新社、2004 年（『簠簋抄』）

【医書・本草】

● 小野蘭山『本草綱目啓蒙』1-4、平凡社、1991-1992 年
● 梯南洋（校訂）『重修本草綱目啓蒙』、菱屋吉兵衛、1844 年
● 人見必大、島田勇雄（訳注）『本朝食鑑』5、平凡社、1981 年

● 玄紀先生『日東本草図纂』、1780 年（写本、国立公文書館所蔵）
● 白井光太郎『植物妖異考』、岡書院、1925 年
● 浅井ミノル・新妻昭夫（校注）荒俣宏（監修）『高木春山　本草図説・水産』、リブロポート、1988 年、江戸博物図鑑 2

●『続群書類従』30 輯下・雑部、続群書類従完成会、1930 年（和気広世『薬経太素』）
● 酒井シヅ『絵で読む江戸の病と養生』、講談社、2003 年
●『九州国立博物館蔵『針聞書』虫の知らせ』、ジェイ・キャスト、2007 年
● 長野仁・東昇『戦国時代のハラノムシ『針聞書』のゆかいな病魔たち』、国書刊行会、2007 年

【馬の伝書】

● 村上要信『相馬必携 毛色新説及旋毛図解』、有隣堂、1900 年
● 藤田秀司『馬』、秋田文化出版社、1989 年、民俗選書 19
● 松尾信一『馬の文化叢書 7 馬学』馬事文化財団、1994 年（『良薬馬療弁解』）
●『馬療馬医俚諺抄』、1862 年（高澤義三郎による写本、『大馬経』を含む。狂牛寺文庫（氷厘亭氷泉）所蔵）

【国史】

●『続国史大系』5、吾妻鏡、経済雑誌社、1905 年
● 龍粛（訳注）『吾妻鏡』2、岩波書店、1940 年

【地誌】（全地域的なもの）

● 吉野裕（訳）『風土記』、平凡社、1969 年

- 田中香涯『医事雑考 奇珍怪』、鳳鳴堂書店、1939年
- 富岡鼓川（富岡直方）『変態人異奇病抄』上、古今稀書刊行会、1935年
- 富岡直方『物語日本猟奇史』江戸時代篇・明治時代篇、三陽書院、1935年
- 柴田宵曲『妖異博物館』、青蛙房、1963年

- 高木敏雄『日本伝説集』、郷土研究社、1913年
- 本多静六『大日本老樹名木誌』、大日本山林会、1913年
- 谷川磐雄『民俗叢話』、坂本書店、1926年
- 礒清『民俗怪異篇』、磯部甲陽堂、1927年
- 日野碕弥彦『伝説俗信風俗民謡 趣味の国』、教文社、1930年
- 武田静澄『日本伝説の旅』上、社会思想研究会出版部、1962年
- 梶原正昭・矢代和夫『将門伝説 民衆の心に生きる英雄』、新読書社、1966年
- 山村民俗の会『山の怪奇・百物語』、エンタプライズ、1989年
- 日向野徳久・藤田稔・直田昇・井上善治郎・宮田登・和田正洲・村崎勇『関東の民間信仰』、明玄書房、1973年

- 佐藤有文『日本妖怪図鑑』、立風書房、1972年
- 聖咲奇・竹内義和『世界の妖怪全百科』、小学館、1981年
- ASIOS『昭和・平成オカルト研究読本』、CYZO、2019年

- 中岡俊哉『日本全国 恐怖の心霊地図帖』、二見書房、1983年
- 『平成十八年度 東京エリア怨念地図潜入レポート』、G・H・M研究所、2006年
- 幽霊探検隊『関東近郊 幽霊デートコースマップ』、リム・ユナイト、1989年
- 新倉イワオ『日本列島心霊怪奇スポット』、河出書房新社、1995年
- 山口敏太郎『ホントにあった呪いの都市伝説』、コスミック出版、2005年
- 山口敏太郎『本当にいる日本の現代妖怪図鑑』、笠倉出版社、2007年
- 鈴木呂亜『都怪ノ奇録』、竹書房、2018年
- 恐い話研究会『ヒェーッ！ 幽霊・怪奇現象スペシャル』、実業之日本社、2004年
- 『ビビる！ 都市伝説＆怪談スペシャル』、実業之日本社、2008年
- 『本当にこわい！ 学校の怪談スペシャル』、実業之日本社、2013年

- 西沢笛畝『日本郷土玩具事典』、岩崎美術社、1965年
- 立川春重『日本の木船』、フタバ書院成光館、1944年
- 高城一郎『かくし芸と遊び百科』、協文社、1962年

- 宮尾しげを『すし物語』、井上書房、1960年

【類書・節用集】

- 亀井孝（校訂）『元和本 下学集』、岩波書店、1944年
- 谷川士清『増補語林 倭訓栞』下、皇典講究所、1898年
- 大西晴隆・木村紀子（校注）『塵袋』1-2、平凡社、2004年
- 井沢蟠竜、白石良夫（校訂）『広益俗説弁』、平凡社、1989年
- 井沢蟠竜、白石良夫・湯浅佳子（校訂）『広益俗説弁続編』、平凡社、2005年

参考資料

※まず総合的な内容で参考にした資料をまとめ、各地域の資料はそれぞれ別にまとめた

【単行本】

- 村上健司『妖怪事典』、毎日新聞社、2000 年
- 民俗学研究所『綜合日本民俗語彙』1-5、平凡社、1955 年
- 柳田國男（編）『山村生活調査』第二回報告書、1936 年（倉田一郎「禁忌の問題—特に植物栽培禁忌の二三の現象をめぐりて—」）
- 柳田國男『昔話と文学』、角川書店、1956 年
- 柳田國男『妖怪談義』、講談社、1977 年
- 柳田國男『一目小僧その他』、角川学芸出版、2013 年（新版）
- 小泉丹『科学的教養』、春秋社、1948 年
- 今野圓輔『現代の迷信』、社会思想社（社会思想研究会出版部）、1961 年
- 今野圓輔『日本怪談集』妖怪篇、社会思想社、1981 年
- 古野清人『古野清人著作集』6、三一書房、1972 年

- 井上円了『妖怪学全集』2、柏書房、1999 年（『妖怪学講義』）
- 知切光歳『鬼の研究』、大陸書房、1978 年
- 知切光歳『天狗考』上、濤書房、1973 年
- 知切光歳『天狗の研究』、大陸書店、1975 年
- 知切光歳『図聚天狗列伝』東日本編、岩政企画、1977 年
- 平岩米吉『猫の歴史と奇話』、動物文学会、1985 年
- 石川純一郎『新版 河童の世界』、時事通信社、1985 年
- 式水下流『おばけを楽しむ手引き』、亀山書店、2020 年

- 江馬務『日本妖怪変化史』、中央公論社、1976 年
- 塵塚りんす『ちりパラ』、ちりも組、2018 年
- 藤澤衛彦『妖怪画談全集』日本篇上、中央美術社、1929 年
- 山田野理夫『おばけ文庫 2 ぬらり ひょん』、太平出版社、1976 年
- 氷厘亭氷泉『野田元斎のファミリア』、妖怪仝友会、2015 年

- 日野巌『動物妖怪譚』、有明書房、1979 年（「日本妖怪変化語彙」）
- 神田左京『不知火・人魂・狐火』、中央公論社、1992 年
- 戀塚稔『狐ものがたり』、三一書房、1982 年
- 笹間良彦『怪異・きつね百物語』、雄山閣、1998 年
- 中村禎里『狸とその世界』、朝日新聞社、1990 年
- 中村禎里『狐付きと狐落とし』、戎光祥出版、2020 年（『狐の日本史 近世・近代篇』、日本エディタースクール出版部、2003 年）
- 服部健『服部健著作集』、北海道出版企画センター、2000 年（「ギリヤーク—民話と習俗」）

- 秦政治郎『家庭訓育百話』、金港堂、1910 年
- 田中香涯『猟奇医話』、不二屋書房、1935 年

朝里 樹（あさざと・いつき）

怪異妖怪愛好家・作家。1990 年、北海道に生まれる。2014 年、法政大学文学部卒業。日本文学専攻。現在公務員として働く傍ら、在野で怪異·妖怪の収集·研究を行う。著書に『日本現代怪異事典』（笠間書院）、『日本のおかしな現代妖怪図鑑』（幻冬舎）、『日本現代怪異事典 副読本』（笠間書院）、『歴史人物怪異談事典』（幻冬舎）、『世界現代怪異事典』（笠間書院）、『つい、見たくなる怪異な世界』（三笠書房）、『山の怪異大事典』（宝島社）、『日本怪異妖怪事典 北海道』（笠間書院）、『21 世紀日本怪異ガイド 100』（星海社）、『玉藻前アンソロジー　殺之巻』（文学通信）、「放課後ゆ〜れい部の事件ファイル」シリーズ（集英社）ほか。

氷厘亭 氷泉（こおりんてい・ひょーせん）

イラストレーター。千葉県生まれ。幕末から明治にかけての錦絵·絵草紙・戯文がおもな研究領域。妖怪に関する活動は、『和漢百魅缶』や『妖界東西新聞』にて日刊で作品公開をしているほか、画像妖怪についての研究周知をイベントなどを通じ行っている。2007 年、角川書店『怪』大賞受賞。2012 年からはウェブサイト『妖怪仝友会』にて伝承・画像・佃承各要素の妖怪をあつかう鬼質学誌『大佐用』を月 2 回（13·29 日）公開中。共同執筆論文に「マンボウ類の古文献の再調査から見付かった江戸時代におけるヤリマンボウの日本最古記録」（共同執筆・澤井悦郎）がある。新・妖怪党、妖怪仝友会、山田の歴史を語る会同人。VTuber「蠱毒大佐」のキャラクターデザイナーでもある。

日本怪異妖怪事典 関東

令和3年（2021）10月15日　初版第1刷発行

監修 ―――― 朝里 樹
著者 ―――― 氷厘亭 氷泉
カバー・扉イラスト― 氷厘亭 氷泉
発行者 ―――― 池田圭子
発行所 ―――― 笠間書院
〒101-0064　東京都千代田区神田猿楽町2-2-3
電話:03-3295-1331　FAX:03-3294-0996
https://kasamashoin.jp/
mail:info@kasamashoin.co.jp

ISBN 978-4-305-70947-9　C0539

アートディレクション ―― 細山田光宣
装幀・デザイン ―――― 鎌内 文（細山田デザイン事務所）
本文組版 ―――― キャップス
印刷／製本 ―――― 大日本印刷

本書収録の事項には、現在の社会通念から見て不適切と思われる表現が含まれておりますが、史料的な価値を考慮し、当時のものをそのまま採用しております。ご了承ください。